传统国学经典心读

乐经

(春秋)孔　子 编　方士华 主编

民主与建设出版社
·北京·

前言

习近平总书记在十九大报告中指出:"深入挖掘中华优秀传统文化蕴含的思想观念、人文精神、道德规范,结合时代要求继承创新,让中华文化展现出永久魅力和时代风采。"

习总书记还曾指出:"'去中国化'是很悲哀的,应该把这些经典嵌在学生脑子里,让经典成为中华民族文化的基因。"

是的,泱泱中华五千载,悠悠国学民族魂。我们中华国学"为天地立心,为生民立命,为往圣继绝学,为万世开太平",是中华民族生生不息的根本,是华夏儿女遗传基因和精神支柱。

国学就是中国之学,中华之学,是以母语汉语为基础,表达中华民族的精神价值和处世态度的,有利于凝聚中华民族的文化向心力,有利于中华民族大团结,是炎黄子孙的生命火炬,我们要永远世代相传和不断发扬光大。

中华优秀传统文化在思想上有大智,在科学上有大真,在伦理上有大善,在艺术上有大美。在中华民族艰难而辉煌的发展历程中,优秀传统文化薪火相传、历久弥新,始终为国人提供精神支撑和心灵慰藉。所以,从传统优秀国学经典中汲取丰富营养,丰盈的不只是灵魂,而是能够拥有神圣而崇高的家国情怀。

中华传统国学是指以儒学为主体的中华传统文化与学术,包括非常广泛,内涵十分丰富,凝聚了我国五千年的文明史和传统文化,体现了中华民族博大精深的文化精髓,是经过多少代人实

践检验过的文化瑰宝,承载着中华民族伟大复兴的梦想。

中华传统国学经典,蕴含了中国儿女内圣外王的个体修养和自强不息的群体精神,形成了重义轻利的处世态度以及孝亲敬长的人伦约定,包含着辩证理智的心智思维和天人合一的整体观念。历经数千年发展,逐渐形成了以儒释道为主干的传统文化和兼容并包、多元一体的开放型现代文化。

这些国学经典作为我国传统文化与教育的经典,在内容方面,包含有治国、修身、道德、伦理、哲学、艺术、智慧、天文、地理、历史等丰富知识;在艺术方面,丰富多彩,各有特色,行文流畅,气势磅礴,辞藻华丽,前后连贯。古往今来,无数有识之士从中汲取知识,不仅培养了良好道德品质,还提升了儒雅、淳静、睿智的气质,哺育了一代代中华儿女茁壮成长。

作为国学经典,是广大读者必备的精神食粮。读者们阅读国学经典,能够秉承国学仁义精神,学会谦和待人、谨慎待己、勤学好问等优良品行,能够达到内外兼修与培养刚健人格。读者们阅读国学经典,就如同师从贤哲,使自己能够站在先辈们的肩膀之上,在高起点上开始人生的起跑。阅读圣贤之书,与圣贤为伍,是精神获得高尚和超越的最高境界。

为此,在有关专家指导下,我们经过精挑细选,特别精选编辑了这套"传统国学经典心读"作品。主要是根据广大青少年读者学习吸收特点,在忠实原著基础上,节选了经典原文,增设了简单明了的注释和白话解读,还配有相应故事和精美图片等,能够培养广大青少年读者的国学阅读兴趣和传统文化素养,能够增强对中国传统文化的热爱、传承和发展,能够激发并积极投身到中华复兴的伟大梦想之中。

周礼

大司乐	007
乐师	016
大胥	020
小胥	021
大师	022
小师	024
瞽蒙	026
视瞭	027
典同	028
磬师	029
钟师	030

笙师	031
镈师	033
韎师	034
旄人	034
钥师	035
钥章	036
鞮鞻氏	037
典庸器	038
司干	039

礼记

乐本篇	040
乐论篇	050
乐礼篇	055
乐施篇	058
乐情篇	064
乐言篇	067

乐象篇 070

乐化篇 075

魏文侯篇 081

宾牟贾篇 087

师乙篇 093

周礼

大司乐

大司乐❶：掌成均❷之法，以治建国之学政❸，而合❹国之子弟焉。凡有道者、有德者，使教焉；死则以为乐祖，祭于瞽宗❺。

> **注释**

❶大司乐：官名。乐官之长。自乐师以下，至鞮鞻氏以上，都是属于这个官。负责用音乐来教授大学中的学生。
❷成均：周代的五所大学之一。这五所大学是：辟雍、成均、上庠、东序、瞽宗。
❸学政：是指教育工作。
❹合：结合到一起；集中到一起。
❺瞽（gǔ）宗：学校名。后借指最高学府。

> **译读**

大司乐的职责是：掌管大学的法规，以治理国家的教育，于是把国子们都集中在大学里进行教育。凡是有才能的人、有道德的人，大司乐就请他们来大学执教；死后则尊他们为先师，并在瞽宗里祭祀他们。

> **原文**

以乐德教国子：中、和、祗、庸、孝、友❶；以乐

语❷教国子：兴、道、讽、诵、言、语❸；以乐舞教国子：舞《云门》《大卷》《大咸》《大韶》《大夏》《大濩》《大武》❹。以六律、六同、五声、八音、六舞大合乐❺，以致鬼神祇❻，以和邦国，以谐万民，以安宾客，以说远人，以作动物。

注释

❶ 中、和、祇、庸、孝、友：中，通"忠"，忠诚；和，刚柔适中；祇，敬；庸，有常；孝，善事父母；友，兄弟和睦。

❷ 乐语：乐的六种达意技巧。

❸ 兴、道、讽、诵、言、语：兴，借用他物来比喻要说的事；道，通"导"，引导；讽，背书；诵，有抑扬顿挫的背诵；言，主动发言；语，回答问题。

❹《云门》《大卷》《大咸》《大韶》《大夏》《大濩》《大武》：都是乐曲名。《云门》《大卷》，黄帝乐曲名；《大咸》，又名《咸池》，帝尧乐曲名；《大韶》，舜帝乐曲名；《大夏》，夏禹乐曲名；《大濩》，商汤乐曲名；《大武》，周武王乐曲名。

❺ 大合乐：这里相当于彩排的意思。

❻ 鬼神祇（qí）：指人鬼、天神、地神。

译读

大司乐要用乐的六种德行来教育国子，分别是：忠、和、祇、庸、孝、友。还要用乐的六种达意技巧来教育国子，分别是：兴、导、讽、诵、言、语。大司乐还要用六代乐舞教育国子，分别是：《云门》《大卷》《大咸》《大韶》

《大夏》《大濩》《大武》。大司乐要用六律、六同五声、八音、六舞进行大规模的联合演奏，这样才能感召天神、地神、人鬼，然后使国家和平，使百姓和谐友好，使宾客好像回家一样，使边远的少数民族心甘情愿归附，使百兽高兴起舞。

原文

乃分乐而序❶之，以祭，以享，以祀。乃奏黄钟❷，歌大吕❸，舞《云门》，以祀天神。乃奏大蔟❹，歌应钟，舞《咸池》，以祭地祇。乃奏姑洗❺，歌南吕❻，舞《大韶》，以祀四望。乃奏蕤宾❼，歌函钟❽，舞《大夏》，以祭山川。乃奏夷则，歌小吕❾，舞《大濩》，以享先妣。乃奏无射，歌夹钟❿，舞《大武》，以享先祖。

注释

❶ 序：这里指按……排列次序。

❷ 黄钟：古之打击乐器，多为庙堂所用。

❸ 大吕：钟名，周朝的宝物。

❹ 大蔟（cù）：太蔟。十二律之一。

❺ 姑洗：十二律之一。

❻ 南吕：古代乐律调名。十二律之一，属阴律。

❼ 蕤（ruí）宾：古乐十二律中之第七律。

❽ 函钟：也作"函钟"。十二律之一，即林钟。

❾ 小吕：古代乐律名。十二律之一，一名中吕。

❿ 夹钟：国母姜嫄夹钟。亦作"夹钟"。古十二乐律中六阴律之一，一名圆钟。

译读

于是将六代乐舞按其尊卑顺序分而用之，用来祀天神，用来祭地神，用来享人鬼。于是堂下奏起以黄钟调为基音的乐曲，堂上唱起以大吕调为基音的诗歌，跳起《云门》之舞，用来祭祀天神；堂下奏起以大蔟调为基音的乐曲，堂上唱起以应钟调为基音的诗歌，跳起《咸池》之舞，用来祭祀地神；堂下奏起以姑洗调为基音的乐曲，堂上唱起以南吕调为基音的诗歌，跳起《大韶》之舞，用来祭祀四望；堂下奏起以蕤宾调为基音的乐曲，堂上唱起以林钟调为基音的诗歌，跳起《大夏》之舞，用来祭祀山川；堂下奏起以夷则调为基音的乐曲，堂上唱起以中吕调为基音的诗歌，跳起《大濩》之舞，用来祭祀国母姜嫄；堂下奏起以无射调为基音的乐曲，堂上唱起以夹钟调为基音的诗歌，跳起《大武》之舞，祭祀先祖。

原文

凡六乐者,文之以五声,播之以八音。凡六乐者,一变而致羽物❶及川泽❷之祇,再变而致裸物❸及山林之祇,三变而致鳞物❹及丘陵之祇,四变而致毛物❺及坟衍❻之祇,五变而致介物❼及土祇,六变而致象物❽及天神。

注释

❶羽物:这里是指鸟类。
❷川泽:河川和湖沼。泛指江河湖泊。
❸裸物:指短毛的兽类。
❹鳞(lín)物:鱼类,即水族的统称。
❺毛物:长有细毛的动物。
❻坟衍(yǎn):水边和低下平坦的土地。
❼介物:有甲壳的动物。
❽象物:麟、凤、龟、龙四灵。

译读

上述的六代乐舞在表演时,既有五声的错综变化,又有八音的播扬。上述的六代乐舞,演奏一遍,就感召来了鸟类和川泽之神;演奏两遍,就感召来了短毛的兽类和山林之神;演奏三遍,就感召来了鱼类和丘陵之神;演奏四遍,就感召来了长有细毛的动物和坟衍之神;演奏五遍,就感召来了有甲壳的动物和土神;演奏六遍,就感召来了麟凤龟龙和天神。

原文

凡乐,圜钟为宫❶,黄钟为角❷,大蔟为征❸,姑洗

为羽❹，雷鼓雷鼗❺，孤竹之管，云和之琴瑟，《云门》之舞。冬日至，于地上之圜丘❻奏之，若乐六变❼，则天神皆降，可得而礼矣。

注释

❶圜（yuán）钟为宫：用圜钟所定的宫音。
❷角：古代宫、商、角、徵、羽五音之一。
❸征：同上，古代五音之一。
❹羽：同上，古代五音之一。
❺雷鼗（táo）：即雷鼓，大鼓，以声大如雷，故称。
❻圜丘：国都南郊祭天的圆形高丘。
❼变：同"遍"量词。

译读

凡是演奏，如果以夹钟所定的宫音，以黄钟所定的角音，以大蔟所定的征音，以姑洗所定的羽音，为演奏定下基调，使用雷鼓雷鼗，使用来独生竹子制成的管乐器，使用来云和山上的良木制成的琴瑟，跳起《云门》之舞，冬至那一天，在国都南部的圜丘一齐演奏起来，如果演奏六遍，就会吸引天神纷纷下降，这时候就可以向天神行祭祀之礼了。

原文

凡乐，函钟为宫，大蔟为角，姑洗为征，南吕为羽，灵鼓灵鼗❶，孙竹之管，空桑❷之琴瑟，《咸池》之舞。夏日至，于泽中之方丘❸奏之，若乐八变，则地祇皆出，可得而礼矣。凡乐，黄钟为宫，大吕为角，大蔟为征，

应钟为羽,路鼓路鼗❹,阴竹❺之管,龙门之琴瑟,《九德》之歌❻,《九韶》之舞,于宗庙之中奏之,若乐九变,则人鬼可得而礼矣。

注释

❶灵鼗:手摇的小鼓。

❷空桑:传说中的山名。用来做琴瑟的材料。

❸方丘:国都北郊祭地的方形高丘。

❹路鼗:较小的一种路鼓。

❺阴竹:生于山北的竹子。

❻《九德》之歌:水、火、金、木、土、谷叫六府;正德、利用、厚生叫三事。六府、三事,叫九功,九功之德,皆可歌也,叫《九歌》。古人以《九德》之歌为禹时乐歌,用于宗庙的大祭祀,以颂扬祖宗功德。

译读

凡是演奏,如果以林钟所定的宫音,大蔟所定的角音,姑洗所定的征音,南吕所定的羽音,为演奏定下基调,使用灵鼓灵鼗,使用根部发叉的竹子制成的管乐器,使用来空桑山上的良木制成的琴瑟,跳起《咸池》之舞,夏至那一天,在国都北郊的方丘一齐演奏起来,如果演奏八遍,就会吸引地神纷纷冒出,这时候就可以向地神行祭祀之礼了。凡是演奏,如果以黄钟所定的宫音,大吕所定的角音,大蔟所定的徵音,应钟所定的羽音,为演奏定下基调,使用路鼓路鼗,使用来生在山北的竹子制成的管乐器,使用来龙门山上的良木制成的琴瑟,奏起《九德》之歌,跳起《大韶》之舞,在宗庙之中一齐

演奏起来，如果演奏九遍，就会吸引人鬼纷纷降临，这时候就可以向人行祭祀之礼了。

原文

凡乐事：大祭祀，宿县，遂从声展之。王❶出入则令奏《王夏》，尸❷出入则令奏《肆夏》❸，牲❹出入则令奏《昭夏》。帅国子而舞。大飨❺，不入牲，其他皆如祭祀。大射❻，王出入，令奏《王夏》；及射，令奏《驺虞》。

注释

❶王：这里指是天子。
❷尸：去世的人。
❸《肆（sì）夏》：古乐章名。
❹牲：古代祭神用的牛、羊、猪等。
❺大飨（xiǎng）：天子每日的伙食标准是少牢，只有每月的初一和十五，伙食标准提高为太牢，故称大食。
❻大射：为祭祀择士而举行的射礼。

译读

只要是涉及演奏方面的事：大祭祀时，大司乐就要负责在祭祀的前夜把宫悬悬挂起来，先叩击试听其声，检查有无缺损。天子出入庙门时就下令演奏乐曲《王夏》，尸出入庙门时就下令演奏乐曲《肆夏》，牲出入时就下令演奏《昭夏》，率领国子翩翩起舞。大飨宾客时，没有牲出入的礼节，但其他环节的演奏乐曲都和祭祀一样。射礼时，天子出入辟雍就下令奏乐曲《王夏》，等到天子射箭时则下令奏乐章《驺虞》。

原文

诏诸侯以弓矢舞。王大食,三宥❶,皆令奏钟鼓。王师大献❷,则令奏恺乐❸。凡日月食,四镇五岳崩,大傀异灾❹,诸侯薨❺,令去乐。

大札❻、大凶、大灾、大臣死,凡国之大忧,令弛县❼。凡建国,禁其淫声、过声❽、凶声、慢声。大丧,莅❾廞❿乐器;及葬,藏乐器,亦如之。

注释

❶ 三宥(yòu):古代天子、诸侯劝食的礼仪。宥,同"侑"。

❷ 大献:献捷于祖庙。

❸ 恺乐:献功之乐。即凯旋之乐。恺,作"凯"。

❹ 大傀(guī)异灾:令人心惊胆战的灾异。傀,奇怪。

❺ 薨(hōng):君主时代称诸侯或大官等的死。

❻ 大札(zhá):发生了瘟疫。

❼ 弛县:将钟磬等悬挂的乐器取下,即罢乐。县,通"悬"。

❽ 过声:这里指过于哀伤和过于欢乐的乐曲。

❾ 莅(lì):治理,通知,管理。

❿ 廞(xīn):陈列。

译读

告知参加大射的诸侯手持弓矢而舞。每逢初一、十五天子进膳时,三次奏乐劝食,都要下令奏乐。王师大捷,在宗庙向列祖列宗呈献战利品时,大司乐就下令

奏起凯旋的乐曲。每逢日食、月食、四镇、五岳发生山崩，天地奇变，诸侯去世，大司乐就下令将乐器撤掉并收藏起来。

如果遇到疾疫流行、荒年、水火灾害、大臣去世，诸如此类的国家不幸，大司乐就下令把宫悬暂时取下。不论是建立王国或是诸侯国，一律禁止演奏黄色乐曲，也要禁止演奏过于哀伤和过于欢乐的乐曲，还要禁止演奏不祥的亡国之曲，禁止演奏惰慢不恭的乐曲。遇到天子或王后、太子去世，大司乐要亲自前去陈列作为明器使用的乐器。等到下棺入圹，须要把这些乐器藏于椁中时，也是这样。

乐师

乐师：掌国学❶之政，以教国子小舞❷。凡舞，有帗舞❸，有羽舞❹，有皇舞❺，有旄舞❻，有干舞❼，有人舞❽。教乐仪，行以《肆夏》，趋以《采荠》，车亦如之。环❾拜，以钟鼓为节。

注释

❶国学：位于都城中王宫左面的小学。

❷小舞：对大舞而言。《大司乐》的六代之舞是大舞，本节下文的六舞是小舞。

❸帗（fú）舞：用于祭祀社稷。因舞者执帗，故名。

④羽舞：古代一种文舞，舞者执羽。

⑤皇舞：舞者为少年，衣帽都饰以羽毛，手持五彩羽，仿佛凤凰一样。

⑥旄（máo）舞：舞者执旄牛尾以指挥。

⑦干舞：小舞之一。舞者手持干戚而舞。祭祀山川舞干舞。

⑧人舞：小舞之一。舞者手无所执，只用衣袖为舞具。宗庙祭祀舞人舞。

⑨环：通"旋"。指一百八十度的向后转和九十度的左右拐弯。

译读

乐师的职责是：掌管有关小学的政令，而教国子小舞。凡小舞，有帗舞，有羽舞，有皇舞，有旄舞，有干舞，有人舞。教天子依音乐节奏行礼仪：行走的时候依《肆夏》的节奏，小步快走的时候依《采荠》的节奏，乘车的时候也这样。转身行拜礼就依钟鼓的节奏。

原文

凡射，王以《驺虞》❶为节，诸侯以《狸首》❷为节，大夫以《采蘋》❸为节，士以《采蘩》❹为节。凡乐，掌其序事❺，治其乐政❻。

注释

❶《驺虞（zōu yú）》：古乐曲名。

❷《狸（lí）首》：诗篇名。上古行射礼时，诸侯歌唱《狸首》为发箭的节奏。

❸《采蘋》：《诗·召南》篇名。

④《采蘩（fán）》：《诗·召南》篇名。
⑤序事：安排事项，使有条理。
⑥乐政：有关音乐的事宜。

译读

凡举行射礼，天子射箭的时候演奏《驺虞》为节奏，诸侯射箭的时候演奏《狸首》为节奏，大夫射箭的时候演奏《采苹》为节奏，士射箭的时候演奏《采蘩》为节奏。凡演奏音乐，乐师就要掌管有关乐器陈列和演奏先后次序的事，治理有关音乐的事务。

原文

凡国之小事❶用乐者，令奏钟鼓。凡乐成，则告备❷。诏来瞽❸皋舞❹；及彻，帅学士而歌彻❺，令相。

注释

❶小事：在这里指的是小祭祀。
❷告备：报告演奏完毕。
❸瞽（gǔ）：瞽蒙，负责演奏乐器和讽诵诗歌的官。
❹皋（háo）舞：喊叫应该跳舞的国子跳舞。皋，通"嗥"。
❺彻：祭祀完毕彻下祭器。

译读

凡国家举行小祭祀需用乐的，乐师就命令演奏钟鼓。凡音乐演奏终了就向天子报告演奏完毕。告诉视瞭扶瞽者进来表演歌唱，告诉当舞的国子表演舞蹈。到祭祀完毕彻祭器的时候，就率领学士而歌唱并彻去祭器，命令视瞭挽扶瞽者离去。

原文

飧食①诸侯，序其乐事，令奏钟鼓，令相，如祭之仪。燕射②，帅射夫以弓矢舞。乐出入，令奏钟鼓。凡军大献，教恺歌，遂③倡④之。

注释

①飧食：飧礼和食礼。飧礼，古代一种隆重的宴饮宾客之礼。食礼，古代宴请之礼的一种。

②燕射：古代射礼之一。指宴饮之射。

③遂（suì）：文言连词，于是。

④倡：在这里是领唱的意思。

译读

用飧礼或食礼招待诸侯的时候，安排有关乐器陈列和演奏先后次序的事，命令演奏钟鼓，命令视嚓挽扶瞽者，都如同祭祀的礼仪。举行燕射时，率领射夫手持弓矢而舞。乐人出入的时候，就命令演奏钟鼓。凡征伐而向祖庙大献战功，事前教瞽者唱凯歌，到时候就担任领唱。

原文

凡丧，陈①乐器，则帅②乐官；及序哭，亦如之。凡乐官，掌其政令，听其治讼③。

注释

①陈：安放；摆设；排列。

②帅：通"率"，率领。

③治讼：陈诉请求和争讼。

译读

凡是遇到天子家的丧事,陈设随葬的乐器时,乐师就要率领乐官前往陈设。到随葬乐器填入墓穴列位而哭的时候,乐师也要率领乐官而哭。掌管所有乐官的事务和戒令,听断他们的请求和争讼。

大胥

大胥:掌学士之版,以待致诸子❶。春,入学,舍采❷,合舞。秋,颁学❸,合声。

以六乐之会正舞位❹,以序出入舞者,比乐官,展乐器。凡祭祀之用乐者,以鼓征学士。序宫中之事。

注释

❶诸子:指的是上文的学士。
❷舍(shì)采:即释菜。古代学生入学时,以芹藻乏类的蔬菜祭祀先师。
❸颁学:区分学生才艺的高下。颁,分。
❹舞位:舞者分为若干行列,每人所在位置就是舞位。

译读

大胥的职责是:掌管学习舞蹈的卿大夫士之子的花名册,以备按此名册召集他们前来学习舞蹈。大胥在春天要召集他们入学,并举行释菜礼,还要教导他们练习舞蹈,使之整齐划一,合乎节奏;秋天,大胥要区分他

们学习成绩的好坏，教导他们练习吹奏，也要使之整齐划一，合乎节奏。

以六代乐舞的乐与舞的紧密配合来正定舞位，以长幼为先后安排舞者的出入次序，考校乐官的优劣，随时检查乐器有无损坏缺少。凡是祭祀须要用乐的场合，就击鼓召集学士。大胥负责安排好学宫中的教乐之事。

小胥

小胥：掌学士之征令而比之，觵❶其不敬者，巡舞列而挞其怠慢者。正乐县之位，王宫县❷，诸侯轩县❸，卿大夫判县❹，士特县❺，辨其声。凡县钟磬，半为堵，全为肆。

注释

❶觵（gōng）：用兽角制成的罚酒的酒器，即罚爵。
❷宫县：宫是围绕之义，四面都有乐悬，故称宫县。
❸轩县：三面有乐悬，缺一面，形状像古文"曲"字故称轩县。
❹判县：只两面有乐悬，是四面的一半，故称判县。
❺特县：特是独一无二之义。只一面有，故称特县。

译读

小胥的职责是：掌管协助大胥召集学习舞蹈的卿大夫之子，考查人数是否到齐，小胥要用觵爵罚迟到的人喝罚酒。小胥还要巡视舞者的队列，用教鞭抽打那些练习怠慢的人。负责校正乐悬的使用等级：天子的乐悬是堂下四面都有，叫宫悬；诸侯的乐悬是东西北三面都有，叫轩悬；卿大夫的乐悬只是东西两面设有，叫判悬；士的乐悬只是东面一面设有，叫特悬。小胥还负责校正乐悬的声音。凡是悬挂钟磬，如果在一个支架上只悬挂十六枚钟或十六枚磬，只有一样，就叫堵；如果在一个支架上悬挂十六枚钟，另一个支架上悬挂十六枚磬，二者都有，就叫肆。

大师

大师：掌六律、六同以合阴阳之声。阳声：黄钟、大蔟、姑洗、蕤宾、夷则、无射。阴声：大吕、应钟、南吕、函钟、小吕、夹钟。

皆文之以五声：宫、商、角、徵、羽；皆播之以八音：金、石、土、革、丝、木、匏、竹。

教六诗❶：曰风、曰赋、曰比、曰兴、曰雅、曰颂。以六德❷为之本，以六律为之音❸。大祭祀，帅瞽登歌，令奏击拊❹；下管❺播乐器❻，令奏鼓朄❼。大飨亦如之。

大射，帅瞽而歌射节❽。大师，执同律以听军声，而诏吉凶。大丧，帅瞽而廞，作柩，谥。凡国之瞽蒙，正焉。

注释

❶六诗：《诗》的六义，即风、赋、比、兴、雅、颂。

②六德：六种德行。即中、和、祗、庸、孝、友。

③以六律为之音：以律吕测定瞽矇的嗓子，看他适宜唱什么样的歌曲。

④拊（fǔ）：一种打击乐器。用皮制成，内填以糠，形如小鼓。大师击拊，瞽矇才开始歌诗。

⑤下管：管乐器在堂下吹奏。

⑥播乐器：八音中除管乐器外的其他乐器也奏起来。

⑦鼓朄（yǐn）：击小鼓。朄是一种小鼓，大师击朄，表示奏乐可以开始。

⑧歌射节：用歌诗作为射箭的节拍。

译读

　　大师的职责是：掌管审定六律、六吕，以调和阴阳之声。阳声是：黄钟、大蔟、姑洗、蕤宾、夷则、无射。阴声是：大吕、应钟、南吕、函钟、小吕、夹钟。

　　不管是阳声或阴声，都要分别和宫、商、角、徵、羽五声依次搭配，都要用金、石、土、革、丝、木、匏、竹八类乐器吹奏成动听的乐曲。

　　大师还要教导瞽矇掌握六《诗》，他们分别是风、赋、比、兴、雅、颂。受教育的人必须用六种德行作为立身之本，施教的人必须以六律测定受教者适合唱什么样的声音。每逢走的祭祀，大师就要率领手下的瞽矇登堂歌诗，每当大师击拊，就是向瞽矇们发书了吟唱歌诗的信号，这个时候，笙师就要率领其手下在堂下用管乐器吹奏乐曲，堂下的其他乐器也都奏起来。每当大师击朄的时候，就是向笙师们发出了吹奏的信号。每当天子设宴招待诸侯奏乐时，大师的职责和在大祭祀时一样。

天子举行大射礼时,要率领瞽矇在堂下歌诗,作为射箭的伴奏。天子率军出征,大师要吹动律管以听将士的呼声,从而测知出师的吉凶并报告天子。凡是天子或王后、太子去世,大师要率领瞽矇陈设作为明器使用的乐器;出葬那天起灵时,大师负责进上谥号。凡是国中的瞽矇,都要听从大师的指挥。

小师

小师:掌教鼓鼗❶、柷❷、敔❸、埙❹、箫❺、管❻、弦❼、歌。大祭祀,登歌,击拊,下管击应鼓❽;彻,歌。大飨亦如之。

大丧,与廞。凡小祭祀、小乐事,鼓朄,掌六乐声音之节与其和。

注释

❶鼗(táo):长柄的摇鼓,俗称拨浪鼓。

❷柷(zhù):木制打击乐器,形状像方形的斗。

❸敔(yǔ):打击乐器。八音中的木。背上有龃龉,用杖敲竹杠击出声。击敔是奏乐停止的指挥信号。

❹埙(xūn):吹奏乐器。多用陶土烧制而成,也有木、骨或石制的,多为上小下大的鸡蛋形,有一至十几个音孔。

❺箫:八音中的竹。又叫排箫。将若干长短不同的竹管编在一起制成。

❻管:八音中的竹。像两根笛子并在一起,每管三孔。

❼ 弦：琴瑟。琴身为狭长形，木质音箱，面板外侧有十三徽。底板穿"龙池""凤沼"二孔，供出音之用；瑟，形能古琴，但无徽位，每弦有一柱，上下移动，以定声音。

❽ 应鼓：应鼙。一种小鼓。设在堂下东阶，因为它要与堂下西阶的朔鼙相呼应，故称。

译读

小师的职责是：掌管教导瞽矇吹奏鼗、柷、敔、埙、箫、管、琴瑟以为咏诗而伴奏。大祭祀时，小师要击拊，作为指挥瞽矇登堂歌诗的信号；然后敲击应鼓，作为指挥笙师率领其手下在堂下用管乐器吹奏乐曲的信号；祭毕撤除祭品时，小师要率领瞽矇歌唱《雍》诗。设宴招待来朝诸侯时，小师的职责也是这样。

凡是天子或王后、太子去世，小师就要协助大师陈

设作为明器使用的乐器。凡是小祭祀、小型的演奏,小师则负责击棘。小师还要负责辨别六代乐舞的音乐节奏并使之与舞蹈的动作协调。

瞽蒙

瞽蒙[1]:掌播鼗、柷、敔、埙、箫、管、弦、歌。讽[2]诵诗,世奠系[3],鼓琴瑟[4]。掌《九德》、六诗之歌,以役大师[5]。

注释

[1] 瞽蒙:乐官。古代乐官多为盲人,故称。
[2] 讽:讽刺,讥讽。
[3] 世奠系:即"奠世系",指已经编定的帝王家谱。
[4] 琴瑟:琴和瑟两种乐器一起合奏,声音和谐
[5] 役大师:这里有被动的意思,即被大师役使。役,供人使唤。

译读

瞽朦的职责是:负责掌管吹奏鼗、柷、敔、埙、箫、管、琴瑟等乐器,还要负责随着琴瑟的伴奏来吟唱诗歌。瞽朦平时还要负责朗诵诗歌,目的是警醒和讽刺天子以往犯下的过失,他要朗诵帝王家谱以劝诫当朝天子,与此同时,瞽朦还要弹着琴奏着瑟以表示时嘉言懿行的赞美以及负责演唱《九德》、六诗之歌,以备大师役使。

视瞭

视瞭❶：掌凡乐事播鼗，击颂磬❷、笙磬❸。掌大师之县❹。凡乐事，相瞽。大丧，廞乐器。大旅❺亦如之。宾射，皆奏其钟鼓。鼛❻、恺献❼，亦如之。

注释

❶视瞭：乐工。主要负责敲鼗击磬，还负责扶助瞽矇。
❷颂磬：悬挂在堂下西阶西的编磬。颂有成功之义。
❸笙磬：悬挂在堂下阼阶东的编磬。
❹掌大师之县：由于大师是盲人，所以由视瞭代悬。
❺大旅：古代祭名。旅，国有大事而祭祀，就叫旅。
❻鼛（cào）：古代查夜时击的鼓。
❼恺献：军事胜利献功时奏恺乐。

译读

视瞭的职责是：凡有演奏的地方，他就要负责摇动鼗鼓，敲击颂磬、笙磬。视瞭还要负责悬挂应当由大师悬挂的乐器。凡有演奏之事，视瞭就要负责搀扶瞽矇。遇到天子或王后以及太子去世等丧事，视瞭还要负责陈设那些办丧事时作为明器使用的乐器，旅祭上帝时，视瞭的职责也是这样。

天子与来朝诸侯比赛射箭时，视瞭负责击奏钟鼓。夜间警戒守备的鼓，向祖庙献捷所奏凯旋乐曲中的钟鼓，也由视瞭负责击奏。

典同

典同❶：掌六律、六同之和，以辨天地四方阴阳之声，以为乐器。凡声，高声硍❷，正❸声缓，下声肆，陂❹声散，险声敛，达声赢，微声韽❺，回声衍，侈声❻筰❼，弇声❽郁，薄声甄❾，厚声石。

凡为乐器，以十有二律为之数度，以十有二声为之齐量❿。凡和乐亦如之。

注释

❶典同：官名。负责掌管六律、六同的调和，制作乐器。
❷硍（gǔn）：形容声音的重浊，不响亮。
❸正：直，指钟的上下口径一样大。
❹陂：倾斜。这里指钟形一边偏大。
❺韽（ān）：钟的声音微小难辨。
❻侈（chǐ）声：腹小口宽的钟所发出的声音。
❼筰（zuó）：通"迮"，狭窄的意思。
❽弇（yǎn）声：腹大口小的钟所发出的声音。弇，指口小腹大的容器。
❾甄（zhēn）：通"震"，震动的意思。
❿齐量（jìliàng）：容纳的多少。

译读

典同的职责是：掌管六律、六同的协调，然后辨别天地四方的阴阳之声，以制作乐器。大凡钟声，如果钟的上部口径过大,发出的声音就不响亮;如果钟的口径上部下部同样大,发出的声音就缓慢凝滞;如果钟的下部口径过大,发出的声音就放肆外出而略无余韵;如果钟形一边偏大,发出的声音就离散而不内聚;如果钟口有一边向里歪,发出的声音就内敛而不外扬;如果钟形有点偏大,发出的声音就闳大有馀;如果钟形有点偏小,发出的声音就微弱无力;如果钟形不圆,发出的声音就尾声拖长而轻重节奏不明;如果钟的中央部分口径偏小,发出的声音就狭窄细长;如果钟的中央部分口径偏大,发出的声音就抑郁不扬;如果钟壁偏薄,发出的声音就震颤动摇;如果钟壁偏厚,发出的声音就像敲打石头一样无声。

凡制作乐器,典同就要用钟的十二律校定其长度宽度,用钟的十二声校定其容纳的剂量是否合乎要求。凡调整旧有的乐器也是这样。

磬 师

磬师[1]:掌教击磬[2],击编钟[3]。教缦乐[4]、燕乐[5]之钟磬。凡祭祀,奏缦乐。

> **注释**
>
> [1] 磬(qìng)师:古乐官名。
> [2] 击磬:包括击特磬和编磬。特磬,单独悬挂的一杖大磬,玉制,又称玉磬,只有天子有玉磬;编磬,一组十六枚,按顺序悬挂在同一支架上,也就是《小胥》

中的"堵"。

❸编钟：另外还有不编的钟，即特钟，由钟师击之。

❹缦乐：在这里是杂乐的意思。所谓杂，是说和官方的雅乐相比，没有雅乐纯正，但也有其一席之地。

❺燕乐：天子、诸侯与其臣下及四方宾客宴饮时所用的音乐。

译读

磬师的职责是：负责教导视瞭们敲击特磬和编磬，还要教导视瞭们敲击编钟。磬师还要教导他们敲击杂乐以及天子、诸侯与其臣下及四方宾客宴饮时，磬师还要教导他们用钟磬敲击燕乐。凡是每逢祭祀的时候，磬师也要负责演奏缦乐。

钟师

钟师：掌金奏❶。凡乐事，以钟鼓奏《九夏》❷：《王夏》《肆夏》《昭夏》《纳夏》《章夏》《齐夏》《族夏》《祴夏》《骜夏》。

凡祭祀、飨食，奏燕乐。凡射，王奏《驺虞》，诸侯奏《狸首》，卿大夫奏《采蘋》，士奏《采蘩》。掌鼙❸，鼓缦乐。

注释

❶金奏：敲击钟镈，以为演奏的开端。

❷《九夏》：即《王夏》以下九种乐曲。
❸鼙（pí）：击乐器。古时军队中用来警戒的小鼓。

译读

钟师的职责是：负责敲击钟镈，以为演奏的开端。凡有演奏之事，钟师就要负责用钟鼓演奏《九夏》：《王夏》《肆夏》《昭夏》《纳夏》《章夏》《齐夏》《族夏》《祴夏》《鹜夏》。每逢祭祀和设宴招待诸侯，钟师就要负责演奏燕乐。

凡举行射礼，天子射箭时，钟师就要为天子演奏《驺虞》，诸侯射箭时，钟师要为诸侯演奏《狸首》，卿大夫射箭时，钟师要为诸侯演奏《采苹》，士射箭时，钟师也要为士演奏《采蘩》。磬师演奏缦乐时，钟师负责击鼙以和之。

笙 师

笙师：掌教吹竽❶、笙❷、埙、钥❸、箫、篪❹、笛、管，春牍、应、雅❺，以教祴乐❻。凡祭祀、飨、射，共其钟笙之乐，燕乐亦如之。大丧，廞其乐器；及丧，奉而藏之。大旅，则陈之。

注释

❶竽（yú）：一种竹制簧管乐器。与笙相似而略大。
❷笙：也是一种竹制簧管乐器。古代的笙，小的十三簧，大的十九簧。

③ 钥（yuè）：同"龠"。一种如笛、似笛的单管乐器。
④ 篪（chí）：一种竹制管乐器。似笛。有八孔，横吹。
⑤ 舂牍（chōng dú）、应、雅：三种乐器。
⑥ 祴（gāi）乐：即《钟师》中的《祴夏》。这是送宾乐曲。

译读

笙师的职责是：负责教导视瞭吹竽、笙、埙、钥、箫、篪、笛、管，教他们用牍、应、雅捣地发声，以配合《祴夏》乐曲。凡举行祭祀、设宴招待宾客、举行射礼，笙师就要负责提供与钟声相应的笙乐。演奏燕乐时，笙师的职责也是这样。遇到天子或王后、太子去世，笙师负责陈设作为明器使用的竽笙等乐器；等到下葬的时候，笙师把这些乐器送到墓地并藏于椁中。旅祭上帝时，笙师则只负责陈设所掌乐器。

镈师

镈师❶：掌金奏之鼓。凡祭祀，鼓其金奏之乐。飨食、宾射亦如之。

军大献，则鼓其恺乐。凡军之夜三鼜❷，皆鼓之；守鼜❸亦如之。大丧❹。廞其乐器，奉而藏之。

注释

❶镈（bó）师：官名。掌击鼓以指挥钟镈的敲击。
❷三鼜：三次敲击警戒的小鼓。
❸守鼜：古代军中夜间警戒所击之鼓。
❹大丧：帝王、皇后、世子之丧。

译读

镈师的职责是：负责敲击晋鼓从而与金奏的声乐相和。每逢祭祀的时候，镈师全部负责在金奏的时候敲击晋鼓；设宴招待宾客的时候和宾客比射的时候，镈师的职责也是这样。君王的军队凯旋的时候，在宗庙向列祖列宗呈献战利品的时候，镈师就要敲击晋鼓与凯旋乐曲相和。

军旅之中，一夜要敲三遍警戒守备的鼓，这些事情都由缚师负责完成；平时王宫中巡夜敲击警戒的鼓，也由镈师来敲。遇到天子或王后、太子去世的丧事，镈师要将自己所用的乐器制成明器一一陈设出来，并负责送到基地藏入椁中。

韎师

韎师[1]：掌教韎乐。祭祀，则帅其属[2]而舞之。大飨亦如之。

注释

[1] 韎（mèi）师：官名。掌管教练东夷之乐。韎，四夷之乐，东方叫韎。
[2] 属：属下，部下。

译读

韎师的职责是：掌管教练东夷之乐。遇到祭祀，韎师就要率领其部下前去跳东夷之舞。大飨时，韎师的职责也是这样。

旄人

旄人[1]：掌教舞散乐[2]、舞夷乐[3]，凡四方之以舞仕者属焉。凡祭祀、宾客，舞其燕乐。

注释

[1] 旄人：官名。掌教乐舞。
[2] 散乐：品位次于雅乐的杂乐。大约来自民间。
[3] 夷乐：四夷之乐，指各少数民族的音乐。

译读

旄人的职责是:掌管教练如何跳散乐的舞蹈、如何跳少数民族的舞蹈。凡是能够跳四方少数民族舞蹈的人都归旄人管。每逢祭祀、设宴招待宾客,在演奏燕乐时,旄人就让会跳少数民族舞蹈的舞士跳起来。

钥师

钥师❶:掌教国子❷舞羽吹钥。祭祀,则鼓羽钥❸之舞。宾客、飨食,则亦如之。大丧,廞其乐器,奉而藏之。

注释

❶钥师:官名。掌管教导国子跳文舞时右手持羽左手吹钥。

❷国子:指公卿大夫的子弟。

❸羽钥(yuè):古代祭祀或宴飨时舞者所持的舞具和乐器。羽,指雉羽。钥,一种编组多管乐器。

译读

钥师的职责是:掌管教导国子跳文舞时右手持羽左手吹钥。每逢祭祀,当舞者跳文舞时,钥师负责击鼓为之节拍。凡设宴招待宾客,钥师的职责就也是这样。遇到天子或王后、太子去世,钥师就要将自己所掌的乐器制成明器陈设出来,并负责送到墓地藏入椁中。

钥章

钥章：掌土鼓❶、豳钥❷。中春，昼击土鼓、吹钥《豳》诗，以逆暑。中秋，夜迎寒亦如之。凡国祈年于田祖❸，吹《豳》雅，击土鼓，以乐田畯❹。国祭蜡❺，则吹《豳》颂，击土鼓，以息老物。

注释

❶土鼓：比较原始的鼓。鼓身是陶制两面蒙以皮革，可击以出声。

❷豳（bīn）钥：即苇钥。早期的钥用苇，因为此苇钥用来吹奏《豳风·七月》之诗，所以又叫豳钥。

❸田祖：最韧教氏稼穑之官。又叫先啬。

❹田畯（jùn）：主管农事之神。又叫司啬。

❺蜡（zhà）：祭名。每年的十二月农事结束，把一切和农作物有关的神都找来加以祭祀。

译读

钥章的职责是：掌管土鼓与豳钥两种乐器。仲春，在白天敲击土鼓，用苇钥吹奏《豳风·七月》，吹出乡土之音，以祭祀司暑之神。仲秋，在夜间祭祀司寒之神时，钥章也要这样。每逢国家祭祀田祖以祈求丰年时，钥章要用苇钥吹奏《豳风·七月》，吹出雅正之音，敲击土鼓，使田畯之神感到快乐。每逢国家举行蜡祭时，钥章也要吹奏《豳风·七月》，吹出赞颂之音，敲击土鼓，祭祀那些衰老的万物，同时也使操劳一年的农夫得到的休息。

鞮鞻氏

鞮鞻氏[1]：掌四夷之乐[2]与其声歌。祭祀，则吹而歌之。燕亦如之。

注释

[1] 鞮鞻（dī lóu）氏：古代掌管少数民族歌舞的乐官名。
[2] 四夷之乐：东方叫《韎》，南方叫《任》，西方叫《株离》，北方叫《禁》。

译读

鞮楼氏的职责是：掌管四方少数民族的舞蹈及其声歌。祭祀时，鞮楼氏就用管钥吹奏，歌唱。宴饮时，鞮楼氏的职责也是这样。

典庸器

典庸器①：掌藏乐器、庸器②。及祭祀，帅其属而设笱虡③，陈④庸器。

飨食、宾射⑤亦如之。大丧，廞笱虡。

注释

①典庸器：官名。掌藏乐器、庸器及祭祀时之陈设。
②庸器：从战败国手中得到的重器。庸，功。因为上面刻有记功的文字，故称庸器。
③笱虡(jù)：悬挂乐器的支架。竖立的两根木柱叫笱，悬挂乐器的横柱叫作虡。
④陈：陈设，摆列。
⑤宾射：古代射礼之一。

译读

典庸器的职责是：负责掌管和收藏所有的乐器以及从战败国手中得到的重器。每当到了祭祀前夕，典庸器都要率领自己的部下摆放好那些悬挂乐器的支架，然后再摆放好从战败国手中得到的重器。

每当天子设宴招待来朝诸侯的时候或者是天子与诸侯比赛射箭的时候，典庸器也要率领自己的部下摆放好那些悬挂乐器的支架，然后再摆放好从战败国手中得到的重器。遇到天子或王后、太子去世等丧事时，典庸器也要讲那些设悬挂乐器的支架摆放好。

司干

司干❶：掌舞器❷。祭祀，舞者既陈❸，则授舞器。既舞则受之。宾飨❹亦如之。大丧，廞舞器；及葬，奉而藏之。

注释

❶司干：官名。负责掌管舞具。
❷舞器：舞具。舞者跳舞时手中所执，如跳文舞使用的羽龠，跳舞使用的干戚，就是舞器。
❸陈：通"阵"，指排列好了队形，阵型。
❹宾飨：这里指以宾礼款待。

译读

司干的职责是：负责掌管所有的舞蹈用具。每当祭祀的时候，跳舞的人已经在自己的位置上准备好，司干就要向所有跳舞的人发放各自的跳舞用具，等到舞者跳完舞后，司干还要将每个人的跳舞用具全部收回。每当天子设宴招待宾客时，凡是有跳舞的表演，司干的职责也是这样的。每当遇到天子或王后、太子去世等丧事的时候，司干将所有的作为明器使用的舞具摆放好；等到逝者下葬的时候，司干需要把这些舞具小心谨慎地送往墓地并且藏入逝者的椁中。

礼记

乐本篇

凡音之起,由人心生也;人心之动,物使之然也。感于物而动,故形于声。

声相应,故生变;变成方❶,谓之音;比❷音而乐❸之,及干戚❹羽旄❺,谓之乐。

注释

❶方:规律、规则。
❷比:这里是组合的意思。
❸乐:这里特指演奏乐曲。
❹干戚:盾和斧,用于武舞的道具。
❺羽旄:翟羽和牛尾,用于文舞的道具。

译读

大凡音的产生,都是出于人类有能够产生思想感情的心。人类思想感情的变动,是外界事物影响的结果。受外界事物的影响,人的思想感情产生了变动,就会用"声"表现出来。

声非一种,其中有同有异。同声相应,异声相杂,于是产生错综变化。把这种错综变化的声按照一定的规律表现出来,就叫作歌曲将些歌曲按照顺序加以演奏,再加上武舞和文舞,这就叫作乐。

原文

乐者，音之所由生也，其本在人心之感于物也。是故其哀心感者，其声噍❶以杀。其乐心感者，其声啴以缓❷。其喜心感者，其声发以散❸。其怒心感者，其声粗以厉❹。其敬心感者，其声直以廉❺。其爱心感者，其声和以柔❻。

六者，非性也，感于物而后动。是故先王慎❼所以感之者。故礼以道❽其志，乐以和其声，政以一❾其行，刑以防其奸。礼乐刑政，其极一也，所以同民心而出治道也。

注释

❶ 噍（jiào）：焦急，急迫的意思。
❷ 啴（chǎn）以缓：声音宽舒而徐缓。
❸ 发以散：焕发而舒畅。
❹ 粗以厉：粗暴而严厉。
❺ 直以廉：公正而端方。
❻ 和以柔：温和而柔顺。
❼ 慎：谨慎，注意，小心。
❽ 道：通"导"，诱导的意思。
❾ 一：这里是统一的意思。

译读

"乐"是由音所构成的，而其本源乃在于人心对于外界事物的感受。所以，人心有了悲哀的感受，发出的声音就焦急而短促；人心有了快乐的感受，发出的声音

就宽裕而舒缓；人心有了喜悦的感受，发出的声音就开朗而轻快；人心有了愤怒的感受，发出的声音就粗犷而严厉；人心有了崇敬的感受，发出的声音就正直而端方；人心有了爱慕的感受，发出的声音就温和而柔顺。

这六种声音并非人们的内心原来就有，而是人们的内心受到外界事物影响才造成的。所以古代圣王十分注意能够影响人心的外界事物：用礼来引导人们的意志，用乐来调和人们的性情，用政令来统一人们的行动，用刑罚来防止人们做坏事。用礼、用乐、用政令、用刑罚，手段虽然不同，但其目的是一样的，就是要统一民心而实现天下大治。

原文

凡音者,生人心者也。情动于中,故形于声。声成文❶,谓之音。是故治世之音安以乐,其政和❷。乱世之音怨以怒❸,其政乖❹。亡国之音哀以思,其民困。声音之道,与政通矣。宫为君,商为臣,角为民,徵为事,羽为物❺。五者不乱,则无怗懘❻之音矣。

注释

❶文:和谐,柔和;不猛烈。
❷政和:政治宽容和谐。
❸怨以怒:指哀怨而愤怒。
❹乖:反常,君臣下下失序,不和顺。
❺宫、商、角(jué)、徵(zhǐ)、羽:我国古代五声音阶中的五个音阶。
❻怗懘(tiē chì):指音调不和谐。

译读

声音是由人的内心产生出来的。内心的感情活动就表现为声音。声音节奏和谐,这就是音乐。因此太平盛世的乐,安详而愉快,是因为政治宽和;乱世的乐,哀怨而愤怒,是因为政治乖差;亡国的乐,凄清而悲伤,是因为人民流离困苦。声音的道理是和政治相通的。宫、商、角、徵、羽就好比君、臣、民、事、物。这五音不杂乱,就没有不和谐的声音了。

原文

宫乱则荒,其君骄。商乱则陂❶,其官坏。角乱则忧,

其民怨。徵乱则哀,其事勤。羽乱则危,其财匮。五者皆乱,迭❷相陵❸,谓之慢❹。如此,则国之灭亡无日矣。郑卫之音❺,乱世之音也,比于慢矣。桑间濮上❻之音,亡国之音也,其政散,其民流❼,诬上行私而不可止也。

注释

❶陂(pō):不平坦,倾倒不平。
❷迭(dié):更迭,轮流。
❸陵:欺辱,欺凌,侵犯。
❹慢:这里指过分放纵,毫无节制。
❺郑卫之音:指春秋战国时郑、卫等国的民间音乐。
❻桑间濮(pú)上:古指淫风。后也指男女幽会。
❼流:在这里是流离失所的意思。

译读

宫音杂乱就显得声音放散,如同国君骄逸,贤人背离;商音杂乱就显得声音倾颓,如同官场败坏,国事倾危;角音杂乱就显得声音忧愁,如同人民怨恨,隐忧四伏;徵音杂乱就显得声音哀苦,如同徭役不休,人民劳苦;羽音杂乱,就显得声音危急,如同赋税沉重,民用贫乏。五音混乱,交相侵凌,这就叫作慢音,是亡国之音。照这样下去,国家灭亡就没有几天了。古代郑卫地方的乐,就是乱世的乐,接近于灭亡的"慢音"。桑间、濮上的乐,就是亡国之音,国君政教放散,人民四处流亡,官吏欺骗上司,各行其是,而无法制止。

原文

凡音者,生于人心者也。乐者,通伦理❶者也。是

故知声而不知音者，禽兽是也；知音而不知乐者，众庶❷是也。唯君子为能知乐。是故审声❸以知音，审音❹以知乐，审乐❺以知政，而治道❻备矣。是故不知声者不可与言音，不知音者不可与言乐。知乐，则几于礼矣。礼乐皆得，谓之有德。德者得也。

注释

① 伦理：指人与人相处的各种道德关系，行为准则。
② 众庶：普通百姓，普通人。
③ 审声：古代指辨别宫、商、角、徵、羽五声。
④ 审音：要学会辨别音调。
⑤ 审乐：要学会审辨乐曲。
⑥ 治道：这里指治国的道理。

译读

凡是音乐，都是从人心中产生的。所谓"乐"，是和伦理相通的。所以只知声音而不知音调的，便是禽兽。只知音调而不懂音乐的，便是众多的庶人。只有君子才能懂得音乐。所以，由审察声音进而懂得音调，由审察音乐进而懂得政治，这样治国的方法也就完备了。所以，不知道声音的人，不可以跟他谈音调；不知道音调的人，不可以跟他谈"乐"。懂得了"乐"，也就接近于懂得礼了。礼乐两者都有所得，就叫作"有德"。德，也就是"得"的意思。

原文

是故乐之隆，非极音❶也；食飨❷之礼，非致味也。《清

庙》❸之瑟，朱弦❹而疏越❺，壹倡而三叹❻，有遗音者矣。大飨之礼，尚玄酒❼而俎腥鱼❽，大羹❾不和，有遗味者矣。是故先王之制礼乐也，非以极口腹耳目之欲也，将以教民平好恶而反人道之正也。

注释

❶ 极音：崇重音律之美，极尽听觉上的享受。
❷ 食飨：以酒食祭祀宗庙的礼仪。
❸ 《清庙》：《诗经》中《周颂》的第一篇，是周人祭祀祖先的乐歌。
❹ 朱弦：朱红色熟丝作的弦，发音沉浊。
❺ 越：这里是指瑟底两端的孔洞。
❻ 壹倡而三叹：指一人歌唱，三人应和。倡，同"唱"。
❼ 玄酒：古时祭礼用于代替酒的清水。
❽ 俎（zǔ）腥鱼：把生的鱼肉放在俎上。
❾ 大羹（gēng）：祭祀时用的肉汁。

译读

所以，隆重的乐，并不在于最高妙的音乐；大的宴飨的礼节，并不在于罗致各种美味。演唱《清庙》之诗的时候所用的瑟，配以朱弦，疏通底孔，发出迟缓凝重的朴素之音，一人领唱，和唱的只有三人，并没有把高妙之音包括无遗。大飨的礼仪，推重上古的玄酒，俎上放着生肉生鱼，大羹不用调料，可见并不是把一切美味搜罗尽致。所以先王制定礼乐，并不是用来满足人们口腹和耳目的欲望，而是用来教导民众爱憎分明，回到做人的正道上来。

原文

人生而静，天之性也；感于物而动，性之欲也。物至知知❶，然后好恶❷形焉。好恶无节于内，知诱❸于外，不能反躬❹，天理❺灭矣。夫物之感人无穷，而人之好恶无节，则是物至而人化物❻也。人化物也者，灭天理而穷人欲者也。于是有悖逆❼诈伪❽之心，有淫泆❾作乱之事。是故强者胁弱❿，众者暴寡⓫，知者诈愚⓬，勇者苦怯⓭，疾病不养，老幼孤独不得其所。此大乱之道也。

注释

❶知知：前一"知"通"智"，心智。后一"知"是知觉、感觉。

❷好恶（hào wù）：喜好和憎恶。

❸知诱：为物欲所诱导。

❹反躬：自我反省。躬，自身。

❺天理：天然的道理。

❻人化物：人被物同化，失去人性而同于禽兽。

❼悖（bèi）逆：违反正道，犯上作乱。

❽诈伪：狡诈虚伪。

❾淫泆（yì）：纵欲放荡。

❿胁弱：胁迫那些弱小的人。

⓫暴寡：以人多势众的一帮去欺凌、迫害人少势弱的一方。

⓬诈愚：欺诈愚人。

⓭苦怯：使怯懦的人感到困苦。

译读

人生来是宁静的,这是人的天性;感受到外物便有所触动,这也是人性的本能。外物到来,心智就会有知觉,然后便表现为爱好和厌恶。心中对爱好和厌恶没有节制,心智受到外物的引诱,又不能时常自我反省,这样天理就要灭绝了。外物给予人的感受是没有穷尽的。若是人的好恶没有节制,那么外物一来,人就随物而变化了。人随物化,也就是灭绝天理,放纵人欲。于是便会有犯上作乱、欺诈虚伪的心思,出现情欲泛滥胡作非为的事情。于是,强大的人就要胁迫弱小的人,多数人就要欺凌少数人,聪明人就要欺骗愚钝的人,勇敢的人就要迫害怯弱的人。生病的人得不到照看,孤寡老幼无所依靠,这便是天下大乱的由来。

原文

是故先王之制礼乐,人为之节。衰麻❶、哭泣,所以节丧纪❷也;钟鼓、干戚,所以和安乐也;昏姻❸、冠笄❹,所以别男女也;射、乡❺、食、飨,所以正交接❻也。礼节民心,乐和民声,政以行之,刑以防之,礼乐刑政,四达❼而不悖,则王道备❽矣。

注释

❶衰(cuī)麻:丧服,用粗麻布制成,披于胸前。
❷丧纪:也就是丧事。
❸昏姻:嫁娶;结婚之事。昏,通"婚"。
❹冠笄(guàn jī):古代男女成年时分别举行的冠礼、笄礼。

⑤ 乡：乡礼，举行射礼时饮酒为礼。
⑥ 交接：互相交际，往来。
⑦ 四达：风行天下。
⑧ 备：具备，具有。

译读

有鉴于此，古代圣王就制礼作乐，为人们制定出节制的办法：有关丧服、哭泣的规定，这是用来节制丧事的；钟鼓干戚等乐器舞具，这是用来调节安乐的；男大当婚，女大当嫁，这是用来区别男女的；大射、乡饮酒、食、飨这是用来规范人们交往的。用礼来节制民心，用乐来调和民性，用政令加以推行，用刑罚加以防范。礼、乐、刑、政，如果这四个方面都得到贯彻而不发生梗阻，也就具备王道政治了。

乐论篇

乐者为同❶，礼者为异。同则相亲，异则相敬。乐胜❷则流❸，礼胜则离❹。合情❺饰貌者，礼乐之事也。礼义立，则贵贱等矣；乐文同，则上下和矣；好恶著❻，则贤不肖❼别矣。刑禁暴，爵举贤，则政均❽矣。仁以爱之，义以正之，如此，则民治行矣。

注释

❶同：在这里是协同上下的意思。
❷胜：超过，过分。
❸流：散漫随便。
❹离：指隔阂、不亲近。
❺合情：融洽内心感情。
❻著：非常明显，明确，显著。
❼不肖（xiào）：指子弟不好，没有出息。
❽政均：治理国事公允。均，公允。

译读

乐的作用在于协调上下，礼的作用在于区别差异。上下协调就会互相亲近，有差异就会互相尊重。过分强调乐会使人际关系随便，过分强调礼会使人际关系疏远。要使人际关系内心感情融洽外表互相尊重，这就是礼乐应尽的职能了。礼的制度建立了，贵贱的等级才有区别。乐的文采协调了，上下的关系才能和睦。善恶的标准明确了，好人与坏人也就容易区别了。用刑罚来禁止强暴，

用爵位来推举贤能,政治也就公平了。用仁来爱护人民,用义来纠正邪恶。这样一来,老百姓就能治理得好了。

原文

乐由中出,礼自外作。乐由中出,故静;礼自外作,故文❶。大乐必易,大礼必简。乐至则无怨,礼至则不争。揖让❷而治天下者,礼乐之谓也。暴民不作❸,诸侯宾服❹,兵革不试,五刑❺不用,百姓无患,天子不怒。如此,则乐达矣。合父子之亲,明长幼之序,以敬四海之内。天子如此,则礼行矣。

注释

❶文:富有文饰的仪态和动作。
❷揖(yī)让:谦让,礼让。揖,古代的拱手礼。
❸不作:这里指不犯上作乱。
❹宾服:服从,归顺。
❺五刑:中国古代五种轻重不等的刑罚,通常指墨、劓(yì)、剕(fèi)、宫、大辟等五种刑罚。这里泛指一切刑罚。

译读

乐是从内心发出,礼是从外部表现。因为乐从内心发出,所以诚实无伪;因为礼从外部表现,所以文质彬彬。最高级的乐一定是平缓的,最隆重的礼一定是简朴的。乐深入民心,就会消除怨恨;礼得到贯彻,就会消除争斗。古代圣王之所以能以谦恭礼让就把天下治理得井井有条,正是由于礼乐在起作用。没有乱民闹事,诸侯归服,兵

革不用,刑罚不用,百姓无所忧虑,天子无所不满,做到了这一步,就表明乐已经深入民心了。四海之内,使父子关系密切,长幼之序分明,大家都敬爱天子,做到了这一步,就表明礼得到贯彻了。

原文

大乐与天地同和,大礼与天地同节。和故百物不失,节故祀天祭地。明❶则有礼乐,幽❷则有鬼神。如此,则四海之内,合敬❸同爱矣。礼者殊事❹,合敬者也;乐者异文❺,合爱者也。礼乐之情同,故明王❻以相沿❼也。故事与时并,名与功偕。

注释

❶明:这里指的是人世间。
❷幽:幽冥世界,与人间相对。
❸合敬:人们之间相互敬重。
❹殊事:不同的礼节规定。
❺异文:五声六律的差别。
❻明王:圣明的君主。
❼沿:依照旧传统或原有的规定办理,沿袭。

译读

盛大的音乐有着自然的和谐,隆重的礼仪有着自然的节限。百物得和谐而生长,各自持其本性;万物有节限而成就,祭祀天地以报答。在显明的地方用礼乐教人,在幽冥的地方有鬼神相助。这样,四海之内的人们就能相互敬爱了。礼仪的事类不同,但恭敬的心情一样;音乐的曲调有别,但仁爱的心情无异。礼乐表达的感情相

同,都在于相互敬爱。所以历代的圣明君王都沿袭不变,用礼乐治国。但他们制定的礼乐及其名目,是和所处的时代环境及建立的功绩相适合的。

原文

故钟鼓管磬❶,羽籥❷干戚,乐之器也。屈伸俯仰❸,缀兆❹舒疾,乐之文也。簠簋俎豆❺,制度文章,礼之器也。升降上下,周还裼❻袭,礼之文也。故知礼乐之情者能作,识礼乐之文者能述。作者之谓圣,述作❼之谓明。明圣者,述作之谓也。

注释

❶钟鼓管磬(qìng):都是古代的乐器。
❷羽籥(yuè):古代舞蹈时的道具。
❸屈伸俯仰:舞蹈的各种姿势。
❹缀兆:指舞者进退的位置。缀,舞者的位置。兆,舞位的界域。
❺簠簋(fǔ guǐ)俎豆:古代祭祀或宴饮时盛食物的器皿。
❻裼(tì):袒开上衣。袒,脱去或敞开上衣。
❼述作:指撰写著作。述,传承;作,创新。

译读

钟鼓管磬等乐器,羽籥干戚等舞具,都是用来演奏乐的器具。屈伸俯仰的姿势,进退快慢的动作,是乐的情状。簠簋笾豆,制度文章,都是用来行礼的用具。升降上下,周旋裼袭,是行礼的情状。所以,能够了解礼乐表达的感情的人,就能够创制新的礼乐;而记住举乐和行礼的情状的人，才能传授旧的礼乐。能够创制的人叫作"圣"，能够传授的人叫作"明"。明、圣，就是指那能够传授或创制的人。

原文

乐者，天地之和也；礼者，天地之序也。和故百物皆化❶，序故群物皆别。乐由天作，礼以地制。过制❷则乱，过作则暴❸。明于天地，然后能兴礼乐也。论伦无患，乐之情也；欣喜欢爱，乐之官❹也。中正无邪，礼之质也。庄敬恭顺，礼之制也。若夫礼乐之施于金石❺，越于声音，用于宗庙社稷❻，事乎山川鬼神，则此所与民同也。

注释

❶化：融化、融合在一起。
❷过制：指礼乐的制作超越了天地的和谐和秩序。
❸暴：音调放纵，没有节制。
❹官：乐的功能、职能。
❺金石：钟、磬等乐器。
❻宗庙社稷（jì）：代表封建统治者掌握的最高权力。也借指国家。

译读

乐是表示自然的和谐，礼是体现自然的秩序。和谐能够化生万物，秩序能够分别万品。乐和礼是效法天地阴阳制作出来的，错误地制作出礼乐就会引起尊卑紊乱、乐体淆乱。通晓天地的秩序、和谐，然后才能制作礼乐。歌词和乐曲都没有危害，是乐的实情。欣喜欢爱，是乐的形貌。中正无邪，是礼的本质。庄严恭敬，是礼的节制。

至于礼乐施用于钟磬,发出声音,用在宗庙社稷的祭祀,山川鬼神的侍奉上,这和庶民是相同的。

乐礼篇

王者功成作乐,治定制礼。其功大者其乐备,其治辩❶者其礼具。干戚之舞,非备乐也;孰亨❷而祀,非达礼也;五帝❸殊时,不相沿乐;三王❹异世,不相袭礼。乐极则忧,礼粗❺则偏矣。及夫敦乐❻而无忧,礼备而不偏者,其唯大圣乎?

注释

❶辩:同"遍",普遍,全面。

❷孰亨:这里指煮熟的食物。孰,同"熟",亨,同"烹",煮。

❸五帝:上古时代对五位最具影响力的部落首领的尊称。史书说法不一。《史记》以黄帝、颛顼、帝喾、帝尧、帝舜为五帝。

❹三王:夏、商、周三朝的第一位帝王大禹、商汤王、周武王及周文王的合称。

❺粗:这里指过分、没有限度。

❻敦乐:崇尚音乐。

译读

王者大功告成才作乐,政治安定才制礼。功劳巨大,他的乐也就完善;治理全面,他的礼也就齐备。只有干

戚之舞,不能算完备的乐;用熟食祭祀,不能算至上的礼。五帝不同时,因而不沿用相同的音乐;三王不同代,因而不继承同样的礼仪。乐走向极端便会使人忧虑,礼没有限度就会出现偏邪。至于能够使乐隆重却不产生忧虑,使礼完备却不出现偏邪的,大概只有大圣人吧!

原文

天高地下,万物散殊❶,而礼制行矣。流而不息,合同而化❷,而乐兴焉。春作夏长,仁也;秋敛冬藏,义也。仁近于乐,义近于礼。乐者敦和,率❸神而从天;礼者别宜❹,居鬼而从地。故圣人作乐以应天,制礼以配地。礼乐明备,天地官矣。

注释

❶散殊:各不相同,各有区别。
❷合同而化:调和万物一同进化。
❸率:依、循,在这里引申为跟随。
❹别宜:区分等级和差异。

译读

天在上,地在下,万物各不相同,礼就是按照这种差异制定的。天地之气流动不停,调和万物一同进化,乐就是依据这种规律兴起的。春生夏长,体现着仁的精神;秋收冬藏,体现着义的精神。仁接近于乐,义接近于礼。乐的作用是增进和同,跟随着神而归属于天;礼的作用是辨别差异,跟随着鬼而归属于地;所以圣人作乐来顺应天,制礼来配合地。礼乐明确而完备,也就是天地各自发挥其职能了。

原文

天尊地卑，君臣定矣。卑高已陈，贵贱位矣。动静有常，小大殊矣。方❶以类聚，物❷以群分，则性命不同矣。在天成象❸，在地成形❹。如此，则礼者天地之别也。地气上齐❺，天气下降，阴阳相摩，天地相荡，鼓之以雷霆，奋之以风雨，动之以四时，煖❻之以日月，而百化兴焉。如此，则乐者天地之和也。化不时则不生，男女无辨则乱升，天地之情也。

注释

❶方：指禽、兽一类的动物。
❷物：草木一类的植物。
❸象：日月星辰散发光辉的现象。
❹形：草木鸟兽的形态。
❺齐：同"跻（jī）"，上升的意思。
❻煖（nuǎn）：同"暖"，这里是照耀的意思。

译读

天尊在上，地卑在下，那么君臣关系就从此而确定了。高山低泽已经分布开来，那么贵贱的位置也就确定了。运动和静止有一定的常态，大与小也就区分开来了。动物按照类别聚集，植物按照群属区分，各自不同的天性就显示出来了。在天上有日月星辰之象，在地上有万物的不同形态，礼就是这样体现着天地之间的各种区别。地气上升，天气下降，阴阳互相摩擦，天地互相激荡，雷霆来鼓动，风雨来振奋，四时来运转，日月来照耀，万物化育生长。乐也就是这样体现着天地间的和谐。化育不合时节，就

不会生长；男女不加区别，混乱就会产生。这是天地间的常情。

原文

及夫❶礼乐之极乎天而蟠❷乎地，行乎阴阳而通乎鬼神，穷高极远而测深厚。乐着大始❸，而礼居成物❹。著不息者，天也；著不动者，地也。一动一静者，天地之间也。故圣人曰礼乐云。

注释

❶及夫：无实意，用在句首，引起论述。
❷蟠（pán）：盘曲，分布的意思。
❸大始：即太始，指创造万物的天。
❹成物：生成万物的大地。

译读

说到礼乐的功能，上达于天，下至于地，可以行乎阴阳，可以通于鬼神，一切最高最远最深之处无不到达。乐显示创始万物的天，礼体现形成万物的地。显示着不停运动的是天，显示着静止不动的是地。一动一静，就生成了天地间的一切。所以圣人治理天下，言必称礼乐。

乐施篇

昔者舜❶作五弦之琴以歌《南风》❷，夔❸始制乐以赏诸侯。故天子之为乐也，以赏诸侯之有德者也。德

盛而教尊，五谷时熟，然后赏之以乐。故其治民劳者，其舞行缀远；其治民逸者，其舞行缀短❹。故观其舞，知其德；闻其谥，知其行也。

《大章》❺，章之也。《咸池》❻，备矣。《韶》❼，继也。《夏》❽，大也。殷周之乐，尽矣。

注释

❶舜：传说是中国古代帝王，号有虞氏，史称虞舜，传位于夏禹。

❷《南风》：远古诗歌的名称。

❸夔（kuí）：人名，相传为舜的乐官，后世将其尊为乐祖。

❹缀短：跳舞的人间隔较短，形容跳舞的人多。

❺《大章》：乐名。相传是歌颂尧仁德的音乐。

❻《咸池》：乐名。相传是歌颂黄帝德政普施天下的音乐。

❼《韶》：乐名。相传是歌颂舜能继承尧德行的音乐。

❽《夏》：乐名。相传是歌颂禹光大尧舜之德的音乐。

译读

从前舜制作五弦之琴来演奏《南风》，夔开始制乐以赏赐诸侯。由此看来，天子的制乐，是用来赏赐有德的诸侯的。作为诸侯，如果德行隆盛，尊重教化，五谷丰登，做到了这几点才能够被赐以乐。所以，凡是治国不好，使老百姓劳困的，赏给他的舞队就人员稀少；凡是治国较好，使百姓安乐的，赏给他的舞队就人员众多。

所以，观察诸侯的舞队，就可以知道他的德行；这就好比听到某人的谥号，就可以知道他的生前行事一样。

尧之乐叫《大章》，意思是尧的德行昭彰。黄帝之乐叫《咸池》，意思是黄帝之德普施天下。舜之乐叫《韶》，意思是舜能绍继尧之德行。禹之乐叫《夏》，意思是禹能发扬光大尧舜之德。以上都是以文德命名的，如果再加上以武功命名的殷周之乐，命名的方式也就全了。

原文

天地之道，寒暑不时❶则疾，风雨不节则饥❷。教者，民之寒暑也，教不时则伤世❸。事❹者，民之风雨也，事不节则无功。然则先王之为乐也，以法治也，善❺则行象德矣。

夫豢豕❻为酒，非以为祸也，而狱讼益繁，则酒之流❼生祸也。是故先王因为酒礼。壹献之礼，宾主百拜❽，终日饮酒而不得醉焉，此先王之所以备酒祸也。故酒食者，所以合欢也。

注释

❶不时：这里是指不适时令。
❷饥：因粮食歉收等引起的食物严重缺乏的状况。
❸伤世：伤害世俗的教化。
❹事：礼事，制度。
❺善：在这里是指乐都非常得当。
❻豢（huàn）豕：养猪。豢，喂养。
❼流：放纵，过度。
❽百拜：多次拜谢，指多次行礼。

译读

按照天地运行的规律，该热不热该冷不冷人就会生病，风雨不调就会发生饥荒。乐教对于人民来说就好比是寒暑交替，乐教不及时就会损害世道人心。礼制对于人民来说就好比是风雨，礼制没有节制办事就不会奏效。由此看来，先王的制乐，就是用它来作为治理人民的一种方法，用得好就能使人们的行为合乎道德。

譬如养猪酿酒，本来不是为了制造祸端，但是打官司的却日益增多，这就是饮酒无度造成的。先王有鉴于此，就特地制定了饮酒之礼。光是"一献"之礼，宾主之间就要行很多礼，这样一来，即令整天饮酒也不至于喝醉。这就是先王防备酗酒闹事的方法。所以喝酒吃饭，是为了皆大欢喜，增进友谊。

原文

乐者，所以象德也；礼者，所以缀❶淫也。是故先王有大事❷，必有礼以哀之；有大福❸，必有礼以乐之。

哀乐之分❹，皆以礼终❺。乐也者，圣人之所乐也，而可以善民心，其感人深，其移风易俗❻，故先王著❼其教焉。

注释

❶缀：通"辍"，这里是制止的意思。
❷大事：这里指丧亡的大事。
❸大福：喜庆的大事。
❹分：分寸，程度。
❺终：极，尽。这里是约束的意思。

⑥移风易俗：改变旧的风俗习惯。
⑦著：设立，建立。

译读

乐是用来表现德行的，礼是用来制止越轨行为的。所以先王有了死丧之类的大事，一定要用适当的礼表示悲哀；先王有了喜庆之类的大事，一定要用适当的礼表示欢乐。

悲哀和欢乐的程度，都以礼的规定作为标准。乐是圣人所喜欢的，因其可以改善民心，感人至深，容易移风易俗，所以先王才注重乐的教化。

原文

乐也者施①也，礼也者报也。乐，乐②其所自生③；而礼，反④其所自始⑤。乐章德⑥，礼报情⑦反始⑧也。

所谓大辂⑨者，天子之车也。龙旂⑩九旒⑪，天子之旌⑫也。青黑缘者，天子之宝龟⑬也。从之以牛羊之群，则所以赠诸侯也。

注释

①施：施行，恩施，给予。
②乐：乐意，喜欢。
③所自生：王者赖以建立王业的功德。
④反：同"报"，报答。
⑤所自始：布施恩德的人。
⑥章德：表彰德行。章，通"彰"，表彰。
⑦报情：这里指报答君王的恩情。
⑧反始：这里指报答祖先的恩惠。

⑨大辂（lù）：天子乘坐的一种车。
⑩龙旂（qí）：天子出行时打的旗，上面绣有龙。
⑪九旒（liú）：旗上有九条穗子，用以装饰。
⑫旌（jīng）：古代的一种旗。
⑬宝龟：千岁之龟，象征天子长寿。

译读

乐是让人听和看的，只求施予，不求报答。礼则是有来有往，既讲施予，也讲报答。乐是欢乐其发自内心的心情，而礼则要追溯其源头。乐要表明内在之德，礼则要报答恩情饮水思源。

所谓大辂，乃是天子之车；所谓龙旗有九旒，乃是天子的旌旗；有青黑色边缘的龟甲，乃是天子的宝龟；再加上成群的牛羊。所有这些东西，都是天子用来赠送来朝将去的诸侯的。

乐情篇

乐也者，情之不可变者也。礼也者，理之不可易者也。乐统同，礼辨异，礼乐之说，管❶乎人情矣。

穷本知变，乐之情也；著诚去伪，礼之经也。

礼乐偩❷天地之情，达神明之德，降兴❸上下之神，而凝是精粗之体❹，领父子君臣之节。是故大人举礼乐，则天地将为昭焉。

天地訢合❺，阴阳相得，煦妪❻覆育万物，然后草木茂，区萌❼达，羽翼奋，角觡❽生，蛰虫昭苏，羽者妪伏❾，毛者孕鬻❿，胎生者不殰⓫，而卵生者不殈⓬，则乐之道归焉耳⓭。

注释

❶管：包括，贯通。
❷偩（fù）：依顺，依从。
❸降兴：在这里是调动的意思。
❹精细之体：大大小小的礼仪。
❺訢（xīn）合：天地之气互相感应。訢，同"欣"。
❻煦妪（xù yù）：养育，抚育。
❼区萌：植物的萌芽。
❽角觡（gé）：指麋鹿牛羊之类。
❾妪伏：鸟类伏在地上孵化生子。
❿孕鬻（yù）：同"孕育"。指怀胎生育。
⓫殰（dú）：胎儿死在腹中。

⑫恤：裂，这里指卵破裂。
⑬焉耳：同"焉尔"，于是，而已。

译读

乐因情而作，所以心志不可改变；礼据理而定，因此道理不能变换。乐是调和同一，礼是异尊卑的，礼乐二端通贯了人情。

穷究内心的本源，了解声音的变化，这是乐的情理；发扬诚信，清除虚伪，这是礼的常态。

礼乐依顺自然的法则，通达神明的德行，降出上下的神灵，而凝聚成万物大大小小的形体，父子君臣的节限也统在礼乐中。所以，统治者兴起礼乐，自然的法则将因此而昭明。

天地阴阳二气蒸腾融合，阳气温暖覆盖大地，养育人间万物。草木茂盛，植物伸出嫩芽，禽鸟振动翅膀，走兽角骼生成，蛰伏的虫豸苏醒复生，鸟类孵卵，兽类怀胎，胎生的不会死在腹中，卵生的不会破裂在地。乐的道理正归属于这样的自然法则。

原文

乐者，非谓黄钟大吕❶弦歌干扬❷也，乐之末节也，故童者舞之。铺筵席❸，陈尊俎❹，列笾豆❺，以升降为礼者，礼之末节也，故有司掌之。

乐师辨乎声诗，故北面❻而弦；宗祝❼辨乎宗庙之礼，故后尸❽；商祝❾辨乎丧礼，故后主人。

是故德成而上，艺成而下；行成而先，事成而后。是故先王有上有下，有先有后，然后可以有制于天下也。

注释

① 黄钟大吕：古代十二音律中的钟，这里泛指古代音律。
② 干扬：盾和钺，都是武舞的道具。
③ 筵（yán）席：铺在地上的坐具，酒馔。
④ 尊俎：古代盛酒肉的器皿。
⑤ 笾（biān）豆：古代祭祀及宴会时常用的两种礼器。竹制为笾，木制为豆。
⑥ 北面：面朝北，是卑下的位置。
⑦ 宗祝：宗庙之官，执掌礼仪。
⑧ 尸：古代祭祀时，代表死者受祭的活人。
⑨ 商祝：执掌丧礼仪式的官吏。

译读

乐其实并不是指黄钟、大吕、弹唱、舞蹈等，这都是乐的小事，所以国子们只学会歌舞。摆设筵席，陈列尊俎笾豆，以登堂下阶为礼的，这也是礼的小事，所以由执事人掌管。

乐师能够分辨声律来吟唱诗歌，但失却在下位面朝北对人弹奏。宗祝熟悉宗庙的礼仪，但是行礼时却要跟在尸体的后面。丧祝十分了解丧礼，但是却跟要随在主人后面侍候。

由此可见，成就道德的在上位，只学会技艺的在下位，将道德体现在行为上的在先，仅靠技艺完成事情的靠后。因此先王明白上下先后的道理，然后才可能为天下创制礼乐。

乐言篇

夫民有血气心知❶之性,而无哀乐喜怒之常,应感起物而动,然后心术形焉。是故志微、噍杀之音作,而民思忧。啴谐❷、慢易、繁文、简节之音作,而民康乐。粗厉、猛起、奋末❸、广贲❹之音作,而民刚毅。廉直、劲正、庄诚之音作,而民肃敬。宽裕、肉好、顺成、和动之音作,而民慈爱。流辟❺、邪散、狄成❻、涤滥❼之音作,而民淫乱。

注释

❶心知(zhì):指人的思想和智能。知,通"智"。
❷啴谐:和谐,宽和。
❸奋末:舞动四肢。奋发,奋动。
❹广贲(bēn):这里是洪亮激昂的意思。
❺流辟:放荡邪僻。
❻狄成:乐曲的结尾拖得很长。
❼涤滥(dí làn):指音乐节奏疾速短促。

译读

每个人都有血气心知的本性,但没有固定不变的哀乐喜怒的心情。必须感受到外物的刺激,才会产生情感活动,然后就表现出哀乐喜怒。所以,创作出细微、低沉的音乐,那人是愁思忧虑的;创作出宽和而平易、含义丰富而节奏简明的音乐,那人是安逸欢乐的;创作出粗犷、起始和结束猛烈、亢奋的音乐，那人是刚强坚毅的；创作出纯净正直、庄严诚恳的音乐，那人是严肃恭敬的；创作出宽舒、圆润、和顺的音乐，那人是慈祥仁爱的；创作出流宕、怪僻、散乱、曲折、急成速止的音乐，那人是淫侈混乱的。

原文

是故先王本之情性，稽❶之度数❷，制之礼义，合生气之和，道五常之行，使之阳而不散，阴而不密，刚气不怒，柔气不慑，四畅交于中，而发作于外，皆安其位而不相夺也，然后立之学等❸，广其节奏，省其文采，以绳❹德厚。律小大之称，比❺终始之序，以象事行❻。使亲疏、贵贱、长幼、男女之理，皆形见于乐，故曰：乐观其深矣。

注释

❶稽（jī）：考核，考察。
❷度数：音律的度数。
❸学等：进学的等第级别。
❹绳：按一定标准去衡量。
❺比：按一定规律排列组合。
❻事行：下文的亲疏、贵贱、长幼、男女等人伦关系。

译读

所以古代圣王制定礼乐，依据人们的本性和情感，参考音律的度数，制定出准则意义。既适合阴阳生气的和畅，又依循五行的流转，使阳气发散而不至杂乱，阴气收敛而不至闭塞，刚强而不粗暴，柔顺而不怯懦，阴阳刚柔四气交汇于中而表现在外，安于各自的位置而不相互侵凌。然后设立学习的等次，增习乐的节奏，审查音曲是否和应，来量度他是否道德高厚。同时，校正五音度数的匀称，排列章节终始的次序，来模拟事功和行能，使亲疏、贵贱、长幼、男女的伦理都表现在乐中。所以说：通过对音乐的观察，便可明白其中所含的深义

原文

土敝❶则草木不长，水烦则鱼鳖不大，气衰则生物不遂，世乱则礼慝❷而乐淫。是故其声哀而不庄，乐而不安，慢易以犯节，流湎❸以忘本。广❹则容奸，狭❺则思欲。感条畅之气，灭平和之德。是以君子贱之也。

注释

❶土敝：土地贫瘠。
❷慝（tè）：隐藏，把心隐藏起来，存有邪念。
❸流湎（miǎn）：沉溺其中，放纵无度。
❹广：在这里指音乐宽缓。
❺狭：在这里指音乐短促。

译读

土壤贫瘠，草木就不能生长；经常搅动的水，养不大鱼鳖；阴阳之气衰竭，生物无法长成；社会混乱，礼乐就会邪恶、放荡。因此，声音悲哀但不庄重，喜悦但不安分，过分宽缓会冲犯节奏，流连沉湎会失去本性；节奏宽缓会容纳邪恶，短促的音乐挑逗着淫欲，感受到一股放荡之气，却毁灭了平和的美德。这是君子所鄙视的。

乐象篇

凡奸声感人而逆气应之,逆气成象而淫乐兴焉。正声感人而顺气应之,顺气成象而和乐兴焉。倡和❶有应,回❷邪曲直,各归其分;而万物之理,各以其类相动也。是故君子反情❸以和其志,比类以成其行。

奸声乱色,不留聪明❹;淫乐慝礼❺,不接心术;惰慢❻邪辟之气,不设于身体。使耳目鼻口心知百体❼,皆由顺正,以行其义。

注释

❶倡和:互相呼应,配合。倡,通"唱"。
❷回:在这里是违背的意思。
❸反情:返回人的天性,恢复天赋的善性。
❹聪明:这里指人的听觉和视觉。
❺慝礼:不正的礼数、礼节。
❻惰(duò)慢:懈怠涣散。
❼百体:人体的各个部分。

译读

凡是奸邪的声音感染了人,心中逆乱之气就与之呼应,逆乱之气表现于外,淫邪的音乐就产生了。纯正的声音感染了人,心中顺服之气就与之呼应,顺服之气表现于外,调和的音乐就产生了。一唱一和互相呼应,邪正曲直各自归属于一定的分类。万物的原理,就是按照各自

的类别互相触动。所以君子回到人的本性来调和人们的志向,比照善恶的类别来促成人们的行为。

奸邪的声音、淫乱的颜色,不听不看。荒淫的音乐、邪恶的礼仪,心里不去感受。惰慢奸邪的习气,不沾染到身上。使耳、目、鼻、口、思想以至整个身体,都随着正气、依照道义而行动。

原文

然后发以声音,而文以琴瑟,动以干戚,饰以羽旄,从以箫管。奋至德之光,动四气❶之和,以着万物之理。是故清明象天,广大象地,终始象四时,周还象风雨。

五色❷成文而不乱,八风❸从律而不奸,百度得数而有常。小大相成,终始相生。倡和清浊❹,迭相❺为经。故乐行而伦清,耳目聪明,血气和平,移风易俗❻,天下皆宁。

注释

❶四气:指上文所说的阳、阴、刚、柔四气。

❷五色:相应于五行的五音。

❸八风:古人对八个方位风的合称。这里指与八风相应的金、石、丝、竹、匏、土、革、木八种乐器发出的八音。

❹清浊:音乐的清音与浊音。

❺迭(dié)相:相继,轮番。

❻移风易俗:改变旧的风俗习惯。

译读

然后发作为声音,用琴瑟来伴奏,用干戚来舞动,用羽旄来装饰，用箫管来配合。焕发出至上道德的光彩，调动起四气的和谐，表明万物的原理。所以这种音乐，清明就像天，广大就像地，终始循环就像一年四季，周旋流动就像风雨。

好像五色配成文采而毫不混乱，八风配合律吕而不相干扰。各种度数都有常规。十二律互相配合，轮流为宫音。有唱有和有清有浊，互相交替形成条理。所以这样的音乐流行能使伦理清楚，使人耳聪目明，心平气和，能改变社会风俗，使天下都安宁。

原文

故曰：乐❶者乐❷也。君子乐得其道，小人乐得其欲。以道制欲，则乐而不乱；以欲忘道，则惑而不乐。

是故君子反情❸以和其志，广乐❹以成其教，乐行，而民乡方❺，可以观德矣。德者，性之端也；乐者，德之华也；金石丝竹，乐之器也。

诗，言其志也；歌，咏其声也；舞，动其容也。三者本于心，然后乐器从之。是故情深而文明，气盛而化神，和顺积中而英华发外，唯乐不可以为伪。

注释

❶乐：在这里指的是音乐。
❷乐：快乐，高兴，愉悦。
❸反情：恢复正常的本性，以防惑乱。
❹广乐：阐发音乐的蕴意。
❺乡方：在这里是指朝向正道。

译读

所以说：音乐就是快乐。君子快乐是因为找到了正道，小人快乐是因为满足了欲望。用正道来控制欲望，这样快乐就不会导致淫乱；为了欲望而忘记正道，就会陷入迷惑而得不到真正的快乐。

所以君子回到人的本性来调和志向，推广音乐来完成教化。乐教完成，人民也就走上了正道，所以从音乐可以观察到德行。所谓德，是人性的发端。而音乐，则是由德开放出来的花朵。金石丝竹，则是奏乐的工具。

诗，表达人们的志向；歌，唱出人们的心声；舞，体现人们的仪容动态。三者都是从人心中发出，然后以乐器相配合。所以情感深厚，文理鲜明；气氛浓烈，变化如神。和顺的品德积聚在心中，才能使音乐的美妙光华表现于外。只有音乐所表现的快乐是不好伪装的。

原文

乐者，心之动也；声者，乐之象也；文采节奏，声之饰也。君子动其本，乐其象，然后治其饰。是故先鼓以警戒❶，三步以见方，再始以着往，复乱❷以饬归❸。奋疾而不拔❹，极幽❺而不隐。独乐其志，不厌其道；备举其道，不私其欲。

是故情见而义立，乐终而德尊。君子以好善❻，小人以听过。故曰：生民之道，乐为大焉❼。

注释

❶ 警戒：提醒大家作好准备。
❷ 乱：乐曲的结束部分。
❸ 饬（chì）归：整饬而归。
❹ 拔：这里是慌乱的意思。
❺ 极幽：最隐蔽的地方。
❻ 好善：非常愿意去做善事。
❼ 焉（yān）：表示肯定的语气。

译读

乐是内心活动的表现。声是乐的表现形式。文采节奏是对声的修饰。君子从内心的感动出发，喜爱其表现形式，然后还要讲究文采节奏。例如《大武》之舞，首先要击鼓让众人做好准备，然后踏三次步表示即将舞蹈；一曲既了，再从头开始，以表示第二次出兵才灭掉了商。舞到最后阶段又整齐地回到原来的舞位。舞者步伐迅疾，但不慌乱；表情深刻，但不隐晦。整个舞蹈表现了只有武王能够在其快意之时不忘仁义，完全地施行仁义以利

天下，而不是为了私欲。

因此，人们不但可以从中看到武王伐纣之事，还可以看出武王伐纣之义。《大武》曲终，武王的德尊地位也昭然显示。观看《大武》，君子会愈益增加其好善之心，小人也会借以反省自己的过错。所以说："治民之道，乐是最重要的。"

乐化篇

君子曰：礼乐不可斯须❶去身。致❷乐以治心，则易直子谅❸之心油然生矣。易直子谅之心生则乐，乐则安，安则久，久则天，天则神。天则不言而信，神则不怒而威。致乐以治心者也。致礼以治躬❹则庄敬，庄敬则严威。

心中斯须不和不乐，而鄙诈❺之心入之矣。外貌斯须不庄不敬，而易慢❻之心入之矣。故乐也者，动于内者也；礼也者，动于外者也。乐极和，礼极顺。内和而外顺，则民瞻❼其颜色，而弗与争也；望其容貌，而民不生易慢焉。故德辉动于内，而民莫不承听；理发诸外，而民莫不承顺。故曰：致礼乐之道，举而错之天下，无难矣。

注释

❶斯须：很短的时间，须臾。

②致：审察，研究。
③易直子谅：平易、正直、慈爱、诚信。
④治躬：修治自己的容貌、仪表。
⑤鄙诈：行为卑鄙欺诈。
⑥易慢：在这里是轻率怠慢的意思。
⑦瞻（zhān）：往前或往上看。

译读

君子说：礼乐不可片刻离身。深刻体会乐的作用并用以陶冶内心，平易正直慈爱诚信的心就会自然而然地产生。有了平易正直慈爱诚信之心就自然感到快乐，感到快乐就会心神安宁，心神安宁就会生命长久，久而久之就会被人信之如天，畏之如神。这就有如天虽不言，而四季的交替从不失信；神虽不怒，而人人敬畏其威。这就是深刻体会乐的作用从而陶冶内心的结果。深刻体会礼的作用并用来修治自身的外貌仪表，就会给人以庄重恭敬之感，这种庄重恭敬之感又会使人感到威严。

如果内心有片刻的不和不乐，卑鄙诈伪的念头就会乘隙而入；如果外貌有片刻的不庄不敬，轻易怠慢的心志就会乘隙而入。所以说，乐这个东西，是影响人的内心的；礼这个东西，是影响人的外貌的。乐追求的目标在于和，礼追求的目标在于顺。内心和悦而外貌恭顺，那么民众只要看到他的脸色就不会与他相争了，只要望见他的容貌就不敢有轻慢的念头了。由此可见，面色和善发自内心而民众莫不乐于听从，动作中规展现于外而民众莫不乐于顺从。所以说：深刻的体会礼乐之道，并将它用来治理天下，就没有什么难办的事情了。

原文

乐也者,动于内者也;礼也者,动于外者也。故礼主其减❶,乐主其盈❷。礼减而进❸,以进为文❹;乐盈而反❺,以反为文。

礼减而不进则销❻,乐盈而不反则放。故礼有报❼而乐有反。礼得其报则乐,乐得其反则安。礼之报,乐之反,其义一也。

注释

❶减:礼讲究克制谦让,所以强调减损。
❷盈:乐用以抒发情感,所以强调充盈。
❸进:在这里是遵行,勉励的意思。
❹文:善,美。这里是合乎要求的意思。
❺反:这里指有所控制。
❻销:消亡,废弛。销,除去;解除。
❼报:鼓励,与上文"进"意思相近。

译读

乐是调理内心的,礼是调节外表的。所以,礼以减损为原则,防止人们倦怠;乐以充盈为原则,促使人们欢乐。礼减损,就要自我勉励,以自我勉励加强为美好;乐充盈,就要自我抑制,以自我抑制为美善。

礼减而不能自我勉励,那礼道就衰退了;乐盈而不能自我抑制,那乐道就流漫了。所以礼道有勉励而乐道有抑制。行礼得到勉励,就使人乐于从事;举乐得到抑制,就使人心绪安宁。礼道有勉励,乐道有抑制,它们的意义是一样的。

原文

夫乐者，乐也，人情之所不能免也。乐必发于声音，形于动静，人之道❶也。声音动静，性术❷之变，尽于此矣。故人不耐❸无乐，乐不耐无形，形而不为道❹，不耐无乱。先王耻其乱，故制雅颂之声以道之，使其声足乐而不流，使其文足论❺而不息，使其曲直❻、繁瘠❼、廉肉❽、节奏❾足以感动人之善心而已矣。不使放心❿邪气得接焉，是先王立乐之方也。

注释

❶人之道：指人的天赋情性。
❷性术：内在的思想感情。
❸耐：通"能"，能够，可以。
❹道：通"导"，引导，指导。
❺论：在这里是谈论义理的意思。
❻曲直：音调的曲折或平直。
❼繁瘠（jí）：音调的复杂或简单。
❽廉肉：音调的清淡或丰满。
❾节奏：音调的休止或进行。
❿放心：放纵或放肆的心。

译读

乐就是欢乐，是人情不能抑制的。欢乐必然表现在声音和动作上，这是做人的自然道理。人性情的表达方式，都可以从声音动作表现出来。所以，人不能没有欢乐，欢乐不能没有表达方式。如果表达方式不合道义，就会出现惑乱。古代圣王认为惑乱是耻辱，所以制作《雅》《颂》

等乐声来引导人们，使人们的歌声充满欢乐而不放荡，歌词可以品味而不至胡思乱想，使乐声的曲直、繁简、节奏等能够感动人的善心就可以了。不能让放荡邪恶的心气与人心相沟通，这就是古代圣王立乐的准则。

原文

是故乐在宗庙之中，君臣上下同听之，则莫不和敬；在族长❶乡里之中，长幼同听之则莫不和顺；在闺门❷之内，父子兄弟同听之，则莫不和亲。故乐者，审一以定和，比物❸以饰节，节奏合以成文。所以合和父子君臣，附亲❹万民也，是先王立乐之方也。故听其雅颂❺之声，志意得广焉；执其干戚，习其俯仰诎伸❻，容貌得庄焉；行其缀兆，要其节奏，行列得正焉，进退得齐焉。故乐者，天地之命，中和之纪，人情之所不能免也。

注释

❶族长：古代地方基层单位"族"与"长"的并称。一百家为一族，二百五十家为一长。
❷闺门：古代指内室的门。这里是家庭的意思。
❸物：金、革、土、匏等乐器。
❹附亲：归依，亲附。
❺雅颂：《诗经》内容和乐曲分类的名称。雅乐为朝廷的乐曲，颂为宗庙祭祀的乐曲。
❻诎（qū）伸：屈曲和伸直。泛指举止、举动。

译读

所以音乐在宗庙中演奏，君臣上下同听，就无不和

谐恭敬;在族长、乡亲中演奏,长幼同听,就无不和谐恭顺;在家中演奏,父子兄弟同听,就无不和谐亲密。所以,奏乐要审定一个基准来决定乐器的和声,配合乐器来文饰节奏,配合节奏再合成乐曲。父子君臣和睦,万民附归为一体,这就是古代圣王立乐的准则。所以,听《雅》《颂》的乐声,可以使人志向远大;拿着斧和盾牌,练习俯仰屈伸,会使人仪容庄重;踏着舞位,和着节奏,能够使行列、动作整齐划一。因此说,乐是天地的命令,协调关系的纲纪,是人情不可缺少的东西。

原文

夫乐者,先王之所以饰喜也;军旅鈇钺❶者,先王之所以饰怒也。故先王之喜怒,皆得其侪❷焉。喜则天下和❸之,怒则暴乱者畏之。先王之道,礼乐可谓盛❹矣。

注释

❶鈇钺(fū yuè):斫刀和大斧,这里指作战的兵器。
❷侪(chái):类,引申为匹配。
❸和(hè):呼应,应和的意思。
❹盛:在这里是充分的意思。

译读

乐,是先王用来表达喜悦的;军队和武器,是先王用来表达威怒的。所以先王的喜悦和威怒,都有与之相配的东西来表达。表达喜悦则整个天下都和睦,显示威怒则暴乱的人都敬畏。先王治天下的道理,在礼乐中可以说是充分地表现出来了。

魏文侯篇

魏文侯❶问于子夏❷曰:"吾端冕❸而听古乐,则唯恐卧;听郑卫之音,则不知倦。敢问古乐之如彼,何也?新乐之如此,何也?"

注释

❶魏文侯:战国时期魏国开国君主。
❷子夏:春秋末期思想家、教育家,孔门十哲之一。
❸端冕:穿礼服、戴礼冠,表示恭敬。

译读

魏文侯问子夏说:"我要是穿戴礼服礼帽听古乐,就怕很快就要睡着了;而要是去听郑、卫之音,则不知疲倦。请问古乐使我那样,是什么原因呢?新乐叫我如此,又做何解释呢?"

原文

子夏对曰:"今夫古乐,进旅退旅,和正以广。弦匏❶笙簧,会守拊❷鼓。始奏以文,复乱以武。治乱以相,讯❸疾以雅。君子于是语,于是道古。修身及家,平均天下。此古乐之发也。今夫新乐,进俯❹退俯,奸声以滥,溺❺而不止。及优❻侏儒,糅杂子女❼,不知父子,乐终不可以语,不可以道古。此新乐之发也。今君之所问者乐也,所好者音也。夫乐者,与音相近而不同。"

注释

1. 弦匏（páo）：均是乐器名。有时也借指弦歌之声。
2. 拊（fǔ）：乐器名，用以拍板。
3. 讯：在这里是调节的意思。
4. 俯：指舞者行列曲折不齐。
5. 溺：使人觉醒迷茫。
6. 优：即俳优，古时以乐舞、杂戏为业的艺人。
7. 子女：在这里指的是男女。

译读

子夏回答说："所谓古乐，表演时进退整齐，和平宽广。各种管弦乐器，等领乐的拊和鼓敲响后才一齐演奏。开始以鼓声领起，结尾以金铙收束。用相来调整结束的音乐，用雅来控制音乐的速度。君子说明此乐舞的深刻意义，或称道古代圣王的业绩。用以修养自身、影响到家庭，以至于治国平天下。这是古乐的表现。而所谓新乐，

表演杂乱不齐,淫邪的声音泛滥,使人沉溺而难以自拔,甚至还加上倡优侏儒丑态百出的表演,男女混杂,父子不分,音乐终了,无法说明什么道理,也不能讲述古代圣王的业绩。这就是新乐的表现。现在你问的是'乐',而你喜好的却是'音'。所谓'乐'和'音'虽然相似,但却是不同的!"

原文

文侯曰:"敢问何如?"子夏对曰:"夫古者天地顺而四时当,民有德而五谷昌,疾疢❶不作而无妖祥❷,此之谓大当。然后圣人作,为父子君臣,以为纪纲。纪纲既正,天下大定。天下大定,然后正六律,和五声,弦歌诗颂,此之谓德音;德音之谓乐。诗云:'莫❸其德音。其德克明❹。克明克类,克长克君,王此大邦;克顺克俾❺,俾于文王,其德靡悔❻。既受帝祉,施于孙子。'此之谓也。今君之所好者,其溺音乎?"

注释

❶ 疢(chèn):热病,也泛指疾病。
❷ 妖祥:显示灾异的凶兆。
❸ 俧莫:形容淡漠清静的样子。
❹ 克明:能够照耀天下,普施光明。克,能够。
❺ 俾(bǐ):同"比",使上下相亲相敬。
❻ 靡(mǐ)悔:无所遗憾。靡,没有。

译读

文侯问:"请问乐与音究竟是怎样不同呢?"子夏

回答说:"古时候,天地正常,四时风调雨顺,人民有德行,五谷丰盛,疾病灾祸不发生,反常现象不出现,这就叫作天下太平。这时就有圣人起来,制定了君臣父子的名分,作为人们的纲常。纲常确定了,天下就安定了。天下安定,然后再制定六律,调和五声,演奏乐器来歌唱,创作诗篇来赞颂。这样的音乐,就叫作德音;德音才能称作'乐'。《诗经》上说:'德音多么淡漠,德行多么光明。光明而合伦类,能够担任君长,统治伟大国家;恭顺而能择善,传到文王时代,德行无所遗憾。接受天帝福佑,传给子孙万代。'这就是说的德音啊!而你所喜好的大概是那种令人沉湎的'溺音'吧。"

原文

文侯曰:"敢问溺音何从出也?"子夏对曰:"郑音好滥❶淫志,宋音燕女❷溺志,卫音趋数❸烦志,齐音敖辟❹乔❺志。此四者皆淫于色而害于德,是以祭祀弗用也。

注释

❶好滥:轻佻放纵。
❷燕女:安于女色,这里指缠绵纤柔。
❸趋数:音调急促。趋,古同"促",催促,急速。
❹敖辟:形容乐音倨放而邪辟。
❺乔:通"骄",骄傲,傲慢。

译读

文侯又问道:"请问溺音从何而来呢?"子夏答道:"郑国之音多是男女偷情,使人心志淫荡,宋国之音留

恋妻妾，使人意志消沉；卫国之音节奏急促，使人心情烦乱；齐国之音傲慢邪僻，使人志骄意满。这四国之音，都偏重于色情而有害于道德，所以是不用之于祭祀的。"

原文

诗云："肃雍和鸣，先祖是听。"夫肃肃，敬也；雍雍，和也。夫敬以和，何事不行。为人君者谨其所好恶而已矣。君好之，则臣为之。上行之，则民从之。

诗云："诱民孔❶易，此之谓也。"然后圣人作，为鞉❷、鼓、椌、楬❸、埙、篪，此六者，德音之音也。然后钟磬竽瑟以和之，干戚旄狄❹以舞之，此所以祭先王之庙也，所以献酬❺酳❻酢❼也，所以官序贵贱各得其宜也，所以示后世有尊卑长幼之序也。

注释

❶孔：甚，很。
❷鞉（táo）：即"鼗"，指小鼓。
❸椌（qiāng）、楬（jié）：两种木制的打击乐器。
❹狄：通"翟"，野鸡的尾羽。文舞时用的道具。
❺献酬：饮酒时主客互相敬酒。
❻酳（yìn）：吃东西后用酒漱口。
❼酢（zuò）：客人用酒回敬主人。

译读

《诗经》上说："肃雍和鸣之音，祖先才喜欢听。"所谓肃肃，就是肃敬之义；所谓雍雍，就是和谐之义。如果能做到既肃敬又和谐，还有什么事办不成呢？当国

君的,能对自己的好恶采取谨慎态度就好了。因为国君喜欢什么,臣下也就跟着喜欢什么;君长做什么,百姓也就跟着做什么。

《诗经》上说:"诱导民众是很容易的。"说的就是这个道理。然后才有圣人出来,制成鞉、鼓、椌、楬、埙、篪,这六种乐器,是能够发出德音的乐器。然后再用钟、磬、竽、笙来伴奏,使文质相杂,再加上手执干戚旄狄的舞蹈。这样的乐就可以用来祭祀先王之庙了,就可以用来设宴接待宾客了,就可以用来排列官爵高低,身份贵贱而无不得当了,就可以启示后人,使他们懂得有尊卑长幼的次序了。

原文

钟声铿❶,铿以立号,号以立横❷,横以立武。君子听钟声则思武臣。石声磬❸,磬以立辨。辨以致死❹。君子听磬声则思死封疆之臣。丝声哀,哀以立廉,廉以立志。君子听琴瑟之声则思志义之臣。

竹声滥,滥以立会,会以聚众。君子听竽笙箫管之声则思畜聚之臣。鼓鼙之声讙,讙以立动,动以进众。君子听鼓鼙之声,则思将帅之臣。君子之听音,非听其铿枪而已也,彼亦有所合之也。

注释

❶铿(kēng):形容响亮的声音。
❷横:充满壮气的样子。
❸磬:敲打石头发出的声音,坚定而有力。
❹致死:视死如归。

译读

钟声洪亮,洪亮就可以用来发号施令,有了号令就会使人充满勇气,充满勇气则战无不胜。因此,君子听到钟声,就会想到武将。磬声坚定有力,坚定有力的声音使人明辨是非,明辨是非就会为真理献身。因此,君子听到磬声,就会想到那些为保卫国家而捐躯之臣。琴瑟之声悲哀,悲哀的声音使人清廉刚正,清廉刚正就会守志不阿。因此,君子听到琴瑟之声,就会想到刚正不阿之臣。

管乐器的声音宽广,宽广的声音使人会合,会合就能聚众。因此,君子听到管乐器的声音,就会想到善于安抚百姓之臣。鼓鼙之声喧闹,喧闹的声音让人激动,激动就会率众前进。因此,君子听到鼓鼙之声,就会想到将帅之臣。由此看来,君子听音乐,并不是只听那铿锵悦耳的声音,而是要从乐声中听出某种会心的东西来。

宾牟贾篇

宾牟贾侍坐于孔子,孔子与之言及乐,曰:"夫《武》❶之备戒❷之已久,何也?"对曰:"病❸不得众也。""咏叹之,淫液之❹,何也?"对曰:"恐不逮事也。"

注释

❶《武》:即《大武》,是反映武王伐纣的乐舞。
❷备戒:乐舞开始之前先击鼓,提醒众人做好准备。

❸病：在这里是担忧的意思。
❹咏叹之，淫液之：音乐声调拉得漫长、连绵不绝。

译读

宾牟贾陪伴孔子坐时，孔子和他谈到了乐的事，说："《武》舞开始时击鼓警戒众人，时间那么长，为什么呢？"宾牟贾回答说："这是模仿武王忧虑得不到士众们的支持。"孔子说："为什么歌声拉得那么长，乐声连绵不断？"宾牟贾说："那恐怕是模仿当时武王还不能会合诸侯起事吧？"

原文

"发扬蹈厉❶之已蚤，何也？"对曰："及时事也。""《武》坐致右宪左，何也？"对曰："非《武》坐也。""声淫及商❷何也？"对曰："非《武》音也。"子曰："若非《武》音则何音也？"对曰："有司❸失其传也。若非有司失其传，则武王之志荒❹矣。"子曰："唯！丘之闻诸苌弘❺，亦若吾子之言是也。"

注释

❶发扬蹈厉：举手顿足，表现出威武的气概。
❷商：商音，象征杀伐之气。
❸有司：官吏。这里指乐官、乐师。
❹志荒：指心志迷乱的意思。
❺苌弘：周大夫，据说孔子曾向他学习过音乐。

译读

孔子说："那这么早就开始猛烈地手舞足蹈，为什

么呢?"宾牟贾说:"那是模仿趁此时机进行征伐。"孔子说:"《武》舞中,右膝跪地,左膝抬起,为什么呢?"宾牟贾说:"那不是《武》舞的跪法吧。"孔子说:"那歌乐的声音充满了杀气,为什么呢?"宾牟贾说:"那也不是《武》舞的歌乐。"孔子说:"如果不是《武》舞的歌乐,那是什么声呢?"宾牟贾说:"恐怕是有司传授错误而失去本来面目。如果不是这样,那就是武王志向迷乱,有意滥用兵力。"孔子说:"是。我从苌弘那里听到的,也正像你说的这样。"

原文

宾牟贾起,免席❶而请曰:"夫《武》之备戒之已久,则既闻命矣,敢问迟之迟而又久,何也?"子曰:"居!吾语女。夫乐者,象成者也;揔干❷而山立❸,武王之事也;发扬蹈厉,太公❹之志也。武乱皆坐,周召之治也。"

注释

❶免席:避席,离开座席表示尊敬。
❷揔(zǒng)干:手握盾牌。
❸山立:直立如山,岿然不动。
❹太公:即姜子牙。我国古代杰出的政治家、军事家、韬略家,周朝开国元勋,商末周初兵学奠基人。

译读

宾牟贾听到了连忙站起,离开席位向孔子请教说:"我说的《武》舞击鼓警众那么长时间的理由,已经得到您的肯定。请问,《武》舞六成,每成都那么长时间,这是为什么呢?"孔子说:"请坐下。我告诉你,乐舞

是模仿既成事实的。持盾站立不动，表示武王伐纣不是以杀伐为目的；猛烈地手舞足蹈，表示采纳姜太公的主张，进行战争；《武》舞尾声时全体跪下，表示武功告成，周公、召公以文止武，共同辅政。"

原文

"且夫《武》，始而北出，再成而灭商。三成而南，四成而南国是疆，五成而分，周公左，召公右，六成复缀❶，以崇天子。夹振之❷而驷伐❸，盛威于中国也。分夹而进，事蚤济❹也。久立于缀，以待诸侯之至也。"

注释

❶复缀：恢复到原先的舞位。

❷夹振之：两列舞者中分别有人振动金铎。

❸驷（sì）伐：表演者按铎声的节奏向四方挥动戈矛，象征周武王东讨西伐，南征北战。

❹事蚤济：战事已经取得胜利。蚤，同"早"。

译读

"《武》乐开始第一段，舞者向北行进，象征武王出兵北方；第二段象征消灭了殷商。第三段向南行进，第四段象征南方各国被征服，成为周朝的疆土。第五段舞者分为两列，象征周公、召公一左一右辅佐天子。第六段恢复原先的舞位，象征对天子的尊崇。两队舞者振动铃铎，向四面出击，象征天子的威力震撼中国。分队前进，象征战事及早完成。舞者长久地站在舞位上，那是象征周武王等待诸侯的到来。"

原文

"且女独未闻牧野之语乎?武王克殷反商,未及下车而封黄帝之后于蓟,封帝尧之后于祝,封帝舜之后于陈。下车而封夏后氏之后于杞,投❶殷之后于宋。封王子比干❷之墓,释箕子❸之囚,使之行商容而复其位。"

注释

❶投:在这里是迁移,迁徙的意思。

❷比干:商王帝乙的弟弟,商纣王帝辛的叔叔,殷商王室的重臣。传说他曾劝谏纣王,因而被囚禁。

❸箕子:商纣王帝辛的叔叔,任太师。传说他曾劝谏纣王,因而被囚禁。

译读

"再说,你难道没有听说过关于武王在牧野讨伐殷纣王的故事吗?武王打败了殷王来到商都,还没来得及下车,就把黄帝的后代封于蓟,把帝尧的后代封于祝,把帝舜的后代封于陈;下了车又把夏的后代封于杞,把殷的后代安置在宋,还修整了王子比干的墓,释放了箕子,并让他去探视商容,恢复他的官职。"

原文

"庶民弛政❹,庶士倍禄。济河而西,马散之华山之阳而弗复乘,牛散之桃林之野而弗复服。车甲衅而藏之府库,而弗复用。倒载干戈❷,包之以虎皮;将帅之士,使为诸侯;名之曰'建櫜'。然后知武王之不复用兵也。"

注释

① 弛政：解除殷纣时期的暴政。
② 干戈：干和戈都是古代常用兵器，后用来泛指武器。

译读

"于是民众解除了苛政，士人增加了俸禄。然后渡过黄河回到西边，把战马放到华山南面，不再用来拉战车；牛也放到桃林的郊野，不再为战争服役。兵车铠甲收藏到仓库里，不再使用。盾和矛都倒着放好，包上虎皮。带兵的将领，都封为诸侯。当时叫作'建櫜'。这样，天下人都知道武王不再使用武力了。"

原文

"散军而郊射❶：左射，《狸首》；右射，《驺虞》；而贯革❷之射息也。裨冕搢笏，而虎贲之士❸说剑也。祀乎明堂而民知孝。朝觐，然后诸侯知所以臣；耕藉，然后诸侯知所以敬。五者，天下之大教也。食三老五更❹于大学，天子袒而割牲，执酱而馈，执爵而酳，冕而揔干，所以教诸侯之弟也。若此，则周道四达，礼乐交通。则夫《武》之迟久，不亦宜乎？"

注释

① 郊射：在郊外设立的射宫中行郊射礼。
② 贯革：射穿甲铠。贯，穿过，穿透。
③ 虎贲（bēn）之士：勇猛如虎的战士。
④ 三老五更：古代荣誉称号。相传周天子为提倡孝悌，设此位以父兄之礼尊养年老德高、阅事深的退休官员。

译读

"解散了军队,在郊外的学宫举行射箭比赛。诸侯在东郊习射的时候,奏《狸首》之曲;天子在西郊习射的时候,奏《驺虞》之曲。战场上那种穿透铠甲的射箭停止了。大家都穿上了礼服,戴着礼帽,腰插笏板,而勇士也不身带佩剑了。天子在明堂祭祀祖先,而民众也就懂得孝道了。诸侯定期朝见天子,然后诸侯就懂得如何做臣下了。天子亲自耕种籍田,然后诸侯就懂得如何敬祖了。这五件事,是对天下进行教化的重大举措。在大学中宴请三老、五更,天子袒开衣襟亲自切割牲肉,捧着酱请他们吃,端起酒请他们漱口,还头戴礼帽,手执盾牌,为他们起舞。这是示范诸侯怎样敬老养老。像这样,周代的教化就普及四海,礼乐都得到贯彻,而这又非一朝一夕之功,由此看来,《武》舞表演时间长,不也是理所当然的吗?"

师乙篇

子赣❶见师乙而问焉,曰:"赐闻声歌各有宜也,如赐者,宜何歌也?"师乙曰:"乙贱工也,何足以问所宜?请诵其所闻,而吾子自执焉。宽而静,柔而正者,宜歌颂;广大而静,疏达而信者,宜歌大雅;恭俭而好礼者,宜歌小雅;正直而静,廉而谦者,宜歌风;肆直❷而慈爱者,宜歌商;温良而能断者,宜歌齐。

夫歌者，直己❸而陈德也。动己而天地应焉，四时和焉，星辰理❹焉，万物育焉。"

注释

❶子赣（gàn）：即子贡，姓端木。孔门十哲之一。
❷肆直：直率，正直的意思。
❸直己：适合自己，也指自身守正不阿。
❹理：这里是指星辰运行有秩序。

译读

子赣会见师乙，向他请教说："我听说唱歌要适合各人的性格，像我这样的人，适合唱什么歌呢？"师乙说："我只是个低贱的乐工，哪配回答你适合唱什么歌的问题？我只能说说我所听到的说法，由你自己判断吧。宽厚宁静、柔和正直的人适合唱《颂》；豁达安静、开通诚信的人适合唱《大雅》；恭敬谨慎、喜好礼节的人适合唱《小雅》；正直清静、廉洁谦让的人适合唱《风》；坦率耿直、慈祥仁爱的人适合唱《商》；温厚良易、敢于决断的人适合唱《齐》。歌声直接表达自己、展示自己的品德，触动了自己，天地就会有感应，四时就会协调配合，星辰运行就会有条不紊，万物就会生长发育。"

原文

"故商者，五帝之遗声也。商人识之，故谓之商。齐者，三代❶之遗声也，齐人识之，故谓之齐。明乎商之音者，临事而屡断；明乎齐之音者，见利而让。临事而屡断，勇也；见利而让，义也。有勇有义，非歌孰

能保此？故歌者，上如抗❷，下如队❸，曲❹如折，止如槁木，倨中矩，句中钩❺，累累乎端如贯珠。故歌之为言也，长言之也。说之，故言之；言之不足，故长言之；长言之不足，故嗟叹之；嗟叹之不足，故不知手之舞之，足之蹈之也。"——子贡问乐。

注释

❶ 三代：指夏、商、周三代。
❷ 抗：指音乐昂扬有力。
❸ 队：同"坠"，往下垂，这里是指音乐沉着厚重。
❹ 曲：弯曲，这里指音调转折。
❺ 钩：同"规"，画圆用的工具。

译读

"《商》是五帝遗留下来的声音，商人还记着它，所以称之为《商》。《齐》是三代遭留下来的声音，齐人还记着它，所以称之为《齐》。精通《商》音的人，遇事总是能决断；精通《齐》音的人，见利总是能谦让。遇事能决断，就是勇；见利能谦让，就是义。有勇有义，离开了音乐，怎么能保持下去呢？歌声的旋律，向上高亢有力，向下深沉厚重。变化时好像突然折断，休止时好像一段枯木；平直时符合矩尺，曲折时好像环钩，连绵不断头绪分明好像一串珍珠。唱歌其实也是一种语言，只是把语言的音调拉长罢了。心中喜悦就要用语言来表达，语言不够用，就拉长其音调；拉长音调不够，就发出咏叹；咏叹不够，就不知不觉地手舞足蹈起来了。"——以上是子贡问乐。

© 民主与建设出版社，2021

图书在版编目（CIP）数据

乐经 / （春秋）孔子编；方士华主编. -- 北京：民主与建设出版社，2019.11

（传统国学经典心读）

ISBN 978-7-5139-2681-2

Ⅰ.①乐… Ⅱ.①孔… ②方… Ⅲ.①礼乐－文化－中国②《乐经》－通俗读物 Ⅳ.①K892.9-49

中国版本图书馆CIP数据核字（2019）第253547号

乐经
YUE JING

著　　者	（春秋）孔　子
主　　编	方士华
责任编辑	韩增标
装帧设计	徐荣强
出版发行	民主与建设出版社有限责任公司
电　　话	（010）59417747 59419778
社　　址	北京市海淀区西三环中路10号望海楼E座7层
邮　　编	100142
印　　刷	廊坊市国彩印刷有限公司
版　　次	2021年12月第1版
印　　次	2021年12月第1次印刷
开　　本	880毫米×1230毫米　1/32
印　　张	3
字　　数	38千字
书　　号	ISBN 978-7-5139-2681-2
定　　价	148.00元（全10册）

注：如有印、装质量问题，请与出版社联系。

传统国学经典心读

周　易

（西周）姬　昌 著　方士华 主编

民主与建设出版社
·北京·

前言

习近平总书记在十九大报告中指出:"深入挖掘中华优秀传统文化蕴含的思想观念、人文精神、道德规范,结合时代要求继承创新,让中华文化展现出永久魅力和时代风采。"

习总书记还曾指出:"'去中国化'是很悲哀的,应该把这些经典嵌在学生脑子里,让经典成为中华民族文化的基因。"

是的,泱泱中华五千载,悠悠国学民族魂。我们中华国学"为天地立心,为生民立命,为往圣继绝学,为万世开太平",是中华民族生生不息的根本,是华夏儿女遗传基因和精神支柱。

国学就是中国之学,中华之学,是以母语汉语为基础,表达中华民族的精神价值和处世态度的,有利于凝聚中华民族的文化向心力,有利于中华民族大团结,是炎黄子孙的生命火炬,我们要永远世代相传和不断发扬光大。

中华优秀传统文化在思想上有大智,在科学上有大真,在伦理上有大善,在艺术上有大美。在中华民族艰难而辉煌的发展历程中,优秀传统文化薪火相传、历久弥新,始终为国人提供精神支撑和心灵慰藉。所以,从传统优秀国学经典中汲取丰富营养,丰盈的不只是灵魂,而是能够拥有神圣而崇高的家国情怀。

中华传统国学是指以儒学为主体的中华传统文化与学术,包括非常广泛,内涵十分丰富,凝聚了我国五千年的文明史和传统文化,体现了中华民族博大精深的文化精髓,是经过多少代人实

践检验过的文化瑰宝，承载着中华民族伟大复兴的梦想。

　　中华传统国学经典，蕴含了中国儿女内圣外王的个体修养和自强不息的群体精神，形成了重义轻利的处世态度以及孝亲敬长的人伦约定，包含着辩证理智的心智思维和天人合一的整体观念。历经数千年发展，逐渐形成了以儒释道为主干的传统文化和兼容并包、多元一体的开放型现代文化。

　　这些国学经典作为我国传统文化与教育的经典，在内容方面，包含有治国、修身、道德、伦理、哲学、艺术、智慧、天文、地理、历史等丰富知识；在艺术方面，丰富多彩，各有特色，行文流畅，气势磅礴，辞藻华丽，前后连贯。古往今来，无数有识之士从中汲取知识，不仅培养了良好道德品质，还提升了儒雅、淳静、睿智的气质，哺育了一代代中华儿女茁壮成长。

　　作为国学经典，是广大读者必备的精神食粮。读者们阅读国学经典，能够秉承国学仁义精神，学会谦和待人、谨慎待己、勤学好问等优良品行，能够达到内外兼修与培养刚健人格。读者们阅读国学经典，就如同师从贤哲，使自己能够站在先辈们的肩膀之上，在高起点上开始人生的起跑。阅读圣贤之书，与圣贤为伍，是精神获得高尚和超越的最高境界。

　　为此，在有关专家指导下，我们经过精挑细选，特别精选编辑了这套"传统国学经典心读"作品。主要是根据广大青少年读者学习吸收特点，在忠实原著基础上，节选了经典原文，增设了简单明了的注释和白话解读，还配有相应故事和精美图片等，能够培养广大青少年读者的国学阅读兴趣和传统文化素养，能够增强对中国传统文化的热爱、传承和发展，能够激发并积极投身到中华复兴的伟大梦想之中。

目录

乾卦第一 007

坤卦第二 009

蒙卦第四 011

需卦第五 013

师卦第七 015

比卦第八 017

小畜卦第九 019

泰卦第十一 021

否卦第十二 023

同人卦第十三 025

大有卦第十四 027

谦卦第十五 028

随卦第十七 030

蛊卦第十八 032

观卦第二十 034

噬嗑卦第二十一 035

贲卦第二十二 037

无妄卦第二十五 039

大畜卦第二十六 041

颐卦第二十七 042

坎卦第二十九 044

离卦第三十 046

咸卦第三十一 047

恒卦第三十二 049

遁卦第三十三 051

大壮卦第三十四 053

晋卦第三十五 055

家人卦第三十七 057

蹇卦第三十九 058

解卦第四十 060

损卦第四十一 062

益卦第四十二 064

姤卦第四十四 066

萃卦第四十五 068

升卦第四十六 070

井卦第四十八 071

革卦第四十九 073

震卦第五十一 075

艮卦第五十二 077

丰卦第五十五 079

旅卦第五十六 081

巽卦第五十七 083

兑卦第五十八 085

涣卦第五十九 087

节卦第六十 089

中孚卦第六十一 091

小过卦第六十二 092

既济卦第六十三 094

乾卦第一

乾：元，亨，利，贞。《象》曰：天行健，君子以自强不息。

初九：潜龙勿用。《象》曰："潜龙勿用"，阳在下也。

九二：见龙❶在田，利见大人。《象》曰："见龙在田"，德施普也。

九三：君子终日乾乾❷，夕惕❸若，厉无咎。《象》曰："终日乾乾"，反复道也。

九四：或跃在渊，无咎。《象》曰："或跃在渊"，进无咎也。

九五：飞龙在天，利见大人。《象》曰："飞龙在天"，大人造也。

上九：亢龙有悔。《象》曰："亢龙有悔"，盈不可久也。

用九❹：见群龙无首，吉。《象》曰：用九，天德不可为首也。

注释

❶见龙：即现龙。❷乾乾：君子勤勉不懈。❸惕：小心谨慎。❹用九：乾卦全部是阳爻，也乾卦的别名。

译读

《乾卦》：广大、亨通、吉利、纯正，四德具备，因而大吉大利，和谐坚实。《象传》说：天的运行刚健，君子应不停地自我发愤图强。

初九：巨龙潜藏水底，暂不施展才用。《象传》说："巨龙潜藏在水底暂不施展才用"，阳气初生居位低下。

九二：巨龙出现在大地，利于会见大人。《象传》说："巨龙出现在大地"，说明美德昭著，广施无涯。

九三：君子整天勤奋努力，夜晚随时警惕，虽然遇到危险，但终究没有灾难。《象传》说："君子整天勤奋努力"，是因为要反复行道，不敢有丝毫大意。

九四：或腾跃而起，或退居于深渊，没有什么过失。《象传》说："或腾跃而起，或退居于深渊"，表示审时前进必然没有灾难。

九五：巨龙高飞上天，利于出现大人物。《象传》说："巨龙高飞上天，意味着君子一定会有所作为。"

上九：巨龙飞到极限之地，必将有所悔恨。《象传》说："巨龙飞到极限之地，必将有所悔恨"，表示居高盈满是不可能长久保持的。

用九：群龙在天空看不出首领，吉祥。《象传》说：纯阳纯刚正是天道，至高无上，不会有别的首领。

坤卦第二

坤：元，亨，利牝马❶之贞。君子有攸往，先迷；后得主，利。西南得朋，东北丧朋。安贞吉。《象》曰：地势坤；君子以厚德载物。

初六：履霜，坚冰至。《象》曰："履霜坚冰"，阴始凝也；驯致其道，至坚冰也。

六二：直方大❷，不习无不利。《象》曰：六二之动，直以方也；"不习而无不利"，地道光❸也。

六三：含章❹可贞；或从王事，无成有终。《象》曰："含章可贞"，以时发也；"或从王事"，知光大也。

六四：括囊❺，无咎无誉。《象》曰："括囊无咎"，慎不害也。

六五：黄裳，元吉。《象》曰："黄裳元吉"，文在中也。

上六：龙战于野，其血玄黄❻。《象》曰："龙战于野"，其道穷也。

用六：利永贞。《象》曰：用六"永贞"，以大终也。

注释

❶牝（pìn）马：雌马。❷直方大：这里说的是大地的特点。古人认为大地是方的，四边是直的，又是广大无边的。❸光：通"广"。❹含章："含"指将物衔在口里，在这里引申为内心世界。含章，指胸中有文墨，

有知识，具备着美好的品德，但是要含蓄而不外露。❺括囊（náng）：扎紧了口袋。括，收束，扎紧；囊，布袋。❻玄黄：天为玄色，地为黄色。

译读

《坤卦》：元始，亨通，如果像雌马一样柔顺，那非常好。君子有所前往时，抢先走则会迷路；随后走会找到主人，必有利益。往西南将得到友朋，往东北将丧失友朋。安居守持正固可获吉祥。《象传》说：大地地势至顺极厚而顺承天道；君子应以深厚德行包容万物。

初六：踩到薄霜，将要迎来坚冰。《象传》说："踩到薄霜将迎来坚冰"，说明阴气开始凝聚；按照这种自然规律，坚冰必将到来。

六二：正直、端正、广阔，不学习也未必有什么不利。六二的变动，是正直且端正的；"不学习也未必有什么不利"，是因为大地之德广大无边。

六三：胸怀才华而不显露；或许辅助君王的事业，没有成绩却有好的结局。《象传》说："胸怀才华而不显露"，应根据时机发挥作用；"或许辅助君王的事业"，说明掌握的知识博大深渊。

六四：扎紧袋口，免遭祸患不求称赞。《象传》说："扎紧袋口免遭祸患"，说明小心谨慎，才不会有危险。

六五：黄色下衣，最为吉祥。《象传》说："黄色下衣最为吉祥"，说明人的行为要中正。

上六：龙相战于原野，鲜血染透了玄天黄土。《象传》说："龙相战于原野"，是指阴阳统一之道已经穷尽。

用六：利于永远保持中正。《象传》说：用六的"永远保持中正"，是指阴盛到了极点就会终结。

蒙卦第四

蒙：亨。匪我求童蒙❶，童蒙求我；初筮❷告，再三渎，渎则不告。利贞。《象》曰：山下出泉，蒙；君子❸以果行育德。

初六：发蒙，利用刑人❹，用说❺桎梏❻；以往吝。《象》曰："利用刑人"，以正法也。

九二：包蒙，吉。纳妇，吉；子克家。《象》曰："子克家"，刚柔接也。

六三：勿用取女，见金夫，不有躬❼，无攸利。《象》曰："勿用取女"，行不顺也。

六四：困蒙，吝。《象》曰："困蒙之吝"，独远实也。

六五：童蒙，吉。《象》曰："童蒙之吉"，顺以巽也。

上九：击蒙；不利为寇，利御寇。《象》曰："利用御寇"，上下顺也。

注释

❶童蒙：未被启蒙的孩童。蒙，幼稚。❷筮（shì）：用蓍草进行卜吉卜凶的一种占卜活动。❸君子：立志成为君子的人。❹刑人：指规范、强行引正，是一种教育方式。❺说：即"脱"。❻桎梏（zhì gù）：木制刑具。❼躬：是自身。

译读

《蒙卦》：亨通。不是我有求于幼童来启发蒙稚，而是幼童需要启发蒙稚有求于我；第一次向我请教施以教诲，如果一而再再而三地没有礼貌地滥问，则不予回答。利于守持正固。《象传》说：山下流出泉水，是蒙卦的卦象；君子因此必须行动果断，才能培养出良好的品德。

初六：进行启蒙教育，适宜用刑罚来规范人们，借此使他们远离桎梏永不犯罪；要是任其发展必有惋惜。《象传》说："适宜用刑罚来规范人们"，说明要依照法规端正童蒙的思想言行。

九二：爱护各类蒙童，这是很好的。如果迎娶新媳妇，也是非常好的。儿子能够建立家庭了。《象传》说："儿子能够建立家庭"，这是因为阴阳刚柔相济之缘故。

六三：不要娶这女子，她见到有钱的男人，不顾自身体统，娶她没有什么好处。《象传》说："不要娶这女子"，是指这个女子的行为不合乎礼仪。

六四：困于蒙稚，有所憾惜。《象传》说："困于蒙稚的憾惜"，是因为远离刚健笃实的蒙师的缘故。

六五：蒙昧的孩童，吉祥。《象传》说："蒙昧的孩童吉祥"，是因为懂得恭顺谦逊。

上九：击以启发蒙稚；不利于采用暴力的方式，宜采用抵御强寇的方式。《象传》说："宜采用抵御强寇的方式"，可以使上下顺从，众人支持。

需卦第五

需：有孚❶，光亨，贞吉，利涉大川。《象》曰：云上于天，需；君子以饮食宴乐。

初九：需❷于郊，利用恒，无咎。《象》曰："需于郊"，不犯难行也；"利用恒无咎"，未失常也。

九二：需于沙，小有言❸；终吉。《象》曰："需于沙"，衍❹在中也；虽小有言，以终吉也。

九三：需于泥，致寇至。《象》曰："需于泥"，灾在外也；自我致寇，敬慎不败也。

六四：需于血，出自穴。《象》曰："需于血"，顺以听也。

九五：需于酒食，贞吉。《象》曰："酒食贞吉"，以中正也。

上六：入于穴，有不速之客三人❺来；敬之，终吉。《象》曰："不速之客来，敬之，终吉"，虽不当位，未大失也。

注释

❶有孚：有信。❷需：等待，停留。❸小有言：小的口舌是非。❹衍（yǎn）：有余。❺三人：这里指多人。

译读

《需卦》：心怀诚信，光明亨通，守持正固可获吉祥，利于渡河江。《象传》说：水汽聚集待时下雨，是需卦的卦象；君子在此时可以宴饮安乐，待时而动。

初九：在郊外等待，利于保持恒心，必无危险。《象传》说："在郊外等待"，表明不能轻率前行；"利于保持恒心必无危险"，表明没有违背天地常理。

九二：在沙滩上等待，小有口舌是非；但终究会获得吉祥。《象传》说："在沙滩上等待"，宽绰居中；虽然小有口舌是非，但终究能获得吉祥。

九三：在泥泞中等待，结果强盗乘机而至。《象传》说："在泥泞中等待"，说明危险还在外面；自己招引来强盗，说明要处处小心谨慎才能避开危险。

六四：在血泊中等待，从困境中逃脱出来。《象传》说："在血泊中等待"，说明应当冷静等待而听命时势。

九五：在酒宴上守持正固获吉祥。《象传》说："在酒宴上守持正固获吉祥"，说明处于中位，处境优容。

上六：落入洞穴有不速之客到来，对他们恭敬，最终吉祥。《象传》说："不速之客到来，对他们恭敬，最终吉祥"，表明虽在不适当的地位，但不会遭受大损失。

师卦第七

师❶：贞，丈人❷吉，无咎。《象》曰：地中有水，师；君子以容民畜众。

初六：师出以律，否臧❸凶。《象》曰："师出以律"，失律凶也。

九二：在师，中吉，无咎；王三锡命。《象》曰："在师中吉"，承天宠也；"王三锡命❹"，怀万邦也。

六三：师或舆尸❺，凶。《象》曰："师或舆尸"，大无功也。

六四：师左次，无咎。《象》曰："左次无咎"，未失常也。

六五：田有禽，利执言，无咎；长子帅师，弟子舆尸，贞凶。《象》曰："长子帅师"，以中行也；"弟子舆尸"，使不当也。

上六：大君有命，开国承家，小人勿用。《象》曰："大君有命"，以正功也；"小人勿用"，必乱邦也。

注释

❶师：古代的军队编制，有作战任务。❷丈人：指有威望的长者。❸否臧：逆而不顺。❹锡命：赐命，意思是下令嘉奖。❺舆尸（yú shī）：用车运送尸体。

译读

《师卦》：守持正道，德高望重的长者统帅军队得到吉祥，没有灾难。《象传》说：地中蕴藏聚集了大量的水，取之不尽，用之不竭，是师卦的卦象；君子因此要容纳天下百姓而养育众人。

初六：出师征战要有严格的纪律，否则一定会有危险。《象传》说："出师征战要有严格的纪律"，没有军纪必然危险。

九二：在军中任统帅，持中不偏倚可以获得吉祥，不会有什么灾祸；君王多次颁命奖励。《象传》说："在军中任统帅持中不偏倚可以获得吉祥"，表明承受天命而得到宠爱；"君王多次颁命奖励"，说明怀有使万邦悦服的志向。

六三：士兵不时载运尸体归来，非常危险。《象传》说："士兵不时载运尸体归来"，说明打仗失败徒劳无功。

六四：军队向左边撤退扎营，没有灾难。《象传》说："向左边撤退扎营没有灾难"，说明用兵未违背行军作战的常理。

六五：田猎时获得猎物，有利于发表言论，不会有灾难；长子带兵出征，次子运送尸体大败而回，守持正道也是危险的。《象传》说："长子带兵出征"，表明居中持正；"次子运送尸体大败而回"，说明用人不当。

上六：天子颁布诏命，被封为诸侯的享有建国，被封为卿大夫的享有立家，但小人不可重用。《象传》说："天子颁布诏命"，是为了公正封赏；"小人不可重用"，是因为重用小人必然覆国乱邦。

比卦第八

比❶：吉。原筮❷，元永贞，无咎。不宁方来，后夫❸凶。《象》曰：地上有水，比；先王以建万国，亲诸侯。

初六：有孚比之❹，无咎；有孚盈缶❺，终来有它，吉。《象》曰：《比》之初六，有它吉也。

六二：比之自内，贞吉。《象》曰："比之自内"，不自失也。

六三：比之匪❻人。《象》曰："比之匪人"，不亦伤乎？

六四：外比之，贞吉。《象》曰：外比于贤，以从上也。

九五：显比；王用三驱❼，失前禽，邑人不诫❽，吉。《象》曰："显比"之吉，位正中也；舍逆取顺，失前禽也；邑人不诫，上使中也。

上六：比之无首，凶。《象》曰："比之无首"，无所终也。

注释

❶比：亲近依靠，互相帮助。❷原筮（shì）：指原来曾做过的卜筮。❸后夫：迟到的诸侯。❹有孚比之：用诚实信用去和睦邻邦或让邻邦来亲附的政策。❺盈缶（fǒu）：用瓦盆装满酒饭。缶，指瓦盆。❻匪：同

"非",不适当。❼三驱:古代君王狩猎时,从后、左、右三面包抄,不阻绝正前方。❽诫:同"戒",警惕恐惧。

译读

《比卦》:吉祥。永久不愉坚守正道,不会有灾祸。连不愿臣服的诸侯现在也来朝贺,迟迟不来的诸侯将有危险。《象传》说:地与水亲密无间,是比卦的卦象;先王明白这个道理,所以分封疆土,建立万国,安抚亲近诸侯。

初六:用诚信结交朋友,不会有不幸;有诚信就像财物装满瓦罐,会吸引更多的人前来与你结交,吉祥。《象传》说:《比卦》的初六,结交朋友会得到意外的吉祥。

六二:内部和睦团结,守持正道吉祥。《象传》说:"内部和睦团结",会使自己不失民心。

六三:和行为不端的人结交。《象传》说:"和行为不端的人结交",怎能不受到伤害呢?

六四:跟外邦结交,守持正道则吉祥。《象传》说:在外亲附于贤君,像臣下顺从居于尊上地位的君主。

九五:正大光明结交;君王用三驱之礼围猎,结果失去前面的禽兽,老百姓不惧怕君王,吉祥。《象传》说:"正大光明结交"获得吉祥,是因为居于正中位置;舍弃背叛容纳归顺,因此失去前面的禽兽;老百姓不惧怕君王,是因为君王守持中正的缘故。

上六:结交不到君王,将有危险。《象传》说:"结交不到君王",说明群龙无首是没结果的。

小畜卦第九

小畜：亨；密云不雨，自我西郊。《象》曰：风行天上，"小畜"；君子以懿文德。

初九：复自道❶，何其咎？吉。《象》曰："复其道"，其义吉也。

九二：牵复，吉。《象》曰：牵复在中，亦不自失也。

九三：舆说辐❷，夫妻反目。《象》曰：夫妻反目，不能正室也。

六四：有孚；血去❸惕出❹，无咎。《象》曰："有孚惕出"，上合志也。

九五：有孚挛如❺，富以其邻。《象》曰："有孚挛如"，不独富也。

上九：既雨既处，尚德载；妇贞厉，月几望❻；君子征凶。《象》曰："既雨既处"，德积载也；"君子征凶"，有所疑也。

注释

❶自道：自己天生的属性。❷舆说辐：大车脱落辐条。❸血去：远离流血事件。❹惕出：不再恐惧。❺挛如：捆绑得很紧的样子。❻月几望：月亮快满了。

译读

《小畜卦》：通达；浓云密布而不雨，是从西郊升起来的。《象传》说：风在天上吹，密云不雨，是小畜

卦的卦象；君子因此应修养美好的品德。

初九：回到自己原来的正道，哪里会有什么灾害呢？吉祥。《象传》说："回到自己原来的正道"，其含义是吉祥的。

九二：被牵连复返正道，吉祥。《象传》说：被牵连复返正道而居守正中，自己不会失掉阳刚的德行。

九三：辐条从车轮中脱出，夫妻互相口角。《象传》说：夫妻互相口角，说明不能治理家庭。

六四：有诚信；免去伤害走出恐惧，没有灾祸。《象传》说："有诚信并走出恐惧"，表明合居于尊上地位的权势者的意愿。

九五：有诚信，捆缚相连，要与邻人一同富贵。《象传》说："有诚信且捆缚相连"，表明不独自享受富贵。

上九：需要的雨水已经蓄满，高尚的功德也已圆满；妇女在危难中守持正道，月亮将圆不过盈；君子征战凶险。《象传》说："需要的雨水已经蓄满"，这是功德积累的缘故；"君子征战凶险"，是有疑问的缘故。

泰卦第十一

泰：小往大来，吉，亨。《象》曰：天地交，泰；后以财成❶天地之道，辅相天地之宜，以左右❷民。

初九：拔茅茹，以其汇；征吉。《象》曰：拔茅征吉，志在外也。

九二：包荒，用冯❸河，不遐遗；朋亡，得尚于中行。《象》曰："包荒""得尚于中行"，以光大也。

九三：无平不陂❹，无往不复；艰贞无咎，勿恤其孚，于食有福。《象》曰："无往不复"，天地际也。

六四：翩翩❺，不富，以其邻不戒以孚。《象》曰："翩翩不富"，皆失实也；"不戒以孚"，中心愿也。

六五：帝乙归妹，以祉❼元吉。《象》曰："以祉元吉"，中以行愿也。

上六：城复于隍；勿用师，自邑告命；贞吝。《象》曰：城复于隍，其命乱也。

> **注释**
>
> ❶财成：即"裁成"，依循自然界的法则来制定人群的生活方式。❷左右：君王对百姓的带领、辅助与影响。❸冯（píng）：同"淜"，徒步过河。❹陂（pí）：水旁或山旁倾陡的地方。❺翩翩（piān）：即"谝谝"，指巧言善辩，说大话。❼祉（zhǐ）：福。

译读

《泰卦》：弱小者离去，强大者到来，吉祥，亨通。《象传》说：天地交换位置，是泰卦的卦象；君王受此启示，要根据天地运行的法则来设计制度，配合天地运行的条件来助成效益，借此引导百姓。

初九：连根拔起茅草，以及它们的同类；往前行进是吉祥的。《象传》说：拔起茅草且往前行进获吉，说明有在外建功立业的进取心。

九二：具有包容一切的胸襟，可以涉越长河，远方的人才不会遗弃；作奸犯科的朋党便会消失，因此得以中正行事。《象传》说："具有包容一切的胸襟""得以中正行事"，说明光明正大，道德高尚。

九三：没有平地不变为陡坡的，没有只出去不复返的；在艰难苦的环境中坚守正道就没有灾害，不要怕不能取信于人，安心享用俸禄是很有福分的。《象传》说："没有只出去不复返的"，这是天地间的自然法则。

六四：巧言欺人，将给邻居带来灾难，不互相戒备彼此以诚相见。《象传》说："巧言欺人并给邻居带来灾难"，说明同受损失；"不互相戒备彼此以诚相见"，因为这是大家内心共同的意愿。

六五：帝乙嫁出自己妹妹，以此得福吉祥。《象传》说："以此得福吉祥"，是实现了心中祈求的意愿。

上六：城墙倒塌在久已干涸的护城壕沟里；不可进行战争，自己在城中发布命令；守持正道也有忧吝。《象传》说：城墙倒塌在久已干涸的护城壕沟里，说明发展趋势已经转乱了。

否卦第十二

否：否❶之匪人❷，不利，君子贞；大往小来。《象》曰：天地不交，"否"，君子以俭德辟❸难，不可荣以禄。

初六：拔茅茹，以其汇；贞吉，亨。《象》曰："拔茅贞吉"，志在君也。

六二：包承，小人吉；大人否，亨。《象》曰："大人否，亨"，不乱群也。

六三：包羞。《象》曰："包羞"，位不当也。

九四：有命无咎，畴❹离❺祉？《象》曰：有命无咎，志行也。

九五：休❻否，大人吉；其亡其亡，系于苞❼桑❽。《象》曰："大人之吉"，位正当也。

上九：倾否；先否后喜。《象》曰：否终则倾，何可长也！

注释

❶否：隔阂，蒙蔽。❷匪人：败类，小人。❸辟：借为"避"。❹畴（chóu）：即"俦"，指同类或者众人。❺离：即"丽"，依附。❻休：停止。❼苞：一种丛生盘根植物，最大特点是根系坚固，再生能力强。❽桑：指桑树，这里比喻像桑树一样根深蒂固。

译读

《否卦》：为小人所蒙蔽，非常不利，君子必须坚守正道；这时强大者离去，弱小者到来。《象传》说：天地阴阳之间不能互相交合，是否卦的卦象；君子因此应以俭约为美德，避开危难，不能以利禄为荣。

初六：连根拔起茅草，以及它们的同类；守持正道可获吉祥，亨通。《象传》说："连根拔起茅草而守持正道可获吉祥"，说明守正不进的意志为君主建功立业着想。

六二：包容承载，小人获得吉祥；大人闭塞，通达。《象传》说："大人闭塞而通达"，是因为没有变乱同类成群。

六三：包藏羞辱。《象传》说："包藏羞辱"，说明此时处的位置不正。

九四：奉行天命没有灾祸，谁能获得福分？《象传》说：奉行天命没有灾祸，说明要实现济困扶危替天行道的志向。

九五：闭塞不通的局面将要停止，大人物可以获得吉祥；衰亡啊，衰亡，国家命运就像系于苞草桑枝上面一样。《象传》说："大人物获得吉祥"，说明此时处于居中位置，合适得当。

上九：推翻闭塞不通的局面；起初闭塞不通而后变成顺畅通达的喜事。《象传》说：闭塞到了极点必然要发生倾覆，一种局面不会长久持续不发生变化的！

同人卦第十三

同人：同人于野❶，亨，利涉大川，利君子贞。《象》曰：天与火，同人；君子以类族辨物。

初九：同人于门，无咎。《象》曰：出门同人，又谁咎也！

六二：同人于宗❷，吝❸。《象》曰："同人于宗"，吝道也。

九三：伏❹戎❺于莽，升其高陵，三发不兴。《象》曰："伏戎于莽"，敌刚也；"三岁不兴"，安行也？

九四：乘其墉❻，弗克攻，吉。《象》曰："乘其墉"，义弗克也；其"吉"，则困而反则也。

九五：同人，先号咷❼，而后笑，大师克❽相遇。《象》曰："同人之先，以中直也；大师相遇，言相克也。"

上九：同人于郊，无悔。《象》曰："同人于郊"，志未得也。

注释

❶野：郊外。古时称邑外为郊，郊外为野。❷宗：祭祖祖先的宗庙。❸吝：偏狭，鄙吝。❹伏：指埋伏，潜伏，欲战而不出。❺戎：军队。❻墉（yōng）：指城墙。❼号咷（táo）：嚎啕，大声哭喊。❽克：战胜。

译读

《同人卦》：志同道合的人相聚在郊外，亨通，有利于渡过大河急流，君子坚守正道有利。《象传》说：天下有火，是同人卦的卦象；君子因此要以物以类聚、人以群分的道理，分辨事物。

初九：如果出门遇到志同道合的人，就不会有灾祸。《象传》说：一出门便遇到志同道合的人，又有谁会有灾祸呢！

六二：只和同族的人和睦相处，这种做法是忧吝的。《象传》说："只和同族的人和睦相处"，是有忧吝之道的缘故。

九三：把军队埋伏在密林草莽之中，占据附近的制高点，但三年都不敢出兵打仗。《象传》说："埋伏军队在密林草莽中"，说明敌人力量强大；"三年都不敢兴兵打仗"，怎么敢冒险轻进呢？

九四：登上敌人的城墙，但终于没有将城攻破，是好事。《象传》说："登上敌人的城墙"，但终于没有将城攻破；获得吉祥，是因为困陷时能够回头遵循正确的法则。

九五：与人志同道合，先哭号后欢笑，是大军相遇克敌制胜。《象传》说："志同道合的人之所以先哭，说明此时内心中正诚信；大军与众人会合，是说互相之间获得胜利。"

上九：志同道合的人聚众于郊野，没有悔恨之心。《象传》说："志同道合的人聚众于郊野"，说明此时众人团结，而希望天下大同的愿望还没有实现。

大有卦第十四

大有：元亨。
初九：无交①害②，匪③咎；艰则无咎。
九二：大车以载，有攸往，无咎。
九三：公用亨④于天子，小人弗克。
九四：匪其彭⑤，无咎。
六五：厥⑥孚交如⑦，威如⑧，吉。
上九：自天祐之，吉无不利。

注释

①交：交往，往来。②害：伤害。③匪：没有。④用亨：即接受款待。⑤彭：盛大的样子。⑥厥：竭尽全力。⑦交如：交往的样子。⑧威如：展现威望的样子。

译读

《大有卦》：弘大亨通。

初九：不要互相侵害，不致灾祸；即使遇上艰难也不会有灾祸。

九二：用大车装载财物，有目的前往，不会有灾祸。

九三：大臣享用天子宴会，小人则不能参与。

九四：富不过盛且不炫耀自己的盛大，没有过错。

六五：以诚信来交往的样子，展现威望的样子，是吉祥的。

上九：上天保佑有德之人，吉祥，没有不利。

谦卦第十五

谦：亨，君子有终❶。《象》曰：地中有山，谦；君子以裒❷多益寡，称物平施。

初六：谦谦君子，用涉大川，吉。《象》曰："谦谦君子"，卑以自牧也。

六二：鸣❸谦，贞吉。《象》曰："鸣谦贞吉"，中心得也。

九三：劳谦，君子有终，吉。《象》曰：劳谦君子，万民服也。

六四：无不利，㧑❹谦。《象》曰："无不利㧑谦"，不违则也。

六五：不富，以其邻利用侵伐，无不利。《象》曰："利用侵伐"，征不服也。

上六：鸣谦，利用行师、征邑国。《象》曰："鸣谦"，志未得也；"可用行师"，征邑国也。

注释

❶有终：有好结果，有成就。❷裒（póu）：取出，减少。❸鸣：即"明"，明智。❹㧑（huī）：奋勇向前。

译读

《谦卦》：亨通，君子谦让将有所成就。《象传》说：高山低藏在地中，是谦卦的卦象；君子因此应取多补少，衡量各种财物而公平施予。

初六：谦虚而又谦虚的君子，有利于涉水过河，最终必然安然无恙。《象传》说："谦虚而又谦虚的君子"，就是以谦虚的态度自我修养约束管理自己。

六二：明智的谦让，守持正固可获吉祥。《象传》说："明智的谦让而守持正固可获吉祥"，说明心中纯正而赢得名声。

九三：勤劳而谦虚的君子，必将有好的结果，凡事吉祥。《象传》说：勤劳而谦虚的君子，万民敬服。

六四：没有任何不吉利，只要奋勇向前而又谦虚谨慎。《象传》说："没有任何不吉利而奋勇向前又谦虚谨慎"，是不违背谦虚导致亨通的法则。

六五：不富裕，与近邻一起都利于出征讨伐，没有任何不利的。《象传》说："利于出征讨伐"，是指征伐那些不服的国家。

上六：有谦虚的美名，利于带兵，征伐邑国。《象传》说："有谦虚的美名"，说明安邦定国之志未酬；"可以带兵作战"，可用出师征讨的办法来征讨邑国。

随卦第十七

随：元亨，利贞，无咎。《象》曰：泽中有雷，随；君子以嚮晦入宴息。

初九：官❶有渝❷，贞吉；出门交❸有功。《象》曰："官有渝"，从正吉也；"出门交有功"，不失也。

六二：系❹小子，失丈夫。《象》曰："系小子"，弗兼与也。

六三：系丈夫，失小子；随有求得，利居贞。《象》曰："系丈夫"，志舍下也。

九四：随有获，贞凶；有孚在道，以明，何咎？《象》曰："随有获"，其义凶也；"有孚在道"，明功也。

九五：孚于嘉❺，吉。《象》曰："孚于嘉吉"，位中正也。

上六：拘系❻之，乃从，维❼之；王用亨于西山❽。《象》曰："拘系之"，上穷也。

注释

❶官：职务地位。❷渝：变化。❸交：交往，这里指互相帮助。❹系：依从。❺嘉：善美之意。❻拘系：强行挽留。❼维：维系，保持。❽西山：为周朝的发祥地，代指帝业可成。

译读

《随卦》：至为亨通，利于守持正固，没有灾祸。《象传》说：泽中有雷声，泽随从雷声而震动，是随卦的卦象；君子因此行事要遵从作息规律，夜晚就回家睡觉安息。

初九：官吏有变故，坚守正固可获吉祥；出门结交朋友容易建功立业。《象传》说："官吏有变故"，但归从正道则吉祥；"出门结交朋友容易建功立业"，这是不失正道的缘故。

六二：倾心随从小人，则会失去刚直的大丈夫。《象传》说："倾心随从小人"，说明二者互相排斥不可兼得。

六三：倾心依附刚直大丈夫，摆脱了小人；追随而求得，有利于安居守正。《象传》说："倾心依附刚直大丈夫"，说明其志在于大而舍弃小的

九四：追名逐利虽有收获，要守正以防凶；只要心存诚信合乎正道，光明磊落，那还有什么危害呢？《象传》说："追名逐利虽有收获"，可居位不当，其含义则有凶险；"心存诚信合乎正道"，说明是由于立身光明磊落所带来的功效。

九五：把诚信带给诚实善良的人，可获吉祥。《象传》说："把诚信带给诚实善良的人可获吉祥"，这是因为得正居中，不倚不偏。

上六：拘禁强令顺服，这才顺从追随，再用绳索捆绑紧；君王在西山设祭。《象传》说："拘禁强令顺服"，是因为处于穷困之境地的缘故。

蛊卦第十八

蛊：元亨，利涉大川；先甲三日，后甲三日。《象》曰：山下有风，蛊；君子以振民育德。

初六：干①父之蛊，有子考②，无咎，厉终吉。《象》曰："干父之蛊"，意承考也。

九二：干母之蛊，不可贞。《象》曰："干母之蛊"，得中道也。

九三：干父之蛊，小有悔，无大咎。《象》曰："干父之蛊"，终无咎也。

六四：裕③父之蛊，往见吝④。《象》曰："裕父之蛊"，往未得也。

六五：干父之蛊，用誉⑤。《象》曰："干父用誉"，承以德也。

上九：不事王侯，高尚其事。《象》曰："不事王侯"，志可则也。

注释

❶干：即"贯"，意思是继承，这里指继承父业。❷考：即"孝"，子考就是儿子孝顺。❸裕：发扬光大。❹吝：困难，艰难。❺用誉：得到赞誉。

译读

《蛊卦》：弘大亨通，利于涉水渡河；但必须于辛日与丁日启程。《象传》说：山下起大风，是蛊卦的卦

象；君子因此应救济万民，施行德教。

初六：继承父业，有一个孝顺的儿子，必无危害，即使遇到危，最终必获吉祥。《象传》说："继承父业"，表明其意在继承父辈的遗志。

九二：继承母业，不可固执守正。《象传》说："继承母业"，显示其人得中正之道。

九三：继承父业，即使有过错产生懊悔，但不会有大的危害；《象传》说："继承父业"，不会有祸害。

六四：光大父业，往前发展将遇到困难。《象传》说："光大父业"，难以得到希望的效果。

六五：继承父业，一定会受到人们的赞誉。《象传》说："继承父业受到赞誉"，说明继承父辈的美德。

上九：不侍奉王侯，保持高尚的志向。《象传》说："不侍奉王侯"，这高尚的志向可以效法。

观卦第二十

观：盥❶而不荐❷，有孚颙若❸。
初六：童❹观，小人无咎，君子吝。
六二：闚❺观，利女贞。
六三：观我生，进退。
六四：观国之光❻，利用宾于王。
九五：观我生，君子无咎。
上九：观其生，君子无咎。

注释

❶盥（guàn）：祭祀时洗净双手称为"盥"。❷荐：祭祀时进献腥的与熟的牺牲。❸颙（yóng）若：头大的样子，这里指俘虏的头被打肿了。❹童：见识短浅的人。❺闚（kuī）：通"窥"，暗中打听。❻光：民俗风情。

译读

《观卦》：祭祀时倾酒灌地而不献人牲，因为用作祭祀的俘虏长得高大。

初六：像幼童一样观仰事物，小人无所危害，君子必有憾惜。
六二：从门缝了向外暗中窥探，利于女子守正。
六三：善于观察亲族的意向，谨慎抉择进退。
六四：观察国家的辉煌政绩，利于成为君王的宾客。
九五：善于观察亲族的意向，君子就不会有灾祸。
上九：观察其他部族，君子才不会有灾祸。

噬嗑卦第二十一

噬嗑❶：亨，利用狱。《象》曰：雷电，噬嗑；先王以明罚敕法。

初九：屦❷校❸灭❹趾，无咎。《象》曰："屦校灭趾"，不行也。

六二：噬肤❺，灭鼻，无咎。《象》曰："噬肤灭鼻"，乘刚也。

六三：噬腊肉，遇毒；小吝，无咎。《象》曰："遇毒"，位不当也。

九四：噬干胏❻，得金矢；利艰贞，吉。《象》曰："利艰贞吉"，未光也。

六五：噬干肉，得黄金；贞厉，无咎。《象》曰："贞厉无咎"，得当也。

上九：何校灭耳，凶。《象》曰："何校灭耳"，聪不明也。

注释

❶噬（shì）嗑：以口中啮物使合为喻，说明施用刑法的意思。❷屦：鞋子，这里指套上枷锁。❸校（jiào）：木制的刑具。❹灭：遮没覆盖到看不见的程度。❺肤：连着皮的肥肉。❻干胏（zǐ）：带骨头的干肉。

译读

《噬嗑卦》：亨通有利于施用刑罚。《象传》说：雷电交击,是噬嗑卦的卦象;先王应明其刑法正其法令。

初九:足戴脚镣遮住脚趾,不会有大的灾祸。《象传》说:"足戴脚镣遮住脚趾",只是不能行动了。

六二:咬鲜鱼肥肉,鼻子陷入肉中,没有灾祸。《象传》说:"咬鲜鱼肥肉连鼻子陷入肉中",这是因为柔凌驾于刚上。

六三:咬腊肉,中毒;小有不顺,没有灾祸。《象传》说:"中毒",这是因为居位不正当的缘故。

九四:咬带骨头的干肉,发现有金属箭头;有利于在艰难中坚守正道,吉祥。《象传》说:"有利于在艰难中坚守正道而吉祥",说明治狱之道尚未发扬光大。

六五:咬干肉,发现金属箭头;守持正固以防危险,没有灾祸。《象传》说:"守持正固以防危险而没有灾祸",这是因为位象得当的缘故。

上九:肩负重枷遮住耳朵,凶险。《象传》说:"肩负重枷遮住耳朵",是因为遮住耳朵而听不清楚。

贲卦第二十二

贲：亨，小利有攸往。《象》曰：山下有火，贲；君子以明庶政，无敢折狱。

初九：贲❶其趾❷，舍车而徒❸。《象》曰："舍车而徒"，义弗乘也。

六二：贲其须。《象》曰："贲其须"，与上兴也。

九三：贲如，濡如，永贞吉。《象》曰："永贞之吉"，终莫之陵也。

六四：贲如，皤❹如，白马翰❺如；匪寇❻，婚媾❼。《象》曰：六四当位，疑也；"匪寇婚媾"，终无尤也。

六五：贲于丘园，束帛戋戋❽；吝，终吉。《象》曰：六五之吉，有喜也。

上九：白贲，无咎。《象》曰："白贲无咎"，上得志也。

> **注释**
>
> ❶贲（bì）：文饰，装饰。❷趾：脚址。❸徒：步行。❹皤（pó）：素白色。❺翰：同"乾"，强壮之意。❻匪寇：不是强盗。❼婚媾（gòu）：本指结婚，这里指美好的结合。❽戋戋（jiān）：一大堆的样子。

译读

《贲卦》：亨通，小的方面适宜有所前往。《象传》说：山下火焰把山上草木万物照得通明，是贲卦的卦象；君子应使众多的政务清明，不敢对判断狱讼掉以轻心。

初九：装饰自己的脚，舍弃乘坐车马而徒步行走。《象传》说："舍弃乘坐马而徒步行走"，这是因为按道义不该乘坐车马。

六二：装饰长者的胡须。《象传》说："装饰长者的胡须"，是说老人不服老，愿辅佐君王振兴国家。

九三：装饰得光泽柔润，永远坚守正道，可获吉祥。《象传》说："永远坚守正道可获吉祥"，是因为始终不会受人凌侮。

九四：装饰洁白素雅，白马壮硕昂头飞驰；不是来抢劫，而是来娶亲。《象传》说：六四虽当位得正，但心中却有疑虑；"得知不是来抢劫而是来娶亲"，说明最终将无忧患。

六五：装饰山丘陵园，再拿着一束微薄的布帛来娶亲；虽有困难，然而最终吉祥。《象传》说：六五的吉祥，说明必有喜事临门。

上九：用白色来装饰，没有灾祸。《象传》说："用白色来装饰没有灾祸"，说明这比较符合朴素无华的心志。

无妄卦第二十五

无妄❶：元亨，利贞；其匪正有眚，不利有攸往。《象》曰：天下雷行，物与无妄；先王以茂❷对时育万物。

初九：无妄，往吉。《象》曰："无妄之往"，得志也。

六二：不耕获；不菑❸畬❹，则利有攸往。《象》曰："不耕获"，未富也。

六三：无妄❺之灾：或系之牛，行人之得，邑人之灾。《象》曰：行人得牛，邑人灾也。

九四：可贞，无咎。《象》曰：可贞无咎，固有之地。

九五：无妄之疾，勿药有喜。《象》曰："无妄之药"，不可试也。

上九：无妄，行有眚，无攸利。《象》曰：无妄之行，穷之灾也。

注释

❶无妄：真诚。❷茂：勉力。❸菑（zī）：新开垦的荒地。❹畬（yú）：耕种三年的熟地。❺无妄：意料之外。

译读

《无妄卦》：弘大亨通，利于坚守正道；若行为不正确则有灾祸，有所往不利。《象传》说：在天的下面有雷在运行，万物生长，是无妄卦的卦象；先王应遵循

天时以养育万物的生长。

初九：不要有不合正道的行为，前去做事获得吉祥。《象传》说："不妄为而前往"，是说行为受意志的控制。

六二：不耕作就期望收获，不开荒地就想种熟地，这种行为怎能有利？《象传》说："不耕作就期望收获"，是说这种妄想的念头不能带来财富。

六三：意外的灾祸：例如有人把一头牛拴在路旁，路人把牛牵走而据为己有，村里的人却被怀疑偷牛而蒙受灾难。《象传》说：路人把牛牵走而据为己有，而村里的人却被怀疑偷牛而蒙受灾难。

九四：只要坚守正道，就没有灾祸。《象传》说：只要坚守正道而没有灾祸，是本身固有的品质。

九五：意外患病，不用乱吃药也会痊愈。《象传》说：意外的药物，不可随便试用。

上九：不要胡作妄行，乱来会遭受灾祸，得不到一点好处。《象传》说：谬妄的行为，是绝望无聊的表现。

大畜卦第二十六

大畜：利贞；不家食吉；利涉大川。

初九：有厉，利已。

九二：舆说①輹②。

九三：良马逐，利艰贞；曰闲③舆卫，利有攸往。

六四：童牛之牿④，元吉。

六五：豮豕⑤之牙⑥，吉。

上九：何天之衢⑦，亨。

注释

①说：即"脱"。②輹（fù）：即"辐"，指车轮上连接车辆和车毂的直条。③闲：即"娴"，熟练，熟悉。④牿（gǔ）：牛角上的木架。⑤豮豕（fén shǐ）：奔突的大猪。⑥牙：即"互"，猪栏。⑦衢（qú）：福禄。

译读

《大畜卦》：利于坚守正道；不消极避世，可以获得吉祥；有利于涉过大河。

初九：有危险，适宜停止不做。

九二：车轮的辐条脱落。

九三：驾着良马驰逐，利于坚守正道；每天熟练驾驶防卫的事情，有所往则有利。

六四：给小牛角装上一块横木，这是大吉大利的。

六五：将有锋利牙齿的猪阉割，是好事。

上九：受上天的庇护，必然亨通顺利。

颐卦第二十七

颐：贞吉；观颐❶，自求口实❷。《象》曰：山下有雷，颐；君子以慎言语，节饮食。

初九：舍尔灵龟，观我朵颐❸，凶。《象》曰："观我朵颐"，亦不足贵也。

六二：颠❹颐；拂经，于丘颐，征凶。《象》曰：六二"征凶"，行失类也。

六三：拂颐；贞凶，十年勿用，无攸利。《象》曰："十年勿用"，道大悖也。

六四：颠颐，吉；虎视眈眈❺，其欲逐逐❻，无咎。《象》曰：颠颐之吉，上施光也。

六五：拂经；居贞吉，不可涉大川。《象》曰："居贞之吉"，顺以从上也。

上九：由颐；厉吉，利涉大川。《象》曰："由颐厉吉"，大有庆也。

注释

❶颐：在脸上是指口与下巴的部分。这里是指养，由口腹之养，推及养身、养德、养人。❷口实：口中装的食物。❸朵颐：饮食之事。朵，动的意思；颐，是咀嚼的意思。❹颠：用作"填"，意思是塞。❺眈眈（dān）：盯得紧的样子。❻逐逐：动得快的样子。

译读

《颐卦》：守持正固可获吉祥；研究颐养之道，在于自食其力。《象传》说：雷出山中，万物萌发，是颐卦的卦象；君子应谨慎以培养美好的品德，节制饮食以养育健康的身体。

初九：舍弃你灵龟般的资质，观看我垂腮进食，有危险。《象传》说："观看我垂腮进食"，说明其求养行为不是高尚的行为。

六二：颠倒养生之道；违背常理，往向上求养，则征伐掠夺必然遭遇凶险。《象传》说：六二的"征伐掠夺则凶险"，因为这种行径违反道义。

六三：违背颐养的正道；那么一定会遭遇凶险，最终导致十年没有什么作为，没有一点利益。《象传》说："十年没有什么作为"，是因为它与颐养的正道违背得太远了。

六四：颠倒养生之道，吉祥；虎视眈眈，其欲望急迫，但没有灾祸。《象传》说：颠倒养生之道之所以吉祥，是因为君上施舍宽广，足以养民。

六五：违背颐养的常理；居家守持正道，不可涉水渡河。《象传》说："居家守持正道之所以吉祥"，是因为能够顺从有阳刚之美的君子。

上九：遵守颐养正道；先遇艰难而后吉祥，有利于涉水渡河。《象传》说："遵循颐养正道且先遇艰难而后吉祥"，这是值得极大地庆贺。

坎卦第二十九

习坎：有孚，维心亨；行有尚。《象》曰：水洊至，习坎；君子以常德行，习教事。

初六：习坎，入于坎窞❶，凶。《象》曰："习坎入坎"，失道凶也。

九二：坎有险，求小得。《象》曰："求小得"，未出中也。

六三：来之坎坎，险且枕❷，入于坎窞，勿用。《象》曰："来之坎坎"，终无功也。

六四：樽❸酒，簋贰❹，用缶，纳约自牖，终无咎。《象》曰："樽酒簋贰"，刚柔际也。

九五：坎不盈，祇❺既平，无咎。《象》曰："坎不盈"，中未大也。

上六：系用徽纆❻，寘于丛棘，三岁不得，凶。《象》曰：上六失道，凶三岁也。

注释

❶窞（dàn）：双重坎坑。❷枕：即"沈"，深。❸樽（zūn）：装酒的器皿。❹簋（guǐ）贰：两碗饭。❺祇：即"坻"，小山丘。❻徽纆（mò）：绳索。

译读

《习坎卦》：有诚信，因为内心通达；行动表现为上进。《象传》说：流水长流不息，是习坎卦的卦象；

君子因此经常推崇德行，推进教化百姓的事业。

初六：坑中有坑，落入到重坑之中，有危险。《象传》说："坑中有坑并陷入重坑"，是因为迷失正道。

九二：坑中有险，求取小事会有收获。《象传》说："求取小事会有收获"，因为守正尚未偏离正道。

六三：来到这多坑之地，坑既险又深，陷入重坑之中，不可轻举妄动。《象传》说："来到这多坑之地"，终究没有功效。

六四：一樽酒，两簋饭，用瓦缶盛着，从窗里送进取出，终无灾祸。《象传》说："一樽酒两簋饭"，说明刚柔相济最终免遭灾祸。

九五：坑还未填满，小丘的土已经铲平，没有灾祸。《象传》说："坑还未填满"，说明居中而不自大，所以不会发生灾祸。

上六：将俘虏用绳索重重地捆绑住，囚在荆棘丛生的牢狱中，长达三年不能解脱，十分凶险。《象传》说：上六指出不能坚守正道，所以遭受三年的凶险。

离卦第三十

离❶：利贞，亨；畜牝牛❷吉。

初九：履错然❸，敬❹之，无咎。

六二：黄离，元吉。

九三：日昃❺之离，不鼓缶而歌，则大耋❻之嗟，凶。

九四：突如其来如，焚如，死如，弃如。

六五：出涕沱若，戚嗟若，吉。

上九：王用出征，有嘉折首，获匪其丑❼，无咎。

注释

❶离：依附。❷牝牛：母牛。❸错然：交错而有序的样子。❹敬：即"儆"，警戒。❺昃（zè）：太阳偏西。❻大耋（dié）：老头儿。❼丑：小丑，胁从者。

译读

《离卦》：利于坚守正道，亨通；饲养母牛吉祥。

初九：步履错乱有序，但保持恭敬谨慎，没有过错。

六二：黄色附丽于身，大吉大利。

九三：夕阳西下，这时如果不击鼓唱歌，则老人感到悲叹，有凶险。

九四：敌人突如其来，见房屋焚烧，见人杀死，然后离弃。

六五：眼泪涌出的样子，悲戚哀叹的样子，吉祥。

上九：君王出兵征伐，对能够斩杀敌方首领的给予嘉奖，不捕获一般的随从，没有灾难。

咸卦第三十一

咸：亨，利贞；取①女吉。《象》曰：山上有泽，咸；君子以虚受人。

初六：咸其拇②。《象》曰："咸其拇"，志在外也。

六二：咸其腓③，凶；居吉。《象》曰："虽凶居吉"，顺不害也。

九三：咸其股，执④其随，往吝。《象》曰："咸其股"，亦不处也；"志在随人"，所执下也。

九四：贞吉，悔亡；憧憧⑤往来，朋从尔思。《象》曰："贞吉悔亡"，未感害也；"憧憧往来"，未光大也。

九五：咸其脢⑥，无悔。《象》曰："咸其脢"，志未也。

上六：咸其辅颊舌。《象》曰："咸其辅颊舌"，滕⑦口说也。

注释

①取：即"娶"。②拇：脚的大拇指。③腓（féi）：小腿肚。④执：执意，盲从。⑤憧憧：往来热闹的样子。⑥脢（méi）：脊背肉，即内脊肉。⑦滕：意思如"腾"，用于口，则是能言善道，说起话来滔滔不绝。

译读

《咸卦》：亨通，利于守持正道；娶妻吉祥。《象传》说：山上有泽之表象，即上方的水泽滋润下面的山体，下面的山体承托上方的水泽并吸收其水分，是咸卦的卦象；君子因此应以虚怀若谷的精神容纳感化他人。

初六：感应发生在大脚趾上。《象传》说："感应发生在大脚趾上"，说明其志在于向外追求。

六二：感应发生在小腿肚上，有凶险；安居便会吉祥。《象传》说："虽然凶险，但安居屋中便会吉祥"，说明顺从可以避免灾祸。

九三：感应发生在大腿上，执意跟随别人，前往必有憾惜。《象传》说："感应发生在大腿上"，说明其不能安居静处；"心志在于追随他人"，可见他所持的主张也卑下不足取。

九四：守持正固可获吉祥，没有后悔；心神不定地往来，朋友会顺从你的意愿。《象传》说："守持正固可获吉祥且没有后悔"，说明没有遭受祸害；"心神不定地往来"，说明不够光明正大。

九五：感应发生在脊背上，不会后悔。《象传》说："感应发生在脊背上"，说明其志向过于浅薄了。

上六：感应发生在腮帮、脸颊、舌头上。《象传》说："感应发生在腮帮、脸颊、舌头上"，说明其只是信口开河、无所顾忌地说话。

恒卦第三十二

恒：亨，无咎，利贞，利有攸往。《象》曰：雷风，恒；君子以立不易方。

初六：浚❶恒，贞凶，无攸利。《象》曰："浚恒"之凶，始求深也。

九二：悔亡。《象》曰：九二"悔亡"，能久中也。

九三：不恒其德，或❷承❸之羞❹；贞吝。《象》曰："不恒其德"，无所容也。

九四：田❺无禽。《象》曰：久非其位，安得禽也？

六五：恒其德，贞；妇人吉，夫子凶。《象》曰：妇人贞吉，从一而终也；夫子制义，从妇凶也。

上六：振❻恒，凶。《象》曰：振恒在上，大无功也。

注释

❶浚（jùn）：挖土。❷或：有时，常常。❸承：承受，遭受。❹羞：羞辱。❺田：古人在田野打猎，所以以"田"为猎，合称"田猎"。❻振：同"震"，震动。

译读

《恒卦》：亨通，没有灾祸，利于守持正道，有所往则有利。《象传》说：风雷交加，二者常是相辅相成而不停地活动的，是恒卦的卦象；君子因此应树立自身形象，坚持恒久不变的正道。

初六：不停地掘土求深，必然凶险，没有一点好处。《象传》说："不停地掘土求深"产生凶险，是因为一开始就追求深度的缘故。

九二：没有悔恨。《象传》说：九二的"没有悔恨"，是由于它能够恒久守中不偏的缘故。

九三：不能恒久保持德行，或许会受到他人的羞辱；守持正道而有忧吝。《象传》说："不能恒久保持德行"，这种人哪里都不会容纳他。

九四：狩猎没有捕获禽兽。《象传》说：长久地处在不适宜的环境，又怎么能够捕获到禽兽呢？

六五：长久地保持美德，坚守正道；妇人可以获得吉祥，丈夫则遭遇凶险。《象传》说：女人贞洁守道可以获得吉祥，说明要顺从一个丈夫终身不改；丈夫则遇事应当果断处理，如果像女人那样柔顺必有凶险。

上六：摇摆不定，有凶险。《象传》说：身居最上位摇摆不定，什么事也办不成所以有凶险。

遁卦第三十三

遁：亨，小利贞。《象》曰：天下有山，遁；君子以远小人，不恶而严。

初六：遁❶尾❷；厉❸，勿用有攸往。《象》曰："遁尾"之厉，不往何灾也？

六二：执❹之用黄牛之革，莫之胜❺说❻。《象》曰：执用黄牛，固志也。

九三：系❼遁，有疾厉；畜臣妾，吉。《象》曰："系遁"之"厉"，有疾惫也；"畜臣妾吉"，不可大事也。

九四：好遁，君子吉，小人否。《象》曰：君子好遁，小人否也。

九五：嘉❽遁，贞吉。《象》曰："嘉遁贞吉"，以正志也。

上九：肥❾遁，无不利。《象》曰："肥遁无不利"，无所疑也。

注释

❶遁（dùn）：隐退。❷尾：后面。❸厉：危厉，危险。❹执：抓住捆绑。❺胜：可能。❻说：即"脱"，解脱。❼系：拖累，拘系。❽嘉：美好而值得嘉许。❾肥：即"飞"。

译读

《遁卦》：亨通，小地方利于正道。《象传》说：天下有山，便是遁卦的卦象；君子应从中受到启示，远离小人，不厌恶他们而严于律己不与他们同流合污。

初六：退避不及时而落在后面；将有危险，不宜有所行动。《象传》说："退避不及时而落在后面"危险，不前往怎么会灾祸呢？

六二：用黄牛皮绳捆绑起来，谁也难以从中解脱。《象传》说：用黄牛皮绳捆绑起来，表示要坚定自己的志向。

九三：有牵挂地隐退，会有疾患危险；假若蓄养仆人和侍妾，可获吉祥。《象传》说："有牵挂地隐退"导致"有疾患危险"，是因为就像长期疾病缠身一样疲惫不堪；"蓄养仆人和侍妾就会吉祥"，意思是说不可能有什么大的作为。

九四：爱好隐退避让，君子将因此而获得吉祥，小人却不会吉祥。《象传》说：君子能够做到该退就退，而小人却做不到这一点。

九五：功成身退，守持正道获得吉祥。《象传》说："功成身退且守持正道获得吉祥"，说明明白自己的信念和志向。

上九：远走高飞那样隐退，不会有什么不利。《象传》说："远走高飞那样隐退且不会有什么不利"，是因为没有什么疑虑。

大壮卦第三十四

　　大壮：利贞。《象》曰：雷在天上，大壮；君子以非礼弗履。

　　初九：壮于趾，征凶；有孚。《象》曰："壮于趾"，其孚穷也。

　　九二：贞吉。《象》曰：九二"贞吉"，以中也。

　　九三：小人用壮❶，君子用罔❷；贞厉，羝❸羊触藩，羸❹其角。《象》曰：小人用壮，君子罔也。

　　九四：贞吉，悔亡；藩决不羸，壮于大舆之輹❺。《象》曰："藩决不羸"，尚往也。

　　六五：丧羊于易❻，无悔。《象》曰："丧羊于易"，位不当也。

　　上六：羝羊触藩，不能退，不能遂，无攸利；艰则吉。《象》曰："不能退，不能遂"，不详也；"艰则吉"，咎不长也。

> **注释**
>
> ❶用壮：利用自己的强壮。❷用罔：与"无"同意，视之如无一物。❸羝（dī）羊：公羊。❹羸（léi）：缠绕。❺輹（fù）：即"辐"，这里指车轮。❻易：即"场"，指边界。

译读

《大壮卦》：利用守持正道。《象传》说：震雷响彻天上，这就是大壮卦的卦象；君子应该从卦象中受到启示，不做没有礼教的事情。

初九：强壮在脚趾上，征讨会有凶祸；但应以诚信自守。《象传》说"强壮在脚趾上"，说明应当以诚信自守并善于处理穷困。

九二：坚守正道而获得吉祥。《象传》说：九二的"坚守正道而获得吉祥"，是因为它位置居中。

九三：小人恃强好胜，君子却不这样；守持正道以防危险，就像强壮的大羊去顶触篱笆，结果只会把角卡在篱笆中而难以摆脱。《象传》说：小人靠力气，君子用智。

九四：守持正道可获吉祥，悔恨也会消失；藩篱被冲破，羊角解脱出来了，羊角像大车的车轮一样强壮。《象传》说："冲破藩篱"，是因为要一直往前顶。

六五：在田边地头把羊弄丢了，不用后悔。《象传》说："在田边地头把羊弄丢了"，是由于其位置不恰当的缘故。

上六：强壮的公羊因顶触篱笆而被挂住了角，既不能后退，又不能前进，处境不利；以坚贞自守则会吉祥。《象传》说："不能退，不能进"，这是由于当初没有计划周详所致；"以坚贞自守则会吉祥"，说明灾祸是不会长久的。

晋卦第三十五

晋：康侯用锡马蕃庶，昼日三接。《象》曰：明出地上，晋；君子以自昭明德。

初六：晋如摧如❶，贞吉；罔孚❷，裕❸无咎。《象》曰："晋如摧如"，独行正地；"裕无咎"，未受命也。

六二：晋如愁❹如，贞吉；受兹❺介福，于其王母。《象》曰："受兹介福"，以中正也。

六三：众允❻，悔亡。《象》曰："众允"之志，上行也。

九四：晋如鼫鼠❼，贞厉。《象》曰："鼫鼠贞厉"，位不当也。

六五：悔亡，失得勿恤❽；往吉，无不利。《象》曰："失得勿恤"，往有庆也。

上九：晋其角，维用伐邑，厉吉，无咎；贞吝。《象》曰："维用伐邑"，道未光也。

> **注释**
>
> ❶摧如：受挫的状态。摧，摧毁，挫败。❷罔孚：不受信任。罔，通"无"；孚，指诚信。❸裕：指宽裕，宽容。❹愁：忧虑。❺兹：与"此"同意。❻允：公允，认可，相信。❼鼫（shí）鼠：梧鼠。❽恤：指忧虑，顾虑。

译读

《晋卦》：诸侯得天子赏赐车马布匹，一天之内荣获三次接见。《象传》说：太阳从地面上升起，这是晋卦的卦象；君子应充分显示自己的才华和美德，发挥自己的作用。

初六：刚开始前进就遇到障碍，但坚守正道可获吉祥；暂时不受信任，应心放宽自然无害。《象传》说："刚开始前进就遇到障碍"，这是因为只有你遵循正道；"应心放宽自然无害"，是因为还有得到受命。

六二：在晋升之际满面愁容，守正道可获吉祥；能够受到这样的大福，是来自于王母的。《象传》说："之所以能够受此大福"，是因为它位置居中，行为符合身份和正道。

六三：众人信任他，悔恨将会消失。《象传》说："众人信任他"的志向，是上进的。

九四：晋升时像鼫鼠一样，守正道也会有危险。《象传》说："鼫鼠守正道也会有危险"，是因为它所在的位置不对。

六五：悔恨已经消失，也用不着忧虑得失的问题；勇往直前就会获得吉祥，没有什么不利的。《象传》说："用不着忧虑得失"，只要继续前往就必然会有吉祥福庆的。

上九：晋升到了极点，只有征讨邑国以建立功勋，虽有危险但终会吉祥，没有灾难；守正道会遇到困难。《象》曰："只有征讨邑国以建立功勋"，是说明晋升之道还不能光大。

家人卦第三十七

家人：利女贞。
初九：闲❶有家，悔亡。
六二：无攸遂❷，在中❸馈❹，贞吉。
九三：家人嗃嗃❺，悔厉，吉；妇子嘻嘻❻，终吝。
六四：富❼家，大吉。
九五：王假❽有家，勿恤，吉。
上九：有孚，威如，终吉。

注释

❶闲：防范，戒备。❷遂：即"坠"，失误。❸中：家中。❹馈（kuì）：烹饪饮食类杂务事。❺嗃（hè）嗃：发怒训斥的声音。❻嘻嘻：放肆嬉笑的声音。❼富：即"福"，幸福。❽假：即"格"，到达。

译读

《家人卦》：利于女子守持正道。

初九：防范家里出现意外事故，没有悔恨。

六二：若要不出现过失，在家中尽心料理饮食起居，守持正道获得吉祥。

九三：家人被嗃嗃训斥，尽管悔恨且危险，但可获吉祥；要是妇人和孩子喧闹嘻嘻，最终会有憾惜。

六四：幸福家庭，大吉大利。

九五：君王到家庙祭祀祖先，不要忧虑，吉祥。

上九：有诚信和威严，终会获得吉祥。

蹇卦第三十九

蹇：利西南，不利东北；利见大人；贞吉。《象》曰：山上有水，蹇；君子以反身修德。

初六：往蹇①，来誉②。《象》曰："往蹇来誉"，宜待也。

六二：王臣蹇蹇③，匪躬之故。《象》曰："王臣蹇蹇"，终无尤也。

九三：往蹇，来反。《象》曰："往蹇来反"，内喜之也。

六四：往蹇，来连④。《象》曰："往蹇来连"，当位实也。

九五：大蹇，朋来。《象》曰："大蹇朋来"，以中节也。

上六：往蹇，来硕⑤；吉，利见大人。《象》曰："往蹇来硕"，志在内也；"利见大人"，以从贵也。

注释

①蹇（jiǎn）：即"跛"，行走不便，引申为难。②誉：用作"趎"，安全舒适地行路。③蹇蹇：难上加难。④连：用作"辇"，指车。⑤硕：丰硕。

译读

《蹇卦》：利于向西南行，不利于向东北行；利于出现大人物；始终如一可获吉祥。《象传》说：高山上

积水是蹇卦的卦象；君子要好好反省，提高品德修养。

初六：出门艰难，归来安适。《象传》说："出门艰难且归来安适"，是说知难而退，坐待时机。

六二：王臣屡碰艰难，并不是自身的缘故。《象传》说："王臣屡碰艰难"，其自身始终没有过错。

九三：出门时困难重重，归来时喜悦。《象传》说："出门时困难重重归来时喜悦"，是发自内心的喜悦。

六四：出门时艰难，归来时有车坐。《象传》说："出门时艰难归来时有车坐"，指处的位置恰当切实。

九五：处境极为艰难，却有友人协助渡过危难。《象传》说："处境极为艰难却有友人协助渡过危难"，说明节操贞正自能获救。

上六：出门时艰难，归来时大有收获；吉祥，利于出现大人物。《象传》说："出门时艰难且归来时大有收获"，说明士气高昂，奋勇取胜；"利于出现大人物"，说明应当追随尊贵的君主去建功立业。

解卦第四十

解；利西南；无所往，其来复吉；有攸往，夙❶吉。《象》曰：雷雨作，解；君子以赦过宥罪。

初六：无咎。《象》曰：刚柔之际，义无咎也。

九二：田❷获三狐❸，得黄矢❹；贞吉。《象》曰：九二贞吉，得中道也。

六三：负❺且乘❻，致寇至；贞吝。《象》曰："负且乘"，亦可丑也；"自我致戎"，又谁咎也？

九四：解❼而拇，朋至斯❽孚。《象》曰："解而拇"，未当位也。

六五：君子维有解，吉，有孚于小人。《象》曰：君子有解，小人退也。

上六：公用射隼❾于高墉之上，获之，无不利。《象》曰："公用射隼"，以解悖也。

注释

❶夙：指"早"，这里指提早准备。❷田：指田猎。❸狐：指狐狸，比喻以谗言陷忠的小人。❹黄矢：指黄色的箭头，箭头比喻刚直。❺负：指背负。❻乘：指乘坐。❼解：解开，松开。❽斯：如此，这样。❾隼（sǔn）：鹰。

译读

《解卦》：利于往西南行；没有目标，则不如返回；返回则能吉祥如意。有了目标，就应及时早行，才能获得吉祥。《象传》说：春雷阵阵，春雨潇潇，万物舒展生长，这是解卦的卦象；君子因此应赦免有过错的，饶恕有罪过的，使他们得到解脱和新生。

初六：没有灾祸。《象传》说：处在刚柔相济，其义自然不会有什么灾祸的。

九二：打猎时捕获三只狐狸，又得到铜箭头；守持正道可获吉祥。《象传》说：九二的吉祥，是因为处于中正之道。

六三：肩上扛着东西并坐在华丽的车上，招来强盗抢掠；即使坚守本分也会出现困难。《象传》说："肩上扛着东西并坐在华丽的车上"，这样的行为简直是太丑陋了；"由于自己的原因而招致盗寇"，这又能去责怪谁呢？

九四：解开大拇脚趾上的束缚，朋友来到才是可以相信的。《象传》说："解开大脚趾上的束缚"，这是因为把自己的位置摆错了。

六五：君子解脱困境，吉祥，用诚信去感化小人。《象传》说：君子解脱困境，小人就会畏惧退避。

上六：王公在高高的城墙上，用箭射中一只鹰，并且抓到它，没有什么不好的。《象传》说："王公射鹰"，意在除强去暴。

损卦第四十一

损：有孚，元吉，无咎，可贞。利有攸往。曷❶之用？二簋可用享。《象》曰：山下有泽，损；君子以惩忿窒欲。

初九：已事遄❷往，无咎；酌损之。《象》曰："已事遄往"，尚合志也。

九二：利贞，征凶；弗损❸益之。《象》曰：九二利贞，中以为志也。

六三：三人行，则损一人；一人行，则得其友。《象》曰：一人行，三则疑也。

六四：损其疾，使遄有喜，无咎。《象》曰："损其疾"，亦可喜也。

六五：或益之十朋之龟，弗克违❹，元吉。《象》曰：六五元吉，自上祐也。

上九：弗损益之；无咎，贞吉；利有攸往；得臣无家。《象》曰："弗损益之"，大得志也。

注释

❶曷：即"盍"，送食物。❷遄（chuán）：快速，马上。❸弗损：不要自损。❹弗克违：不要推辞。

译读

《损卦》：有诚信，大吉，没有灾祸，可以坚守正道。利于行事。用什么祭祀呢？两簋粗淡食物就够。

《象传》说：山下有湖泽，是损卦的卦象；君子由此应抵制狂怒暴躁的脾性，杜绝其贪欲。

初九：办完事赶快前往，没有灾难；要酌量减损。《象传》说："办完事赶快前往"，说明合乎心志。

九二：利于坚守正道，征伐他国会有凶险；不减损自己而帮助别人受益。《象传》说：九二的利于坚守正道，是因为是以正中之道为志向。

六三：三个人同行，会使一个人受到伤害；一个人独行，就会遇到志同道合的朋友。《象传》说：一个人独行会得友，三个人同行则会相互猜疑。

六四：减轻疾病痛苦，使病情好转，不会有灾祸。《象传》说："减轻疾病痛苦"，也是一件可喜的事。

六五：有人送来价值十朋的大宝龟，无法推辞，大吉。《象传》说：六五的大吉，是上天保佑的结果。

上九：不减损自己帮他人受益；没有灾患，坚守正道可获吉祥；利于前往；得到无私臣子。《象传》说："不减损自己帮他人受益"，因公允执中，大为得志。

益卦第四十二

益：利有攸往，利涉大川。《象》曰：风雷，益；君子以见善则迁，有过则改。

初九：利用为大作❶，元吉，无咎。《象》曰："元吉无咎"，下不厚事也。

六二：或益之十朋❷之龟，弗克违，永贞吉；王用亨于帝，吉。《象》曰："或益之"，自外来也。

六三：益之用凶事❸，无咎；有孚中行，告公用圭❹。《象》曰：益用凶事，固有之也。

六四：中行告公从❺，利用为依❻迁国。《象》曰："告公从"，以益志也。

九五：有孚惠心❼，勿问元吉；有孚惠我德❽。《象》曰："有孚惠心"，勿问之矣；惠我德，大得志也。

上九：莫益之，或击之；立心❾勿恒，凶。《象》曰："莫益之"，偏辞也；"或击之"，自外来也。

注释

❶作：作为。❷朋：古时货币单位。❸凶事：天灾人祸。❹圭（guī）：指圭臬，古代测定日影定节气的天文仪器，这里比喻准则或法度。❺从：遵从。❻依：依托。❼惠心：施惠于人之心。❽惠我德：回报我的恩德。❾立心：树立决心。

译读

《益卦》：利于有所前往，利于渡河涉水。《象传》说：狂风和惊雷互相激荡、相得益彰，是益卦的卦象；君子应当看到良好的行为就马上向它看齐，有了过错就马上改正，以不断增强自身的美好品德。

初九：利于大作为，大吉大利，没有灾祸。《象传》说："大吉大利且没有灾祸"，表明百姓不用承受繁重的剥削。

六二：有人赐予价值昂贵的大龟，没有办法辞让，永远守持正道可获吉祥；君王祭祀先帝，吉祥。《象传》说："有人赐予宝龟"，说明是从外面得到增益。

六三：将所得到的好处用来帮助他人解除危难，没有灾难；有诚信又符合中道，向王公告急用圭璧作为信物。《象传》说：得到的好处帮助他人，可以巩固自己原有的利益。

六四：采用中庸之道行事告诉王公的随从，利于依附强大的邦国而进行迁都。《象传》说："告诉王公的随从"，以增强众人的意志。

九五：有诚信地施仁惠之心于百姓，不用问就知是大吉利；天下人定会真诚信实地回报我的恩德。《象传》说："有诚信地施仁惠之心于百姓"，是用不着问的；回报我的恩德，会得到更大的发展。

上九：没有人帮助他，倒是有人来攻击他；树立决心却不能持之以恒，必然会有凶险。《象传》说："没有人来帮助他"，这是普遍的说法；"有人攻击他"，说明这攻击来自外部。

姤卦第四十四

姤：女壮，勿用取女。《象》曰：天下有风，姤；后以施命诰四方。

初六：系于金柅❶，贞吉；有攸往，见凶，羸豕孚蹢躅❷。《象》曰："系于金柅"，柔道牵也。

九二：包有鱼，无咎；不利宾。《象》曰："包有鱼"，义不及宾也。

九三：臀无肤，其行次且；厉，无大咎。《象》曰："其行次且"，行未牵也。

九四：包❸无鱼，起凶。《象》曰：无鱼之凶，远民也。

九五：以杞包瓜；含章，有陨自天。《象》曰：九五含章，中正也；有陨自天，志不舍命也。

上九：姤其角；吝，无咎。《象》曰："姤其角"，上穷吝也。

注释

❶金柅（nǐ）：铜制纺车转轮把手。❷蹢（zhí）躅：不停地来回走动。❸包：即"疱"，厨房。

译读

《姤卦》：女子过分强壮，不适合娶来做妻子。《象传》说：天下有风，与万物相依，是姤卦的卦象；君王也应该施教于天下，昭告四方。

初六：线系在纺车轮上的铜把手，会吉祥；贸然出行，会遇险，像羸弱的牝猪轻浮躁动不安。《象传》说："线系在纺车轮上的铜把手"，是说阴柔被刚刚牵制。

九二：厨房里有鱼，不会有灾祸；但不利于拿来请宾客。《象传》说："厨房里有鱼"，不宜用鱼宴宾。

九三：屁股上蹭破了皮，走起路来很困难；会遇到危险，但不会有大的灾祸。《象传》说："走起路来很困难"，是因为没有人扶持。

九四：厨房里没有鱼，引起争执会发生凶险。《象传》说：厨房里没有鱼而引起凶险，就好像君主失去民众的支持，当然会发生凶险。

九五：用杞树枝叶包住瓜；内藏文采，自天上陨落。《象传》说：九五爻讲内藏文采，是因为位置居中而守正；"自天上陨落"，说明不舍弃天命的安排。

上九：碰上野兽长角，虽有危险，但无灾祸。《象传》说："碰上野兽长角"，因处于穷尽之地，故有麻烦。

萃卦第四十五

萃❶：亨，王假❷有庙；利见大人，亨利贞；用大牲❸吉，利有攸往。《象》曰：泽上于地，萃；君子以除❹戎器，戒不虞❺。

初六：有孚不终，乃乱乃萃；若号，一握为笑：勿恤，往无咎。《象》曰："乃乱乃萃"，其志乱也。

六二：引吉，无咎；孚乃利用禴❻。《象》曰："引吉无咎"，中未变也。

六三：萃如嗟如❼，无攸利；往无咎，小吝。《象》曰："往无咎"，上巽也。

九四：大吉，无咎。《象》曰：大吉无咎，位不当也。

九五：萃有位，无咎，匪孚；元永贞，悔亡。《象》曰："萃有位"，志未光也。

上六：赍咨❽涕洟❾，无咎。《象》曰："赍咨涕洟"，未安上也。

注释

❶萃（cuì）：聚集，相聚。❷假：就是到的意思。❸用大牲：以牛为牺牲。❹除：修治。❺不虞：意外，不测之事。❻禴（guì）：祭祀的名称，指春祭。❼嗟如：嗟怨的样子。❽赍咨（jī zī）：咨嗟，叹息。❾涕洟（tì yí）：眼泪鼻涕并流。

译读

《萃卦》：亨通，君王到宗庙里祭祀；利于出现大人，前景亨通，有利于守正道；用大祭品献祭能够带来平安，有所往吉利。《象传》说：地上有湖，四面八方的细流都源源不断汇入湖中，是萃卦的卦象；因此君子应修缮甲杖兵器，以防发生不测。

初六：有诚信却没有坚持到终点，于是出现了混乱与新的聚集；混乱的哭号，相聚者大笑；不用忧虑，前去行事不会遇到灾祸。《象传》说："混乱与聚集"，是因为众人神志昏乱。

六二：受人牵引相聚可获吉祥，没有害处；心存诚信即使微薄的祭品也利于献享神灵。《象传》说："受人牵引相聚可获吉祥且没有害处"，这是因为遵循中庸之道始终不曾改变。

六三：聚集而忧虑叹息，没有好处；前去行事不会遇到灾祸，但有一点小麻烦。《象传》说："前去行事不会遇到灾祸"，这是因为上面是柔顺的巽卦。

九四：大吉大利，没有灾祸。《象传》说：大吉大利乃没有灾祸，说明所处位置尚不妥当。

九五：会聚时获得地位，没有灾难，但得不到信任；开始永久不渝地守持正固，则悔恨必将消亡。《象传》说："会聚时获得地位"，说明其志向还没有发扬光大。

上六：叹气流涕，但不会遇到灾祸。《象传》说："叹气流涕"，是因为没有安定在上的位子。

升卦第四十六

升：元亨，用见大人，勿恤❶，南征吉。
初六：允❷升，大吉。
九二：孚乃利用禴，无咎。
九三：升虚邑❸。
六四：王用亨❹于岐山❺，吉，无咎。
六五：贞吉，升阶。
上六：冥❻升，利于不息之贞❼。

注释

❶恤：担忧。❷允：允许，跟从。❸虚邑：指无人管理的地方。❹用亨：举行祭祀之礼。❺岐山：周部落发源地。❻冥：昏冥。❼不息之贞：永不停息地坚守正道。

译读

《升卦》：弘大亨通，宜于出现大人物，用不着担忧，出征南方吉祥。

初六：可以上升，大吉大利。

九二：心存诚信即使微薄的祭品也利于献享神灵，则无灾祸。

九三：登上高丘上的城邑。

六四：周王在岐山祭祀神灵，吉祥如意，没有灾祸。

六五：固守正道获得吉祥，事业逐步发展。

上六：在昏冥中上升，利于不停息地守持正固。

井卦第四十八

井：改邑不改井，无丧无得，往来井井。汔❶至亦未繘井❷，羸❸其瓶❹，凶。《象》曰：木上有水，井；君子以劳民劝相。

初六：井泥不食，旧井无禽。《象》曰："井泥不食"，下也；"旧井无禽"，时舍也。

九二：井谷射鲋❺，瓮敝漏。《象》曰："井谷射鲋"，无与也。

九三：井渫❻不食，为我心恻；可用汲，王明并受其福。《象》曰："井渫不食"，行恻也；求"王明"，受福也。

六四：井甃❼，无咎。《象》曰："井甃无咎"，修井也。

九五：井冽❽，寒❾泉食。《象》曰："寒泉之食"，中正也。

上六：井收，勿幕；有孚，元吉。《象》曰："元吉"在上，大成也。

注释

❶汔（qì）：几乎，将近。❷繘（jú）井：用绳汲取井水。❸羸（léi）：碰撞，这里指撞破，毁坏。❹瓶：瓶瓮，古代盛水用的陶制容器。❺射鲋（fù）：捉鱼。❻渫（xiè）：清洁去污。❼甃（zhòu）：修治井壁，这是

"渫"后的下一步工作,至此修井大功告成。❽冽:新鲜甘洁。❾寒:清凉寒爽。

译读

《井卦》:城邑改迁而水井不移,井水不会干涸也不会溢满,来来往往的人都到井里来打水。打水时提水提到井口眼看就要上来了,要是使水瓶倾覆毁败,必有不好的事情发生。《象传》说:水分沿着树身向上远行,直达树冠,为井水源源不断地被汲引到地面,是井卦的卦象;君子应当效法这种美德为大众谋利。

初六:井底淤满了污泥不能饮用,年久失修的老井连禽兽都不来光顾。《象传》说:"井底淤满了污泥不能饮用",是因为位置处在最下面;"年久失修的老井连禽兽都不来光顾",是说人们已将其舍弃不用了。

九二:在井口射井中小鱼,汲水的瓮破损不能再用。《象传》说:"在井口射井中小鱼",说明不会有收获。

九三:水井淘干净而不去饮用,为此我感到伤心;淘洗干净就可汲用,君王贤明是大家共同的福气。《象传》说:"水井淘干净而不去饮用",表明触景生情的感叹;盼求君王英明,是期望获得好处。

六四:用砖石加固井壁,不会有灾祸。《象传》说:"用砖石加固井壁不会有灾祸",指修井带来好处。

九五:井水新鲜甘洁,清凉寒爽可供人饮用。《象传》说:"清凉寒爽的井水可供人饮用",这是因为行为不偏不倚,内心纯正无私。

上六:陷阱口修好,不要盖上;有诚信,大吉。《象传》说:"大吉"在最上面的位置,说明大功告成。

革卦第四十九

革：已日❶乃孚，元亨，利贞，悔亡。《象》曰：泽中有火，革；君子以治历明时。

初九：巩❷用黄牛之革。《象》曰："巩用黄牛"，不可以有为也。

六二：已日乃革之，征吉，无咎。《象》曰："已日革之"，行有嘉也。

九三：征❸凶，贞厉；革言❹三❺就，有孚❻。《象》曰："革言三就"，又何之矣！

九四：悔亡，有孚改命，吉。《象》曰："改命之吉"，信志也。

九五：大人虎变，未占有孚。《象》曰："大人虎变"，其文炳也。

上六：君子豹变，小人革面；征凶，居贞吉。《象》曰："君子豹变"，其文蔚也；"小人❼革面"，顺以从君也。

> **注释**
> ❶已日：改变之日，革命成功之时。❷巩：巩固，捆绑。❸征：躁动，过于激进。❹言：改革的言论，政策方针。❺三：泛指多番。❻有孚：诚信，信服。❼小人：庶民百姓，对于革命缺乏认识。

译读

《革卦》：改变之日得到诚信，大亨通，利于坚守正道，悔恨终将会消失。《象传》说：大水可以使火熄灭，大火也可以使水蒸发，如此，水火相克相生，是革卦的卦象；君子受此启示，应制定历法，以明辨春、夏、秋、冬四季的变化。

初九：用黄牛的皮革牢牢捆绑住。《象传》说："用黄牛的皮革牢牢捆绑住"，是因为处于最下位，位卑微而不能有所作为。

六二：己日进行变革，出征一定会取得胜利，不会有灾祸。《象传》说："己日进行变革"，说明行动会有好处。

九三：急于前进必有危险，坚守正道以防危险；变革须多番俯就人心，做事要心存诚信。《象传》说："变革须多番俯就人心"，说明此时又去什么地方呢！

九四：悔恨已经消除，心存诚信改变旧命，获得吉祥。《象传》说："改变天命获得吉祥"，说明是信心成就的吉祥。

九五：大人物像猛虎一般推行变革，毫无疑问定能光大诚信的美德。《象传》说："大人物像猛虎一般推行变革"，说明美德文采炳焕。

上六：君子变为像豹子那样威猛，小人改变旧日倾向；出征会有凶险，静居坚守正道可获吉祥。《象传》说："君子变为像豹子那样威猛"，说明君子的文采丰富；"小人改变旧日倾向"，说明小人去恶从善，服从君上。

震卦第五十一

震：亨。震来虩虩①，笑言哑哑②；震惊百里，不丧匕③鬯④。《象》曰：洊雷，震；君子以恐惧修省。

初九：震来虩虩，后笑言哑哑，吉。《象》曰："震来虩虩"，恐致福也；"笑言哑哑"，后有则也。

六二：震来，厉；亿丧贝，跻于九陵，勿逐，七日得。《象》曰："震来厉"，乘刚也。

六三：震苏苏⑤。震行无眚。《象》曰："震苏苏"，位不当也。

九四：震遂泥。《象》曰："震遂泥"，未光也。

六五：震往来，厉；亿无丧，有事。《象》曰："震往来厉"，危行也；其事在中，大无丧也。

上六：震索索⑥，视矍矍⑦，征凶；震不于其躬，于其邻；无咎；婚媾有言。《象》曰："震索索"，中未得也；虽凶无咎，畏邻戒也。

注释

①虩（xì）虩：恐惧的样子。②哑哑：笑声。③匕：勺子。④鬯（chàng）：祭祀神灵时用的香酒。⑤苏苏：疑惧不安的样子。⑥索索：浑身颤抖，惊惧发抖。⑦矍矍（jué）：惊魂未定，目光游移，神情沮丧。

译读

《震卦》：亨通。雷声响起人们感到不安，雷声过后人们笑语声声;尽管雷声震惊百里,却不会震落手中的酒杯。《象传》说:雷相重叠,是震卦的卦象;君子应悟知恐惧警惕,修身省过。

初九:雷声响起人们感到恐惧,雷声过后人们笑语声声,结果平安无事。《象传》说:"雷声响起人们感到不安",表明恐惧又敬畏天象,能够致福;"雷声过后人们笑语声声",说明后来懂得天象的规律和法则。

六二:惊雷震动,有危难;惊慌中丢失了钱币,攀登九重山都寻找不到,不用追寻,等到七天后自会失而复得。《象传》说:"惊雷震动且有危难",说明处境危险。

六三:震动使人恐惧不安。因为恐惧而能谨慎前行将无祸患。《象传》说:"震动使人恐惧不安",说明所处的位置不适当。

九四:惊雷坠入淤泥里。《象传》说:"惊雷坠入淤泥里",是因为还没有广大。

六五:雷声震动时上下往来,均有危难;幸好没有大的损失,只是有一些小困扰。《象传》说:"雷声震动时上下往来,均有危难",指人的行动有危险;处事恪守中道,没有什么大的损失。

上六:由于雷震动恐惧而畏缩不前,两眼旁视而不安,征讨会有凶险;但是雷电不会击在他身上,而是落在邻人头上;没有灾难;婚配会有责怪之言。《象传》说:"由于雷震动恐惧而畏缩不前",是因为没有居中;虽然有凶险却不致受害,是因为能够看见近邻的危险及时戒备,因而能防患于未然。

艮卦第五十二

艮：艮❶其背，不获其身；行其庭，不见其人，无咎。《象》曰：兼山，艮；君子以思不出其位。

初六：艮其趾，无咎，利永贞。《象》曰："艮其趾"，未失正也。

六二：艮其腓❷，不拯其随，其心不快。《象》曰："不拯其随"，未退听也。

九三：艮其限❸，列其夤❹，厉熏心。《象》曰："艮其限"，危熏心也。

六四：艮其身，无咎。《象》曰："艮其身"，止诸躬也。

六五：艮其辅❺，言有序，悔亡。《象》曰："艮其辅"，以中正也。

上九：敦艮，吉。《象》曰："敦艮之吉"，以厚终也。

注释

❶艮（gèn）：终止。❷腓（féi）：膝关节以下的小腿部位。❸限：腰部，因为腰部是身体上下的分界处。❹夤（yín）：脊椎骨两边的肉。❺辅：脸辅，面颊。

译读

《艮卦》：抑止于背部，而不想占有其全身；在他的庭院中寻找，也没有找到，没有不妥。《象传》说：

两山重叠，是艮卦的卦象，君子应以此为戒，切合实际，不可超越自己所处的地位。

初六：抑止脚趾运动，不会有灾祸，利于永远守正道。《象传》说："抑止脚趾运动"，说明没有失去正道。

六二：抑止小腿运动，不能迈步追随应追随的人，他的心中是不会快乐的。《象传》说："不能迈步追随应追随的人"，是说其人没有退回来听取别人的意见。

九三：抑止腰部运动，以至于撕裂了脊背的肉，危险就像列火一样烧灼他的心。《象传》说："止腰部运动"，说明危险就像列火一样烧灼其心。

六四：抑止身体运动，就不会受害。《象传》说："抑止身体运动"，是说其人能够自我控制安守本分。

六五：抑止嘴巴乱说，说话有分寸，就没悔恨。《象传》说："抑止嘴巴乱说"，说明居于中位能守正道。

上九：以敦厚笃实的美德抑止邪欲，就会获得吉祥。《象传》说："以敦厚笃实的德行抑止邪欲而获得吉祥"，是由于其人秉守忠厚，必得善终。

丰卦第五十五

丰：亨，王假之；勿忧，宜日中。《象》曰：雷电皆至，丰；君子以折狱致刑。

初九：遇其配主，虽旬无咎，往有尚。《象》曰："虽旬无咎"，过旬灾也。

六二：丰其蔀❶，日中见斗，往得疑疾；有孚发若，吉。《象》曰："有孚发若"，信以发志也。

九三：丰其沛❷，日中见沫❸；折其右肱，无咎。《象》曰："丰其沛"，不可大事也；"折其右肱"，终不可用也。

九四：丰其蔀，日中见斗；遇其夷主，吉。《象》曰："丰其蔀"，位不当也；"日中见斗"，幽不明也；"遇其夷主"，吉行也。

六五：来章，有庆誉，吉。《象》曰：六五之吉，有庆也。

上六：丰其屋，蔀其家，窥❹其户，阒❺其无人，三年不觌，凶。《象》曰："丰其屋"，天际翔也；"窥其户，阒其无人"，自藏也。

注释

❶蔀（bù）：草席屋顶，用来遮蔽阳光。❷沛：即"旆"，幔幕。遮蔽起来不见天日。❸沫：即"昧"，不知名的小星星。❹窥：偷看。❺阒（qù）：虚空寂静。

译读

《丰卦》：亨通，君王亲临；不用担心，适宜日在中午。《象传》说：雷电同时到来，是丰卦的卦象；君子应该像雷电那样，审案刑罚正大光明。

初九：旅途中遇到与自己匹配的人，十天内不致受害，前往必会受到尊重。《象传》说："十天内不致受害"，意思是过了十天就可能会有灾祸了。

六二：扩大掩盖光明的障蔽，日正中天却出现了斗星，往前一定会得被猜疑的疾患；出自内心的诚信，吉祥。《象传》说："出自内心的诚信"，应以诚信启发意志。

九三：扩大掩遮光明的幡幔，日正中天却出现小星；折断了右臂，也不会有伤害。《象传》说："扩大掩遮光明的幡幔"，说明其不可承担大事；"折断了右臂"，最终没有什么作为。

九四：扩大掩盖光明的障蔽，日正中天却出现斗星；黑暗中遇到他的主人，吉祥。《象传》说："扩大掩盖光明的障蔽"，是因为所处位置不得当；"日正中天却出现斗星"，说明此时幽暗而不见光亮；"黑暗中遇到他的主人"，说明获得吉祥可以继续前行。

六五：吸引来天下有文采的人，必获喜庆与荣誉，吉祥。《象传》说：六五的吉祥，是因为有吉庆之事。

上六：扩大房屋，遮蔽居室，从门缝里探视，发现里面寂无一人，三年不见有人，有危险。《象传》说："扩大房屋"，说明主人志得意满如鸟翱翔天际；"从门缝里探视且发现里面寂无一人"，说明房屋主人躲藏了起来。

旅卦第五十六

旅：小亨，旅贞吉。《象》曰：山上有火，旅；君子以明慎用刑而不留狱。

初六：旅琐琐❶，斯其所取灾。《象》曰："旅琐琐"，志穷灾也。

六二：旅即次❷，怀其资，得童仆，贞。《象》曰："得童仆贞"，终无尤也。

九三：旅焚其次，丧其童仆；贞厉。《象》曰："旅焚其次"，亦以伤矣；以旅与下，其义丧也。

九四：旅于处，得其资❸斧❹，我心不快。《象》曰："旅于处"，未得位也；"得其资斧"，心未快也。

六五：射雉❺，一矢亡；终以誉❻命❼。《象》曰："终以誉命"，上逮也。

上九：鸟焚其巢，旅人先笑，后号咷；丧牛于易，凶。《象》曰：以旅在上，其义焚也；丧牛于易，终莫之闻也。

注释

❶琐琐：细小的样子，在这里指琐碎，猥猥琐琐。❷次：客舍。❸资：钱财，旅费。❹斧：原是兵器，在此指旅途中的必备用具。❺雉：野鸡。❻誉：指好的名声。❼命：任命，爵命。

译读

《旅卦》：稍见亨通，旅行中坚守正道必然吉祥。《象传》说：火势匆匆蔓延，是旅卦的卦象；君子因此应既不滥施刑罚，又不拖延狱讼。

初六：旅行时猥猥琐琐，这是他自取的灾害。《象传》说："旅行时猥猥琐琐"，是因为意志穷迫造成的灾祸。

六二：旅客住在旅舍，携带钱财，买得一男仆，坚守正道。《象传》说："买得一男仆且坚守正道"，是说最终没有什么责任。

九三：旅途中旅舍失火，新买的男仆乘乱跑掉；坚守正道也有危险。《象传》说："旅途中旅舍失火"，已经遭受到损失；以旅人的态度对待下人的强势态度，道义上也会失去童仆。

九四：旅行到了住处，获得旅费与用具，但心情仍然不愉快。《象传》说："旅行到了住处"，因为没有得到适当的位置；"获得旅费与用具"，心中仍不畅快。

六五：射野鸡，一发命中；其人因而博得善射的荣誉和美名。《象传》说："终于博得善射的荣誉和美名"，是因为往上得到支持。

上九：鸟巢被火烧掉，旅行的人先是大笑，后来号啕痛哭；在边界丢失了牛，有不好的事情。《象传》说：旅行还要身居高位，室理当被火焚毁；在边界丢失了牛，最终没有听到任何消息。

巽卦第五十七

巽，小亨，利有攸往，利见大人。《象》曰：随❶风，巽；君子以申命行事。

初六：进退，利武人❷之贞。《象》曰："进退"，志疑也；"利武人之贞"，志治也。

九二：巽❸在床下，用史、巫❹纷若❺吉，无咎。《象》曰："纷若之吉"，得中也。

九三：频❻巽，吝。《象》曰："频巽之吝"，志穷也。

六四：悔亡，田❼获三品。《象》曰："田获三品"，有功也。

九五：贞吉，悔亡，无不利；无初有终；先庚三日，后庚三日，吉。《象》曰：九五之吉，位正中也。

上九：巽在床下，丧其资斧；贞凶。《象》曰："巽在床下"，上穷也；"丧其资斧"，正乎凶也。

注释

❶随：相继，相从。❷武人：军人。❸巽（xùn）：顺从。❹史巫：古代从事祭祖和算命的人。❺纷若：发言多而乱的样子。❻频：频繁。❼田：同"畋"，狩猎。

译读

《巽卦》稍见亨通，利于出行，利于出现大人物。《象传》说：风行起来无所不入，是巽卦的卦象；君主

应受此启示申明政令，推行政事。

初六：进退听命，利于军人守持正固。《象传》说："进退听命"，是因为自己没有主见；"利于军人守持正固"，说明需要修治坚强的意志。

九二：顺从跪拜在床下，让祝史与巫觋纷纷发言，会获得吉祥，没有过错。《象传》说："纷纷发言之所以会得到吉祥"，这是因为九二爻能够居于中位守正道的缘故。

九三：勉强顺从，其心中一定不会顺畅。《象传》说："勉强顺从，心中不顺畅"，这是说明志穷而无可奈何。

六四：懊恼消失，田猎的时候得到各种猎物。《象传》说："田猎的时候得到各种猎物"，说明围猎大有收获。

九五：坚守正固可获吉祥，悔恨将会消失，没有不顺利的；虽没有好的开头，但有好的结果；庚日的前三天，庚日的后三天，吉祥。《象传》说：九五讲的吉祥，是因为它处于守正居中的位置。

上九：顺从跪拜在床下，丧失了钱财；坚守正固也不能避免祸事。《象传》说："顺从跪拜在床下"，是因为居上位而穷途末路；"丧失了钱财"，说明应守阳刚之正以防凶险。

兑卦第五十八

兑：亨，利贞。《象》曰：丽泽，兑；君子以朋友讲习。

初九：和兑❶，吉。《象》曰：和兑之吉，行未疑也。

九二：孚❷兑，吉，悔亡。《象》曰："孚兑之吉"，信志也。

六三：来兑，凶。《象》曰："来兑之凶"，位不当也。

九四：商❸兑未宁，介疾❹有喜。《象》曰：九四之喜，有庆也。

九五：孚于剥❺，有厉❻。《象》曰：孚于剥，位正当也！

上六：引兑。《象》曰：上六"引兑"，未光也。

注释

❶兑：高兴，愉快，喜悦。❷孚：诚实可信，真心交往。❸商：商度，表示思虑不宁。❹疾：凶险。❺剥：剥取，剥落。❻厉：危险。

译读

《兑卦》：亨通，利于坚守正固。《象传》说：泽水相互流通滋润，彼此受益，是兑卦的卦象；君子应当效法这一精神，乐于同志同道合的朋友一道研讨学业，讲习道义。

初九：和睦欢喜，吉祥。《象传》说："和睦喜悦之所以吉祥"，是因为行为诚信端正，不被人猜疑。

九二：以诚信使人喜悦，故而得到吉祥，悔恨消失。《象传》说："以诚信使人和悦而得到吉祥"，说明心志诚信、笃实，能获得好的结果。

六三：前来寻求喜悦，蕴藏着危险。《象传》说："前来寻求喜悦，同时也蕴藏着危险"，是因为居位不当的缘故。

九四：商讨和好之事还未安宁，须排除凶险疾恶才会有喜庆的结果。《象传》说：九四所讲的喜，即是指将有庆贺之事。

九五：相信小人的巧言令色，会有危险。《象传》说：相信小人的巧言令色，可惜它所居的正当之位了。

上六：引导大家和睦相处。《象传》说：上六说引诱别人一同欢悦，不是光明正大的品德。

涣卦第五十九

涣：亨，王假❶有庙，利涉大川，利贞。《象》曰：风行水上，"涣"；先王以享于帝立庙。

初六：用拯马壮吉。《象》曰：初六之吉，顺也。

九二：涣❷奔❸其机❹，悔亡。《象》曰："涣奔其机"，得愿也。

六三：涣其躬，无悔。《象》曰："涣其躬"，志在外也。

六四：涣其群，元吉；涣有丘，匪❺夷所思。《象》曰："涣其群元吉"，光大也。

九五：涣汗❻其大号，涣王居，无咎。《象》曰："王居无咎"，正位也。

上九：涣其血❼去逖❽出，无咎。《象》曰：涣其血，远害也。

注释

❶假：至，到的意思。❷涣：洪水。❸奔：用作"崩"，冲毁。❹机：用作"几"，这里指房屋的地基。❺匪：同"非"。❻涣汗：散发到极广的范围。涣，离散，散发；汗，水势浩大。❼血：伤害。❽逖（tì）：即远离。

译读

《涣卦》：亨通，君王来到宗庙祭祀先祖，有利于跋涉大川，利于守正道。《象传》说：风行水上，是涣卦的卦象；先王因此便祭祀天帝，修建庙宇。

初六：用来拯救的马匹强壮吉祥。《象传》说：初六的吉祥，是由于它能顺承阳刚的缘故。

九二：水波冲到岸边的台阶上，幸免于难悔恨消失。《象传》说："水波冲到岸边的台阶上"，正是心中所愿。

六三：洪水冲到身上，没有懊恼。《象传》说："洪水冲到身上"，说明其人志向在外。

六四：洪水冲向人群，大吉祥；洪水中的人群聚集成山丘，不是平常所能想象的。《象传》说："洪水冲向人群"，表明君王德教广施，品行光明正大。

九五：洪水汹涌，淹没国都，淹及王宫，但没有受损。《象传》说："王宫没有受损"，是因为居于正位，行事端正。

上九：流血后远离伤害，没有损失。《象传》说：流血后，就要吸取教训远离伤害。

节卦第六十

节：亨；苦节不可，贞。《象》曰：泽上有水，节；君子以制数度❶，议德行。

初九：不出户庭❷，无咎。《象》曰："不出户庭"，知通塞也。

九二：不出门庭，凶。《象》曰："不出门庭凶"，失时极也。

六三：不节❸若，则嗟❹若，无咎。《象》曰："不节之嗟"，又谁咎也！

六四：安节，亨。《象》曰："安节之亨"，承上道也。

九五：甘❺节，吉，往有尚。《象》曰："甘节之吉"，居位中也。

上六：苦❻节；贞凶，悔亡。《象》曰："苦节贞凶"，其道穷也。

注释

❶数度：制度。❷户庭：户院围墙的出入口。❸节：节制，节俭。❹嗟：伤叹。❺甘：甘美，甜美。❻苦：苦涩。因节制过分，则会感到苦涩。

译读

《节卦》：亨通；不可过分节制，守持正道。《象传》说：泽上有水，是节卦的卦象；君子因此制定典章制度和必要的礼仪法度确立伦理道德的标准。

初九：不迈出庭院，没有危险。《象传》说："不迈出庭院"，说明知晓通则当行，阻则当止的道理。

九二：不跨出门庭，会有危险。《象传》说："不跨出门庭会有危险"，因为失去了适中、妥当的时机。

六三：不节俭则贫困，处贫困则伤叹悔过，没有过错。《象传》说："奢侈带来的贫困"，这是谁之过呢！

六四：安定的节俭，亨通。《象传》说："安定的节俭亨通"，说明遵从君上之道。

九五：甘美的节俭，是吉祥的，往前定会得到尊崇。《象传》：说："甘美的节俭之所以吉祥"，这是由于居位中正的缘故。

上六：苦涩的节俭，守持正道也有危险，懊恼消失。《象传》说："苦涩的节俭且守持正道也有危险"，说明走入穷困不通的境地。

中孚卦第六十一

中孚：豚鱼吉，利涉大川，利贞。
初九：虞吉。有它不燕❶。
九二：鹤鸣在阴❷，其子和之；我有好爵❸，吾与尔靡❹之。
六三：得敌，或鼓或罢，或泣或歌。
六四：月几望，马匹亡，无咎。
九五：有孚挛如❺，无咎。
上九：翰音❻登于天，贞凶。

注释

❶燕：安宁，安逸。❷阴：即"荫"，树上荫蔽的地方。❸爵：古代的酒器，这里指代酒。❹靡（mí）：共享。❺挛如：紧密地联系在一起。❻翰音：鸡鸣的声音。

译读

《中孚卦》：豚鱼献祭吉祥，利于过河，利于守正道。
初九：能预料就吉祥。有其他状况会得不到安宁。
九二：鹤在树荫下鸣叫，小鹤在旁边应和；我有醇香的酒浆，愿与你一同享用。
六三：遇到对手，有的击鼓、休兵，有的哭泣、唱歌。
六四：月亮将要满盈，马匹丢失，没有大的过错。
九五：心怀诚信而系念着天下，没有过错。
上九：鸡鸣的声音传上天空，守持正道以防不测。

小过卦第六十二

小过：亨，利贞；可小事，不可大事；飞鸟遗之音，不宜上，宜下，大吉。《象》曰：山上有雷，小过；君子以行过乎恭，丧过乎哀，用过乎俭。

初六：飞鸟以凶。《象》曰："飞鸟以凶"，不可如何也。

六二：过其祖❶，遇其妣❷；不及其君，遇其臣，无咎。《象》曰："不及其君"，臣不可过也。

九三：弗过❸防之。从或戕❹之，凶。《象》曰："从或戕之"，凶如何也！

九四：无咎，弗过遇之；往厉必戒，勿用，永贞。《象》曰："弗过遇之"，位不当也；"往厉必戒"，终不可长也。

六五：密云不雨，自我西郊；公弋❺取彼在穴。《象》曰：密云不雨，已上也。

上六：弗遇过之；飞鸟离❻之，凶，是谓灾眚❼。《象》曰："弗遇过之"，已亢也。

注释

❶祖：祖父。❷妣（bǐ）：母亲的通称。在这里指祖母。❸弗过：不要太过。❹戕（qiāng）：伤害。❺弋：是用带有绳子的箭射取猎物。❻离：用作"罗"，指捕鸟的网。❼灾眚：天灾人祸。

译读

《小过卦》：亨通，利于守正道；适宜于小事，不适宜大事；有鸟飞过留下的声音，不应该往上走，而应该向下走，大为吉祥。《象传》说：山上响雷，雷声超过了寻常的雷鸣，是小过卦的卦象；君子因此行事不敢过分恭敬，居丧不敢过度悲哀，用度不敢过分节俭，唯适中而已。

初六：飞鸟会带来危险。《象传》说："飞鸟会带来危险"，是无可奈何的事。

六二：错过他的祖父，遇到他的祖母；没有赶上国君，却遇到臣僚，没有过错。《象传》说："没有赶上国君"，因为作为臣子不能超越国君。

九三：不愿过分防备。从而将要遭人戕害，会有危险。《象传》说："从而将要遭人戕害"，说明面临的危险是多么严重啊！

九四：没有过错，不越过也会遇到；前往危险定要警戒，不可以有所作为，永远保持正固。《象传》说："不越过也会遇到"，是说所处位置不正；"前往危险定要警戒"，最终不多久还是要遭到凶险。

六五：乌云密布而不下雨，在我西郊的上空；王公用带绳子的箭射取穴之物。《象传》说：乌云密布而不下雨，是因为云已上升了，故不能化雨。

上六：没有相遇而是越过了；飞鸟钻入罗网，危险，这真是天灾人祸。《象传》说："没有相遇而是越过了"，是说其人猖狂之极。

既济卦第六十三

既济：亨小，利贞；初吉终乱。《象》曰：水在火上，既济；君子以思患而豫防之。

初九：曳其轮，濡其尾，无咎。《象》曰："曳其轮"，义无咎也。

六二：妇丧其茀❶，勿逐，七日得。《象》曰："七日得"，以中道也。

九三：高宗伐鬼方，三年克之；小人勿用。《象》曰："三年克之"，惫也。

六四：繻❷有衣袽❸，终日戒。《象》曰："终日戒"，有所疑也。

九五：东邻杀牛❹，不如西邻之禴祭，实受其福。《象》曰："东邻杀牛"，不如西邻之时也；"实受其福"，吉大来也。

上六：濡其首，厉。《象》曰："濡其首，厉"，何可久也！

注释

❶茀（fú）：即"髴"，头巾。❷繻（rú）：彩色绢帛。❸衣袽（rú）：破旧衣服。❹杀牛：祭祀的盛况。

译读

《既济卦》：小有亨通，利于守正道；起初顺利，最后混乱。《象传》说：水上火下，水浇火熄，是既济

卦的卦象；君子因此要考虑祸害而预先防范。

初九：拉住车轮，沾湿车子后部，没有祸事。《象传》说："拉住车轮"，理应没有灾祸。

六二：妇人丢失头巾，不用寻找，七天物归原处。《象传》说："七天物归原处"，是因为坚守中道。

九三：高宗征伐鬼方国，三年才征服；不可重用小人。《象传》说："三年才征服"，说明已经筋疲力尽。

六四：华美的衣服也会变得破旧，整天保持戒备。《象传》说："整天保持戒备"，说明心中疑虑重重。

九五：东邻杀牛举行大祭，不如西邻简单的祭祀，可以真正得到福佑。《象传》说"东邻杀牛举行大祭"，不如西邻虔诚简单的祭祀用意美善；"可以真正得到福佑"，说明此时正当其位，吉祥福分不断降临。

上六：弄湿了头，有危险。《象传》说："弄湿了头而有危险"，怎能待得长久呢？

© 民主与建设出版社，2021

图书在版编目（CIP）数据

周易/（西周）姬昌著；方士华主编.-- 北京：民主与建设出版社，2019.11

（传统国学经典心读）

ISBN 978-7-5139-2681-2

Ⅰ.①周… Ⅱ.①姬…②方… Ⅲ.①《周易》—通俗读物 Ⅳ.① B221-49

中国版本图书馆 CIP 数据核字（2019）第 253569 号

周易
ZHOU YI

著　　者	（西周）姬　昌
主　　编	方士华
责任编辑	韩增标
装帧设计	徐荣强
出版发行	民主与建设出版社有限责任公司
电　　话	（010）59417747 59419778
社　　址	北京市海淀区西三环中路 10 号望海楼 E 座 7 层
邮　　编	100142
印　　刷	廊坊市国彩印刷有限公司
版　　次	2021 年 12 月第 1 版
印　　次	2021 年 12 月第 1 次印刷
开　　本	880 毫米 ×1230 毫米　1/32
印　　张	3
字　　数	38 千字
书　　号	ISBN 978-7-5139-2681-2
定　　价	148.00 元（全 10 册）

注：如有印、装质量问题，请与出版社联系。

传统国学经典心读

尚 书

（春秋）孔 子 编　方士华 主编

民主与建设出版社
·北京·

前言

习近平总书记在十九大报告中指出:"深入挖掘中华优秀传统文化蕴含的思想观念、人文精神、道德规范,结合时代要求继承创新,让中华文化展现出永久魅力和时代风采。"

习总书记还曾指出:"'去中国化'是很悲哀的,应该把这些经典嵌在学生脑子里,让经典成为中华民族文化的基因。"

是的,泱泱中华五千载,悠悠国学民族魂。我们中华国学"为天地立心,为生民立命,为往圣继绝学,为万世开太平",是中华民族生生不息的根本,是华夏儿女遗传基因和精神支柱。

国学就是中国之学,中华之学,是以母语汉语为基础,表达中华民族的精神价值和处世态度的,有利于凝聚中华民族的文化向心力,有利于中华民族大团结,是炎黄子孙的生命火炬,我们要永远世代相传和不断发扬光大。

中华优秀传统文化在思想上有大智,在科学上有大真,在伦理上有大善,在艺术上有大美。在中华民族艰难而辉煌的发展历程中,优秀传统文化薪火相传、历久弥新,始终为国人提供精神支撑和心灵慰藉。所以,从传统优秀国学经典中汲取丰富营养,丰盈的不只是灵魂,而是能够拥有神圣而崇高的家国情怀。

中华传统国学是指以儒学为主体的中华传统文化与学术,包括非常广泛,内涵十分丰富,凝聚了我国五千年的文明史和传统文化,体现了中华民族博大精深的文化精髓,是经过多少代人实

践检验过的文化瑰宝,承载着中华民族伟大复兴的梦想。

　　中华传统国学经典,蕴含了中国儿女内圣外王的个体修养和自强不息的群体精神,形成了重义轻利的处世态度以及孝亲敬长的人伦约定,包含着辩证理智的心智思维和天人合一的整体观念。历经数千年发展,逐渐形成了以儒释道为主干的传统文化和兼容并包、多元一体的开放型现代文化。

　　这些国学经典作为我国传统文化与教育的经典,在内容方面,包含有治国、修身、道德、伦理、哲学、艺术、智慧、天文、地理、历史等丰富知识;在艺术方面,丰富多彩,各有特色,行文流畅,气势磅礴,辞藻华丽,前后连贯。古往今来,无数有识之士从中汲取知识,不仅培养了良好道德品质,还提升了儒雅、淳静、睿智的气质,哺育了一代代中华儿女茁壮成长。

　　作为国学经典,是广大读者必备的精神食粮。读者们阅读国学经典,能够秉承国学仁义精神,学会谦和待人、谨慎待己、勤学好问等优良品行,能够达到内外兼修与培养刚健人格。读者们阅读国学经典,就如同师从贤哲,使自己能够站在先辈们的肩膀之上,在高起点上开始人生的起跑。阅读圣贤之书,与圣贤为伍,是精神获得高尚和超越的最高境界。

　　为此,在有关专家指导下,我们经过精挑细选,特别精选编辑了这套"传统国学经典心读"作品。主要是根据广大青少年读者学习吸收特点,在忠实原著基础上,节选了经典原文,增设了简单明了的注释和白话解读,还配有相应故事和精美图片等,能够培养广大青少年读者的国学阅读兴趣和传统文化素养,能够增强对中国传统文化的热爱、传承和发展,能够激发并积极投身到中华复兴的伟大梦想之中。

虞书

尧典 ………………………………… 006
舜典 ………………………………… 011
大禹谟 ……………………………… 018
皋陶谟 ……………………………… 027

夏书

禹贡 ………………………………… 032
五子之歌 …………………………… 045
胤征 ………………………………… 049

商书

汤誓 ………………………………… 052
汤诰 ………………………………… 054
伊训 ………………………………… 057

太甲上	060
太甲中	063
太甲下	066
咸有一德	068

周书

武成	070
微子之命	073
梓财	075
无逸	078
立政	083
周官	089
文侯之命	094

虞书

尧典

曰若①稽②古帝尧，曰放勋③，钦④、明⑤、文⑥、思⑦、安安⑧，允恭克让⑨，光被⑩四表⑪，格于上下⑫。克明俊德⑬，以亲九族⑭。九族既睦⑮，平章百姓⑯。百姓昭明，协和万邦⑰。黎民于变时雍⑱。

注释

①曰若：发语词，用追述，用在往事的话语的开头。②稽（jī）：考察。③放勋：尧的名号。④钦：敬事节用。⑤明：明察。⑥文：指将天下管理得井井有条。⑦思：深谋远虑。⑧安安：温和。⑨允恭克让：允，诚实；恭，恭谨；克，能够；让，推贤尚善。⑩被（pī）：通"披"，覆盖。⑪四表：指四方极远之地，也泛指天下。⑫格于上下：格，到，指充满；上下，指天地之间。⑬克明俊德：克，能；明，彰明，发扬；俊，大，才智高超。⑭九族：自高祖至玄孙九代人，这里指君主即"帝"的至亲。⑮睦：和睦相亲。⑯平章百姓：平，通"辨"，分辨；章，同"彰"，彰明；百姓，百官族姓。⑰协和万邦：协，协调；和，和睦；邦，国。⑱黎民于变时雍（yōng）：黎，众；于，于是，因此；时，善；雍，和，和睦。

译读

　　考察古时之事，帝尧名叫放勋。他办事认真，明察四方，善于管理天下，深谋远虑，他为人温和宽容，讲求诚信，恪尽职守，又对人非常谦让。他的光辉照耀到四海之外，充满天地之间。他能够发扬大德，使家族内部亲密和睦。家族已经和睦了，这种和睦之礼就在百官族姓中得到辨别和彰明。百官族姓清楚明白了和睦之礼，就使得诸侯万邦协调和睦，天下民众因此就变得和睦友好起来。

原文

　　乃命羲和①，钦若昊天②，历象③日月星辰，敬授民时。分命羲仲，宅④嵎夷⑤，曰旸谷⑥。寅宾⑦出日，平秩⑧东作。日中⑨，星鸟⑩，以殷⑪仲春⑫。厥⑬民析⑭，鸟兽孳尾⑮。

　　申命羲叔，宅南交⑯，曰明都。平秩南讹⑰，敬致。日永⑱，星火⑲，以正仲夏。厥民因⑳，鸟兽希革㉑。分命和仲，宅西，曰昧谷。寅饯纳日㉒，平秩西成㉓。宵中㉔，星虚㉕，以殷仲秋。厥民夷㉖，鸟兽毛毨㉗。

　　申命和叔，宅朔方㉘，曰幽都。平在朔易㉙。日短㉚，星昴㉛，以正仲冬。厥民隩㉜，鸟兽氄毛。帝曰："咨！汝羲暨和。期㉝三百有㉞六旬有六日，以闰月定四时，成岁。允厘㉟百工，庶绩咸熙㊱。"

注释

①羲（xī）和：羲氏与和氏，相传是古代掌管天地

四时的官。❷昊天：形容天的广大。❸历象：历法，天文星象。❹宅：这里用作动词，居住。❺嵎（yú）夷：地名，传说在东方。❻旸（yáng）谷：地名，传说中日出的地方。❼寅宾：恭敬导引。寅，恭敬；宾，迎接。❽平秩：是指辨次耕作的先后。❾日中：指春分。春分昼夜时间相等，因此叫日中。❿星鸟：星名，指南方朱雀七宿。⓫殷：这里是确定的意思。⓬仲春：春季的第二个月，即农历二月。⓭厥（jué）：文言代词。相当于"其"。⓮析：指分散开来。⓯孳（zī）尾：是指动物交配繁殖。⓰交：地名，这里是指交趾。⓱讹（é）：是指发动运转，运行。⓲日永：指夏至这天。这天白昼最长，所以称为日永。永，长。⓳星火：指火星。夏至这天黄昏，火星出现南方。⓴因：就，这里的意思是就高地而居。㉑希革：羽毛稀疏。希，通"稀"。㉒纳日：在这里是指落日。㉓西成：是指太阳西没的时刻。成，终。㉔宵中：指秋分。秋分这天昼夜时间相等，因此叫宵中。㉕星虚：星名，为北方玄武七宿之一。㉖夷：平。这里是回到平地居住的意思。㉗毛毨（xiǎn）：生长新羽毛。毨，齐整。㉘朔（shuò）方：北方。朔，北。㉙易：变化，这里指运行。㉚日短：指冬至。冬至这天白天最短，所以叫日短。㉛星昴（mǎo）：星名，指昴星，为西方白虎七宿之一。㉜隩（yù）：内，指入室内居住以避寒。㉝氄（rǒng）：指新生出的柔软细毛。㉞期（jī）：周年或满一定的时期。㉟有：通"又"，表示整数之外再加零数。㊱厘：治，规定的意思。㊲熙（xī）：兴起，兴盛的意思。

译读

于是命令羲氏与和氏谨慎地顺应上天，观察日月星辰的运动规律，把推算总结出的历法知识告诉人民，以安排农时，方便耕作。分别任命羲仲在东方的旸谷主持迎接日出的祭礼，并引导春天的农作正常进行。昼夜一样长的日子，傍晚在南方天空正中可看到鸟星，凭以确定是春分了。这时气候温和，人民分散在田野里劳作，鸟兽也在繁殖、生育。

又命令羲叔，住在南方的交趾，辨别测定太阳往南运行的情况，恭敬地迎接太阳向南回来。白昼时间最长，东方苍龙七宿中的火星黄昏时出现在南方，依据这些确定仲夏时节。这时，人们住在高处，鸟兽的羽毛稀疏。又命令和仲，住在西方的昧谷，恭敬地送别落日，辨别测定太阳西落的时刻。昼夜长短相等，北方玄武七宿中的虚星黄昏时出现在天的正南方，依据这些来确定仲秋时节。这时，人们回到了平原居住，鸟兽的羽毛重新生长。

尧还命令和叔住在北方的幽都，然后观察太阳向北运行的情况。根据白天时间最短，黄昏时昴星出现在南方，来确定仲冬时节。这时人们住在室内避寒，鸟兽长出了细软的毛。尧帝说："唉！你们羲氏与和氏啊，一周年有三百六十六天，用增加闰月的办法来确定春夏秋冬四时，这就成为一年。以此来规定各种事情就都会兴盛起来。"

原文

帝曰："咨！四岳。朕在位七十载，汝能庸命巽[1]朕

位?"岳曰:"否德❷忝帝位。"曰:"明明扬侧陋。"师锡帝曰:"有鳏在下,曰虞舜。"帝曰:"俞!予闻,如何?"岳曰:"瞽❸子,父顽,母嚚,象傲,克谐,以孝烝烝❹,乂不格奸。"帝曰:"我其试哉!"女于时,观厥刑于二女。厘降二女于妫汭❺,嫔于虞。帝曰:"钦哉!"

注释

❶巽(xùn):古同"逊",谦让恭顺。这里是接替,继任的意思。❷否(pǐ)德:德行不良。否,不,没有。❸瞽(gǔ):在这里是指盲人的意思。❹烝烝:指孝德的美厚。❺妫汭(guī ruì):妫水的弯曲处。

译读

尧帝说:"啊!四方诸侯之长!我在位七十年,你们谁能接替我的位置呢?"四方诸侯之长说:"我们德行不良,不配继任帝位。"尧帝说:"可以明察高明的人,也可以推举地位低微的人。"众人提议说:"下面有一位独身的人,名叫虞舜。"尧帝说:"是的,我也听说过,这个人怎么样?"四方诸侯之长回答说:"他是乐官瞽叟的儿子。他的父亲顽劣,后母说话不诚,弟弟象傲慢不友好,但是舜能够和他们和谐相处。因为他的孝德纯厚,治理政务没有坏心。"尧帝说:"我试试吧!"把两个女儿嫁给舜,观察他和两个女儿生活时的德行。于是命令两个女儿下到妫水湾,嫁给虞舜。尧帝说:"处理政务吧!"

舜典

正月上日①,受终②于文祖③。在④璇玑玉衡⑤,以齐七政。肆⑥类⑦于上帝,禋⑧于六宗⑨,望⑩于山川,遍于群神。辑⑪五瑞⑫。既月乃日,觐⑬四岳群牧⑭,班⑮瑞于群后⑯。

注释

①上日:朔日,即正月初一。②终:指终结帝位之禅让。③文祖:文德之祖,指尧太祖的宗庙。古时政事在宗庙举行。④在:察,观察的意思。⑤璇玑(xuán jī)玉衡:指北斗七星。⑥肆:这里相当于"于是"。⑦类:古祭名,即指祭天。⑧禋(yīn):古代祭天时升烟的一种仪式。⑨六宗:是指天、地、四时。⑩望:指望祭,是一种祭祀山川之礼。⑪辑:聚,合。⑫五瑞:诸侯用作凭证的五种瑞玉。⑬觐(jìn):是指臣民朝见君主或宗教徒朝拜圣地。⑭牧:古代的一种官名。⑮班:同"颁",颁赐,分发。⑯群后:是指四方诸侯及九州牧伯。

译读

正月的一个吉日,舜在尧的太祖宗庙接受了禅让的帝位。他观察了北斗星的运行情况,列出了七项政事。接着举行祭祖,向上天报告继承帝位一事,并祭祖天地四时,祭祖山川和群神。舜聚集了诸侯的五等宝玉,挑选良辰吉日,接受四方诸侯头领的朝见,把宝玉颁发给四方诸侯及九州牧伯。

原文

岁二月,东巡守①,至于岱宗②,柴③。望秩④于山川,肆觐东后⑤。协⑥时月正日,同⑦律⑧度⑨量⑩衡⑪。修五礼⑫、五玉⑬、三帛⑭、二生⑮、一死⑯贽⑰。如五器⑱,卒⑲乃复⑳。

注释

❶巡守:视察诸侯为天子守土的情况。❷岱(dài)宗:泰山别称岱。古以泰山为四岳所宗,故称。❸柴:柴祭。一种祭天的礼仪。❹秩:是指次序,次第,顺序。❺东后:是指东方诸侯国的君主。❻协:协调,调和的意思。❼同:在这里是统一的意思。❽律:是指音律。❾度:尺度。❿量:量具,斗斛之类。⓫衡:衡器,称重器具。⓬五礼:是指公侯伯子男等朝见天子的五等

礼节。⑬**五玉**：指五种用作信符的瑞玉。⑭**三帛**：指红、白、黑三种丝织品，用来垫玉的。⑮**二生**：是指活着的羔羊和大雁。⑯**一死**：一只死掉的野鸡。⑰**贽（zhì）**：执礼，即初次拜见长辈所送的礼物。⑱**五器**：是指五等爵朝聘的礼器。⑲**卒**：完毕，这里是指礼节完毕。⑳**复**：在这里是归还的意思。

译读

这年二月，舜到东方巡视，到达泰山后，在那里举行了柴祭。对于其他山川，都按地位尊卑依次举行了祭祀。然后，接受了东方诸侯君长的朝见。协调春夏秋冬四时的月份，确定天数，统一音律、度、量、衡。制定了公侯伯子男朝聘的礼节、五种瑞玉、三种不同颜色的丝绸、活羊羔、活雁、死野鸡，分别作为诸侯、卿大夫和士朝见时的贡物。而五种瑞玉，朝见完毕后，仍然还给诸侯。

原文

五月南巡守，至于南岳❶，如岱礼。八月西巡守，至于西岳❷，如初。十有一月朔巡守，至于北岳❸，如西礼。归，格❹于艺祖❺，用特❻。五载一巡守，群后四朝❼。敷❽奏以言，明试以功，车服以庸❾。

注释

❶**南岳**：山名。五岳之一，即衡山。❷**西岳**：山名。五岳之一，即华山。❸**北岳**：山名。五岳之一，即恒山。❹**格**：在这里是至、到的意思。❺**艺祖**：文祖，是指尧的太祖庙。❻**用特**：指用公牛做牺牲，举行告庙祭

祀。特，公牛。❼四朝：指诸侯按所在方位分别在四岳朝见。❽敷（fū）：展开，铺开。这里是普遍，全面的意思。❾庸：在这里是功劳的意思。

译读

五月，舜向南方巡视，到达南岳，所举行的礼节如同巡视泰山之礼。八月，舜向西方巡视，到达西岳，所举行的礼节如同当初巡视泰山之礼。十一月，舜到北方巡视，到达北岳，所举行的礼节如同巡视西岳之礼。回来后，到尧的太祖庙祭祀，用一头公牛作祭品。以后，每五年巡视一次，诸侯按所在方位分别在四岳朝见。舜令诸侯逐一述职，陈奏治国见解，有良策则明试其功效，有功劳则用车马、衣服作奖赏。

原文

肇❶十有二州，封❷十有二山，浚❸川。象❹以典刑❺。流宥五刑❻，鞭作官刑❼，扑❽作教刑❾，金作赎刑❿。眚⓫灾肆赦⓬，怙⓭终⓮贼刑⓯。

钦哉，钦哉，惟刑之恤⓰哉。流共工⓱于幽州，放驩兜⓲于崇山⓳，窜三苗⓴于三危㉑，殛㉒鲧㉓于羽山，四罪而天下咸服。

注释

❶肇（zhào）：开始。❷封：培土，指封土为坛，举行祭祀。❸浚（jùn）：挖深，疏通。❹象：在这里是刻画的意思。❺典刑：常用的刑罚。典，常；刑，刑罚。❻流宥五刑：用流放的惩罚来宽宥应处"五刑"的人。

五刑，通常指墨、劓、剕、宫、辟等五种刑罚；流，流放；宥，宽恕。⑦官刑：官府所用之刑。页指官府的刑法。⑧扑：用戒尺、刑杖扑责。⑨教刑：古代学校所用的刑罚。⑩赎刑：指用钱物赎罪。⑪眚（shěng）：过失，过错。⑫赦：免除或减轻刑罚。⑬怙（hù）：倚仗，指有所倚仗。⑭终：到底，指终不悔改。⑮贼刑：对为贼者的处罚。⑯恤：小心谨慎，有所顾忌。⑰共工：人名，尧帝的臣。相传为当时的"四凶"之一。⑱驩兜（huān dōu）：相传为尧舜时的部落首领，四凶之一。⑲崇山：地名，在现在湖北黄陂以南。⑳三苗：古代国名，在现在湖南、江西境内。㉑三危：地名，在现在甘肃敦煌一带。㉒殛（jí）：在这里是流放的意思。㉓鲧（gǔn）：古人名。传说是夏禹的父亲。

译读

　　舜又在器物上刻画五种常用的刑罚。用流放的办法宽恕犯了五刑的罪人,用鞭打作为官的刑罚,用木条打作为学校的刑罚,用金作为赎罪的刑罚。因过失犯罪,就赦免他;有所依仗不知悔改,就要施加刑罚。

　　谨慎啊,谨慎啊,刑罚要慎重啊!于是把共工流放到幽州,把驩兜流放到崇山,把三苗驱逐到三危,把鲧流放到羽山。这四个人处罚了,天下的人都心悦诚服。

原文

　　舜曰:"咨❶,四岳!有能奋庸❷熙帝❸之载,使宅百揆❹亮采❺,惠畴❻?"

　　佥❼曰:"伯❽禹作司空❾。"

　　帝曰:"俞❿,咨!禹,汝平水土,惟时⓫懋⓬哉!"

　　禹拜稽首⓭,让于稷⓮、契⓯暨⓰皋陶⓱。

　　帝曰:"俞,汝往哉!"

注释

　　❶咨:这里是指叹气的声音。❷奋庸:努力建立功业。奋,奋发;庸,功,努力。❸帝:在这里指的是帝尧。❹百揆(kuí):是指总理国政之官。❺亮采:辅佐政事。亮,辅助;采,事。❻惠畴(chóu):各顺其类。惠,顺;畴,类。❼佥(qiān):文言副词,都。❽伯:爵号,禹袭鲧的爵位为崇伯。❾司空:官名,掌管土木营建。❿俞:文言叹词,表示允许。⓫时:是,此,指百揆之职。⓬懋(mào):指勉力,鼓励,努力。⓭稽(qǐ)首:古代一种跪拜礼,叩头到地。⓮稷(jì):人

名，名弃。尧时农官，传说为周人始祖。⑮契（xiè）：人名，传说是中国商朝的祖先。⑯暨（jì）：和，及，与。⑰皋陶（yáo）：传说中东夷族的领袖，曾被舜任为掌管刑法的官。

译读

舜问："咦！四岳啊！有没有能奋发建功、光大尧帝事业的人呢？我要让他担任百揆之职，从而帮助我管理朝政，使百官事务各顺其类。"

大家都说："现正在作司空的伯禹可胜此任。"

舜帝说："好的！禹啊，你平定水土有功，对于这百揆之职更要努力啊！"

禹稽首而拜，要让职给稷、契和皋陶。

舜帝说："好啦，还是你去担任此职吧。"

大禹谟

曰若稽古，大禹曰文命❶，敷于四海，祗承❷于帝。曰："后克❸艰❹厥后，臣克艰厥臣，政乃乂❺，黎民敏❻德。"

帝曰："俞！允若兹❼，嘉言罔❽攸伏❾，野无遗贤，万邦咸宁。稽于众，舍己从人，不虐无告❿，不废⓫困穷，惟帝时⓬克。"

注释

❶文命：这里是指文德之教。❷祗（zhī）承：祗奉，敬奉。❸克：在这里是能的意思。❹艰：艰难、困难的意思。❺乂（yì）：治理，安定。❻敏：在这里是勤勉的意思。❼兹：这。❽罔（wǎng）：无，没有，不要。❾攸伏：搁置不用。攸，所；伏，隐伏。❿无告：指鳏寡孤独、无所依靠的人。⓫废：在这里是离弃的意思。⓬时：通"是"。

译读

考察古时候的大禹，文德之教广布到了四海。他曾经接受帝舜的征询，发表自己的见解道："为君的能知道为君的艰难，为臣的能知道为臣的艰难，那么，政事就能治理好，百姓也就会迅速修德了。"

帝舜道："这话不错。确实像这样，那么，好主意就不会被搁置不用，贤才就不会被遗弃在田野之间，万邦都会太平。凡事都考察群众的意见，常常放弃自己不

正确的意见，听从别人正确的意见；为政不虐待无告的穷人，用人不忽视卑贱的贤才，这只有在帝尧的时候才能做到。"

原文

禹曰："惠迪❶吉，从逆❷凶，惟影响❸。"

益曰："吁❹！戒哉！儆戒❺无虞❻，罔失法度。罔游于逸❼，罔淫❽于乐。任贤勿贰❾，去邪勿疑。疑谋勿成，百志惟熙。罔违道以干百姓之誉，罔咈❿百姓以从己之欲。无怠无荒，四夷来王⓫。"

禹曰："於！帝念哉！德惟善政，政在养民。水、火、金、木、土、谷，惟修；正德⓬、利用⓭、厚生⓮、惟和。九功⓯惟叙，九叙⓰惟歌⓱。戒之用休⓲，董⓳之用威，劝之以九歌，俾⓴勿坏。"

帝曰："俞！地平天成，六府三事允治，万世永赖，时乃功。"

注释

❶惠迪：遵从道理，善道。惠，顺；迪，道理。❷从逆：跟从恶道。从，跟从，顺从；逆，指恶道。❸影响：影随形，响应声，意思是君王要顺应天道，把当好君王视为难事。❹吁（yù）：为某种要求而呼喊。❺儆戒：同"警戒"。儆，戒备。❻无虞：这里指没有预料到的事情。虞，预料。❼逸：安乐，安闲，放纵。❽淫：这里是指过多，过甚。❾贰：在这里是指二心，疑心。❿咈（fú）：违背、违逆、违反的意思。⓫王（wàng）：在这里为使动用法，使……为王。⓬正德：使德行正当。

正,使……正;德,指父慈、子孝、兄友、弟恭、夫义、妇顺。⑬利用:兴利除弊,提供物用。⑭厚生:使百姓丰衣足食。⑮九功:上文的水、火、金、木、土、谷和正德、利用、厚生,总称九功。⑯九叙:指九功各顺其理,皆有次序。叙,安排。⑰歌:在这里是颂扬的意思。⑱休:美,这里指的是美德。⑲董:这里是的是监督,管理。⑳俾(bǐ):使。

译读

禹说:"遵从善道就会获得吉祥,依顺恶道就会招致凶险,吉与凶、善与恶之间,就如同形体的影子,声响的回音一样,彼此有一种因果关系。"

益说:"啊!要多加警戒啊!要防备预料不到的事情,不要违反法度,不要纵情游玩,不要过分享乐。任用贤良不要三心二意,除去奸邪不要犹豫不决。把握不准的主意,不要去实行。考虑问题的时候,思路应当开阔。不要违背正道去谋求百姓的赞誉,不要违背百姓的意愿去满足自己的欲望。只要坚持正道,不怠惰,不荒疏,四方的异族就会前来归附,尊你为王。"

大禹说:"哎呀!大王您可要记住啊!所谓大德,就是要政治昌明,百姓生活好。火、水、金、木、土、谷六府之事要多修持经营;家庭道德、商贸财用、衣食住行等事业要顺利实行。这九件大事要有条不紊,百姓才会歌颂君王。拿美好的事物来劝诫百姓,用严格的刑罚监督百姓使其心怀畏惧,再用九德之歌来鼓励百姓,不要使他们败坏德政。"

帝舜说:"对啊!水土平治,万物长成,六府三事

得到切实的治理发展,这些造福千秋万代的事业,都是你的功劳。"

原文

帝曰:"格❶,汝禹!朕宅帝位三十有三载,耄期❷倦于勤。汝惟不怠,总❸朕师❹。"

禹曰:"朕德罔克,民不依。皋陶迈❺种❻德,德乃降,黎民怀❼之。帝念哉!念兹在兹❽,释兹在兹,名言❾兹在兹,允出兹在兹,惟帝念功。"

帝曰:"皋陶,惟兹臣庶,罔或❿干⓫予正⓬。汝作士,明于五刑,以弼⓭五教⓮。期于予治⓯,刑期于无刑,民协于中,时乃功,懋哉!"

皋陶曰:"帝德罔愆⓰,临下以简,御⓱众以宽;罚弗及嗣⓲,赏延于世。宥⓳过⓴无大㉑,刑故㉒无小;罪疑惟轻,功疑惟重;与其杀不辜,宁失不经㉓;好生之德,洽㉔于民心,兹用不犯于有司㉕。"

帝曰:"俾予从欲以治,四方风动㉖,惟乃之休。"

注释

❶格:在这是呼喊别人过来的意思。❷耄(mào)期:高年,年纪大。耄、期:都是年迈的意思。❸总:这里用作动词,同领,统帅。❹师:在这里指的是臣民、百姓。❺迈:豪迈,健行。❻种:在这里是分布,广布的意思。❼怀:心里存有。这里是指愿意归附。❽兹:这。前者指代德行,后者指代皋陶其人。❾名言:在这里是称颂,赞颂的意思。❿或:有人。⓫干:在这里是冒

021

犯的意思。⑫正：同"政"，政教，政事。⑬弼（bì）：辅助，辅佐，帮助。⑭五教：即君臣、父子、夫妇、长幼、朋友五品之教。⑮期于予治：希望助我治理政事。期，希望。⑯愆（qiān）：罪过，过失。⑰御：封建社会指上级对下级的统治、治理。⑱嗣（sì）：子孙，后代。⑲宥（yòu）：宽恕，原谅。⑳过：过错。不知而犯的错误为过。㉑无大：这里是不论多大的意思。㉒故：这里是指明知故犯的错误。㉓不经：不守正道之罪过。㉔洽：广博，周遍。这里是指深入。㉕有司：官吏。这里指官家的法律。㉖风动：风吹草动，比喻纷纷响应。

译读

舜帝说："过来吧，禹！我身居帝位已经有三十三年，现在已经年迈，被这些辛劳的政务累得疲惫不堪。你处理政务从不怠惰，现在就来领导我的臣民吧。"

禹说:"我的德行还不能胜任这一重任,再说,我来承当这一重任,百姓也不会服从我。而皋陶豪迈健行,他推行德政,使德教得以普及,因此民心都向着他。舜帝啊,这一点,您可要考虑啊!整天惦念着德政和德教的,是皋陶;不懈宣扬着德政和德教的,是皋陶;经常颂扬德政和德教的,是皋陶;而真正推行德政和德教的,也是皋陶。舜帝啊,您可千万不要忘了皋陶的功劳啊!"

舜帝说:"皋陶!群臣和百姓,没有人敢于亵渎我的政教。你身为士官,精通五刑,并用五刑来辅助五品教化。你辅佐我处理政事,使用刑罚,是为了以后不再使用刑罚,使人们遵从正道,这都是你的功劳,你应当受到嘉奖啊!"

说:"您身为帝王,德行完美,没有过失。您领导臣下简易不烦,治理百姓宽厚不苛,惩罚不株连子孙,赏赐却延及后代;不知而误犯的过失,无论多大都能宽恕,明知而故犯的罪错,无论多小都要惩罚。您论罪时,只要有可轻可重的疑难,就从轻处罚;赏功时,只要有可轻可重的疑难,就从重赏赐。您处罚时,与其枉杀没有罪过的人,也要抛弃不守正道的人。您这种爱惜生灵的美德,已经深入人心,因此,人们都不会去冒犯官家的法律。"

舜帝说:"你使我能够按照自己的意志治理国家,并得到四方响应,这是你的美德啊!"

原文

帝曰:"来,禹!降水❶儆❷予,成允成功❸,惟汝

贤。克勤于邦,克俭于家,不自满假④,惟汝贤。汝惟不矜⑤,天下莫与汝争能。汝惟不伐⑥,天下莫与汝争功。予懋⑦乃德,嘉乃丕绩⑧,天之历数⑨在汝躬⑩,汝终陟⑪元后⑫。"

"人心惟危,道心惟微⑬,惟精惟一,允执厥中⑭。无稽之言⑮勿听,弗询之谋勿庸⑯。可爱非君?可畏非民?众非元后何戴?后非众罔与守邦?"

"钦哉!慎乃有位,敬修其可愿⑰,四海困穷,天禄⑱永终。惟口出好⑲兴戎⑳,朕言不再"

禹曰:"枚卜㉑功臣,惟吉之从。"

帝曰:"禹!官占㉒惟先蔽志㉓,昆㉔命于元龟㉕。朕志先定,询谋佥同,鬼神其依,龟筮㉖协从,卜不习吉㉗。"

禹拜稽首,固辞。

帝曰:"毋!惟汝谐。"

注释

❶降水:大水,洪水。降,同"洚(jiàng)"指大水泛滥。❷儆:在这里是警告的意思。❸成允成功:履行诺言。允,诚信。❹假:在这里是夸大,浮夸的意思。❺矜:是指自尊自大,自夸。❻伐:自我夸耀,炫耀自己。❼懋:在这里是指褒美,表扬。❽丕绩:大功绩。丕,大;绩,功绩。❾历数:历运之数,也就是指帝王相继的次序。❿躬:在这里是自身的意思。⓫陟(zhì):登上,登高,上升。⓬元后:天子。在这里指的是帝位。⓭微:精微,隐微。⓮中:在这里指的是中正

之道。⑮无稽之言：是指没有根据、无从查证的话语。⑯勿庸：不可以用。庸，用，多用于否定式。⑰可愿：在这里是指民众心里所希望的。⑱天禄：在这里是指受自上天的福命。⑲好：这里指的是好的言论，善言。⑳兴戎：这里是指引起战争。㉑枚卜：古代选官要经过逐个占卜。㉒官占：掌占卜之官，这里也可以理解为占卜的方法。㉓蔽志：断定志向。蔽，断定；志，志向。㉔昆：在这里是然后的意思。㉕元龟：用于占卜的大龟。㉖龟筮（shì）：占卦。古时占卜用龟，筮用蓍（shī）。蓍，蓍草。㉗习吉：重复出现吉兆。

译读

帝舜说："过来，禹！洪水在警告我们。你的言行一致，治水成功，这是你的贤能；你勤劳于国事，居家

生活节俭，从不自满浮夸，这也是你的贤能。你从来不自尊自大夸耀自己，因此，天下没有人能和你争能、争功。我褒扬你的大德，嘉许你的功绩。君主大位以后将要落在你身上，你最终要登上帝位。"

"人心险恶，道心精微难测，只有精诚专一之人，才能守住中正之道。没有经过验证的话不要听，没有经过广泛参详的谋略不能采用。民众爱戴的不就是君王吗？君王畏惧的不正是民众吗？除了君王，百姓还拥戴谁呢？君王离开了民众，就没有人来守卫家国了。"

"要恭敬啊！谨慎对待君位，恭敬地达成民众的愿望。如果天下百姓都困苦，你所受天命也会终结的。至于口能赞扬善行，也会引起战争，你是知道的，我就不再重复了。"

大禹说："还是逐个来占卜有功之臣，选择有吉兆的继位吧！"

帝舜说："禹！占卜的方法，是先断定志向，然后用大龟占卜。我的志向先已决定了，与大家谋议的结果一样，鬼神依顺，龟卜蓍策全都依从，况且占卜的方法，不需要重复出现吉兆。"

大禹跪拜叩头，坚决推辞。

帝舜说："不要推辞了，只有你合适。"

皋陶谟

曰若稽古,皋陶曰:"允迪❶厥德,谟明弼谐❷。"

禹曰:"俞❸,如何?"

皋陶曰:"都❹!慎厥身,修思永❺。惇叙❻九族❼,庶明❽励翼❾,迩❿可远在兹。"

禹拜昌言⓫曰:"俞!"

皋陶曰:"都!在知人,在安民。"

禹曰:"吁!咸若时⓬,惟帝其难之。知人则哲⓭,能官⓮人。安民则惠,黎民怀之。能哲而惠,何忧乎驩兜?何迁乎有苗?何畏乎巧言令色⓯孔壬⓰?"

注释

❶允迪:认真履践或遵循。允,确实,的确;迪,引导。❷谟明弼谐:策略光明,辅佐和谐。谟,策略,规划。❸俞:相当于"是的、是这样啊"。❹都:表示赞同的语气词,相当于"啊"。❺思永:考虑长久之道。永,长。❻惇(dūn)叙:按次序,使之敦睦。惇,厚。❼九族:这里是指众多氏族。❽明:在这里指的是贤明之人。❾励翼:勉力辅佐。厉,勉励;翼,辅助。❿迩:近。⓫昌言:正当的言论,有价值的话。⓬若时:如此,像这样。⓭哲:智慧卓越,明智。⓮官:在这里用作动词,任用。⓯巧言令色:指用花言巧语和假装和善来讨好别人。巧言,说好话;令色,装好人。⓰孔壬:大奸佞。孔,很;壬,佞。

译读

查考往事。皋陶说:"诚实地履行那些德行,就会决策英明,群臣同心协力。"

禹曰:"是啊!怎样履行呢?"

皋陶说:"啊!要谨慎其身,自身的修养要坚持不懈。要使近亲宽厚顺从,使贤人勉力辅佐,这就是所谓的由近及远的方法。"

禹听了这番正确的言论,拜谢说:"对呀!"

皋陶说:"啊!除了自身的修养之外,还在于理解臣下,安定民心。"

禹说:"唉!都像这样,连尧帝都会认为困难了。理解臣下就显得明智,能任人唯贤。安定民心就受人爱戴,百姓都会怀念他。能做到明智和受人爱戴,却还须提防驩兜这样的权臣,放逐三苗这样的部族,畏惧那些巧言令色的大奸大佞,这又是为什么呢?"

原文

皋陶曰:"都!亦❶行有九德❷。亦言,其人有德,乃言曰,载❸采采❹。"

禹曰:"何?"

皋陶曰:"宽而栗❺,柔而立❻,愿❼而恭,乱而敬,扰而毅,直而温,简❽而廉,刚而塞❾,强而义。彰厥有常❿,吉哉!日宣三德,夙夜浚明有家⓫;日严⓬祗敬六德,亮⓭采有邦。翕受⓮敷施⓯,九德咸事,俊乂⓰在官。百僚师师⓱,百工惟时,抚于五辰⓲,庶绩其凝⓳。无教逸欲,有邦兢兢业业⓴,一日二日㉑万几㉒。无旷㉓

庶官，天工㉔，人其代之。天叙有典，敕㉕我五典五惇哉！天秩有礼，自我五礼㉖有庸哉！同寅协恭和衷哉！天命有德，五服五章㉗哉！天讨有罪，五刑五用哉！政事懋哉懋哉！"

"天聪明，自我民聪明。天明畏㉘，自我民明威。达于上下，敬哉有土㉙！"

皋陶曰："朕言惠可厎㉚行？"

禹曰："俞！乃言厎可绩。"

皋陶曰："予未有知，思曰赞赞㉛襄㉜哉！"

注释

❶亦：凡是，大凡。❷九德：贤人所具备的九种优良品格。❸载（zǎi）：在这里是又，再次的意思。❹采采：事事，即从事种种事情。采，事。❺栗：在这里是谨慎警惧的意思。❻立：在这里是指特立独行。❼愿：在这里是指老实厚道。❽简：大，宏大，远大。❾塞：实。❿有常：这里指是有常德的人。⓫家：在这里是指大夫的封地。⓬严：在这里是庄重的意思。⓭亮：在这里是辅助的意思。⓮翕（xī）受：合受，吸收。翕，聚合。⓯敷施：布施。⓰俊乂（yì）：这里指的是公卿。⓱百僚师师：百官互相效法。师师，相互效法。⓲五辰：本指金、木、水、火、土五星，这里泛指天象。⓳凝：在这里是定，成就的意思。⓴兢兢业业：形容做事谨慎、勤恳。兢兢，小心谨慎；业业，畏惧戒惕。㉑一日二日：指的是一天一天。㉒万几：在这里是万端的意思。㉓旷：在这里是虚设的意思。㉔天工：在这里是指天命之事。㉕敕

（chì）：皇帝的诏令，命令。㉖五礼：天子、诸侯、卿大夫、士、庶民的五级礼仪。㉗五章：指服装上的五种不同文采，用以区别尊卑。章，同"彰"。㉘明畏：明，表彰好人；畏，惩治坏人。㉙有土：保存国土，这里指保持帝王的地位。㉚厎（zhǐ）：一定。㉛赞赞：努力辅佐的样子。赞，辅佐。㉜襄：辅佐。

译读

皋陶说："啊！大凡良善的行为，都来源于九种美德。因而检验人是否具有某种美德，除了考察他的言论外，还要对他说：'再去做些事情，验证一下吧'。"

禹问："那么，我们所说的九种美德究竟是些什么样的品德呢？"

皋陶说："我说的九种美德是既恢宏大度又小心谨慎，既温和文雅又特立独行，既忠厚诚实又严肃庄重，既卓有才识又敬业守勤，既柔顺驯服又刚毅果决，既正直耿介又和蔼可亲，既宏大豪放又严谨审慎，既刚正坦荡又认真务实，既强雄豪迈又仁义善良。应当树立和表彰那些持守这九种美德的贤人，因为这是一桩善政中的善政啊！天天表现出三德，早晚认真努力于家的人，天天庄严地重视六德，辅助政事于国的人，一同接受，普遍任用，使具有九德的人都担任官职，那么在职的官员就都是才德出众的人了。各位官员互相效法，他们都想处理好政务，而且顺从君王，这样，各种工作都会办成。治理国家的人不要贪图安逸和私欲，要兢兢业业，因为情况天天变化万端。不要虚设百官，上天命定的工作，人应当代替完成。上天规定了人与人之间的常法，

要告诫人们用父义、母慈、兄友、弟恭、子孝的办法，把这五者敦厚起来啊！上天规定了人的尊卑等级，推行天子、诸侯、卿大夫、士和庶人这五种礼制，要经常啊！君臣之间要同敬、同恭，和善相处啊！上天任命有德的人，要用天子、诸侯、卿、大夫、士五等礼服表彰这五者啊！上天惩罚有罪的人，要用墨、劓、剕、宫、大辟五种刑罚处治五者啊！政务要努力啊！要努力啊！

"上天的视听依从臣民的视听。上天的赏罚依从臣民的赏罚。天意和民意是相通的，要谨慎啊，有国土的君王！"

皋陶问道："我的这些主张，都能够实行吗？"

禹说："那是当然！你的这些主张，不仅能够实行，而且一定能够取得成功。"

皋陶最后说："其实我又懂得什么呢？我只不过每天都在想怎样勤勉辅佐君王，把国家治理好啊！"

夏书

禹贡

禹别❶九州，随山浚川❷，任土❸作贡❹。禹敷土，随山刊❺木，奠❻高山大川。

冀州❼：既载❽壶口❾，治梁❿及岐⓫。既修太原⓬，至于岳阳⓭；覃怀⓮厎绩⓯，至于衡漳⓰。厥土惟白壤⓱，厥赋⓲惟上上⓳错⓴，厥田惟中中。恒㉑、卫㉒既从，大陆㉓既作。岛夷㉔皮服㉕，夹㉖右碣石㉗入于河㉘。

注释

❶别：在这里是划分的意思。❷浚川：疏通河道。浚，挖深，疏通。❸任土：根据土地的肥瘠。❹贡：贡赋。❺刊：在这里是砍的意思。❻奠：在这里是建立，划定的意思。❼冀州：九州之一，在今山西、河北一带。❽载（zài）：在这里是施工的意思。❾壶口：山名，在今山西省吉县南部。❿梁：山名，在今陕西境内。⓫岐（qí）：即"歧"，山的支脉。⓬太原：是指今山西太原一带，位于汾水上游。⓭岳阳：太岳山南麓。岳，指太岳山；阳，山南水北为阳。⓮覃怀：地名，今河南武境内。⓯厎（dǐ）绩：致功，取得功绩。⓰衡漳：衡即"横"，漳即漳水，由于"漳水横流入海"，故称横漳。漳水在覃怀之北。⓱白壤：在这里指的是盐碱地。

壤，土壤。⑱赋：赋税。⑲上上：《禹贡》将土质和赋税分为九等，上上为第一等。⑳错：在这里是错杂的意思。㉑恒：水名，在今河北曲阳境内。㉒卫：水名，有人认为就是滹沱河。㉓大陆：泽名，在今河北巨鹿境内。㉔岛夷：东方海岛上的夷族。夷，古代东方边远地区的民族。㉕皮服：岛夷人进的贡品。㉖夹：近。㉗碣（jié）石：山名，在今河北省抚宁、昌黎二县县界。㉘河：在这里指黄河。

译读

禹划分九州的疆界，顺着山岭的走向疏通河道，依据土地的肥瘠状况定出贡赋等级岁上，建立了一套贡赋制度。禹为了划分土地的疆界，在经过的山上削木为桩

竖上标记，以高山大河为界限确定疆域。

冀州：从壶口开始施工以后，就治理梁山和它的支脉。太原治理好了以后，又治理到太岳山的南面。覃怀一带的治理取得了成效，又到了横流入河的漳水。这州的土是白壤，赋税是第一等，也夹杂着第二等，这里的田地是第五等。恒水、卫水已经顺着河道而流，大陆泽也已治理了。岛夷的人用皮服来进贡，先接近右边的碣石山，再进入黄河。

原文

济❶、河惟兖州❷。九河❸既道❹，雷夏❺既泽，灉❻、沮❼会同。桑土❽既蚕，是降丘宅土。厥土黑坟❾，厥草惟繇❿，厥木惟条⓫。厥田惟中下，厥赋贞⓬，作⓭十有三载乃同。厥贡漆丝，厥篚⓮织文⓯。浮于济、漯⓰，达于河。

注释

❶济：水名，源出于今河南济源。❷兖（yǎn）州：地名，在今河北、山东交界处。❸九河：是指黄河的九条支流。❹道：通"导"，疏通的意思。❺雷夏：泽名，在今山东省菏泽。❻灉（yōng）：黄河支流，今已不存。❼沮：灉河的支流，今已不存。❽桑土：宜于种植桑树的土地。❾坟：在这里是肥沃的意思。❿繇（yáo）：在这里是茂盛的意思。⓫条：在这里是长，高的意思。⓬贞：下下等。⓭作：耕作。⓮篚（fěi）：圆形竹器。⓯织文：带有花纹的丝织品。⓰漯（tà）：水名，古代黄河支流。

译读

济水与黄海之间这一带是兖州的疆域。黄河下游的九条河道疏通了,雷夏这片地方也整治成了大泽,灉河、沮河都汇入了雷夏泽。凡是能够栽种桑树的地方都开始养蚕,于是人们就从丘陵上搬下来,到平地居住。这里的土壤又黑又肥,野草非常茂盛,树木也很高大。这里的土质属于第六等,贡赋定为下下等,耕种了十三年才达到其他八个州的水平。这里的贡品是漆和丝,还有用竹筐盛着的丝织品。进贡的路线是经由济水和漯水,再转入黄河。

原文

海岱[1]惟青州[2]。嵎夷[3]既略[4],潍、淄[5]其道。厥土白坟,海滨广斥[6]。厥田惟上下,厥赋中上。厥贡盐絺[7],海物惟错[8]。岱畎[9]丝、枲[10]、铅[11]、松、怪石。莱夷[12]作牧。厥篚檿[13]丝。浮于汶[14],达于济。

注释

[1]海岱:渤海和泰山。海,指渤海;岱,指泰山。[2]青州:山东半岛。[3]嵎(yú)夷:古代指山东东部滨海地区。[4]略:少。[5]潍(wéi)、淄(zī):潍,潍水;淄,淄水。二者均在今山东。[6]斥:在这里是指盐碱地。[7]絺(chī):细葛布,即细麻布。[8]错:在这里指多种多样。[9]畎(quǎn):田间小沟。这里指的是山谷。[10]枲(xǐ):大麻的一种,不结籽。[11]铅:这里指锡。[12]莱夷:地名。在今山东东北。[13]檿(yǎn):柞树,其叶可养蚕。[14]汶:水名,源出今山东莱芜。

译读

渤海和泰山之间是青州州的疆域。嵎夷治理好以后,潍水和淄水也已经疏通了。这里的土又白又肥,海边有一片广大的盐碱地。这里的田是第三等,赋税是第四等。这里进贡的物品是盐和细葛布,海产品多种多样。还有泰山谷的丝、大麻、锡、松和奇特的石头。莱夷一带可以放牧。这里进贡的物品是用筐装的柞蚕丝。进贡的船只从汶水通到济水。

原文

海①、岱及淮②惟徐州③。淮、沂④其乂,蒙⑤、羽⑥其艺⑦,大野⑧既猪⑨,东原⑩底平⑪。厥土赤埴⑫坟,草木渐包⑬。厥田惟上中,厥赋中中。

厥贡惟土五⑭色,羽畎夏⑮翟⑯,峄⑰阳孤桐⑱,泗⑲滨浮磬⑳,淮夷蠙珠㉑暨鱼。厥筐玄㉒纤、缟㉓。浮于淮、泗,达于河㉔。

注释

①海:这里指的是黄海。②淮:在这里指的是淮河。③徐州:地名,在今江苏、安徽北部及山东南一带。④沂(yí):沂河,水名,发源于山东,流入江苏。⑤蒙:山名,在今山东蒙县西南。⑥羽:山名,在今江苏省的境内。⑦艺:在这里是种植的意思。⑧大野:指巨野泽,在今山东巨野。⑨猪:即潴(zhū),指水积聚的地方。⑩东原:地名,在今山东东平一带地方。⑪底平:指平定。平,治,治理。⑫埴(zhí):黏土,有黏性的。⑬包:通"苞",草木丛生。⑭土五色:五色土,指青、

黄、赤、白、黑五种不同颜色的土,为古代君王分封诸侯的用品。⑮夏:在这里是大的意思。⑯翟(dí):山雉,即野鸡,其羽毛可作装饰品。⑰峄(yì):山名,在今江苏。⑱孤桐:桐树中的非常优良的。⑲泗:水名,源出于今山东泗水县。⑳浮磬:指露出水面可以作磬的石头。㉑蠙(pín)珠:蚌珠,珍珠。㉒玄:在这里指的是黑色。㉓缟(gǎo):古时一种没有染颜色的白丝织物。㉔达于河:河应为菏,即菏泽。这句话的意思是进入菏泽,再由济水而入黄河。

译读

黄海、泰山及淮河之间是徐州。淮河、沂水治理好以后,蒙山、羽山一带已经可以种植了,大野泽已经停聚着深水,东原地方也获得治理。这里的土是红色的,又粘又肥,草木不断滋长而丛生。这里的田是第二等,赋税是第五等。

进贡的物品是五色土,羽山山谷的大山鸡,峄山南面的特产桐木,还有泗水边上的可以做磬的石头以及淮夷之地的蚌珠和鱼。还有用筐子装着的黑色的细绸和白色的绢。进贡的船只从淮河、泗水,到达与济水相通的菏泽。

原文

淮海①惟扬州②。彭蠡③既猪,阳鸟④攸居。三江⑤既入,震泽⑥底定。筱⑦簜⑧既敷,厥草惟夭⑨,厥木惟乔⑩。厥土惟涂泥⑪。厥田惟下下,厥赋下上,上错。

厥贡惟金三品⑫,瑶、琨⑬、筱、簜、齿⑭、革、

羽、毛⑮惟木。岛夷⑯卉服⑰。厥篚织贝⑱，厥包橘柚，锡贡⑲。沿于江、海，达于淮、泗。

注释

❶海：这里指的是黄海。❷扬州：相当于淮河以南、长江流域及岭南地区，九州之一。❸彭蠡（lǐ）：即今江西境内的鄱阳湖，古称彭蠡泽。❹阳鸟：南方的岛屿。鸟，通"岛"。❺三江：指的是岷江、汉水、彭蠡。❻震泽：在这里是指太湖。❼篠（xiǎo）：同"筱"，小竹子。❽簜（dàng）：大竹子。❾夭：在这里是茂盛的意思。❿乔：在这里是高大的意思。⓫涂泥：这里是指潮湿的泥土。⓬金三品：金、银、铜三个等级的贡品。品，等级。⓭瑶、琨：在古时指美玉。⓮齿：在这里指的是象牙。⓯毛：在这里指的是牦牛尾。⓰岛夷：这里是指东南沿海各岛的人。⓱卉服：蓑衣、草笠之类。卉，草的总称。⓲织贝：带有贝纹图案的锦。⓳锡贡：待天子有令而后进贡。有别于常贡。锡，即"赐"，与"贡"同义。

译读

淮河与黄海之间这一带地方是扬州的疆域。彭蠡泽蓄住大水之后，南方各岛的人们便可以安居了。三江之水导入大海之后，震泽也治理好了。大小的竹子遍布各地，野草长得很茂盛，树木长得很高大。这里是一片低洼潮湿的土地。土质属于第九等，贡赋则定为第七等，也有地方是第六等。

贡品是金、银、美玉、美石、小竹、大竹、象牙、

犀皮、鸟羽、牦牛尾以及木材。东南沿海各岛的人都穿蓑衣、戴草笠。贡品是用竹筐盛着的贝锦，包装起来的橘子和柚子。进贡的路线是经由长江进入黄海，再转入淮河、泗水。

原文

荆①及衡阳②惟荆州。江、汉③朝宗于海，九江④孔殷⑤，沱⑥、潜⑦既道，云土、梦⑧作乂。厥土惟涂泥，厥田惟下中，厥赋上下。

厥贡羽、毛、齿、革惟金三品，杶⑨、干⑩、栝⑪、柏、砺⑫、砥⑬、砮⑭、丹⑮惟菌簵⑯、楛⑰。

三邦底贡厥名⑱。包匦⑲菁茅⑳，厥篚玄纁㉑玑组㉒，九江纳锡㉓大龟。浮㉔于江、沱、潜、汉，逾于洛，至于南河㉕。

注释

①荆：山名，在今湖北南漳。②衡阳：衡山的南面。衡，即衡山，在今湖南境内；阳，南面。③江、汉：长江和汉水。④九江：指洞庭湖，因沅、渐、元、辰、叙、酉、澧、资、湘这九条江皆会于此，故称九江。⑤孔殷：众多；繁多。⑥沱（tuó）：水名，长江支流，在今湖北境内。⑦潜：水名，汉水支流，在今湖北境内。⑧云土、梦：即云梦泽。湖北省江汉平原上的古代湖泊群的总称。⑨杶（chūn）：椿树，香椿。⑩干：在这里指的是柘木。⑪栝（guā）：古书上指桧（guì）树，即桧柏。⑫砺（lì）：指粗磨刀石。⑬砥（dǐ）：是指细的磨刀石。⑭砮（nǔ）：可以做箭镞的石头。⑮丹：

在这里指的是朱砂。⑯菌簵（lù）：一种细长的竹子。⑰楛（hù）：木名，古书上指荆一类的植物，茎可制箭杆。⑱名：这里指的是名产。⑲瑁（guǐ）：在这里指的是杨梅。⑳菁茅：一种带刺的茅草，可以用来滤酒。㉑纁（xūn）：浅红色。㉒玑（jī）组：小珍珠串。玑，珍珠；组，丝带。㉓纳锡：进贡。锡，通"赐"。㉔浮：在这里是水运的意思。㉕南河：指黄河的洛阳，巩义市一段。

译读

北起荆山，南至衡山之南广大地区是荆州的疆域。长江、汉水像诸侯朝拜天子一样，奔腾不息流入大海。众多的长江支流都汇入洞庭湖，水势浩瀚，景象壮观。沱水和潜水疏通之后，云梦泽四周的土地就可以耕种了。这里也是一片潮湿低洼的土地，其土质属于第八等，贡赋则是第三等。

贡品是羽毛、牦牛尾、象牙、犀皮，金、银、铜、椿木、柘木、桧木、柏木，粗磨石、细磨石、制造箭镞的石料、丹砂，以及细长的竹子、楛木。

州内各诸侯国进献的都是当地的名产，如包装好的杨梅、菁茅，用竹筐盛着的浅红色丝绸和一串串珍珠；长江的众多支流沿岸的广大地区还要进献江里出产的大龟。进贡的路线是由长江而沱水、潜水、汉水，然后登岸沿陆路到洛水，经由洛水入黄河。

原文

荆河惟豫州。伊❶、洛❷、瀍❸、涧❹既入于河，荥波❺既猪。导菏泽，被❻孟猪❼。厥土惟壤，下土坟

垆❽。厥田惟中上,厥赋错上中。厥贡漆、枲,絺、纻❾,厥篚纤、纩❿,锡贡磬错⓫。浮于洛,达于河。

注释

❶伊:水名,源出于今河南境内。❷洛:水名,源出于今陕西境内。❸瀍(chán):水名,源出于今河南孟津。❹涧:水名,源出于今河南渑池。❺荥(xíng)波:泽名,即荥播,在今河南荥阳,今已不存。❻被:通"陂",在这里是修筑堤防的意思。❼孟猪:泽名,即孟诸,在今河南商丘,今已不存。❽垆(lú):这里是指黑色的土壤。❾纻(zhù):苎麻。也指用苎麻纤维织的布。❿纩(kuàng):细绵,丝绵。⓫磬错:可以制磬的石头。错,石头。

译读

荆山和黄河之间这片地方是豫州的疆域。伊水、洛水、瀍水、涧水都汇入黄河,荥波泽也蓄住了大水。先疏通了菏泽,又为孟猪泽筑起了大堤。这里的土壤很柔软,深层都是肥沃的黑色土壤。这里的土质属于第四等,贡赋则是第二等,也有地方是第一等。贡品是漆、麻、细葛、苎麻,用竹筐盛着的细绸子和细丝绵,以及可以制造玉磬的石料。进贡的路线是经由洛水入黄河。

原文

华❶阳、黑水❷惟梁州。岷❸、嶓❹既艺❺,沱、潜既道。蔡❻、蒙❼旅❽平,和❾夷厎绩。厥土青❿黎⓫,厥田惟下上,厥赋下中,三错⓬。

厥贡璆[13]、铁、银、镂[14]、砮磬、熊、罴[15]、狐、狸、织皮[16]，西倾[17]因[18]桓[19]是来，浮于潜，逾于沔[20]，入于渭[21]，乱[22]于河。

注释

[1] 华：即华山，在今陕西华阴。[2] 黑水：在这里是指怒江。[3] 岷（mín）：岷山。在今四川、甘肃交界的地方。[4] 嶓（bō）：嶓冢山，在今陕西宁强。[5] 艺：在这里是治、治理的意思。[6] 蔡：山名，即峨眉山。[7] 蒙：山名，在今四川雅安境内。[8] 旅：在这里也是治，治理的意思。[9] 和：水名，即指的是大渡河。[10] 青：在这里指的是黑色。[11] 黎：在这里是疏松的意思。[12] 三错：杂出第七、八、九三个等级。[13] 璆（qiú）：在这里指的是美玉。[14] 镂（lòu）：这里是指可以刻镂的刚性铁。[15] 罴（pí）：熊的一种。即棕熊。[16] 织皮：这里指西戎之国。[17] 西倾：山名，在今甘肃，青海两地交界处。[18] 因：顺着，沿着。[19] 桓：水名，即白龙江。[20] 沔（miǎn）：沔水，水名，汉水的上游，在陕西。[21] 渭：即渭水，源出于今甘肃。[22] 乱：在这里是横渡的意思。

译读

华山之南到怒江之间这片地方是梁州的疆域。岷山、嶓冢山整治好之后，沱水和潜水接着也疏通了。峨眉山和蒙山整治好之后，和水沿岸的民众的治水工程也取得了成效。这里的土壤是黑土，土质属于第七等，贡赋则定为第八等，也有地方是第七等或第九等。

贡品是美玉、铁、银、硬铁、制造箭镞的石料、

磬，和熊、罴、狐狸、野猫。西戎和西倾山的贡品是沿着桓水送来的。进贡的路线是经由潜水北上，然后登岸陆行，转入沔水，直到渭水，最后横渡渭水入黄河。

原文

黑水、西河①惟雍州。弱水②既西，泾③属④渭汭⑤，漆沮⑥既从，沣水⑦攸同。荆⑧、岐既旅，终南⑨、惇物⑩，至于鸟鼠⑪。原隰⑫厎绩，至于猪野⑬。三危⑭既宅，三苗丕叙。厥土惟黄壤，厥田惟上上，厥赋中下。厥贡惟球⑮、琳⑯、琅玕⑰。浮于积石⑱，至于龙门⑲、西河，会于渭汭。织皮昆仑、析支⑳、渠搜㉑，西戎㉒即叙。

注释

①西河：水名，指黄河上游南北流向的一段。②弱水：古水名。③泾：水名，源出于今甘肃，流至今陕西渭水。④属：在这里是流入的意思。⑤汭（ruì）：河流会合或弯曲的地方。⑥漆沮：洛水流入黄河处地名，这里为洛水的代称。⑦沣（fēng）水：水名，源出于今陕西，北入渭水。⑧荆：这里指北条荆山，在今陕西境内。而上文的荆山在今湖北境内，为南条荆山。⑨终南：山名，即今天的秦岭。⑩惇物：即太白山，在今陕西境内。⑪鸟鼠：山名，在今甘肃渭源。⑫原隰（xí）：这里指卤地，在今陕西省旬阳、邠县境内。⑬猪野：泽名，又称都野，在今甘肃民勤。⑭三危：古代西部边疆山名。⑮球：在这里指的是美玉。⑯琳：是指美玉、美石。⑰琅玕（láng gān）：像珠子一样的美玉。⑱积石：山名，在今青海西宁西南。⑲龙门：山名，在今陕西韩

城。⑳析支：山名，在今青海西宁西南。㉑渠搜：山名。㉒西戎：古代西北边远民族的总称。

译读

黑水到西河之间是雍州：弱水疏通已向西流，泾河流入渭河之湾，漆沮水已经会合洛水流入了黄河，沣水也向北流去，最后同渭河会合。荆山、岐山治理以后，终南山、惇物山一直到鸟鼠山都得到了治理。原隰的治理取得了成绩，至于猪野泽也得到了治理。三危山已经可以居住，三苗就安定了。这里的土是黄色的，这里的田是第一等，赋税是第六等。这里的贡物是美玉、美石和珠宝。进贡的船只从积石山附近的黄河，到达龙门、西河，与从渭河逆流而上的船只会合在渭河以北。西戎的百姓定居在昆仑、析支、渠搜三座山下，西戎各族就安定顺从了。

五子之歌

太康①尸位②，以逸豫③灭厥德，黎民咸贰，乃盘游无度④，畋⑤于有洛之表⑥，十旬⑦弗反⑧。有穷⑨后羿⑩因民弗忍，距⑪于河，厥弟五人御⑫其母以从，徯⑬于洛之汭。五子咸怨，述⑭大禹之戒以作歌。

注释

①太康：古代帝王名，是夏王启的儿子。②尸位：空占着职位而不做事。尸，主。古代祭祀时，处在鬼神位置的叫尸。③豫：在这里是欢喜、快乐的意思。④盘游无度：耽于游乐，没有限度。盘游，游乐；度，限度。⑤畋（tián）：古指种田或打猎。⑥洛之表：是指洛水的南面。⑦旬：十天为一旬。⑧反：同"返"，返回，归来。⑨有穷：古代国名，位于东方。⑩后羿（yì）：有穷国的君主。因为善射，所以用古神箭手羿的名字。⑪距：在这里是阻挡，抵御的意思。⑫御：在这里是侍奉，伺候的意思。⑬徯（xī）：等待。⑭述：在这类是遵循，按照的意思。

译读

太康居于王位却不治国理政，因贪图享乐丧失了国君应具有的美德，庶民百姓对他都怀有二心。而太康依然享乐毫无节制，在洛河的南面打猎，百来天也无回。有穷国的君主羿，趁着百姓对太康已不堪忍受，就守在黄河北岸阻止他返回国都。太康的五位弟弟，侍奉他们

的母亲跟随打猎，等候在洛河的弯曲处。五位弟弟都怨恨太康，因此遵守大禹的警诫而作歌词。

原文

其一曰："皇祖❶有训，民可近，不可下❷，民惟邦本，本固邦宁。予❸视天下，愚夫愚妇一❹能胜予，一人三失❺，怨岂在明❻，不见❼是图❽。予临兆民❾，懔❿乎若朽索之驭六马⓫，为人上者，奈何不敬？"

其二曰："训有之，内作色荒⓬，外作禽荒⓭。甘酒嗜音⓮，峻宇雕墙⓯。有一于此，未或不亡。"

其三曰："惟彼陶唐⓰，有此冀方⓱。今失厥道⓲，乱其纪纲⓳，乃厎灭亡。"

其四曰："明明⓴我祖，万邦之君。有典有则，贻㉑厥子孙。关石㉒和钧㉓，王府则有。荒坠厥绪㉔，覆宗绝祀！"

其五曰："呜呼㉕曷㉖归？予怀之悲。万姓仇予，予将畴㉗依？郁陶㉘乎予心，颜厚㉙有忸怩㉚。弗慎厥德，虽悔可追㉛？"

注释

❶皇祖：这里指夏王朝的建立者大禹，夏启的父亲。❷下：在这里是轻视，疏远的意思。❸予：在这里是大禹自称。❹一：在这里是都的意思。❺三失：多次犯错。三是虚数，表示多；失，过失，错误。❻明：在这里是彰显的意思。❼见（xiàn）：古同"现"，出现，显露。❽图：在这里是考虑，思量的意思。❾兆民：古

称天子之民，后泛指众民，百姓。⑩懔（lǐn）：害怕，警惕。⑪朽索之驭六马：即朽索驭马，用腐烂的绳索驾驭奔驰的马。形容倾覆的危险十分严重。多含戒惧之意。⑫色荒：沉迷于女色。色，女色；荒，迷惑。⑬禽荒：指沉湎于游玩田猎。⑭甘酒嗜音：沉迷于美酒和音乐。甘，爱好；嗜，爱好，不满足。⑮峻宇雕墙：高大的屋宇和彩绘的墙壁。形容居处豪华奢侈。雕：绘饰。⑯陶唐：在这里指的是指帝尧。⑰冀方：指古代冀州。相传尧建都平阳，舜建都蒲坂，禹建都安邑，都在古冀州范围之内。⑱道：在这里是指治国之道。⑲纪纲：法纪纲常。⑳明明：明而又明，无比英明。㉑贻（yí）：遗留。㉒关石：这里借指征收赋税。关，重量名；石，容量名。㉓和钧：在这里是指平均调匀。㉔绪：这里是指前人的功业。㉕呜呼：文言叹词，表示叹息。㉖曷（hé）：文言疑问代词。谁，什么，何。㉗畴：在这里是谁的意思。㉘郁陶：在这里是指忧愁悲伤。㉙颜厚：脸皮厚。指不知羞耻。㉚忸怩（niǔ ní）：形容不好意思或不大方的样子。这里指内心惭愧。㉛追：这里是补救的意思。

译读

第一首歌说："伟大的先祖禹有过训示：百姓只可以亲近，不可以疏远。百姓是国家的根本，根本坚固了国家才能安定。我观察天下，普通百姓都有超过我的。一个人犯下很多过错，难道非得等到明显的时候才去考虑民众的怨恨吗？应该在没显现时就多加考虑。面对亿万民众，好比用腐烂的绳子驾驭着六匹马一样，令人戒惧。地位在老百姓之上的君王，为什么不谨慎呢？"

第二首歌说:"大禹的训诫中有这样的话:在内大兴迷恋女色之风,在外沉湎于游猎,纵情美酒和音乐,住在高屋大殿里,还要绘饰宫墙。这几种情况只要沾染上一种,没有不亡国的。"

第三首歌说:"帝尧曾占有冀州一带。而今太康丧失了尧的治国之道,扰乱了尧的法纪,最终要灭亡。"

第四首歌说:"我们万分英明的祖先大禹,是四方诸侯共同的君王。有治国的典章和制度,留给他的子孙后代。关征赋税,平均调匀,百姓物资不缺,朝廷府库也很充实。现在太康荒废丧失了祖先留下的功业,覆灭了宗庙,断绝了祭祀。"

第五首歌说:"哎呀,我们到底能归向何方呢?我们怀念家乡,感到悲伤。天下民众都怨恨我们,我们能依靠谁呢?我内心忧愁,羞愧于色,后悔而内疚。平时不注重德行,现在虽然后悔,哪里还有法子补救啊!"

胤征

惟仲康❶肇位❷四海，胤❸侯命掌六师❹。羲和废厥职，酒荒❺于厥邑，胤后承王命徂征。

告于众曰："嗟！予有众，圣有谟训❻，明征定保。先王克谨天戒❼，臣人克有常宪❽，百官修辅，厥后惟明明。每岁孟春，遒人❾以木铎❿徇⓫于路，官师相规，工执艺事以谏，其或不恭，邦有常刑。"

注释

❶仲康：夏启之子，仲康之弟。❷位：治理，治事，临事的意思。❸胤（yìn）：这里是子孙，后代，子嗣的意思。❹掌六师：周制，掌六师为大司马职。❺酒荒：指沉迷于酒而荒废政务。❻谟（mó）训：指谋略和训诫。❼天戒：这里指上天的训诫。❽常宪（xiàn）：这里是常法的意思。❾遒（qiú）人：古代帝王派出去了解民情的使臣。❿木铎（duó）：以木为舌的大铃，铜质。古代宣布政教法令时，巡行振鸣以引起众人注意。⓫徇：这里是通巡，巡行的意思。

译读

仲康开始治理天下的时候，胤侯受命掌管六师。羲氏和氏放弃自己的职位，因沉迷于酒荒废自己所居之邑的政务。胤后听从仲康的命令前去征伐。

胤侯对众位将士说："啊！我的众位将士。圣人有

谋略和训戒，这些谋略和训戒明确地证明了可以用来治理国家，安定天下。先王能够谨慎恭敬地遵从上帝的训戒，臣子们能够遵从常法恪尽职守，百官能够忠诚地辅佐君王。这样以后，他们的君王才能够成为更加贤明。每年孟春三月，被派出去了解民情的使臣巡行摇钟来引起百姓的注意，从而宣布教令，官员们彼此之间相互规劝教诲，手工工匠们用包含在工艺技术中的道理来劝谏，如果他们对君王奢侈、淫巧之事不能规劝，国家就要对他们进行惩罚。"

原文

"惟时羲和颠覆厥德，沉乱于酒，畔官❶离次，俶❷扰天纪，遐弃厥司。乃季秋月朔，辰弗集于房，瞽❸奏鼓，啬夫驰，庶人走。羲和尸厥官，罔闻知，昏迷于天象，以干先王之诛，《政典》曰：'先时者杀无赦，不及时者杀无赦。'"

"今予以尔有众，奉将天罚。尔众士同力王室，尚弼予钦承天子威命！火炎昆冈，玉石俱焚。天吏逸德，烈于猛火。歼厥渠魁❹，胁从罔治。旧染污俗，咸与惟新。"

"呜呼！威克厥爱，允济；爱克厥威，允罔功。其尔众士，懋戒哉！"

注释

❶畔（pàn）官：指的是扰乱所治理的政事。畔，通"叛"。❷俶（chù）：这里是开始的意思。❸瞽（gǔ）：

这里指古代乐师。❹渠魁（qú kuí）：首脑，这里指羲和。渠，大；魁，帅，指首领。

译读

"当时羲氏、和氏败坏了自己的德行，整天沉迷于酒，扰乱他们应该治理的政事，背离了自己的职位。开始扰乱天时历法，远弃自己所负责的职事。于是，在九月初一这一天，太阳和月亮没有在房宿相会，而是发生异常，太阳被掩蚀，出现了日食。乐师击鼓，啬夫驰驱，庶人慌忙奔走，救助太阳。羲氏、和氏身居其位却不理政事，对发生的一切惘然无所知，使天象变得昏乱迷惑众人，于是触犯了先王制定的诛杀刑律。先王的政典规定：对于那些违制失时的人，如所定历法早于天时而出现，要诛杀而不赦免；所定历法迟于天时出现，诛杀而不赦免。"

"现在我将率领众位将士，奉行上天的惩罚。你们众位将士要同心协力共同报效夏王朝，希望你们能够帮助我敬奉天子的威罚命令！烈火燃烧玉石山冈，玉和石一起被焚烧，掌管天文历法官员的过失行径，危害比猛火还要大。歼灭那个首领羲、和，不要惩治那些被迫随从作恶的人，对于那些在过去染上不良习俗的人，都要赦免并允许他们重新做人。"

"哎呀，如果威罚能够战胜姑息，那就确信能够成功；如果姑息战胜威罚，那必定不能成功。众位将士们，一定要努力啊，警惕啊。"

商书

汤誓

王曰:"格尔众庶,悉①听朕言。非台②小子③,敢行称④乱!有夏多罪,天命殛⑤之。今尔有众,汝曰:'我后不恤我众,舍我穑事⑥,而割⑦正⑧夏?'予惟⑨闻汝众言,夏氏有罪,予畏上帝,不敢不正。今汝其曰:'夏罪其如台⑩?'夏王率⑪遏⑫众力,率割⑬夏邑。有众⑭率怠⑮弗协,曰:'时⑯日⑰曷丧?予及汝皆亡。'夏德若兹,今朕必往。"

"尔尚⑱辅予一人,致天之罚,予其大赉⑲汝!尔无不信,朕不食言。尔不从誓言,予则孥戮⑳汝,罔有攸赦。"

注释

❶悉:尽,全。❷台:第一人称。我;我的。❸小子:这里是汤对自己的谦称。❹称:这里是发起,发动的意思。❺殛(jí):诛杀,杀死。❻穑(sè)事:指农事。穑,指收割庄稼。❼割:同"害",又通"何",为什么。❽正:同"政",征伐。❾惟:同"虽",虽然。❿如台(yí):奈何,如何。⓫率:通"聿",语首助词。⓬遏:这里是竭,绝的意思。⓭割:在这里是剥削的意思。⓮有众:即"众",民众。⓯怠(dài):疲

殆，懈怠。⑯时：是，这，这个，指示代词。⑰日：古代帝王常自称天帝之子，故以日比君主，这里指夏桀。⑱尚：庶几，表祈使语气。⑲赉（lài）：赏赐。⑳孥戮（nú lù）：受刑辱。孥，通"奴"。

译读

　　王说："来吧，你们各位！都听我说。不是我小子敢于贸然发难！实在是因为夏王犯了许多罪行，所以上天命令我即刻就去讨伐他。现在也许你们大家会问：'为什么我们的国君不体贴我们，放弃我们种庄稼的事，却要去征讨夏王呢？'这样的言论我虽然早已听说过，但是夏桀有罪，我敬畏上帝，不敢不去征讨。现在你们要问：'夏桀的罪行到底怎么样呢？'夏桀耗尽了民力，剥削夏国人民。民众大多怠慢不恭，不予合作，并说：'这个太阳什么时候才能消失？我们宁可和你一起灭亡。'夏桀的德行败坏到这种程度，现在我一定要去讨伐他。"

　　"你们只要辅佐我，行使上天对夏桀的惩罚，我将大大赏赐你们！你们不要不相信，我决不会不守信用。如果你们不听从我的誓言，我就让你们受刑辱，没有谁会得到赦免。"

汤诰

王归自克夏,至于亳❶,诞告❷万方。王曰:"嗟❸!尔万方有众,明听予一人诰。惟皇❹上帝,降衷于下民。若有恒性❺,克绥厥猷❻惟后。夏王灭德作威,以敷❼虐于尔万方百姓。尔万方百姓,罹❽其凶害,弗忍荼毒❾,并告无辜❿于上下神祇⓫。天道福善祸淫,降灾于夏,以彰厥罪。肆⓬台小子,将天命明威,不敢赦。敢用玄牡⓭,敢昭告于上天神后,请罪有夏。聿⓮求元圣⓯,与之勠力,以与尔有众请命⓰。上天孚佑⓱下民,罪人⓲黜伏⓳,天命弗僭⓴,贲㉑若草木,兆民允殖。俾予一人辑宁㉒尔邦家,兹朕未知获戾㉓于上下,栗栗㉔危惧,若将陨于深渊。凡我造邦,无从匪彝㉕,无即慆淫㉖,各守尔典,以承天休。尔有善,朕弗敢蔽;罪当朕躬,弗敢自赦,惟简㉗在上帝之心。其尔万方有罪,在予一人;予一人有罪,无以尔万方。呜呼!尚克时忱㉘,乃亦有终。"

注释

❶亳(bó):地名,成汤的国都,在今河南商丘。❷诞告:广泛告知。❸嗟(jiē):叹息,感叹。❹皇:即"煌"的古字。这里用为光明,大的意思。❺若有恒性:顺从人民的常性。若,顺从;恒,常。❻克绥厥猷(yóu):能使人民安于教导。克,能;绥,安稳;猷,

法则。⑦敷：通"溥"。在这里是分布，散布的意思。⑧罹（lí）：这里用为遭受，遭逢之意。⑨荼（tú）毒：痛苦。荼，苦菜，味道苦；毒，这里指毒人的虫，是人之所苦。所以用荼毒比喻痛苦。⑩无辜：在这里是无罪的意思。⑪神祇（qí）：指的是天神和地神，泛指神明。⑫肆：故，所以。⑬玄牡：指古代祭天地用的黑色公牛。牡，公牛。⑭聿（yù）：用在句首或句中，起顺承作用，相当于"于是"。⑮元圣：大圣人，当时是对伊尹的尊称。⑯请命：保全性命。⑰孚（fú）佑：庇佑，保佑。⑱罪人：在这里指的是夏桀。⑲黜（chù）伏：逃窜屈服。⑳僭（jiàn）：差错。㉑贲（bì）：形容装饰华美的样子。㉒辑宁：和睦安宁。辑，和睦；宁，安宁。㉓戾（lì）：罪。㉔栗栗：畏惧的样子。㉕匪彝（yí）：违背常规的行为。匪，通"非"。彝，法。㉖慆（tāo）淫：享乐过度，怠慢放纵。慆，怠惧；淫，纵乐。㉗简：在这里是明白的意思。㉘时忱（chén）：这样诚信。时，此，这。忱，信，诚信。

译读

汤王在战胜夏桀后回来，到了亳邑，大告万方诸侯。汤王说："啊！你们万方众长，明白听从我的教导。伟大的天神，降善于下界人民。顺从人民的常性，能使他们安于教导的就是君主。夏王灭弃道德滥用刑罚，向你们万方百姓施行虐政。你们万方百姓遭受他的残害，痛苦不堪，普遍向上神明申诉无罪。天道福佑善人惩罚坏人，降灾于夏国，以显露他的罪过；所以我奉行天命明法，不敢有所宽宥。敢用黑色牡牛向天神后

土祷告,请求惩治夏桀,就邀请了大圣伊尹与我共同努力,为你们众长请求保全生命。上天真诚帮助天下黎民百姓,罪人夏桀被废黜了。天道不差,灿然像草木的滋生繁荣,兆民真的乐于生活了。上天使我将你们的国家治理得和睦安定,这回伐桀我不知道得罪了天地没有,惊恐畏惧,像要落到深渊里一样。凡是我建立的诸侯,不要施行非法,不要追求安乐;要各自遵守常法,以接受上天的福禄。你们有善行,我不敢擅自掩盖;罪过在我自身,我不敢自己宽恕,因为这些在上帝心里都明明白白。你们万方有过失,原因都在于我;我有过失,不会连及你们万方诸侯。呜呼!但愿能够这样诚信不疑,就会获得成功。"

伊训

　　惟元祀①十有二月乙丑，伊尹②祠③于先王。奉嗣王④祗⑤见厥祖，侯、甸群后⑥咸在，百官总己⑦以听冢宰⑧。伊尹乃明言烈祖⑨之成德⑩，以训于王。

　　曰："呜呼！古有夏先后⑪，方懋厥德，罔有天灾。山川鬼神，亦莫不宁，暨鸟兽鱼鳖咸若。于其子孙⑫弗率⑬，皇天降灾，假⑭手于我有命⑮，造攻自鸣条⑯，朕哉自亳。惟我商王，布昭圣武，代虐以宽，兆民允怀。今王嗣厥德，罔不在初⑰，立爱惟亲，立敬惟长，始于家邦，终于四海。呜呼！先王肇⑱修人纪，从谏弗咈，先民时若。居上克明，为下克忠，与人不求备，检身⑲若不及，以至于有万邦，兹惟艰哉！敷求哲人，俾辅于尔后嗣，制官刑，儆于有位。曰：'敢有恒舞于宫，酣⑳歌于室，时谓巫风㉑。敢有殉㉒于货色㉓，恒于游畋，时谓淫风。敢有侮圣言，逆忠直，远耆德㉔，比顽童，时谓乱风。惟兹三风十愆㉕，卿士有一于身，家必丧；邦君有一于身，国必亡。臣下不匡㉖，其刑墨㉗，具训于蒙士。'呜呼！嗣王祗厥身，念哉！圣谟洋洋㉘，嘉言孔彰。惟上帝不常，作善，降之百祥，作不善，降之百殃。尔惟德罔小，万邦惟庆；尔惟不德罔大，坠厥宗㉙。"

注释

①元祀：元年。②伊尹：商汤大臣，名伊，一名挚，尹是官名。相传生于伊水，故名。③祠：这里用作动词，祭祀。④嗣王：王位继承人，这里指太甲。⑤祗：恭敬。⑥侯甸群后：泛指天下四方诸侯。⑦总己：统领自己的属官。⑧冢（zhǒng）宰：太宰，周代为百官之长，这里指伊尹。⑨烈祖：是指建立了功业的祖先。⑩成德：在这里是指盛德。⑪先后：先王，这里指夏禹。⑫子孙：夏先王的子孙，这里指夏桀。⑬率（shuài）：在这里是遵循的意思。⑭假：借，借用。⑮有命：有天命的人，这里指成汤。⑯鸣条：地名，在今山西夏县一带。⑰在初：考察。初，即位之初。⑱肇（zhào）：开始。⑲检身：在这里是指约束自己。⑳酣（hān）：半醒半醉的样子。㉑巫风：指歌舞作乐的风俗。㉒殉（xùn）：贪求。㉓货色：财物女色。㉔耆（qí）德：年高德劭，素孚众望者之称。㉕三风十愆：三种恶劣风气，所滋生的十种罪愆。愆，过错。㉖匡：匡正。㉗墨：墨刑，在脸上刺字后涂上墨，为古代五刑之一。㉘洋洋：美善的样子。㉙宗：宗庙，代指社稷国家。

译读

太甲元年十二月乙丑这一天，伊尹祭祀先王成汤，然后侍奉继承人太甲恭祀祖先神位。四方诸侯各就其位，参加祭祀，百官率领各自属官，听从冢宰号令。伊尹于是阐明建立盖世功业的高祖成汤的盛德，以此来训导太甲。

伊尹说："啊！古代夏的先王禹，努力施行德政，所以没有天灾。山川、鬼神和鸟兽鱼鳖都是那样安宁。到了他的子孙桀，不遵循禹的德政，上帝降下了灾祸，借助我们商人，赐予天命，从鸣条开始发动讨伐，从亳邑开始实行德政。我商王成汤，展示出圣德，用宽容取代暴政，天下民众都归顺他。现在我王要继承成汤德政，要从开始就省察自己。树立友爱的风气要从亲近的人做起，树立恭敬的风气要从长者做起，始于家族，达于天下。啊！先王成汤开始建立为人的纲纪，从谏如流，顺从前贤遗训；居君位而能明察，臣下们能够忠诚；对待他人不求全责备，约束自己又唯恐不及别人，因此才拥有了天下，这是非常不容易的事啊！汤王广泛选择德才兼备之人，使他们辅佐你们这些后代，制定管理官吏的刑法，以警告百官。他说：'胆敢在宫中沉迷喝酒、观赏歌舞的，叫作巫风；胆敢贪求财货女色，沉溺游乐田猎的，叫作淫风；胆敢轻慢圣人之言，拒绝忠直劝谏，疏远年老有德之人，亲昵愚顽幼稚之人，这叫作乱风。这三种风气、十种过错，卿、大夫、士如果沾上一种，家室必然会丧失掉；诸侯国君如果沾上一种，国家必然要灭亡。臣下如果不能匡正国君的过失，就处以墨刑。这些内容还要仔细教导下士。'啊！继位之君要恭敬，记住这些教训啊！圣人的谋略完美无缺，传下来的美言也十分明白。上帝赐予福命并没有一成不变的常规，对于行善的，便赐给各种吉祥；对于作恶的，便降下各种灾祸。你的德行无论多小，天下都会感到庆幸；你的恶行即使不大，也可能导致亡国。"

太甲上

惟嗣王不惠于阿衡❶，伊尹作书曰："先王顾諟❷天之明命，以承上下神祇。社稷宗庙，罔不祗肃❸。天监厥德，用集大命❹，抚绥万方❺。惟尹躬克左右❻厥辟❼，宅❽师，肆嗣王丕承基绪。惟尹躬先见于西邑夏❾，自周❿有终。相⓫亦惟终；其后嗣王⓬罔克有终，相亦罔终，嗣王戒哉！祗尔厥辟，辟不辟，忝⓭厥祖。"

注释

❶阿衡：官名，这里指伊尹。❷顾諟（shì）：指敬奉，禀顺天命。諟，"是"的古字。❸祗肃：恭谨而严肃。❹大命：指上天赋予的权力和使命。❺抚绥万方：这指安定天下。抚绥，安定、安抚；万方，万邦，万族。❻左右：在这里是帮助，辅佐的意思。❼辟（bì）：指的是君主。❽宅：本义为居住，在这里是使……安居乐业的意思。❾西邑夏：夏的都城安邑在商的都城亳的西边，所以称夏为"西邑夏"。❿周：在这里是忠信的意思。⓫相（xiàng）：辅佐，辅助。⓬后嗣王：在哦这里指夏桀。⓭忝（tiǎn）：谦辞，表示辱没他人，然后自己感到有愧。

译读

继统之王太甲不听伊尹的劝谏，伊尹便写出训词教导他。伊尹说："先王成汤敬奉英明的天命，以遵从天地神灵的教诲。对于社稷宗庙，他总是那样恭敬严肃。

上天看到他的德行如此美善，就把重大的使命降给他，让他安抚、治理天下。我伊尹身体力行，辅佐我的君王治理天下，使百姓安居乐业，因此后继的君王才得以从先祖那里继承伟大的基业。我伊尹看到，早先夏的君王们都始终讲求忠信，辅佐他的人也都有始有终地效忠于他，而他们的后继者夏桀，却不能始终讲求忠信，辅佐他的人也都不能有始有终地效忠于他，您可要以夏桀为戒啊！一定要谨守君王之道；做君王的如果不像个君王的样子，是对祖先的一种辱没。"

原文

王惟庸❶罔念闻。伊尹乃言曰："先王昧爽❷丕显，坐以待旦。帝求俊彦❸，启迪后人，无越❹厥命以自覆。慎乃俭德，惟怀永图。若虞❺机❻张，往省❼括❽于度❾则释❿。钦厥止，率乃祖攸行，惟朕以怿⓫，万世有辞⓬。"

注释

❶庸：平凡；平庸。在这里是平时的意思。❷昧爽：拂晓；黎明。爽，明亮。❸俊彦：才智出众的人。❹越：坠入，陷入。❺虞：虞人，古代掌管山林的官。❻机：弩机，弓上发箭的装置。❼省（xǐng）：检查，察看。❽括：这里是指箭末扣弦处。❾度：这里指合适的地方。❿释：发，放。⓫怿：欢喜，高兴，欣悦。⓬辞：称誉之辞，即声誉。

译读

可是太甲却依然和平时一样，对伊尹的话充耳不闻。于是伊尹又教导他说："先王在黎明的时候就盼着

天亮,以至于经常坐着等着天亮。他不但亲自为国事操劳,而且还广泛搜罗才智出众的人辅佐他治理国家,并且教导后人不要失行丧德而自取灭亡。你应当以节俭为美德,思考永远统治天下的方略,这就像虞人射箭,拉开弓之后,还要看看箭尾在弓弦上放的是不是合适,然后再放箭。您要定好自己所要达到的目标,并且遵循祖先的法度,如果您能够这样,我将感到高兴,您的美誉也将传颂万世。"

原文

王未克变。伊尹曰:兹❶乃不义,习❷与性成。予弗狎❸于弗顺,营于桐宫,密迩❹先王其训,无俾世迷。王徂桐宫居忧❺,克终允德。

注释

❶兹:此,指太甲的作为。❷习:习惯,习性。❸狎(xiá):忽视,不重视。❹密迩:接近,亲近。❺居忧:古代称给父母尊长守丧为居忧。

译读

而太甲却旧习不改,依然我行我素。伊尹对群臣说:"太甲的所作所为是不义,长此以往就会形成习惯,永远难以改变。对于这种不遵从我的教导的人我不能忽视,我要在桐这个地方造一座行宫,让他住在那里,以便让他亲近先王,接受先王的教训,不让他终生执迷不悟。嗣王去桐宫,处在忧伤的环境,才能够成就诚信的美德。"

太甲中

惟三祀❶十有二月朔❷,伊尹以冕服❸奉嗣王归于亳,作书曰:"民非后,罔克胥❹匡以生;后非民,罔以辟❺四方。皇天眷佑❻有商,俾嗣王克终厥德,实万世无疆之休❼。"

注释

❶三祀:三年。❷朔:阴历的每月初一。❸冕(miǎn)服:古代帝王举行重大仪式所穿戴的礼服。❹胥(xū):在这里是相互的意思。❺辟:本义为君主,这里是统治的意思。❻眷(juàn)佑:眷顾佑助。眷,眷顾。❼休:吉庆,美善,福禄。

译读

太甲放逐桐宫的第三年十二月初一,伊尹捧着君王的礼服礼帽,奉迎太甲返回亳都,作书说:"民众如果没有了君王,就不能相互救助而生存下去;君王如果没有了民众,也不能统治天下。上天佑护我们殷商,使您能成就美德,这实在是千秋万代的福禄啊!"

原文

王❶拜手稽首曰:"予小子不明于德,自厎不类❷。欲败❸度,纵败礼,以速❹戾于厥躬。天作孽,犹可违;自作孽,不可逭❺。既往背师保❻之训,弗克❼于厥初,尚赖匡救之德,图惟厥终❽。"

注释

❶王：这里指的是太甲。❷不类：不善。❸败：败坏，破坏。❹速：在这里是招来，招致的意思。❺逭（huàn）：逃避，躲避。❻师保：古时任辅弼帝王和教导王室子弟的官，有师有保，统称"师保"。这里指伊尹。❼克：在这里是责怪的意思。❽终：善终，一般指好的结局。

译读

商王太甲跪拜叩头，说："我不懂为君的德行，自己导致不善。放纵欲望会败坏法度礼仪，很快给自身招来罪过。老天降下的灾祸，还可以避开；自己造成的灾祸，却逃脱不了了。以往违背您的教训，一开始就不能反思责怪自己；现在还有赖于您匡救的恩德，争取求一个好的结局。"

原文

伊尹拜手稽首曰："修厥身，允德❶协于下，惟明后。先王子惠❷困穷，民服厥命，罔有不悦。并其有邦厥邻，乃曰：'徯我后，后来无罚。'王懋乃德，视乃厥祖，无❸时豫怠❹。奉先❺思孝，接下❻思恭。视远惟明；听德惟聪。朕承王之休无斁❼。"

注释

❶允德：修德，涵养德性。这里指诚信之德。❷子惠：慈爱。子，通"慈"，仁慈；惠，仁爱。❸无：通"毋"。表示禁止或劝阻，相当于"不要"。❹豫怠：

指贪于安乐而怠惰。❺先：这里指先祖，先王。❻下：在这里指的是臣子或百姓。❼斁（yì）：在这里是厌倦，懈怠，厌弃的意思。

译读

伊尹跪拜叩头，说："注重修养自身，用诚信的美德和谐臣民，这才是英明的君王。先王成汤仁慈爱抚贫困民众，民众都乐于服从教令。兼并诸侯方国时，邻国的人这样说道：'等待我的君王成汤吧，他来了我们就不会遭罪了。'您也要勤勉德行，向您的列祖列宗看齐，不要有片刻安逸懈怠。尊奉先祖先王，要想着孝顺；接近臣下，常常想着谦卑。观察远方，要记住眼睛明亮；听从德言，要时刻耳朵敏锐。如果您能做到这些，我将承受大王的美德，永不厌倦。"

太甲下

伊尹申❶诰于王曰："呜呼！惟天无亲，克敬惟亲。民罔常怀❷，怀于有仁。鬼神无常享，享于克诚。天位艰哉！"

"德惟治，否德乱。与治同道❸，罔不兴；与乱同事❹，罔不亡。终始慎厥与，惟明明后❺。"

"先王惟时❻懋敬厥德，克配上帝。今王嗣❼有令❽绪，尚❾监兹哉。"

"若升高，必自下，若陟❿遐，必自迩。无轻民事⓫，惟艰；无安厥位，惟危。慎终于始。有言逆于汝心，必求诸道；有言逊⓬于汝志，必求诸非道。呜呼！弗虑胡获？弗为胡成？一人元良，万邦以贞。君罔以辩言⓭乱旧政，臣罔以宠利居成功，邦其永孚于休。"

注释

❶申：这里是指重复，再三。❷怀：在这里是归依的意思。❸与治同道：在这里是指采用德治。❹与乱同事：在这里是指不用德政。❺明明后：这里是自非常英明的君主。❻时：通"是"。❼王嗣：即"嗣王"，继位之君，指太甲。❽令：在这里是善，美好的意思。❾尚：庶几，表示希望的语气。❿陟（zhì）：升，这里是行走的意思。⓫民事：在这里是指民力征役之事。⓬逊：在这里是恭顺的意思。⓭辩言：在这里是指诡辩的言论。

译读

伊尹反复告诫太甲说:"啊!上帝不会只固定亲近某人,他只会亲近那些恭敬他的人;民众不会永远归顺某个王,他们只归顺有仁德的君主;鬼神也不会一直护佑某个人,他只是护佑虔诚的人。天命赋予的君位不容易坐啊!

"用有德的人就治,不用有德的人就乱。采取与治理天下相同的办法,没有不兴盛的;采取与导致天下大乱相同办法,没有不灭亡的。自始至终都慎重选择自己的同事,就是英明的君主。

"先王成汤正是由于知道做君王的艰难,才努力而谦敬地修养品德,使自己的所作所为能够符合上天的意志。现在您继承了如此美好的基业,希望您能明白先王就是这样修养品德的啊!

"假若想登上高峰,就一定要从低处开始;假若想到达远方,就一定要从近处起步。不要轻视百姓从事的劳役,要想到它的艰辛;不要苟安于天子所居的高位,要想到它的危险。凡事都要于始虑终,于终思始。有些话违背您的心意,一定要衡量一下它是否符合道义;有些话符合您的心意,一定要衡量一下它是否违背道义。啊呀!不思考,怎么收获?不做事,怎么成功?天子大善,天下因此清正。君主不要使用巧辩扰乱旧政,臣下不要凭仗娇宠和利禄而安居成功。这样,国家将永久保持在美好之中。"

咸有一德

伊尹既复政厥辟,将告归❶,乃陈戒于德。

曰:"呜呼!天难谌❷,命靡常。常厥德,保厥位。厥德匪常,九有以亡。夏王弗克庸德,慢神虐民。"

"皇天弗保,监于万方❸,启迪有命,眷求一德,俾作神主。惟尹躬暨汤,咸有一德,克享天心,受天明命,以有九有之师,爰革夏正。非天私我有商,惟天祐于一德;非商求于下民,惟民归于一德。德惟一,动罔不吉;德二三,动罔不凶。惟吉凶不僭,在人,惟天降灾祥,在德。"

"今嗣王新服厥命,惟新厥德。终始惟一,时乃日新。任官惟贤材,左右惟其人。臣为上为德,为下为民。其难其慎,惟和惟一。德无常师,主善为师❹。善无常主,协于克一。俾万姓咸曰:'大哉王言。'又曰:'一哉王心'。克绥先王之禄,永底烝民❺之生。"

"呜呼!七世之庙,可以观德。万夫之长,可以观政。后非民罔使,民非后罔事。无自广以狭人,匹夫匹妇,不获自尽❻,民主罔与成厥功。"

> **注释**
>
> ❶告归:指官吏告老回乡。❷谌(chén):相信。❸监于万方:监视天下四方。❹师:指榜样。❺烝(zhēng)民:指民众、百姓。❻自尽:尽自己全力。

译读

伊尹已经把政权归还给太甲，将要告老还乡，于是陈述纯一之德，告诫太甲。

伊尹说："唉！上天难信，命运无常。经常行德，可以保持君位；不能经常行德，九州就会因此失去。夏桀不能长久行德，轻慢神明虐待百姓。

"上天不安，监视天下，开导享有天命的人，寻找德行纯一的人，让他成为百神之主。只有伊尹和成汤有纯一之德，能顺合上天，接受明教，因此拥有九州的民众，于是革除了夏王的虐政。这不是上天偏爱商朝，而是上天保佑纯德的人；不是商朝请求百姓，是人民偏向纯德的人。德纯一，行动没有不吉利的；德不纯一，行动没有不凶险的。吉和凶不出差错在于人；上天降灾降福在于德啊"

"现在嗣王接受天命，要更新德行；始终如一德行就能日日更新。应该任用贤能的官员，任用忠良的臣子。大臣帮助君主施行德政，协助下属治理人民；他们要重视慎重，和谐专一。德没有不变的榜样，善就是榜样；善没有不变的准则，协合纯一就是准则。要使百姓都说：'重要呀！君王的话。'又说：'纯一呀！君王的心。'君王能安享先王的福禄，安定百姓的生活。

"啊！供奉七代祖先的宗庙能看到功德；天子可以看到行政才能。君主没有百姓就无人可用，百姓没有君主就无处效力。不要自大轻视百姓，平民百姓如果没有各尽其力，君主就没有人帮助建立功勋。"

周书

武成

  惟一月壬辰，旁死魄。越翼日❶癸巳，王朝步自周，于征伐商。厥四月哉生明，王来自商，至于丰。乃偃武修文，归马于华山之阳，放牛于桃林之野，示天下弗服。

  丁未，祀于周庙，邦甸、侯、骏奔走，执豆、笾。越三日庚戌，柴❷望❸，大告武成。

  既生魄，庶邦冢君暨百工，受命于周。

  王若曰："呜呼，群后！惟先王建邦启土，公刘克笃前烈，至于大王，肇基王迹，王季其勤王家。我文考文王，克成厥勋，诞膺天命，以抚方夏。大邦畏其力，小邦怀其德。惟九年，大统未集，予小子其承厥志。底商之罪，告于皇天后土，所过名山大川，曰：'惟有道曾孙周王发，将有大正于商。今商王受无道，暴殄天物，害虐烝民，为天下逋逃主，萃渊薮❹。予小子既获仁人，敢祗承上帝，以遏乱略。华夏蛮貊罔不率俾。恭天成命，肆予东征，绥厥士女。惟其士女，篚厥玄黄，昭我周王。天休震动，用附我大邑周。惟尔有神，尚克相予以济兆民，无作神羞！'"

  "既戊午，师逾孟津。癸亥，陈于商郊，俟天休

命。甲子昧爽，受率其旅若林，会于牧野。罔有敌于我师，前途倒戈，攻于后以北，血流漂杵⑤。一戎衣，天下大定。乃反商政，政由旧。释箕子囚，封比干墓，式商容闾。散鹿台之财，发钜桥之粟，大赉于四海，而万姓悦服。"

列爵惟五，分土惟三。建官惟贤，位事惟能。重民五教，惟食丧祭。惇信明义，崇德报功。垂拱而天下治。

注释

❶越翼日：到了第二天。越，及；翼日，明天，第二日。❷柴：祭名，燔柴祭天。❸望：祭名，望祀山川。❹渊薮（sǒu）：比喻人或物聚集的地方。渊，深水；薮，水边的草地。❺血流漂杵（chǔ）：指血流成河，形容杀人极多。

译读

一月壬辰日，是农历初二。到了明天癸巳日，武王早晨从周京出发，去征讨商。四月月亮开始发光，武王从商国归来，到达丰邑。于是止武施行文教，把马放回华山南面，把牛放回桃林旷野，向天下表示不用它们。

四月丁未日，武王在周庙祭祀，邦甸诸侯忙于奔走，陈设木豆、竹笾等祭器。到第三天庚戌日，举行柴祭来祭天，举行望祭祭祀山川，大力宣告伐商的成就。

月亮已经生出光辉的时候，众国诸侯和百官都到周京来接受王命。

武王这样说："啊！诸位君侯。我的先王建立国家开辟疆土，公刘能够增加前人功绩。到了太王，开始建立基业。王季勤政于王家。文考文王能够建功立业，接受天命，安抚百姓。大国畏惧他的威力，小国感念他的恩德，文王在诸侯归附第九年逝世，大业没有完成。我将继承他的遗志。把商纣的罪恶，禀告给皇天后土，经过的名山大川，说：'遵行天道的曾孙周王姬发，将对商国发动大规模战事。如今商纣王残暴无道，浪费万物，虐待百姓。他是天下逃亡罪人的首领，众多罪人聚集在他身边。我既然已经得到了仁人志士，愿意敬承上帝的命令，来制止乱谋。中原各族和四夷的百姓没有不遵从的。恭奉上天的命令向东征讨，安定那里的百姓。那里的百姓，用竹筐装着他们的黑色黄色的丝绸，求见周王。他们被上天的善德感动，因而归附了我大周国啊！希望你们这些神明能够帮助我，来救助天下的老百姓，不要让神明蒙羞！'"

"到了戊午日，军队渡过孟津。癸亥日，驻扎在商郊，等待上天的命令。甲子日黎明时，商纣率领他人数众多的军队，来到牧野会战。抵挡不住我军的攻打，前面的士卒调转武器向后面攻击，纣军大败，血流成河。一次征战，天下彻底安定。我于是反对商王的恶政，恢复先王的善政。解除箕子的囚禁，修治比干的坟墓，致敬商容旧居。散发鹿台敛收的财货，发放钜桥囤积的粟，普遍地施舍给天下，天下万民都心悦诚服。"

武王将爵位设立为五等，封地区分为三等。根据贤能选拔官长，根据才能安置众吏。注重百姓的五常之教和民食、丧葬、祭祀，重视诚信，讲明道义；崇重有德，报答有功。于是武王垂衣拱手，天下安治。

微子之命

王若曰:"猷!殷王元子❶。惟稽古,崇德象❷贤。统承先王,修其礼物❸,作宾于王家,与国咸休,永世无穷。呜呼!乃祖成汤克齐圣广渊,皇天眷佑,诞受厥命。抚民以宽,除其邪虐,功加于时,德垂后裔。"

"尔惟践修❹厥猷,旧有令闻,恪慎❺克孝,肃恭神人。予嘉乃德,曰笃不忘。上帝时歆❻,下民祇协,庸建尔于上公,尹兹东夏。"

"钦哉,往敷乃训,慎乃服❼命,率由典常,以蕃王室。弘乃烈祖,律乃有民,永绥厥位,毗予一人。世世享德,万邦作式❽,俾我有周无斁❾。呜呼!往哉惟休,无替朕命。"

> **注释**
>
> ❶殷王元子:殷王,这里指帝乙;元子,长子,此指微子。❷象:这里是效法的意思。❸礼物:礼指典礼,物是文物的意思。❹践修:践履,修是行的意思。❺恪慎:恪指恭敬,慎是谨慎的意思。❻歆:这里是飨,享受的意思。❼服:这里是职位,职事的意思。❽式:这里指楷模,榜样。

> **译读**
>
> 周成王这样说:"啊,帝乙的长子,考察商朝古代的历史,崇尚圣德效法有才能的人。继承古代先人的传

统,修缮他们的典礼文物。作为王朝的宾客,和国家休戚相关,世世代代没有尽头。啊!你的先祖成汤,能够敬重圣贤,广大深远,受到上天的眷顾保佑,因而承受天命。他用宽政来安抚百姓,除去邪恶残暴的人。在当时建立功勋,使圣德流传到后代。"

"你只有实现成汤的事业,过去就有好名声,恭敬孝顺,能够用严谨的态度尊敬神灵和民众,我赞赏你的美德,印象越来越纯厚不能忘记。上帝时常享受你的祭祀,天下的人民恭敬和睦,因此封你为上公,统治华夏东面的地区。"

"尽心尽力吧!前去发布你的告诫,慎重地履行你的职责和任务,按照正常的规章制度办事,振兴王室。弘扬先祖的丰功伟绩,奉养你的子民,一直安定你的位置,好好辅助我。世世代代传承,成为各地的楷模,一直保佑王朝不得懈怠。啊!带着使命前去吧,不要忘记我的劝告。"

梓财

王曰:"封!以厥庶民暨厥臣,达大家;以厥臣达王,惟邦君。汝若恒①,越曰:'我有师师:司徒、司马、司空、尹旅。'曰:'予罔厉杀人。'亦厥君先敬劳,肆徂②厥敬劳。肆往奸宄杀人历人宥,肆亦见厥君事戕③败人宥。"

注释

①恒:常,一直这样做。②肆徂:指赶快去。③戕(qiāng):残害,杀害。

译读

王说:"封啊!让你的百姓和你的臣子,能够通达至卿大夫,让你的臣子能够通达至诸侯和君王。你要一直这样做,并且告诉你的大臣们说:'我们不能胡乱杀害那些无辜的人。'你们各位国君也应该率先敬重和慰劳他们,赶快去做敬重和慰劳他们的事。对于过去那些内外作乱的人,杀害他人的人,藏匿罪犯的人予以宽恕,对于那些想要刺探国君大事和残害别人身体的人,也予以宽恕。"

原文

王启监,厥乱为民,曰:"无胥戕,无胥虐,至于敬寡,至于属妇①,合由以容。"王其效邦君越御事:"厥命曷以引养引恬②,古王若兹监,罔攸辟。"惟

曰："若稽田，既勤敷菑❸，惟其陈修，为厥疆畎；若作室家，既勤垣墉❹，惟其涂塈茨❺；若作梓材，既勤朴斫，惟其涂丹雘❻。"

注释

❶属妇：妾，指的是旧时的偏房。❷恬（tián）：安静，安然，坦然。❸菑（zī）：新开垦的田地。❹垣墉（yōng）：解释为墙壁。❺塈茨（xì cí）：用泥涂饰茅草屋顶。引申指屋顶。❻丹雘（dān wò）：丹雘指可供涂饰的红色颜料。雘，红色或青色可作颜料的矿物。

译读

周王设立诸侯，主要是为了教化民众，王说："不要相互残害，不要相互暴虐，对于那些丧妻和丧夫的人，对于那些妾氏们，要给予他们同样的教导和宽恕。"君王教导那些诸侯和大臣们，他的天命是知道用什么来养育和安定百姓，古代的君王就是这样统治的，没有犯上作乱的事情发生。王说："就好像开始耕种田地，已经辛勤地开垦了土地，就要考虑整治土地，挖好田地中间的水沟；就要开始建造房屋，已经辛勤地筑好了墙壁，就要考虑用泥涂饰茅草屋顶；就像开始用好的木材制作器具，已经辛勤地去皮砍削加工，就要考虑用红色颜料涂饰。"

原文

今王惟曰："先王既勤用明德，怀为夹❶，庶邦享❷作，兄弟方来，亦既用明德。后式典集，庶邦丕享。皇天既付中国民越厥疆土于先王，肆王惟德用，和怿❸先

后迷民,用怿先王受命。已,若兹监!"惟曰:"欲至于万年,惟王子子孙孙永保民。"

注释

❶夹(jiā):这里是辅佐的意思。❷享:这里指贡献,把珍品献给天子。❸和怿:指心悦诚服。

译读

当今周王考虑说:"先王已经辛勤地施行德政,各方都来辅助,诸侯国进献纳贡,兄弟邦国也都过来了,也是因为努力施行了德政。诸侯国经常来汇集朝见,带来各国缴纳的贡品。上天既然已经把中国的土地和疆域都交给了先王,当今的王只有继续施行德政,教导百姓让他们心悦诚服,以此完成先王承受的天命。唉,就这样统治吧!"又说:"如果想要我们的统治能够长久延续,那么王子王孙世世代代要保护好百姓。"

无逸

周公曰:"呜呼!君子所,其无逸。先知稼穑①之艰难,乃逸,则知小人之依。相小人,厥父母勤劳稼穑,厥子乃不知稼穑之艰难,乃逸。乃谚②既诞③,否则侮厥父母曰:'昔之人无闻知。'"

注释

①稼穑:春耕为稼,秋收为穑,即播种与收获,泛指农业劳动。②谚:这里是指粗野不恭。③诞:这里指妄自尊大。

译读

周公说:"啊!君子在位不应该贪图享乐。首先应该了解耕种收获的艰难,然后处在安逸的境地,就会知道老百姓的痛苦。看那些老百姓,他们的父母勤劳地耕种收获,他们的儿子却不知道耕种收获的艰难,它们的行为放肆,举止粗鲁。甚至妄自尊大,轻视侮慢他们的父母说:'上了年纪的人什么都不懂。'"

原文

周公曰:"呜呼!我闻曰:昔在殷王中宗,严恭寅畏,天命自度,治民祗惧,不敢荒宁。肆中宗之享国七十有五年。其在高宗,时旧劳于外,爰①暨小人。作其即位,乃或亮阴,三年不言。其惟不言,言乃雍。不敢荒宁,嘉靖殷邦。至于小大,无时或怨。肆高宗

之享国五十年有九年。其在祖甲，不义惟王，旧为小人。作其即位，爰知小人之依，能保惠于庶民，不敢侮鳏寡。肆祖甲之享国三十有三年。自时厥后立王，生则逸！生则逸！不知稼穑之艰难，不闻小人之劳，惟耽乐之从。自时厥后，亦罔或克寿。或十年，或七八年，或五六年，或四三年。"

周公曰："呜呼！厥亦惟我周太王、王季，克自抑畏。文王卑服即康功田功。徽❷柔懿❸恭，怀保小民，惠鲜鳏寡。自朝至于日中昃，不遑暇食，用咸和万民。文王不敢盘于游田，以庶邦惟正之供。文王受命惟中身，厥享国五十年。"

周公曰："呜呼！继自今嗣王，则其无淫于观、于逸、于游、于田，以万民惟正之供。无皇曰：'今日耽乐。'乃非民攸训，非天攸若，时人丕则有愆。无若殷王受之迷乱，酗于酒德哉！"

周公曰："呜呼！我闻曰：'古之人犹胥训告，胥保惠，胥教诲，民无或胥诪张为幻。'此厥不听，人乃训之，乃变乱先王之正刑，至于小大。民否则厥心违怨，否则厥口诅祝。"

> **注释**
>
> ❶爰（yuán）：这里是于是的意思。❷徽（huī）：这里指美好，善良。❸懿（yì）：美好，后多用来形容女子德行好。

译读

周公说:"啊!我听说:过去殷王中宗,严肃恭敬,心存敬畏,把天命作为自己的准则,治理百姓,敬慎恐惧,不敢荒废懈怠。因此中宗在位时间长达七十五年。等到高宗,他做太子时,曾经长期在外服役,惠爱老百姓。等到他即位,便又沉默不言,三年不轻易说话。因为他不轻易说话,有时说出来就能使人和悦。他不敢荒废政事,贪图安逸,因此国家被治理得安定和谐。从老百姓到群臣,没有怨恨他的。所以高宗在位五十九年。祖甲在位的时候,做了很多不义的事,长期沦落于民间,做过很久的平民百姓。等到他即位后,就知道老百姓的疾苦,能够安定爱护百姓,对于鳏寡无依

的人也不敢轻慢。所以祖甲在位三十三年。从这以后继位的君王，生来就贪图享受，生来就贪图享受，不知道耕种收获的艰难，不知道老百姓的劳苦，只是追求过度的逸乐。从这以后，殷王也没有能够长时间在位的。他们在位的时间有的是十年，有的是七八年，有的是五六年，有的是三四年。"

周公说："啊！只有我们的周太王、王季能够谨慎小心。文王遵循他们的工作，继续关心开通道路，耕种田地。他心地善良仁慈、态度和蔼恭敬，关心爱护百姓，使他们和睦安定，把恩惠施加在那些孤苦无依的人身上。从早晨到中午，到下午，他一直忙碌没有空闲吃饭，就是为了让百姓拥有和谐的生活。文王不敢乐于嬉游、田猎，让归附的众国励精图治，而不是进献赋税，供他享乐。文王虽然在中年的时候接受天命成为君主，却在位五十年。"

周公说："啊！从今以后继位的君王啊，希望你们不要过度沉迷在观赏、安逸、嬉游和田猎之中，不可只是使老百姓进献赋税供他享乐。更不要说：'只是今天纵情享乐。'这样子，就不是老百姓的榜样，也不是上天所喜爱的，这样的人就有罪过了。所以不要像商纣王那样迷惑昏乱，把酗酒作为酒德啊！"

周公说："啊！我听说：'古时候做官的人还能互相劝导，互相爱护，互相教诲，所以老百姓没有互相欺骗、互相诈惑的。'你们如果不听这些话，官员就会顺从自己的意愿，甚至会变动先王定下的正法，甚至是所有大大小小的法令。老百姓于是就内心怨恨，就要口头诅咒了。"

原文

周公曰:"呜呼!自殷王中宗及高宗及祖甲,及我周文王,兹四人迪哲❶。厥或告之曰:'小人怨汝詈❷汝。'则皇自敬德。厥愆,曰:'朕之愆允若时。'不啻不敢含怒。此厥不听,人乃或诪张为幻❸,曰小人怨汝詈汝,则信之,则若时,不永念厥辟,不宽绰厥心,乱罚无罪,杀无辜。怨有同,是丛于厥身。"

周公曰:"呜呼!嗣王其监于兹。"

注释

❶迪哲:通达明智的意思。❷詈(lì):在这里是骂,责骂的意思。❸诪(zhōu)张为幻:用不实的言语来欺骗人。

译读

周公说:"啊!从殷王中宗、到高宗、到祖甲、到我们的周文王,这四位君王通达明智。有人告诉他们说:'老百姓在怨恨你咒骂你。'他们就更加恭敬地以德办事。有人举出他们的过错,他们就说:'是我的过错。'他们不但不敢有怨恨,还很认真听。如果他们不听这些话,官员们就会用不实的言语来欺骗人,有人说老百姓在怨恨你咒骂你,你就会相信这些话,如果像这样,不多考虑国家的法度,不放宽自己的心怀,胡乱惩罚那些没有罪过的人,乱杀没有罪过的人。老百姓的怨恨一旦汇合起来,就会集中到你的身上。"

周公说:"啊!继任的君王要以此为鉴啊!"

立 政

　　周公若曰："拜手稽首，告嗣天子王矣。"用咸戒于王曰："王左右常伯、常任、准人、缀衣、虎贲。"

　　周公曰："呜呼！休兹知恤，鲜哉！古之人迪惟有夏，乃有室❶大竞，吁俊，尊上帝迪，知忱恂❷于九德之行。乃敢告教厥后曰：'拜手稽首后矣！'曰：'宅乃事，宅乃牧，宅乃准，兹惟后矣。谋面用丕训德，则乃宅人，兹乃三宅无义民。'"

　　"桀德，惟乃弗作往任，是惟暴德，罔后。"

　　"亦越成汤陟，丕釐❸上帝之耿命，乃用三有宅，克即宅，曰三有俊，克即俊。严惟丕式，克用三宅三俊，其在商邑，用协于厥邑；其在四方，用丕式见德。"

　　"呜呼！其在受德，暋为羞刑暴德之人，同于厥邦；乃惟庶习逸德之人，同于厥政。帝钦罚之，乃伻我有夏式商受命，奄甸万姓。"

注释

❶有室：指方国诸侯。❷恂（xún）：这里是相信的意思。❸丕釐（lí）：丕釐指大受福运。釐，吉祥。

译读

　　周公这样说："跪拜叩头，报告继承天子的王。"周公因而劝诫成王说："王要教导身边的常伯、常任、准人、缀衣和虎贲。"

周公说:"啊!处在美好的时候就能知道忧虑的人,很少啊!古时候夏代的君王,拥有众多强大的诸侯国,但是还要呼吁贤人,遵循上帝降下的命令,使他们知道诚实地相信九德的准则。然后才对君主说:'请您接收我们的跪拜之礼吧!'夏王说:'考察你们的常任、常伯、准人,这样,才称得上君主。以貌取人,不根据德行,假若这样考察人,你们的常任、常伯和准人就没有贤人了。'"

"夏桀即位后,他不用往日任用的官员,只是行为暴虐,很快走向灭亡。"

"到了成汤登上帝位,大受福运,获得上帝的明命,于是他选用政务、理民、执法三方面的官员,他们

都能胜任官职，又在这三方面选拔能够任用的人员。正是因为任用这些人才，他们在商能够协调，使百姓和睦相处，供职在天下各个地方都能体现圣德。"

"唉，等到商纣王登上帝位，强行把性情残暴，只知道使用刑罚的人聚集在他的国家里，任用众多亲幸和失德的人，共同治理他的政事。上帝于是重重地惩罚他，于是让我们周王代替商纣王接受上天的大命，安抚治理天下的老百姓。"

原文

"亦越文王、武王，克知三有宅心，灼见❶三有俊心，以敬事上帝，立民长伯。立政：任人、准夫、牧，作三事。虎贲、缀衣、趣马小尹、左右携仆、百司庶府。大都小伯、艺人、表臣百司、太史、尹伯，庶常吉士。司徒、司马、司空、亚旅。夷、微、卢烝。三亳阪尹。"

"文王惟克厥宅心，乃克立兹常事司牧人，以克俊有德。文王罔攸兼于庶言，庶狱庶慎，惟有司之牧夫是训用违。庶狱庶慎，文王罔敢知于兹。"

"亦越武王率惟敉❷功，不敢替厥义德，率惟谋从容德，以并受此丕丕❸基。"

注释

❶灼见：明见，看得清楚。❷敉（mǐ）：安抚，安定。这里是完成的意思。❸丕丕：形容盛大的样子。

译读

"到了文王、武王的时候,他们能够知道三宅之人的选拔标准,还能清楚地看到有才能的人的思想,根据敬奉上帝的诚心,为老百姓建立官长。设立的官职是:任人、准夫、牧管理民众;有虎贲、缀衣、趣马、小尹、左右携仆以及百司庶府;有大小邦国的君主、艺人,外臣百官;有太史、尹伯;他们都是善祥的人。诸侯国的官员有司徒、司马、司空、亚旅;夷、微、卢各国没有君主;还设立了商和夏的旧都管理官员。"

"文王因为能够十分注意考察官员的标准,所以能够任用这样有才能的人来掌管政务、法律和管理臣民等方面的事务。文王不兼管各种教令。谨慎小心地处理各种狱讼案件和各种禁戒,都是根据这些主管官员的意见进行裁决。对于各种狱讼案件和各种禁戒,文王不敢过问这些。"

"到了武王的时候,终于完成了文王的事业,不敢荒废文王的善德,谋求顺从文王宽容的美德,因此,文王和武王共同完成了这伟大的王业。"

原文

"呜呼!孺子[1]王矣!继自今我其立政。立事、准人、牧夫,我其克灼知厥若,丕乃俾乱,相我受民,和我庶狱庶慎。时则勿有间之,自一话一言。我则末惟成德之彦,以乂我受民。"

"呜呼!予旦[2]已受人之徽言,咸告孺子王矣!继自今文子文孙,其勿误于庶狱庶慎,惟正是乂之。"

"自古商人亦越我周文王立政,立事、牧夫、准人,则克宅❸之,克由绎之,兹乃俾乂,国则罔有。立政,用憸❹人,不训于德,是罔显在厥世。继自今立政,其勿以憸人,其惟吉士,用劢相我国家。"

"今文子文孙,孺子王矣!其勿误于庶狱,惟有司之牧夫。其克诘尔戎兵,以陟禹之迹,方行天下,至于海表,罔有不服。以觐文王之耿光,以扬武王之大烈。"

"呜呼!继自今后王立政,其惟克用常人。"

周公若曰:"太史!司寇苏公式敬尔由狱,以长我王国。兹式有慎,以列用中罚。"

注释

❶孺子:长辈对年轻晚辈的称呼。❷予旦:周公自称。❸宅:度,考察的意思。❹憸(xiān):这里是奸邪的意思。

译读

"啊!您现在已经是君王了。从今以后,我们要这样设立官员。设立事、准人、牧夫,我们要能看得清楚他们的优点,这样才能让他们治理政事。帮助我们管理所接受的百姓,协助我们谨慎小心地处理各种狱讼和各种禁戒的事务,这些事务不可代替。甚至一句话一个字都不要替代。这样我们始终会有才德超群的人,来帮助我们管理那些百姓。"

"啊!我姬旦把前人的美言全部告诉君王了。从今以后，继承王位的贤子贤孙，千万不要在各种狱讼和各种禁戒上耽误时间，不要越俎代庖，这些事只让主管官员去治理。"

"从古时的商代统治者，到我们的周文王设立官员，设立事、牧夫、准人，就是能够考察他们，能够扶持他们，这样才让他们治理，国事就没有失误。假如设立官员，任用贪利奸佞的人，不遵循德行，这样的君王就不能显耀于世。从今以后设立官员，一定不要任用贪利奸佞的小人，应当任用善良贤能的人，用来努力治理我们的国家。"

"现在，文王贤明的子孙，您已经成为君王！您不要在各种狱讼案件上耽误时间，只让主管官员和牧夫去治理，您要能够治理好军事，跟随着大禹的足迹，遍行天下，甚至到达海外，让天下没有人不服从你。以此显扬文王圣德的光辉，继续武王伟大的功业。"

"啊！从今以后，继位君王要设立官员，必须任用那些善良的人。"

周公这样说："太史！司寇苏公能够认真地处理狱讼案件，使我们的王国长治久安。现在规定慎之又慎，依据常例，适当地使用惩罚。"

周官

惟周王抚万邦，巡侯甸，四征弗庭，绥厥兆民。六服群辟，罔不承德。归于宗周，董正治官。

王曰："若昔大猷❶，制治于未乱，保邦于未危。"

曰："唐虞稽古，建官惟百。内有百揆❷四岳，外有州牧侯伯。庶政惟和，万国咸宁。夏商官倍，亦克用乂。明王立政，不惟其官，惟其人。"今予小子，祗勤于德，夙夜不逮。仰惟前代时若，训迪厥官。

"立太师、太傅、太保，兹惟三公。论道经邦，燮❸理阴阳。官不必备，惟其人。"

"少师、少傅、少保，曰三孤。贰公弘化，寅亮天地，弼予一人。"

"冢宰掌邦治，统百官，均四海。司徒掌邦教，敷五典，扰兆民。宗伯掌邦礼，治神人，和上下。司马掌邦政，统六师，平邦国。司冦掌邦禁，诘奸慝❹，刑暴乱。司空掌邦土，居四民，时地利。六卿分职，各率其属，以倡九牧，阜成兆民。"

"六年，五服一朝。又六年，王乃时巡，考制度于四岳。诸侯各朝于方岳，大明黜陟❺。"

注释

❶猷（yóu）：这里是道，法则的意思。❷百揆（kuí）：总握国政的官员。❸燮（xiè）：协和，调和。

❹奸慝（tè）：指奸恶的人，奸恶的心术或行为。❺黜陟（chùzhì）：官职的升迁或降黜。

译读

周王安抚天下四方，巡视诸侯国，四面出征平叛不来拜见的诸侯，以安抚天下的老百姓。各方的诸侯，无人不顺承他的德政。成王回到王都丰邑，督导整顿治事的官员。

王说："顺从过去的治政方法，一定要在还没有出现动乱的时候就提前制定政策，在没有出现危机的时候安定国家。"

王说："尧舜参考古时候的制度政策，设立官职一百左右。内有百揆和四岳，外有州牧和侯伯。各种政

策适合，天下的国家都安定祥和。夏代和商代的官员，数量增加了一倍，也能用来治理。明王设立官员，不考虑他的官员数量多少，而考虑要启用贤人。"现在我这个年轻人，恭敬勤奋施行德政，日夜不停歇都有所不及。仰思顺从前代，然后建立我们的官制。

"设立太师、太傅、大保，这是三公。他们讲明道理，治理国家，调和阴阳。三公的官不必齐备，要考虑适当的人。"

"设立少师、少傅、少保，叫作三孤。他们协助三公来弘扬教化，敬明天地的事，辅助我一人。"

"设立冢宰，主管国家的治理，统帅百官，协调天下各方。设立司徒主管国家的教化，发布五常的教训，使百姓安定，没有祸乱。设立宗伯主管国家的典礼，处理神和人之间的祭祀事物，调和上下尊卑的关系。设立司马主管国家的军政，统率六军，平定邦国。设立司寇主管国家的法制，惩罚治理好恶的人，刑杀暴乱之徒。设立司空主管国家的土地，安置士农工商，依时发展地利。设立六卿分管职事，各自统率他治下的官员，倡导天下的诸侯，使百姓富足安康。"

"每隔六年，五服诸侯就来朝见一次。再过六年，王便会根据时节到天下各地去巡视，在四岳考察校正制度。诸侯在各自所属的方岳朝见，王对诸侯公开进行升降等各种赏罚。"

原文

王曰："呜呼！凡我有官君子，钦乃攸司，慎乃出令，令出惟行，弗惟反。以公灭私，民其允怀。学

古入官。议事以制，政乃不迷。其尔典常作之师，无以利口❶乱厥官。蓄疑败谋，怠忽荒政，不学墙面，莅事❷惟烦。"

"戒尔卿士，功崇惟志，业广惟勤，惟克果断，乃罔后艰。位不期骄，禄不期侈。恭俭惟德，无载尔伪。作德，心逸日休；作伪，心劳日拙。居宠思危，罔不惟畏，弗畏入畏。推贤让能，庶官乃和，不和政庞❸。举能其官，惟尔之能。称匪其人，惟尔不任。"

王曰："呜呼！三事暨大夫，敬尔有官，乱尔有政，以佑乃辟。永康兆民，万邦惟无斁。"

注释

❶利口：喋喋不休的辩言、巧言。❷莅（lì）事：视事，处理公务。❸庞：这里指多而杂乱。

译读

成王说："啊！凡是我周朝在位的各级官长，你们要认真对待你们所管理的工作，慎重对待你们发布的命令。命令发出了就要执行，不要违抗。用公正消除私心，百姓就会信任归服。先学古代治法再入朝做官，凭借法制议论政事，政事就不会错误。你们要用已经有的周家常法作为法则，不要以花言巧语干扰你的官员。蓄疑不决，一定会败坏计谋，懈怠轻慢，必定废弃政事。一个人不学习就像面对墙站着，什么都看不见，发生事情就会烦乱。"

"告诉你们各位大臣卿士：功高在于有志，业大在于勤劳。能够果敢决断，就不会有后来的艰难。居官不

当骄傲，享禄不当奢侈，恭敬节俭是美德啊！不要做欺骗的事。行德就心情放松，天天开心，作伪就内心劳碌日日做错事。身居宠位要想到危险，没有什么不应该敬畏的，假如不知敬畏，就会进入可畏的境地。推举贤明而谦让能者，众官就会和谐；众官不和，政事就会没有章法。推举能者在其官位，是你们的贤能；举荐的人不能胜任职位，是你们不能胜任。"

成王说："啊！任人、准夫、牧三位首长和大夫们，你们一定要认真对待你们的官职，治理你们的政事，辅助你们的君主，广大百姓才能长远安宁，这样天下万国就不会厌弃周朝了。"

文侯之命

王若曰:"父义和!丕显文、武,克慎明德,昭升于上,敷闻①在下;惟时上帝,集厥命于文王。亦惟先正克左右昭事厥辟,越小大谋猷罔不率从,肆先祖怀在位。"

"呜呼!闵予小子嗣,造天丕愆。殄资泽于下民,侵戎我国家纯。即我御事,罔或耆寿②,俊在厥服,予则罔克。曰:'惟祖惟父,其伊恤朕躬!'呜呼!有绩予一人,永绥③在位。"

"父义和!汝克绍乃显祖,汝肇刑文、武,用会绍乃辟,追孝于前文人。汝多修扞④我于艰,若汝,予嘉。"

王曰:"父义和!其归视尔师,宁尔邦。用赉尔秬鬯⑤一卣⑥,彤弓一,彤矢百,卢弓一,卢矢百,马四匹。父往哉!柔远能迩,惠康小民,无荒宁。简恤尔都,用成尔显德。"

注释

①闻:这里是声望的意思。②耆(qí)寿:年高德劭者。亦泛指老寿之人。③绥(suí):这里是安抚的意思。④扞(hàn):保护,保卫。⑤秬鬯(jù chàng):古代用于祭祀降神及赏赐诸侯的酒。⑥卣(yǒu):古代一种盛酒的器具,口小腹大,有盖和提梁。

译读

　　王这样说："伯父义和啊！伟大光明的文王和武王，他们能够慎重地施行德政，使自己的美德传到上天，所以他们的名声才会广泛地在民间传播；于是那时候上帝降下天命给文王、武王。也因为先前的公卿大夫能够辅佐他们的君王，对于君王的大小谋略无不遵从，所以先祖能够安然在位。"

　　"啊！不幸我继承王位的时候，遭遇上天降下的惩罚。断绝了施与百姓的福泽，发动战事，侵犯国家的人增多。现在我身边的近臣，没有老成持重的人任职，也没有长期在位的大臣，我便不能胜任了。我呼吁：'祖辈和父辈的诸侯大臣们，请你们为我分忧啊！'唉！把政绩给我，让我能够永远安定在位吧。"

　　"族父义和啊！您能够继承弘扬你的先祖唐叔的功绩，并且你还能努力地效法文王和武王，用会合诸侯的方式来辅佐您的君主，继承了前人的光辉德行。您功绩如此卓越，能够在困难的时候保卫我，像您这样的人，我是一定要奖励的！"

　　王说："族父义和啊！希望你回去视察你的军队，安定你的国家。现在我上次给你黑黍香酒一卣，红色的弓一张，红色的箭一百支，黑色的弓一张，黑色的箭一百支，以及四匹马。族父您回去吧！安抚远方，亲善近邻，爱护安定老百姓，不要荒废政事，贪图安逸。大力安定您的国家，来成就您显著的德行。"

© 民主与建设出版社,2021

图书在版编目(CIP)数据

尚书/(春秋)孔子编;方士华主编.-- 北京:民主与建设出版社,2019.11

(传统国学经典心读)

ISBN 978-7-5139-2681-2

Ⅰ.①尚… Ⅱ.①孔… ②方… Ⅲ.①中国历史—商周时代 Ⅳ.① K221.04

中国版本图书馆 CIP 数据核字(2019)第 259511 号

尚书
SHANG SHU

编　　著	(春秋)孔　子
主　　编	方士华
责任编辑	韩增标
装帧设计	徐荣强
出版发行	民主与建设出版社有限责任公司
电　　话	(010)59417747 59419778
社　　址	北京市海淀区西三环中路 10 号望海楼 E 座 7 层
邮　　编	100142
印　　刷	廊坊市国彩印刷有限公司
版　　次	2021 年 12 月第 1 版
印　　次	2021 年 12 月第 1 次印刷
开　　本	880 毫米 ×1230 毫米　1/32
印　　张	3
字　　数	38 千字
书　　号	ISBN 978-7-5139-2681-2
定　　价	148.00 元(全 10 册)

注：如有印、装质量问题,请与出版社联系。

传统国学经典心读

孝　经

（春秋）孔　子 编　方士华 主编

民主与建设出版社
·北京·

前言

习近平总书记在十九大报告中指出："深入挖掘中华优秀传统文化蕴含的思想观念、人文精神、道德规范，结合时代要求继承创新，让中华文化展现出永久魅力和时代风采。"

习总书记还曾指出："'去中国化'是很悲哀的，应该把这些经典嵌在学生脑子里，让经典成为中华民族文化的基因。"

是的，泱泱中华五千载，悠悠国学民族魂。我们中华国学"为天地立心，为生民立命，为往圣继绝学，为万世开太平"，是中华民族生生不息的根本，是华夏儿女遗传基因和精神支柱。

国学就是中国之学，中华之学，是以母语汉语为基础，表达中华民族的精神价值和处世态度的，有利于凝聚中华民族的文化向心力，有利于中华民族大团结，是炎黄子孙的生命火炬，我们要永远世代相传和不断发扬光大。

中华优秀传统文化在思想上有大智，在科学上有大真，在伦理上有大善，在艺术上有大美。在中华民族艰难而辉煌的发展历程中，优秀传统文化薪火相传、历久弥新，始终为国人提供精神支撑和心灵慰藉。所以，从传统优秀国学经典中汲取丰富营养，丰盈的不只是灵魂，而是能够拥有神圣而崇高的家国情怀。

中华传统国学是指以儒学为主体的中华传统文化与学术，包括非常广泛，内涵十分丰富，凝聚了我国五千年的文明史和传统文化，体现了中华民族博大精深的文化精髓，是经过多少代人实践检验过的文化瑰宝，承载着中华民族伟大复兴的梦想。

中华传统国学经典，蕴含了中国儿女内圣外王的个体修养和自强不息的群体精神，形成了重义轻利的处世态度以及孝亲敬长的人伦约定，包含着辩证理智的心智思维和天人合一的整体观念。历经数千年发展，逐渐形成了以儒释道为主干的传统文化和兼容并包、多元一体的开放型现代文化。

这些国学经典作为我国传统文化与教育的经典，在内容方面，包含有治国、修身、道德、伦理、哲学、艺术、智慧、天文、地理、历史等丰富知识；在艺术方面，丰富多彩，各有特色，行文流畅，气势磅礴，辞藻华丽，前后连贯。古往今来，无数有识之士从中汲取知识，不仅培养了良好道德品质，还提升了儒雅、淳静、睿智的气质，哺育了一代代中华儿女茁壮成长。

作为国学经典，是广大读者必备的精神食粮。读者们阅读国学经典，能够秉承国学仁义精神，学会谦和待人、谨慎待己、勤学好问等优良品行，能够达到内外兼修与培养刚健人格。读者们阅读国学经典，就如同师从贤哲，使自己能够站在先辈们的肩膀之上，在高起点上开始人生的起跑。阅读圣贤之书，与圣贤为伍，是精神获得高尚和超越的最高境界。

为此，在有关专家指导下，我们经过精挑细选，特别精选编辑了这套"传统国学经典心读"作品。主要是根据广大青少年读者学习吸收特点，在忠实原著基础上，节选了经典原文，增设了简单明了的注释和白话解读，还配有相应故事和精美图片等，能够培养广大青少年读者的国学阅读兴趣和传统文化素养，能够增强对中国传统文化的热爱、传承和发展，能够激发并积极投身到中华复兴的伟大梦想之中。

目录

开宗明义章 ………………………… 005
天子章 …………………………… 010
诸侯章 …………………………… 014
卿大夫章 ………………………… 019
士章 ……………………………… 026
庶人章 …………………………… 029
三才章 …………………………… 033
孝治章 …………………………… 040
圣治章 …………………………… 046
纪孝行章 ………………………… 054
五刑章 …………………………… 057
广要道章 ………………………… 059
广至德章 ………………………… 065
广扬名章 ………………………… 070
谏诤章 …………………………… 075
感应章 …………………………… 083
事君章 …………………………… 086
丧亲章 …………………………… 090

开宗明义章

仲尼①居,曾子②侍。子③曰:先王④有至德要道⑤,以顺⑥天下,民用⑦和睦,上下无怨。汝⑧知之乎?

曾子避席⑨曰:参不敏⑩,何足以知之?

子曰:夫⑪孝,德之本也,教⑫之所由生也。复坐⑬,吾语⑭汝:身体发肤,受之父母,不敢毁伤,孝之始也;立身⑮行道⑯,扬名⑰于后世,以显⑱父母,孝之终也。夫孝,始于事亲,中于事君,终于立身。

《大雅》⑲云:无念尔祖⑳,聿㉑修㉒厥㉓德。

注释

①仲尼:指孔子,名丘,字仲尼。②曾子:即曾参,孔子的弟子。③子:孔子的自称。同时,古代也称自己的老师为子。④先王:先代圣帝明王,这里指的是尧、舜、禹、汤、文、武王等历史上著名的贤君圣王。⑤要道:要约之道。⑥顺:顺理,治理。⑦用:因而。⑧汝:第二人称代词,你。⑨避席:这里指离开座位站起来以示恭敬。⑩不敏:迟钝的意思。这里是曾子的自谦之词。敏,聪敏,有智慧。⑪夫:发语词,没有实际的意思。⑫教:教化。⑬复坐:返回座席。曾子之前起立对答,所以让他返回原位坐下。⑭语(yù):告诉。⑮立身:独立己身。⑯行道:行己身当行之道。⑰扬名:显扬名声。⑱显:荣耀。⑲《大雅》:指《诗经》中的《大雅·文王》篇。⑳尔祖:你的祖先。

㉑聿：发语词，无实义。㉒修：继承。㉓厥：代词，这里指代文王。

译读

有一天，孔子在家里闲坐，他的弟子曾参也陪坐在他的一旁。孔子说："先圣帝王都具有至高无上的美德和非常重要的道理。用它来治理天下，天下的人民，都能够很和气的相亲相敬，上自天子，下至庶人，都不会相互仇恨。你懂得其中的道理吗？"

曾参离开座位站起来恭敬地说："我不够聪敏，怎么能够明白先王的至德要道呢？"

于是孔子就告诉曾子说："所谓的孝，是一切德行的根本，也是教化产生的根源。你回到原来位置坐下，我慢慢地告诉你。人的身体、四肢、毛发、皮肤，都是父母赋予的，所以你就应当体念父母疼爱儿女的心，保护自己的身体，不让它受到丝毫的损坏，这就是孝道的开始。一个自强独立的人，没有受到外界利欲的摆布，那他一定有一个好的人格，这就是立身。他做事情，走正道，不越轨，不妄行，有始有终，这就是行道。他的人格道德为众人所景仰，其名誉不仅当世被传诵，且将要名扬于后世。这样一来，他父母的声名，也因儿女的德望而显赫荣耀起来，这便是孝道的终极目标。这个孝道，最初是从侍奉父母开始，然后效力于国君，最终建功立业，功成名就。"

《诗经·大雅》上有说："你怎么能不追念你先祖文王的德行呢？如果你思念他们的话，你首先得修持你自己的德行，然后努力将他的功德和修养发扬光大才可以。"

> 故事

闵子骞感动后母

闵子骞是春秋时鲁国人,他和曾参一样,都是孔子的学生。闵子骞也和舜一样,幼年时亲生母亲便离开人世,他从此失去了母爱。

父亲为了生活,又娶了一个妻子。这位继母起初并没有亏待闵子骞,但在她生了两个儿子以后,闵子骞就没有好日子过了。

继母对两个自己怀胎十月所生的儿子,无微不至地呵护着,可却把闵子骞当小仆人般差遣。每天,闵子骞都要面对继母凶恶的表情,还要做许多继母派给他的工作。至于他那两个同父异母的弟弟呢?他们在母亲的羽翼下,整日愉快地嬉戏,享受被母亲宠爱的幸福。

乖巧孝顺的闵子骞,虽然受到了继母的不公平待遇,但是他从来不向父亲抱怨,他怕父亲担忧。而父亲也一直没有察觉,始终蒙在鼓里。

直到一年冬天,皑皑白雪覆盖在屋顶及道路上,已经一连下了好几天的雪了。虽然景致颇佳,不过实在是太冷了,有事外出的行人都缩着脖子,直打哆嗦。

闵子骞的父亲见天气寒冷,就对妻子说:"天气这么冷,我看,你再为孩子们准备几件冬衣吧!""我心里也是这么想的。"继母回答。隔天,继母便开始缝制冬衣。由于私心的驱使,她竟准备了两种不同的材料。

给自己亲生儿子穿的,她塞进了厚厚的棉花,细心装填缝制,而给闵子骞穿的,里头竟然是芦絮。几天后,

闵子骞的父亲有事外出,他唤来闵子骞,说:"子骞,爹要出去一趟,你来帮爹驾车。"

孝顺的闵子骞立刻去准备。一到屋外,凛冽的寒风迎面袭来,闵子骞身上虽然穿着继母缝制的芦袄,可是芦絮一点也不保暖,根本抵御不了强大的寒风。闵子骞不知道自己穿的并非棉袄,心里还暗自想着:"哇,今年冬天似乎特别冷,瞧我穿了一身冬衣,却一点也不觉得暖和。"

不一会儿,闵子骞的身体逐渐被冻僵,手开始不听使唤了,他努力想让双手活动,好继续牵引马车,可是努力了很久,根本使不上劲儿。

父亲察觉有异样,便出声问道:"子骞,怎么了?是不是马车坏了?""不是的,爹,马车没坏,我这就帮您驱车。"闵子骞连忙回答。

闵子骞要求自己再加把劲,希望能顺利驱驾马车。可是马车不但一动也不动,缰绳也因为他的手僵硬,无法控制而跌落,并钩破了他那单薄的芦袄。

父亲见状,从马车上下来,有些生气地责备他:"你今天是怎么了,做事这样漫不经心的呢?""爹,我……"闵子骞欲言又止。这时候,闵子骞的父亲才发现,儿子已经冻得嘴唇发紫,浑身颤抖不停,寒风里,飘飞着因衣服绽裂而散落的芦絮。

父亲见状,紧紧地抱着闵子骞,爱怜和歉疚之心油然而生。他说:"孩子,委屈你了。"回到家里,闵子骞的父亲怀疑另外两个儿子穿的不是芦袄,于是把他们叫过来摸摸看。果然不出所料,他们穿的正是棉袄。

顿时,闵子骞的父亲燃起了怒火,他生气地斥责妻

子说：" 想不到你是这种心胸狭窄的女人，对待子骞这么刻薄无情。这些年来我竟然一点都不知情，你叫我怎么对得起子骞死去的母亲呢？你还是赶快滚吧，免得有一天子骞被你折磨死。"

"我知道错了，求求你不要赶我出去，求求你！"继母跪着向闵子骞的父亲忏悔求饶，泣不成声。

两个弟弟见了这情景，也吓得哭成一团儿。这时，闵子骞走到父亲面前跪下，向父亲苦苦哀求："爹，请您不要把娘赶走。娘在家，只有我一个人穿不暖，可是一旦娘离开这个家，我和两个弟弟都失去了娘的照顾，都要受饥寒啊！"

闵子骞这番话，说得父亲心里既难过又感动，最后终于让妻子留了下来。而闵子骞的继母见他这么懂事明理，自己觉得很惭愧，于是痛改前非，对待三个孩子都一视同仁了。这件事在乡里传了开来，人人都赞美闵子骞的孝心。

天子章

子曰：爱亲①者，不敢恶②于人；敬亲者，不敢慢③于人。爱敬尽于事亲，而德教④加于百姓，刑⑤于四海⑥，盖⑦天子⑧之孝也。

《甫刑》⑨云：一人⑩有庆⑪，兆民⑫赖之。

注释

①爱亲：亲爱自己的父母。②恶：厌恶，憎恨。③慢：轻侮，怠慢。④德教：道德修养的教育，即孝道的教育。⑤刑：通"型"，典范，榜样。⑥四海：古代以为中国四境环海，故称四方为四海，即天下。⑦盖：句首语气词。⑧天子：古代统治天下的君主。意为接受天命而治理人民，是天帝之子。⑨《甫刑》：《尚书·吕刑》篇的别名，是吕侯所作。吕侯，周穆王的臣子，为司寇，穆王命他作书，取法夏时轻刑之法，以布告天下。后因吕侯后代改封甫侯，故又名《甫刑》。⑩一人：指天子。⑪庆：善事，这里指爱敬父母的孝行。⑫兆民：万民，指天下的百姓。

译读

孔子说："天子如果能够热爱自己的父母，就不会厌恶别人的父母；如果能够敬奉自己的父母，也就不会怠慢别人的父母。天子以亲爱恭敬的心尽心尽力地侍奉父母，并且施展教化于万民百姓之中，那么他在普天之下就会成为四海争相效法的榜样，这就是天子应该尽的孝

道啊!"

《尚书·甫刑》上说:"如果天子有敬亲爱亲的善行,那么天下的亿万百姓也都会受到他的鼓励,并且效法他,从而敬爱他们自己的父母了。"

汉文帝为母亲尝汤药

西汉时期的汉文帝刘恒,他是刘邦的第三个儿子,原本不是太子,却因孝顺贤能,而被大臣们拥上了皇位。汉文帝继位以后,没有一点儿傲慢之气,侍奉母亲薄太后更是殷勤体贴。

有一次,汉文帝的母亲突然生病了,汉文帝心里十分着急,每天上完早朝,就急忙带着太医去查看母亲的病情,看看母亲的身体有没有好一些。

天气变冷了,汉文帝怕母亲着凉,就守在她的身边,以便随时帮她盖被子。天气变热了,又忙着帮母亲扇扇子,驱蚊子。母亲休息睡觉时,汉文帝就让宫女们的动作轻一点,以免吵醒母亲。

汉文帝自己困了,就坐在母亲的床边打瞌睡,连衣服也不解开,以便母亲随时召唤。母亲口渴时,汉文帝连忙端了茶过来。就连母亲喝药,他也要先端过来尝一尝,试试这药苦不苦啊,烫不烫啊,觉得差不多了,才放心给母亲服用。汉文帝还担心母亲因病而影响心情,就每天讲一些笑话来逗母亲开心。

太后看着汉文帝每天这样忙来忙去,一天比一天瘦,心疼至极,说:"皇儿,宫里这么多人,都可以照顾我,你不要这么辛苦了,而我的病又不是三两天就能好的,以后叫宫女们服侍我就可以了。"

汉文帝跪下来对母亲说:"如果孩儿不能在您有生之年亲自替您做点事,那要什么时候才有机会报答您的养育之恩呢?"

太后说:"但是,你身为一国之君,应该以天下百姓为重。"

汉文帝说:"现在天下的百姓安居乐业,母后不要担心,安心养病才是,孩儿自会处理好。"太后为自己有这样一个儿子而感到欣慰,泪水再也忍不住,哗啦啦地流

了下来。

谁知,太后这一病,居然病了三年,可是汉文帝呢,也整整照顾了她三年,几乎没睡过一个好觉。汉文帝虽贵为天子,却如此照顾久病在床的母亲,确实不易,他的耐心,他的柔和,他的勤劳,他的体贴真正做到了"亲有疾,药先尝,昼夜侍,不离床"。

古人说得很清楚,"孝"就是对父母养育之恩的一种回报:父母给了你生命,所以你要善待父母的生命;父母宁愿自己挨饿受冻,也要让你吃饱穿暖,所以你要照顾父母的温饱;你在父母的怀抱中有三年时间完全不能自立,完全依赖父母而生存,所以父母死后你要守孝三年。

父母对子女的关爱在范围上是无限的,父母对子女的照顾在时间上也是无限的。面对这广大而无限的"慈",照顾父母,是理所应当的。

对待自己的母亲,汉文帝做到了"目不交睫,衣不解带",而且一个皇帝能够在母亲生病时"亲尝汤药",这种至孝的行为自然能够成为万民表率,在无形中起到教化的作用,这就应了孔老夫子所说的"一人有庆,兆民赖之"那句话。

诸侯章

在上①不骄②,高③而不危;制节④谨度⑤,满⑥而不溢⑦。高而不危,所以长守贵⑧也;满而不溢,所以长守富也。

富贵不离其身,然后能保其社稷⑨,而和⑩其民人,盖诸侯⑪之孝也。

《诗》⑫云:战战⑬兢兢⑭,如临深渊,如履⑮薄冰。

注释

①在上:诸侯为一国之君,其地位仅次于天子,而在万民之上。②不骄:没有骄傲之心,即能守法合礼之意。③高:指诸侯居于列国最高之位。④制节:指所有开支费用节约俭省。⑤谨度:指行为举止谦逊谨慎而合乎典章制度。⑥满:充实,指国库充裕。⑦溢:这里指超越标准的奢侈、浪费。⑧长守贵:长久地守住尊贵的地位。贵,指政治地位高。⑨社稷:指国家。社,土神;稷,谷神。土地与谷物是国家的根本,古代立国必先祭社稷之神,因而,社稷便成为国家的代称。⑩和:和睦,这里是"使……和睦"的意思。⑪诸侯:指由天子分封的国君。⑫《诗》:即《诗经》。汉代以前《诗经》只称为《诗》,汉武帝尊崇儒术,重视儒家著作,才加上"经"字,称为《诗经》。⑬战战:形容发抖哆嗦的样子。⑭兢兢:形容谨慎的样子。⑮履:踏,踩。

译读

身为诸侯,在众人之上而不骄傲,其位置再高也不会有倾覆的危险。如果能够做到每件事情都节省费用,慎守法度,即使国家经费充裕也不会追求豪华而奢侈浪费。居高位而没有倾覆的危险,所以能够长久保持自己的尊贵地位;财富充裕而不奢靡挥霍,所以能够长久地守住自己的财富。

身为诸侯,要首先使富贵不离开自身,然后才能确保他的社稷,与其黎民百姓和睦相处。这应该就是诸侯应尽的孝道吧。

《诗经·小雅》里说:"身居诸侯之位,常常要警戒畏惧,谨慎小心地处事,就像身临深水潭边恐怕坠落,脚踩薄冰之上担心陷下去那样。"

颍考叔讲孝道感召庄公

颍考叔是春秋时期郑国人,是郑庄公手下的一个管理疆界的官员。

郑庄公出生时脚先出来,他的母亲武姜氏因为这个特别讨厌他,而偏向他的弟弟共叔段,想立共叔段为国君。但是由于庄公的父亲武公不同意,最终还是庄公继了位。

郑庄公继位之后,武姜氏千方百计地帮着共叔段扩充势力,伺机夺权。郑庄公欲擒先纵,待时机成熟时,先发制人。在共叔段攻打京城前,一举打败共叔段于鄢地。共叔段逃亡到国外,妄想打开京城之门做内应的武姜氏被放逐到城颍。

郑庄公对他的母发誓说:"不到黄泉,咱们就不要再见面了。"

武姜氏再不对,毕竟是自己的母亲呀,过了一段时间,气消了之后,郑庄公又觉得自己也有些过分。可话已经说出了嘴,又有什么办法呢?

颍考叔听到这件事以后,找了个借口,见到了郑庄公。郑庄公招待他吃饭,席间庄公发现颍考叔把肉食都放到一边,却没有不动筷,就好奇地问:"你怎么不吃肉食呢?"

颍考叔赶忙回答说:"小人不是不吃肉食,而是因为我上有老母。我们家的好东西她老人家都吃着了,但从来没有吃过国君您这样好的菜肴,请允许我把这些菜带回去给我老母尝尝。"

郑庄公说："你还有母亲，吃什么还可以想着她，给她带回去吃，我就没有这种福分了。"

颖考叔明知故问地说："我能问一下，您这话是什么意思吗？"

庄公把放逐母亲于城颖，并发誓不再相见的事说了一遍，在诉说时流露出悔恨的情感。

颖考叔觉得时机已到，就开导说："您有什么可忧虑的呢？假如您深挖地，到有泉水处，打一个隧道，母子在隧道里相见，谁能说这不是在黄泉中相见呢？"郑庄公高兴地听从了颖考叔的话。

隧道打通了，庄公在进隧道时，十分激动，就赋诗一首，其中一句说："大隧之中其乐融融。"

武姜氏出了隧道以后，也感慨万端，懊悔不已，也赋诗一首，其中一句是："大隧之外，其乐也泄泄。"从此母子和好如初，就好像任何事情也没发生一样。

乞伏保真心事继母

乞伏保是北魏献文帝时高车部人。他的父亲乞居，曾做过散骑常侍，后封为宁国侯。乞伏保的生母死得很早，由献文帝赐给他父亲的宫女申氏作为继母来抚养他。

继母申氏性情古怪，整天板着面孔，常发牢骚，耍性子，动不动就申斥别人。由于她出身宫女，极少接触小孩，所以对乞伏保十分苛刻，他根本看不到一丝笑容，也感受不到一点母亲的温情。

乞伏保在继母面前常常吓得两腿打哆嗦,继母骂他没有小侯爷的派头;乞伏保站直了,她又骂伏保不恭敬。乞伏保写字、读书,她在旁边评头品足,时而拿起笔管敲伏保的脑门,诸如此类,不一而足。可乞伏保心里却连一句埋怨的话也没有,从来也没顶撞过一句。

继母申氏以为乞伏保怕她,所以变本加厉,越发苛刻,几乎近于狠毒了。继母让他顶替仆人去干很重的活,而且想打就打,想骂就骂,从不间断。

父亲曾责问过申氏,可因为是皇上赐给的宫女,也拿她没办法。乞伏保知道后怕父亲为难,就跟父亲说:"继母对我很好,没有她我怎么会长大成人呢,怎么会知道要尊敬长辈,要勤奋、要能吃苦呢?"

父亲听后内心的慰藉化作数滴老泪涌出双眼。为了不让父亲分心,为了家庭的和睦,乞伏保更加尊敬继母了。

伏保长大以后,继承了父亲的官位,每次得了俸禄或赏赐,都完完整整地一文不少地交给继母。晚归的时候,无论公事、私事也都原原本本地告诉继母。

继母年岁很大了,性情更加古怪专横了,更听不进别人的话了。后来,乞伏保出任大将军,因为住所离家太远,只好请继母跟他一起到住所居住,八十多岁的申氏说什么也不答应。乞伏保以真情相劝,继母答应了。

乞伏保亲自扶她上车,又怕她在车上受到惊动,一路上用手紧紧地扶着车辕,步行到了住所。继母申氏高高兴兴地在住所住了三年。

卿大夫章

非先王之法服❶，不敢服❷；非先王之法言❸，不敢道；非先王之德行❹，不敢行。

是故，非法不言，非道不行：口无择言，身无择行；言满天下无口过❺，行满天下无怨恶❻。三者❼备矣，然后能守其宗庙❽，盖卿大夫❾之孝也。

《诗》云：夙夜❿匪懈，以事一人。

注释

❶法服：按照礼法制定的服装。古代服装式样、颜色、花纹图案、质料等，不同的等级，不同的身份，有不同的规定。❷不敢服：不敢穿。❸法言：礼法之言，指合于情、理、法的言论。❹德行：指符合道德标准的行为。一说指"六德"，即仁、义、礼、智、忠、信。❺口过：言语的过失。❻怨恶：怨恨，不满。❼三者：指服、言、行，即法服、法言、德行。❽宗庙：古时立祖宗神像以祭祀的场所。❾卿大夫：指地位仅次于诸侯的高级官员。❿夙（sù）夜：早晚。夙，早。

译读

不符合先王所制定的礼法的衣服，绝不敢随意穿在身上；不符合先王所制定的礼法的言辞，绝不敢随意说出口；不是先王所遵循的道德行为，绝不敢任意推行。

因此，不敢乱说不合礼法的言论，不敢推行不合礼

法的行为。如果所说的每一句话都合乎礼法，也就用不着担心会有什么失误而去选择好坏。如果所做的每一件事，都合乎道德标准，也就不用担心有什么过错而有所选择。尽管说的话多并流传天下，但他决不会说错话；尽管做的事多天下人也看得很清楚，但决不会遭人怨恶。如果以上所说的三项：不是先王所制定的法服，就不敢穿在身上；不是先王所制定的法言，就不敢说出口；不是先王所遵循的德行，绝不敢任意推行，卿大夫都能做到的话，然后方能永远守住他的先祖的宗庙，这便是卿大夫应尽的孝道了。

《诗经》上说："不论早或晚，都要尽心尽力侍奉天子，不可有任何懈怠。"

故事

苏武牧羊

苏武是代郡太守，华夏志士，苏建之子。早年以父荫为郎，稍迁至栘（yí）中厩监。天汉元年，就是公元前100年，拜中郎将。当时汉朝和匈奴的关系时好时坏。

公元前100年，匈奴新单于即位，尊大汉为丈人，汉武帝为了表示友好，派遣苏武率领一百多人出使匈奴，持旄（máo）节护送扣留在汉的匈奴使者回国，顺便送给单于丰厚的礼物，以答谢单于。

不料，就在苏武完成了出使任务，准备返回自己的国家时，匈奴上层发生了内乱，苏武一行受到牵连，被扣留下来，并被要求背叛汉朝，臣服单于。

最初，单于派卫律向苏武游说，许以丰厚的俸禄和高官，苏武严词拒绝了。匈奴见劝说没有用，就决定用酷刑。当时正值严冬，天上下着鹅毛大雪。单于命人把苏武关进一个露天的大地穴，断绝提供食品和水，希望这样可以改变苏武的信念。

时间一天天过去，苏武在地窖里受尽了折磨。渴了，他就吃一把雪，饿了，就嚼身上穿的羊皮袄，冷了，就缩在角落里取暖。过了好些天，单于见濒临死亡的苏武仍然没有屈服的表示，只好把苏武放出来了。

单于知道无论软的，还是硬的，劝说苏武投降都没有希望，就越发敬重苏武的气节，不忍心杀苏武，又不想让他返回自己的国家，于是决定把苏武流放到西伯利亚的贝加尔湖一带，让他去牧羊。

临行前，单于召见苏武说："既然你不投降，那我就让你去放羊，什么时候这些羊生了羊羔，我就让你回到你的大汉去。"

苏武与他的同伴分开后，被流放到了人迹罕至的贝加尔湖边。他发现这些羊全是公羊。在这里，单凭个人的能力是无论如何也逃不掉的。唯一与苏武做伴的是那根代表汉朝的使节和一小群羊。

苏武每天拿着这根使节放羊，心想总有一天能够拿着它回到自己的国家。渴了，他就吃一把雪，饿了，就挖野鼠收集的野果充饥，冷了，就抱羊取暖。这样日复一日，年复一年，使节上挂着的牦牛尾装饰物都掉光了，苏武的头发和胡须也都变花白了。

在贝加尔湖，苏武牧羊长达十九年之久。十几年来，当初下了命令囚禁他的匈奴单于已去世了，汉武帝也死了，汉武帝的儿子汉昭帝继任皇位。

公元前85年，匈奴起了内乱，单于没有力量再跟汉朝打仗，又打发使者要求和好了。汉昭帝派出使者来到匈奴，要求放回苏武、常惠等人，匈奴骗使者说苏武已经死了。

第二次，汉朝又派使者到匈奴去。常惠买通了单于的手下人，私底下跟使者见面。使者明白了底细，就严厉地责备单于说："我们皇上在上林苑射下了一只大雁，大雁的脚上拴着一条绸子，是苏武亲笔写的一封信。他说他在北海放羊。您怎么可以骗人呢？"

单于听了吓了一大跳，说："苏武的忠义感动飞鸟了！"他向使者道歉，答应一定送回苏武。

当初苏武出使时，随从的人有一百多，这次跟着他回来的只剩了常惠等几个人了。苏武出使时刚四十岁，

在匈奴受难十九年。

在昭帝始元六年,也就是公元前81年,苏武终于回到了长安。当他回到长安之后,百姓都出门迎接,称赞他是个有气节的大丈夫。

杜环义奉常母

杜环是明初官吏,他的父亲杜一元有位朋友是兵部主事常允恭。常允恭在九江去世之后,家境衰败。

常允恭的母亲张氏,年已六十多岁了,在九江城下伤心地痛哭,哀叹自己无人奉养。

认识常允恭的人,可怜张氏年老,告诉她现在的安庆太守谭敬先是常允恭的朋友,让她前去投奔。那人说,念及与常允恭旧日的交情,谭敬先一定会照管她。

老夫人遵从这个人的指点,坐船到了谭敬先处。可是谭敬先婉言谢绝,不肯容纳。

老夫人处境非常窘迫。想到常允恭曾在金陵做过官,亲戚好友或许还有存在的,也许能有点希望。可是当她到了金陵,一个也没有访到。

老夫人又打听杜一元家在什么地方。知道情况的人告诉说:"杜一元已经去世很久了,只有他的儿子杜环还在。"并告诉她他家位于鹭州坊中,门口有两棵枯树可以辨认。

张氏穿着破旧衣服,走投无路,只好投奔杜环家。此时,杜环正陪着客人,见到常母非常惊讶。一打听,常母便把遭遇哭着告诉他。杜环听着也流下了眼泪。

杜环扶着老人坐下,对老人行了晚辈之礼,又呼唤妻子和孩子来行礼。

杜环的妻子马氏换下常母的湿衣服,又脱下自己的衣服给她穿,捧着粥让她吃,抱来被子让她歇息。

常母问起平素常允恭较为亲近的、情谊深厚的老朋友和她的小儿子常伯章的下落。杜环知道常允恭的老朋友没有存世的了,又不知常伯章的死活。只好婉转地安慰常母说:"天正下雨,等雨停了替您老人家打听一下他们的近况。假若没有人侍奉您老人家,我家即使再贫穷,也能奉养得起您老人家。况且我父亲和常老伯亲如兄弟,现在您老人家贫困窘迫,不到别人家去,投奔到我家来,这也是两位老人在天之灵把您老人家引导来的啊!希望您老人家就别见外了。"

当时正值战后,年成不好。一般人家亲生骨肉都不能保全。常母见杜家也不富足,雨停后坚持要再找找其他朋友。杜环只好派一个陪嫁的婢女跟着同行。

到了天黑,常母再也找不到熟人,只好返回来,才安心住下。杜环买了布料,让妻子替常母缝制衣服被褥。

杜环一家人,都像对待母亲一样地侍奉她。常母性情急躁,稍有不满就生气骂人。杜环私下告诫家人,要顺从她的心愿,不要因为她处境困难就轻视、怠慢她。常母患病,杜环亲自替她煎药,送勺匙、筷子。

过了十年,杜环做了太常寺的赞礼郎,奉皇帝的诏令,到会稽举行祭祀。返回时,路过嘉兴,正遇到常母的小儿子常伯章。杜环告诉他说:"你的母亲在我家,日夜想念你,都想病了,你要早点去见她!"

常伯章不以为然,只说:"我也知道这情况,只是因

道远没能去罢了。"杜环回到家,又过了半年多,常伯章才来。

这一天,正是杜环的生日。常母看到自己的小儿子,放声大哭。杜环家里的人要制止她,说这不吉利。

杜环说:"这是人之常情啊!有什么不吉利的?"

过些日子,常伯章看到母亲年老,不能远走,竟然谎称办其他事情,辞别而去,再也没有回来看望老母。

杜环侍奉常母更加慎重小心。然而,常母越来越思念儿子伯章,病情越来越重了。快要断气时,常母指着杜环说:"我拖累你了,拖累你了!你比我的亲儿子还要亲!愿你的子孙都像你这样忠厚善良啊!"

杜环备办了棺材和套棺,隆重地安葬了常母,每年还按时节为她祭祀。杜环悉心照料常母十几年,一直到养老送终。大家都称赞他的孝行,说他是仁爱的典型。

士章

资❶于事父以事❷母,而爱同。资于事父以事君,而敬❸同。故母取其爱,而君取其敬,兼之❹者,父也。故以孝事君,则忠❺。以敬事长❻,则顺。忠顺不失❼,以事其上,然后能保其禄位❽,而守其祭祀❾,盖士❿之孝也。

《诗》云:夙兴夜寐,无忝⓫尔所生⓬。

注释

❶资:取,拿。❷事:侍奉,服侍。❸敬:崇敬,尊敬。❹之:代词,指爱与敬。❺忠:出自内心的诚挚与竭尽全力的行为。❻长:意思是上级,或者长官。❼失:过错,失误。❽禄位:俸禄和职位。禄与位是相互关联的,有位则有禄,无位则无禄。❾祭祀:备供祭品,祭天神、地祇、人鬼活动的通称。❿士:是指次于卿大夫的最后一等的爵位,其中分为上士、中士、下士三级。同时士又是低级官吏的名称,如乡士、方士、朝士、家士。士还是对各种有特殊技能和知识的人的通称,如武士、智士等。⓫忝(tiǎn):羞辱,侮辱。⓬所生:指生身的父母。

译读

士的孝道,就是要用侍奉父亲的心情去侍奉母亲,爱心是相同的;再用侍奉父亲的心情去侍奉国君,崇敬之心也是相同的。所以爱敬的这个孝道,是相互关联的。

侍奉母亲用的是爱心，侍奉国君用的是尊敬之心，而侍奉父亲的孝道则要爱和敬都齐全兼备。换句话说，以侍奉父亲的孝心，转而侍奉天子，就是忠诚；以侍奉父亲的敬心侍奉师长，就是顺从。以忠诚和顺从的心侍奉君王和师长，就能永远保住他的俸禄和官位，而得以长守先祖的祭祀，这便是士应尽的孝道。

《诗经·小雅·小宛》中说："士要早起晚睡地去做自己的工作，不要辜负他们对你的期望，而辱没了生你养你的父母。做人一定要勤勉不怠，自己做事有责任心也反映了父母良好的修为涵养。"

故事

子路背米

子路，姓仲名由，孔子的学生。他性格豪爽开朗、好勇，武艺高强，却从不欺负弱者，且尊老爱幼，是乡里有名的大孝子。

子路家里很穷，常常用糠菜来充饥。他想，家有穷富之分，人也有高低之别，但是家庭越贫寒，就越应想方设法孝敬父母，尽心尽力地侍奉父母，尽量让父母少受些苦。他自己常吃野菜或灰菜做的菜团子，却设法让父母吃米饭。

后来，家境稍有好转，子路对父母仍照顾备至，想方设法让二位老人吃好，尽子之孝道。

有一天，子路去五十里外的郰（zōu）邑做买卖，见集市上卖一种米，白白的。子路问："这是什么米？"同

行的人告诉他说:"这叫稻米,做饭香甜可口!"

子路想,何不背回点让二老尝尝。于是他就买了一口袋,背回家中,给父母煮出香喷喷的白米饭。二老边吃边赞不绝口:"白米饭真好吃啊!"

子路看见二老这样喜爱白米饭,就经常去陬邑背米。

后来,子路得知孔子收徒讲学,就前往拜师学习,由于他勤奋刻苦,很快成了孔子的得意门生,可就有一样叫先生不满意:子路总是经常请假回家。

有一天,孔子问子路:"你为什么过一段时候就请假回家?"

子路见先生问起这事,忙向前行礼回答:"先生不知,学生的二老最喜陬邑的白米饭,学生过一段时间就得去陬邑背米,孝敬双亲。"

孔子听了,深为感动,并夸赞他说:"子路真是个大孝子啊!"

子路常对人说,背着沉重包袱走远路的人,休息时从不选择地点,因为太累呀!双亲年迈家里又很穷的人,找工作会不管挣钱多少,因为急需钱花啊!

穷贱之时,子路孝顺双亲尽心尽力,富贵之日,子路更时刻怀念双亲。他说,我真愿意回到同父母一起享受欢乐的时刻,可是不能再得到了。

"枯鱼过河泣,何时悔弗及",二位老人寿数有限,孝子想要孝敬老人,可是二位老人不能等啊。就像草木想着不凋谢,可是霜露不允许啊。没能及时孝敬老人,时机一过,后悔也没有用了。

贫亦孝,富亦孝。子路孝顺父母的深切情感,打动了多少孝子的心啊!

庶人章

用①天之道②，分③地之利，谨身④节用⑤，以养父母，此庶人⑥之孝也。

故自天子至于庶人，孝无终始，而患⑦不及⑧者，未之有也。

注释

①用：顺应，依循，利用。②天之道：指春温、夏热、秋凉、冬寒的季节变化，阴晴、风雨、雷电的天气变化等自然现象的规律。道，规律，原理，准则。③分：区别，分辨。④谨身：指行为举动谨慎小心。⑤节用：指用度花费俭省节约。⑥庶人：众人，指一般平民百姓。庶人是指拥有自由身份的平民百姓，古代等级社会中最广大、最普通的一个群体，是最主要的生产者。他们所从事的职业，有士、农、工、商之别。庶，即众、多的意思。⑦患：担忧，忧虑。⑧不及：指做不到。

译读

天道有春生、夏长、秋收、冬藏的规律，地利有各种不同程度可获取的资源，老百姓要善于利用这种天道地利的变化。要谨慎照顾自己的身体，计算开支以节约一切不必要的浪费，以供养自己的父母。这便是庶人应行的孝道。

孝道虽然有五种类别，但都是基于每一个人的天性

来孝顺父母的。所以上自天子,下至普通老百姓,孝道是不论尊卑高下的,是无始无终的,是永恒存在的。如果有人担心尽不了孝道的话,那是绝对不可能的事。

老莱子饰孩童

老莱子生活在东周时期,但他的本名史无记载,人们只知道当时的人是这么称呼他的。

从小到大,老莱子一直是个孝顺的儿子,他每天都会准备香甜可口的食物来孝敬父母。

老莱子比一般人更懂得体贴父母的心意,除了在物质方面满足双亲的喜好,尽量让他们感到舒适之外,还注意父母在精神上的需求。他总是想出各种方法,使父母从心底里感到快乐、欢喜。

老莱子七十岁的时候,他的父母仍然健在,但是已经很老了。平时,老莱子十分注意自己的言行,从不在父母面前提到一个"老"字,怕惹父母伤心。

可是有一天,他父亲有感于自己一天天的衰老,一天天走向生命的尽头,忍不住长吁短叹地对妻子说:"老伴啊!咱们来日不多了,如果我比你先走一步,你可要自己保重哪!"他母亲也叹了一口气说:"最好是我们两个人一起走,一来黄泉路上也有个伴,二来可以减轻我们那个老儿子的负担。"

正巧这时候老莱子从父母的房门前走过,听见了他们的对话,他当即难过得掉下泪来。他走回自己房里,

脑海里不断闪现出爹娘的感叹,以及他们伤心的样子。

"怎样才能让爹娘暂时忘却自己的年龄,重新感受生命的活力,感觉自己还很年轻呢?我该怎么做才好呢?"老莱子绞尽脑汁,不停地想呀想呀……

"有了!我何不把自己打扮成小时的模样出现在爹娘面前,这么一来,一定可以勾起他们的回忆,仿佛时光倒流,他们又回到从前了。"

于是,老莱子立刻出门张罗道具、服装,为了博取双亲一笑,已经七十岁的老莱子,神采奕奕地开始忙碌起来。

第二天白天,两位老人家正在野外散步,老莱子把自己打扮成少年儿童,身穿五颜六色、鲜艳夺目的衣服,故意跌跌撞撞地走了过来。他一边摇晃着拨浪鼓,一边

模仿童音唱着童谣,那手舞足蹈的模样,真是滑稽极了!

老莱子的爹娘见他打扮成小娃儿的样子走进来,先是一愣,后来,看他又唱又跳地表演起来,忍不住哈哈大笑起来。

"儿呀!你装扮成这样,真是好可爱啊!哈哈!"老莱子的母亲笑弯了腰,脑海里不禁浮现出老莱子小时候承欢膝下的情景。早已老掉牙的父亲也是笑得合不拢嘴。

老莱子见这招奏效,十分高兴,表演得更起劲了。从此以后,他就经常这样取悦双亲。

有时候,老莱子也会换些新花样。他挑了两桶水到屋里,然后故意跌个四脚朝天,学着婴儿啼哭的声音说:"爹、娘,人家屁股痛,好痛啊!"

老人家看他浑身湿透了,叫他赶快起来。

老莱子不依,赖在地上不肯起来,还撒娇地说:"给我吃李子糖我才起来。"

他的双亲见儿子又换了新花样,觉得既新鲜又有趣,笑声此起彼伏,不绝于耳,欢乐的气氛充满了老莱子的家。

由于老莱子能够在物质和精神两方面都满足双亲,所以他的父母在他细心的服侍下,始终笑口常开,精神愉悦,成了当时远近闻名的长寿老人。

老莱子为了奉养双亲,可说是煞费苦心。当然,他的付出也得到了回报,使他的父母成了当时人人羡慕的长寿老人。

三才章

曾子曰：甚①哉②，孝之大③也！

子曰：夫孝，天之经④也，地之义⑤也，民之行⑥也。天地之经，而民是⑦则⑧之。则天之明，因地之利⑨，以顺天下。是以其教⑩不肃⑪而成，其政不严而治。先王见教之可以化民⑫也，是故先⑬之以博爱，而民莫遗其亲；陈⑭之以德义，而民兴行⑮；先之以敬让，而民不争⑯；导之以礼乐⑰，而民和睦；示之以好恶⑱，而民知禁。

《诗》云：赫赫⑲师⑳尹，民具尔瞻。

注释

①甚：非常。②哉：语气词，表示感叹。③大：这里主要指孝道内涵的广博和作用的广大。④天之经：是指孝道是天之道。天空中的日月星辰，永远有规律地照临人世。孝道也是如此，乃是永恒的道理，不可变易的规律。经，常规，原则，指永恒不变的规律。⑤地之义：是指孝道又如地之道。大地化育万物，生生繁衍，为人类提供丰饶的物产，皆有合乎道理的法则。孝道也是如此，乃是必须遵从的义务，是生活的法则。义，指应当遵循的道理和原则。⑥民之行：是指孝道是人的一切行为中最根本的品行，是符合人本性的必然行为。行，品行，行为。⑦是：因此，由此。⑧则：效法，作为准则。⑨地之利：指大地滋生万物，供给丰饶的物产。⑩教：指合乎天地之道，合乎人性人情的教育。⑪肃：指严厉的统

治手段。⑫化民：指用教育的办法感化人民，使人民服从领导。⑬先：指率先实行，带头去做。⑭陈：施行，宣扬。⑮兴行：奋起实行。⑯不争：指不为获得利益、好处而争斗、争抢。⑰礼乐（yuè）：这里指礼仪和音乐。儒家学者把"礼乐"作为治理天下，教化人民的重要工具。⑱好（hǎo）恶（è）：善与罪恶。⑲赫赫：声威显赫，很有气派的样子。⑳师：指太师，是周三公中地位最高者，辅佐天子治理国家。

译读

曾子原本以为保全自己的身体，赡养父母，就可以说是尽了孝道。但是当他听了孔子传授的这五等孝道以后，不禁惊叹道："真是太伟大了！孝道是如此的博大高深啊！"

孔子说："孝道犹如天上日月星辰的运行，地上万物的自然生长，天经地义，乃是人类最为根本首要的品行。天地有其自然法则，人类从其法则中领悟到实行孝道是为自身的法则而遵循它。效法上天那永恒不变的规律，利用大地自然四季中的优势，顺乎自然规律对天下民众施以政教。因此其教化不须严肃施为就可成功，其政治不须严厉推行就能得以治理。先王看见大自然具有如此教化人民的功能，于是自己就以身作则，率先施行博爱，人民受到先王德教的感应，就没有人遗弃父母；向人民陈述道德、礼义，人民就起来去遵行，他又率先以恭敬和谦让垂范于人民，于是人民就不再有争斗；以礼义和音乐教导百姓，百姓皆能和睦相处；为政赏罚分明，百姓都了解禁令而不触犯国法。"

《诗经·小雅·节南山》篇中说:"周朝那声誉显赫的尹太师,人民都仰望着你。"

故事

王延孝感继母

王延是晋代西河人。他九岁的时候,母亲因病去世了。王延多年哀伤,几乎使自己失去自理的能力而成为疯子。每当到他母亲忌日那一天,他就跑到母亲坟前哭拜,常常是连续十几天也不中断,亲友们苦苦相劝,他才依依不舍地离开坟地回家。

后来王延的父亲又娶了一位妻子,是卜氏之女。卜氏对王延极其刻毒,总是看不上他。冬天做棉衣的时候,就用蒲草和烂麻皮当棉花给王延做了衣服,又破又短,根本不能御寒。

王延的姑母听说以后,急忙跑来询问。王延却一字不提,还请求姑母不要去质问继母卜氏。从此以后,王延为了不惹继母生气,不让父亲、姑母操心,对继母更加恭敬了。

有一年,正值隆冬盛寒时节,继母卜氏突发奇想,想吃鲜鱼。于是她就责令王延到集市上去买,因为根本没有人卖鱼,所以王延也只好空手而归。

卜氏看见王延空着手回来,勃然大怒,操起一根木棍把王延狠狠打了一顿,直打得遍体鳞伤才罢手。王延拖着满是伤痕的身子,跑了几里路到汾河上去凿冰打洞,准备抓鱼。

王延用绳子绑住一个大竹筐放到冰河里,一直等到天黑,提起来一看,果真有一条大鱼,王延高高兴兴地捧着大鱼跑回家,恭恭敬敬地献给了继母卜氏。

继母在冬天吃到新鲜的鱼,就此被王延的孝行所感动,打那以后,她对王延的态度也逐渐变得温和了。后来她终于把王延当作自己亲生的儿子,为他张罗着找先生,教他读书写字。

继母卜氏态度转变,王延对继母更加孝顺了。盛夏酷暑,他拿扇子为继母扇风;隆冬严寒,他替继母暖被窝。虽是严冬,他衣衫单薄,却时时想着继母的温饱,问候起居,亲自做饭做菜,尽量让继母吃得有滋味。白天王延外出去做佣工,晚上回家干家务,夜里读书写字,常常是达旦而止。

就这样,几年以后,王延经史群书都能通晓大义。有一次州郡官员请他去做官,他以侍奉继母太忙,没有空余时间为理由非常干脆地推辞掉了。继母卜氏在王延的细心照料下,高高兴兴地度过了晚年。

吉翂为父申冤

梁朝时,冯翊郡莲勺县有一个叫吉翂的少年,十一岁的时候,他的母亲不幸去世了。他非常伤心,悲恸得连水都喝不下去,差点昏死过去。吉翂对母亲的孝顺使亲属和邻居们都很吃惊,纷纷夸奖他说:"吉翂这孩子真懂事!"

吉翂的父亲是个清廉的县官。但为坏人诬陷,竟被判了死刑。年仅十五岁的吉盼深知父亲受了冤枉，于是跑到官道上拦轿申冤。

在通往官衙门的官道上，过往的大官儿的轿子很多。一有轿子过来，吉盼就扑倒在轿子前："大人，行行好，替我父亲申冤吧！他是个好官啊！"说完了，吉盼大哭。那哭声让过往的行人听了，心里都很难过。

有一个大官终于受理了吉盼父亲的案子，却命令他父亲手下原来的一个小官吏审问他。

吉盼父亲虽然是清白的，但是觉得让这些坏蛋审问自己，是极大的耻辱。为了不跟这些小吏纠缠，他含冤承认了被诬告的那些"罪行"。于是按照当时的法律他是定死无疑了。

吉盼没有办法，他千里迢迢赶到京都，敲响了朝堂门前的鸣冤鼓，表示愿意替父亲去死。

梁武帝心想，一个少年如此胆大而有主意，肯定有人在背后唆使，是在公开反对朝廷的判决，于是命法官将吉盼严加审讯，要求务必查出他的幕后指使者。

这一天，法官开堂审理，堂下摆满了各种刑具，两旁站着手持棍棒的差役。法官声色俱厉地喝问："你请求代父去死，皇上已经批准了，难道你真不怕死吗？你还是个小孩子，一定是有人唆使，如果你说实话，皇上准你改过。"

吉盼毫无惧色，沉静地回答说："我虽然年幼无知，也知道死很可怕，但我不忍心看见父亲遭受冤枉，所以请求替代父亲去死。这么大的事情，我怎能受人唆使！既然皇上已批准我代父去死，使我有个尽孝的机会，我又有什么可后悔的！"

法官看硬的不行,又来软的,装出一副和气的样子,欺骗吉盼说:"皇上是个菩萨心肠的人,他知道你父亲无罪,马上要释放他。你是个孝顺的孩子,只要说出受谁指使,你们就能释放。"

吉盼大义凛然地说:"我父亲被判处死刑,已写在朝廷的文件上了,要改变恐怕是很难的,我已抱定一死之心,其他什么都不想了!"

法官软硬兼施,都不奏效,最后只得动用各种刑具,百般拷打。吉盼忍着剧痛仍不开口。法官被吉盼的孝顺和勇敢行为感动了。他认真地审查了案情,发现吉盼的父亲果然是冤枉的。法官把自己了解的案情和吉盼在大堂上的表现如实报告了梁武帝。

梁武帝大为惊奇,认为吉盼是个孝顺父母的奇少年,立即颁布圣旨,放出了吉盼父子。地方官向乡邻调查了他的品行,想推举他为大孝子,吉盼听到后坚决谢绝了。

吉盼说:"父亲受冤屈,作为儿子就应该去申冤。假如我这样做是为了捞取'孝子'的名称,那同样是对父亲的侮辱。我绝不是这种沽名钓誉的下贱人!"地方官见此,也只好作罢了。

吴猛喂蚊孝父母

吴猛是晋朝豫章人,他从小就非常孝顺父母。吴猛家里很贫穷,床榻上没有蚊帐。南方蚊子多,每到夏天,又大又黑的蚊子咬得一家人睡不好觉。

八岁的吴猛心疼劳累了一天的父母,为了让他们睡个踏实觉,他想了一个办法。每到晚上,吴猛就赤身睡在父母身旁。小孩子家细皮嫩肉的,蚊子都集聚在他身上,而且越聚越多。

吴猛却任蚊子叮咬吸血,一点也不驱赶。他认为蚊子吸饱了自己身上的血,便不会去叮咬父母。八岁孩童的这种想法真是可笑,却让人笑不出来。

虽然其法不可取,但只有对父母爱到极点,才会有这种"痴傻"的行为,这是一颗多么纯净的童心啊!

吴猛的做法虽然幼稚,但他这种精神却异常感人。作为子女,能够处处为父母着想,并不惜"献身"以保护父母,这种精神是多么可贵啊!

孝治章

子曰：昔者明王之以孝治天下也，不敢遗①小国之臣②，而况于公、侯、伯、子、男③乎？故得万国④之欢心⑤，以事其先王⑥。治国者⑦不敢侮于鳏⑧寡⑨，而况于士民⑩乎？故得百姓之欢心，以事其先君。治家者⑪不敢失于臣妾⑫，而况于妻子乎？故得人之欢心，以事其亲。夫然，故生则亲安⑬之，祭则鬼⑭享之。是以天下和平，灾害不生，祸乱不作。故明王之以孝治天下也如此。

《诗》云：有觉德行，四国顺之⑮。

注释

①遗：遗弃、遗忘、失礼之意。②小国之臣：指小国派来的使臣。小国之臣容易被疏忽怠慢，圣明的君王对他们都礼遇和关注，各国诸侯来朝见天子受到款待就毋庸赘言了。③公、侯、伯、子、男：周朝分封诸侯的五等爵位。④万国：指四方各诸侯国。万，是极言其多，并非实数。⑤欢心：爱护、拥护之心。⑥先王："明王"，已去世的父祖，这是说各国诸侯都来参加祭祀先王的典礼，贡献祭品。⑦治国者：指天子所分封的诸侯。⑧鳏（guān）：老而无妻，也指死了妻子的人。⑨寡：指妇人丧夫。⑩士民：指士绅和平民。⑪治家者：指卿、大夫。家，指卿、大夫受封的采邑。⑫臣妾：指家内的奴隶。男性奴隶称为臣，女性奴隶称为妾。也泛指卑贱的人。

⑬生则亲安：使父母活着的时候，能够过安乐的生活。生，活着的时候；安，安乐，安宁，安心；之，指双亲。⑭鬼：指去世的父母的灵魂。⑮有觉德行，四国顺之：语出《诗经·大雅·抑》。意思是，天子有伟大的德行，四方各国都顺从他的教化，服从他的统治。觉，大；四国，指四方之国。

译读

孔子说："古代圣贤的帝王都是依靠遵行孝道来治理天下的。对于小国派遣来的使臣都能以礼相待，何况是对公、侯、伯、子、男等诸侯呢？因此，以孝道治理天下的圣明天子，必能深得众臣民的欢心和拥戴，臣民必依各人的职位来协助天子祭祀历代先王，追思先王的德政。治理一个封国的诸侯，即便是对失去妻子的男人和丧夫守寡的女人也不敢欺侮，更何况对他属下的臣民百姓了，所以会得到老百姓的欢心，使他们帮助诸侯祭祀祖先。受禄养亲的卿大夫，以孝道治家，尚不敢失礼于家中的男仆女婢，何况是对自己的妻子儿女呢？所以，能深得家人的欢心和爱戴，家人也必心悦诚服地侍奉卿大夫的父母亲。因此，身为天子、诸侯、卿大夫，若都能遵行孝道，只有这样，才会让父母双亲在世时安乐、祥和地生活，死后成为鬼神享受到后代的祭祀。因此也就能够使天下祥和太平，自然灾害不发生，人为的祸乱不会出现。所以圣明的君王以孝道治理天下，就会像上面所说的那样。"

《诗经·大雅》上说："天子若具有以孝治天下这种崇高的德行，四方各国必定顺从他的教化。"

缇萦上书救父

缇萦是汉文帝时太仓长淳于意的小女儿。淳于意是个精通医道的有名医生，后来他回家专门行医后，治好了不少疑难病，有钱没钱，他都给细心地瞧脉看病，因此，远近患者，应接不暇。

有一天，淳于意要出门办一件急事儿，于是就在大门外贴了一个告示："这两天有事出门，暂不看病，敬请谅解。"

不巧有个地方上的大官得了个急病，老远地慕名而来，竟不在家，便立即派人去找，差人刚走不久，那官人就在淳于意的大门外病死了。

这可把那官人的几个手下人给吓坏了，他们为了推卸责任，竟然编了一个故事。他们回禀说："看错了脉，耽误了病，不然不会死的。"

这可把病人的家属气坏了，他们仗着自家的官势，也不问个青红皂白，第二天就领着县里的公差来到淳于意家抓人。

淳于意刚到家还没来得及看一眼妻室，就被公差给抓走了。到了公堂上，不容淳于意申辩，这家人硬说他行医害人，最后判为"刖刑"。

因为淳于意当过太仓长，是朝廷命官，判罪需有皇帝的批准，才能最后定罪行刑。这样就得把淳于意押解到京师去。

淳于意没有儿子,只有五个女儿,其中有一个名叫缇萦。别看她年纪小,又是个女儿身,可从小就与众姐妹不同,很有心计。

缇萦想,这不是以势压人、颠倒黑白吗?病人来看病时父亲不在家,有墙上的告示为证,怎么谈得上行医害人呢?我要到京师去说个明白。

缇萦把自己的想法和众姐妹说了一遍。大家都为她捏了一把汗,可想到小缇萦的倔强,谁也没出面阻拦,大家只是说了些一路上要十分小心的话。

父亲被押解进京那天,小缇萦早早地便起床了,洗了把脸,找齐了必备的用品,打了个小包,辞别了众姐妹便上路了。

在一个十字路口,小缇萦等着父亲。她终于看到父亲了,几天不见,父亲苍老多了,又戴着刑具,她心疼地哭了起来,一下子扑在父亲身上,哭着说:"我护送您上京去,路上我一定照顾好您!"

父亲愣住了,忙说:"你还小呢,又是个女儿家,怎能受得了路途的艰苦呢?"

小缇萦坚持要去,毫不犹豫地说:"我就是要去替父亲申冤。"说完便径直朝前走去。

解差们明明知道淳于意是被他人冤屈的,本来就对他抱有同情心,再加上小缇萦的孝心和勇气更使解差感动,一路上没有为难他们。

到了京城以后,小缇萦就给皇帝写了一封信。在信中她诉说了父亲的冤屈,请求免除父亲的刖刑。

信中说:"我父亲为官清廉,行医有术,现被人诬告受刖刑。人一受刖刑,不死也得残废,有罪,则失去了

改过自新的机会;无罪,则无法弥补了。我甘心情愿卖身为奴,替父亲赎罪。请皇帝明察。"

汉文帝见缇萦人不大,对父亲的孝心却不小,说的道理也挺深刻,一时动心,就赦免了淳于意,让他领着小缇萦回家了。

后来,汉文帝也发现使用刖刑的坏处,常常冤枉好人,而无法纠正,就下令废除了刖刑。

谢蔺敬父不先餐

谢蔺,字希如,晋代陈郡阳夏人。在他五岁的时候,有一天,他父亲外出办事,很晚也没回家,他就跑到大门外,坐在石头上张望。

天黑了,父亲还是没有回来。家里人平常总是坐在一起吃饭,这时候,谢蔺的母亲招呼他:"咱们先吃吧,不用再等你父亲了!"

谢蔺摇了摇小脑袋瓜儿认真地说:"父亲没回来,我怎么能先吃呢,我一定等父亲回来。"他一直坚持到深夜,父亲回来了才一起进餐。

这件事后来被谢蔺的舅舅阮孝绪听说了,舅舅十分感叹,高兴地说:"这孩子在家里就像曾子一样孝顺,出去做官也一定会像蔺相如一样为国尽力。"

于是舅舅为这个孩子起了"蔺"的名字,希望他今后能像蔺相如一样有才干,又给他起了一个字叫"希如"。

后来,谢蔺家里请了先生教他读书写字,先生教给他经史典籍之书,他看过一遍就全都记住了。先生考他,

没有一回能难住他。他舅舅称赞说:"这孩子真是我们家的希望啊!"

不久,谢蔺父亲因病去世。谢蔺十分悲痛,他常常偷偷地哭,粒米不进,身体日渐衰弱。

谢蔺母亲看见孩子这个样子,就劝慰他说:"你不能总是这么伤心。你的父亲去世了,无论大家怎么哭,他也是不知道的,更不可能活过来。要是你听父亲的话,就一定要好好读书,有了本事长大才能做事,才能帮我养活一家人。"

听了母亲的话后,谢蔺果然不再像过去那样常常哭泣了,却是经常夜伴孤灯,手不释卷,学业越来越精进了。

由于谢蔺很有声望,当时的吏部尚书萧子显非常赏识他的孝行和才干,让他做了地方官员。

圣治章

曾子曰：敢①问圣人之德，无以加于孝乎？

子曰：天地之性②，人为贵。人之行，莫大于孝，孝莫③大于严④父。严父莫大于配天⑤，则周公⑥其人也。昔者周公郊祀⑦后稷以配天。宗祀文王于明堂⑧以配上帝。是以四海之内，各以其职⑨来祭。夫圣人之德又何以⑩加于孝乎？

故亲生之膝下⑪，以养父母日严⑫。圣人因严以教敬，因亲以教爱，圣人之教，不肃而成，其政，不严而治，其所因者，本⑬也。父子之道，天性也，君臣之义也。父母生之，续莫大焉。君亲临之，厚莫重焉。故不爱其亲而爱他人者，谓之悖德⑭；不敬其亲而敬他人者，谓之悖礼⑮。以顺为逆，民无则焉。不在于善，而皆在于凶德⑯。虽得之，君子不贵也。君子则不然⑰，言思可道，行思可乐，德义可尊，作事可法，容止⑱可观，进退可度，以临⑲其民。是以其民畏而爱之，则而象⑳之。故能成其德教，而行其政令。

《诗》云：淑㉑人君子，其仪不忒㉒。

注释

❶敢：与人对语自言冒昧，表敬副词。可译为大胆地，冒昧地。❷性：指性命，生灵，生物。❸莫：没有什么。❹严：尊敬。❺配天：根据周代礼制，每年冬至要在国都郊外祭天，并附带祭祀父祖先辈，这就叫以父配天之礼。配，祭祀时在主要祭祀对象之外，附带祭祀其他对象，称为"配祀"或"配享"。❻周公：姓姬，名旦，文王之子，武王之弟，成王之叔。❼郊祀：指古代帝王每年冬至时在国都郊外建圜丘作为祭坛，祭祀天帝。❽明堂：古代帝王布政及举行祭祀、朝会、庆赏等典礼的地方。❾职：职位。这是说海内诸侯，各按职位，进贡财物特产，帮助完成祭祀典礼。❿何以：以何，凭什么。⓫膝下：指人幼年时常依于父母膝旁，此处指孩提时代。⓬日严：一天比一天知道尊敬父母的道理。严，尊敬。⓭本：这里指的是孝道，因其为孝道的根本。⓮悖德：违背常识的道理、道德。悖，违背，违反。⓯悖礼：违背礼仪。⓰凶德：一种丑恶的品德。古语中将盗、贼、奸视为凶德，将孝、敬、忠、信视为吉德。⓱不然：不是这样的。然，如此。⓲容止：容貌和举止。⓳临：统治。⓴象：模仿，效法。㉑淑：美好，善良。㉒忒：差错。

译读

曾子听完孔子的孝道论，以为政教之所以好的原因，都是由于孝的德行，所以又问："圣人的德行，就没有比孝道更大的了吗？"

孔子说："虽然天地间的万物都具有各自的本性，但其中只以人秉有的本性最为尊贵。人的一切行为没有比孝亲更伟大的了。在孝道之中，没有比敬重父亲更重要的了。敬重父亲，没有比在祭天的时候，将祖先配祀天帝更为重大的了。自古以来，能以父亲配享天帝的，就只有周公一个人做到了。当初，周公在郊外祭天的时候，把其始祖后稷配祀天帝；在明堂祭祀，又把父亲文王配祀天帝。因为他这样做，所以全国各地诸侯能够恪尽职守，前来协助他的祭祀活动。可见圣人的德行，又有什么能超出孝道之上呢？

"人在刚一出生的时候，就懂得亲近父母，后来在父母的培养和教育下，知晓奉养父母、尊敬父母。圣人就是因为看到世人能从小尊敬父母，就教导众人敬亲的道理；看到世人能从小对父母很亲近，就教导众人爱亲的道理。圣人的教化之所以不必严厉地推行就可以成功，圣人对国家的管理不必施以严厉粗暴的方式就可以治理好，是因为他们因循的是孝道这一天生自然的根本天性。父亲培养、教育儿子，儿子奉养、尊敬父亲，这是一种人类自然的天性，其中更包含着君爱臣子、臣子敬君这样一种天赋的义理，因为奉养父亲能够尽孝，事君才能尽忠。父母生下子女以传宗接代，没有比这个更为重要的了。父亲对子女，既像一个有威望的君主，又是一位慈爱的亲人，有双重感情在里面，所以没有比这样的感情更厚重的了。所以，作为人子的不爱自己的父母，而去爱他人的父母，这就叫作违背道德；作为人子的不尊敬自己的父母，而去尊敬他人的父母，这就叫作违背礼法。不是顺应人心天理地爱敬父母，偏偏要逆天理而行，人民就无从效法了。因此，如果一个人的行为不依照善德行事，而都表现在凶德上，即使一时侥幸得到崇高的地位，

但真正有才德的君子不会认为这种地位是可贵的。有道德的君子，却不是那样做的，他的谈吐，必定考虑到要让别人称道；他的行为，必定考虑可以给别人带来快乐欣慰；他奉行的道德和义理，必定会令他人尊敬；他的行为举止，必定会使人们取法；他的容貌气度，必定端庄伟大无可挑剔；一进一退，都是合乎礼仪，可以作为楷模。君子就是凭借以上陈述的六件事来统治他的人民，因而人民不仅敬服他而且拥戴他，并且处处效法和模仿他。所以，君子能够轻易地完成他的德教，很顺利地推行他的政令。"

《诗经·曹风·鸤鸠》篇中说："一个善良有德行的君子，他的威仪一点也没有差错。"

故事

王祥孝感继母

王祥是汉末晋初人，魏晋时先后任太尉、太保等职，以孝敬父母著称于世。

王祥的父母生病了，他不分昼夜，衣不解带，侍奉于床前，汤药煎好后，用口吹凉，再亲自尝尝，然后毕恭毕敬，送至父母床前，等待父母喝后才肯离去。

王祥生母薛氏因病过早去世，继母朱氏性情乖戾暴躁，心胸狭窄，一发脾气几天气都不消。

继母在背后屡次向王祥父亲告状，说王祥的坏话，因此王祥失爱于父，经常受到父亲的斥责，以至怒骂，每天都让王祥做各种繁重的家务活计，王祥虽年小体弱

却一声不响地干活，从无怨言。

继母朱氏喜欢吃新鲜的鲤鱼，不管什么样的天气，王祥都千方百计弄到鲤鱼。

有一次，正值数九隆冬的季节，天气十分寒冷，王祥急忙赶到村外河边，正准备用斧子凿开坚冰，想解开衣带进入寒冷的河里去捉鲤鱼。就在这时，寒冰竟突然裂开，两条鲤鱼跃出，王祥急忙捉住，回家做好"鲤鱼烩"，给继母送去。

继母又想吃"黄雀炙"，王祥几次进入深山也没捉到一只黄雀，后来竟有十几只黄雀突然飞入室内，王祥立即捉住送给继母。

王祥家庭院里有一棵李树，所结的李子味道鲜美，继母害怕邻人摘吃，就命令王祥在树下护守。白天不让鸟雀落树，夜里防备老鼠食李。

有一天夜里，狂风骤起，下起瓢泼大雨，王祥抱住树干大哭，生怕李子坠落，一直守到天明，继母有些过意不去。

王祥弟弟王览是继母朱氏所生，继母爱之如命。王览六七岁见母亲经常打骂王祥，王览哭着用身体遮护哥哥，十几岁时就经常劝说母亲不要虐待哥哥，朱氏有所收敛。但朱氏仍然寻衅找碴无理刁难王祥，并苛待王祥妻子，但是王祥妻子依旧如常侍候朱氏。

有一天夜里，王祥在床上睡觉，朱氏蹑手蹑脚到床前举斧砍去，正赶上王祥已经起身，只砍坏被褥，她急忙逃走了。王祥知道是继母所为，就赶到继母面前，跪下请死，朱氏羞愧不已。

王祥父亲去世后，家庭重担落在王祥肩上，每天起

早贪黑操持家务。他为人厚道，品行端庄，见义勇为，誉满乡里。

朱氏嫉恨在心，暗里将毒药放入酒里，使人送给王祥，弟弟王览知道底细，径起取酒。王祥也怀疑酒里有毒，争而不与，朱氏只好夺下酒急忙跑了。

从此，朱氏送给王祥的饭菜，王览都会自己抢先尝一尝，朱氏怕误毒了王览，就不再往饭菜里下毒了。王览深受哥哥熏陶感染，"孝友恭恪，名亚于群"，在当时传为美谈。

王祥几十年如一日孝敬继母，有求必应，终于以孝心打动继母的心弦，母子感情逐渐融洽起来。

东汉末年,军阀混战,民不聊生,王祥扶母携弟避到庐江一带,在那里隐居三十余年,魏国多次征召,他也坚决不前往就职。

王祥小心谨慎孝敬继母,直至继母去世后,丧葬完毕,他已年近六十,才去徐州任别驾,协助徐州刺史吕虔戡乱,使州界清净,政化大行。

王祥在西晋任太保之职,位居三公,高洁清素,家无余财,为政清廉,勤俭持家,病重遗令子孙丧事从简,家人大小不须送丧,当时被传为佳话。

秦族躬行孝道

秦族,是西魏上郡洛川人。秦族的祖父曾经为颍州刺史,他的父亲曾经任郿城郡守,他们两个人都是很有名望的具有卓绝品性的人。

秦族的祖父和父亲在一生中,都非常孝顺父母、忠于职守,他们都因为恪守孝道而受到治下百姓的尊敬和拥戴。他们同样没有忘记教育自己的子女遵守孝行。秦族在父亲的教诲和影响下,很小的时候就知道孝敬父母了。

父亲在做郡守的时候,秦族才七八岁。平时由仆人看护、侍候;读书写字有先生陪伴,很少见到父亲、母亲。更何况父亲公事繁杂,偶尔回家也顾不上看看他们兄弟几个。父子之间并不十分亲密。

可秦族常在先生面前叨念父亲和母亲,先生为情所动,替秦族转达了对父母的问候。母亲听了以后十分高

兴,常把他叫到身边,嘱告他要好好读书,将来建功立业,为国为民。

秦族十一岁的时候,父亲不幸病故。秦族同他的几个弟弟至哀至悲,常因想念父亲而痛哭。他们常到父亲的坟上拜祭,发誓一定尽心竭力奉养母亲,借以告慰父亲的亡灵。过路行人为他们的孝行所动,称赞他们是好孩子。

秦族十五岁的时候,母亲也病倒了,因为父亲为官清正,家里积蓄极少,这时早已用光了。为了养活全家,秦族叫弟弟们上午读书、写字,下午随他干活。

寒暑易节的时候,秦族总是最后一个换上衣服,并且穿得是最旧最破的。吃饭的时候,他总是让母亲先吃,然后他们兄弟几个才吃,因为饭少菜也少,生怕母亲吃不饱。

尽管这样,秦族的母亲因身体病弱,禁不住忧愁和病痛的煎熬,病情加重,终于闭上了满含泪水的双目,离开了尚未成年的儿子。

为了表达对母亲的追思,秦族保存了母亲的居室,只到祭日才进去表示怀念之情。乡里邻人敬服秦族,上书荐举。皇帝下令表彰他的孝行。

纪孝行章

子曰：孝子之事亲也，居❶则致❷其敬，养❸则致其乐，病则致其忧❹，丧❺则致其哀，祭❻则致其严，五者备矣，然后能事亲。事亲者，居上不骄，为下不乱，在丑❼不争。居上而骄，则亡；为下而乱，则刑；在丑❽而争，则兵❾。三者不除，虽日用三牲之养❿，犹为不孝也。

注释

❶居：日常的家庭生活。❷致：尽，极。❸养：奉养，赡养。❹致其忧：指要充分地表现出忧伤焦虑的心情。❺丧：指父母去世，办理丧事的时候。❻祭：指用仪式来对死者表示悼念或敬意。❼丑：类、同类。这里是此指同列、同官。❽在丑：指处于低贱地位的人。丑，众，卑贱的人。❾兵：这里用作动词，动用兵器，指动手相残。❿三牲之养：即用佳餐美味，供养父母之意。三牲，指牛羊豕。旧俗一牛、一羊、一豕称为太牢，是最高等级的宴会或祭祀的标准。

译读

孔子说：作为一个孝子在日常的起居生活中要以最诚挚的心情去周到地照顾父母；奉养时，要以最和悦的心情任劳任怨地服侍父母；父母生病时，要以最忧虑的心情照料父母；父母过世时，要以最哀痛的心情来料理后事；举行祭祀时，要以最严肃的态度来追思父母。以

上所说的五个方面都能做到，才称得上是能侍奉双亲的孝子。侍奉双亲的孝子，身居高官厚禄的位置上也要谦虚而不敢骄傲自大；地位低下之时也不敢悖乱违法为非作歹；在人群中不与人发生争斗、计较。身居高位的，要是因此骄傲自大，必定会招惹祸端导致身亡；身居下位的，要是悖乱违法为非作歹，必定会受到刑罚制裁而使父母受到牵连；在人群中，要是与人争斗、计较，必定难免大动干戈。这三种不除去，即使每天用三牲供养父母，仍然不能算是一个孝子。

故事

江革背母逃难

江革，东汉临淄人。他家里很穷，父亲又早逝，江革总是想方设法侍奉好母亲，宁可自己忍饥挨饿，也让母亲吃饱穿暖。

汉章帝在位期间，临淄地方很乱，从山里流窜来的土匪很猖獗，到处抢劫杀人，弄得人心惶惶，经常得外出逃难。

连日逃难，四处奔波，常常饿了没有食物，渴了没有水喝，母亲经不住忧劳病倒了。时值黑夜，上哪去找医生呢？江革跑了半夜，好不容易才找到个医生，抓了服草药。母亲吃过一剂，病情稍有好转。天刚亮，江革就给母亲煎第二服药，药还没煎好，就听有人喊："土匪来了，快跑啊！"

江革出门看时，只见逃难的人流，在飞扬的尘土中

散去。江革忙回到屋里,提起药壶,背好母亲,便连跑带颠地朝逃难的人群赶去。

跑着,跑着,江革母子就被逃难的人群给落下了,不一会儿,土匪们就追上来了,拦住了江革,只见江革手里提着一个药壶,背上背着一个面如土灰的老太太,累得上气不接下气,就问是怎么回事。

江革说:"我是个穷百姓,母亲有病,我不能扔下母亲,自己去逃命,就背母亲,带药壶逃难。我身上没带什么钱财,就请开开恩,放过我们母子二人吧!"

土匪们听他说的是实在话,见他提着药壶,背着母亲,累得疲惫不堪,确实是个大孝子。江革的孝心,竟然打动了这些土匪,土匪们一时良心发现,不但没有杀害江革母子,而且还给他们指了平安的去处,孝心使江革幸免于难。

为了挣钱供养母亲,江革给人当了长工。有时入不敷出,还得借钱。但不管生活怎么困难,江革总是让母亲吃饱穿暖。有时怕母亲天天倒在床上苦闷,就用车拉着母亲村里村外地走一走。

江革关心体贴母亲,说话总是和颜悦色,使母亲愉快地度过晚年。乡里的人都称赞他,给他送了个外号"江大孝子"。

五刑章

子曰：五刑❶之属三千，而罪莫大于不孝。要❷君者无上❸，非❹圣者无法❺，非孝者无亲❻。此大乱之道❼也。

注释

❶五刑：指墨、劓（yì）、剕（fèi）、宫、大辟五种刑罚。墨，指在额上刺字后，涂上墨色的刑罚；劓，指割掉鼻子的刑罚；剕，指砍断脚的刑罚，也称为"刖"（yuè）；宫，指破坏男女生殖器官的刑罚；大辟，指死刑。❷要（yāo）：以暴力要挟、威胁。❸无上：目无君上，即反对或侵凌君上。❹非：诽谤，诋毁。❺无法：藐视法纪，目无法纪，即反对或破坏法纪。❻无亲：藐视父母，目无父母。❼大乱之道：大乱的根源。道，原由，根源。

译读

孔子又提醒曾子说："国有常刑，来制裁人类的罪行，使人向善去恶。五刑所属的犯罪条例，有三千多条，仔细研究一下，这些都没有不孝的罪过大。用刑罚纠正不孝之人，以儆效尤，督促人走上孝行的正道。用武力胁迫君主的人，是眼中没有君主的存在；诽谤立法垂世圣人的人，是眼中没有法纪的存在；讥笑鄙视非议立身行道的有孝行的人，是眼中没有父母的存在。像这样的要挟长官、无法无天、无父无母的三种人的行径，就和禽兽没有区别了。以禽兽之行，横行于天下，天下还能不大乱吗？所以说这就是天下大乱的根源。"

朱丹溪改行学医

朱丹溪幼年丧父，与母亲相依为命。少年时代的朱丹溪，白天帮助妈妈干活，晚上挑灯读书。就这样日积月累，他学习了很多知识，成为当地一位学问渊博的人。

邻里劝朱丹溪考科举，但他对此劝说从未动心，因为他一心想着致力于学问的研究。可是，朱丹溪后来却改学医学了，这是为什么呢？

朱丹溪三十岁的时候，母亲患上严重的胃病。他到处寻医问药，请了很多医生，可母亲的病始终不见好转。朱丹溪见母亲病痛的样子，心里十分难过，于是他暗下决心，改学医学，亲自为母亲治病。

从此，朱丹溪夜以继日地钻研医学，如《内经》《难经》等，并努力研究"望闻问切"的诊病方法，尤其是研究胃病的常用药物。他不畏劳苦，亲自上山采药，亲自炮制。为安全起见，熬药后他先亲自尝试，体味药性，然后才给母亲喝。

朱丹溪就这样，经过整整五年时间，竟奇迹般地把母亲的病治好了。乡里人都夸他是个大孝子，母亲为有这样孝顺的儿子而感到宽慰。

朱丹溪见母亲的病治好了，他决定要给更多的人解除病痛。于是他一方面继续自学医学，一方面寻访名师。

后来，朱丹溪在名师的精心指导下，没过几年，医术就达到了药到病除的程度。朱丹溪很快就成为一位远近闻名的医生。

广要道章

子曰:教民亲爱莫善于孝❶,教民礼顺❷莫善于悌❸,移风易俗❹莫善于乐❺,安上❻治民莫善于礼❼。礼者敬而已矣,故敬其父则子悦,敬其兄则弟悦,敬其君则臣悦,敬一人而千万人❽悦,所敬者寡而悦者众,此之谓要道也❾。

注释

❶教民亲爱莫善于孝:教育人民互相亲近友爱,没有比倡导孝道更好的了。孔子认为,孝道就是热爱自己的双亲,由此进而推及热爱别人的双亲,人民之间就能亲爱和睦。❷顺:顺序,这里指长幼之序。❸悌:就是敬重并服从自己的兄长,由此进而推及敬重并服从所有的长上,人民之间就能有礼、讲理。❹移风易俗:改变旧的、不良的风俗习惯,树立新的、合乎礼教的风俗习惯。❺莫善于乐(yuè):儒家学者认为,音乐生于人情人性,通于伦理道德,因此,君王可以利用音乐,转移风气,引导人民接受新的风俗习惯。❻安上:使在上位的人安于其位。❼莫善于礼:儒家学者认为,礼的作用是"正君臣父子之别,明男女长幼之序",即维护社会固有的秩序和等级制度。❽千万人:指子弟臣民。❾所敬者寡而悦者众,此之谓要道也:所敬的人少,而高兴的人却很多,这就是所说的要道啊。寡,少。

译读

孔子说:"教化百姓和睦相处,没有比用奉养父母的孝道更好的办法了。教导百姓懂得长幼之序,没有比用尊敬兄长的悌道更好的办法了。想要改革民情风俗,没有比用音乐更好的办法了。让君王安心,使民众太平,没有比用礼节更好的办法了。所谓的礼,也就是敬爱而已。所以尊敬他人的父亲,其儿子就会喜悦;尊敬他人的兄长,其弟弟就愉快;尊敬他人的君主,其臣下就高兴。敬爱一个人,却能使千万人高兴愉快。所尊敬的对象虽然只是少数,为之喜悦的人却有千千万万,这就是礼敬作为要道的意义所在啊!"

故事

介子推背母上绵山

介子推,春秋时期人。春秋时晋国的公子重耳因受晋惠公和骊姬的迫害,带着文臣武将狐毛、狐偃、赵衰、魏犨、介子推等人逃难到邻国,最后被秦穆公送回晋国,当了国君,就是晋文公。

晋文公在论功行赏时忘了一个人,就是介子推。介子推出身贫苦,他不做官,只好靠编织草鞋养活老母。

邻居张解见了,劝介子推找晋文公请赏,介子推只是笑了笑,什么话也没说。

介子推的老母亲看着儿子织草鞋养家糊口太辛苦,也劝儿子说:"我儿跟重耳逃难多年,立有大功,为什么不找他谈谈,说不定能得到荣华富贵,不是比你织草鞋

强吗?"

介子推说:"主公如今当上国君,可以说是上顺天意,下合民心,我怎么能够去争功夺利呢?我宁愿一辈子织草鞋来养活您。"

老母见儿子这样高洁,也就不再去难为介子推了。

过些时候,介子推跟母亲商量说:"我很爱附近的绵山,那里山清水秀,土地肥美,草丰林密,很适合隐居,我们到那里去吧!"

"我儿志趣高尚,就依你吧!"

收拾了简单的行装,介子推就背着母亲上路了。

张解甚觉不公,替介子推抱不平,就偷着写了一篇讽刺诗贴在朝门外,大概的意思是:"蛟龙逃难,没有深潭可以躲藏,众蛇随它周游四方。蛟龙饥饿,一蛇割骨肉献上。蛟龙返回龙潭,众蛇住进新房。只有一条蛇没有住处,背着老母流落荒野,十分悲凉!"

手下人揭了诗文进宫献给晋文公。重耳看了,恍然大悟,惊叹道:"啊呀,我简直是老糊涂了,怎么把介子推给忘了呢?快,快把介子推给我找回来!"

宫人来到介子推原来住的地方,只见一把大锁锁着房门,只好回宫禀告实情。晋文公听后令宫人把张解召到宫中,询问介子推的下落,并说:"能找到介子推,定有重赏。"

张解把介子推背着母去绵山的经过对重耳讲了一遍,并且答应领路到绵山。晋文公十分高兴,立即封张解为大夫。

这样,由张解做向导,晋文公带着文臣武将,率领着大队人马来到绵山脚下,打听介子推的下落。有个农

民说:"前几天,一个汉子,背着他的老母进山去了。那汉子对他母亲照顾得可周到了,现在不知走到大山的什么地方了。"

晋文公的人马在山里找了好几天,也没见到介子推的踪影。手下有个人建议说:"介子推最孝顺母亲,如果放火烧山林,他一定会背着母亲跑出来。"

重耳下令烧山,漫天大火一连烧了好几天,大火渐渐灭了,介子推始终没有出来。重耳派士兵搜山。只见介子推抱着母亲,烧死在一棵大树之下。

重耳见状,失声大哭。为了纪念介子推,把绵山改名为"介休",意思是介子推休息的地方。

介子推母子遇难的这一天,正是农历清明节之前,后人在这一天禁用烟火,只吃冷食。北方人管这一天叫"寒食节"。

黄香扇枕温席

黄香小时候,家中生活很艰苦。在他九岁时,母亲就去世了。黄香非常悲伤。他本就非常孝敬父母,在母亲生病期间,小黄香一直不离左右,守护在母亲的病床前,后来,母亲去世了,他对父亲更加关心、照顾,尽量让父亲少操心。

冬夜里,天气特别寒冷。那时,农户家里又没有任何取暖的设备,确实很难入睡。

有一天,黄香晚上读书时,感到特别冷,捧着书卷的手一会就冰凉冰凉的了。他想,这么冷的天气,父亲

一定很冷,他老人家白天干了一天的活,晚上还不能好好地睡觉。想到这里,小黄香心里很不安。

为了让父亲少挨冷受冻,黄香读完书便悄悄走进父亲的房里,给他铺好被子,然后脱了衣服,钻进父亲的被窝里,用自己的体温,温暖了冰冷的被窝之后,才招呼父亲睡下。

黄香用自己的孝敬之心,温暖了父亲的心。黄香温席的故事,就这样传开了,街坊邻居人人夸奖黄香。

到了夏天,黄香家低矮的房子显得格外闷热,而且蚊蝇很多。到了晚上,大家都在院里乘凉,尽管每人都不停地摇着手中的蒲扇,可仍然不觉得凉快。

入夜了,大家也都困了,准备睡觉去了,这时,大

家才发现小黄香一直没有在这里。

"香儿,香儿。"父亲忙提高嗓门喊他。"父亲,我在这儿呢。"说着,黄香从父亲的房中走出来。满头的汗,手里还拿着一把大蒲扇。"你干什么呢,怪热的天气。"父亲心疼地说。

"屋里太热,蚊子又多,我用扇子使劲一扇,蚊虫就跑了,屋子也显得凉快些,您好睡觉。"黄香说。父亲紧紧地搂住黄香,说:"我的好孩子,可你自己却出了一身汗呀!"

以后,黄香为了让父亲休息好,晚饭后,总是拿着扇了,把蚊蝇扇跑,还要扇凉父亲睡觉的床和枕头,使劳累了一天的父亲早些入睡。

九岁的小黄香就是这样孝敬父亲,人称温席的黄香,天下无双。他长大以后,人们说,能孝敬父母的人,也一定懂得爱百姓,爱自己的国家。事情正是这样,黄香后来做了地方官,果然不负众望,为当地老百姓做了不少好事,他孝敬父母的故事,也千古流传。

用孝顺的心对待父母,父母可以得到很好的奉养。用慈悲的心对待众生,众生都能得到很好的利益。用恭敬孝养父母的心做天下的事情,这个世界会因为你的存在而变得格外美好。

广至德章

子曰：君子之教以孝也，非家至①而日见之②也。教以孝，所以敬天下之为人父者也；教以悌，所以敬天下之为人兄者也③；教以臣，所以敬天下之为人君者也④。

《诗》云：恺悌君子，民之父母。非至德，其孰能顺民如此其大者乎⑤？

注释

①家至：到家，即挨家挨户地走到。②日见之：天天见面，指当面教人行孝。③"教以孝""教以悌"二句：指君子以身作则行孝悌之道，为天下做人子的作了表率，使他们都知道敬重父兄。④教以臣，所以敬天下之为人君者也：指天子通过祭祀行礼，做出尊敬君长、当好人臣的榜样。据传说是天子在祭祀时，对"皇尸"行臣子之礼。皇，即先王；尸，是祭祀时由活人扮饰的受祭的对象。⑤非至德，其孰能顺民如此其大乎：语出《诗经·大雅·洞（jiǒng）酌》。意思是没有至高无上的德行，谁能有这样伟大的顺应民心的力量呢？孰，谁；顺民，适合民心，顺应民意。

译读

孔子说："执掌政权的君子，教民行孝道，并不是亲自到人家家里去推行，也并非每天见面去教导。这里

有一个根本的道理,例如以孝教民,使天下为人子的人,都知道侍奉父亲之道,那就等于孝敬天下做父亲的人了。以悌教民,使天下为人弟的人,都知道侍奉兄长之道,那就等于孝敬天下做兄长的人了。以臣下的道理教人,那就等于孝敬天下做君主的人了。"

《诗经·大雅·泂酌》篇里说:"'和乐平易的君子,是民众的父母。'要不是具有推行孝道这至高无上的美德,谁能有这样伟大的顺应民心的力量呢!"

盛彦吐哺待慈母

盛彦是西晋广陵人,少年时代便很有才能。当时有一位太尉叫戴昌的曾以赠诗形式考查他,盛彦面对满座官僚文士,慷慨作答,没有一点理解错误的地方,受到文士们的赏识。

盛彦的母亲王氏非常勤劳节俭,不仅亲自操持家务,还时时督促盛彦读书识字,教他以礼待人。后来,由于过度操劳,王氏得了一场病,连眼睛也跟着瞎了。

家里虽然雇了一个女仆,但是许许多多的事都落在了盛彦身上,他一边帮母亲安排日常生活,一边拼命读书,他的才干也越来越受人重视了。

成年以后,官府鉴于盛彦极有才名,多次征召他去做官,盛彦每次都是以母亲病势沉重而推辞了。每当谈到母亲双目失明,日常生活很难自理,重病缠身的情形时,盛彦就止不住悲伤,痛哭失声。

盛彦每天每顿饭都要亲手喂母亲吃，凉、热、咸、淡都是他先尝一尝，有时候，饭菜如果稍微硬一点，盛彦就自己先嚼一遍然后喂母亲。

这样坚持了好多年，他母亲的病多少有一点好转。他母亲病了好久，女仆当然会受累，于是暗暗产生了怨恨的心情。

有一回，盛彦外出办事，上午也没回来，那个女仆就生出了坏心，到屋子后面的菜地里捉了一些金龟子的幼虫，放在瓦片上烤熟了给盛彦的母亲吃，还撒谎说是好东西。

母亲吃了一些，觉得很好，于是就以为这确实是难得的好东西，顺手捏了一点偷偷留了起来。后来，盛彦回家了，他母亲把烧熟的金龟子给他看。

盛彦一看，立刻跪在母亲面前，哭着向母亲赔罪，深责自己照顾不周全，让母亲遭罪了。他母亲却安慰他："这东西吃了也没什么事，我倒觉得眼前好像亮堂了。"

盛彦一听，异常惊喜，打来一盆清水，给母亲轻轻擦拭，没一会儿，母亲的双目就能清楚地看见东西了。盛彦这时候以为当初错怪了女仆，竟然向女仆跪谢，女仆却羞愧得一声不吭地站在那儿一动也不动。

由于盛彦孝顺母亲，善待仆人，家里越来越和睦了。

荀灌为父解围

公元 310 年，荆州一带有个叫杜曾的小官。他利用流民起义的力量，攻城略地，发展自己的势力。在打败

晋荆州刺史陶侃以后,他带着人马向沔江边的宛城进发。

此时,驻扎在宛城的晋将名叫荀崧。荀崧手下的兵力不多。他见杜曾带兵把宛城团团围住了,就赶紧召集将领和谋士商量对策。

荀崧说:"如今强敌压境,城内缺兵少员,粮草又不充足,这可如何是好?"

众人无言,实在没有办法可想。最后,一个谋士上前建议:"将军的老友石览,在襄阳做太守,为什么不派人到他那里请救兵呢?"

经谋士一提醒,荀崧觉得很有道理,就立即提笔写了一封求援信,向石览求救。信写好后,荀崧问:"谁能冲出重围,把这封信送到襄阳去?"

半天,竟无人敢冒风险接受这个任务。荀崧无奈,只得先把信收起来。忽然间,从后厅走出来一个小姑娘,她带着几分稚气,大声说:"爹爹,女儿愿去!"

荀崧抬头望去,竟是自己的小女儿荀灌。他不由得发出几声叹息。

荀灌见父亲不放心,连忙说:"爹爹!女儿平日跟将士们练武艺,学会了刀枪弓箭。我一定能冲出重围,给石览叔叔送信。您尽管放心!"

荀崧尽管有些舍不得女儿,但是眼下也没有什么其他的办法,就答应了女儿的请求,把求救援兵的重任交给了她。

荀灌从士兵中挑选了几十个精明强悍的壮士同行。她对随行的壮士们说:"不要恋战,且战且走,只要进了山,他们就没有办法了。"说着,她手举宝刀冲入敌阵,边杀边向前冲去。

　　几十名壮士也一拥而上,驱赶着敌兵。等杜曾闻讯赶来的时候,荀灌他们早已跑入深山密林中,不见踪影了。很快,荀灌和士兵们到达了目的地,搬来了救兵,为父亲解了围。当晚,荀崧摆出酒宴庆祝胜利。

　　宴会上,人们谈起荀灌突围搬救兵之事,大加赞扬。从此,荀灌突围救城的故事,成为千古佳话。

　　做儿女的是否孝顺,在关键时刻表现得最为明显。作为儿女,要勇于挑战困难,努力为父母排忧解难,就像荀灌突围救城,为父解围一样。

广扬名章

子曰:君子之事亲孝,故忠可移❶于君;事兄悌,故顺可移于长;居家理❷,故治可移于官。是以行❸成❹于内,而名立于后世矣。

注释

❶移:转移,感情的转移。❷居家理:善于料理家事。❸行:孝、悌、善于理家三种优良的品行。❹成:有所成就。

译读

孔子说:"君子侍奉父母能极尽孝道,那么他侍奉君王时才能像精心服侍父母一样极尽忠诚。君子侍奉兄长能极尽尊敬,那么他侍奉年长者时才能像尊敬兄长一样恭顺。君子治理家务能极尽认真地达到完善,那么他就能以这种精神去为官处事,并做得有条不紊。因此,君子在家若能遵行孝道,培养德行,然后才能在外面建功立业,声誉就可流传于后世了。"

故事

班固兄妹孝继父业

班固,字孟坚,东汉扶风安陵人,是东汉著名的史学家、文学家。他出生于封建官宦家庭,家里是儒学世家。

其父班彪，字叔皮，为人性情沉静稳重，博学多才，善于著述。班固之所以能成为一个著名的历史学家，与班彪的教导和影响是分不开的。

班固在父亲教导与影响下，自幼聪明伶俐，九岁就能作文。十六岁入洛阳太学读书。他青年时期博览群书，对于诸子百家各种学术流派的观点，细心加以探讨。

班固治学注重了解文章大意，而不在分析字句上下功夫。他为人宽厚、谦虚，从不以自己才学过人而自恃，因而深为时人所敬慕。

班固二十三岁时，其父因病逝世。当时他正在洛阳太学读书。当他听到父亲病逝的消息后，悲痛至极，他匆匆赶回家中为父居丧。

在此过程中，班固一面缅怀父亲生前对自己的教诲，一面潜心阅读父亲遗作。在通读《史记后传》之后，他发现很多地方记叙得还不够详细，于是，他决心完成父亲未竟的事业，以尽孝道。

班固开始大量搜集材料，改订体例，准备在《史记后传》的基础上编撰《汉书》。可就在他埋头编撰过程中，有人诬告他私自改作"国史"，他被捕入狱，书稿也一并被抄去。班固的弟弟班超闻讯上书，才救了他。

当时明帝看了班固的书稿，不但赞赏他的史学才能，而且召他到京师任兰台令史，掌管宫廷藏书，并进行校勘工作。

第二年班固被提升为秘书郎。班固充分利用这个有利条件，典校秘书，编著国史。明帝非常高兴，命他继续撰写班彪未写完的史书。

这是班固完成父亲未竟事业的大好时机，于是他又

着手撰写《汉书》了。经过二十余年的不懈努力，到汉章帝时，《汉书》才大体写成，但仍未全部完成。汉和帝永元元年，外戚窦宪因擅权被杀，班固牵连其中，死于大狱。

同年，班固的妹妹班昭继父兄遗志，奉旨入东观藏书阁，续写《汉书》。班昭又名姬，字惠班，十四岁时，嫁于同郡人曹世叔。丈夫去世后，班昭清守妇规，举止合乎礼仪，气节品行非常好。

班昭学问广博，很有才干。班固去世后，她在藏书阁经年累月孜孜不倦地阅读了大量史籍，整理、核校父兄遗留下来的散乱篇章，并在原稿基础上补写了八表，分别是《异姓诸侯王表》《诸侯王表》《高惠高后文功臣表》《王子侯表》《景武昭宣元成功臣表》《外戚恩泽侯表》《百官公卿表》《古今人表》，最终完成了续写《汉书》的任务。

《汉书》内容丰富充实,保存了大量原始资料,而且语言精练,词简意赅,结构严谨,对人物的描写尤为细腻、生动。它真实地记录了当时社会的现状与阶级矛盾,客观地反映了统治阶级的腐朽与罪恶,对民间疾苦给予一定的同情,歌颂了一些英雄和爱国人物。

总之,《汉书》不仅是一部有重要史料价值的优秀历史文献,而且也是一部杰出的散文巨著,在我国文学史上有重要地位。

马钧孝母改织机

马钧是三国时魏国人,家住陕西扶风,是"丝绸之路"经过的地方,而马钧的母亲就是织绫人。因家境贫寒,无钱上学读书,马钧就在劳动中学习手艺,如雕木偶,结渔网,修理农具、家具等,他对母亲非常孝顺。

母亲织绫用的织机,十分笨重。为了织花,人们把织机上的经线分成六十综,每一综用一个小踏板操纵,六十综,就用六十个踏板来操纵,每织一根纬线,要踏六十块踏板。这样操作起来既费力又低效。

马钧见母亲每日操作这样笨重的织机,累得疲惫不堪的样子,心里非常难过。心想:"自己整日修这修那,为什么不改进改进织机,来减轻母亲的劳动呢?"

有一天,马钧看见一个小男孩用一根绳子系在核桃树上采核桃,只用力一拉,核桃便哗啦哗啦往下落。马

钧想:"这要比上树用手一个一个去摘省劲儿多了!"

这时,马钧灵机一动,计上心来,扭头就往家跑。进屋后,一头扎到织机旁,摸摸这,看看那,最后目光落到踏板上。"对,就从这里下手来改进!"

于是马钧便开始量尺寸,试样子,之后将锛、刨、斧、锯全找来,动手制作。忙了好几天,终于做出二十块踏板,外加一些关联部件。经过紧张地安装之后,他亲自坐上织机试踏。

马钧踏下一块板,经线就能提起十综来。马钧一看,心想:"有门儿!"母亲见马钧如此高兴的样子,也喜在心头。她想:"儿子为了减轻自己的劳累,不辞辛苦,改进织机,真是个孝顺的孩子!"

马钧虽说很高兴,但仍不满足现状。他想:"既然能从六十块踏板,减少到二十块,为什么不能再设法减少一些呢?"于是他连夜研究改进,母亲感动得亲自提灯为他照亮。终于,踏板减少到十二块。

母亲坐上儿子为她改进后的织机,织起绫来既轻又快,心里甭提多高兴了。这种新式织机,很快便推广开来。

马钧这个大孝子的名字,自然也传扬开来。当时洛阳城的魏明帝闻知此事,召马钧进京,并给他封了个给事中的官。

可是马钧对此并不感兴趣,他千方百计抽时间致力于机械方面的研究,后来竟成为三国时代魏国杰出的机械发明专家。

谏诤章

曾子曰：若夫❶慈爱❷、恭敬、安亲❸、扬名，则闻命❹矣。敢问，子从父之令❺，可谓孝乎？

子曰：是何言与，是何言与❻！昔者，天子有争臣❼七人❽，虽无道❾，不失其天下；诸侯有争臣五人，虽无道，不失其国❿；大夫有争臣三人，虽无道，不失其家⓫。士有争友，则身不离⓬于令名⓭；父有争子，则身不陷于不义。故当不义，则子不可以不争于父；臣不可以不争于君。故当不义则争之。从父之令，又焉得为孝乎？

注释

❶若夫：发语词，表示他转或提起，此处可译为像那些。❷慈爱：指爱亲。慈，通常指上对下之爱，但也可指下对上之爱。❸安亲：父母亲安心接受儿女的孝养。❹闻命：谦词，意思是说对师长的教导已经领会了。命，指示，教诲。❺从父之令：听从父母的命令或指示。❻与：同"欤"（yú），句末语气词，表疑问、感叹或反问的意思。❼争（zhèng）臣：敢于直言规劝的臣僚。争，同"诤"。❽七人：指很多人，不是实数。❾无道：没有仁政。❿国：指诸侯的治邑。⓫家：指大夫的食邑。⓬不离：不失。⓭令名：好名声。令，善，美好。

译读

曾子说:"听您阐述慈爱、恭敬、安亲和扬名的各种孝道后,我都明白了。很冒昧地再请问,如果儿子一味听从父亲的命令,这样能算是孝吗?"

孔子说:"这是什么话呀?这是什么话呀?从前,天子身边设有直言相劝的谏诤的臣子多人,即使天子一时触犯王道没有德政,也不会失去他的天下;诸侯有直言谏诤的诤臣多人,即便自己无道,也不会失去他的诸侯国封地;卿大夫身边也设有谏诤的臣子几人,即使卿大夫一时触犯了臣道,也不会失去他的乡邑。普通的读书人有直言劝诤的朋友,自己的美好名声就不会丧失;做父亲的如果有能谏诤的儿子,他就不会陷于不义的行为中。因此在遇到不义之事时,如果是父亲做得不对,做儿子的不可以不极力劝阻;如果是君王做得不对,做臣子的也应该直言劝谏。所以,只要是不义的事情,不管是什么人做的,都要大胆地直言相劝。做儿子的如果一味盲从父亲的命令,那又怎能称为孝子呢?"

故事

晏子劝国君关心人民疾苦

晏子叫晏婴,又叫晏平仲,是春秋时期齐国的相国。作为国君的主要助手,晏子节俭朴素,关心人民疾苦,敢于当面批评国王的错误。

晏子学识丰富,思维敏捷,心地善良,爱国爱民,人们都很尊敬他。他在维护祖国尊严、关心人民疾苦、

促进社会文明等多方面值得后人赞颂。

晏子个子矮,楚王看不起他,让他从小门进楚城,他说到狗国才开狗洞,看门人只好开大门迎接他。

楚王在宴请时绑来齐人出身的罪犯来羞辱晏子,晏子说出了橘生淮南为橘,移到淮北变成酸枳的名言,狠狠地回击了楚王,讽刺齐国人好而楚国社会风气不好,巧妙地维护了齐国尊严,楚王不得不刮目相看。

在齐国,晏子也时时处处为人民利益着想,劝齐国国君齐景公关心人民的疾苦。

有一年冬天,大雪下了三天三夜,天气冷极了。齐景公披着白狐狸皮斗篷,坐在宫殿里观赏雪景,还派人去叫晏子也来赏雪。不一会儿,晏子来了,齐景公让他

坐在一旁,说:"没什么事吧,您难得有闲空,今天就和我一起赏雪吧!"

晏子没答话。过了一会儿,齐景公没话找话地说:"真奇怪,一连下了三天大雪,可是一丁点儿也觉不出冷来。"

"天气真的不冷吗?"晏子追问了一句。

齐景公也觉得自己的话说得不对了,不好意思地笑了笑。晏子说:"我听说贤明的君主在自己吃饱的时候,惦记着别人在挨饿;自己穿暖的时候,不忘别人的寒冷;自己安逸享乐,要想着劳苦的百姓。现在,您把这些全忘了。"

齐景公听着,脸不觉红了,忙说:"您说得对,我明白了。"

说完,齐景公下令,从仓库里取一些衣服和粮食,发放给穷人。

齐景公特别喜欢养鸟。有一次,他得到一只非常美丽的小鸟,派一个叫烛邹的人特意给他养这只鸟。可是,过了几天,那只鸟飞走了。

齐景公气得直跺脚,大声喊道:"烛邹,我要杀了你!"

站在一旁的晏子说:"是不是先让我宣布烛邹的罪状,然后再杀也不迟。"

齐景公说:"可以。"

这时候,武士们把烛邹绑来了,晏子绷着脸,严厉地对他说:"烛邹,你犯了死罪,罪过有三条:第一,大王叫你养鸟,你不留心让鸟飞走了;第二,你使国君为一只心爱的鸟要动手杀人了;第三,这件事如果让别人知道了,都会认为我们国君只看重鸟而轻视百姓的生命,从而看不起齐国。所以国君要杀死你!"

说到这儿,晏子缓缓地回过头来对景公说:"请您动手吧!"

齐景公明白晏子是在责备自己,他干咳了两声,说:"算了,算了,把他放了吧!"

接着,齐景公走到晏子面前,拱手说道:"若不是您及时开导,我险些犯了大错呀!"

过了些日子,春暖花开,齐景公亲自到山上捉鸟。他看见一只漂亮的鸟,刚要射箭,忽然传来一阵砍柴的声音,把鸟儿惊飞了。

齐景公的坏脾气又上来了,立刻喊道:"把那个砍柴的人给我抓起来,带回去!"这时,一个随从跑过来告诉齐景公:"那边有一个鸟窝,里面有响声。"

齐景公走过去一看,鸟窝里有一只刚出生不会飞的小鸟,毛茸茸的,张着小嘴不停地望着生人叫,齐景公觉得小鸟怪可怜的,就把它送回窝里了。

等齐景公回宫,让晏子碰见了,晏子问:"您今天捉了几只鸟?"

"咳,费了老大劲,捉到一只小鸟,我看它不会飞怪可怜的,就又放回窝里去了。"

晏子听完,转身向北拜了几拜,然后高声说:"我们国君今天做了圣人做的事啊!"

齐景公不以为然地说:"您说到哪去了。我抓了小鸟,看它小放了它,这跟圣人有什么关系呢?"

晏子说:"这件事虽小,可我看得出,您对鸟兽都有仁爱之心,我想,今后您一定会更加关心百姓,所以,我说您是做了一件圣人做的事啊!"

齐景公听了这话,想起押回来的那位砍柴人,忙说:

"快放了那个砍柴人吧,我要做一个好国君。"

过了很长一段时间,齐景公心爱的小狗死了。他十分伤心,打算做一副上等的棺木厚葬爱犬,还决定让大臣们给狗举行隆重的葬礼。

晏子阻拦他。齐景公不耐烦地说:"这么件小事,您就不必管了。这是我想出来的办法,给大家取笑,耍着玩的。"

晏子郑重其事地说:"您错了。现在有多少百姓冻死、饿死,死后无人埋葬,您不去管,反倒有心思和周围的人取乐。这明摆着是轻视百姓,只顾自己。百姓听了这件事,必定不拥护您做国君,各国诸侯听说了,必定看不起齐国。内有不满的百姓,外被诸侯小看,再加上大臣们跟你学开心取乐,齐国离危亡就不远了,这难道是小事吗?"

齐景公吓得出了一身冷汗,说:"对呀!多亏您提醒了我。狗还是送厨房,炖了吃肉吧!"

晏子就是这样聪明机智,劝君爱民。百姓、大臣、诸侯、君王都敬重他的人品、才华。有一本叫《晏子春秋》的书,专门记录了晏子的一些动人故事,其中有许多至今还在人民当中流传着。

孙权知错认错

魏三国时吴国的张昭,是个两朝开济的老臣,他在孙权面前从来是直言不讳的,因此获得孙权的信任,也

因此产生了矛盾。

有一次,远在辽东的公孙渊派人递来降表,孙权看了之后,高兴极了,马上派张弥、许晏两个人去拜公孙渊为燕王。

张昭听了,马上阻止说:"公孙渊背叛了魏国,怕因此而受到征讨,所以才远道来请求我们援助,归顺不是他的本意。如果公孙渊改变了主意,打算重新获得魏国的谅解,就会杀人灭口,这两个使臣肯定回不来了。那样的话,不是白白送了他们两个人的性命而叫天下人耻笑吗?"

孙权说出自己这样做的想法,张昭一一加以驳斥。这样反复了几次,张昭一次比一次态度坚决,言辞非常激烈。

孙权说不过张昭,觉得面子上过不去,就变了脸,拔出宝剑怒气冲冲地说:"吴国的士人入宫则拜见我,出宫则拜见您。我对您的倚重也到了无以复加的程度,可是您却多次在大庭广众之下让我难堪,我真担心有一天会因为不能容忍而杀死了您。"

听了这些,张昭既没慌张又没退缩,他非常镇定地说:"我之所以明知道您并不按我说的做,还满腔热忱地来规劝您,是因为常常想到太后在临终时发出的遗诏,叫我精心辅佐您啊!"说完,泣不成声。

孙权见状也感到伤心,把宝剑扔在地下,和张昭相对而泣。但是孙权很固执,没有因此采纳张昭的意见,仍旧派张弥和许晏到了辽东。

张昭见孙权不听劝告,非常恼火,回府以后,就称病不理国事。孙权对他这样做很生气,干脆派人用土堵

住了他的府门,表示永远不再用他为官。

张昭看孙权把他家门堵了,非常气愤,他也不甘示弱,索性在院子里用土把门给封住了,表示永远不出门为孙权办事。

张弥、许晏按照孙权的意图,来到辽东,公孙渊果真变了卦,把他们俩给杀了。

孙权万万没有想到真让张昭言中了,他十分惭愧,觉得对不住张昭,于是派人运走了堵在张昭门口的土,几次向他赔礼道歉,可是张昭都不理他。派人前去,全都吃了闭门羹。

怎么办呢?孙权灵机一动,派人放火烧张昭府上的大门。他想,大火一着起来,张昭还不往外跑?到那时,自己不就看见他了吗?

孙权觉得自己主意不错。可是,张昭看见孙权放火烧门,索性把大门关死,等着大火把他烧死。孙权一看这招不灵,大惊失色,真怕火着起来把张昭烧死,于是下令灭火。

孙权在门口暗暗责备自己,恨自己做错了事情,而且还伤了这位股肱之臣的心。张昭的儿子一看再这么僵持下去也太不像话了,于是就连劝带拉地硬逼着父亲去见孙权。孙权看到张昭终于出了门,就诚恳地请他到宫中一叙。

张昭来到宫里,孙权向张昭承认了错误,并表示今后要尊重他的意见,搞好君臣关系。

张昭见孙权这样诚心诚意,满肚子的闷气顿时一扫而光,就又竭尽全力地协助孙权治理国家。

感应章

子曰：昔者，明王事父孝，故事天明❶；事母孝，故事地察❷。长幼顺，故上下治❸。天地明察，神明❹彰❺矣。故虽天子，必有尊也，言有父也；必有先也，言有兄也❻。宗庙致敬，不忘亲也❼；修身慎行，恐辱先也❽。宗庙致敬，鬼神著❾矣。孝悌之至，通于神明，光❿于四海，无所不通。

《诗》云：自西自东，自南自北，无思不服⓫。

注释

❶事天明：天子祭天，能够明白上天庇护万物的道理。❷事地察：天子祭地，能明察大地生长万物的道理。❸治：整饬（chì），有条不紊。❹神明：宗教迷信中认为的一种超自然的具有人格和意志的力量。❺彰：表扬，赞许的意思。❻必有先也，言有兄也：天子必还有长于他的人，那就是他的兄长。❼宗庙致敬，不忘亲也：这句的意思是到宗庙祭祀祖先时要极尽诚敬，这是不敢忘记祖先的恩德。宗庙，祭祀先祖的地方。❽修身慎行，恐辱先也：这句的意思是平日里修身养性，谨慎自己的言行，这是唯恐玷污了祖先的英名。修身，指修养身心；慎行，行为小心谨慎；辱，羞辱，侮辱；先，先祖。❾鬼神著：祖先的神灵显现，前来享受子孙诚敬的祭祀。著，昭著之意，指神灵显著彰明。❿光：照耀。⓫自西自东，自南

自北，无思不服：语出《诗经·大雅·文王有声》。意思是天下四方，无有不服。原诗歌颂周文王和周武王显赫的武功。无思不服，没有人不服从。

译读

孔子说："从前，贤明的帝王侍奉父亲十分孝顺，所以在祭祀天帝的时候能够明白上天降生万物的道理。贤明的帝王能够处理好长幼秩序，所以对上下各阶层也就能够治理好。贤明的帝王能够明察天地覆育万物的道理，神明能够感应其诚，就会彰明神灵、降临福瑞来保佑他。所以，即使贵为万民的天子，但还有比他更尊贵的人，那就是他的父亲；还有比他更先出生的人，那就是他的兄长。到宗庙里祭祀致以恭敬之意，是没有忘记自己的亲人。修身养性，谨慎行事，是因为恐怕因自己的过失而使先人蒙受羞侮辱。天子在宗庙祭祀祖先时，能诚心表示敬意，那么鬼神必显扬他的功德。孝悌的最高境界，就是能感通神明，能感化四海万邦的臣民，能使人人相互感应。"

《诗经·大雅·文王有声》篇中说："自西自东，自南自北，没有人不肯归顺服从的。"

故事

孟宗哭竹生笋

晋朝时有个叫孟宗的孩子，很小的时候便失去了父亲，母亲含辛茹苦将他拉扯大，且常教育他勤学苦读。

在母亲的督促下,他终于学有所成。

孟宗非常孝敬母亲。有一年,孟母突然病了,病情日益严重,饭食难以下咽,孟宗看在眼里,急在心头。孟母原本爱吃清新鲜嫩的竹笋,如今身在病中,跟孟宗唠叨着,说想吃笋煮的羹汤之类的食物。

可是,当时正值数九寒冬,万木凋零,哪有鲜嫩的竹笋啊?孟宗无计可施,只好独自跑到竹林里,然而目之所及,只有一片焦黄。想到母亲的病情,想到母亲的心愿,他不禁悲从中来,扶着竹子,放声大哭。

或许孝心感动了天地,就在孟宗哀恸得难以自制的时候,竹林里出现了奇迹:在他的泪水飞洒之处,竟然破土冒出一颗颗竹笋来,尖尖的、绿绿的、毛茸茸的,还带着露滴呢!

孟宗喜出望外,马上掘出几棵竹笋抱回家,精心做成羹汤,端给母亲喝。喝着热乎乎的汤,孟母乐得眉开眼笑,病情也随之好转。

事君章

子曰：君子之事上①也，进思尽忠②，退思补过③，将顺其美，匡救其恶④，故上下能相亲也⑤。

《诗》云：心乎爱矣，遐不谓矣，中心藏之，何日忘之⑥？

注释

①事上：侍奉君王。②进思尽忠：是说出而为国家做事，要想到怎样尽忠心，没有一点虚伪不实之处。进，进见于君，指为朝廷做事。③退思补过：是说回到家里，要反思君王，有没有做错事情。退，指退居在家。④将顺其美，匡救其恶：这句话的意思是对于君王的美政，要帮助其推行；对于君王的过失，也要匡正补救。将，执行，实行；匡救，扶正补救。⑤上下能相亲也：概括而言，臣能效忠于君，君能以礼待臣，君臣同心同德，就能相亲相爱。⑥心乎爱矣，遐不谓矣，中心藏之，何日忘之：引自《诗经·小雅·隰（xí）桑》篇。内心敬爱他，何不告诉他；心里永远存着敬爱君王的真诚，哪有一天会忘记呢？遐不，何不；谓，告诉；中心，即心中；藏，隐藏。

译读

孔子说："君子侍奉君王，在朝廷的时候，要想着如何竭尽其忠心为君谋划；下朝居家的时候，要想着如何补救君王的过失。对于君王的美政，要帮助顺从推行；

对于君王的过失，也要匡正补救。这样，君臣关系才能够相互亲敬。"

《诗经·小雅·隰桑》篇说："心中怀着对君王的敬爱，为什么不说出来呢？要将尽忠的真诚永藏在心中，哪一天能够忘记它呢？"

故事

孟子提倡孝悌

在一个秋雨连绵的夜晚，孟子和学生们围坐在一起讨论孝悌和修养的关系问题，爱提问题的公孙丑首先提问："老师，您为什么那么重视孝悌呢？"

孟子解答："因为要实行尧舜的仁政，就必须立足于孝悌。"

公孙丑接着问："那么，什么是孝悌呢？"

孟子解释说："孝顺父母为孝，尊敬兄长为悌。孝和悌是仁义的基础，只要每个人都爱自己的双亲，尊敬自己的兄长，天下就可以太平。"

孟子谴责那些不孝顺父母的人，他认为不孝有五项内容。

学生公孙丑问他有哪五项内容时，孟子说："世俗所谓不孝的事情有五件：四肢懒惰，不管父母的生活，一不孝；好下棋喝酒，不管父母生活，二不孝；好钱财，偏爱妻室儿女，不管父母生活，三不孝；放纵耳目的欲望，使父母因此受耻辱，四不孝；逞勇敢，好斗殴，危及父母，五不孝。"

孟子还认为，父母死后，应当厚葬久丧。孟子老母死了，孟子隆重送葬，棺和椁都选用上等的木料，还专门派学生监督工匠制造棺椁。

事后，孟子的学生也觉得选用的棺木太好了，便带着疑问对孟子说："前几天，大家都很悲伤、忙碌，我不敢向您请教，所以今天才提出来。您看，用的棺木是不是太好了呢？"

孟子解释说："对于棺椁的尺寸，上古时没有一定的规定；到了中古，才规定棺厚七寸，椁要与棺相称。从天子一直到老百姓，都这样做了，才算尽了孝子之心。古人都这样做了，我为什么不能这样做呢？我给你们讲孝悌时，不止一次地对你们说过：在任何情况下，都不应当在父母身上省钱啊！"

公元前325年，滕国的国君滕定公死了，太子派然友去请教孟子怎样办丧事。孟子主张厚葬久丧。他对然友说："父母的丧事，尽心竭力去办就是了。曾子说过，当父母在世时，应按照礼节去侍奉；他们去世了，应按照礼节去埋葬和祭祀，这就是尽孝。诸侯的丧礼，我虽然不曾学习过，但也听说过，就是实行三年的丧礼。从国君一直到老百姓，三年中，都要坚持穿孝服，夏、商、周三代都是这样办的。"

然友回到滕国，把孟子的话向太子汇报了，太子觉得孟子说的有道理，便决定实行三年的丧礼。

但是，命令下达后，滕国的父老和官吏都不愿意，有人说："三年丧礼，连我们的宗主国鲁国的历代国君都没有实行过，我们何必去实行呢？"

又有人说："这样做，耗费太大了。"当时议论纷纷，

众说不一。

太子也觉得难办,又把然友找来,对他说:"我过去不曾搞过学问,只喜欢跑马舞剑。今天,我要实行三年之丧,百姓和官吏都不同意,恐怕这一丧礼我难以实行,请您再去替我问问孟夫子吧!"

然友受太子的委托,又匆忙坐上马车去请教孟子。孟子听了然友介绍后,严肃地说:"唉,这么一件事,太子何必老问别人呢?"

孟子接着说道:"孔子说过:'国君去世了,太子把一切政务交给相国,自己在孝子之位痛哭就是了。这样,大小官吏没有人敢不悲哀的,因为太子亲身带头的缘故啊!'国君的作为好比风,百姓的作为好比草,风向哪边吹,草自然就会向哪边倒。这件事情,太子的态度一定要坚决。"

太子听了然友的汇报后,坚定地说:"对,这应当取决于我。"

于是,太子在丧棚住了五个月,不曾亲自颁布任何命令和禁令,这样一来,官吏们和同宗族的人都很赞成,认为太子知礼。

五个月过去了,到举行殡葬的那天,各国都派使者来吊丧,四面八方的人都来观礼,太子面容悲哀,哭泣哀痛,参加吊丧的人也都哀痛。

后来孟子宣扬的厚葬久丧,已没有人尊奉了,但他提倡的尊敬父母兄长,感激父母的养育之恩已成为美好道德风尚。

丧亲章

子曰：孝子❶之丧亲也，哭不偯❷，礼无容❸，言不文❹，服美不安❺，闻乐不乐❻，食旨不甘❼，此哀戚之情也。

三日而食❽，教民无以死伤生，毁❾不灭性❿，此圣人之政⓫也。丧不过三年⓬，示民有终也。

为之棺、椁、衣、衾⓭而举之，陈其簠簋而哀戚之⓮。擗踊⓯哭泣，哀以送之；卜其宅兆⓰，而安厝⓱之；为之宗庙，以鬼享之；春秋祭祀，以时思之。

生事爱敬，死事哀戚，生民⓲之本尽矣，死生之义备矣，孝子之事亲终矣。

注释

❶孝子：指丧失亲人的孩子。❷偯（yǐ）：哭泣的余声，以致气竭声嘶，已到悲伤痛哭的极点。❸容：保持端正的容貌。❹文：文辞方面的修饰，有文采。❺服美不安：孝子丧亲，穿着华美的衣裳会于心不安，因此，丧礼规定孝子要穿缞（cuī）麻。服美，穿着漂亮、艳丽的衣裳。❻闻乐（yuè）不乐（lè）：由于心中悲哀，孝子听到音乐也并不感到快乐。所以，丧礼规定，孝子在服丧期内不得演奏或欣赏音乐。❼食旨不甘：这是说即使吃美味的食物，孝子因为哀痛也不会觉得好吃。旨，鲜美的食物。甘，香甜。❽三日而食：父母去世，孝子不食三日，三日之

后,就可进食。毁不灭性:因哀痛而身体瘦削,但不危及生命。⑨毁:哀毁,因悲哀而损坏身体健康。⑩性:命。⑪政:法则。指圣人制礼施教的法则。⑫丧不过三年:指守丧之期不可超过三年。⑬棺、椁(guǒ)、衣、衾:丧礼规定,死者的地位身份高低尊卑不同,棺、椁的厚薄、数量不同,衣、衾的多寡也不同。棺,棺材;椁,套于棺材外之木盖;衣,指敛尸之衣;衾,给死者铺盖的被褥。⑭陈其簠簋(fǔguǐ)而哀戚之:丧礼规定,从父母去世,到出殡入葬,死者的身旁都要供奉食物,用簠、簋、鼎、笾、豆等器具盛放,此处只举"簠簋"为代表。陈,陈列,摆设;簠簋,古代盛放食物的两种器皿;戚,哀伤。⑮擗踊(pǐyǒng):捶胸顿脚。古丧礼中,表示极度悲痛的动作。擗,捶胸;踊,跳跃。⑯卜其宅兆:用占卜的方法选择陵园墓穴。卜,占卜;宅,墓穴;兆,坟园,陵园。⑰安厝:安置,将棺椁安放到墓穴中去。厝,同"措",安置。⑱生民:人民。

译读

孔子说:"孝子在父母丧亡的时候,由于哀伤过度,哭得声嘶力竭,以致泣不成声。举止行为可能会失去平时的端正礼仪,言语也变得没有了条理文采,穿上华美的衣服就会心中感到不安,听到美妙的音乐也不快乐,吃美味的食物不觉得好吃,这样的言行动作,都是因为哀戚的关系,不由自主。这是做子女的因失去亲人而悲伤忧愁的表现。"

"父母丧亡三天后,就可恢复正常饮食,这是教导人民不要因父母的丧亡而伤害到自己的生命,更不可因哀

悼父母的丧亡而使活着的人受到伤害,那样做就违背了人性。这是圣人的政令。治丧更不可超过三年,这是向人民表示治丧应有的一定的期限。"

"办丧事的时候,应该谨慎地为去世的人把衣服穿好,把被褥垫好,内棺整理妥当,外椁套好,再把他收殓起来。之后,在灵堂前边,陈设方圆祭器,供献祭品,早晚哀戚以尽孝思。"

"出殡的时候,先行祖饯,表示不忍亲人离去。女子抚心痛哭,男子顿足号泣,哀痛迫切地来送殡。兴建起祭祀用的庙宇,使亡灵有所归依并且可以享受生者的祭祀。在春秋两季举行祭祀,以表示生者无时不思念亡故的亲人。"

"父母在世的时候,侍奉父母,要以亲爱恭敬的态度;父母丧亡的时候,送葬父母,要以悲愁哀伤的心情,这样才算是尽到了为人子女应该尽的本分,这样养生送死的大义才称得上是齐全了。这就是孝子侍奉双亲的最终表现。"

故事

乐文德赤足奔父丧

乐颐,字文德,南阳涅阳人。他少年的时候,不论是说话还是做事情都十分谨慎小心,而且他待人接物也特别和蔼诚实。

家里人看到乐颐这样的品性,个个心里乐滋滋的。邻里们见他如此,每个人都夸赞他,觉得他以后一定是个有出息的好孩子。

乐颐读书十分勤奋,诸子百家,儒墨法杂,无不通晓。长大以后做了京府参军,由于他能力超群,秉性忠厚,在任期间深得上司的赏识,也深得同僚们拥戴。

后来,乐颐的父亲在郢州家里病故,乐颐得到噩耗以后,急急忙忙跑到上司那里请假回家奔丧。

由于思亲情切,半路上乐颐常常哭得死去活来。他想起父亲对他的养育和教诲,想起自己的成长过程,每一步都深深地印着父亲苦心的痕迹。

路上,乐颐嫌车子走得太慢,索性跳下车子,飞一样向家乡的方向跑去,可由于感情太悲戚,没跑多久,他就累得晕倒了,醒来以后,他才发现鞋子跑丢了,脚也磨破了,血糊糊的。

一个商贩看乐颐累得实在太可怜,问明原因以后,强拉着他坐上了拉货的大牛车。就这样,他一路上忧心如焚,几经周折,总算回到了家里。

乐颐年轻的时候曾经得过一场重病,他被病痛折磨得白天坐不稳,黑夜睡不踏实。白天,乐颐常常躲在院子的角落里装作干活的样子,为的是不让他的老母亲为他担心。

夜里,因为乐颐的卧室跟他老母亲的居室只是一墙之隔,为了不让老母亲发现他的病情,于是强忍住剧痛,决不发出一声呻吟;有时他站起来走动,脚步也是轻轻地;有时他咬住被子,握紧拳头,强制自己躺在床上,所以他盖的被子也被他咬碎了一大片。

在乐颐患病期间,他也跟平时一样,按时过问母亲的起居饮食,从来没有间断过。

贞孝女宗李氏的孝行

范阳卢元礼的妻子李氏是赵郡太守李叔彻的女儿,由于她生前对长辈异常孝顺,所以死后被追谥为"贞孝女宗"。

李氏十几岁的时候,父亲在住所死去了。她虽然还很小,但对父亲的死却十分悲痛,恸哭失声,多次晕厥。幸亏母亲崔氏苦心劝慰,才停住了悲泣。

因为李氏常想念父亲,偷偷地哭,几年下来,瘦得连站起来都困难了。

后来李氏嫁给了卢元礼,离开了家,也离开了母亲。她天天想家,夜不成眠,饮食也一天天地减少,身体也一天天地瘦弱了。

卢元礼家里人一齐劝解李氏,还是不顶事,只好把她送回娘家。可是,过几天李氏回到卢家以后,仍然像以前一样。

卢元礼的母亲为了让她安心,反反复复来回送接了八九次。几年以后,卢元礼去世了,李氏追思夫婿的心情十分悲切,常常废寝忘食。但她从来没有忘记安慰婆婆,照顾婆婆。

晨昏起居,适时问候,李氏从来也不耽误。织布裁衣,煮饭做菜,从来不让婆婆伸手。婆婆身体不适的时候,她一定请医买药,直到康复她才安下心来。

不久,李氏的生母崔氏病故了。家里派人把噩耗告诉她,李氏初闻凶讯,立刻恸哭起来,哭着哭着就晕过去了,一宿到天亮才苏醒过来。

　　李氏一天天什么也吃不进,身体也日渐虚弱。婆婆担心她一个人回娘家有困难、有危险,就决定亲自送她回娘家奔丧。一路上历尽艰辛,跋山涉水,搭车乘舟,好歹才回到了家。

　　李氏见到母亲的棺木,摇摇晃晃地跑上去,伏在棺材上大哭起来,哭了一会她就哭不出声了……婆婆和她的兄嫂们急忙解救,好一阵子才醒过来。几天后,母亲落葬了,李氏几次哭昏在坟头。

　　后来,婆媳俩人回了家。从此以后,婆媳间更加亲近了。当时的官府为了褒扬李氏,把她居住的地方更名为"孝德里"。

© 民主与建设出版社，2021

图书在版编目（CIP）数据

孝经 / （春秋）孔子编；方士华主编. -- 北京：民主与建设出版社，2019.11

（传统国学经典心读）

ISBN 978-7-5139-2681-2

Ⅰ.①孝… Ⅱ.①孔… ②方… Ⅲ.①家庭道德—中国—古代 Ⅳ.①B823.1

中国版本图书馆CIP数据核字（2019）第259517号

孝经
XIAO JING

编　　著	（春秋）孔　子
主　　编	方士华
责任编辑	韩增标
装帧设计	徐荣强
出版发行	民主与建设出版社有限责任公司
电　　话	（010）59417747 59419778
社　　址	北京市海淀区西三环中路10号望海楼E座7层
邮　　编	100142
印　　刷	廊坊市国彩印刷有限公司
版　　次	2021年12月第1版
印　　次	2021年12月第1次印刷
开　　本	880毫米×1230毫米　1/32
印　　张	3
字　　数	38千字
书　　号	ISBN 978-7-5139-2681-2
定　　价	148.00元（全10册）

注：如有印、装质量问题，请与出版社联系。

传统国学经典心读

春　秋

（春秋）孔　子 编　方士华 主编

民主与建设出版社
·北京·

前言

　　习近平总书记在十九大报告中指出："深入挖掘中华优秀传统文化蕴含的思想观念、人文精神、道德规范，结合时代要求继承创新，让中华文化展现出永久魅力和时代风采。"

　　习总书记还曾指出："'去中国化'是很悲哀的，应该把这些经典嵌在学生脑子里，让经典成为中华民族文化的基因。"

　　是的，泱泱中华五千载，悠悠国学民族魂。我们中华国学"为天地立心，为生民立命，为往圣继绝学，为万世开太平"，是中华民族生生不息的根本，是华夏儿女遗传基因和精神支柱。

　　国学就是中国之学，中华之学，是以母语汉语为基础，表达中华民族的精神价值和处世态度的，有利于凝聚中华民族的文化向心力，有利于中华民族大团结，是炎黄子孙的生命火炬，我们要永远世代相传和不断发扬光大。

　　中华优秀传统文化在思想上有大智，在科学上有大真，在伦理上有大善，在艺术上有大美。在中华民族艰难而辉煌的发展历程中，优秀传统文化薪火相传、历久弥新，始终为国人提供精神支撑和心灵慰藉。所以，从传统优秀国学经典中汲取丰富营养，丰盈的不只是灵魂，而是能够拥有神圣而崇高的家国情怀。

　　中华传统国学是指以儒学为主体的中华传统文化与学术，包括非常广泛，内涵十分丰富，凝聚了我国五千年的文明史和传统文化，体现了中华民族博大精深的文化精髓，是经过多少代人实践检验过的文化瑰宝，承载着中华民族伟大复兴的梦想。

中华传统国学经典，蕴含了中国儿女内圣外王的个体修养和自强不息的群体精神，形成了重义轻利的处世态度以及孝亲敬长的人伦约定，包含着辩证理智的心智思维和天人合一的整体观念。历经数千年发展，逐渐形成了以儒释道为主干的传统文化和兼容并包、多元一体的开放型现代文化。

这些国学经典作为我国传统文化与教育的经典，在内容方面，包含有治国、修身、道德、伦理、哲学、艺术、智慧、天文、地理、历史等丰富知识；在艺术方面，丰富多彩，各有特色，行文流畅，气势磅礴，辞藻华丽，前后连贯。古往今来，无数有识之士从中汲取知识，不仅培养了良好道德品质，还提升了儒雅、淳静、睿智的气质，哺育了一代代中华儿女茁壮成长。

作为国学经典，是广大读者必备的精神食粮。读者们阅读国学经典，能够秉承国学仁义精神，学会谦和待人、谨慎待己、勤学好问等优良品行，能够达到内外兼修与培养刚健人格。读者们阅读国学经典，就如同师从贤哲，使自己能够站在先辈们的肩膀之上，在高起点上开始人生的起跑。阅读圣贤之书，与圣贤为伍，是精神获得高尚和超越的最高境界。

为此，在有关专家指导下，我们经过精挑细选，特别精选编辑了这套"传统国学经典心读"作品。主要是根据广大青少年读者学习吸收特点，在忠实原著基础上，节选了经典，增设了简单明了的注释和白话解读，还配有相应故事和精美图片等，能够培养广大青少年读者的国学阅读兴趣和传统文化素养，能够增强对中国传统文化的热爱、传承和发展，能够激发并积极投身到中华复兴的伟大梦想之中。

隐公

隐公元年……………006
隐公三年……………009
隐公四年……………011
隐公五年……………013

桓公

桓公二年……………015
桓公六年……………017
桓公八年……………018
桓公九年……………020
桓公十六年 …………022

庄公

庄公四年……………024
庄公六年……………025
庄公八年……………027
庄公九年……………029

庄公十年……………031
庄公十一年 …………033
庄公三十二年 ………034

闵公

闵公元年……………037
闵公二年……………038

僖公

僖公元年……………041
僖公二年……………042
僖公四年……………044

文公

文公元年……………048
文公三年……………050
文公六年……………051
文公十二年 …………053

文公十六年 056
文公十八年 058

宣公
宣公元年 060
宣公二年 061
宣公三年 063

成公
成公二年 066
成公三年 068
成公十三年 072

襄公
襄公三年 074
襄公十五年 075

襄公三十一年 077

昭公
昭公十八年 080
昭公三十二年 081

定公
定公四年 084
定公十年 086

哀公
哀公元年 088
哀公三年 090
哀公七年 091
哀公十一年 093

隐公

隐公元年

春王正月❶。三月,公及邾仪父❷盟❸于蔑❹。夏五月,郑伯❺克段❻于鄢❼。秋七月,天王❽使宰咺来归惠公、仲子之赗❾。九月,及宋人盟于宿❿。冬十有二月,祭伯⓫来。公子益师⓬卒。

注释

❶王正月:周王朝历法的正月。王,周天子。❷邾仪父:邾国国君。❸盟:会盟,订约。此处用作动词。❹蔑(miè):鲁国地名,即姑蔑,在今山东境内。❺郑伯:即郑武公,郑国国君,名掘突,武公是死后的谥号。❻段:即共叔段,武公次子,名段。❼鄢(yān):地名,在今河南境内。❽天王:这里是指周平王。❾赗(fèng):古时送给丧家用于丧事的财物。❿宿:国名,在今山东境内。⓫祭伯:人名,周王朝卿士。⓬公子益师:字众父,鲁孝公之子。

译读

隐公元年春季,周历正月。《春秋》没有记载隐公即位一事,因为他只是摄政。三月,隐公与邾仪父在蔑地结盟。邾仪父就是邾子克。因为邾子尚未正式受周王室册封,所以《春秋》未记载他的爵位。称其为"仪

父",表示尊重。隐公因为摄政而想和邾国结好,因此两国在蔑地举行了盟会。

夏季五月,郑武公在鄢地击败了共叔段。当初,郑武公从申国娶一妻子,名叫武姜。武姜生了庄公和共叔段。生庄公时出现了难产,姜氏受到惊吓,就给庄公取名叫"寤生",并因此而讨厌他。姜氏宠爱共叔段,想立他为太子。多次请求武公,武公没答应。

庄公即位后,姜氏请求把京城封给共叔段。庄公同意了,就让共叔段住在那里,称之为京城太叔。不久,太叔命令西部和北部边境二邑同时也听命于自己。

公子吕对庄公说:"一国不容二君,国君打算怎么办?如果想把君位让给太叔,就让我前去侍奉他。如果不想给他,就请您把他除掉。以免百姓生有二心。"

庄公说:"不必如此,他将咎由自取。"

太叔后来又整治城池聚集百姓和军队,储备粮草,制造铠甲和兵器,准备步兵和战车,打算偷袭郑国都

城。姜氏将作为内应为共叔段打开城门。

庄公听说太叔起兵的日期后说:"可以动手了。"

于是庄公命令公子吕率领二百辆战车攻打京城。京城的人都背叛了太叔。太叔只好逃到鄢地,庄公又领兵攻打鄢地。五月二十三日,太叔又逃到共国。

于是庄公就把姜氏安置在城颍,而且当面发誓说:"如果不到黄泉,决不与你相见。"可是不久以后又后悔自己所说的话。

《春秋》中对此事记载为:"郑伯克段于鄢。"太叔不讲孝悌,所以不称他为庄公之弟;兄弟相争,如同两国国君交战一样势不两立,所以称"克";称庄公为"郑伯",讥讽他对弟弟有失教诲;这表明庄公早有了杀弟之心。所以不写太叔"出奔",是表示责难庄公。

秋季,七月,周平王派遣宰咺来赠送鲁惠公和仲子的吊丧礼品。九月,鲁国在宿地和宋国结盟,于是两国开始交好。十二月,祭伯来到鲁国。公子益师去世,但是由于隐公没有前去参加小敛,因此这里没有记载众父去世的具体日期。

恭敬地送别落日,辨别测定太阳西落的时刻。昼夜长短相等,北方玄武七宿中的虚星黄昏时出现在天的正南方,依据这些确定仲秋时节。

尧还命令和叔住在北方的幽都,观察太阳向北运行的情况。根据白天时间最短,黄昏时昴星出现在南方,来确定仲冬时节。

尧帝说:"唉!你们羲氏与和氏,一周年有三百六十六天,用增加闰月的办法来确定春夏秋冬四时,这就成为一年。以此规定各种事情就都会兴盛起来。"

隐公三年

春王二月,己巳,日有食之。三月庚戌,天王崩❶。夏四月辛卯,君氏❷卒。秋,武氏子❸来求赙❹。八月庚辰,宋公❺和卒。冬十有二月,齐侯、郑伯盟于石门❻。癸未,葬宋穆公。

注释

❶崩:指帝王死亡。❷君氏:在这里是指隐公的生母。❸武氏子:即武氏之子。武氏,周王室大夫。❹赙:指拿财物帮助人办丧事。❺宋公:即宋穆公,宋国国君,名和,继其兄为国君。❻石门:齐国地名,在今山东境内。

译读

隐公三年春天二月,己巳,有日食出现。三月二十四日,周平王逝世。讣告上写的是庚戌日,所以《春秋》也记载死日为庚戌,即十二日。

四月,隐公的生母也君氏去世了。因为她去世时没有向诸侯发讣告,安葬之后既没有返回祖庙哭祭,也没有把神位安放在婆婆的神位旁边,所以《春秋》称"卒"不称"薨"。又因为不称她为"夫人",所以没有记载安葬的情况,也没有记载她的姓。但因为她是隐公的生母,所以称之为"君氏"。

秋天,武氏的儿子来鲁国求取办丧事的财物,这是由于周平王还没有举行葬礼。

八月，宋穆公去世。在他病重时，曾召见大司马孔父，把殇公托付给他，并说："先君舍弃儿子与夷立我为君，此恩此德我不敢忘。如果我能托大夫的洪福，得以善终，先君假如问起与夷，我怎么回答他呢？请您一定要侍奉与夷主持国政。这样，我也就死而无憾了。"

孔父回答说："群臣都愿意侍奉国君的儿子冯啊。"

穆公说："不能这么做。先君认为我贤能，才让我主持国政。如果我背离先君之德而不让位，就废弃了先君的贤德之举，怎么说是贤能呢？发扬先君的美德，能不尽力而为吗？希望您不要废弃先君的功业！"

于是，穆公让公子冯前往郑国居住。八月庚辰这一天，宋穆公去世。殇公即位。君子对此评论说：宋宣公可以说是知人善任了。立了兄弟穆公为君，但他的儿子最终仍旧取得君位。大概因为他的遗命符合道义吧。

冬季十二月，齐国和郑国在石门会盟，这是为了重温在庐地结盟的友好关系。癸未，宋穆公去世。

隐公四年

春王二月,莒①人伐杞②,取牟娄③。戊申,卫州吁弑④其君完。夏,公及宋公遇⑤于清⑥。宋公、陈侯、蔡人、卫人伐郑。秋,翚⑦帅⑧师会宋公、陈侯、蔡人、卫人伐郑。九月,卫人杀州吁于濮⑨。冬十有二月,卫人立晋。

注释

①莒(jǔ):周朝国名。在今山东莒县。②杞(qǐ):周朝国名,在今河南杞县。③牟娄:牟和娄分别是两个地名,都在今山东境内。④弑:古时称子杀父、臣杀君为"弑"。⑤遇:相逢,不期而会。⑥清:卫邑名,在今山东省东阿县南。⑦翚(huī):即公子翚,也被称为羽父,春秋初年鲁国大臣。⑧帅:同"率",率领,带领。⑨濮(pú):濮水,今河南濮阳从濮水得名。

译读

隐公四年二月,莒国开始讨伐杞国,夺得了杞国牟、娄这两个地方。戊申,卫国的州吁杀了卫桓公,自立为国君。在这之前,隐公打算会见宋殇公,以重温双方在宿地时建立的友好关系。但是,还没等到预定日期,卫国人就来报告说发生了叛乱。

夏季,隐公和宋殇公在清地不期而遇。当时,宋殇公即位时,公子冯逃到郑国,郑国人曾打算帮助他回国夺取君位。州吁自立为君后,便准备向郑国报复前代国

君所结下的怨仇，并以此讨好诸侯，安定民心。

州吁派人告诉宋殇公："国君要是攻打郑国，铲除了公子冯这个祸害，我们就拥戴您为盟主，我国就可以发兵和陈、蔡两国跟随贵国。这是我们卫国的愿望。"宋殇公答应了。

此时陈、蔡两国正与卫国交好，因此宋殇公、陈桓公、蔡国人、卫国人便联合起来攻打郑国，包围了郑都的东门，五天后才撤兵。

秋季，宋殇公、陈桓公、蔡国人、卫国人再次进攻郑国。宋殇公派人前来请求出兵相救，隐公推辞了。羽父请求出兵相会合，隐公不同意。羽父坚决请求以后便前去。诸侯的军队打败了郑国的步兵，收割了那里的谷子后便回国了。

冬季十二月，卫国人到邢国迎接公子晋，卫宣公即位。《春秋》记载"卫人立晋"，说明宣公即位是众人的意愿。

隐公五年

春,公矢鱼❶于棠❷。夏四月,葬卫桓公。秋,卫师❸入郕❹。九月,考❺仲子之宫❻。初献六羽❼。邾人、郑人伐宋。螟❽。冬十有二月辛巳,公子彄❾卒。宋人伐郑,围长葛❿。

> **注释**

❶矢鱼:使渔人陈设渔具,观看其捕鱼。鱼,同"渔",即捕鱼;矢,陈列,陈设。❷棠(táng):鲁国边远地区的地名。❸师:军队。❹郕:古代国名,在今河南省范县东南。❺考:古时宗庙宫室或重要器物初建成而举行的祭礼,称为"考",类似现在的落成典礼。❻宫:这里指的是宗庙。❼六羽:古代诸侯的乐舞。有六列,每列六人,持羽而舞。❽螟(míng):螟虫,昆虫。❾公子彄(kōu):即臧僖伯,鲁孝公的儿子,鲁隐公的亲叔父。❿长葛:地名,在今河南境内。

> **译读**

隐公五年春天,鲁隐公准备到棠地观看渔人捕鱼。臧僖伯劝他,认为这不是国君应该做的,但是隐公却说自己是为了去巡视边境。随后就前往棠地观看捕鱼去了。但是,僖伯却请了病假没有随从隐公前往。"公矢鱼于棠",就是说隐公的行为不合于礼,而且是前往远离国都的棠地。

四月,安葬了卫桓公。由于卫国发生动乱,所以

推迟安葬卫桓公的时间。当时,郑国人入侵卫国郊外,卫国人带领南燕军队进攻郑国。于是,郑国的祭足、原繁、泄驾带领三军进攻燕军前面,派曼伯和子元偷偷率领制地的军队袭击燕军后面。结果燕国人腹背受敌。六月,郑国的公子曼伯和子元在虎牢关击败了燕军。

卫国动乱时,郕人曾入侵卫国,因此后来卫军攻入了郕国。九月,祭仲子庙,又准备在庙里献演万舞。隐公向众仲询问执羽舞的人数。众仲回答说:"天子用八行,诸侯用六行,大夫四行,士二行。舞,用来调节八种材料所制乐器的乐音而传播八方之风。所以人数在八行以下。"隐公听从了。从此以后献演六羽乐舞,开始使用六行舞人。

当初,宋国人夺取了邾国的土地。后来邾国人请求郑国做向导。于是,郑国军队和邾军会合,开始讨伐宋国。宋人以国君名义派人前来鲁国告急,隐公听说郑国军队已打到了宋都外城,便准备出兵救援,他问宋国使者:"郑国的军队到了哪里?"

使者回答:"还未到国都。"

于是,隐公因为使者说谎而非常恼火,便决定停止出兵相助,并对使者说:"贵君让我一起为宋国的危难担忧,可是我问你,你却说敌兵还没有到国都。这我们就没有必要去了。"

冬季,十二月二十九日,臧僖伯去世。隐公说:"叔父对我有过怨恨,我不敢忘记。"于是,便提高一个等级安葬了他。后来,宋人攻打郑国,包围了长葛,以报郑人攻入宋都外城之仇。

桓公

桓公二年

春,王正月戊申,宋督❶弑其君与夷❷及其大夫孔父。滕子来朝。三月,公会齐侯、陈侯、郑伯于稷❸,以成❹宋乱。夏四月,取郜大鼎❺于宋。戊申,纳于大庙❻。秋七月,杞侯来朝。蔡侯、郑伯会于邓。九月,入杞。公及戎❼盟于唐。冬,公至自唐。

注释

❶督:即华督,春秋时期宋国奸臣,是当时很有势力的大贵族。❷夷:这里是指孔父的妻子。❸稷:宋国地名,在今河南省商丘市境内。❹成:成就,造成。在这里是平定的意思。❺郜大鼎:春秋郜国造的宗庙祭器。后被宋国取去。❻大庙:即太庙,是帝王祭祖的宗庙建筑。❼戎:即戎人,古代的西方民族。

译读

桓公二年正月,宋国的奸臣华督攻打孔氏,杀死了孔父并且将他的妻子据为己有。宋殇公得知了这件事情之后,特别生气。后来,华督由于十分害怕,便把殇公也杀死了。

原来,宋殇公即位后,宋国战争不断,百姓苦不堪言。当时孔父做司马，华督做太宰。华督看到百姓苦不堪言便认为这是司马孔父的责任。所以不久就杀了孔父和殇公，并把宋庄公从郑国请回，立为国君。华督后来还把郜国的大鼎赠送给了桓公，另外对齐国、陈国和郑国也都送了财物。

三月，桓公和齐僖公、陈桓公、郑庄公在稷地约定见面，目的是商讨如何平定宋国的内乱。但是，因为各国都接受了华督的贿赂，所以他们就帮助华督建立了华氏政权，使他能够得以辅佐宋庄公。

夏季，四月，桓公从宋国把郜国的大鼎取了回来。初九那天，他命令人把大鼎安放在太庙里，但是大臣臧哀伯却认为这件事情不符合礼制。但是桓公不听从他的规劝。

周朝的内使听说了这件事之后，说："臧孙达的后代一定会在鲁国长享禄位！因为国君违背礼制，他没有忘记以道德来劝阻。"

七月，杞侯来鲁国朝见，但是他的态度不够恭敬。杞侯回国以后，桓公就打算要去讨伐他。蔡桓侯和郑庄公在邓地会见，因为两国已经开始对楚国有所惧怕。九月，鲁国开始攻打杞国，就是为了讨伐杞武公之前的不敬行为。

后来，桓公和戎在唐地结盟，这是为了重修过去的友好关系。冬季，桓公从唐地回来了。之所有这个记载，是由于桓公回来后祭告了宗庙。

凡是国君出国之前和回来之后都要祭告宗庙，还要宴请臣下，互相劝酒、把功劳记载在档案里，这是合于礼的。

桓公六年

春正月，寔❶来。夏四月，公会纪侯于成。秋八月壬午，大阅❷。蔡人杀陈佗❸。九月丁卯，子同❹生。冬，纪侯来朝。

注释

❶寔（shí）：同"实"。确实，实在。❷大阅：大规模地检阅军队。❸陈佗：春秋时期诸侯国陈国的君主。❹子同：桓公的儿子，即后来的鲁庄公。

译读

桓公六年春季，淳于公从曹国前来朝见。这里记载作"寔来"，是由于他真正不再回国了。

四月，桓公和纪武公在成地会谈，纪武公是来商讨怎样避免纪国被齐国灭亡的。

秋季，鲁国举行了盛大的阅兵仪式，这是为了检阅战车和马匹。在这同一时间，蔡国人把陈国的君主陈佗杀了。

九月二十四日，桓公的儿子子同出生。桓公以太子出生的规格为他举行了礼仪，以牛、羊、猪三牲齐全的太牢之礼接见儿子，通过占卜的方式选择了一个吉利的士人，让他抱着婴儿，让他的妻子哺乳婴儿。桓公和文姜以及同姓大夫的妻子则给婴儿起名。

桓公向申繻询问取名字的事。申繻回答说："取名有五种方式，分别是信、义、像、假、类。用出生的某

一种情况来命名是信,用祥瑞的字眼来命名是义,用相类似的字眼来命名是像,假借某种事物的名称来命名是假,借用和父亲有关的字眼来命名是类。

命名不用国名,不用官名,不用山川名,不用疾病名,不用牲畜名,不用器物礼品名。

周朝人用避讳来侍奉神明,名,在死了以后就要避讳。所以用国名命名,就会废除人名,用官名命名就会改变官称,用山川命名就会改变山川的神名,用牲畜命名就会废除祭祀,用器物礼品命名就会废除礼仪。

晋国因为僖公而废除了司徒之官,宋国因为武公而废除了司空的官名,我国因为先君献公、武公而废除了具山、敖山二山之名,所以大的事物不可用来命名。"

桓公说:"这孩子的出生,和我在同一个干支,不如就把他叫作同吧。"

冬季,纪侯前来朝见,请求鲁国代纪国取得周天子的命令去向齐国求和。桓公告诉他说自己做不到。

桓公八年

春正月己卯,烝❶。天王使家父❷来聘❸。夏五月丁丑,烝秋❹,伐邾。冬十月,雨雪。祭公❺来,遂逆❻王后于纪。

注释

❶烝(zhēng):众多,在这里是指发生了很多事。❷家父:周朝的大臣。❸聘:古时国与国遣使访问。❹烝

秋：是指多事之秋。❺祭公：指周公之后人祭公谋父的省称。❻逆：在这里是迎接的意思。

译读

桓公八年发生了很多事情，这里并没有仔细说明，只是简约记载了当时的情况。比如，八年春季，曲沃伯灭亡了翼邑；随国的少师受到了随侯的宠信。

夏季，楚武王在沈鹿会合诸侯的军队。黄、随两国没有参加这次的会见。楚武王派薳章去责备黄国，然后又亲自带兵讨伐随国，军队驻扎在汉水、淮水之间。

随国大夫季梁请求随侯向楚国投降，并认为如果楚国不接受投降，在作战也不迟，而且还可以激励随军的斗志，使敌军变得懈怠。少师则对随侯说："一定要尽快作战。否则，将失去战胜楚军的机会。"

于是，随侯率兵顽强抵抗，从远处眺望楚国的军

队。季梁说:"楚国人以左为尊,所以楚国的国君一定在左边的军队之中,因此我们不要和楚王正面遭遇。而是要去攻击他右边的军队,因为右军中没有大将,所以一定会失败,到时候其他人就都会奔散。"

然而少师却说:"不去正面去和楚王交战,别人会认为我们不是他的对手。"

于是,随侯没有听从季梁的话,结果随军大败。秋季,随国打算同楚国议和。

楚武王本来不打算同意。但是楚国令尹斗伯比却说:"上天已经铲除了随国的少师,所以随国不会再有胜利的可能了"于是,楚、随两国订立了盟约。

冬季,周桓王命令虢仲立晋哀侯的兄弟缗为晋侯。当时,祭公到鲁国来,然后到纪国迎接王后,这是非常合于礼制的。

桓公九年

春,纪季姜❶归于京师。夏四月,秋七月。冬,曹伯❷使其世子❸射姑❹来朝❺。

注释

❶季姜:纪国诸侯的女儿。季,姊妹中排行;姜,姓氏。❷曹伯:在这里指春秋时期曹国的君主曹桓公。❸世子:古代天子、诸侯的嫡长子或者是儿子中继承帝位或王位的人。❹射姑:曹伯的儿子,也就是后来的曹庄公。❺朝(cháo):朝见,朝拜。

译读

桓公九年春天,纪国诸侯的女儿季姜出嫁到京师洛邑成为王后。由于诸侯的女儿出嫁,只有做了王后,史官才会记载,所以季姜出嫁就被记载了下来。

四月,楚武王派斗廉率军和巴国军队一同攻打鄾地。邓国的养甥、聃甥则率军支援鄾地。

邓军向巴军发起三次冲锋,但是都没有获胜。后来,斗廉将一部分楚军列为横阵隐藏在巴军之中,让剩下的楚军与邓军作战,然后假装失败逃走。

由于邓军只顾着追逐楚军,这样巴军就处在他们背后了。接着,假装逃跑的楚军突然掉转方向,和巴军两面一起夹攻邓军。最后邓军大败,鄾地人当天夜里就溃不成军了。

七月,虢仲、芮伯、梁伯、荀侯、贾伯联合攻打曲

沃。冬季，曹国国君派自己的儿子射姑前来朝见鲁国国君。鲁国用上卿之礼接待了他，这是非常合于礼制的。鲁国还举行了宴会招待曹太子。刚开始献酒时，乐师们刚刚演奏完一段乐曲，曹太子射姑就叹息起来。鲁桓公的兄弟施父说："太子一定是对将来有所忧虑吧，不然不会在这里叹息了。"

桓公十六年

春正月，公会宋公、蔡侯、卫侯于曹。夏四月，公会宋公、卫侯、陈侯、蔡侯伐郑。秋七月，公至自伐郑。冬，城❶向❷。十有一月，卫侯朔❸出奔❹齐。

注释

❶城：这里用作动词，建城。❷向：古代国名，姜姓，在今山东省莒县南。❸朔：即公子朔，卫国第十六位国君，也就是后来的卫惠公。❹奔（bēn）：逃跑。

译读

桓公十六年正月，鲁桓公和宋庄公、蔡桓侯、卫惠公在曹国会见，一起策划围攻郑国的事宜。四月，鲁国、宋国、蔡国、卫国以及曹国开始一同攻打郑国。

秋季七月，桓公攻打郑国后回到了鲁国，并且举行祭告宗庙的仪式，还宴请了所有的臣子。冬季，鲁桓公命人在向地建城。这里之所以记载了建城的这件事，是由于鲁桓公的这项举措没有妨碍农时。

当初，卫宣公和父亲的姬妾夷姜私通，生下了急子。卫宣公把急子托付给了右公子抚养，又打算为右公子在齐国娶妻子。但是由于这个女人非常美丽，于是卫宣公就自己娶了她，后来生下了寿和朔。卫宣公把寿嘱托给了左公子。后来，夷姜上吊自杀了。

急子长大后，宣姜和公子朔诬陷急子。卫宣公派急子出使到齐国，并指使坏人在莘地等着，打算杀死急子。寿子得知后立即把这件事告诉急子，让他逃走。但是急子却拒绝了。

于是，寿子用酒把急子灌醉，然后在自己的车上插上了太子的旗帜走在前面，因此坏人认错了车便杀了寿子。急子赶到，说："他们要杀的是我。寿子有什么罪呢？请杀死我吧！"后来，坏人又杀了急子。

左、右两公子因此非常怨恨惠公。十一月，左公子泄、右公子职立公子黔牟为国君。后来，卫惠公逃亡到了齐国。

庄公

庄公四年

春王二月,夫人姜氏享❶齐侯于祝丘❷。三月,纪伯姬❸卒。夏,齐侯、陈侯、郑伯遇于垂。纪侯大去其国。六月乙丑,齐侯葬纪伯姬。秋七月。冬,公及齐人狩❹于禚❺。

注释

❶享:同"飨(xiǎng)",用酒食款待人。❷祝丘:古地名,位于今山东临沂境内。❸姬:古代对妾的美称。❹狩:古代特指冬天打猎。❺禚(zhuó):齐国地名,在今山东济南境内。

译读

庄公四年二月,庄公的夫人姜氏在祝丘用酒食款待齐侯。三月,纪侯的夫人去世。夏天,齐侯、陈侯、郑伯在垂地约会见面,为了商讨如何对付纪国。后来,纪侯不能屈从齐国,便把国家政权让给了纪季。夏季,纪侯永远离开了他的国家,为了避免齐国对他有所加害。

六月,齐侯安葬了纪伯的夫人。冬天,庄公和齐侯一同到齐国的禚地狩猎。其实,在这一年,楚国也发生了一件大事。三月,楚武王摆开一种名为"荆尸"的战

阵，把戟发给士兵，然后去攻打随国。在准备斋戒的时候，他突然进宫告诉自己的夫人邓曼说："我一直都感觉到心神不安。"

邓曼叹气说："那是因为君王的福禄已经非常充盈。福禄满了就会发生动荡，这是自然的道理。可能是先王大概知道了君主您将要面临作战，所以才会令使君王的心跳加快，心神不安。但是如果军队在作战过程中没有什么实际损失，而君王却死在行军途中，这就是国家的福分了。"

楚武王于是立即出征，结果最后死在了樠树下面。但是楚国的令尹鬬祁和莫敖屈重隐瞒了君王去世的消息，秘不发丧，并且开通新路，还在溠水建了桥梁，在随国境外建筑了营垒。

后来，随国人看到后非常恐惧，很快就向楚军求和了。最后，莫敖屈重以楚王的名义进入随国，和随侯订下了盟约，而且邀请随侯在汉水转弯处会见，然后退兵。楚国军队渡过了汉水后才公布楚武王的丧事。

庄公六年

春王正月，王人❶子突救卫。夏六月，卫侯朔入于卫。秋，公至自伐卫。螟。冬，齐人来归卫俘❷。

注释

❶王人：指的是周王室官员。❷俘：这里指作战时被捉住的敌人和缴械的兵器。

译读

庄公六年正月,周朝的王室官员子突前去援救卫国。夏天六月,太子卫朔来到卫国。卫朔回国后,把公子黔牟流放到了成周,把宁跪流放到秦国,并杀了左公子泄、右公子职,然后才即位,是为卫惠公。

君子认为,卫惠公杀了左公子泄、右公子职非常缺乏考虑。因为要想稳定自己国君的地位,就必须考虑本末以及各个方面的情况和条件,要在适当时机采取适当的方法。如果不了解事情的根本,就不会长盛不衰。所以《诗经》说:"根壮枝茂才能百世不衰。"

秋天,庄公开始讨伐卫国。也就是在这一年的冬季,齐国人前来归还卫国的俘虏和宝器,这是出于文姜的请求。也就是在这一年,楚国国君楚文王开始攻打申国,在途经邓国时。邓祁侯说:"楚文王是我的外甥,

我要把他留下而设宴好好款待他。"

但是邓祁侯的骓甥、聃甥、养甥都向邓祁侯请求要杀掉楚文王。结果邓侯没有同意。这三甥都说:"将来使我邓国灭亡的,一定会是楚文王。如果我们现在不早点铲除他,将来恐怕后悔也就晚了。只有现在下手还来得及呢!"

邓祁侯却说:"如果我们这样做的话,百姓们非常厌恶我而不会再吃我剩下的东西的。"

三位外甥回答说:"君主您如果不听我们三个人的劝阻,将来我国的土地和五谷的神明一定会得不到祭享,到时候您还想去哪里取得祭神的剩余呢?"

尽管三位外甥已经这样劝说了,但是邓祁侯依然不答应。后来,楚王攻打完申国回国的那一年,便开始进攻邓国。一直到后来的庄公十六年,楚文王才终于消灭了邓国。

庄公八年

春王正月,师次❶于郎,以俟❷陈人,蔡人。甲午,治兵❸。夏,师及齐师围郕,郕降于齐师。秋,师还。冬十有一月癸未,齐无知❹弑其君诸儿❺。

注释

❶次:外出远行时停留的处所。这里是停留的意思。❷俟:等待,等候。❸治兵:在这里是整饬军队的意

思。❹齐无知：即公孙无知，齐僖公的侄子，齐襄公和齐桓公的堂兄弟。❺诸儿：即齐襄公，姜姓，吕氏，名诸儿，齐僖公长子，春秋时期齐国第十四位国君。

译读

庄公八年春季，鲁国在太庙给军队颁发了兵器，这是合乎礼的。正月，鲁国军队在郎地暂时停留下来，目的是等待陈国和蔡国的军队到来。

夏季，鲁军和齐军共同包围了郕国。于是，郕国向齐军缴械投降。这时，鲁国上卿仲庆父请求趁机进攻齐军。鲁庄公却说："不行，我还没有那么高的德行，齐军没有任何罪过，《夏书》说：'皋陶勉力培育德行，德行具备，别人就会降服。'我们还是先注重自己的德行修养吧！"秋季，鲁国的军队回国了。君子认为鲁庄公的德行是非常好的。

齐襄公曾经派连称、管至父驻守葵丘，瓜熟的时节前去，并允诺：到明年瓜熟的时候，便派人替代他们。结果两人驻守了一年，齐襄公也没有派人来。因此，连称、管至父请便开始策划叛乱。

当时，齐僖公非常宠爱的弟弟的儿子公孙无知，对侄子的一切礼仪待遇都和嫡子一样。齐襄公即位后，便降低了公孙无知的待遇。于是，连称、管至父两个人便打算利用公孙无知发动叛变。连称有个堂妹在齐襄公的后宫，不受齐襄公的宠爱，于是就指使她侦察齐襄公的情况。公孙无知答应她事成之后，让她做自己的夫人。

同年十二月，齐襄公在贝丘打猎，因受到野猪的惊吓，从车上掉下来摔伤脚，而且还将鞋子弄丢。齐襄公

回去后,责令管鞋人费去找鞋,费没有找到,于是齐襄公就抽打费三百鞭,将他打得皮开血出。

费走出来后,公孙无知和连称、管至父等人听说齐襄公受伤,便率领徒众袭击齐襄公的住所。公孙无知等人在宫门口遇到费,并把费劫走并捆起来。后来,费表示愿意和他们一起行动,请求先进宫去。费进宫后,立即将齐襄公隐藏到门后。过了一会儿,公孙无知等人恐其有变,于是率众进去。费与宫中侍卫、齐襄公宠臣攻击公孙无知等人,但没有取胜,费等人全部被杀。

公孙无知进入宫中,在床上杀死孟阳,说:"这个人不是国君,因为他的样子不像。"接着,公孙无知便一眼就看到齐襄公的脚露出在门下边,于是将齐襄公杀害了。后来,公孙无知自立为国君。

当初,齐襄公即位后,政令无常。齐国大夫鲍叔牙说:"国君放纵百姓,恐怕将来会有祸乱发生啊!"于是他便侍奉齐僖公第三子公子小白逃到了莒国。叛乱发生后,管仲、召忽侍奉齐僖公之子公子纠逃到了鲁国。

庄公九年

春,齐人杀无知。公及齐大夫盟于既①。夏,公伐齐纳②子纠③。齐小白④入于齐。秋七月丁酉,葬齐襄公。八月庚申,及齐师战于乾时⑤,我师败绩。九月,齐人取子纠杀之。冬,浚⑥洙⑦。

注释

①既:鲁国地名。既,通"暨(jì)"。②纳:接受,迎接。③子纠:即公子纠,春秋时齐国人,齐僖公之子。④小白:即公子小白,齐僖公第三子。⑤乾时:古地名,齐地,在今山东青州。⑥浚(jùn):疏通,挖深。⑦洙(zhū):水名,在山东境内。

译读

鲁庄公九年春季,齐国大夫雍廪杀死了齐国君主公孙无知。于是,鲁庄公和齐国的大夫在蔇地结盟,这是由于当时齐国还没有明确国君的人选。

夏季,襄公与公孙无知被杀后,齐国内乱,于是鲁庄公开始进攻齐国,并派兵护送公子纠返齐争位。当时,管仲射中了公子小白的衣扣,小白倒地装死。鲁国于是就慢慢地送公子纠回国,过了六天才到,结果这时

出奔在莒国的公子小白已先回齐即位。即为齐桓公。

七月,齐桓公为齐襄公举行了葬礼。八月,鲁国军对和齐军在乾时展开战斗,结果鲁军大败。于是,鲁庄公丢失了战车,便乘坐轻车逃了回来。

齐桓公即位后,威胁入侵庇护公子纠的鲁国。九月,齐国大夫鲍叔牙率领军队代表齐桓公来鲁国说:"公子纠是我齐君的亲人,请贵国为我们讨伐他。管仲、召忽,都是我齐君的仇人,请把他们交给我国使我们能够安心。"

由于鲁国担心齐国的入侵,所以在笙渎处死了公子纠,召忽也自杀了。管仲请求把他押送回齐国,鲍叔牙接受了管仲的请求,就把他释放了。回国后,鲍叔牙报告齐桓公说:"管仲治国的才能比高傒都强,可以让他辅助君主。"于是,齐桓公听从了建议。

庄公十年

春王正月,公败齐师于长勺❶。二月,公侵宋。三月,宋人迁宿。夏六月,齐师、宋师次于郎。公败宋师于乘丘❷。秋九月,荆❸败蔡师于莘❹,以蔡侯献舞❺归。冬十月,齐师灭谭❻,谭子❼奔莒❽。

注释

❶长勺:地名,在今山东莱芜东北。❷乘丘:古地名,春秋鲁地,在今山东省菏泽境内。❸荆:荆国,即

楚国。❹莘：蔡地名，在今河南省汝南县境。❺蔡侯献舞：即蔡季，蔡哀侯，名献舞。❻谭：国名，在今山东济南东南。❼谭子：谭国国君。❽莒（jǔ）：国名，在今山东莒县一带。

译读

庄公十年正月，齐国的军队攻打鲁国。庄公准备迎战，曹刿求见庄公。他的乡亲们说："当权者自会谋划此事，你又何必参与呢？"曹刿说："当权者浅陋无知，不能深谋远虑。"于是进宫廷去见鲁庄公。

曹刿问庄公："您凭拿什么条件跟齐国作战？"鲁庄公说："衣食这类养生的东西，我不敢独自享有，一定把它们分给身边的人。"曹刿说："即使这些小恩小惠也没有普遍施行，百姓是不会跟随您去作战的。"

庄公说："祭祀用的牛羊玉帛，不敢擅自增加，祝史的祷告一定反映真实情况。"曹刿回答说："仅有一点诚心并不能代表一切，神明不会降福的。"庄公说："大大小小的案件，虽然不能完全探明底细，但必定合情合理去办。"曹刿回答说："这是为百姓尽力的一种表现，凭这个可以打一下。打起来，请让我跟着去。"

于是，庄公和曹刿同乘一辆车，与齐军在长勺展开战斗。庄公准备击鼓。曹刿说："还不行。"齐国人打了三通鼓。曹刿说："可以了。"结果最后齐军大败。

这时，鲁庄公又要下令立即驾车追逐齐军，但是曹刿却说："还不行。"说完他就下了战车，先是察看齐军车轮碾出的痕迹，又登上了战车，扶着横木远望齐军的队形，然后才说："可以追击了。"于是鲁军追击齐

军，大胜而归。

战斗胜利后，庄公问起取胜的原因。曹刿回答说："作战要靠勇气。擂第一通战鼓时，士气大振，擂第二通战鼓时，士气就开始衰落下去了，擂第三通战鼓，士气就没有了。敌方的士气没有了，而我方士气正旺，因此才战胜他们。大国的行动难于揣测，我怕他们是假撤退而布置埋伏。当我看到他们的车辙已显杂乱，望见他们的战旗已经倒下，确实是败退时，才让您下令追击。"二月，鲁庄公开始入侵宋国。三月，宋国人迁移到了宿地。夏季六月，齐军和宋军驻扎在郎地。后来，鲁军在乘丘把宋军打得大败。齐军也逃回了国。

秋季九月，楚国在莘地打败蔡军，俘获蔡哀侯献舞而回。原来，当初齐侯逃亡在外的时候，经过谭国，谭国人对他不礼貌。等到齐侯回国，诸侯都去祝贺，谭国没有人去。所以在冬季，齐国发兵消灭了谭国。后来，谭国君主谭子逃到莒国，因为莒国和谭国曾经结过盟。

庄公十一年

春王正月。夏五月，戊寅，公败宋师于鄑❶。秋，宋大水。冬，王姬❷归于齐。

注释

❶鄑（zī）：鲁国地名，在宋、鲁边界处。❷王姬：即共姬，原是卫国人，后来成为齐桓公的妾夫人。

译读

庄公十一年夏季,宋国因为上次在乘丘那战败后,便开始找借口入侵鲁国。于是,鲁庄公亲自带兵迎战。当时,宋国的军队还没排好兵,布好阵,鲁军就很快逼近压过去,最后在鄑地再次打败了宋军。

秋季,宋国发了洪灾。鲁庄公派人前宋国去慰问,并且说:"天降大雨,贵国所有的庄稼都受了灾难,我怎么可能不来慰问呢?"

宋闵公回答说:"一定是我对上天不够敬重,上天才会给我的国家降下灾难,现在又让贵君担忧,让我实在有些担当不起啊!"

鲁国大夫臧文仲说:"宋国恐怕要兴盛了吧!禹、汤责罚自己,之后便勃然兴起;桀、纣责罚别人,结果很快就灭亡了。而且别国发生灾荒,国君称孤这是合于礼的。言语有所戒惧而名称合于礼制,这就差不多了吧!"

不久臧文仲又听别人说,之前宋闵公所说的话其实是宋庄公之子御说讲的。因此,臧文仲说:"公子御说这个人适宜做国君,他有怜悯百姓之心。"

冬季,齐桓公亲自来迎娶卫国人王姬。

庄公三十二年

春,城❶小穀❷。夏,宋公、齐侯遇于梁丘❸。秋七月癸巳,公子牙❹卒。八月癸亥,公薨于路寝❺。冬十月己未,子般❻卒。公子庆父如齐。狄伐邢。

注释

①城：在这时建筑、建设的意思。②小榖（gǔ）：即榖，齐邑名，在今山东东阿。③梁丘：宋国邑名，在今山东成武东北。④公子牙：鲁庄公的弟弟叔牙。⑤路寝：古代天子、诸侯的正厅。寝，寝室。⑥子般：即子斑，鲁庄公的儿子。

译读

庄公三十二年春天，齐国在小榖这个地方建了一座城，这是专门为管仲建造的。齐桓公因为楚国讨伐郑国一事，请求和各诸侯相约见上一面。后来，宋桓公请求先和齐桓公见面。于是在夏季，两人在梁丘进行了非正式会见。

当初，鲁庄公建造好高台后，便可以站在高台上看到党家。有一次，鲁庄公在高台上看见了党氏的女儿孟任，于是便下来就跟着她走。但是，孟任看到后打算关门拒绝庄公。后来，庄公答应立孟任夫人，孟任才答应庄公。于是，孟任割破手臂和庄公立下盟约。孟任被立为夫人后，很快就为庄公就生了儿子子般。

秋季，七月，庄公患了重病，他向二弟叔牙询问有关继承人的问题。叔牙回答说："哥哥庆父比较有才能。"接着，庄公又向三弟季友询问有关继承人的问题，季友回答说："我决心誓死事奉子斑。"庄公说："刚才叔牙说庆父有才能。"

于是，季友便派人以国君的名义让哥哥叔牙在鲁大夫鍼巫家里等候，让鍼巫在酒里下了毒药，并说："喝了这酒，你的后代就可以在鲁国享有禄位，否则，即使你死了，后代也休想得到禄位。"后来，叔牙果断喝了毒酒，回去时刚走到逵泉就去世了，于是立他的儿子为叔孙氏。

八月初五日，鲁庄公死在正寝里。于是他的儿子子斑即位，暂时住在党氏家里。冬季，十月初二，庆父派养马人荦在党家刺死了子斑。后来，季友逃亡到陈国，于是庆父立庄公的儿子启为国君，是为鲁闵公。也就是在这一年，狄人开始进攻邢国。

闵公

闵公元年

春王正月。齐人救邢①。夏六月辛酉,葬我君庄公。秋八月,公及齐侯盟于落姑②。季子③来归。冬,齐仲孙④来。

注释

①邢:姬姓诸侯国,周公之子所封,在今河北邢台。②落姑:齐国地名,在今山东平阴。③季子:即季友,鲁庄公的弟弟。④仲孙:仲孙湫,春秋齐国大夫。

译读

闵公元年春季,鲁庄公的儿子启即位,但是由于当时鲁国动乱不能举行即位仪式,所以《春秋》没有记载他的即位事情。

当时,狄人攻打邢国。齐国管仲对齐桓公说:"戎狄就好比豺狼一样,贪得无厌。所以我们中原各国之间一定要互敬互爱,千万不能抛弃彼此。安逸享乐就像是如毒药一样,不可贪恋啊。《诗经》里面说:'难道不想回去,只是害怕这告急文书'。竹简上的告急文字,告诉我们要同仇敌忾,患难与共。请国君答应邢国的要求,前去帮助他们。"于是,齐国开始出兵救援邢国。

夏季六月，鲁庄公被安葬，但是由于当时国内发生动乱，所以葬礼被推迟了，过了十一个月才举行葬礼。

秋季，八月，闵公和齐桓公在落姑结盟，闵公请求齐桓公帮助自己的叔叔季友回到鲁国。齐桓公同意了，他派人从陈国召回季友，当时，闵公住在郎地等候他。

冬季，齐国大夫仲孙湫到鲁国来表示慰问。他回国后对齐桓公说："如果不除掉鲁国的庆父，那么鲁国的灾难将会永无休止。"

桓公问道："那如何才能除掉他呢？"

仲孙湫回答："如果他一直不停地制造祸乱，早晚有一天他会自取灭亡，不信咱们就慢慢等待吧！"桓公说："那我们齐国可否趁此机会消灭鲁国呢？"

仲孙湫说："不行，鲁国现在还依然遵照周礼行事。周礼是一个国家的是立国之本。据我所知：一个国家将要灭亡的时候，就像大树将要倒下一样，一定是躯干先倒下，然后才是枝叶落下。鲁国现在还没有丢弃周礼，所以我们不能对鲁国轻举妄动。您现在应该尽力帮助鲁国消灭祸患，然后和鲁国亲近友好。到时候亲近有礼的国家，依靠政权稳固的国家，离间内部涣散的国家，消灭昏庸动乱的国家，这才是日后要称王称霸的最佳策略啊！"

闵公二年

春王正月，齐人迁阳❶。夏五月乙酉，吉禘❷于庄公。秋八月辛丑，公薨。九月，夫人姜氏孙于邾。

公子庆父出奔莒。冬，齐高子来盟。十有二月，狄入卫。郑弃其师。

注释

❶阳：指春秋战国时期的阳国。❷吉禘（dì）：指丧后二十五月举行大祭，将死者神主移于宗庙，称吉禘。禘，大祭。

译读

闵公二年春天，齐国逼走了阳国的百姓，霸占了这个地方。夏季五月，鲁国为庄公举行了大祭，将他的神主移于宗庙。

八月二十四日，闵公去世。当初，辅导闵公的官员强行夺取了卜齮（yǐ）的田地，但是闵公并没有加以阻拦。后来，庆父让卜齮在武闱杀了闵公。

之后，季友带着僖公到了邾国，当他们得知庆父也

逃到了莒国后，季友和僖公便再次回到鲁国，拥立僖公为国君。

僖公即位后，路过打算用大量财物向莒国换取共仲。于是，莒国人让庆父回去，庆父到了密地，让鲁国大夫公子鱼前去请求赦免，可是没有得到允许。

于是，公子鱼哭着回去了，庆父远远就听到了公子鱼哭声，于是他说："这是公子鱼的哭声啊！"接着便上吊自杀了。

原来，闵公是哀姜妹妹叔姜的儿子，所以齐人立他为国君。但是由于庆父和哀姜私通，所以哀姜想立庆父为国君。因此闵公被害后，哀姜由于早就知道内情，所以逃了到邾国。

后来，齐人向邾人要回了哀姜，并夷地杀了她，最后还是僖公请求归还哀姜的尸首，并安葬了她。冬天，齐国大夫高子来与鲁国订立盟约。

冬季十二月，狄人讨伐卫国。卫懿公一向喜欢鹤，他养的鹤甚至可以乘坐大夫以上才能乘坐的轩车。狄人入侵后时，国人们说："让鹤去作战吧，鹤享有禄位，我们哪里能够作战呢？"

懿公把佩玉赐给石祁子，把箭赐给宁庄子，让他们防守，说："你们用这个帮助国家，怎样有利怎样做。"还把绣衣给了夫人，说："你听这两个人的！"然后由渠孔驾车，子伯为车右，黄夷为前卫，孔婴齐殿后，和狄人在荥泽交战。结果卫军大败，随后狄人灭亡了卫国。

僖公

僖公元年

春王正月。齐师、宋师、曹伯次于聂北①，救邢。夏六月，邢迁于夷仪②。齐师、宋师、曹师城邢。秋七月戊辰，夫人姜氏薨于夷，齐人以归。楚人伐郑。八月，公会齐侯、宋公、郑伯、曹伯、邾人于柽③。九月，公败邾师于偃④。冬十月壬午，公子友⑤帅师败莒于郦⑥。获莒挐⑦。十有二月丁巳，夫人氏之丧至自齐。

注释

①聂北：地名，在今山东茌平，位置与邢、卫、齐三国交界。②夷仪：地名，在今山东聊城西南。③柽（chēng）：古地名，春秋宋邑，故址在今河南淮阳西北。④偃（yǎn）：邾国地名，在今山东费县南。⑤公子友：即曹友，西周诸侯国郕国开国君主，其父是邾国第七代君主邾武公夷甫。⑥郦（zhí）：古地名，在今河南内乡县西北。⑦挐（rú）：人名，莒国君的弟弟。

译读

僖公元年春季，鲁庄公之子申即位，是为僖公。《春秋》中之所以没有记载僖公即位的事情，是因为

僖公当时是出奔后又回到国内的,由于避讳,所以《春秋》不加记载。

齐桓公、宋桓公、曹昭公率领军队驻扎在聂北,所有的军队都为了救援邢国。当时,邢军被狄人打得四处溃散,于是他们逃到诸侯的军队里。后来,诸侯大军赶走了狄人,还将从狄人手中夺回的邢国器物财货让邢军取回,没有一个国家对这些财货据为己有。

六月,邢国将城市迁到夷仪,所有诸侯国都帮忙建城,这是为了帮助邢国度过灾难。七月戊辰,庄公夫人哀姜死在夷地,齐国人就打算让她的尸体回到鲁国。

秋季,楚国人进攻郑国,这是由于郑国亲近齐国的缘故。于是,鲁僖公和齐桓公、宋桓公、郑文公、邾子在柽地结盟,他们在一起商讨如何救郑国于水火之中。九月,僖公在偃地打败了邾国的军队,这支邾国的军队是戍守在虚丘将要回国的军队。

冬季,莒国前来鲁国求取财货。结果曹友在郦地打败了他们,还俘获了国君的弟弟挐。僖公为了赏赐曹友便把汶阳的田地和费地赐给了他。十二月,庄公夫人哀姜的灵柩从齐国被运了回来。

僖公二年

春王正月,城楚丘。夏五月辛巳,葬我小君哀姜。虞❶师、晋师灭下阳❷。秋九月,齐侯、宋公、江人、黄人盟于贯❸。冬十月,不雨。楚人侵郑。

注释

❶ 虞（yú）：虞国，也称北虞，西周分封的姬姓诸侯国。❷ 下阳：古邑名，春秋虢（guó）地，在今山西平陆北。❸ 贯：宋国地名，在今山东曹县南。

译读

僖公二年正月，各诸侯国在楚丘建造了城池，然后把卫国封在了那里。《春秋》里面之所以没有记载诸侯会见一事，是因为当时鲁国迟到了。五月，鲁国为哀姜举行了葬礼。

这一年，晋国大夫荀息向晋献公请求用屈地所产的名马和垂棘出产的美玉献给虞国，然后希望虞国可以允许晋国借路去攻打虢国。但是晋献公却心疼地说："这些东西可都是我心爱的宝物啊！"

荀息回答说："假如可以从虞国借路，那么宝物放

在虞国，就和存放在晋国的外库没什么区别。”但是晋献公却说：“可是虞国贤臣宫之奇在那里呀！”

于是，荀息回答说：“宫之奇这个人性格懦弱，从来就没有强力进谏才能，而且他从小就和虞君一起在宫中长大，虞君与他关系非常亲近，虽然他有可能会进谏，但是虞君一定不会接受的。”

于是，晋献公派荀息到虞国去借路。荀息对虞公说：“从前冀国不讲道义，从颠軨借路来攻打你们虞国，攻打鄍邑的三门。后来冀国之所以衰落，是因为虞国有您这位贤君。如今虢国也不讲道义，在客舍筑起堡垒，目的是侵占我们晋国南部的边界。所以我们谨恳求贵国借一条进军之路，以便晋国前往虢国讨伐。”

虞公听后很快便答应了，但是他请求让自己先行讨伐虢国。虽然宫之奇极力劝阻虞公，但是虞公一点也听不进去。后来虞国便出兵攻打虢国。这年夏天，晋国的大夫里克荀息率军会合虞军，征讨虢国，攻下了虢国的下阳城。

九月，齐桓公、宋桓公、江、黄两地的头目在贯地结盟，这是为了江、黄两国归服于齐。这一年的冬季，楚国人进攻了郑国。

僖公四年

春王正月，公会齐侯、宋公、陈侯、卫侯、郑伯，许男[1]、曹伯侵蔡。蔡溃[2]，遂伐楚，次于陉[3]。

夏，许男新臣卒。楚屈完❹来盟于师，盟于召陵❺。齐人执陈辕涛涂❻。秋，及江人、黄人❼伐陈。八月，公至自伐楚。葬许穆公。冬十有二月，公孙兹❽帅师会齐人、宋人、卫人、郑人、许人、曹人侵陈。

注释

❶许男：即许穆公，许国君主。❷溃（kuì）：被打垮。❸陉（xíng）：楚地，在今河南郾城南。❹屈完：人名，春秋时期楚国大夫。❺召陵：楚地名，今河南郾城县东。❻辕（yuán）涛涂：春秋时期陈国大夫，为袁姓始祖。❼江人、黄人：是指江国、黄国。❽公孙兹（zī）：人名，春秋前期鲁国公族，鲁桓公之孙。

译读

僖公四年春天，齐桓公率领齐国、宋国、陈国、卫国、郑国，许国和曹国的军队侵犯蔡国，最后蔡军被击溃。接着，齐桓公又率军去攻打楚国。

这时，楚成王派使者对齐桓公说："君王住在北方，我们住在南方，咱们相距这么远，即使对方的牛马走散，彼此也不会掺杂在一起。然而我却没有料到君王会率兵攻打我国，这是为什么呢？"

齐国的管仲回答说："从前召康公命令我姜太公说：'五侯和九伯，你对他们都有发兵征讨的权力，以便和周公共同辅佐周王室！'召康公赐给我们先君权力的范围，东到大海，西到黄河，南到穆陵，北到无棣。但是你们楚国应该向我们进贡王室的包茅还没有送来，导致了王室的祭物缺乏，不能滤酒，所以我们才要追究你们的责任。当年昭王南征楚国没有能够回去，这也要请贵国解释。"

楚国使者回答说："我国应该奉送给贵国的贡品没有献上，这的确是我们君主的过错，但是我们怎敢不贡奉贵国呢？至于说昭王南巡没有返回的事，请您到汉水边去问吧。"

于是，齐桓公率诸侯的军队继续前进，驻扎在楚国境内的陉地。后来，楚成王派遣屈完担任使者到齐桓公驻军地探听虚实。这时，诸侯军队向后撤退，驻扎在召陵。齐桓公让诸侯的军队摆成战阵，然后和屈完同乘一辆车检阅了一番。

桓公说："难道我是因为我自己才起兵的吗？我不过是为了继承我们先君建立的友好关系罢了。你们也和我们建立友好关系，怎么样？"

屈完回答说："承蒙您惠临我国，才使我国的子民得以保全。您又如此不顾蒙受耻辱收容我们，与我国建立友好关系，这也是我们国君最大的愿望啊！"

桓公说："用这么多军队去作战，谁又能抵抗得了呢？用这么多的军队去攻城，哪个城又能坚持住呢？"

屈完回答说："国君如果用恩德安抚诸侯，谁敢不服从呢？但是如果仅凭借武力，那么我国将以方城山作为城墙，以汉水作为护城河，那么即时您军队众多，恐怕也没有什么用。"最后，屈完和各诸侯订立了盟约。

陈国的辕涛涂对郑国的大夫申侯说："齐国的军队在陈国和郑国之间行军，到时候两国一定会给军队提供粮草，到时候国内的粮草恐怕非常困乏。如果让军队从东面走，顺便向东夷炫耀一下武力，然后沿海边回国，应该是不错的办法。"

申侯说："好。"

后来，辕涛涂把这一想法告诉了齐桓公，桓公也非常赞同。但申侯进见桓公时却说："军队在外停留的时间太长，如果往东走的话一旦遇到敌人，恐怕会大败啊。如果从陈国和郑国之间行军，到时候由两国负责提供粮曹魏，是比较好的办法啊。"

桓公听后非常高兴，便把虎牢这个地方赏给了申侯，然后把辕涛涂抓了起来。

秋季，齐国和江、黄二国一同攻打陈国，为了讨伐陈国辕涛涂之前对齐国的不忠。这个时候，许穆公在军中去世，齐桓公便以侯的规格将他安葬，这是非常合于礼制的。冬季，鲁国的叔孙戴伯带兵会合诸侯的军队侵犯陈国。陈国求和，于是齐国便把辕涛涂放了回去。

文公

文公元年

春王正月，公①即位。二月癸亥，日有食之。天王使叔服②来会葬。夏四月丁巳，葬我君僖公。天王使毛伯③来锡④公命。晋侯伐卫。叔孙得臣⑤如京师。卫人伐晋。秋，公孙敖⑥会晋侯于戚⑦。冬十月丁未，楚世子商臣弑其君頵⑧。公孙敖如齐。

注释

①公：即鲁文公，姬姓，名兴，是鲁国第十九任君主。②叔服：人名，周朝的一名内史。③毛伯：即毛伯卫，春秋时期毛国国君。④锡：赐给。⑤叔孙得臣：春秋时鲁国大夫，善骑射。⑥公孙敖：庆父之子，春秋时期鲁国大臣。⑦戚（qī）：卫邑，在今河南濮阳县北。⑧頵（jūn）：头大的样子。这里是指自缢而亡。

译读

鲁文公元年春天，鲁文公即位，周襄王派遣内史叔服来鲁国参加僖公的葬礼。四月二十六日，鲁国安葬了僖公。后来，周襄王又派毛伯卫来鲁国赐给鲁文公写在竹简上的奖状。鲁国大夫叔孙得臣后来也答谢周襄王。

晋文公晚年，诸侯前往晋国朝见。但是卫成公却没去朝见，他当时正派孔达攻打郑国的緜、訾，然后到达

匡地。后来，晋襄公举行完祭祀后，便联合诸侯攻打卫国，到了南阳。

这时，晋国卿大夫先且居说："效法错误的行为，将会招致祸害。请国君先去朝见天子，我领着军队去攻打卫国。"

于是，襄公到温地朝见了天子，这时的先且居和胥臣开始攻打卫国。五月一日，晋军围攻了卫国的戚地，六月八日，便夺取了戚地。卫国人派人送信给陈国。陈共公说："你们要直接转过头去进攻晋军。与此同时我去对他们说。"

于是，卫国的孔达就率兵开始进攻晋国。秋季，晋襄公划定戚地田土的疆界，鲁国大臣公孙敖当时也参加了。当初，楚成王准备把商臣立为太子，曾向令尹子上征求意见。

子上说："国君您还很健壮，况且妃子众多。如果现在立了商臣，万一将来再废黜了他，恐怕国内会产生祸乱啊。楚国立太子，常常立最年轻的。再说商臣这个人，非常残暴，所以不能立他为太子啊！"

但是楚成王没有听取子上的建议。谁知他立了商臣后，又想立王子职，于是就决定废黜商臣。商臣得知这个消息后，在冬季十月，便带领宫中侍卫包围了成王。成王请求让自己吃了熊掌后再死。但是商臣没有允许。十八日，成王自缢而死。

鲁文公即位后，派遣公孙敖到齐国去朝见，这是非常合于礼制的。凡是国君即位，卿大夫都要出国普遍朝见个过诸侯，目的是继续重温过去的友好，团结外援，善待邻国，来保卫国家。

文公三年

春王正月，叔孙得臣会晋人、宋人、陈人、卫人、郑人伐沈❶。沈溃。夏五月，王子虎❷卒。秦人伐晋。秋，楚人围江❸。雨螽❹于宋。冬，公如晋。十有二月己巳，公及晋侯盟。晋阳处父❺帅师伐楚以救江。

注释

❶沈：国名，姬姓，在今河南沈丘旧县治一带。❷王子虎：指周惠王庶弟姬虎，也称王叔文公。❸江：即江国，殷商至春秋时期中原百姓在河南建立的诸侯国。❹雨螽（zhōng）：螽斯像下雨一样。螽，螽斯，对农作物有害的昆虫。❺阳处父：春秋时晋国大夫，因封邑于阳地，所以成为阳为氏。

译读

文公三年春天，叔孙得臣联合晋国、宋国、陈国、卫国、郑国攻打沈国。结果沈国大败。夏季，四月二十四日，周王室王叔文公去世，发来讣告，于是鲁国像对同盟国一样去吊唁，这是合于礼仪的。

当初，秦穆公讨伐晋国，秦军浩浩荡荡，东渡黄河。过河后，孟明视命令战士将渡河的船全部烧掉，说："咱们这回出来，背水一战，有进没退！"

孟明视带领将士勇敢冲杀，不几天就夺回了上次被晋军夺去的两座城，还打下了晋国的几座大城。秦国军队所向披靡，后来，晋军不出城迎战，秦军就从茅津渡

过黄河，在郩地堆上树碑，以纪念死亡的将士，然后就回国了。此战，史称王官之战。秦穆公从此称霸西戎，其原因就是重用了孟明视啊！

君子因此而知道秦穆公作为国君，选拔人才考虑周到，起用人才果断专一。孟明视作为臣子，坚持不懈，通过对战败的反思，进一步修明德行；子桑更为忠诚，不但了解别人，而且能举荐贤人。

秋天，楚国的军队包围了江国，于是，晋国大夫阳处父带兵攻打楚国并去救援江国。这一年，宋国发生了天灾，宋国境内有大批的鹢斯像雨点一样落下来，这全都是死了以后掉下来的。

冬季十二月，鲁文公前往晋国和晋襄公结盟。原来，晋国人因为之前对鲁文公无礼而感到害怕，所以请求改订盟约。襄公设宴招待文公，吟诵了《菁菁者莪》一诗表示欢迎。

叔孙得臣搀扶文公走下台阶再拜，对襄公说："小国在大国接受命令，岂敢对礼仪不慎重？国君设宴隆重款待我们，有什么比这更令人高兴的呢？小国的高兴完全是大国的恩赐啊。"后来，晋襄公也走下台阶辞让，二人登上台阶至堂上，完成了拜礼。

文公六年

春，葬许僖公❶。夏，季孙行父❷如陈。秋，季孙行父如晋。八月乙亥，晋侯驩❸卒。冬十月，公子遂如

晋。葬晋襄公。晋杀其大夫阳处父。晋狐射姑❹出奔狄。闰月不告月❺，犹朝于庙。

注释

❶许僖公：本名姜业，春秋诸侯国许国君主。❷季孙行父：即季文子，春秋时期鲁国的正卿。❸驩（huān）：姬驩，即晋襄公，晋国国君。❹狐射姑：晋国大夫狐偃的儿子，晋文公的表弟。❺告月：指古代诸侯每月朔日行告庙听政之礼。又称"告朔"。

译读

文公六年春天，许国君主许僖公下葬。夏天，季文子到陈国朝见，同时在陈国娶了妻子。

秋季，季文子又准备到晋国去朝见，让侍从代为请求一旦遭到丧事使用什么样的礼仪。侍从问他："有这个必要吗？"

季文子说："及早动手，有备无患，这是自古以来的教训。不事先准备，临时请求，就会很被动。早做准备，有什么不好的地方吗？"

八月十四日，晋襄公去世。冬季十月，晋国襄仲到晋国参加了晋襄公的葬礼。当时晋灵公尚且年幼，晋国人为了避免灾难，想立一位年长的国君。

晋国卿大夫赵盾推荐立公子雍为国君，因为公子雍年长且心善，先君很喜欢他，再加上他又和秦国亲近。但是狐射姑却想立公子乐为国君，因为公子乐的母亲深得先王宠爱，立她的儿子为国君，百姓必然安定。但是赵盾却不同意，因此两人争执不下。

后来,赵盾就派先蔑、士会到秦国迎接公子雍,而狐射姑也派人到陈国召请公子乐。谁料,赵盾派人在郫地刺杀了公子乐。

由于狐射姑一直对阳处父把自己从中军主帅降为副帅耿耿于怀,也知道自己在晋国没有人帮助,所以在十一月某日,狐射姑派人杀了阳处父,然后自己一直逃亡到了狄国。

后来,狐射姑派臾骈派自己的妻子儿女送到他那里去。当初,在夷地阅兵的时候,狐射姑曾经侮辱过臾骈。所以这一次臾骈手下的人想要杀尽了他的妻儿报复。但是,臾骈没有同意,他心胸宽广地把狐射姑的妻儿以及他们的器用财货准备齐全,亲自领头保卫,把他们送到了边境上。

这一年,鲁国因为闰月没有举行告朔的仪式,这是不合于礼仪的。闰用来补正四时,根据四时来安排农事,农事合于时令可以使百姓富裕,养活百姓的方法就在于此了。不举行闰月告朔仪式,这是放弃了施政的时令,怎么能治理百姓?

文公十二年

春王正月,郕伯❶来奔。杞伯来朝。二月庚子,子叔姬❷卒。夏,楚人围巢❸。秋,滕子来朝。秦伯使术❹来聘。冬十有二戊午,晋人、秦人战于河曲❺。季孙行父❻帅师城诸及郓❼。

注释

❶郕伯：郕国的君主。郕，郕国，为周朝诸侯。❷叔姬：杞桓公的妻子，但是这里没有用"杞"字，是由于杞国和她断绝了关系。❸巢（cháo）：群舒国名，在今安徽巢县东北。❹术：即西乞术，春秋时秦国大夫。❺河曲：地名，在今山西忻州。❻季孙行父：即季文子，春秋时期鲁国的正卿。❼诸、郓（yùn）：鲁二邑名。

译读

文公十二年春天，郕国的君主去世，郕国人又立了新的国君。于是，郕国前太子把夫钟和郕国的宝圭作为奉献而逃亡到鲁国来。

这一年，杞桓公也来鲁国朝见，这是他第一次朝见鲁文公。他是来请求和叔姬离婚，但是又不想不断绝两国的婚姻关系，于是鲁文公答应了。可是二月，叔姬就去世了。

夏天，楚国的令尹大孙伯去世，成嘉做了令尹。此时偃姓诸国群舒背叛了楚国。于是，成嘉活捉了舒国国君和宗国国君，并趁机围了巢国。

秋季，滕国君主滕昭公来鲁国朝见，他也是首次朝见文公。后来，秦康公也派秦国大夫西乞术来鲁国朝见，并告诉鲁国说打算攻打晋国。

襄仲辞谢了西乞术赠送的玉器，说："承蒙贵君没有忘记两国先君结下的友谊，派您光临敝国，以稳定我国，并赠给我们贵重的玉器。寡君不敢接受玉器。"

西乞术回答说："区区薄礼，不值得辞谢！"但是襄仲依然辞让了三次。

于是,西乞术说:"我们国君希望能得到周公和鲁公的保佑,以侍奉贵君,因此派我将这并不丰厚的玉器送给贵国,以作为信物,求得两国之间的友好,我肩负寡君的使命,前来缔结两国的友好,所以才敢献上这微薄的礼物。"

襄仲说:"如果没有这样的君子,还能治理好国家吗?看来秦国人并不鄙陋啊!"于是,厚赠了西乞术。

冬季,秦康公开始发兵攻打晋国,很快便占取了晋国羁马。晋国这边,权臣赵盾为中军元帅、荀林父为中军佐;以郤缺为上军主将、臾骈为上军佐;栾盾为下军主将、胥甲为下军佐,向西进以迎战敌人。秦、晋两军遇于河曲。

晋上军佐臾骈认为秦军孤军深入,经不起长期消耗,建议晋军高筑营垒,以逸待劳,伺机而动。后来,臾骈的建议被赵盾采纳了。这时,秦康公求战不得,于

是听从了晋逃臣士会的意见，发兵攻晋上军，诱使其部将赵穿出战。赵穿是赵盾堂弟，年轻气盛，无实战经验，见秦军来犯，即不顾禁令，率所部迎击。

因双方均缺乏进行决战的准备，故两军刚一接触即各自后撤。当日夜，臾骈发觉秦军有乘夜撤退的迹象，建议立即发起攻击，将其压迫至黄河北岸后歼灭—，又被赵穿阻止。秦军连夜退走。晋军亦随后撤兵。不久，秦军再次南渡黄河，攻占晋邑瑕。

这一年，鲁国在诸地和郓地筑城，《春秋》之所以记载了这件事，是由于这是符合时令的。

文公十六年

春，季孙行父会齐侯于阳穀❶，齐侯弗❷及盟。夏五月，公四不视朔❸。六月戊辰，公子遂及齐侯盟于郪丘❹。秋八月辛未，夫人姜氏❺薨。毁泉台。楚人、秦人、巴人灭庸❻。冬十有一月，宋人弑其君杵臼❼。

注释

❶阳穀：古地名，在今山东西部。❷弗：不。❸视朔：古代天子、诸侯每月朔日祭告祖庙后，在太庙听政，称"视朔"。❹郪（qī）丘：齐地名，在齐国临淄附近。❺姜氏：即声姜，鲁僖公的夫人，鲁文公的母亲。❻庸（yōng）：庸国，春秋时是地位较高、实力较大的国家。❼杵臼（chǔ jiù）：即宋昭公，子姓，宋氏，名杵臼，春秋时期宋国国君。

译读

文公十六年春季,鲁文公生病,于是他派季文子和齐懿公在阳谷会见。季文子请求一起和齐懿公盟誓,但是齐懿公不肯,说:"请等贵国国君病好了再说吧。"

五月,文公已经有四次没有在朔日听政了,这是由于他生了重病的缘故。

六月,文公派襄仲向齐懿公送去财礼,于是,襄仲代替鲁国和齐国在郪丘结盟。

八月初八日,鲁文公的母亲声姜去世,因此文公下令拆毁泉台。

这一年,楚国发生了大饥荒,戎人趁机攻打楚国西南边境,甚至还深入到楚国的阜山,驻扎在大林,后来又开始进攻楚国东南边境。

与此同时,庸国人率领群蛮背叛了楚国。麇国人也率领百濮人聚集在选地,准备攻打楚国。就这样,楚国连申、息两城的北门都不敢敞开。

于是,楚国人便商量把国都迁往阪高。楚国司马蒍贾说:"不可以这样。即使我们能迁过去,到时候敌人依然能追过去。所以不如我们直接攻打庸国。而麇国和百濮,认为我们遭受灾荒不能出兵,才乘机攻打我们。如果我们出兵,他们必然因害怕而回去。"

于是楚国开始出兵抵抗。果然十五天以后,百濮人就撤兵回去了。后来,楚军从庐地出发开始攻打庸国。秦军、巴军跟随着楚军,很快就把庸国灭亡了。

冬季,十一月二十二日,宋昭公准备去孟诸打猎,没有到达,襄公夫人王姬便派遣帅甸进攻并杀死了他。《春秋》记载"宋人弑其君杵臼",是由于宋昭公无道。

文公十八年

春王二月丁丑，公薨于台下。秦伯罃❶卒。夏五月戊戌，齐人弑其君商人❷。六月癸酉，葬我君文公。秋，公子遂、叔孙得臣如齐。冬十月，子卒。夫人姜氏归于齐。季孙行父如齐。莒❸弑其君庶其❹。

注释

❶秦伯罃（yīng）：即秦康公，春秋时期秦国国君。❷商人：即齐懿公，姜姓，吕氏，名商人，齐桓公之子。❸莒：指莒的太子仆。❹庶其：这里是指莒纪公，莒国国君，名庶其。

译读

文公十八年春季，二月二十三日，鲁文公逝世。没过多久，秦康公也去世了。五月，齐懿公在申池游玩结果被邴歜、阎职两个人给杀害了。

原来，齐懿公还是公子的时候，曾和邴歜的父亲争夺田地，没有争到手。等到即位之后，便挖出了邴歜父亲的尸体砍去了双脚，但又让邴歜为他驾车。

齐懿公还夺走了阎职的妻子，又让阎职做骖乘。所以在齐懿公池子里洗澡的时候，二人就一起策划，杀死了齐懿公，把尸体放在竹林里。后来，齐国人立了公子元为国君。六月，鲁国安葬了鲁文公。秋季，襄仲、叔孙得臣前往齐国，向齐惠公即位表示祝贺，同时也对齐国派人参加文公葬礼表示感谢。

文公在世时,他的次妃敬嬴生了宣公。敬嬴受到文公的宠爱,却和襄仲私通。后来,宣公年长,敬嬴把他托付给了襄仲,襄仲便打算立他为国君。于是,襄仲向齐惠公请求立宣公为君。齐惠公这时刚被立为国君,想和鲁国亲近,便答应了襄仲。冬季,十月,襄仲杀死了太子恶和他的弟弟视,拥立宣公为国君。后来,鲁文公的夫人姜氏打算回到娘家齐国,她再也不想回来了。

她将要离开的时候,哭着经过集市,说:"天哪!襄仲无道,杀死了嫡子立庶子。"集市上的人听后都非常悲伤随着她哭泣,从此,鲁国人便称她为哀姜。

这一年,莒国也发生了内乱。当初,莒纪公生了太子仆,又生了季佗,但莒纪公由于非常喜爱季佗从而废黜了太子仆,而且莒纪公在国内办了许多不合礼仪的事。

于是,太子仆依靠国内人们的力量杀了纪公,还拿了他的宝玉逃到了鲁国,送给鲁宣公。宣公命令给他城邑,但是季文子坚决阻拦,因为他认为太子仆是一个不懂礼,不讲道义而且无德的人。

宣公

宣公元年

春王正月,公即位。公子遂如齐逆女❶。三月,遂以夫人妇姜至自齐。夏,季孙行父如齐。晋放其大夫胥甲父❷于卫。公会齐侯于平州❸。公子遂如齐。六月,齐人取济❹西田。秋,邾子来朝。楚子、郑人侵陈,遂侵宋。晋赵盾帅师救陈。宋公、陈侯、卫侯、曹伯会晋师于棐林❺,伐郑。冬,晋赵穿❻帅师侵崇❼。晋人、宋人伐郑。

注释

❶逆女:迎娶女子。逆,迎接。❷胥(xū)甲父:又称胥甲,春秋时期晋国的下军佐。❸平州:齐地名,在今山东莱芜西。❹济:济水,古水名,发源于今河南,流经山东入渤海。❺棐(fěi)林:郑地名,在今河南新郑市北。❻赵穿:春秋中期晋国大夫,赵盾堂弟。❼崇:国名,在今陕西鄠县东。

译读

宣公元年正月,鲁文公的儿子倭即位,是为鲁宣公。这个月,东门襄仲到齐国迎娶了妻子。三月,东门襄仲和夫人从齐国回到了鲁国。夏季,季文子到齐国,

进献财礼。以请求参加盟会。

这一年,晋国为了惩罚不肯效命的人,把下军佐胥甲父放逐到了卫国,并立了胥克为继承人。宣公和齐惠公在平州会谈,为的是稳定宣公的君位。东门襄仲去齐国,拜谢宣公能够参加盟会。

六月,齐国取得了鲁国济水以西的田地,这是为感谢齐国同意立宣公为君而送去的礼物。秋天,邾国国君来鲁国朝见。

这一年,楚国和郑国一同攻打陈国,然后乘机又侵袭宋国。于是,晋国赵盾带兵营救陈、宋两国。后来,宋文公、陈灵公、卫成公、曹文公和晋军在棐林会合,决定一同讨伐郑国。

这时,楚国司马蒍贾去救援郑国,结果在北林和晋军相遇,于是他很快就囚禁了晋国的解扬,后来晋军不得不撤退回国。

后来,晋国想和秦国讲和,晋国大夫赵穿说:"我们入侵崇国,秦国为崇国着急,所以肯定会出兵救援崇国。到时候我们就可以提出和秦国议和。"

冬季,赵穿开始入侵崇国,可是秦国并没有和晋国讲和。于是,晋国和宋国一同攻打郑国,以报复北林的那次战役。

宣公二年

春王二月壬子,宋华元[1]帅师及郑公子归生[2]帅

师,战于大棘❸。宋师败绩,获宋华元。秦师伐晋。夏,晋人、宋人、卫人、陈人侵郑。秋九月乙丑,晋赵盾弑其君夷皋❹。冬十月乙亥,天王崩。

注释

❶华元:春秋时期宋国大臣,官至大夫。❷公子归生:春秋时期郑国执政大臣,郑文公之子。❸大棘(jí):宋地名,在今河南睢县南。❹夷皋(gāo):即晋灵公,名夷皋,春秋时期晋国国君。

译读

宣公二年春天,郑国公子归生接受楚国命令攻打宋国。于是,宋国华元、乐吕二人带兵抵御。二月十日,双方在大棘地方开战,结果宋军大败。郑国杀死了乐吕并囚禁了华元。

原来,准备开战的时候,华元杀羊犒赏士兵,他的车夫羊斟没有吃到。等到打起仗来,羊斟说:"前天的羊,是你作主;今天的打仗,是我作主。"就驱车进入郑军,所以宋军失败。

后来,宋国人用兵车一百辆、毛色有文采的马四百匹,从郑国赎回华元。结果才送去了一半,华元就逃回来了。华元站在城门外,跟守门人介绍了自己的身份,然后才进城。

华元见到羊斟后说:"那天,是你的马不听使唤的原因才冲进敌阵中的。"

羊斟回答说:"不是马的原因,而在于驾驭马的人。"回答完后就急忙逃到鲁国去了。

这一年，秦国军队攻打晋国，以报复晋军侵入崇地的那次战役，因此而包围焦地。夏天，晋国、宋国、卫国、陈国一同攻打郑国。

晋灵公做事不合为君之道，赵盾屡次进谏，所以晋灵公很讨厌赵盾，便想杀了他。

九月，晋灵公设酒宴招待赵盾，埋伏了甲士，准备杀死他。结果，赵盾的车右早就有所察觉，便快步进入殿堂说："臣子侍奉君主饮宴，酒过三杯就算失礼了。"说完就扶着赵盾赶紧走出宫殿。

这时，灵公唆使一只猛狗扑向赵盾，提弥明与狗搏斗并将狗打死后，自己也受伤死去了。

九月二十六日，赵盾的兄弟赵穿在桃园突袭杀死晋灵公，并且迎回赵盾。赵盾一向显贵，很得民心；而晋灵公年幼，挥霍无度，百姓们都不亲附他，所以赵穿较容易将晋灵公杀死。

赵盾恢复原来官位后，派赵穿到洛京迎回晋襄公的弟弟、晋灵公的叔叔公子黑臀继位，是为晋成公。十月，周朝天子周匡王去世。

宣公三年

春王正月，郊牛❶之口伤，改卜牛❷。牛死，乃不郊。犹三望❸。葬匡王❹。楚子伐陆浑之戎❺。夏，楚人侵郑。秋，赤狄❻侵齐。宋师围曹。冬十月丙戌。郑伯兰❼卒。葬郑穆公。

注释

❶郊牛：古帝王郊祭时尚未选择吉日祭祀的牛。郊，祭祀。❷卜牛：这里是指已经选择吉日祭祀的牛。❸三望：所祭之事有三，故称"三望"。望，特称祭山川。❹匡王：即周匡王姬班，姬姓，名班，东周第八位君王。❺陆浑之戎：少数民族部落名，在今河南嵩县及伊川县境。❻赤狄：也作"赤翟"。春秋时狄人的一支。与晋人相杂居。❼郑伯兰：即郑穆公，姬姓，名兰，春秋时期郑国第九位君主。

译读

宣公三年正月，鲁国没有举行郊祭，但是举行了望祭，其实这并不符合礼制。春天，周朝为周匡王举行了葬礼。

这一年，楚国发兵征讨陆浑的戎人，到达洛水后，楚庄王开始在周王朝境内阅兵来炫耀自己的国威。周定王不知道这个向来不顺从的臣子到底要干什么，于是派王孙满去慰问楚军，实际上是探探楚国的虚实。

楚庄王风光了一阵子，还觉得不过瘾，于是就想向周天子挑衅一下。他借机询问九鼎的轻重大小，意思当然就是想要和周天子争天下了，王孙满马上就看出了楚庄王的企图。

王孙满回答说："一个贤明的君王，值得称道的在于德而不在于鼎的大小轻重。从前夏朝推行德政的时候，远方各国把当地的风物画成图像，献给朝廷，让九州的长官进贡青铜，铸造成九座大鼎，把各国风物图像铸在鼎上，让百姓认识神物和怪物。所以百姓进入川泽

山林，就不会遇到不顺的事情。不会碰到魑魅魍魉，因此才能够使上下同心同德，以承受上天施与的幸福。"

王孙满接着说："到了夏桀时朝政昏乱，九鼎被商朝夺得，立国达六百年。商纣暴虐，鼎又迁到周朝，德行如果美善光明，鼎虽然小，但很重。如果奸邪昏乱，鼎虽然大，也较轻。上天赐福给明德的人，是有一定期限的。成王把九鼎固定在郏鄏，占卜的结果是传世三十代，享国七百年，这是上天命令的。周朝的德行虽然衰微，天命并无改变。鼎的轻重，是不能询问的。"

楚庄王听他这一段大道理非常害怕，再看见王孙满也是个能人，两国打起来楚国也不一定占太多的便宜，于是退兵而去。夏季，楚国人入侵郑国，这是由于郑国倾向晋国的缘故。

宋文公即位第三年，杀了同母弟弟公子须和昭公的儿子，因为武氏策划他们发动了叛乱。文公让戴公、桓公的族人到司马子伯的旅馆里攻打武氏。又把武公和穆公族人全部赶出了宋国。武公、穆公的族人领着曹国军队攻打宋国。秋季，为了报复武氏的叛乱，宋军包围了曹国。冬季，郑穆公去世，郑国为郑穆公举行了葬礼。

成公

成公二年

春，齐侯伐我北鄙。夏四月丙戌，卫孙良夫❶帅师及齐师战于新筑❷，卫师败绩。六月癸酉，季孙行父、臧孙许❸、叔孙侨如❹、公孙婴齐❺帅师会晋郤克❻、卫孙良夫、曹公子首及齐侯战于鞌❼，齐师败绩。秋七月，齐侯使国佐❽如师。己酉，及国佐盟于爰娄❾。八月壬午。宋公鲍❿卒。庚寅，卫侯速卒。取汶阳田。冬，楚师、郑师侵卫。十有一月，公会楚公子婴齐于蜀。丙申，公及楚人、秦人、宋人、陈人、卫人、郑人、齐人、曹人、邾人、薛人、鄫人盟于蜀。

注释

❶孙良夫：孙氏，名良夫，谥桓，史称孙桓子，曾担任卫国执政。❷新筑：古邑名，在今河北魏县南部。❸臧孙许：姬姓，臧氏，名许，史称臧宣叔，臧文仲之子。❹叔孙侨如：姬姓，叔孙氏，名侨如，谥宣，又被称为叔孙宣子。鲁成公时担任卿。❺公孙婴齐：姬姓，子叔氏，名婴齐，鲁文公之孙。❻郤（xì）克：即郤献子，姬姓，郤氏，名克，谥献，春秋中期晋国的正卿。❼鞌（ān）：古地名，在今济南西。❽国佐：春秋时期齐

国上卿，国归父之子。❾爰娄：齐地，在今山东淄博境内。❿宋公鲍：即宋文公，名鲍，春秋时宋国第二十四任国君。

译读

成公二年春天，齐顷公进攻鲁国北部边境，包围了龙地。齐顷公的宠臣卢蒲就魁攻打城门，龙地的人把他逮住囚禁。

齐顷公说："不要杀他，我对你们发誓，绝对不会进入你们的境内。"

但是龙地的人不听，把卢蒲就魁杀了，还暴尸城上。于是，齐顷公亲自击鼓，兵士爬上城墙。三天，齐国便占领了鲁国的龙地。

四月，卫穆公使孙良夫率军救鲁攻齐，战于新筑，卫军大败。于是，孙良夫及鲁之臧宣叔等人去晋国请求

救援，晋国便派郤克率战车800乘援救鲁、卫，与齐军战于鞌，最终齐军大败。

秋七月，晋军和齐国的宾媚人在爰娄签订盟约，让齐国把汶阳的田地归还给鲁国。

后来，鲁成公在上鄩会见晋军，并赐给郤克、士燮、三位统帅卿的礼车、卿的礼服，赐给司马、司空、舆帅、侯正、亚旅大夫的礼服。

八月，宋文公去世。九月，卫穆公去世，晋国的三位将领从战地率兵返国途中顺便去吊唁，在大门之外哭吊。卫国人迎接他们，女人在门内哭。送他们的时候也是这样。以后别国官员来吊唁就以此为常，直到下葬。

冬季，楚军进攻卫国，随后又入侵鲁国，他们把军队驻扎在蜀地。于是，鲁国派臧宣叔前往楚军谈判，臧宣叔推辞说："楚军千里跋涉，长时间奔波在外，本来就要退兵了。如今让我去轻而易举地取得这一功劳，我不敢冒功。"

后来，楚军攻至阳桥，孟孙请求送给楚军木工、裁缝、织工各一百人，并让成公儿子公衡作为人质，以和楚国求和，于是楚国人同意讲和。

十一月，鲁成公和楚国、秦国、宋国、陈国、卫国、郑国、齐国、曹国、邾国、薛国、鄫国在蜀地结盟。

成公三年

春王正月，公会晋侯、宋公、卫侯、曹伯伐郑。

辛亥,葬卫穆公。二月,公至自伐郑。甲子,新宫❶灾。三日哭。乙亥,葬宋文公。夏,公如晋。郑公子去疾❷帅师伐许。公至自晋。秋,叔孙侨如帅师围棘。大雩❸。晋郤克、卫孙良夫伐廧咎如❹。冬十有一月,晋侯使荀庚❺来聘。卫侯使孙良夫来聘。丙午,及荀庚盟。丁未,及孙良夫盟。郑伐许。

注释

❶新宫:新建的宫室或宗庙。❷去疾:这里指郑国的子良。❸雩(yú):古代求雨的祭礼。❹廧(qiáng)咎如:春秋时夷国名。❺荀庚:姬姓,中行氏,名庚,谥号曰"宣",史称中行宣子。春秋中期晋国卿大夫,荀林父之子。

译读

成公三年春天,鲁成公联合晋国、宋国、卫国、曹国一同进攻郑国,联军驻扎在伯牛,这是为了讨伐之前邲地战役郑国对晋国有二心,于是就从东边入侵郑国。结果郑国最后把敌军在丘舆击败了。

二月,成公讨伐郑国回来。没过多久,鲁国新建的宫室就发生了灾难,全国上下举行了三天的哀悼。

夏季,鲁成公到晋国,拜谢晋国之前让齐国退还给鲁国汶阳的田地。这时,许国依仗楚国而不事奉郑国,于是郑国的子良开始讨伐许国。

这一年,晋国人把楚国的公子縠臣和连尹襄老的尸体归还给楚国,希望以此求得赎回知罃。此时知罃的父亲荀首已经出任晋国中军副帅,因此楚国人接受了这一要求。

楚共王送知罃回国时说:"你怨恨我吗?"

知罃回答说:"两国交战,我没有才能,未能胜任自己的职务,结果成了俘虏。国君没有把我杀掉,使我能回国受刑,这是您对我的恩惠。我实在是无能之辈,又敢怨恨谁呢?"

共王又说:"那么你感激我吗?"

知罃回答说:"两国交兵,都是为了谋求本国的利益,消除百姓的苦难。不过现在两国都克制住自己的愤怒,互相达成谅解,双方释放战俘,以重修友好关系。两国友好,这与我个人并没有什么关系,我为什么要感激谁呢?"

共王说:"你回到晋国,将来怎么报答我呢?"

知罃回答说:"我既不怨恨您,也不感激您,我们

之间没有个人的怨恨,也没有恩德,我不知道应该报答您什么呢?"

共王说:"即使如此,也一定要把你真实的想法告诉我。"

知罃回答说:"托国君的洪福,使我这把骨头得以回到晋国,即使寡君将我杀掉,我也认为死而不朽。如果承蒙您的恩惠,寡君免我一死,而把我交给父亲处置,即使我父亲征得寡君同意在宗庙内将我杀死,我也认为死而不朽。"

知罃接着说:"如果寡君不同意将我处死,并且又让我继承宗族世袭的官位,并依照规定的次序参与政事,率领一部分军队保卫边境,到那时,即使遇到您,我也不敢违背命令。我将竭尽全力作战,即使战死,也不敢有二心,以此来尽我为臣子的责任。这是我对您的报答。"

共王感叹说:"看来不能和晋国抗衡啊。"于是,便为知罃举行了隆重的仪式,送他回国了。

秋季,鲁国的叔孙侨如围攻棘地,占领了汶阳的田地。这是因为棘地人不肯顺服,所以才围攻他们。晋国的郤克和卫国的孙良夫联合攻打廧咎如,以进一步消灭夷国的残余势力。结果廧咎如溃败,这是因为他们的首领失去了百姓的拥护。

冬季,十一月,晋景公派遣荀庚前来聘问,同时重温过去的盟约。卫定公派遣孙良夫前来聘问,并且重温过去的盟约。二十八日,和晋国结盟。二十九日,和卫国结盟。这是合于礼的。

成公十三年

春,晋侯使郤锜❶来乞师。三月,公如京师。夏五月,公自京师,遂会晋侯、齐侯、宋公、卫侯、郑伯、曹伯、邾人、滕人伐秦。曹伯庐❷卒于师。秋七月,公至自伐秦。冬,葬曹宣公。

注释

❶郤锜(xì qí):春秋中期晋国卿大夫,郤克之子。
❷曹伯庐:即曹宣公,姬姓,曹氏,名庐。春秋时期曹国第十八任君主。

译读

成公十三年春季,晋厉公派卿大夫郤锜来鲁国请求出兵,但是态度一点都不友善。

于是孟献子说:"郤氏恐怕要灭亡了吧!礼仪,是身体的躯干;恭敬,是身体的基础。郤子却没有基础。而且作为先君的嗣卿,接受命令而来请求出兵,想保卫国家,却十分急惰,这是不顾国君的命令,不灭亡还等什么呢?"

三月,鲁成公到京城朝见周天子。宣伯为了先得到赏赐,便请求先到京城,结果周天子只用对普通外交人员的礼节接待了他。等到孟献子跟随成公到了京城后,天子却把他作为成公的副手重加赏赐。

五月,成公和诸侯朝见天子后,会同晋国、齐国、宋国、卫国、郑国、曹国、邾国等一同攻打秦国。原

来，四月初五日，晋厉公派遣吕相去和秦国断绝外交关系，可是看到秦国似乎有了一些悔过之意，所以便和秦桓公订立了令狐之盟。

谁料，盟约结束后，秦国马上就联络狄人和楚国，要引导他们一起攻打晋国。

于是，各国诸侯纷纷跟晋国和睦。晋国的栾书率领中军，荀庚作为辅佐；士燮率领上军，郤锜作为辅佐；韩厥率领下军，荀䓨作为辅佐；赵旃率领新军，郤至作为辅佐。郤毅驾驭战车，栾鍼作为车右。

孟献子说："晋国的将领和甲士上下一致，军队必然建立大功。"

五月初四日，晋军率领诸侯的军队和秦军在麻隧作战。秦军大败，秦国的成差和不更女父也被俘虏了。这次战争中，曹宣公死在了军中。

曹国人派公子负刍留守国内，派公子欣时前往迎接曹宣公的灵柩。秋季，负刍杀了太子而自立为君。诸侯请求讨伐他，晋国人以他在对秦作战中有功为由，请求等到下一年再讨伐。

冬季，安葬了曹宣公之后，欣时准备逃往国外，国人都要跟他走。负刍害怕了，连忙承认犯下的罪过，请求欣时不要出走。这样，欣时又回到曹国，并把自己的封邑送给了成公。

襄公

襄公三年

春,楚公子婴齐帅师伐吴。公如晋。夏四月壬戌,公及晋侯盟于长樗❶。公至自晋。六月,公会单子、晋侯、宋公、卫侯、郑伯、莒子、邾子、齐世子光。

己未,同盟于鸡泽❷。陈侯使袁侨❸如会。戊寅,叔孙豹❹及诸侯之大夫及陈袁侨盟。秋,公至自会。冬,晋荀䓨❺帅师伐许。

注释

❶长樗(chū):可能是晋郊地名。❷鸡泽:地名,在今河北邯郸市东北。❸袁侨:出自辕氏,中国春秋时期陈国的卿大夫。❹叔孙豹:姬姓,叔孙氏,名豹,春秋时鲁国大夫。❺荀䓨(yīng):即智䓨,智武子,史称智武子。春秋晋国的卿士,因智氏出自荀氏,所以多称荀䓨。

译读

襄公三年春季,楚国的婴齐率领军队进攻吴国,选择了一支经过演习的军队。他们很快就攻克鸠兹,到达了衡山。后来,吴军开始拦击楚军,并俘虏了楚国良大

夫邓廖。

三天后,吴国人攻打楚国,占领了驾地。楚国人因此责备子重。子重很不痛快,于是很快便复发了心脏病去世了。

这一年,鲁襄公前往晋国朝见,这是他即位后首次朝见。夏季,两国在长樗结盟。孟献子为相礼,鲁襄公向晋悼公叩头。

荀罃说:"今有天子在上,国君却屈尊行此大礼,寡君会感到为难的。"

孟献子说:"我们国家远在东方,和齐、楚等仇国近在咫尺,寡君要依靠贵君,怎么能不行此大礼呢?"

鲁襄公从晋国回来后,在六月二十三日便和单国、晋国、宋国、卫国、郑国、莒国、邾国以及齐国在鸡泽结盟。陈成公派袁侨到鸡泽盟会上请求和好。于是,鲁国大夫叔孙豹和诸侯的大夫与陈国的袁侨结盟,这是陈国请求归顺的缘故。

秋天,鲁襄公从会盟处归来。由于许灵公一直效力楚国,所以没有参加鸡泽的会见。冬季,晋国的知武子领兵讨伐许国。

襄公十五年

春,宋公使向戌❶来聘。二月己亥,及向戌盟于刘。刘夏❷逆王后于齐。夏,齐侯伐我北鄙,围成。公救成,至遇。季孙宿❸、叔孙豹帅师城成郛❹。秋八月

丁巳，日有食之。邾人伐我南鄙。冬十有一月癸亥，晋侯周❺卒。

注释

❶向戌：子姓，向氏，名戌，春秋时宋国大夫。❷刘夏：人名，是单国的一名官师。❸季孙宿：即季武子，姬姓，季氏，名宿，春秋时鲁国正卿。❹郛（fú）：古代指城外面围着的大城。❺晋侯周：即晋悼公，姬姓，名周，一作纠，又称周子或孙周。

译读

襄公十五年春季，宋国的向戌来鲁国聘问，并和鲁国重温之前的盟约。向戌见了孟献子，责备他的房屋太华丽，说："您有好名声而把房屋修饰得太华丽，这不是别人所希望的。"

孟献子回答说："这是我在晋国的时候，我哥哥修建的。要毁坏它，可觉得毁坏又得用劳力，而且不敢说哥哥所做的事不对。"二月，向戌代表宋国和襄公在刘地订立了盟约。

当初，有个宋国人得到一块玉石，将它献给宋国贤臣子罕。子罕不肯接受。

献玉石的人说："我曾经把这块玉石拿给玉工仔细鉴定过，他认为这确实是一块珍贵的宝玉，因此我才敢进献给您。"

子罕说："我把不贪图财物的这种操守当作是宝物，你把宝玉作为宝物。如果你把宝玉送给了我，我们两人都丧失了宝物，还不如我们都保有各自的宝物。"

献玉的人跪拜于地，告诉子罕说："小人带着玉

璧，决不能安全地走过乡里，把玉石送给您，我就能在回家的路上免遭杀身之祸。"

于是，子罕把这块玉石放在自己的乡里，请一位玉工替他雕琢成为宝玉，卖出去之后将钱交给献玉的人，在他富有之后才让他返回家里。

夏季，齐国包围了鲁国的成地，因为齐国对晋国有了二心。后来，襄公亲自夺回了成地，并命令季孙宿和叔孙豹在成地建造了外城。

秋季，邾国人攻打鲁国南部边境。鲁国派使者向晋国报告，晋国准备会合诸侯攻打邾、莒二国。但是因为晋悼公患病，就停止了。冬季，晋悼公去世，所以这次会见就没有能够举行。

襄公三十一年

春王正月。夏六月辛巳，公薨于楚宫。秋九月癸巳，子野❶卒。己亥，仲孙羯❷卒。冬十月，滕子❸来会葬。癸酉，葬我君襄公。十有一月，莒人杀其君密州❹。

注释

❶子野：鲁襄公的儿子。❷仲孙羯（jié）：即孟孝伯，鲁国孟孙氏第七代宗主，名羯，世称仲孙羯，谥号孝，是孟庄子的儿子。❸滕子：这里是指滕成公，即姬原，为春秋诸侯国滕国君主。❹密州：即莒犁比公，己姓，名密州，为春秋诸侯国莒国君主。

译读

襄公三十一年六月二十八日，鲁襄公死在楚宫里。秋季，九月十一日，他的儿子子野也去世了，这是由于他哀痛过度的缘故。十七日，孟孝伯也去世了。

冬季十月，滕成公前来鲁国参加葬礼，吊唁时不够恭敬有礼，且眼泪很多。子服惠伯说："滕君快要死了。身处国君之位却显得懈怠无礼，且又过度悲痛，葬礼上已有了他将死的征兆，能不随先君而死吗？"十月二十一日，安葬了襄公。

鲁襄公死的那一月，子产辅佐郑简公去晋国。晋平公借鲁国有丧事的缘故，没有接见郑简公。子产非常生气，便派人把宾馆的墙垣全部毁掉，让车马进屋里去。

于是晋国的士文伯指责子产说："由于我们国家的政事和刑罚治理不好，到处是盗贼，我们无法保证诸侯宾客的人身安全。所以派官吏将宾馆修缮完整，宾馆大门修得高高的，墙垣筑得厚厚的，这样就能让宾客不必担心盗贼。今天您毁掉了它，虽然您的随从能够警戒，可是别的宾客怎么办呢？我们国君派我前来请教毁坏墙垣的理由。"

子产回答说："由于我国地方狭小，夹在大国之间，而大国需索贡品又没有一定的时候，因此不敢安居，尽量搜索我国的财富，以便随时来朝会。碰上执事没有空闲，而没有能够见到；又得不到命令，不知道什么时候才能接见。我们不敢献上财币，也不敢让它日晒夜露。如果奉献，那么它就是君王府库中的财物，不经过在庭院里陈列的仪式，就不敢奉献。

"如果让它日晒夜露，就又害怕时而干燥时而潮湿因而腐朽坏，以加重我国的罪过。我听说，晋文公做盟主的时候，他的宫室很一般，没有可供观赏的台榭，然而却把接待诸侯的宾馆修得高大气派，有如国君的寝宫一样；宾馆内的仓库马厩修缮得很好，司空按时平整道路，泥瓦匠按时粉刷墙壁。

"每当诸侯的使者来到时，管理柴薪的人点起火把照亮庭院，仆人在宾馆巡逻，车马有固定停放的地方，宾客有专人侍奉，负责巾车的官给车轴涂油脂，隶人、喂马人各自做自己的事情，贵国的各类官吏拿出礼物来招待宾客。

"文公不会让宾客久留，但也不会耽误公务，晋国和诸侯国忧乐相同，有事则巡行视察；告诉他们不知道的事情，体谅他们不足的地方。使宾客来到宾馆就好像回到家里一样，既不害怕盗贼，也不担心日晒雨淋。

"现在铜鞮山的宫室绵延几里，而诸侯住在像奴隶住的屋子里，门口进不去车子，而又不能翻墙而入。盗贼公开行动，而传染病又不能防止。宾客进见诸侯没有一定的时候，君王接见的命令也不知道什么时候才能发布。如果还不拆毁围墙，这就没有地方收藏财礼，反而要加重罪过了。

"谨敢问执事，对我们将有什么指示？虽然君王有鲁国的丧事，但这同样也是敝国的忧虑。如果能够奉上财礼，我们愿把围墙修好了再走。这是君王的恩惠，岂敢害怕修墙的辛勤劳动？"

文伯回去复命，赵武说："确如子产所说。实在是我们缺少德行，用容纳奴隶的住所去接待诸侯，这是我的过错啊。"于是又派士文伯前去道歉。

昭公

昭公十八年

春王三月,曹伯须①卒。夏五月壬午,宋、卫、陈、郑灾②。六月,邾人入鄅③。秋,葬曹平公。冬,许迁于白羽④。

注释

①曹伯须:即曹平公,姬姓,曹氏,名须。春秋时期曹国第二十一任君主。②灾:这里是发生火灾的意思。③鄅(yǔ):妘姓国,在今山东临沂北。④白羽:地名,后改为析,在今河南西峡县。

译读

昭公十八年三月,曹平公去世。夏季五月,大火星开始在黄昏的时候出现。初七,刮起了风。鲁国的梓慎说:"这种风称为融风,是火灾发生的预兆,七天以后,火灾大概就要发生了吧?"

初九那天,风刮得很大。十四日,风刮得更大了。宋、卫、陈、郑等国都发生了火灾。梓慎登上大庭氏的库房眺望,说道:"大火正在宋、卫、陈、郑等国迅速燃烧。"

几天以后,这几个国家都来报告火灾的消息。禅灶说:"去年不采纳我的建议,今年郑国还发生火灾。"

　　郑国人请求采纳他的意见，子产不同意。子太叔说："宝物是用来保护百姓的。如果有了火灾，国家差不多会灭亡。可以挽救灭亡，您爱惜它干什么？"

　　子产说："天道悠远，人道切近，两不相关。如何由天道而知人道？灶哪里懂得天道？这个人的话多了，难道不会偶尔也说中的？"于是就不给。后来也没有再发生火灾。

　　六月，郳国国君巡视稻谷的耕种情况。邾国人趁机偷袭郳国。郳国人正准备关闭城门，邾国人羊罗砍下了关门人的脑袋，于是邾军攻进郳都，把郳都里的人都俘虏回去了。郳君说："我无家可归了。"就跟着被邾人俘虏的妻子儿女到了邾国。邾庄公把妻子还给他，却留下了他的女儿。

　　秋季，安葬了曹平公。去参加葬礼的人见到周朝的原伯鲁，跟他说话，发现他不爱学习。回去把情况告诉闵子马。闵子马说："周朝恐怕要发生动乱了吧！学习，如同种植一样，不学习就如草木一样枝叶要堕落，原氏大概要灭亡了吧！"

　　冬季，楚平王派王子胜把许国迁移到析地，就是原来的白羽。

昭公三十二年

　　春王正月，公在乾侯❶。取阚❷。夏，吴伐越。秋七月。冬，仲孙何忌❸会晋韩不信❹、齐高张❺、宋

仲几⑥、卫世叔申⑦、郑国参、曹人、莒人、薛人、杞人、小邾人城成周。十有二月己未，公薨于乾侯。

注释

❶乾侯：中国古代地名。春秋时属晋地，其地处晋鲁边界，为晋鲁间交往的重要城邑。❷阚（kàn）：古地名，在今山东汶上县。❸仲孙何忌：即孟懿子，姬姓，鲁国孟孙氏第九代宗主，名何忌，世称仲孙何忌。❹韩不信：春秋晋国韩氏。曾祖父韩厥，是战国韩国祖先。❺高张：春秋时期齐国的大夫。❻仲几：宋国左师。❼世叔申：即太叔懿子，姬姓，谥号懿，名申，卫国世叔。

译读

昭公三十二年春季，鲁昭公在乾侯。夏季，吴国进

攻越国。

冬天,晋国的魏舒、韩不信到了京师,召请诸侯的大夫们在狄泉重温了平丘的盟约,并且下令要在成周筑城。当时魏舒面南而坐。

卫国的彪傒说:"魏舒一定会遭到大灾。身为卿却坐在国君的位置上向诸侯颁布命令,这不是他能承受得了的。《诗经》说:'畏惧上天发怒,所以不敢儿戏;害怕上天变脸,所以不敢放纵。'更何况竟敢越位为天子大兴土木呢?"

十四日,晋国理官士弥牟为成周城墙的工程设计方案,计算长度,估计高低,度量厚薄,计算沟渠的深度,考察用土的数量,商计运输的远近,预算完工的日期,计算人工,考虑器材,记载所需要的粮食,以命令诸侯服役。

士弥牟还根据各国的大小确定劳工和工程的数量,并写成书面材料交给诸侯的大夫,并把总的规划送给刘文公。由韩简子负责监督,以此作为既定方案。

十二月,昭公生了重病。他要普遍赏赐跟随他的大夫,但大夫们不接受。赐给鲁国大夫懿伯一对玉琥、一只玉环、一块玉璧以及一身又轻又好的衣服,懿伯接受了。于是大夫们才都分别接受了赏赐。

十二月十四日,昭公去世。懿伯把昭公赏赐给他的东西还给管理府库的人,说:"我之所以接受是不敢违背国君命令。"大夫们听到后都归还了昭公赏赐的东西。

定公

定公四年

春王二月癸巳,陈侯吴卒。三月,公会刘子、晋侯、宋公、蔡侯、卫侯、陈子、郑伯、许男、曹伯、莒子、邾子、顿子、胡子、滕子、薛伯、杞伯、小邾子、齐国夏于召陵,侵楚。夏四月庚辰,蔡公孙姓帅师灭沈,以沈子嘉归,杀之。

五月,公及诸侯盟于皋鼬❶。杞伯成卒于会。六月,葬陈惠公。许迁于容城❷。秋七月,至自会。刘卷❸卒。葬杞悼公。楚人围蔡。晋士鞅❹、卫孔围帅师伐鲜虞❺。葬刘文公。

冬十有一月庚午,蔡侯以吴子及楚人战于柏举❻,楚师败绩。楚囊瓦❼出奔郑。庚辰,吴入郢❽。

注释

❶皋鼬(yòu):地名,在今河南临颍县南。❷容城:地名,在今河北保定境内。❸刘卷:即刘文公,姬姓,刘氏,名狄,一名卷,春秋时期刘国国君。❹士鞅(yāng):又名范鞅,史称范献子,春秋后期晋国才干卓越的政治家、外交家。❺鲜虞:古代部落名,姬姓,汉族先民之一。春秋时白狄的一支,曾长期与晋国交

战。❻柏举：地名，在今湖北麻城东北。❼囊（náng）瓦：芈姓，囊氏，名瓦，春秋时期楚国令尹。❽郢（yǐng）：古地名，位于斤湖北荆州北面。

译读

定公四年春天，陈国的陈惠公去世，三月，定公在召陵会合众多诸侯，谋划攻打楚国。由于沈国人不参加在召陵的会见，所以晋国人让蔡国人进攻沈国。四月，蔡国的公孙姓率兵消灭了沈国，并抓住了沈国的子嘉，然后杀了他。五月，定公和众多诸侯在皋鼬结盟，当时，杞国君主在会议期间去世了。

秋季，楚国由于沈国被灭亡的缘故，包围了蔡国。伍子胥作为吴国的外交官，在策划对付楚国。十一月十八日，吴、楚两军在柏举摆开阵势。经过五次战斗，吴军接连打败楚军，最后到达楚国的郢都。

当初，吴国的大夫伍子胥和楚国大夫申包胥关系很好。他逃亡时对申包胥说："我一定要使楚国灭亡。"申包胥说："那你就尽力去做吧！你能灭亡它，我就一定要使它复兴。"

等到楚昭王被吴国军队打败逃到隋国时，申包胥就赶到秦国请求援兵，对秦哀公说："吴国就像是贪婪的大猪、长蛇，多次蚕食中原国家，而且掠夺是从楚国最先开始的。现在，我们国君失去了国家，流落在偏远的草莽之中，派小臣前来告急。他说：'像吴国这样的蛮夷之国，是贪婪成性的，如果吴国灭掉楚国，成为君王的邻居，这就是贵国边境的祸患。乘着吴国现在立足未定，君王可以与吴国共同分割楚国的土地。如果楚国灭

亡了，就会成为君王的疆域。如果君王存恤楚国，我们将世代侍奉君王。'"

秦哀公派人拒绝了申包胥的请求，对他说："我知道了您的意思。您暂且住在旅馆里，等我们商议之后再告诉您。"

申包胥回答说："寡君流亡在乡间荒野，没有安身之处，我怎么敢贪图安逸呢？"

于是，申包胥靠着院墙站着嚎啕大哭，日夜哭声不断，七天不喝一口水。秦哀公大为感动，赋了《无衣》这首诗。申包胥叩头九次，然后坐下。秦军于是出动。

定公十年

春王三月，乃齐平。夏，公会齐侯于夹谷❶。公至自夹谷。晋赵鞅❷帅师围卫。齐人来归郓、欢、龟阴❸田。叔孙州仇❹、仲孙何忌帅师围郈❺。秋，叔孙州仇、仲孙何忌帅师围郈。宋乐大心出奔曹。宋公子地出奔陈。冬，齐侯、卫侯、郑游速会于安甫。叔孙州仇如齐。宋公之弟辰暨仲佗、石彄❻出奔陈。

注释

❶夹谷：即祝其，古县名，治所在今江苏赣榆西北。❷赵鞅：即赵简子，春秋时期晋国赵氏的领袖，又名志父，也称赵孟。❸郓、欢、龟阴：三个古地名。❹叔孙州仇：春秋时鲁国司马。❺郈（hòu）：叔孙氏邑名。❻辰暨仲佗、石彄（kōu）：是宋景公两个同母的兄弟。

译读

　　定公十年春季，鲁国和齐国讲和。夏季，鲁定公在祝其会见齐景公，孔丘相礼。齐国的客卿犁弥对齐景公说："孔丘懂得礼而缺乏勇，如果派莱人用武力劫持鲁侯，一定可以如愿以偿。"

　　齐景公听从了犁弥的建议。于是，孔丘见状立即领着定公退出，宁说："士兵拿起武器攻上去！两国的国君会见友好，而边远的东夷俘虏用武力来捣乱，这不是齐君所以对待诸侯的态度，边远不能图谋中原，东夷不能搅乱华人，俘虏不能侵犯盟会，武力不能逼迫友好，这些对于神明来说是大不吉祥的，对于德行来说是丧失道义的，对于人们来说是丢弃礼仪，但是君王必定不会这样做。"

　　齐景公听了以后，很快就让莱人避开了。两国将要盟誓的时候，齐国人在盟书上加上了一句话说："如果齐军出境，而鲁国不派三百辆甲车跟随我们的话，有盟誓为证！"

　　孔丘让兹无还作揖回答说："你们不归还我们汶阳的土田，让我们用来供应齐国的需要，也有盟誓为证！"后来，齐国人前来鲁国归还了之前鲁国丢失的郓地、欢地以及龟阳的土地。

　　这一年，晋国的赵鞅发兵围攻郑国，以报复之前齐国对夷仪的攻打。秋季，叔孙州仇、仲孙何忌两个人和齐军两次包围郈地，但是都没有攻下。冬，齐国、卫国、郑国在安甫结盟。这一年，宋景公同母兄弟辰和仲佗、石彄逃亡到陈国。

哀公

哀公元年

春王正月，公即位。楚子、陈侯、随侯、许男围蔡。鼷鼠食郊牛❶，改卜牛。夏四月辛巳，郊。秋，齐侯，卫侯伐晋。冬，仲孙何忌帅师伐邾。

注释

❶鼷（xī）鼠食郊牛：即鼷鼠咬牛，比喻暗中害人。鼷鼠，鼠类中最小的一种，咬人及牛马时不易被发现，被咬者毫无感觉，所咬伤口即成疮。

译读

哀公元年春季，鲁哀公即位。这一年，楚昭王联合陈国、随国、许国一同围攻蔡国，这是为了报复柏举那次战役。后来，蔡国大败，蔡国人男女分成两排纷纷出城投降。楚昭王命令他们迁到长江和汝水之间，然后便回去了。但是蔡国人随后向吴国人请求迁到吴国去。

当时，吴王夫差在夫椒打败了越军，报了之前在檇李被越国打败的仇恨。接着，吴军就乘势攻打越国。越王打算向吴国求和。

吴王后来也打算答应越国的请求。但是吴国大夫伍子胥说："不能同意。据臣听说树立德行最好是不断培植，铲除病毒最好是干净彻底。从前有过国的国君浇杀了斟灌，攻打斟鄩，灭亡了夏后相。当时后相的妻子后缗正有孕在身，她从城墙的排水道里逃了出来，回到娘家有仍氏，后来生了少康。少康长大之后，担任了有仍氏的牧正，他对浇充满了仇恨，但又能处处提防他。浇派椒去搜寻他，他只好逃到了有虞国，并做了一名庖正，从而避免了祸害。有虞的酋长虞思把两个女儿嫁给他为妻，并把他封在纶邑。有土地方圆十里，还有五百人。从此少康能广泛地施行德政，开始实施复兴夏朝的计划。收集了夏朝的大批遗民，安抚他的各级官员；又派臣子女艾打入浇的内部为间谍，派儿子季杼去引诱浇的弟弟豷。不不久就灭了浇的虢国和豷的戈国，终于复兴了禹王的大业，恢复了对夏朝祖先和天帝的祭祀，使夏朝的典章制度得以流传下来。"

　　伍子胥接着说："现在吴国不如过国，而越国大于少康，上天也许将会使越国壮大，如果允许讲和，不也很难了吗？勾践能够亲近别人而注意施行恩惠，施舍皆各得其人。对有功劳的人从不抛弃而加以亲近。越国和我国土地相连，而又世世代代是仇敌。在这种情况下将其攻克又不去占领，并准备让他们继续生存下去，无疑是违背天命而使仇敌益发强大，日后即使后悔了，也吃不消了。作为姬姓的吴国，衰落指日可待。我们处在两个蛮夷之国的夹缝之中，又使仇敌得以壮大，却还指望以此谋求成为霸主，绝对行不通。"

　　但是，吴王并没有听从伍子胥的劝谏。三月，越国和吴国讲和了。四月，鲁国举行了祭祀。秋天，鲁军和齐军、卫国的孔圉，鲜虞人进攻晋国，占取了棘蒲。冬天，仲孙何忌率兵攻打邾国。

哀公三年

春,齐国夏、卫石曼姑❶帅师围戚。夏四月甲午,地震。五月辛卯,桓宫、僖宫灾❷。季孙斯❸、叔孙州仇❹帅师城启阳。宋乐髡帅师伐曹。秋七月丙子,季孙斯卒。蔡人放其大夫公孙猎于吴。冬十月癸卯,秦伯卒。叔孙州仇、仲孙何忌帅师围邾。

注释

❶石曼姑:人名,春秋时期卫国的卿大夫。❷灾:这里用作动词,发生了火灾。❸季孙斯:即季桓子,姬姓,季氏,名斯,谥桓,史称季桓子,鲁国三桓之季孙氏宗主兼鲁国执政。❹叔孙州仇:春秋时鲁国司马。

译读

哀公三年春季,齐国、卫国包围了戚地。夏季,五月二十八日,鲁国司铎官署发生火灾。火势越过公宫,桓公庙、僖公庙都被烧毁。救火的人都说:"照顾府库财物。"

南宫敬叔来到,命令周人拿出国君所看的书,让他在宫里等着,说:"这些书就交给你了,如有损失,就处死你。"

子服景伯来到,命令宰人拿出礼书,让他等候命令。如果不能尽职,就要按规定处罚。又下令管理马匹的人准备好马,管理车辆的人给车轴上好油,以备使用。每个官员都坚守岗位,府库加强管理,负责管理馆

舍的官员保证各种供应，又用水浇湿帷幕，准备好灭火器具，用浇湿的帷幕把公室的房子遮盖起来。

从太庙开始，从外到内依次蒙上，对力量不足的人加以帮助。凡是有不听从指挥的，要依法惩办，不予赦免。公父文伯来到，命令马官为国君的车子套上马。季桓子来到，手执马鞭站在象魏门之外。他下令救火的人一旦受伤了就要赶快下来，因为财物烧毁了还可以再创造。又命令把法令典章都收藏起来，说："典章文献不能丢失。"

富父槐来到，说："没有准备而叫百官仓促办事，就好像拾起地上的汤水。"因此就拆去火道上的干枯易燃物品，围绕公宫四周开辟火巷隔火。孔子正在陈国，听到发生火灾，说："恐怕是桓公庙、僖公庙吧！"

这一年，季孙斯、叔孙州仇率兵在启阳筑城。宋国的乐髡也开始带领军队攻打曹国。七月，季孙斯去世。十月，秦国君主去世，叔孙州仇和仲孙何忌开始率兵包围了邾国。

哀公七年

春，宋皇瑗❶帅师侵郑。晋魏曼多❷帅师侵卫。夏，公会吴于鄫。秋，公伐邾。八月己酉，入邾，以邾子益❸来。宋人围曹。冬，郑驷弘帅师救曹。

注释

❶皇瑗：春秋后期宋国国卿。❷魏曼多：即魏襄

子,战国时期晋国魏氏的领袖。❸郏子益:即郏隐公,曹姓,名益,为春秋诸侯国郏国君主第17代君主。

译读

哀公七年春季,宋国皇瑗率军入侵郑国。与此同时,晋军也开始入侵卫国,这是因为卫国不顺服。

夏季,鲁哀公和吴国人在鄫地会见。吴国前来要求取牛、羊、猪一百头为享宴品。子服景伯回答说:"先王没有过这样的事。"

吴国人说:"宋国享我们以牛羊猪各一百头,鲁国不能落在宋国之后。而且鲁国享宴晋国大夫超过各十头,给吴王各一百头,不也是可以的吗?"

景伯说:"晋国范鞅一向贪婪违礼,他企图以大国势力使我国慑服,因此我国才不得不以十一牢之礼宴享他。贵君如果以礼号令诸侯,那么宴享的规格是有一定

数量的。如果也背弃礼,那么就有过之无不及了。周朝统一天下后,制定的礼中,最高的规格也不超过十二,因为十二就是上天的大数了。现在贵国背弃周礼,一定要我国以百牢之礼相待的话,我们也将照办。"

吴国人不听,子服景伯说:"吴国快要灭亡了,抛弃上天而违背根本。如果不给,一定要加害于我们。"于是就照数给了他们。

秋天,哀公开始讨伐邾国,带了邾子益回来,把他奉献于亳社,囚禁在负瑕,负瑕因此而有了绎山人。

这一年,宋国围攻了曹国,后来郑军救援曹国,入侵宋国。

哀公十一年

春,齐国书❶帅师伐我。夏,陈辕颇❷出奔郑。五月,公会吴伐齐。甲戌,齐国书帅师及吴战于艾陵❸,齐师败绩,获齐国书。秋七月辛酉,滕子虞母❹卒。冬十有一月,葬滕隐公。卫世叔齐❺出奔宋。

注释

❶国书:人名,齐国将领。❷辕(yuán)颇:出自辕氏,春秋时期陈国的司徒。❸艾陵:地名,在今山东莱芜东境。❹滕子虞母:即滕隐公,姬姓,名虞母,是春秋时代诸侯国滕国君主。❺世叔齐:即太叔悼子,姬姓,谥号悼,名申、疾,卫国太叔氏。

译读

哀公十一年春天,齐国派国书等人带兵攻打鲁国。鲁军和齐军在郊外作战。

夏季,陈国的辕颇逃亡到了郑国。当初,辕颇做司徒的时候,对自己封邑内的土田征收赋税全部作为哀公女儿的嫁妆,如果还有剩余的话,他就用来为自己铸造一个钟鼎。

所以陈国的百姓全都想要驱逐他,所以后来他无奈只好出国。在路上口渴,他的部下为他奉上甜酒、小米干饭、腌肉干。辕颇高兴地问:"为什么这样丰盛?"

部下回答说:"器物铸成的时候就准备食物了。"

辕颇说:"为什么你们都不劝阻我呢?"

部下回答说:"怕被你早点被赶走。"

由于郊外一战,哀公决定会合吴王攻打齐国。五月,二十七日,齐军被吴国打败,吴国抓住了齐国的国书,缴获了战车八百辆,齐军的脑袋三千个,然后献给了鲁哀公。

当初,吴国准备攻打齐国的死后。越王勾践率领他的群臣到吴国朝见,并对吴王和大臣都送了礼物。因此吴国人都非常高兴,唯独大夫伍子胥忧心忡忡,他说:"勾践这是在养肥吴国啊,总有一天他会像杀猪一样将吴国灭亡的。"

于是伍子胥劝告吴王说:"越国对吴国来说,是一心腹大患。两国土地相邻,越国对我国一直抱有野心。他们表面上顺服,实际上是为了满足更大的愿望做准备,不如我们早点下手攻打他们。否则我们即使战胜了齐国,也像是得到了一块布满石头的土地,根本无法耕

种。假如吴国不把越国变为池沼，吴国终有一天将被越国灭掉。"

凡是吴王夫差依然不听伍子胥的劝谏，他后来派伍子胥到齐国去。伍子胥对他的儿子说："我多次规劝大王，大王不采纳我的意见，我现在已看到吴国的末日了。你与吴国一起灭亡，没有好处啊！"

于是，伍子胥将他的儿子托付给了齐国的鲍牧，就返回吴国向夫差汇报。伍子胥从齐国回来后，吴王听说了这件事，便派人把属镂宝剑赐给伍子胥让他自杀了。

秋天，滕国君主滕隐公去世，十一月，滕国为滕隐公举行了葬礼。这一年，卫国的世叔齐投奔了宋国。

© 民主与建设出版社，2021

图书在版编目（CIP）数据

春秋 /（春秋）孔子编；方士华主编. -- 北京：民主与建设出版社，2019.11

（传统国学经典心读）

ISBN 978-7-5139-2681-2

Ⅰ.①春… Ⅱ.①孔… ②方… Ⅲ.①中国历史—春秋时代—通俗读物 Ⅳ.① K225.09

中国版本图书馆 CIP 数据核字（2019）第 259452 号

春秋

CHUN QIU

编　　著	（春秋）孔　子
主　　编	方士华
责任编辑	韩增标
装帧设计	徐荣强
出版发行	民主与建设出版社有限责任公司
电　　话	（010）59417747　59419778
社　　址	北京市海淀区西三环中路 10 号望海楼 E 座 7 层
邮　　编	100142
印　　刷	廊坊市博林印务有限公司
版　　次	2021 年 12 月第 1 版
印　　次	2021 年 12 月第 1 次印刷
开　　本	880 毫米 ×1230 毫米　　1/32
印　　张	3
字　　数	38 千字
书　　号	ISBN 978-7-5139-2681-2
定　　价	148.00 元（全 10 册）

注：如有印、装质量问题，请与出版社联系。

传统国学经典心读

礼 记

（西汉）戴 圣 编　方士华 主编

民主与建设出版社
·北京·

前言

习近平总书记在十九大报告中指出:"深入挖掘中华优秀传统文化蕴含的思想观念、人文精神、道德规范,结合时代要求继承创新,让中华文化展现出永久魅力和时代风采。"

习总书记还曾指出:"'去中国化'是很悲哀的,应该把这些经典嵌在学生脑子里,让经典成为中华民族文化的基因。"

是的,泱泱中华五千载,悠悠国学民族魂。我们中华国学"为天地立心,为生民立命,为往圣继绝学,为万世开太平",是中华民族生生不息的根本,是华夏儿女遗传基因和精神支柱。

国学就是中国之学,中华之学,是以母语汉语为基础,表达中华民族的精神价值和处世态度的,有利于凝聚中华民族的文化向心力,有利于中华民族大团结,是炎黄子孙的生命火炬,我们要永远世代相传和不断发扬光大。

中华优秀传统文化在思想上有大智,在科学上有大真,在伦理上有大善,在艺术上有大美。在中华民族艰难而辉煌的发展历程中,优秀传统文化薪火相传、历久弥新,始终为国人提供精神支撑和心灵慰藉。所以,从传统优秀国学经典中汲取丰富营养,丰盈的不只是灵魂,而是能够拥有神圣而崇高的家国情怀。

中华传统国学是指以儒学为主体的中华传统文化与学术,包括非常广泛,内涵十分丰富,凝聚了我国五千年的文明史和传统文化，体现了中华民族博大精深的文化精髓，是经过多少代人实践检验过的文化瑰宝，承载着中华民族伟大复兴的梦想。

中华传统国学经典，蕴含了中国儿女内圣外王的个体修养和自强不息的群体精神，形成了重义轻利的处世态度以及孝亲敬长的人伦约定，包含着辩证理智的心智思维和天人合一的整体观念。历经数千年发展，逐渐形成了以儒释道为主干的传统文化和兼容并包、多元一体的开放型现代文化。

这些国学经典作为我国传统文化与教育的经典，在内容方面，包含有治国、修身、道德、伦理、哲学、艺术、智慧、天文、地理、历史等丰富知识；在艺术方面，丰富多彩，各有特色，行文流畅，气势磅礴，辞藻华丽，前后连贯。古往今来，无数有识之士从中汲取知识，不仅培养了良好道德品质，还提升了儒雅、淳静、睿智的气质，哺育了一代代中华儿女茁壮成长。

作为国学经典，是广大读者必备的精神食粮。读者们阅读国学经典，能够秉承国学仁义精神，学会谦和待人、谨慎待己、勤学好问等优良品行，能够达到内外兼修与培养刚健人格。读者们阅读国学经典，就如同师从贤哲，使自己能够站在先辈们的肩膀之上，在高起点上开始人生的起跑。阅读圣贤之书，与圣贤为伍，是精神获得高尚和超越的最高境界。

为此，在有关专家指导下，我们经过精挑细选，特别精选编辑了这套"传统国学经典心读"作品。主要是根据广大青少年读者学习吸收特点，在忠实原著基础上，节选了经典原文，增设了简单明了的注释和白话解读，还配有相应故事和精美图片等，能够培养广大青少年读者的国学阅读兴趣和传统文化素养，能够增强对中国传统文化的热爱、传承和发展，能够激发并积极投身到中华复兴的伟大梦想之中。

目录

曲礼 ………………………………… 005
王制 ………………………………… 013
月令 ………………………………… 020
文王世子 …………………………… 029
礼运 ………………………………… 038
礼器 ………………………………… 048
内则 ………………………………… 051
少仪 ………………………………… 054
学记 ………………………………… 058
经解 ………………………………… 066
哀公问 ……………………………… 068
仲尼燕居 …………………………… 074
孔子闲居 …………………………… 077
坊记 ………………………………… 082
表记 ………………………………… 093

曲礼

　　《曲礼》曰:"毋不敬,俨若思,安定辞。"安民哉!

　　敖不可长,欲不可从,志不可满,乐不可极。

　　贤者狎而敬之,畏而爱之。爱而知其恶,憎而知其善。积而能散,安安❶而能迁。临财毋苟得,临难毋苟免。很毋求胜,分毋求多。疑事毋质,直而勿有。

　　若夫,坐如尸❷,立如齐。礼从宜,使从俗。

　　夫礼者,所以定亲疏,决嫌疑,别同异,明是非也。礼,不妄说人,不辞费。礼,不逾节,不侵侮,不好狎。修身践言,谓之善行。行修言道,礼之质也。礼,闻取于人,不闻取人;礼,闻来学,不闻往教。

注释

　　❶安安:前一个"安"是动词,满足之意;后一个"安"是名词,指感到满足的事物。❷尸:活着的晚辈扮作先祖的样子代其祭寿的人。古代有"尸居神位,坐必矜庄"的说法。

译读

　　《曲礼》上说:"一个有地位的人,心中时刻都要有个'敬'字,外表要端庄,像是俨然若有所思样子,

说话要态度安详,句句在理。"做到这三点,才会使人们安宁啊!

傲慢不能滋长,欲望不能放纵,意志不能自满,享乐不能过度。

对于贤能的人要亲近并敬重,要敬畏并爱戴。对于所爱的人要了解他的恶德,对于憎恨的人要看到他的优点。能积聚财富,但又能散财济贫。能适应平安稳定,又能适应变化不定。遇到财物不要随便获得,遇到危难不应苟且逃避。争执不要求胜,散财不要求多。不懂的事不要下断语,已明白的事不要自夸知道。

至于坐的样子,要像祭祀时的尸那样端重;立的样子,要像斋戒时的人那般恭敬。礼节要顺应事之所宜,出使要顺应当地的风俗。

礼是用来区分人与人关系上的亲疏,判断事情之嫌疑,分辨物类的同异,分明道理之是非的。依礼而说:不可以随便讨人喜欢,不可以说些做不到的话。依礼则行为不越轨,有节制,不侵犯侮慢别人,也不随便不恭敬别人。自己时常警惕振作,实践自己说过的话,这可称为完美的品行。品行修整而言行一致,这就是礼的实质。依礼而言,听说它是被人取法的,没听说它主动去向人取法什么。所以礼只听说愿学者来学,没听说知礼的人去别人那里传授。

原文

道德仁义,非礼不成;教训正俗,非礼不备;分争辨讼,非礼不决;君臣、上下、父子、兄弟非礼不定;宦学事师,非礼不亲;班朝治军,莅官行法,非礼威严不行；祷祠祭祀，供给鬼神，非礼不诚不庄。是以君子恭敬撙❶节退让以明礼。鹦鹉能言，不离飞鸟；猩猩能言，不离禽兽；今人而无礼，虽能言，不亦禽兽之心乎？夫唯禽兽无礼，故父子聚麀❷。是故圣人作，为礼以教人，使人以有礼，知自别于禽兽。

太上贵德，其次务施报。礼尚往来。往而不来，非礼也；来而不往，亦非礼也。人有礼则安，无礼则危。故曰：礼者不可不学也。夫礼者，自卑而尊人，虽负贩者❸必有尊也，而况富贵乎。富贵而知好礼，则不骄不淫；贫贱而知好礼，则志不慑❹。

注释

❶撙（zǔn）：有意克制的意思。❷麀（yōu）：原指雌鹿，在这里通指雌性兽类。❸负贩者：指担货贩卖，小商贩。❹慑：慑服，因恐惧而屈服。

译读

道德仁义不通过礼，不能有成效；教育以纠正习俗，要依据礼，才能完备；判断争议的事件和财产的诉讼，如不依据礼，就不能决断；君臣之间的上下级关系，父子兄弟之间的亲属关系，不依据礼，名分就不能确定；从师学习为吏之道和学业，不依据礼，师生之间关系就不能亲密；确定朝列位置，整顿军队，担任各种官职，执行法令，不依据礼，威严就不能树立；向神求福，还愿等各种祭祀，向鬼神进献祭品，不依据礼，就心不诚、不严肃。因为这样，所以君子都必须是态度恭敬，自觉节制谦让，以发扬礼义。鹦鹉虽会说话，仍不过是飞鸟；

猩猩虽会说话，仍不过是走兽；如果有人不遵循礼，虽然会说话，而内心和禽兽不是一样的吗！只因为禽兽没有礼，所以出现父子共同与一牝兽交配的情况。因为如此，所以有圣人起来，制订礼来教导人，使人类有了礼，知道如何区别于禽兽。

上古时，人们崇尚"德"，后来却讲求施恩图报。礼崇尚往来。施人恩惠却收不到回报，是不合礼的；别人施恩惠于己，却没有报答，也不合礼。人们有了礼的规范，社会便得以安定，少了礼社会便会倾危，所以说："礼，不能不学啊！"礼的实质在于对自己卑谦，对别人尊重，即使是挑着担子做买卖的小贩，也一定有令人尊敬的地方，更何况富贵的人呢？身处富贵而懂得爱好礼，就不会骄横过分，身处贫贱而知道爱好礼，那么志向就不会被屈服。

原文

谋于长者，必操几杖❶以从之。长者问，不辞让而对，非礼也。

凡为人子之礼：冬温而夏凊❷；昏定而晨省❸。在丑夷❹不争。

夫为人子者：出必告，反必面，所游必有常，所习必有业。恒言不称老。年长以倍，则父事之；十年以长，则兄事之；五年以长，则肩随❺之。群居五人，则长者必异席。

注释

❶几杖：坐几和手杖，都是老者所用，古代常用为

敬老者之物，亦用以借指老人。❷夏凊（qìng）：侍奉父母，夏天使他们凉爽。凊，清凉。❸昏定而晨省：旧时侍奉父母的日常礼节。❹丑夷：同辈内部的意思。❺肩随：古时年幼者事年长者之礼。并行时斜出其左右而稍后。

译读

到长者那里请教事情，一定要为他安置凭几、手杖。长者有所询问，如不先推辞谦让，就径直回答，这是不合于礼的。

做儿子的礼节：冬天使父母温暖，夏天使父母凉快；晚上服侍父母安寝，早晨问父母安。与平辈人相处，则不争。

作为子女，出行之前一定要当面禀告父母，回到家里也要这样。出游必须有一定的去处。学习一定要有备忘的记事簿。平常讲话不可在自称中带有"老"字。对

于年长自己一倍的人,应当待之如父;对于年长十岁的人,应当待之如兄;对于年长五岁的人,虽可以并肩而行,但仍须略微退后。平辈五人同居一处,应让年长者另坐一席。

原文

帷薄之外不趋,堂上不趋,执玉不趋。堂上接武,堂下布武。室中不翔,并坐不横肱。授立不跪,授坐不立。

凡为长者粪之礼:必加帚于箕上,以袂拘而退,其尘不及长者;以箕自乡而扱之。

侍坐于君子,君子欠伸,撰杖屦,视日蚤莫,侍坐者请出矣。侍坐于君子,君子问更端,则起而对。侍坐于君子,若有告者曰:"少间",愿有复也,则左右屏而待。

毋侧听,毋嗷应,毋淫视,毋怠荒。游毋倨,立毋跛,坐毋箕,寝毋伏。敛发毋髢,冠毋免,劳毋袒,暑毋褰❶裳。

共食不饱,共饭不泽手。毋抟饭,毋放饭,毋流歠❷,毋咤食,毋啮骨,毋反鱼肉,毋投与狗骨,毋固获,毋扬饭,饭黍毋以箸,毋嚃❸羹,毋絮羹,毋刺齿,毋歠醢❹。客絮羹,主人辞不能亨。客歠醢,主人辞以窭❺。濡肉齿决,决干肉不齿决。毋嘬炙。

注释

❶褰(qiān):把衣服撩开的意思。 ❷歠(chuò):

指可以喝的，如粥、羹汤等。③嚌（tà）：不咀嚼菜的意思，当吃汤中的菜时，不能连汤一起喝下。④歠醢（hǎi）：不用任何食物蘸就可以吃的肉酱。⑤窭（jù）：因为贫穷而没有礼物相送，此指备办的食物不够。

译读

在帷幔帘子之外，不必快步走；在堂上不要快步趋走；手上拿着玉，不快步趋走。在堂上要细步走，在堂下可迈大步走。在室内不甩开胳膊走路。与别人并坐时，不要横出胳膊。给站着的人东西，不用下跪；给坐着的人东西，不要站着给。

给长辈打扫房间之礼：一定要用扫帚遮住畚箕。扫的时候要一手持帚扫地，一手举起衣袖遮住扫帚，边扫边退，这样就不会使灰尘飞扬，污及长者。收垃圾时，要使畚箕朝向自己。

在与长者交谈时，见长者打哈欠、伸懒腰，或是准备拿起拐杖和鞋子，或是探视的时间过早过晚，都要告辞退出。在陪伴长者时，如果长者问到别的事，就要起立回答。在陪伴尊长时，如果有人进来说："很想借点儿时间，有事情要报告。"这时，侍坐者就要退避一旁等候着。

不要侧耳探听别人说话，不要粗声大气地答应，不要转动眼珠斜看，不要做出无精打采的样子。走路不要露出傲慢的样子，站立时要双腿挺直，不可一腿直立、一腿打弯，坐着时不要像畚箕一样把双腿叉开，睡觉时不要俯卧。头发要用帛束好，不要让它像假发那样下垂。帽子不可随便脱下，干活时不要脱衣露体，热天也不要

撩起裙子。

大伙儿共同吃饭,要注意谦让,不可自顾自己吃饱。大伙儿共同吃饭,要注意手的卫生。不要把饭搓成团,不要把多取的饭再放回食器,不要大口喝,以免满口汁液外流,不要吃得啧啧作响,不要啃骨头,以免弄出声响,不要把咬过的鱼肉再放回食器,不要把骨头扔给狗,不要争着抢着吃好吃的东西,不要为了贪快而扬去饭中的热气,吃黍米饭不要用筷子,羹汤中的菜要经过咀嚼,不可大口囵囵地吞下,不要当着主人的面调和羹汤。不要当众剔牙,不要喝肉酱。客人如果调和羹汤,主人就要道歉,说不会烹调。客人如果喝肉酱,主人就要道歉,说由于家贫以至于备办的食物不够吃。湿软的肉可以用齿咬断,干硬的肉不可以用齿咬断,就须用手撕而食之。吃烤肉不要一口吞一大块。

王制

国无九年之蓄曰不足,无六年之蓄曰急,无三年之蓄曰国非其国也。三年耕,必有一年之食。九年耕,必有三年之食。以三十年之通,虽有凶旱水溢,民无菜色,然后天子食,日举以乐。

司空执度,度地居民,山川沮❶泽,时四时,量地远近,兴事任力。凡使民,任老者之事,食壮者之食。凡居民材,必因天地寒暖燥湿。广谷大川异制,民生其间者异俗:刚柔、轻重、迟速异齐,五味异和,器械异制,衣服异宜。修其教,不易其俗;齐其政,不易其宜。

中国戎夷五方之民,皆有其性也,不可推移。东方曰夷,被发文身,有不火食者矣。南方曰蛮,雕题❷交趾,有不火食者矣。西方曰戎,被发衣皮,有不粒食者矣。北方曰狄,衣羽毛穴居,有不粒食者矣。中国、夷、蛮、戎、狄,皆有安居、和味、宜服、利用、备器。五方之民,言语不通,嗜欲❸不同。达其志,通其欲,东方曰寄,南方曰象,西方曰狄鞮,北方曰译。

注释

❶沮(jù):低洼潮湿的地带。 ❷雕题:在额上刺花纹。

古代南方少数民族的一种习俗。❸嗜欲：指肉体感官上追求享受的要求。

译读

一个国家没有九年的积蓄，可以说是不富足；没有六年的积蓄，可以说是拮据；没有三年的积蓄，就不像个国家了。耕种三年，必定有一年的余粮；耕种九年，必定有三年的余粮。以三十年的平均收入来制定预算，即使遇到饥荒水旱等灾害，老百姓也不会挨饿。达到这样的水平后，天子的膳食，可以每天宰杀牲畜，吃饭时也可以奏乐了。

司空负责用工具测量土地，安置人民，观测山川沼泽的不同地势，测定四季气候的变化，测量土地的远近，然后才大兴土木征用民力。凡征用民力，活不能太累，要像给老年人分配任务那样；伙食标准却要按照青壮年的标准对待。凡安置百姓住处，必须考虑使百姓的生活习惯和当地的气候地势相适应。生在深山谷和长在大河边上的人外表就不一样，他们的风俗习惯也自然两样：有的性情急躁，有的性情迟缓，酸苦甘辛咸，各有偏爱，使用的工具各有不同，穿的衣服也各有所好。对百姓重在教化，不必改变其风俗；同时应当注重统一政令，不必改变其习惯。

中原和四周边远地区的人民，各有不同的生活习性，而且不能改变。住在东方的叫夷人，他们把头发剪短，身上刺着花纹，其中有不吃熟食的人。住在南方的叫蛮人，他们额头上刺着花纹，走路时两脚拇趾相对而行，其中有不吃熟食的人。住在西方的叫戎人，他们披散着头发，用兽皮做衣服，其中有不以五谷为食的人。住在

北方的叫狄人,他们用羽毛连缀成衣,住在洞穴中,其中有不以五谷为食的人。中原、东夷、南蛮、西戎、北狄的人民,都有安逸的住处,偏爱的口味,舒适的服饰,便利的工具,完备的器物。东西南北中五方的人民,虽然言语不通,嗜好不同,但当他们要表达心意、互相交流的时候,有懂得双方语言的人帮助沟通。这种人,在东夷叫寄,在南蛮叫象,在西戎叫狄鞮,在北狄叫译。

原文

凡居民,量地以制邑,度地以居民,地、邑、民居,必参相得也。无旷土,无游民,食节事时,民咸安其居,乐事劝功,尊君亲上,然后兴学。

司徒修六礼以节民性,明七教以兴民德,齐八政以防淫,一道德以同俗。养耆老❶以致孝,恤孤独以逮不足,上贤以崇德,简不肖以绌❷恶。

命乡简不帅教者以告。耆老皆朝于庠,元日习射上功,习乡上齿❸。大司徒帅国之俊士❹与执事焉。不变,命国之右乡简不帅教者移之左,命国之左乡简不帅教者移之右,如初礼。不变,移之郊,如初礼。不变,移之遂,如初礼。不变,屏之远方,终身不齿。

命乡论秀士,升之司徒,曰选士;司徒论选士之秀者而升之学,曰俊士。升于司徒者不征于乡,升于学者不征于司徒,曰造士。

注释

❶耆(qí)老:老年人。特指德行高尚受尊敬的老人。

❷绌（chù）：摒弃，废除。❸上齿：指敬老。上，通"尚"；齿，指高年。❹俊士：周代称选取入太学的人。

译读

凡安置民众，必须根据土地的广狭确定修建城邑的大小，根据土地的广狭确定安置民众的多少，要使土地广狭、城邑大小、被安置民众的多少这三者互相配合得当。便会做到没有空闲的土地，没有失业的百姓，食饮节俭，各项工作都按部就班地进行，百姓都安居乐业，积极向上，尊敬国君，爱戴官长，然后可以兴办学校。

司徒修订六礼，以节制人民的性情；颁明七教，用来提高人民的道德；统一八政，以防僭越；提倡统一的道德规范，以造成共同的社会风尚。赡养老人，以促进人民的孝心；怜恤孤独，救济他们的不足；尊重有贤德的人，以提倡崇尚德行；检举邪恶的人，以摒弃罪恶。

命令六乡的长官纠举不听教诲的人，向司徒汇报。司徒选定一个吉日，把乡里德高望重的老年人召集到乡里的学校中，演习乡射礼而尊重射箭本领好的人，演习乡饮酒礼而尊重年龄大的人。大司徒率领国学的大学生来帮忙。经过这样的感化教育而不改恶习，就命令右乡纠举出不听教诲的人，把他们迁到左乡；命令左乡纠举出不听教诲的人，把他们迁到右乡，接受同样的感化教育。如若仍不改，就把他们迁到乡外的郊地，再接受同样的感化教育。如果还不悔改，就从郊地迁到更远的遂地，用同样的方法教育。几经教育仍不悔改，就放逐出境，终身不复录用。

司徒命令六乡的长官考察乡学中德才兼优的学生并

把他们推荐给司徒，被推荐者被称作选士。司徒亲自考察选士中的出类拔萃者并把他们推荐给大学，这样的被推荐者被称作俊士。获得选士荣誉的就不再承担乡里的徭役，获得俊士荣誉的就不再承担国家的徭役，后者又叫造士。

原文

司寇❶正刑明辟，以听狱讼，必三刺❷，有旨无简不听。附从轻，赦从重。凡制五刑，必即天论，邮罚❸丽于事。

凡听五刑之讼，必原父子之亲，立君臣之义以权之，意论轻重之序，慎测浅深之量以别之，悉其聪明，致其忠爱以尽之。疑狱，泛与众共之，众疑，赦之。必察小大之比以成之。

成狱辞，史以狱成告于正，正听之。正以狱成告于大司寇，大司寇听之棘木之下❹。大司寇以狱之成告于王，王命三公参听之。

三公以狱之成告于王，王三又，然后制刑。凡作刑罚，轻无赦。刑者侀也，侀者成也，一成而不可变，故君子尽心焉。

析言破律，乱名改作，执左道以乱政，杀。作淫声、异服、奇技、奇器以疑众，杀。行伪而坚、言伪而辩、学非而博、顺非而泽以疑众，杀。假于鬼神、时日、卜筮以疑众，杀。此四诛者，不以听。凡执禁以齐众，不赦过。

注释

①司寇：中国古代主管刑狱的官名。②三刺：周代治理重案，必依次与群臣、群吏和百姓三等人反复计议，然后定罪判决，以示审慎。③邮罚：判人罪过，处罚其身。邮，通"尤"。④棘木之下：古代听讼的地方。

译读

司寇负责正定刑书，明断罪法，以审理案件。审理时，一定要向群臣、群吏、民众三个方面征求意见，以求断案得当。有犯罪的动机而无犯罪的事实，这样的案子不予受理。量刑时，可轻可重者从轻；赦免时，虽重罪亦可获赦免。凡根据五刑条文进行判决时，一定要合乎天理，使刑罚与罪行相当。

凡审案断罪，一定要从父子之亲、君臣之义的角度加以衡量；脑子里始终要考虑罪行有轻重，量刑有深浅，个案与个案不同；要竭尽自己的才智，发扬忠恕仁爱之心，使案情真相大白。遇有疑而难决的案子，就与民众共同审理。如果民众也感到疑而难决，那就应该宣布当事人无罪。总之一定要做到明察案情，依法量刑。

判决书拟好之后，史把判决书提交给正。正再审理一遍，然后把判决书提交给大司寇。大司寇在有孤卿大夫等人的陪审下在外朝再审理一遍，然后把判决书提交给天子。天子又命令三公共同审理一遍。

三公审理之后把判决书提交给天子。天子再审查一下案件是否适用于三宥，如果没有，然后判刑。既然到了最后判刑的时刻，就是再轻的罪也不会得到赦免。这是因为，所谓刑，就是定型的意思。所谓定型，就是形成的意思。判决一经形成就不可改变，所以君子对审理案件是非常尽心的。

断章取义曲解法律，变换名称而擅改规格，用邪道扰乱政令的人，处以死刑。作靡靡之音、奇装异服、怪诞之技、怪异器物而蛊惑民心的人，处以死刑。行为诈伪而顽固不化且影响恶劣、言辞虚伪而能迷惑听众、所学不是正道而旁征博引、明知故犯而掩过饰非，从而迷惑民众的人，处以死刑。借助鬼神、时日和卜筮欺骗民众的人，处以死刑。对这四种该杀的人，不再受理他们的申诉。凡是推行禁令，要使民众一律遵守，即使是过失犯禁，也不赦免。

月令

孟春❶之月：日在营室，昏参中，旦尾中。其日甲乙。其帝大皞，其神句芒。其虫鳞。其音角，律中太蔟❷。其数八。其味酸，其臭膻。其祀户，祭先脾。

东风解冻，蛰虫❸始振，鱼上冰，獭祭鱼，鸿雁来。

天子居青阳左个，乘鸾路，驾仓龙，载青旂，衣青衣，服仓玉，食麦与羊，其器疏以达。

是月也，以立春。先立春三日，大史谒之天子，曰："某日立春，盛德在木。"天子乃齐。立春之日，天子亲帅三公九卿、诸侯、大夫以迎春于东郊。还反，赏公卿、诸侯、大夫于朝。命相布德和令，行庆施惠，下及兆民❹，庆赐遂行，毋有不当。乃命太史，守典奉法，司天日月星辰之行，宿离不贷，毋失经纪，以初为常。

注释

❶孟春：春季的首月。❷太蔟（cù）：古代的十二律之一。❸蛰虫：藏在泥土中冬眠的虫子。❹兆民：古称天子之民，后泛指众民，百姓。

译读

孟春正月：太阳在星宿的位置上，黄昏时参星宿在

南天中的位置,清晨时尾星宿在南天中的位置。此时的日名是甲乙,此时的主宰是大皞,此时的神明是句芒,此时的动物是有鳞类。此时的声音是角音,音律正当太蔟。此时的数目是八。此时的口味是酸味,此时的气味是膻味。此时的祭祀对象是门户,祭品以脾脏为先。

这个时节,东风化解了寒冷,冬眠的动物开始活动,鱼上游到冰面下,水獭驱鱼举行鱼祭,鸿雁从南方飞了回来。

春天,天子居住在明堂东边名为"青阳"的部分,正月则住在青阳的左个。为顺应时气,乘的是系有鸾铃的车,驾的是苍龙之马。打起青色旗号,穿着青色衣服,佩着青色玉佩。食物以麦和羊为主,用的器皿都要粗疏而容易透气的。

这月的节气,是立春。在立春前三天,太史向天子察告说:"某日立春,木德当令。"天子于是斋戒,准备迎春。立春的那天,天子亲自率领三公、九卿、诸侯、大夫到东郊去举行迎春的祭祀。祭毕回朝,在朝中赏赐公卿、诸侯、大夫。并命令三公发布德教,宣布禁令,实行褒奖,施与恩惠,下及所有百姓。对所有的褒奖和赏赐之事,都做得很恰当。于是命令太史遵守六典,奉行八法,又负责推算日月星辰的运行,太阳所在的位置,月亮所经的地方,都要计算得丝毫不差,不得背离法度,要遵循旧章而不变。

原文

　　是月也,天子乃以元日,祈谷于上帝。乃择元辰,天子亲载耒耜,措之参保介之御间,帅三公九卿诸侯

大夫，躬耕帝藉。天子三推，三公五推，卿诸侯九推。反，执爵于大寝，三公九卿诸侯大夫皆御，命曰劳酒。

是月也，天气下降，地气上腾，天地和同，草木萌动。王命布农事，命田舍东郊，皆修封疆，审端经术。善相丘陵、阪险、原隰❶、土地所宜、五谷所殖，以教道民。必躬亲之。田事既饬，先定准直，农乃不惑。

是月也，命乐正入学习舞，乃修祭典。命祀山林川泽，牺牲毋用牝。禁止伐木，毋覆巢，毋杀孩虫、胎夭、飞鸟。毋麑毋卵❷。毋聚大众，毋置城郭。掩骼埋胔❸。是月也，不可以称兵，称兵必天殃。兵戎不起，不可从我始。毋变天之道，毋绝地之理，毋乱人之纪。

孟春行夏令，则雨水不时，草木蚤落，国时有恐。行秋令，则其民大疫，猋风暴雨总至，藜莠蓬蒿并兴。行冬令，则水潦为败，雪霜大挚，首种不入。

注释

❶隰（xí）：这里指低湿的地方。❷毋麑（ní）毋卵：指不要捕杀小兽，不要掏取鸟卵。麑和卵在这里用作动词。❸胔（zì）：这里指腐烂的肉。

译读

在这个月里，天子于第一个辛日祭祀上帝，祈求五谷丰登。又于此后的第一个亥日，天子亲自把耒耜搬到自己的车上，放在穿甲衣的车右和驾车人之间，并率领三公、九卿、诸侯、大夫亲自耕种籍田。其做法是把耒耜推入土里，天子推三下，公推五下，卿和诸侯推九下。

礼毕返回，天子在大寝举杯宴饮，三公、九卿、诸侯、大夫全部参加陪侍，这次宴饮称为"劳酒"。

在这个月里，天气往下降，地气往上升，天地的气相互混合，草木就开始萌芽生长。天子下令布置春耕之事，命令田官住到东郊，令农夫都整治疆界，审察修整小路和沟渠。认真视察山地、坡地、高而平的地、低湿地，各种地适宜种植的作物，以及种植的方法，将这些教导给农民。田官一定要亲自去做这些事。田事都已整饬完备，都因事先订立了标准，农事才进行得有条不紊。

这个月，命令乐官之长到太学教练舞蹈。修订祭祀的典则。下令祭祀山林川泽，祭牲不用母畜。禁止砍伐树木，不要毁鸟窠，不要杀害幼虫、已怀胎的母畜、刚出母体的小兽、刚会飞的小鸟，不要伤害小兽及各种鸟蛋。不要举行群众集会，不要修建城郭。掩埋枯骨尸体。在这个月，不可用兵作战；用兵作战，一定会遭到天的惩罚。要解甲休兵，更不可由我方发动战争。这样做是为了不改变天道，不破坏地理，不扰乱人的纲纪。

若在正月里发布夏天的命令，将有风雨不按时到来，草木早落，国时有惊恐之祸事出现。若发布了秋天的命令，则有大瘟疫、旋风暴雨、藜莠丛生等祸事出现。如果发布了冬天的命令，就有洪水泛滥、霜雪大至、头番的种子无法播下的祸事出现。

原文

仲春[1]之月：日在奎，昏弧中；旦建星中。其日甲乙。其帝大皞，其神句芒。其虫鳞。其音角，律中夹钟。其数八。其味酸，其臭膻。其祀户，祭先脾。

始雨水，桃始华，仓庚❷鸣，鹰化为鸠。

天子居青阳大庙，乘鸾路，驾仓龙，载青旂，衣青衣，服仓玉，食麦与羊。其器疏以达。

是月也，安萌芽，养幼少，存诸孤。择元日，命民社。命有司，省囹圄❸，去桎梏❹，毋肆掠，止狱讼。

是月也，玄鸟至。至之日，以大牢祠于高禖，天子亲往。后妃帅九嫔御。乃礼天子所御，带以弓韣，授以弓矢，于高禖之前。

注释

❶仲春：春季的第二个月，即农历二月。因处春季之中，故称仲春。❷仓庚：亦作"仓鹒"，黄莺的别名。❸囹圄（líng yǔ）：监狱。❹桎梏（zhì gù）：脚镣和手铐。比喻束缚人的东西。

译读

仲春二月。太阳在奎星宿的位置上，黄昏的时候弧星在南天中的位置；清晨的时候建星在南天中的位置。此时的日名是甲乙。此时的主宰是大皞，此时的神明是句芒。此时的动物是鳞类。此时的声音是角音，音律正当夹钟，此时的数目是八。此时的口味是酸味，此时的气味是膻味。此时的祭祀对象是门户，祭品则要以脾脏为先。

这是雨水的节气，桃李始着花，黄鹂啭声，鹰鸟变为布谷鸟。

天子居于青阳之大庙，出则乘鸾车，驾苍马，载青旂；着青衣，佩苍玉。食麦和羊。用粗疏通达的器皿。

这月,生物刚刚开始萌芽。对于人,亦特别要保养幼小者,抚恤遗族子弟。选择第一个甲日,命人民举造福祭。使司法之官减少拘捕的囚徒,除去其脚镣手铐,也不可拷问,并停止诉讼。

在这个月里,要保护植物的萌芽,养育幼儿和少年,抚恤孤儿。要选择吉日,让老百姓祭祀土神。要命令有关官吏减少监狱中关押的囚犯,去掉脚镣和手铐,对死囚处决后不要再陈尸示众,不要拷打犯人,要调解纠纷,尽量减少打官司。

这个月,燕子来到。在燕子来到的那天,用在太牢祭祀禖神。天子亲自前往,后妃率领后宫所有女眷陪同。在禖神前,为怀孕的嫔妃举行典礼,给她带上弓套,授给她弓箭,祈求禖神保佑。

原文

是月也,日夜分,雷乃发声,始电。蛰虫咸动,启户始出。先雷三日,奋木铎❶以令兆民,曰:"雷将发声,有不戒其容止者,生子不备,必有凶灾。"日夜分,则同度量,钧衡石,角斗甬❷,正权概。

是月也,耕者少舍,乃修阖扇❸,寝庙毕备。毋作大事,以妨农之事。

是月也,毋竭川泽,毋漉陂池❹,毋焚山林。天子乃鲜羔开冰,先荐寝庙。上丁,命乐正习舞,释菜;天子乃帅三公九卿诸侯大夫,亲往视之。仲丁,又命乐正入学习乐。是月也,祀不用牺牲,用圭璧,更皮币❺。

仲春行秋令,则其国大水,寒气总至,寇戎来征。

行冬令，则阳气不胜，麦乃不熟，民多相掠。行夏令，则国乃大旱，煖气早来，虫螟为害。

注释

❶木铎（duó）：以木为舌的大铃，铜质。古代宣布政教法令时，巡行振鸣以引起众人注意。❷斗甬：即斗和斛，两种古量器。亦用为量器的统称。甬，通"桶"。❸阖（hé）扇：门扇。❹陂（bēi）池：池沼，池塘。❺皮币：以兽皮制成的货币。

译读

这个月，昼夜一样长，有了雷声，开始闪电。冬天躲藏在泥土中的动物全部开始活动，钻出洞穴，回到地面。于春分前三天，摇动木铎向广大人民发布教令，说："将要开始打雷，有人不注意节制房事，生下的儿子就要有生理缺陷，自身也一定会有灾祸。"昼夜一样长，校正度量衡器具，平正衡器，不使有轻重之差；校斗斛，不使有大小之别；校正秤锤和平斗木。

这个月，从事农耕的有短期间息，要抓紧整修一下门户，庙门和寝门都要完整无缺。不要兴兵和搞大规模的劳役，以免妨碍农耕之事。

这一个月，不可用干河川、湖泊之水，不可用渔网在陂池中捞鱼，也不可用火来焚烧山林。天子先在寝庙举行荐礼，用小羊和新发的冰为献。在第一个丁日，命乐正练习舞蹈，举行祭祀先师的释菜之礼；那日，天子亲自率领三公、九卿、诸侯、大夫，一同到国学里参观。第二个丁日，又命乐正往国学里练习乐舞。这个月，祭

祀不用牺牲，改用圭璧与皮币来替代。

仲春二月如果施行秋季的政令，国家就会发生大水，寒气就会突然降临，敌寇就会前来侵犯。此月如果施行冬季的政令，会导致阳气经受不住，麦子不能成熟，百姓中频繁发生劫掠之事。此月如果实行夏季的政令，就会导致国家大旱，炎热的天气提前到来，虫螟危害庄稼。

原文

季春之月：日在胃，昏七星中，旦牵牛中。其日甲乙。其帝大皞，其神句芒。其虫鳞。其音角，律中姑洗。其数八。其味酸，其臭膻。其祀户，祭先脾。

桐始华，田鼠化为鴽❶，虹始见，萍始生。

天子居青阳右个，乘鸾路，驾仓龙，载青旂，衣青衣，服仓玉。食麦与羊，其器疏以达。

是月也，天子乃荐鞠衣❷于先帝。命舟牧覆舟，五覆五反，乃告舟备具于天子焉。天子始乘舟，荐鲔于寝庙，乃为麦祈实。

注释

❶鴽（rú）：古书上指鹌鹑类的小鸟。❷鞠衣：礼服，为黄色的丝织衣服。

译读

季春三月，太阳在西方的第三个星宿，天将黑时，七星在南方天中，天快亮时，牵牛星在南方天中。其日为春，属于天干之甲乙。主宰是大皞，神名句芒。动物以鳞当令。音是清浊中和的角音，十二律与姑洗相应。

与木相配的数为八。口味为酸，嗅味为膻。祭祀以户为对象，祭品以脾脏最珍贵。

桐树开花，田野里的土老鼠变成鹌鹑。这时阴晴不定，可看见彩虹。池塘里开始生了浮萍。

这个月，天子居住在明堂东部青阳的南室，乘的是有鸾铃的车子，驾的是青色的大马，车上插的是青色的绘有龙纹的旗，穿的是青色的衣服，冠饰和所佩的玉，都是青色的。食品是麦和羊。使用的器物，镂刻的花纹粗疏，而且是由直线组成的图案。

这个月，天子向太皞等先代帝王进献桑黄色的礼服，以祈求蚕事丰收。命令主管船只的官员将船翻个底朝上，检查有无漏洞，这样翻来覆去地检查五遍，才向天子报告说舟船准备停当。天子这才开始乘舟，向宗庙进献鲟鱼，以祈求麦子颗粒饱满。

文王世子

文王❶之为世子,朝于王季日三。鸡初鸣而衣服,至于寝门外,问内竖❷之御者,曰:"今日安否何如?"内竖曰:"安。"文王乃喜。及日中又至,亦如之。及莫又至,亦如之。

其有不安节,则内竖以告文王,文王色忧,行不能正履。王季复膳,然后亦复初。食上,必在视寒暖之节;食下,问所膳。命膳宰曰:"末有原。"应曰:"诺。"然后退。

武王❸帅而行之,不敢有加焉。文王有疾,武王不脱冠带而养。文王一饭,亦一饭;文王再饭,亦再饭。旬有二日乃间。

文王谓武王曰:"女何梦矣?"武王对曰:"梦帝与我九龄。"文王曰:"女以为何也?"武王曰:"西方有九国焉,君王其终抚诸。"文王曰:"非也,古者谓年、龄,齿亦龄也。我百,尔九十。我与尔三焉。"文王九十七乃终,武王九十三而终。

> 注释

❶文王:即周文王姬昌,周朝奠基者,中国历史上的一代明君。❷内竖:宫内小臣,亦指宦官。❸武王:即周武王姬发,周文王嫡次子,西周王朝的开国君主。

译读

　　周文王在做太子的时候,每天三次探视父亲。每天早晨雄鸡刚叫就起来穿衣,走到他父亲的寝门外面,问内竖中当值的人:"今天父王睡得怎么样?"内竖说:"睡得安稳。"文王听了就很高兴。到了中午又来探视一次,也像这样问一遍。到傍晚时又来探视,照样问一遍。

　　如果父亲有点不舒服,那么内竖就把这个情况报告给文王。文王脸色忧愁,走路也失去了正常。当父亲的饮食恢复正常,然后文王才恢复常态。饮食送上的时候,文王一定要察看冷热的程度。饮食端下来时,文王还要问吃了多少。同时吩咐膳宰说:"不要总是这几样菜!"内竖回答:"是。"然后文王才离开。

　　周武王遵循周文王的孝行,不敢奢求自己做得超过父亲。文王有病时,武王就不脱冠带日夜侍候在旁。文王能吃一口饭,武王也吃一口饭。文王能吃两口饭,武王也吃两口。直到十二天时文王痊愈,武王才松闲下来。

　　文王问武王说:"你做过什么梦吗?"武王回答说:"梦见上帝给我九龄。"文王又问道:"你认为这个梦有什么暗示呢?"武王说:"西部地区有九个国家,君王您大概最终都将占有吧。"文王说:"不对,古代称一年为一龄,一个人的年齿叫做龄。我活一百岁,你大概只有九十岁,我送给你三年。"结果文王九十七岁寿终,武王活到九十三岁寿终。

原文

　　成王幼,不能莅阼❶,周公相,践阼❷而治。抗❸世子法于伯禽❹,欲令成王之知父子君臣长幼之道也;成

王有过，则挞伯禽，所以示成王世子之道也。——文王之为世子也。

凡三王教世子，必以礼乐。乐，所以修内也；礼，所以修外也。礼乐交错于中，发形于外，是故其成也怿❺，恭敬而温文。立大傅、少傅以养之，帮其知父子君臣之道也。太傅审父子君臣之道以示之，少傅奉世子以观大傅之德行而审喻之。

太傅在前，少傅在后；入则有保，出则有师，是以教喻而德成也。师也者，教之以事，而喻诸德者也。保也者，慎其身以辅翼之，而归诸道者也。

记曰："虞夏商周有师、保，有疑、丞。设四辅及三公，不必备，惟其人。"语使能也。君子曰："德，德成而教尊，教尊而官正，官正而国治，君之谓也。"

注释

❶莅阼（zuò）：指帝王登位执政。阼，帝王嗣位或祭祀时所登的台阶。❷践阼：履行天子之事。❸抗：举例，举出。❹伯禽：周公旦之子。❺怿（yì）：这里是欢喜、高兴的意思。

译读

成王年幼，不能即位治政，周公旦任宰相，代行天子职责，治理天下。举出太子应遵守的法规，要求伯禽履行，目的是要让成王懂得父子君臣长幼之间的种种伦理；如成王有了过错，就鞭打伯禽，以此向成王示意做太子的道理。——"文王为世子。"

三代的王必定用礼乐来教育太子。乐是内心精神方

面的教育；礼是外在行为方面的教育。礼和乐的道理涵养在内心表现在外表，所以融合成快乐、恭敬、温文尔雅的风度。设立太傅、少傅教育熏陶太子，让他了解做父子君臣的道理，太傅要分辨这些道理开导太子；少傅侍奉太子，观察太傅的德行而分析给太子听，使他明白。

太傅在前，少傅在后，太子回到后宫，有太保护卫；在宫外，有老师教管。因此教导分明而德行成就。所谓老师，是用具体的事例教育开导并用它说明各种德行的人。所谓太保，是谨慎自己言行来辅佐太子而使他合乎正轨。

古《记》说："虞夏商周四代，设有师、保、疑、丞，四辅和三公，要因人而设，没有适当人选，不必求全，可以不设。"这就是说，要使用能干的人。君子说："太子要有德行。因为有了好的德行，教育就会受到尊崇；教育受到尊崇，为官的就正直；百官正直，国家就能治理好。这是指太子将来要为国君而言的。"

原文

仲尼曰："昔者周公摄政，践阼而治，抗世子法于伯禽，所以善成王也。闻之曰：为人臣者，杀其身有益于君则为之。况于其身以善其君乎！周公优为之。"

是故，知为人子，然后可以为人父；知为人臣，然后可以为人君；知事人，然后能使人。成王幼不能莅阼，以为世子，则无为也。是故抗世子法于伯禽，使之与成王居，欲令成王之知父子君臣长幼之义也。君之于世子也，亲则父也，尊则君也，有父之亲，有君之尊，然后兼天下而有之，是故，养世子不可不慎也。

行一物而三善皆得者，唯世子而已！其齿于学之谓也。故世子齿于学，国人观之，曰："将君我而与我齿让❶，何也？"曰："有父在则礼然。"然而众知父子之道矣。

其二曰："将君我，而与我齿让何也？"曰："有君在则礼然。"然而众着于君臣之义也。

其三曰："将君我而与我齿让，何也？"曰："长长也。"然而众知长幼之节矣。

故父在斯为子，君在斯谓之臣，居子与臣之节，所以尊君亲亲也。故学之为父子焉，学之为君臣焉，学之为长幼焉。父子君臣长幼之道得而国治。语曰："乐正司业❷，父师❸司成，一有元良，万国以贞。"世子之谓也。——"周公践阼。"

注释

❶齿让：以年岁大小相让，表示长幼有序。❷业：指诗书等学业。❸父师：官名，即大师。

译读

仲尼说："昔日周公代成王执政，登君主之位，治理天下。拿太子法要求伯禽履行，用以使成王获得好的品德。听人说：'做一个臣子，牺牲自己生命，而对国君有好处的，就要去做。'何况仅是变通一下身份，而能使君主品德得以完善的事呢！所以周公乐于去做这件事。"

只有能做一个好的儿子，然后能做一个好的父亲；知道做一个好的臣下，然后能做一个好的君主；了解如何为人服务，然后才能使唤他人服务。成王是因为年幼，不

能登位执政；他做世子，履行世子法又缺乏对象。所以要求伯禽履行世子法，让他和成王住在一起，使成王了解到父子、君臣、长幼之间所应有的正确关系。君主和太子的关系，既有父子之亲，又有君臣之尊。太子能真正做到有父与子的亲爱，君与臣的尊严，然后才可以统治天下，所以对太子的教育不能不慎重啊。

做一件事同时获得三个方面的好效果，只有太子才具有的啊！这是指在学校中能对年长的同学谦让这件事说的。太子在学校中做到不依尊卑，而以年龄大小为序，国人看到后，说："将来他要做我们的君上，而现在和我们以长幼为序，这样谦让为什么呢？"有人说："因为他有父亲在，礼应如此。"这样就使人民懂得父子关系的道理了。

其二，人们说："将来他要做我们的君上，而现在和我们以长幼为序，这样谦让为什么呢？"有人说："因为有国君在，礼应如此。"这样就使人民明白了君臣之道了。

其三，人们说："将来他要做我们的君上，而现在和我们以长幼为序，这样谦让是为什么呢？"有人说："这是尊敬年长者。"这样就使人民懂得了长幼之间的礼节了。

父在，太子的身份是儿子；君在，太子的身份是臣下，必须遵守儿子和臣下应有的礼节，即对国君尊敬，对父母孝顺。所以要教导他父子之道，教导他君臣之道，教导他长幼之道。懂得了父子、君臣、长幼之道，国家就太平了。古人有这样一句话："乐正是主管太子诗书的教育，太师是主管太子的品德教育。培养一个品德善

良的人,天下万国都得以走上正道。"这一个人就是指太子而言的。——"周公践阼"。

原文

庶子之正于公族者,教之以孝弟、睦友、子爱,明父子之义,长幼之序。其朝于公,内朝则东面北上,臣有贵者以齿;庶子治之。虽有三命,不逾父兄。其在外朝,则以官,司士为之。其在宗庙之中,则如外朝之位,宗人授事,以爵以官。其登餕❶献受爵,则以上嗣。

公族朝于内朝,内亲也。虽有贵者,以齿,明父子也。外朝以官,体异姓也。宗庙之中,以爵为位,崇德也。宗人授事以官,尊贤也。

登餕受爵以上嗣,尊祖之道也。丧纪以服之轻重为序,不夺人亲也。公与族燕则以齿,而孝弟之道达矣。其族食世降一等,亲亲之杀也。战则守于公祢,孝爱之深也。正室守大庙,尊宗室,而君臣之道著矣。诸父诸兄守贵室,子弟守下室,而让道达矣。

天子视学,大昕❷鼓徵❸,所以警众也。众至,然后太子至,乃命有司行事,兴秩节,祭先师先圣焉。有司卒事反命,始之养也。适东序,释奠于先老,遂设三老、五更、群老之席位焉。

适馔省醴,养老之珍具,遂发咏焉;退,修之以孝养也。反,登歌《清庙》,既歌而语,以成之也。言父子、君臣、长幼之道,合德音之致,礼之大者也。

注释

❶馂（jùn）：本意指吃剩下的食物。这里指分食祭品。❷大昕（xīn）：指天刚亮太阳尚未升起之时。❸鼓徵（zhǐ）：击鼓召众。

译读

庶子的政务是管理国君的族人，用孝悌、睦友、慈爱的伦理教育他们，使他们明白父子关系的含义，长幼之间的礼节。国君的族人朝见国君，如果是在内朝，则面向东，以北为上位；朝臣中如有地位尊贵者，其位置顺序也只按照年龄辈分排列，由庶子负责安排，即使是贵为上卿，其位置也要在父兄之后。如果是在外朝，那就要以官爵的高低排列位置，由司士具体负责。如果是在宗庙之中，位置的排列如同外朝，根据爵位的高低和官职的不同，由宗人负责给他们分派差使。但是，祭祀中的登堂分食祭品、向尸献酒、饮奠解，这些事一定要由国君的嫡长子来做。

同族的人朝见国君在内朝，因为这是族内的亲属。即使有地位高贵的，仍按年齿为序，用以显明父辈子辈的关系。在外朝以官位高低为序，这是表示与异姓为一体。在宗庙之中，以爵位的高低来站位，这是为了尊崇品德高尚的人。负责祭祀的宗人分派事务时以官阶的高低为先后，这样做是为了尊贤。

登堂分食祭品，接受尸的献酒，都由嫡长子，这是体现尊祖的道理。丧事以丧服的轻重为序，这是不超越亲疏的关系。国君和同族人宴饮以年齿安排座位，这是表示孝悌之道。与同族人宴饮的次数随世系的远近区分等级，体现了对亲属远近有等差。作战时守卫行主，表现出对祖上孝爱之情。以嫡子守卫太庙，这是尊崇宗室，君臣之道从而得以显明。叔父堂兄守卫国君的正寝，晚辈子弟们守卫国君其他居室，这是表明了谦让之道。

　　天子视察太学这一天，天刚亮就擂起集合的鼓声，好让学生们迅速起床。学生们到齐之后，等待天子驾临，于是命令有关官员开始行事，举行常规的礼仪，祭奠先圣先师。有关官员把这些事情做完后向天子报告，天子这才动身到举行养老典礼的会场。天子来到东序，亲自释奠于先老，然后就安排三老、五更、群老的席位。

　　天子亲自检查肴馔和酒，过问孝敬老人的各种美味是否齐备。当这一切就绪之后，于是就奏乐。乐毕就举行孝养之礼。敬献之后诸老返回席位，再由乐正率领登堂歌唱《清庙》之诗。歌毕，贵宾们自由发言，谈听歌的感想，以成就天子养老的重要意义。贵宾的发言，都是围绕着父子、君臣、长幼之道，以印证《清庙》之歌的深刻含义，这是养老礼仪中最重要的环节。

礼运

昔者仲尼与于蜡❶宾,事毕,出游于观之上,喟然而叹。仲尼之叹,盖叹鲁也。言偃❷在侧曰:"君子何叹?"孔子曰:"大道之行也,与三代之英❸,丘未之逮也,而有志焉。"

"大道之行也,天下为公。选贤与能,讲信修睦,故人不独亲其亲,不独子其子,使老有所终,壮有所用,幼有所长,矜寡❹、孤独、废疾者,皆有所养。男有分,女有归。"

"货,恶其弃于地也,不必藏于己;力,恶其不出于身也,不必为己。是故谋闭而不兴,盗窃乱贼而不作。故外户而不闭。是谓大同❺。"

"今大道既隐,天下为家。各亲其亲,各子其子。货力为己。大人世及以为礼,城郭沟池以为固,礼义以为纪,以正君臣,以笃父子,以睦兄弟,以和夫妇,以设制度,以立田里,以贤勇知,以功为己。故谋用是作,而兵由此起。"

"禹、汤、文、武、成王、周公由此其选也。此六君子者,未有不谨于礼者也,以著其义,以考其信,著有过,刑仁讲让,示民有常。如有不由此者,在势者去,众以为殃。是谓小康。"

注释

❶蜡（zhà）：年末之时进行的隆重的祭祀活动，又叫蜡祭。❷言偃：孔子弟子，姓言名偃，字子游。❸三代之英：指夏、商、周三个朝代英俊杰出人物。❹矜（guān）寡：孤苦的人。❺大同：儒家所宣扬的理想社会。

译读

先前，孔子曾经参与蜡祭，充任蜡祭饮酒的宾客，蜡祭完毕，他外出到门楼上游览时唉声叹气。仲尼叹气，是为鲁国叹气。当时言偃在旁边，问道："老师为何叹气呢？"孔子说："大道通达于天下的时代和夏、商、周三代，德才出类拔萃的几位当政的时代，我都没有赶上，没法看到，所看到的只是一些记载了。"

"大道通达于天下时，天下是大家共有的。选举贤能的人，讲究诚实，重视亲睦，因此人们不只爱自己的亲人，不只把自己的孩子当作孩子，要使社会上的老人的安享天年，壮年之人能贡献自己的才力，年幼的人可以得到抚育成长，鳏寡孤独和残废、有病的人，都能得到供养。男人恪守自己的职责，女人各有自己的家庭。"

"人们兢兢业业，人们厌恶把钱物抛弃在地上不管，但也不自己收存、据为己有；人们厌恶自己有力而不肯出力的人，但也不让别人为自己出力。因此各种图谋都杜绝了而不发生，也没有去做劫掠偷窃的盗贼，因而屋门外的大门不用关闭。这就叫作大同世界。"

"如今大道已经衰微，天下成为一家一姓的财产，各人只亲爱自己的亲人，各人也只把自己的孩子当作孩子，财物或出力都是为自己，诸侯将国家传给儿子、没

儿子传给兄弟当作礼,把城郭沟池搞得更坚固,把礼制仁义作为纲纪。用它来确定君臣名分,专一父子的慈孝,亲睦兄弟的友爱,调和夫妻的感情,并用礼义来设立制度,划分田地和居宅,尊重勇力才智,把功绩作为个人所有。因此图谋从这儿产生,战争也从这儿兴起。"

"夏禹、商汤、文王、武王、成王和周公用这种礼义治理天下,而成为才德出众的人。这六位君子没有一人不严守礼制的。用它来表现道义,考验信实,昭示过错,效法仁爱,讲究谦让,昭示民众以正常的行为。如果出现有不按照礼义去做的,有权势的人也要被斥逐,人人都把他视为灾祸。这就叫'小康'社会。"

原文

言偃复问曰:"如此乎,礼之急也?"孔子曰:"夫礼,先王以承天之道,以治人之情,故失之者死,得之者生。诗曰:'相鼠有体,人而无礼!人而无礼,胡不遄❶死!'是故夫礼,必本于天,殽❷于地,列于鬼神,达于丧、祭、射、御、冠、昏、朝、聘。故圣人以礼示之,故天下国家可得而正也。"

孔子曰:"是故,礼者君之大柄也,所以别嫌明微❸、傧❹鬼神、考制度、别仁义,所以治政安君也。故政不正,则君位危;君位危,则大臣倍,小臣窃。刑肃而俗敝,则法无常;法无常而礼无列;礼无列则士不事也。刑肃而俗敝,则民弗归也。是谓疵国❺。"

"故君者,所明也,非明人者也。君者,所养也,非养人者也。君者,所事也,非事人者也。故君明人

则有过，养人则不足，事人则失位。故百姓则君以自治也，养君以自安也，事君以自显也。故礼达而分定，故人皆爱其死而患其生。"

"故用人之知去其诈，用人之勇去其怒，用人之仁去其贪。故国有患，君死社稷，谓之义；大夫死宗庙，谓之变。故圣人耐以天下为一家，以中国为一人者，非意之也，必知其情，辟于其义，明于其利，达于其患。然后能为之。"

注释

❶遄（chuán）：这里是立即、马上的意思。❷殽（xiào）：与"效"相通，仿效的意思。❸明微：阐明精微的道理。❹傧（bīn）：古代称接引宾客的人。这里是接待、招待的意思。❺疵国：有弊病的国家。也指国家政教不善。

译读

言偃又问道："礼果真像这样急需吗？"孔子说："礼是先代君王用来承奉自然法则，用来控制人们的行为的，所以人们失去这自然法则就会死掉，得到它才可以生存。《诗经》中说：'看那只老鼠还有形体，人却没有礼。如果人没有人的礼，为什么不快点儿去死？'由此看来，礼必须依据着天，效法着地，充满着过去未来，而表现在丧、祭、射、御、冠、婚、朝、聘等礼仪上，因此圣人就用礼来昭示天道人情，而天下国家才能做到合乎规范。"

孔子说："所以说礼是国君应该掌握的关键，是用来区别嫌疑，明察毫微，接待鬼神，考正制度，决定赏罚的，是用来治理政事，稳定君权的。所以政事如果不以礼为准

则，君主的地位就危险了。君位危险，大臣就要背叛，小臣就要盗窃。这时即使刑罚严肃，而世风却败坏了，这样就会法令无常。法令无常，礼节也就跟着混乱起来。礼节混乱，士人就无法行事，刑罚严酷而世风败坏，民众就不会归顺。这样的国家就叫作疵病之国了。"

"所以，作为国君，应是人们效法的榜样，而不是效法他人的；应是人们乐于供养，而不是供养他人的；应是人们服侍的对象，而不是服侍他人的。所以，如果国君效法他人就说明国君犯有过错，国君一身而供养全体国民肯定其力不足，国君如果服侍他人就意味着丢掉了国君的宝座。所以，百姓都是效法国君以达到自我管理，供养国君以达到自我安定，服侍国君以达到抬高自己。举国上下都明白了这个礼，上下名分确定，就会人人都乐于为国牺牲而耻于苟且偷生。"

"国君要重用有智、有勇、有仁的人，但要注意取其长而避其短。对于有智的人要谨防其诈伪，对于有勇的人要避免其感情冲动，对于有仁的人要警惕其贪婪。国家有了外患，国君与国土共存亡，这是理所当然的；大夫为保卫国君宗庙而死，这是职责所在，也是正当的。所以圣人能够使整个天下像是一个家庭，全体国民像是一个人，并不是凭着主观臆想，而是凭着了解人情，洞晓人义，明白人利，熟知人患，然后才能做到。"

原文

"何谓人情？喜、怒、哀、惧、爱、恶、欲，七者弗学而能。何谓人义？父慈、子孝、兄良、弟弟[1]、夫义、妇听、长惠、幼顺、君仁、臣忠，十者谓之人义。

讲信修睦^❷，谓之人利。争夺相杀，谓之人患。故圣人所以治人七情，修十义，讲信修睦，尚辞让，去争夺，舍礼何以治之？饮食男女，人之大欲存焉。死亡贫苦，人之大恶存焉。故欲恶者，心之大端也。人藏其心，不可测度也。美恶皆在其心，不见其色也。欲一以穷之，舍礼何以哉？"

"故圣人作则，必以天地为本，以阴阳为端，以四时为柄，以日星为纪，月以为量，鬼神以为徒，五行以为质，礼义以为器，人情以为田，四灵以为畜。以天地为本，故物可举也；以阴阳为端，故情可睹也；以四时为柄，故事可劝也；以日星为纪，故事可列也；月以为量，故功有艺也；鬼神以为徒，故事有守也；五行以为质，故事可复也；礼义以为器，故事行有考也；人情以为田，故人以为奥也；四灵❸以为畜，故饮食有由也。"

注释

❶弟弟：即悌弟，指弟能够敬顺兄长。❷讲信修睦：人与人之间，国与国之间，讲究信用，谋求和睦。修，建立；睦，和睦。❸四灵：即四大神兽，分别为青龙、白虎、朱雀、玄武，属于古代神话和天文学结合的产物。

译读

"什么叫做人情？喜、怒、哀、惧、爱、恶、欲，这七种不学就会的感情就是人情。什么叫做人义？父亲慈爱，儿子孝敬，兄长友爱，幼弟恭顺，丈夫守寒，妻子听从，长者惠下，幼者顺上，君主仁慈，臣子忠诚，

这十种人际关系准则就叫人义。讲究信用，维持和睦，这叫做人利。你争我夺，互相残杀，这叫做人患。圣人要想疏导人的七情，维护十种人际关系准则，崇尚谦让，避免争夺，除了礼以外，没有更好的办法。饮食男女，是人的最大欲望所在。死亡贫苦，是人的最大厌恶所在。这最大欲望和最大厌恶，构成了人心日夜思虑的两件大事。每人都把心思藏在肚子里，深不可测。美好或丑恶的念头都深藏在心，从外表来看谁也看不出来，要想彻底搞清楚，除了礼之外恐怕也没有别的办法。"

"圣人制作法则，以天地作为根据，阴阳为大端，四时为总纲，太阳和群星为准则，月亮为限度，鬼神为伴侣，五行为主体，礼义为工具，人情为治理对象，四灵为家畜。以天地作为根据，因此包罗万物；以阴阳为大端，因此两方的情形都能看见。以四时为总纲，所以可劝勉人们做事；以太阳和群星为准则，所以事情有条理；以月亮为限度，所以做事有界限；以鬼神为伴侣，所以循守职事；以五行为主体，所以事情能终而复始；以礼义为工具，所以做事情有成效；以人情为治理对象，所以把人作为主要对象；以四灵为家畜，所以饮食有来源。"

原文

"故唯圣人为知礼之不可以已也，故坏国、丧家、亡人，必先去其礼。故礼之于人也，犹酒之有蘖❶也，君子以厚，小人以薄。故圣王修义之柄、礼之序，以治人情。故人情者，圣王之田也。修礼以耕之，陈义以种之，讲学以耨❷之，本仁以聚之，播乐以安之。故礼也者，义之实也，协诸义而协。则礼虽先王未之有，可以

义起也。义者，艺之分，仁之节也。协于艺，讲于仁，得之者强。仁者，义之本也，顺之体也，得之者尊。"

"故治国不以礼，犹无耜而耕也；为礼不本于义，犹耕而弗种也；为义而不讲之以学，犹种而弗耨也；讲之于学而不合之以仁，犹耨而弗获也；合之以仁而不安之以乐，犹获而弗食也；安之以乐而不达于顺，犹食而弗肥也。"

"四体既正，肤革❸充盈，人之肥也；父子笃，兄弟睦，夫妇和，家之肥也；大臣法，小臣廉，官职相序，君臣相正，国之肥也；天子以德为车，以乐为御，诸侯以礼相与，大夫以法相序，士以信相考，百姓以睦相守，天下之肥也。是谓大顺。"

"大顺者，所以养生、送死、事鬼神之常也。故事大积焉而不苑，并行而不缪，细行而不失，深而通，茂而有间，连而不相及也，动而不相害也。此顺之至也。故明于顺，然后能守危也。"

"故礼之不同也，不丰也，不杀也，所以持情而合危也。故圣王所以顺，山者不使居川，不使渚者居中原，而弗敝也。用水、火、金、木、饮食必时。合男女，颁爵位，必当年德。用民必顺。故无水旱昆虫之灾，民无凶饥妖孽之疾。"

> 注释

❶蘖（niè）：酿酒制酱发酵时候用的曲。❷耨（nòu）：除草的意思。❸肤革：指皮肤的表里。

译读

"只有圣人知道礼是不能废止的,那些国破、家亡、身败名裂的人,一定是由于毁弃了礼。所以礼对于人来说,好比酿酒一定要曲。但君子品德醇厚,如浓酒;小人品德浅薄,如薄酒。因而圣人操持着'义'的标准,制定礼的次序,来治理人情。人情就好比是圣王的田地,圣王用礼来耕耘,用'义'来播种,用讲学的手段来养护,用仁爱的心理来收获,用音乐来使人安心接受。所以礼是义的果实,符合义就是适宜的。因此即使在先王时代还没有的礼仪,也可以依据'义'来创制。义是区分是非的标准,又是衡量仁的尺度。符合标准的,符合仁义的,做得到就会强大。仁又是义的根源,是顺应天理人情的体现,得到了仁就会受到尊敬。"

"所以,治国而不用礼,就好比耕田而不用农具;制礼而不源本于义,就好比耕地而不播种;有了义而不进行讲解教育,就好比播种而不除草;有了讲解教育而不和仁爱结合,就好比虽然除草而不去收获;和仁爱结合了而不备乐置酒犒劳农夫,就好比虽然颗粒归仓而不让食用;备乐置酒犒劳农夫了而没有达到自然而然的境界,就好比饭也吃了但身体却不强健。"

"四肢健全,肌肤丰满,这是一个人的身体强健。父子情笃,兄弟和睦,夫妇和谐,这是一个家庭的身体强健。大臣守法,小臣廉洁,百官各守其职同心协力,君臣互相勉励匡正,可以看作是一个国家的身体强健。天子把道德当作车辆,把音乐当作驾车者,诸侯礼尚往来,大夫按照法度排列次序,士人根据信用互相考察,百姓根据睦邻的原则维持关系,可以看作是整个天下的身体强健。一

个人的身体强健,一个家庭的身体强健,一个国家的身体强健,整个天下的身体强健,这些合在一起就是大顺。"

"大顺,它是用来养生、送死、敬事鬼神的永恒法则。达到了大顺,即令是日理万机也不会有一事耽搁,两件事一齐进行也不会互相妨碍,行为虽然细小也不至于有什么闪失,尽管深奥却可以理解,尽管严密却不乏通道,既互相关联而又彼此独立,循规运动而不互相排斥,这便是顺的最高境界。由此看来,明白了顺的重要性,才能时时警惕,守住高位。"

"礼是讲究尺度差别的,既不过度,也不减少,用来维持人情,和合上下,不使危乱。圣王用天地人的和顺来制礼。因此不让居住在水中小洲的人到平川居住生活,也不让居住在海岛水边的人到平原地区生活,这样人们的生活不会感到疲惫、衰败。使用水、火、木材和金属都不同,饮食顺应天、地、人等条件。男女之间嫁娶、颁赐爵位,必使其年德相适。用民必须这样,则不会有水、旱、昆虫等灾害,也不会发生饥荒怪异祸事。"

礼器

礼器，是故大备；大备，盛德也。礼释回，增美质；措则正，施则行。其在人也，如竹箭之有筠❶也，如松柏之有心也。

二者居天下之大端矣。故贯四时而不改柯易叶。故君子有礼，则外谐而内无怨，故物无不怀仁，鬼神飨❷德。

先王之立礼也，有本有文。忠信，礼之本也；义理，礼之文也。无本不正，无文不行。礼也者，合于天时，设于地财，顺于鬼神，合于人心，理万物者也。是故天时有生也，地理有宜也，人官有能也，物曲有利也，故天不生，地不养，君子不以为礼，鬼神弗飨也。

居山以鱼鳖为礼，居泽以鹿豕为礼，君子谓之不知礼。故必举其定国之数，以为礼之大经。礼之大伦，以地广狭；礼之薄厚，与年之上下。是故年虽大杀，众不匡惧，则上之制礼也节矣。

礼，时为大，顺次之，体次之，宜次之，称次之。尧授舜，舜授禹；汤放桀，武王伐纣，时也。《诗》云："匪革其犹，聿追❸来孝。"天地之祭，宗庙之事，父子之道，君臣之义，伦也。

孔子曰："礼不可不省也。礼，不同、不丰、不杀。"此之谓也,盖言称也。礼之以多为贵者,以其外心者也。德发扬,诩万物,大理物博。如此则得不以多为贵乎?故君子乐其发也。

礼之以少为贵者,以其内心者也。德产之致也精微,观天子之物,无可以称其德者。如此则得不以少为贵乎?是故君子慎其独也。

注释

❶筠(yún):这里指竹子的表层青皮。❷飨(xiǎng):同"享",这里指神灵享受供物。❸聿(yù)追:追述。

译读

礼的功用充分发展,礼才能至于完备。礼的完备正是德行完善的表现。礼可以解除邪僻,增多美好的事物,用之于身可以使人正直,施用起来就可以通行。礼在于人身,好像细小的竹子也有青皮,松柏之木也有圆心。

外表和内心是天下万物的本原,本原很好,所以历经春夏秋冬却不改变直挺的枝茎和繁茂的叶子。而君子有了礼,外表和谐,内心也没有怨悔。所以没有人不怀念他的仁慈,即使鬼神也很羡慕他的美德。

先王制定的礼,有其道德基础和外在形式。忠信是礼的道德基础,义理就是礼的外在形式。没有道德基础,那么礼就不能成立;没有外在形式,那么礼就不能施行。礼是符合自然运行的时序,也契合于山川土地的环境形势,既顺应鬼神,又合于人心,而治理万事万物的。因而能因自然运行的时序,万物生生不已,能因山川土地的环境形势生长适宜的五谷,人的各种器官也有各自的

功能，各种物体的性能也有它们的功用。所以凡是天地不能生养的，君子不把它作礼物，而鬼神也不会享用。

居住在山里的人用山里没有的鱼鳖为礼物，居住在水边的人用水里没有的鹿豕为礼物，君子都把他们叫作"不知礼"。制礼的原则必须把诸侯立国的时候赋税收入的数目，作为礼的常法。礼的等级次第，要看其国土的大小而定；礼物的厚薄，要以年景的好坏而定。所以即使遇到谷物不熟的年景，众人并不感到畏惧，那时君主制定礼是适度的。

制礼的原则：首先要适应时代，其次要顺乎伦常，再次要适合于对象，再次要合于事宜，再次要与身份相称。尧传位给舜，舜传位给禹；商汤放逐夏桀，武王讨伐商纣，这些都是适应不同的时代。《诗经》上说："并非急于施用谋略，而是追怀先人的功业，显示自己的孝心。"意思就是说迫于时势，不得不这样做。王者祭祀天地，宗庙里祭祀祖先，父子之间的道德，君臣之间的大义，这些就是礼所顺应的伦常。

孔子说："礼不可不加审察。各种礼不可混同，不可以增添，也不可以减少。"这就是说要做到相称。礼仪中以多为贵的，是因为那些是关于心外之物的。王者的德行发扬于外，普施于万物，治理天下，使万物丰盛。像这样，难道能不以多为尊贵吗？所以君子乐于发扬于外啊！

礼仪中以少为贵的，是因为那些关系到内心之德。德的产生是极其细致精微的，看天下之物虽多，但没有一样是可以和内心的德相比的。要表达内心之德，怎能不以少为尊贵呢？所以君子要审慎自己内心的虔诚。

内则

男女未冠笄❶者,鸡初鸣,咸盥漱,栉,縰,拂髦,总角❷,衿缨,皆佩容臭。昧爽而朝,问何食饮矣。若已食,则退;若未食,则佐长者视具。

凡内外,鸡初鸣,咸盥漱,衣服,敛枕簟❸,洒扫室堂及庭,布席,各从其事。孺子蚤寝晏起,唯所欲,食无时。

父母有过,下气怡色,柔声以谏。谏若不入,起敬起孝,说则复谏;不说,与其得罪于乡党州闾,宁孰谏。父母怒,不说,而挞之流血,不敢疾怨,起敬起孝。

曾子曰:"孝子之养老也,乐其心,不违其志;乐其耳目,安其寝处,以其饮食忠养之,孝子之身终。终身也者,非终父母之身,终其身也。是故父母之所爱亦爱之,父母之所敬亦敬之,至于犬马尽然,而况于人乎?"

凡养老,五帝宪,三王有乞言。五帝宪,养气体而不乞言,有善则记之为惇史❹。三王亦宪,既养老而后乞言,亦微其礼,皆有惇史。

注释

❶冠笄（guàn jī）：指古代男女成年时分别举行的冠礼、笄礼。❷总角：古时少儿男未冠，女未笄时的发型。头发梳成两个发髻，如头顶两角。❸枕簟（diàn）：枕席。泛指卧具。❹惇（dūn）史：有德行之人的言行记录。

译读

未举行成年之礼的男女，鸡刚刚啼叫就起来，洗脸，漱口，梳头，男扎总角，女扎衿缨，都佩戴香囊，天色微明就去向父母请安，问询吃些什么。如父母已吃过早饭可以退下，如果没吃，就要帮助、照顾父母吃饭。

家中所有的人，不论男女上下，在鸡叫头遍的时候，都要起来洗手漱口，穿戴整齐，把枕席收起来，洒水扫地，室内、堂上、庭中都要打扫，铺设座席，各人做自己分内的事。还没有上学的小孩子可以早睡晚起，随他

高兴，吃饭也没有固定的时间。

　　父母有过错，子女要低声下气，和颜悦色地劝谏。如果谏而不听，子女要对父母更加孝顺恭敬，看到父母心情高兴了，就再次去劝谏。如果父母对劝谏不高兴，在这种情况下，与其使父母因为有过错而得罪乡党州间，宁可自己反复恳切地劝谏而得罪父母。如果父母发怒不高兴，把自己打得头破血流，也不能怨恨父母，而要更加恭敬孝顺。

　　曾子说："孝子养老，要使父母内心快乐，不违背他们的意愿；用礼乐使他们的耳目愉悦，使他们起居安适，在饮食方面更要发自内心照料，要直到孝子身终。所谓'终身'孝养父母，并不是说终父母的一生，而是终孝子自己一生。凡是父母所爱的，自己也爱；凡是父母所敬的，自己也敬。连对犬马也都如此，何况对于人呢？"

　　凡养老，五帝时代着重是效法他们的德行，三王时代除效法他们的德行外，又向他们乞求善言。五帝效法老人的德行，为了顾养他们的身体，不向他们乞求善言。如果他们有好的德行就记录下来，成为敦厚之史。三王也效法他们的德行，而在恭敬地奉行养老之礼之后又向他们乞求善言，乞求善言时也并不坚持，不急切，以免影响老人养气养体。三王也都把老人的善言、德行记下来，成为敦厚之史。

少仪

尊长于己逾等❶,不敢问其年。燕见不将命,遇于道,见则面,不请所之。丧俟事,不犆吊。

侍坐弗使,不执琴瑟,不画地。手无容,不翣❷也。寝则坐而将命。侍射则约矢❸,侍投则拥矢。胜则洗而以请,客亦如之,不角,不擢马。

不窥密,不旁狎❹,不道旧故,不戏色❺。为人臣下者,有谏而无讪,有亡而无疾。颂而无谄,谏而无骄。怠则张而相之,废则扫而更之,谓之社稷之役。

毋拔来,毋报往;毋渎神,毋循枉,毋测未至。士依于德,游于艺。工依于法,游于说。毋訾衣服成器。毋身质言语。

言语之美,穆穆❻皇皇;朝廷之美,济济翔翔;祭祀之美,齐齐皇皇;车马之美,匪匪翼翼;鸾和之美,肃肃雍雍。

注释

❶逾等:指越等级,超过一般。在这里指辈分大。❷翣(shà):古代仪仗中长柄的羽扇。这里引申为摇晃。❸约矢:一次同时取四支箭。❹旁狎(xiá):妄自与人亲近熟习,即套近乎。❺戏色:嬉笑轻侮的表情。❻穆穆:形容仪容或言语和美。

译读

尊长比自己辈分高,不能询问他的年龄。家宴见面卑幼的人不使用传辞之人。在路上遇见尊长,看到自己时就要上前相见,并不要问他到哪里去。参与丧事,要等主人朝夕哭时才吊问。

侍奉尊长坐时,不命令自己就不练奏琴瑟,不在地上指划,不摆弄手,也不摇晃手。尊长躺卧,卑幼的人要坐而等候为他传话。侍奉尊长射箭时,要等他取完箭,然后自己一次取完四箭。侍奉投壶时,要抱着箭,不能放在地上。尊长输了,自己要清洗酒杯,斟酒请尊长喝。对待客人也这样。请尊长吃罚酒,不可使用吃罚酒的专用杯子。投壶时尽管卑幼者占据优势,但也不能按照摧马规则办事。

不要窥探他人的隐私秘密,不要随便地与别人套近乎,不要揭露他人的老底,不要有嬉笑侮慢的神态。作为臣子,对国君的过失可以当面劝谏,但不可以背后讪谤;国君如果不接受劝谏,作臣子的可以离他而去,但不可以心存怨恨。国君有美德,臣子可以称颂,但不可流于谄媚。国君接受了臣子的劝谏,臣子切切不可得意忘形。国君如果怠于政事,臣子应当鼓励他帮助他;国政如果败坏,臣子应当扫除弊政,更创新政。有臣子能够这样,就叫作社稷之臣。

往来做事不可仓促。不要因祭祀次数过多而不恭敬,不要依循不正当的途径达到目的,不要对未来之事揣测意度。士人要以道德为依托,熟习六艺。工匠要以法度为依托,熟习其中的道理。不要谤毁已成的衣服、器皿,也不要亲身去验证那无稽的言谈话语。

言谈辞令的美,在于旨意深远、博大。朝廷上的美,在于行动一致,举止合礼。祭祀的美,在于恭敬诚实,心神向往。乘驾车马的美,在于行进不息如同飞翔。銮铃和铃的美,在于声音的庄重和谐。

原文

仆于君子,君子升下则授绥❶,始乘则式❷。君子下行,然后还立。

宾客主恭,祭祀主敬,丧事主哀,会同主诩。军旅思险,隐情以虞❸。

燕侍食于君子,则先饭而后已。毋放饭,毋流歠❹,小饭而亟之,数噍,毋为口容。客自彻,辞焉,则止。

洗盥执食饮者勿气。有问焉,则辟咡❺而对。

国家靡敝❻,则车不雕几,甲不组縢❼,食器不刻镂,君子不履丝❽,马不常秣❾。

注释

❶绥(suí):古代指登车时手挽的索。❷式:同"轼",古代车厢前面用作扶手的横木。❸虞:猜测,预料。❹流歠(chuò):一口气喝下去。❺辟咡(èr):指交谈时侧着头,不使口气触及对方,以示尊敬。❻靡敝:残破,凋敝。❼縢(téng):这里是边饰的意思。❽丝:古时用麻、葛等做成的鞋。❾秣(mò):用谷饲料喂马。

译读

为尊长驾车,尊长上下车时,要把登车索递给他,

使他有所把持。始乘之时，尊长尚未出来，驾车人要俯首凭轼，敬候尊长上车。尊长下车步行离开之后，驾车人然后将车转往一旁，下车站着守候。

接待宾客，主要要谦恭有礼；举行祭祀，主要要内心诚敬；丧事以内心悲哀为主；诸侯会同时要表现敏勇的精神。行军作战，要时时想到各种危险，要对自己这方面的军情严加保密而经常测度对方的情况。

平时陪侍尊长吃饭，要在尊长之前开始吃，而在尊长之后吃完。不要把手上的剩饭拂到盛饭的器皿中去，不要大口大口地喝汤。吃饭要小口小口地吃而很快地咽下去。食物在口中要多咀嚼，但不要留在口中或鼓腮、咂嘴。客人想自己收拾食具，这时主人要加以劝阻，客人也就不动手。

为尊长洗爵、洗手和拿取吃的喝的，不要让口中之气直冲长者和食品。长者如果有所垂问，幼者要侧着头回答，以免口气冲及长者。

国家财政紧张时，车子就不要雕刻花纹，铠甲也不用组带缘饰，食器也不用刻镂，有身份的人也不要穿丝鞋，马也不经常喂以谷物。

学记

发虑宪❶，求善良，足以謏闻，不足以动众。就贤体远，足以动众，未足以化民。君子如欲化民成俗❷，其必由学乎！

玉不琢，不成器；人不学，不知道。是故古之王者建国君民，教学为先。《兑命》❸曰："念终始典于学。"其此之谓乎！

虽有嘉肴，弗食不知其旨也；虽有至道，弗学不知其善也。故学然后知不足，教然后知困。知不足，然后能自反也；知困，然后能自强也，故曰：教学相长也。《兑命》曰："学学半。"其此之谓乎！

注释

❶虑宪：思虑，思考。❷化民成俗：教化百姓，使形成良好的风尚。❸《兑（yuè）命》：即《说命》，《古文尚书》篇名，共上、中、下三篇。叙述了武丁与傅说的故事，再现了一段圣君贤相的佳话，颇具传奇色彩。

译读

多思考问题，广为招求善良之人，这样做只能使自己小有名声，却还不足以感动群众。亲近贤人，体察疏远之士的内心，这样做能够感动群众，却不足以转变民心，改变风俗。君子如果想转变民心、形成良好的风俗，

恐怕一定要从教育入手吧！

　　美玉不经过雕琢，不会成为有用的器物；人不经过学习，就不会懂得道理。因此，古代的帝王建立国家、统治人民，都把教学放在最前面。《尚书·兑命》说："要自始至终常常想着学习。"就是这个意思吧！

　　虽然有好的菜肴，但不吃就不会知道它的美味；虽然有极高明的道理，但不学就不会知道它好在何处。所以只有通过学习，然后才能了解自己的不足；只有通过教别人，才能知道自己哪些问题没有弄通、感到困惑。知道了自己的不足之处，然后才能反过来要求自己加强学习；感到了困惑，然后才能自我勉励，发愤图强。所以说，教和学是相互促进的。《兑命》说："教别人，相当于自己学习功效的一半。"大概就是这个意思吧。

原文

　　大学之教也，时教必有正业，退息必有居学。不学操缦❶，不能安弦；不学博依❷，不能安诗；不学杂服❸，不能安礼；不兴其艺，不能乐学。故君子之于学也，藏焉、修焉、息焉、游焉。夫然，故安其学而亲其师，乐其友而信其道。是以虽离师辅而不反也。《兑命》曰："敬孙务时敏，厥修乃来。"其此之谓乎。

　　今之教者，呻其占毕❹，多其讯言，及于数进而不顾其安，使人不由其诚，教人不尽其材。其施之也悖，其求之也佛。夫然，故隐其学而疾其师，苦其难而不知其益也。虽终其业，其去之必速。教之不刑，其此之由乎！

注释

❶操缦：这里是调谐弦音的意思。❷博依：广为比喻，指诗的比兴而言。❸杂服：古代所规定的各色服制。❹占毕：诵读，吟诵。

译读

大学的教育活动，按时序进行，各有正式课业；休息的时候，也有课外作业。课外不练习指法，课内就不可能把琴弹好；课外不多学譬喻，课内就不能学好诗文；课外不学好洒扫应对的知识，课内就学不好礼仪。可见，不学习各种杂艺，就不可能乐于对待所学的正课。所以，君子对待学习，课内受业要学好正课；在家休息，要学好各种杂艺。唯其这样，才能安心学习，亲近师长，乐于与群众交朋友，并深信所学之道，尽管离开师长辅导，也不会违背所学的道理。《兑命》篇中说："只有专心致志谦逊恭敬，时时刻刻敏捷地求学，在学业上就能有

所成就",就是说的这个道理啊!

如今的教师,单靠朗诵课文,大量灌输,一味赶进度,而不顾学生的接受能力,致使他们不能安下心来求学。教人不能因材施教,不能使学生的才能得到充分的发展。教学的方法违背了教学的原则,提出的要求不合学生的实际。这样,学生就会痛恶他的学业,并怨恨他的老师,苦于学业的艰难,而不懂得它的好处。虽然学习结业,他所学的东西必然忘得快,教学的目的也就达不到,其原因就在这里啊!

原文

大学之法,禁于未发之谓豫,当其可之谓时,不陵节而施❶之谓孙,相观而善之谓摩。此四者,教之所由兴也。

发然后禁,则扞格❷而不胜;时过然后学,则勤苦而难成;杂施而不孙,则坏乱而不修;独学而无友,则孤陋而寡闻;燕朋❸逆其师,燕辟废其学。此六者,教之所由废也。

君子既知教之所由兴,又知教之所由废,然后可以为人师也。故君子之教喻也,道而弗牵,强而弗抑,开而弗达。道而弗牵则和,强而弗抑则易,开而弗达则思。和易以思,可谓善喻矣。

注释

❶陵节而施:指超过学习者的接受能力而进行教育。❷扞(hàn)格:有抵触,互相抵触,格格不入。❸燕朋:指与自己狎近的朋友。

译读

　　大学的教育方法是，在欲望还没产生之前就加以禁止，叫作预防。正逢可以教育的时机加以教育，叫作适时。不超越等级进行教学，叫作顺应。相互观摩学习而得到好处，叫作切磋。这四种就是使教育兴盛的方法。

　　欲望已经产生后才加以禁止，那么教育也不起作用；适当的学习时机过去才去学习，就是辛勤刻苦也难学成；杂乱无章地施教而没有顺应，就会使施教混乱而失去条理；单独学习而没有学友，就会孤陋寡闻；结交不好的朋友会违背师长的教训；不庄重的交谈，会贻误自己的学习。这六项是导致教育旷废的原因。

　　君子知道了教育兴盛的原因，又知道教育旷废的原因，这样就可以作为人家的师长。所以君子的教育是晓别人、加以引导而不强制，让人勉力学习又不使之压抑，加以启发又不直接告诉结论。引导而不强制就会关系融洽可亲，勉力学习而不使之压抑就会平易近人，加以启发而不必全部说出就会使人能够思考。融洽可亲、平易近人，这才算是善于晓谕别人。

原文

　　学者有四失，教者必知之。人之学也，或失则多，或失则寡，或失则易，或失则止。此四者，心之莫同也。知其心，然后能救其失也。教也者，长善而救其失❶者也。

　　善歌者使人继其声，善教者使人继其志。其言也约而达，微而臧，罕譬而喻❷，可谓继志矣。

君子知至学之难易，而知其美恶，然后能博喻❸；能博喻然后能为师；能为师然后能为长；能为长然后能为君。故师也者，所以学为君也。是故择师不可不慎也。记曰："三王❹四代❺唯其师。"此之谓乎。

注释

❶长善而救其失：即长善救失，教育者要善于发现学生的长处，并且能引导学生纠正自己的失误过错。❷罕譬而喻：说话用不着多比方，都能听懂。形容话说得非常明白。❸博喻：对各种知识能广泛而深入地理解。❹三王：指禹王、汤王、武王，三代开国国君。❺四代：虞、夏、商、周。

译读

学习的人会犯四种过失，做老师的一定要知道。人在学习的时候，有的一味贪多，有的不肯多读书，有的见异思迁，有的浅尝辄止。这四种情况的产生，是人心不同的缘故。做教师的一定要先了解学生的心理，然后才能加以补救。所谓教育，就是培养、发扬学生的优点而挽救他们的过失。

善于唱歌的人，能使听众跟在他后面唱起来；善于教学的人，能使学生举一反三。他讲话辞简而意明，所讲的道理幽深而解说精妙，讲时比喻虽少却使人易懂。这样就能够使学生举一反三了。

君子知道求学的深浅次第，又知道学生资质的高低，然后才能够采用多种教学方法。能做到这一点，才能够做老师；能做老师，才能做官长；能做官长，才能做国君。

学生跟着老师学习,也就是学习做国君的德行,因此选择老师不能不慎重。古代记载说:"虞、夏、商、周三王四代无不以择师为重。"就是这个意思吧。

原文

凡学之道,严师为难,师严然后道尊,道尊然后民知敬学。是故君之所不臣于其臣者二:当其为尸则弗臣也,当其为师则弗臣也。大学之礼,虽诏于天子,无北面。所以尊师也。

善学者,师逸而功倍,又从而庸之;不善学者,师勤而功半,又从而怨之。善问者,如攻坚木,先其易者,后其节目❶,及其久也,相说以解;不善问者反此。善待问者如撞钟,叩之以小者则小鸣,叩之以大者则大鸣,待其从容,然后尽其声;不善答问者反此。此皆进学之道也。

记问之学,不足以为人师,必也听语乎。力不能问,然后语之;语之而不知,虽舍之可也。

君子曰:"大德不官,大道不器❷,大信不约,大时不齐。"察此四者,可以有志于本矣。三王之祭川也,皆先河而后海,或源也,或委也。此之谓务本。

注释

❶节目:树木枝干交错和纹理纠结不顺的地方。❷不器:指用途不局限于一个方面。后用以称赞人的全才。

译读

在教育中,尊敬教师是难能可贵的。尊敬教师才能

重视他传授的道。在上的君王尊师重道，百姓才能专心求学。所以君王不以臣子相待的臣子有两种人：一是正在代表死者受祭祀的人，不以臣子相待；二是教师，不以臣子相待。根据礼制，这两种人被天子召见，可以免去朝见君王的礼节，这就是为了表示尊师重道的缘故。

会学习的人，能使教师费力不大而效果好，并能感激教师；不会学习的人，即使老师很勤苦而自己收效甚少，还要埋怨教师。会提问的人，像木工砍木头，先从容易的地方着手，再砍坚硬的节疤一样，这样，问题就会容易解决；不会提问题的人却与此相反。会对待提问的人，要回答得有针对性，像撞钟一样，用力小，钟声则小，用力大，钟声则大，从容地响，让别人把问题说完再慢慢回答；不会回答问题的恰巧与此相反。以上这些，讲的是有关增进学问的方法。

只能记诵诗书以待发问的人，不能作别人的师长。师长一定是学子发问而给以解答的人。学子不能表达出自己的疑问，师长就要解答给他听。解答以后学子还不清楚，那就暂时不讲了。

君子说："具有伟大德行的圣人，并不专门担任某一种官职；作为宇宙万物的大道，并不局限于一种事物；最大的诚信不需要订立盟约；天之四时虽不相同，却运转不停，是最准确的守时。"一个人明白了这四种情况，就有志于学之本了。夏、商、周三代天子在祭川的时候，都是先祭河，后祭海，这是因为河是海的源头，海是河的末尾。这就叫务本。

经解

孔子曰:"入其国,其教可知也。其为人也温柔敦厚,《诗》教也;疏通知远,《书》教也;广博易良❶,《乐》教也;洁静精微,《易》教也;恭俭庄敬,《礼》教也;属辞❷比事❸,《春秋》教也。"

礼之于正国也,犹衡之于轻重也,绳墨❹之于曲直也,规矩之于方圜也。故衡诚县,不可欺以轻重;绳墨诚陈,不可欺以曲直;规矩诚设,不可欺以方圆;君子审礼,不可诬以奸诈。是故隆礼由礼,谓之有方之士;不隆礼不由礼,谓之无方之民。敬让之道也。故以奉宗庙则敬,以入朝廷则贵贱有位,以处室家则父子亲、兄弟和,以处乡里则长幼有序。孔子曰:"安上治民,莫善于礼。"此之谓也。

故礼之教化也微,其止邪也于未形,使人日徙善远罪而不自知也。是以先王隆之也。《易》曰:"君子慎始❺,差若毫厘,缪❻以千里。"此之谓也。

注释

❶易良:平易良善。❷属辞:撰写诗文。❸比事:指排列事情,加以比较评论。❹绳墨:木工打直线的墨线。❺慎始:一开始就慎重。❻缪(miù):错误。

译读

孔子说:"进入一个国家,只要看看那里的风俗,就可以知道该国的教化如何了。那里的人们如果是温和柔顺、朴实忠厚,那就是《诗》教的结果;如果是通晓远古之事,那就是《书》教的结果;如果是心胸广阔坦荡,和善待人,那就是《乐》教的结果;如果是清洁沉静、洞察细微,那就是《易》教的结果;如果是端庄恭敬,那就是《礼》教的结果;如果是善于辞令和铺叙,那就是《春秋》教的结果。"

用礼来治理国家,就像用秤称重量,用绳墨来确定曲直,用规矩来画方圆。所以在用秤称重量时,是轻是重无法欺骗;用绳墨弹出墨线后,是曲是直不可蒙混;用规矩画出方圆时,是方是圆不能瞒哄。君子清楚礼仪,是不能用虚伪诡诈来诓骗的。因此尊奉并实行礼仪的人是懂道理的人,相反就是不懂道理的人。礼就是敬与让的道理。所以在宗庙里奉祀神灵就会虔敬,在朝廷上尊卑就有固定的位置,在家中相处时就能父子亲密,兄弟和睦,在乡、里长幼就有一定的规矩。孔子说:"君上安宁,人民太平,没有不好好行礼的。"说的正是这个意思。

所以礼的教化,是在不知不觉中进行的,它能在邪恶尚未形成的时候就将其制止。它能使人一天一天走向善德,远离罪过,而自己却不知道。因此,先王特别重视礼。《易》书上说:"君子对于事情的开始,要十分谨慎,因为开始差了毫厘,到以后就要错之千里了。"这就是说的这个道理。

哀公问

哀公问于孔子曰:"大礼何如?君子之言礼,何其尊也?"孔子曰:"丘也小人,不足以知礼。"君曰:"否!吾子言之也。"

孔子曰:"丘闻之,民之所由生,礼为大。非礼无以节事天地之神也,非礼无以辨君臣、上下、长幼之位也,非礼无以别男女、父子、兄弟之亲、昏姻疏数❶之交也。君子以此之为尊敬然。然后以其所能教百姓,不废其会节。即安其居,节丑其衣服,卑其宫室,车不雕几,器不刻镂,食不贰味❷,以与民同利。昔之君子之行礼者如此。"

公曰:"今之君子胡莫行之也?"孔子曰:"今之君子,好实无厌❸,淫德不倦,荒怠傲慢,固民是尽,午其众以伐有道,求得当欲,不以其所。昔之用民者由前,今之用民者由后。今之君子莫为礼也。"

孔子侍坐于哀公。哀公曰:"敢问人道谁为大?"孔子愀然❹作色而对曰:"君之及此言也,百姓之德也!固臣敢无辞而对?人道,政为大。"

公曰:"敢问何谓为政?"孔子对曰:"政者正也。君为正,则百姓从政矣。君之所为,百姓之所从也。君所不为,百姓何从?"

注释

❶疏数（cù）：指人与人之间疏远亲近的关系。❷贰味：两种以上的菜肴。❸无厌：不满足，没有限止。❹愀（qiǎo）然：担忧、悚动的样子。

译读

鲁哀公向孔子请教，说："大礼的内涵是怎样的？为什么有知识的人都把礼说得那样重要呢？"孔子谦逊地答道："我孔子是个平凡的人，识见还不足以知礼。"哀公说："不！请先生尽管说吧。"

孔子这才答道："就我所听到的，在人类生活中，礼是至关重要的。没有礼，便不能仪式庄重地崇拜天地神明；没有礼，便不能分出谁是君长谁是臣下，以及贵贱长幼的辈分；没有礼，便不能区别男女、父子、兄弟的亲情，以及在婚姻上和人际间的关系。有知识的人因而把礼看得十分重要。然后以其所了解的来教化百姓，

不废除行礼的日期。就自己来说，要习惯于这种礼俗，整理的衣服，住矮小的房子，乘用的车不雕饰图案，用具不镂刻花纹，吃简单的饭食，以实现和人民共享利益。从前有知识的君长，便是这样行礼。"

哀公问："现在的君长为什么没有人这样做呢？"孔子说："现在的君长贪婪爱财而没有满足的时候，过分图利也不感到厌倦，放荡懒惰又态度傲慢，固执地刮尽民众的资财，违逆众人的意志，侵犯政治清明的国家，只求个人欲望的满足，而且不择手段。以前的君长是用前面说的办法，现在的君长使用的是后面的办法。现在的君长不肯行这个礼啊。"

孔子陪哀公坐着说话，哀公说："请问治理民众的措施中，什么最重要？"孔子脸色变得严肃起来，说："您谈到这个问题，真是百姓的福气了。鄙人冒犯地不谦让就回答您，在治理人民的措施中，政事最重要。"

哀公问："请问什么是治理政事？"孔子回答："政就是正。国君做得正，那么百姓就跟着做得正。国君做的，就是百姓要跟着学的。国君不做，百姓跟谁学呢？"

原文

公曰："敢问为政如之何？"孔子对曰："夫妇别，父子亲，君臣严。三者正，则庶物[1]从之矣。"

公曰："寡人虽无似也，愿闻所以行三言之道，可得闻乎？"孔子对曰："古之为政，爱人为大。所以治爱人，礼为大。所以治礼，敬为大。敬之至矣，大昏为大。大昏至矣！大昏既至，冕而亲迎，亲之也。亲之也者，亲之也。是故，君子兴敬为亲；舍敬，是

遗亲也。弗爱不亲，弗敬不正。爱与敬，其政之本与？"

公曰："敢问何谓敬身❷？"孔子对曰："君子过言，则民作辞；过动，则民作则。君子言不过辞，动不过则，百姓不命而敬恭。如是，则能敬其身；能敬其身，则能成其亲矣。"

公曰："敢问何谓成亲❸？"孔子对曰："君子也者，人之成名也。百姓归之名，谓之君子之子。是使其亲为君子也，是为成其亲之名也已！"孔子遂言曰："古之为政，爱人为大。不能爱人，不能有其身。不能有其身，不能安土。不能安土，不能乐天。不能乐天，不能成其身。"

注释

❶庶物：各种事物。❷敬身：敬重自身。❸成亲：成就其父的名望。

译读

哀公说："请问如何治理政事呢？"孔子回答说："夫妇有分别，父子有亲情，君臣相敬重，这三件事做好了，那么其他许多事就可以做好了。"

哀公说："我是个没有才德的人，但是希望听听实行那三句话的道理，可以说给我听听吗？"孔子回答说："古时候的人治理政事，爱护别人最重要。要做到爱护别人，施行礼仪最重要。施行礼仪，恭敬最重要。竭尽恭敬，以天子诸侯的婚姻为最重要。天子诸侯的婚姻是恭敬中最难做的了。结婚的时候，天子、诸侯要穿上冕服亲自去迎接，这是表示爱她。爱她也是爱自己。所以

君子用敬慕的感情和她相爱,如果抛掉敬意,这就是失去了相爱的感情。没有爱慕就不能互相亲热;没有敬重,亲热就失去正道。亲爱是仁,敬重是义,爱和敬就是仁和义,不也就是政事的起点吗?"

哀公说:"请问怎样才叫作敬身?"孔子回答说:"君长说错了话,民众会认为说得很正确而跟着说错话;君长做错了事,民众会跟着仿效。因此做君长说话不能有过错,做事不能没有原则,这样,则不需发号施令而老百姓已跟着敬而恭了。这就是敬;能敬自身,也就能成就上代人的名誉。"

哀公问:"什么称为成就上代人的名誉呢?"孔子答道:"君子这个美称,是人们所加给的。百姓敬仰而归向于他,加给他的名称叫作'君子之子'。那么他的上代人就是君子了,这就成就了上代人的名誉!"孔子接着往下说:"古代负责行政的,莫不把爱他人放在首位。如果不能爱他人,别人也就不能成就自己了。别人不能成就自己,就不能使百姓安居;不能使百姓安居,就不能祭飨天神;不能祭飨天神。也就不能成就自己。"

原文

公曰:"敢问何谓成身❶?"孔子对曰:"不过乎物。"

公曰:"敢问君子何贵乎天道也?"孔子对曰:"贵其'不已'。如日月东西相从而不已也,是天道也。不闭其久,是天道也。无为而物成,是天道也。已成而明,是天道也。"

公曰:"寡人蠢愚,冥烦❷,子志之心也。"孔子蹴然❸辟席而对曰:"仁人不过乎物,孝子不过乎物。

是故,仁人之事亲也如事天,事天如事亲,是故孝子成身。"

公曰:"寡人既闻此言也,无如后罪何!"孔子对曰:"君之及此言也,是臣之福也。"

注释

❶成身:即修身,努力提高自己的品德修养。❷冥烦:昏聩,不能明白道理。❸蹴(cù)然:恭敬的样子。

译读

哀公说:"请问什么称为成就自己呢?"孔子答道:"自己的一切作为,都不逾越事体的分界,这就叫作成就自身;不逾越事体的分界,这也是自然的法则。"

哀公又问道:"请问君子为何要尊重自然的法则呢?"孔子答道:"是尊重它的运动不息。譬如太阳和月亮从东到西运行不息,这是自然法则。既流通无阻又永远如一,这同样是自然法则。不显出能干的样子而能干成一切的事,这同样是自然法则。再者,干成了一切的事又无不清晰明了,这同样是自然法则。"

哀公说:"我实在很愚昧、昏聩,幸好麻烦你给我灌输了您心里所知道的。"孔子听了恭敬地离开座位回答说:"有德行的人不逾越事体的分界,孝子不逾越事体的分界。因此,有德行的人孝敬父母就像孝敬天一样,孝敬天就像孝敬父母一样,所以孝子能成就自身。"

哀公说:"我听了这些道理,获益很大,只怕将来还有过失,该怎样办?"孔子说:"您能虑及将来,正是臣下的福音啊。"

仲尼燕居

仲尼燕居,子张、子贡、言游侍,纵言至于礼。子曰:"居,女三人者,吾语女礼,使女以礼周流❶,无不遍也。"

子贡越席❷而对曰:"敢问何如?"

子曰:"敬而不中礼,谓之野;恭而不中礼,谓之给;勇而不中礼,谓之逆。"

子曰:"给夺慈仁。"

子曰:"师,尔过;而商也,不及。子产犹众人之母也,能食之,不能教也。"

子曰:"礼者何也?即事之治也。君子有其事,必有其治。治国而无礼,譬犹瞽❸之无相与?伥伥❹其何之?譬如终夜有求于幽室❺之中,非烛何见?若无礼,则手足无所错,耳目无所加,进退揖让无所制。是故以之居处,长幼失其别,闺门三族失其和,朝廷官爵失其序,田猎、戎事失其策,军旅武功失其制,宫室失其度,量鼎失其象,味失其时,乐失其节,车失其式,鬼神失其飨,丧纪失其哀,辩说失其党,官失其体,政事失其施,加于身而错于前,凡众之动失其宜。如此,则无以祖洽于众也。"

子曰:"礼也者,理也。乐也者,节也。君子无理不动，无节不作。不能诗，于礼缪；不能乐，于礼素；薄于德，于礼虚。"

子曰："制度在礼，文为在礼，行之，其在人乎？"

子贡越席而对曰："敢问夔其穷与？"

子曰："古之人与？古之人也。达于礼而不达于乐，谓之素；达于乐而不达于礼，谓之偏。夫夔，达于乐而不达于礼，是以传此名也，古之人也。"

注释

❶周流：周遍流行，遍及各地。❷越席：起座，离席。❸瞽（gǔ）：眼睛瞎。这里指盲人。❹伥（chāng）伥：迷茫不知所措。❺幽室：幽暗或没有光亮的屋子。

译读

仲尼在家休息，子张、子贡、子游在身边侍奉，谈论时说到了礼。孔子说："你们三人坐下，我告诉你们礼是什么，让你们凭借礼周游，可以遍及任何地方。"

子贡越过座席说："请问先生，礼是怎样的呢？"

孔子说："内心敬重而不合于礼，是粗鄙；外貌恭敬而不合于礼，是巴结；勇敢而不合于礼，是逆乱。"

孔子说："巴结会混淆慈仁之德。"

孔子又说："子张，你有些过火，可子夏又不够。郑国大夫子产对众人都有慈母心肠，只会喂养而不会教育孩子。"

孔子说："礼是什么呢？礼就是治理事情的方法。君子办事，一定要懂得治理的方法。治理国家而没有礼，

就好像盲人没人扶助，茫然失去了方向，不知往哪儿走。又好比黑夜在暗室里摸索，没有蜡烛能看见什么呢？如果没有礼，手脚就不知往哪儿放，耳目也不知怎么使用，进退揖让都没有规矩。这样一来，日常起居就分不出长幼上下，家庭内部就会三代不和，朝廷之上官爵也乱了套，田猎练武失去了指挥，军队打仗失去了控制，宫室没有尺度，量具和祭器不符合法度，五味不能按时节调和，奏乐也不合节拍，车辆也不合规范，鬼神没有供品，服丧不能表达悲哀，谈话不伦不类，百官失职，政事不行，自身的举动和眼前的事情，一切都不适宜。像这样就没有办法领导民众协调一致地行动了。"

孔子说："所谓礼，就是道理；所谓乐，就是节制。没有道理的事君子不做，没有节制的事君子不做。如果不能赋《诗》言志，在礼节上就会出现差错；能行礼而不能用乐来配合，礼就显得单调呆板。如果道德低下，即便行礼也只是一个空架子。"

孔子又说："各种制度是礼来规定的，各种文饰行为也是礼来规定的，但要实行起来，就一定要靠人了！"

子贡又离席发言说："请问夔这个人是不是只懂得乐而对礼却一窍不通呀？"

孔子回答说："你问的是古代的那个夔吗？须知古代的人是把精于礼而不精于乐的人称为质朴，把精于乐而不精于礼的人称为偏颇。夔这个人只不过是在乐方面的造诣比在礼方面的造诣高一些罢了，所以只传下来一个精通音乐的名声，你们要知道那是根据古人的标准来说的。"

孔子闲居

孔子闲居,子夏侍。子夏曰:"敢问《诗》云:'凯弟君子❶,民之父母',何如斯可谓民之父母矣?"孔子曰:"夫民之父母乎?必达于礼乐之原,以致五至,而行三无,以横于天下;四方有败,必先知之。此之谓民之父母矣。"

子夏曰:"'民之父母',既得而闻之矣;敢问何谓'五至'?"孔子曰:"志之所至,诗亦至焉。诗之所至,礼亦至焉。礼之所至,乐亦至焉。乐之所至,哀亦至焉。哀乐相生。是故正明目而视之,不可得而见也;倾耳而听之,不可得而闻也;志气塞乎天地,此之谓五至。"

子夏曰:"五至既得而闻之矣,敢问何谓三无?"孔子曰:"无声之乐,无体之礼,无服之丧,此之谓三无。"子夏曰:"三无既得略而闻之矣,敢问何诗近之?"孔子曰:"'夙夜❷其命宥密',无声之乐也。'威仪逮逮❸,不可选也',无体之礼也。'凡民有丧,匍匐❹救之',无服之丧也。"

注释

❶凯弟君子:泛指品德优良,平易近人的人。❷夙(sù)

夜：早晚，朝夕。❸逮逮：这里指安和的样子。❹匍匐：尽力去做。

译读

孔子闲居在家，子夏在他身边侍奉。子夏说："请教先生，《诗》说'凯弟君子，民之父母'，究竟怎样才可以叫民之父母呢？"孔子说："民之父母吗？他必须通晓礼乐的起始根源，达到'五至'，施行'三无'，在天下尽量施展，任何地方出现祸患，一定会事先知道。这就叫民之父母。"

子夏说："民之父母已经领教了。还要请教您，什么叫五至？"孔子说："国君有忧民的心意，就会表现为好恶的感情，这种好恶又反映到制定的礼法上，有了礼法作节制就要有乐相配合，国君能与庶民同欢乐，民有灾祸，国君就能悲哀忧恤。凡物都是先生后死，所以先乐后哀，乐极生哀，哀极生乐，这就是哀乐相生。因此，端正明亮的眼睛看它，看不到；侧着耳朵静听，也听不到。国君施给庶民的恩惠，像气体充满天地。这就叫'五至'。"

子夏说："五至也已经领教了。请问先生什么叫'三无'呢？"孔子说："没有声音的音乐，没有仪式的礼节，没有服制的丧事，这就叫三无。"子夏说："三无也大体上领教了。请问您，什么诗句最接近三无的含意？"孔子说："'从早到晚谋划政事，使民安乐，而寂静无声'，这是无声之乐；'态度礼貌和和气气，没有一点可挑剔的'，这是无体之礼；'人们遭到死丧之事，就急忙地赶去料理'，这是无服之丧。"

原文

子夏曰:"言则大矣!美矣!盛矣!言尽于此而已乎?"孔子曰:"何为其然也!君子之服之也。犹有五起焉。"子夏曰:"何如?"子曰:"无声之乐,气志不违;无体之礼,威仪迟迟;无服之丧,内恕❶孔悲。无声之乐,气志既得;无体之礼,威仪翼翼❷;无服之丧,施及四国。无声之乐,气志既从;无体之礼,上下和同;无服之丧,以畜万邦❸。无声之乐,日闻四方;无体之礼,日就月将;无服之丧,纯德孔明。无声之乐,气志既起;无体之礼,施及四海;无服之丧,施于孙子。"

子夏曰:"三王之德,参于天地,敢问何如斯可谓参于天地矣?"孔子曰:"奉三无私以劳天下。"子夏曰:"敢问何谓三无私?"孔子曰:"天无私覆,地无私载,日月无私照。奉斯三者以劳天下,此之谓三无私。其在《诗》,曰:'帝命不违,至于汤齐。汤降不迟,圣敬日齐。昭假迟迟,上帝是祗。帝命式于九围。'是汤之德也。"

"天有四时,春秋冬夏,风雨霜露,无非教也。地载神气,神气风霆❹,风霆流形,庶物露生,无非教也。清明在躬,气志如神,嗜欲❺将至,有开必先。天降时雨,山川出云。"

"其在《诗》,曰:'嵩高唯岳,峻极于天,惟岳降神,生甫及申。惟申及甫,惟周之翰。四国于蕃,四方于宣。'此文武之德也。三代之王也,必先令闻,

《诗》云：'明明天子，令闻不已。'三代之德也。'弛其文德，协此四国。'大王之德也。"

子夏蹶然^❻而起，负墙而立，曰："弟子敢不承乎？"

注释

❶内恕：指存心宽厚。❷翼翼：形容小心恭敬的样子。❸万邦：众多的国家，引申为天下。❹风霆：狂风和暴雷。❺嗜欲：指心中想做好事的愿望。❻蹶然：惊喜的样子。

译读

子夏说："您说得真伟大、完美、充分！要说的道理都在这了吗？"孔子说："哪能这样说呢？君子要实行这'三无'，还可以从五个方面来阐明它的含义。无声的音乐，不违背心志；无形的礼仪，从容不迫；无服的丧事，由自己内心推广到他人。无声的音乐，表达心志；无形的礼仪，恭敬谨慎；无服的丧事，推广到四方之国。无声的音乐，使心志顺从；无形的礼仪，使上下融洽；无服的丧事，可容纳万国。无声的音乐，一天天传播到四方；无形的礼仪，一天天成长扩大；无服的丧事，使纯洁的道德日益昭著。无声的音乐，奋发了心志；无形的礼仪，普及四海；无服的丧事，传播到子孙后代。"

子夏说："三王的德行，与天地并列。请问怎样才能与天地并列呢？"孔子说："用三无私的精神来治天下。"子夏问："请问什么叫作三无私呢？"孔子说："天覆盖天下没有偏私，地承受万物没有偏私，日月普照天下没有偏私。用这三种精神来治天下，就叫作三无私。这才是《诗经》里所谓"帝命不违背，汤王登了位；降世正适时，圣明又谨慎；光明照永久，恭敬事上帝。

上帝命汤王,一统大九州。'这就是商汤的德行。"

"天有春夏秋冬四季,普降风雨霜露以滋润万物。这就是圣人施行教化所仿效的法则。地承受着神妙之气,变化出风雷,风雷到处流动,万物露出了生机。这也就是圣人施行教化所仿效的法则。清澈明净的德行在圣人身上,因而他的意志也有神一样的功能。心中将要有所作为,一定先有征兆出现,好像天将要下雨时,山川里便吐出云气。"

"这在《诗经》里面就有这样的诗句:'巍巍五岳,直耸云天。降下神灵,甫侯申伯。周室栋梁,国家屏障。周王恩德,四方宣扬。'这就是说的文王、武王的德行啊!三代的圣王,都是在未做王之前就有了美好的名声。《诗经》上说:'光明的天子,美名永无止。这就是说的三代圣王的德行。'施行文德教化,融洽四方之国。'这就是说的周太王的德行。"

子夏听到这里,一跃而起,倚墙而立,说:"弟子岂敢不接受老师的这番教诲吗!"

坊记

子言之:"君子之道,辟则坊与!坊民之所不足者也。"大为之坊,民犹逾之。故君子礼以坊德,刑以坊淫,命以坊欲。

子云:"小人贫斯约,富斯骄;约斯盗,骄斯乱。礼者,因人之情而为之节文❶,以为民坊者也。故圣人之制富贵也。使民富不足以骄,贫不至于约,贵不慊❷于上,故乱益亡也。"

子云:"贫而好乐,富而好礼,众而以宁者,天下其几矣。《诗》云:'民之贪乱,宁为荼毒❸。'故制:国不过千乘❹,都城不过百雉❺,家富不过百乘,以此坊民,诸侯犹有畔❻者。"

子云:"夫礼者,所以章疑别微,以为民坊者也。故贵贱有等,衣服有别,朝廷有位,则民有所让。"

注释

❶节文:制定礼仪,使行之有度。❷慊(qiàn):这里指怨恨、不满。❸荼毒:毒害,残害。❹千乘(shèng):兵车千辆。古以一车四马为一乘。❺百雉:城墙的长度达三百丈。雉,古代计算城墙面积的单位。❻畔:通"叛",反叛,背叛。

译读

孔子说:"君子的治民之道,打个比方来说,就好像防止河水漫溢堤防吧!它是为了防止百姓出现过失。虽然周密地为之设防,百姓中还是有人犯规。所以君子用礼来防止道德上的过失,用刑来防止邪恶的行为,用教令来防止贪婪的欲望。"

孔子说:"小人贫则穷困,富则骄横;穷困了就会去偷盗,骄、横了就会去乱来。所谓礼,就是顺应人的这种情况而为之制定控制的标准,以作为防止百姓越轨的堤防。所以,圣人制定出了一套富贵贫贱的标准,使富起来的百姓不足以骄横,贫下去的百姓不至于穷困,取得一定社会地位的人不至于对上级不满,所以犯上作乱的事就日趋减少。"

孔子说:"贫穷而喜好乐,富有而爱好礼,家口众多而能安宁度日,像这样的人天下能有几个呢!《诗经》说:'人们贪婪而作乱,必定受到伤害,古代的制度,诸侯国不能有超过千辆兵车的赋税,国都的城墙不能超过百雉,卿大夫家不能有超过百辆兵车的收入。用这个办法来防范人们,诸侯还有反叛的。"

孔子说:"礼是用来辨别嫌疑和隐微的,把它作为人们的规范。所以贵贱有等级,衣服有区别,朝廷有秩序,人们互相谦让。"

原文

子云:"天无二日,土无二王,家无二主,尊无二上,示民有君臣之别也。《春秋》不称楚越之王丧。礼君不称天,大夫不称君,恐民之惑也。《诗》云:'相彼盍旦❶，尚犹患之。'"

子云："君不与同姓同车，与异姓同车不同服，示民不嫌也。以此坊民，民犹得同姓以弑其君。"

子云："君子辞贵不辞贱，辞富不辞贫，则乱益亡。故君子与其使食浮于人也，宁使人浮于食。"

子云："觞酒豆肉❷，让而受恶，民犹犯齿；衽席❸之上，让而坐下，民犹犯贵；朝廷之位，让而就贱，民犹犯君。《诗》云：'民之无良，相怨一方；受爵不让，至于已斯亡。'"

子云："君子贵人而贱己，先人而后己，则民作让。故称人之君曰'君'，自称其君曰'寡君'。"

注释

❶ 盍（hé）旦：指夜鸣求旦之鸟。❷ 觞（shāng）酒豆肉：泛指饮食。觞，古代盛酒器；豆，古代盛食器。❸ 衽（rèn）席：泛指卧席。

译读

孔子说："天上没有两个太阳，地上没有两个君主，一家没有两个主人，尊上的人只有一个，这是对人民表示有君臣的分别。《春秋》没有记载楚越国君的丧事。礼法中，对诸侯不能称作天，为避天子；对大夫不能称作君，为避诸侯。这是恐怕人们迷惑误会。《逸诗》说：'看那只盍旦鸟，夜鸣求旦，人们还厌恶它。'何况僭君的人。"

孔子说："国君不跟同姓的人同乘一辆车，跟不同姓的同乘一辆车时要穿着不同的衣服，作出标志避免嫌

疑。用这样的方法来防备民众，民众还是有同姓杀害君王的。"

孔子说："君子辞让显贵，但是不逃避卑贱，辞让财富，可是不逃避贫穷，所以作乱的事就日益减少了。君子与其使俸禄超出人的才能，不如使人的才能超过所受的俸禄。"

孔子说："分配酒肉，应该反复辞让，然后接受粗陋的一份；即使这样，民众仍然会冒犯长者。安排座次，应该再三辞让，然后坐在下方；即使这样，民众仍然会冒犯尊贵者。朝廷的爵位，应该再三辞让，然后接受卑贱的爵位；即使这样，民众仍然会冒犯君主。《诗经》上说：'民众的行为不善良，互相怨恨各执一端，接受爵禄不肯辞让，到了最后一齐灭亡。'"

孔子说："君子尊重别人而贬抑自己，先人而后己，这样一来在百姓中就会兴起谦让的风气。所以称呼别人的国君叫国君，称呼自己的国君叫寡君。"

原文

子云："利禄❶，先死者而后生者，则民不偝❷。先亡者而后存者，则民可以托。《诗》云：'先君之思，以畜寡人。'以此坊民，民犹偝死而号无告❸。"

子云："有国家者，贵人而贱禄，则民兴让；尚技而贱车，则民兴艺。故君子约言，小人先言。"

子云："上酌民言，则下天上施。上不酌民言，则犯也；下不天上施，则乱也。故君子信让以莅百姓，则民之报礼重。《诗》云：'先民有言，询于刍荛❹。'"

注释

❶利禄：钱财和荣禄。❷俻（bèi）：同"背"，背弃，背叛。❸无告：有痛苦而无处诉说。❹刍荛（ráo）：指割草打柴的人。

译读

孔子说："利益和荣誉，应该先给死者，后给生者，这样一来，百姓就不会背弃死者；先给在国外为国事奔走的人，后给留在国内的人，这样一来，老百姓就感到国君可以信托。《诗经》上说：'你应该思念死去的先君，赡养我这未亡人。'用这种方法防范百姓，百姓还有背弃死者而死者的家属却哭告无门的。"

孔子说："有国有家的诸侯大夫，如果重视人才而不吝惜颁赏爵禄，百姓就会兴起谦让的风气；如果重视技艺而不吝惜颁赏车马，百姓就会乐意学习技艺。所以君子说的少而做得多，而小人则好放空炮而少干实事。"

孔子说："君上能够听取民众的意见而行事，对民众来说就是上天的施恩。君上不能够听取民众的意见，就会触犯民众；民众感受不到君上的恩惠，就会混乱。所以君上用诚实谦让来对待民众，民众给他的回报之礼必定厚重。《诗经》说：'古时候的人有句话说，有事要请教砍柴的人。'"

原文

子云："善则称人，过则称己，则民不争；善则称人，过则称己，则怨益❶亡。《诗》云：'尔卜尔筮❷，履无咎言❸。'"

　　子云:"善则称人,过则称己,则民让善。《诗》云:'考卜④惟王,度是镐京,惟龟正之,武王成之。'"

　　子云:"善则称君,过则称己,则民作忠。《君陈》曰:'尔有嘉谋嘉猷⑤,入告尔君于内。女乃顺之于外,曰:此谋此猷,惟我君之德。於乎!是惟良显哉。'"

注释

❶益:逐渐,渐渐。❷筮(shì):古代用蓍(shī)草占卜。❸咎言:不祥之语。❹考卜:古代以龟卜决疑。❺猷(yóu):计划,谋划。

译读

　　孔子说:"有好事就说是别人做的,有过错就说是自己做的,这样人们就没有争执。有好事就说是别人做的,有过错就说是自己做的,这样埋怨也就减少了。《诗经》说:'卜筮兆卦的卦体,本来就没有不吉利的话。'"

　　孔子说:"有好事就说是别人做的,有过错就说是自己做的,这样人们就会推让好处。《诗经》说:'稽考于龟而卜的人是武王,他谋划的是镐京的事,龟兆决定这个谋划,武王完成这件事情。'"

　　孔子说:"有善行则归功于君主,有过错则归咎于自己,民众就会激发忠君之心。《君陈》篇说:'你有好主意好方法,进去告诉你的君主,然后你再到外面去施行',并且说:'这主意、这办法,都是我们君主的功德。'啊!只有我们善良的君主才能这样光明伟大啊!'这便是归功于君主。"

原文

子云:"善则称亲,过则称己,则民作孝。《大誓》曰:'予克纣,非予武,惟朕文考❶无罪。纣克予,非朕文考有罪,惟予小子无良❷。'"

子云:"君子弛其亲之过,而敬其美。"《论语》曰:"三年无改于父之道,可谓孝矣。"高宗云:"三年其惟不言,言乃讙。"子云:"从命不忿,微谏不倦,劳而不怨,可谓孝矣。《诗》云:'孝子不匮❸。'"

子云:"睦于父母之党,可谓孝矣。故君子因睦以合族。《诗》云:'此令兄弟,绰绰有裕;不令❹兄弟,交相为瘉。'"子云:"于父之执,可以乘其车,不可以衣其衣。君子以广孝也。"子云:"小人皆能养其亲,君子不敬,何以辨?"

子云:"父子不同位,以厚敬也。《书》云:'厥辟不辟,忝厥祖。'"子云:"父母在,不称老。言孝不言慈。闺门之内,戏而不叹。君子以此坊民,民犹薄于孝而厚于慈。"

注释

❶文考:帝王亡父的尊称。❷无良:不善,不好。❸不匮:不缺乏,没有穷尽。❹不令:不善,不肖。

译读

孔子说:"有善行则归功于父母,有过错则归咎于自己。这样民众便会提倡孝道。《大誓》上说:'如果

我打败了商纣,那并不是我的武功,而是由于我的父亲本来没有过错,如果商纣打败了我,那并不是我父亲有过错,而是我没有善良的德行。'"

孔子说:"君子忘掉父母的过错,而敬重父母的美德。"《论语》上说:"三年不改变父亲生前的主张,可以算是孝了。"所以高宗说:"在父亲死后三年不发表言论。一旦发表言论,天下都感到欢乐。"孔子说:"服从父母的命令,不怠慢,即使父母有过错,也只能慢慢地温和地劝谏。为父母担当劳苦而毫无怨言,这样就可称得上是孝了。《诗经》上说:'孝子的孝心是无穷的。'"

孔子说:"能够与父母的亲人也和睦相处,才可以称作孝。所以君子经常招待族人聚餐以加强团结。《诗经》上说:'兄弟关系良好,彼此融洽无间;兄弟关系

恶劣，彼此互相指责。'"孔子说："对于和父亲同辈的人，可以乘他的车子，但不可以穿他的衣服。君子这样做，就是把对父亲的孝道扩展到父亲的同辈。"孔子说："连小人都能够养活他的双亲，作为君子，如果也是只能养活而不知孝敬，那与小人还有什么区别呢！"

孔子说："父亲与儿子，不能处在尊卑相同的位置上，以此来强调对父亲的敬重。《尚书》上说：'做国君的不像个做国君的样子，那就是辱没他的先祖。'"孔子说："父母健在，做儿子的不敢自称老。平常要讲究对父母如何孝顺，不要讲究做父母的应该怎样心疼自己。家门之内，只可引逗父母高兴，不可在父母面前唉声叹气。君子用这些礼节来规范百姓，百姓还有讲究孝道的少，企求父母慈爱的多。"

原文

子云："敬则用祭器。故君子不以菲废礼，不以美没礼。故食礼，主人亲馈则客祭，主人不亲馈则客不祭。故君子苟无礼，虽美不食焉。《易》曰：'东邻杀牛，不如西邻之禴祭❶，实受其福。'《诗》云：'既醉以酒，既饱以德。'以此示民，民犹争利而忘义。"

子云："孝以事君，弟以事长，示民不贰也。故君子有君不谋仕，唯卜之日称二君。丧父三年，丧君三年，示民不疑也。父母在，不敢有其身，不敢私其财，示民有上下也。故天子四海之内无客礼，莫敢为主焉。故君适其臣，升自阼阶，即位于堂，示民不敢有其室也。父母在，馈献不及车马，示民不敢专也。以此坊民，

民犹忘其亲而贰其君。"

子云："礼之先币帛也，欲民之先事而后禄也。先财而后礼，则民利；无辞而行情，则民争。故君子于有馈者，弗能见则不视其馈。《易》曰：'不耕获，不菑畬❷，凶。'以此坊民，民犹贵禄而贱行。"

子云："君子不尽利以遗民。《诗》云：'彼有遗秉，此有不敛穧❸，伊寡妇之利。'故君子仕则不稼，田则不渔；食时不力珍，大夫不坐羊，士不坐犬。《诗》云：'采葑采菲，无以下体；德音莫违，及尔同死。'以此坊民，民犹忘义而争利，以亡其身。"

注释

❶禴（yuè）祭：古代君王具有的祭礼。❷菑畬（zī shē）：这里指耕耘。菑，指割草开荒；畬，指已垦种三年的田。❸不敛穧（jì）：指割倒而未收的禾。

译读

孔子说："尊敬宾客就使用祭器款待。所以君子不因待客物品少、没达到礼就废弃行礼；也不因物品丰盛超过了礼而废弃行礼。所以食礼规定：主人亲自馈送，客人要祭；主人不亲自馈送，客人就不祭。所以君子如果遇到无礼的接待，即使美味食品也不吃。《易经》说：'殷国杀牛祭祀，不如文王杀猪祭祀，切实受到福佑。'《诗经》说：'已经喝醉了酒，已经饱尝了恩德。'用这种办法来指示人们，人们还是争利忘义。"

孔子说："用孝道侍奉君主，用悌道侍奉首长，这是指示民众不得怀有二心。所以君主的儿子在君主健在时不谋求官职，避免与君主争位的嫌疑。只有在代替君主进行占卜时，才可以自称君主之副位。为父亲服丧三年，为君主服丧也是三年，这是向人民显示君主的尊严是不可怀疑的。父母健在，儿子不敢专有自己的身体，不敢私自聚积财产，这是向民众显示有上下的区别。天子在四海之内没有做客的礼节，因为没有人敢做他的主人。所以君主到臣子家里，要从主人的台阶登堂，在堂上就位。这是向人民显示臣子不能专有自己的宫室。父母健在，儿子不可以用车马等贵重财物赠送他人，这是向人民显示儿子不能专有财产。即使用这些教诲来防范民众，民众还是有忘记父母，对君主怀有二心的。"

孔子说："相见之礼，是在行过相见之礼以后才奉上见面的礼物。之所以要这样做，是要教育百姓先做事情而后接受俸禄。先奉上见面的礼物然后再行相见之礼，就会导致百姓产生贪财之心。不加辞让，见礼就收，就会导致百姓相争。所以，君子在有人馈赠礼物时，如果自己不能接见，就不接受对方的礼物。《易经》上说：'不耕而获，不开荒而得到良田，凶。'用这种办法来教育百姓，百姓还有看重利禄而轻视做事的。"

孔子说："君子不把利益全部占有，要给百姓留下一部分。《诗经》上说：'那里有遗留下来的禾，这里有撒在地上的禾穗，这是让寡妇们随意拣拾的。'所以君子当官就不种地，田猎就不打鱼，一年四季有啥吃啥，不追求山珍海味，大夫无故不杀羊，士无故不杀狗。《诗经》上说：'采葑又采菲，叶子已摘走，不要连根取。昔日山盟莫相忘，与你生死不分离。'用这种办法来教育百姓，百姓还有因为忘义争利而丧生的。"

表记

子言之："归乎！君子隐而显，不矜而庄，不厉而威，不言而信。"子曰："君子不失足于人，不失色于人，不失口于人，是故君子貌足畏也，色足惮也，言足信也。《甫刑》曰：'敬忌而罔有择言在躬。'"

子曰："裼袭①之不相因也，欲民之毋相渎也。"子曰："祭极敬，不继之以乐；朝极辨，不继之以倦。"

子曰："君子慎以辟祸，笃以不掩，恭以远耻。"子曰："君子庄敬睡在强，安肆②日偷。君子不以一日使其躬儳焉③，如不终日。"子曰："齐戒以事鬼神，择日月以见君，恐民之不敬也。"子曰："狎侮④，死焉而不畏也。"

注释

①裼（tì）袭：古代礼服的制度。②安肆：安乐放纵。③儳（chán）焉：散乱而无所检束。④狎侮：轻慢，戏弄。

译读

孔子说："还是回去吧！君子虽然隐居林泉，但道德发扬，声名显著；不必故作矜持而端庄，不必故作严厉而令人生畏，不必讲话而人们相信。"孔子说："君子的一举一动，都不让别人感到有失检点；一颦一笑，

都不让别人感到有失检点；一言一语，都不让别人感到有失检点。所以君子的容貌足以令人生畏，君子的脸色足以令人畏惧，君子的讲话足以令人信服。《甫刑》上说：'外貌恭敬，内心戒慎，别人就不会说自己的坏话。'"

孔子说："在行礼过程中，有时以露出裼衣为敬，有时以掩好上服不露出裼衣为敬，这样做的目的，是要民众不要亵渎了礼。"孔子说："祭礼要求尽量表达敬意，虽有饮酒之事，但也不能以欢乐告终；朝廷上的政事要求尽量力处理好，不可因为劳神而以草草了事告终。"

孔子说："君子以谨慎行事避免灾祸，以道德笃厚避免受窘，以恭以待人远离耻辱。"孔子说："君子端庄恭敬，所以道德日益显著；如果耽于安乐，放肆无检，就会日益苟且偷安。君子一天也不让自己的所作所为被人瞧不起，如同小人的无礼而惶惶不可终日。"孔子说："斋戒以后才敬事鬼神，择好日子然后晋见国君，如此慎重地行事，就是恐怕人们失去恭敬之心。"孔子说："小人喜好轻狎侮慢，即令会招致杀身之祸，也不知畏惧。"

原文

子曰："无辞不相接也，无礼不相见也，欲民之毋相亵❶也。《易》曰：'初筮告，再三渎，渎则不告。'"

子言之："仁者，天下之表也；义者，天下之制也；报者，天下之利也。"子曰："以德报德，则民有所劝；以怨报怨，则民有所惩。《诗》曰：'无言不雠❷，无德不报。'《大甲》曰：'民非后，无能胥以宁；后非民，无以辟四方。'"子曰："以德报怨，则宽身之仁也；以怨报德，则刑戮之民也。"

子曰:"无欲而好仁者,无畏而恶不仁者,天下一人而已矣。是故君子议道自己,而置法❸以民。"

注释

❶亵:轻慢,不庄重。❷不雠(chóu):不回答。❸置法:立法,执法。

译读

孔子说:"朝聘聚会之时,双方必有言辞以通情意,必有见面的礼物以通情意;如果没有言辞,就不互相交接;没有见面的礼物,就不互相见面。之所以这样做,是要百姓不要忽视礼数而对对方失敬。《易经》上说:'第一次筮占,神告诉你是吉是凶;如果不信,又进行第二次、第三次筮占那就是对神的亵渎了。亵渎了神,神就不再示吉凶了。"

孔子说:"仁是天下人的标准仪范,义是天下人的行为法度,礼是天下人的利益。"孔子说:"以好处回报别人对自己的好处,那么人们就会受到勉励;以怨恶来报复别人对自己的怨恶,那么人们就会得到警戒。《诗经》说:'说话不会没反应,施德不会没报答。'《大甲》说:'民众没有君主,不能互相安宁;君主没有民众,也不能君临四方。'"孔子说:"以好处来报答别人给自己带来怨恶的,是苟息祸患来容身的人;以怨恶来报答别人对自己的好处的,是应该处以刑罚或处死的人。"

孔子说:"没有私欲、爱好仁德的人,无所畏惧、厌恶不仁的人,天下只有少数这样的人。因此君子谋议道理先从自己开始。施行法度于民也先从自己开始。"

© 民主与建设出版社，2021

图书在版编目（CIP）数据

礼记 /（西汉）戴圣编；方士华主编. -- 北京：民主与建设出版社，2019.11

（传统国学经典心读）

ISBN 978-7-5139-2681-2

Ⅰ.①礼… Ⅱ.①戴… ②方… Ⅲ.①礼仪－中国－古代 Ⅳ.①K892.9

中国版本图书馆CIP数据核字（2019）第259505号

礼记
LI JI

编　　著	（西汉）戴　圣
主　　编	方士华
责任编辑	韩增标
装帧设计	徐荣强
出版发行	民主与建设出版社有限责任公司
电　　话	（010）59417747　59419778
社　　址	北京市海淀区西三环中路10号望海楼E座7层
邮　　编	100142
印　　刷	廊坊市国彩印刷有限公司
版　　次	2021年12月第1版
印　　次	2021年12月第1次印刷
开　　本	880毫米×1230毫米　1/32
印　　张	3
字　　数	38千字
书　　号	ISBN 978-7-5139-2681-2
定　　价	148.00元（全10册）

注：如有印、装质量问题，请与出版社联系。

传统国学经典心读

传习录

（明）王阳明 著　方士华 主编

民主与建设出版社
·北京·

前言

习近平总书记在十九大报告中指出:"深入挖掘中华优秀传统文化蕴含的思想观念、人文精神、道德规范,结合时代要求继承创新,让中华文化展现出永久魅力和时代风采。"

习总书记还曾指出:"'去中国化'是很悲哀的,应该把这些经典嵌在学生脑子里,让经典成为中华民族文化的基因。"

是的,泱泱中华五千载,悠悠国学民族魂。我们中华国学"为天地立心,为生民立命,为往圣继绝学,为万世开太平",是中华民族生生不息的根本,是华夏儿女遗传基因和精神支柱。

国学就是中国之学,中华之学,是以母语汉语为基础,表达中华民族的精神价值和处世态度的,有利于凝聚中华民族的文化向心力,有利于中华民族大团结,是炎黄子孙的生命火炬,我们要永远世代相传和不断发扬光大。

中华优秀传统文化在思想上有大智,在科学上有大真,在伦理上有大善,在艺术上有大美。在中华民族艰难而辉煌的发展历程中,优秀传统文化薪火相传、历久弥新,始终为国人提供精神支撑和心灵慰藉。所以,从传统优秀国学经典中汲取丰富营养,丰盈的不只是灵魂,而是能够拥有神圣而崇高的家国情怀。

中华传统国学是指以儒学为主体的中华传统文化与学术,包括非常广泛,内涵十分丰富,凝聚了我国五千年的文明史和传统文化,体现了中华民族博大精深的文化精髓,是经过多少代人实

践检验过的文化瑰宝，承载着中华民族伟大复兴的梦想。

中华传统国学经典，蕴含了中国儿女内圣外王的个体修养和自强不息的群体精神，形成了重义轻利的处世态度以及孝亲敬长的人伦约定，包含着辩证理智的心智思维和天人合一的整体观念。历经数千年发展，逐渐形成了以儒释道为主干的传统文化和兼容并包、多元一体的开放型现代文化。

这些国学经典作为我国传统文化与教育的经典，在内容方面，包含有治国、修身、道德、伦理、哲学、艺术、智慧、天文、地理、历史等丰富知识；在艺术方面，丰富多彩，各有特色，行文流畅，气势磅礴，辞藻华丽，前后连贯。古往今来，无数有识之士从中汲取知识，不仅培养了良好道德品质，还提升了儒雅、淳静、睿智的气质，哺育了一代代中华儿女茁壮成长。

作为国学经典，是广大读者必备的精神食粮。读者们阅读国学经典，能够秉承国学仁义精神，学会谦和待人、谨慎待己、勤学好问等优良品行，能够达到内外兼修与培养刚健人格。读者们阅读国学经典，就如同师从贤哲，使自己能够站在先辈们的肩膀之上，在高起点上开始人生的起跑。阅读圣贤之书，与圣贤为伍，是精神获得高尚和超越的最高境界。

为此，在有关专家指导下，我们经过精挑细选，特别精选编辑了这套"传统国学经典心读"作品。主要是根据广大青少年读者学习吸收特点，在忠实原著基础上，节选了经典原文，增设了简单明了的注释和白话解读，还配有相应故事和精美图片等，能够培养广大青少年读者的国学阅读兴趣和传统文化素养，能够增强对中国传统文化的热爱、传承和发展，能够激发并积极投身到中华复兴的伟大梦想之中。

目录

徐爱录 005

陆澄录 014

答欧阳崇一 024

答罗整庵少宰书 037

答聂文蔚 039

门人陈九川录 050

门人黄直录 058

门人黄修易录 065

门人黄以方录 081

徐爱录

爱问:"'知止而后有定'❶,朱子以为'事事物物皆有定理'❷,似与先生之说相戾❸。"

先生曰:"于事事物物上求至善,却是义外❹也。至善是心之本体,只是明明德❺到至精至一处便是,然亦未尝❻离却❼事物。本注❽所谓'尽夫天理之极❾,而无一毫人欲之私'者得之。"

注释

❶知止而后有定:语出《大学》。止,停止,这里引申为"要达到的目标"。❷事事物物皆有定理:这是朱熹对"知止而后有定"的解释。❸相戾(lì):相互违背,相反。戾,违背,违反。❹义外:语出《孟子·告子上》。孟子反对告子义在心外的观点,认为仁和义都在人心之中。❺明明德:前一个"明"作动词用,发扬、弘扬;后一个"明"作形容词用,光明正火;德,品德。❻未尝:没有曾经,不曾。❼离却:离开。这里指与具体事物相分离。❽本注:即朱熹《大学章句》第一章注。❾极:指到达极点,尽头,极限。

译读

徐爱问:"关于《大学》中的'知止而后有定',

朱熹认为这句话是说万事万物都有各自特定的道理,似乎与先生的学说相违背呀?"

先生说:"在万事万物上探究至高无上的善,就是把义看成了外在的东西。至高无上的善是心的本体,只要使光明正大的品德发扬并达到极其精细唯一的地步就是至善了,然而它也没有脱离具体客观的事物。朱熹在《大学章句》中说'只有穷尽天理,而没有一丝一毫的私心杂念'的人才能达到至善境界。"

原文

爱问:"至善只求诸心,恐于天下事理有不能尽。"

先生曰:"心即理①也。天下又有心外之事,心外之理乎?"

爱曰:"如事②父之孝,事君之忠,交友之信,治民之仁,其间有许多理在,恐亦不可不察③。"

先生叹曰:"此说之蔽④久矣,岂一语所能悟?今姑就⑤所问者言之。且如⑥事父,不成去父上求个孝的理。事君,不成去君上求个忠的理。交友、治民,不成去友上、民上求个信与仁的理。都只在此心,心即理也。此心无私欲之蔽,即是天理,不须⑦外面添一分。以此纯⑧乎天理之心,发⑨之事父便是孝,发之事君便是忠,发之交友、治民便是信与仁。只在此心去人欲、存天理上用功便是。"

注释

①心即理:王阳明学说的核心命题。②事:这里是侍奉,服侍的意思。③察:明察,知晓,这里指考察的意思。④蔽:这里是动词,蒙蔽,有时引申为受蒙蔽。⑤就:这里用作介词,指就着,根据。⑥且如:这里是即如,就像的意思。⑦须:这里作动词用,是需要的意思。⑧纯:纯净,纯粹,也可指纯正。⑨发:表现,显露,泄露,这里可以引申为表现在,用在。

译读

徐爱问:"只在心中探求至善,恐怕世界上万事万

物的道理，有不能穷尽的地方。"

先生说："心就是天理，世界上哪里还有存在于人心之外的事物和道理呢？"

徐爱说："就像侍奉父亲的孝心，辅佐君王的忠心，结交朋友的诚心，治理百姓的仁心，这其中都有很多的道理。恐怕也不能不去考察吧。"

先生慨叹道："这种说法蒙蔽人很久了。怎么会是一句话就能说得清楚的？现在姑且就根据你所问的来说吧。就像侍奉父亲，不能从父亲身上去求得孝的道理；辅佐君王，不能从君王身上去求得忠的道理；结交朋友、治理百姓，不能从朋友身上、百姓身上去求得信和仁的道理。这些道理都存在人的心中，人心就是天理。人心没有被私欲所蒙蔽，这就是天理。不需要从外面增添一分。以这种纯正天理的心，表现在侍奉父亲上就是孝，表现在辅佐君王上就是忠，表现在交友、治民上就是信和仁。只要在去掉心中的私欲、存养天理上面用功就行了。"

原文

爱曰："闻先生如此说，爱已觉有省悟处。但旧说缠于胸中，尚有未脱然❶者。如事父一事，其间温清定省❷之类，有许多节目❸，不知亦须讲求否？"

先生曰："如何不讲求？只是有个头脑。只是就此心去人欲、存天理上讲求。就如讲求冬温，也只是要尽此心之孝，恐怕有一毫人欲间杂❹；讲求夏清，也只是要尽此心之孝，恐怕有一毫人欲间杂；只是讲求得此心。此心若无人欲，纯是天理，是个诚❺于孝亲的心，冬时自然思量父母的寒，便自要求去个温的道理；

夏时自然思量父母的热，便自要求去个清的道理，这都是那诚孝的心发出来的条件。却是须有这诚孝的心，然后有这条件发出来。譬之❻树木，这诚孝的心便是根，许多条件便是枝叶。须先有根，然后有枝叶。不是先寻了枝叶，然后去种根。《礼记》言：'孝子之有深爱者，必有和气；有和气者，必有愉色❼；有愉色者，必有婉容❽。'须是有个深爱做根，便自然如此。"

注释

❶脱然：脱离，离开，这里是摆脱的意思。❷温清定省：语出《礼记·曲礼上》。温，冬天让父母温暖；清，夏天让父母凉快；定，夜里让父母睡得安稳；省，早上向父母问安。❸节目：指条目，项目。这里可以引申为细节。❹间杂：这里是掺杂，夹杂的意思。❺诚：真诚，诚实。这里可引申为虔诚。❻譬之：比如。譬，打比方，比喻。❼愉色：愉悦的神色。愉，愉快，愉悦。❽婉容：和顺的仪容。婉，和顺，婉顺。

译读

徐爱说："听先生这么说，我已经觉得有点醒悟了。但是以前的学说仍然停留在我的心中，还不能够完全摆脱。比如侍奉父亲这件事，其中使父亲冬暖夏凉、早晚向他问安等等，有很多细节，不也是需要讲求的吗？"

先生说："怎么能不讲求呢？只是要有个主次，只要在出去私欲、存养天理的前提下讲求就行了。就像讲求父母冬天的保暖问题，也仅仅是要尽一尽自己的孝心，生怕有丝毫的私心杂念存在其中；讲求父母夏天的清凉

问题，也只是想尽尽孝心，生怕有丝毫私欲夹杂在里面，只是讲求这份心。这份心如果没有任何私欲，纯属天理，那么就是颗虔诚孝敬的心，冬天自然会考虑到父母的寒冷，于是就会寻求保暖的道理；夏天自然会考虑到父母的炎热，于是就会寻求清凉的道理。这些都是那颗虔诚孝敬的心发出来的一件件具体的事。只有先有这颗虔诚孝顺的心，然后才能产生具体的事。譬如树木，虔诚孝顺的心便是树根，那么多具体的事就是树的枝叶，必须是先有树根然后才会有枝叶，而不是先找到枝叶，然后才去种树根。《礼记》中说：'深爱父母是孝子，对待父母一定很和气，有和气的态度一定会有愉悦的气色，有愉悦的气色就一定会有美好的表情。'必须有个深爱做树根，就自然会如此。"

原文

爱因未会❶先生"知行合一"之训❷，与宗贤❸、惟

贤❹往复辩论,未能决。以问于先生。

先生曰:"试举看。"

爱曰:"如今人尽有知得父当孝❺、兄当弟❻者,却不能孝、不能弟。便是知与行分明是两件。"

先生曰:"此已被私欲隔断,不是知行的本体了。未有知而不行者,知而不行,只是未知。圣贤教人知行,正是要复那本体,不是着你只恁的便罢。故《大学》指个真知行与人看,说'如好好色❼,如恶恶臭❽'。见好色属知,好好色属行。只见那好色时已自好了;不是见了后又立个心去好。闻恶臭属知,恶恶臭属行。只闻那恶臭时已自恶了;不是闻了后别立个心去恶。如鼻塞人虽见恶臭在前,鼻中不曾闻得,便亦不甚恶,亦只是不曾知臭。就如称某人知孝、某人知弟。必是其人已曾行孝行弟,方可称他知孝知弟,不成只是晓得说些孝弟的话,便可称为知孝弟。又如知痛,必已自痛了方知痛;知寒,必已自寒了;知饥,必已自饥了。知行如何分得开?此便是知行的本体,不曾有私意隔断的。圣人教人,必要是如此,方可谓之知。不然,只是不曾知。此却是何等紧切着实的工夫!如今苦苦定要说知行做两个,是甚么意?某要说做一个,是甚么意?若不知立言宗旨。只管说一个两个,亦有甚用?"

注释

❶会:这里作动词用,指领会、理解。❷训:这里是

训诫，教诲的意思。❸宗贤：黄绾（公元1477～1551），字宗贤，号文庵，浙江黄岩人。官至礼部尚书，王守仁的学生。❹惟贤：顾应祥（公元1483～1565），字惟贤，号箬溪，浙江长兴人。官至兵部侍郎，王守仁的学生。❺孝：这里是形容词，指对父母孝顺。❻弟："悌"的古字，指弟弟尊敬孝顺兄长。❼好好（hào hǎo）色：第一个好作动词用，喜欢、爱好；第二个好作形容词用，形容貌美；色，容貌。❽恶恶（wù è）臭：第一个恶作动词用，讨厌、不喜欢；第二个恶作形容词用，污秽，这里可以引申为不好。

译读

徐爱由于没有理解先生"知行合一"的主张，与宗贤和惟贤再三讨论，仍然没有做好决定。于是就向先生请教。

先生说："不妨举例说明一下。"

徐爱说："现在，世人都明知对父母应该孝顺，对兄长应该尊敬，但是往往做不到孝顺，做不到尊敬，由此可见，知与行分明是两码事。"

先生说："这是被私欲迷惑了，不是知与行的原本意思了。没有知而不行的事。知而不行，就是没有真正明白。圣贤的人教给人们知和行的道理，正是要恢复原本的知与行，而不是随便地告诉怎样去知与行就算结束了。所以，《大学》用'如好好色''如恶恶臭'来启示人们，什么是真正的知与行。看见美丽的容貌是知，喜欢美丽的容貌是行。在见到美丽的容貌时就马上喜欢它了，不是在见了美丽的容貌之后才起一个心去喜好。闻到不好的味道是知，讨厌不好的味道是行。闻到不好

的味道时就开始讨厌了,不是在闻到不好的味道之后才起一个心去讨厌。一个人如果鼻塞的话,就是发现不好的味道离自己很近,鼻子没有闻到,于是也不会特别讨厌。也只是因为他没有闻到臭味。又如,我们讲某人知晓孝悌,绝对是他已经做到了孝顺父母尊敬兄弟,才能称他知晓孝悌。不是他只知说些孝顺父母尊敬兄弟之类的话,就可以称他为知晓孝悌了。再如知痛,绝对是他自己痛了,才知道痛。知寒,绝对是自己觉得寒冷。知饥,绝对是自己肚子饥饿了。知与行怎么能够分开呢?这就是知与行的原意,不曾被人的私欲迷惑。圣贤教人,一定是这样才可以称作知。不然,只是未曾知晓。这是多么紧切实际的事情啊!今天,世人非要把知和行说成是两回事,是何居心?我要把知和行说成是一回事,是何居心?假如不懂得我立言的主旨,只顾着说是一回事两回事,又管什么用呢?"

陆澄录

孟源有自是❶好名之病,先生屡❷责之。一日,警责方已,一友自陈日来工夫请正。源从旁曰:"此方是寻着源旧时家当。"

先生曰:"尔病又发!"源色变,议拟❸欲有所辨。

先生曰:"尔病又发!"因喻之曰:"此是汝一生大病根!譬如方丈地内,种此一大树,雨露之滋,土脉之力,只滋养得这个大根。四傍纵要种些嘉❹谷,上面被此树叶遮覆,下面被此树根盘结,如何生长得成?须用伐❺去此树,纤根勿留,方可种植嘉种。不然任汝耕耘培壅❻,只是滋养得此根。"

注释

❶自是:这里是自以为是的意思。❷屡(lǚ):屡次,多次,常常。❸拟:本义是猜测,揣度。这里是打算的意思。❹嘉:善,美,美好的,这里指优良。❺伐:这里作动词砍伐用。❻壅(yōng):指用土或肥料培在植物的根部。

译读

孟源有自以为是、贪图虚名的毛病,先生曾多次批评他。一天,先生刚刚责备了他,有位朋友谈了他近来的功夫,请先生指正。孟源却在一旁说:"这正好找到

了我过去的家当。"

先生说："你的毛病又犯了。"孟源听了之后脸色大变，正打算为自己辩解。

先生说："你的毛病又犯了。"接着给他打了一个比方说："这正是你人生中最大的缺点。比如在一块一丈见方的地里种一棵大树，雨露的滋润，土地的肥沃，只能滋养这棵树的树根。树的周围即使种上一些优良的谷物，上面被树的树叶遮挡住阳光，下面树根盘结，怎么能生长得好？必须砍掉这棵树，连一点根都不要留下，才能够种植优良谷物。否则无论你怎样耕种施肥，都只是滋养这棵树的树根。"

原文

问："圣人应变不穷，莫❶亦是预先讲求否？"

先生曰："如何讲求得许多？圣人之心如明镜，只是一个明，则随感❷而应，无物不照；未有已往之形尚在，未照之形先具者。若后世所讲，却是如此，是以与圣人之学大背。周公制礼作乐以文天下，皆圣人所能为，尧舜何不尽为之而待于周公？孔子删述《六经》以诏❸万世，亦圣人所能为，周公何不先为之，而有待于孔子？是知圣人遇此时，方有此事。只怕镜不明，不怕物来不能照。讲求事变亦是照时事，然学者却须先有个明的工夫。学者唯患❹此心之未能明，不患事变之不能尽。"

注释

❶莫：这里作副词用，没有，不。❷随感：随时产生

的感想。❸诏：告诉，这里可以引申为教化。❹患：这里是担忧，担心的意思。

译读

陆澄问："圣人的应变能力没有穷尽的时候，不也是他们预先探究计划好了吗？"

先生说："怎么能探究计划那么多呢？圣人的心就像是明亮的镜子，正是因为它很明亮，能够随感触而应，没有什么东西是它不能照的，没有之前照过的形象还存在，没有照过的形象就出现的情况发生。如果按照后世的说法，确实是这样，这和圣人的学说相违背。周公制作礼制音乐来教化世人，这是圣人们可以做到的事情，尧舜为什么不全做，还等待周公来做呢？孔子删述《六经》来教化后世，这也是圣人都能做的，周公为什么没有先做而要等到孔子来做呢？由此可知圣人遇到某一个时机，才会有某一件事情。只担心镜子不明亮，不担心它不能照到物体。探究事物的变化，和用镜子映照时事是一样的，然而学者必须先下功夫使自己的心如明镜。学者只用担心自己的心不能明亮，而不用担心事物的变化发展不能穷尽。"

原文

问："知识不长进，如何？"

先生曰："为学须有本原，须从本原上用力，渐渐盈科而进❶。仙家说婴儿亦善譬。婴儿在母腹时只是纯气，有何知识？出胎后，方始能啼，既而后能笑，又既而后能识认其父母兄弟，又既而后能立、能行、

能持、能负,卒❷乃天下之事无不可能。皆是精气日❸足,则筋力日强,聪明日开,不是出胎日便讲求推寻得来,故须有个本原。圣人到位天地、育万物,也只从喜怒哀乐未发之中上养来。后儒不明格物之说,见圣人无不知,无不能,便欲于初下手时讲求得尽,岂有此理!"

又曰:"立志用功,如种树然。方其根芽,犹未有干,及其有干,尚未有枝,枝而后叶,叶而后花实。初种根时,只管栽培灌溉,勿作枝想,勿作叶想,勿作花想,勿作实想。悬想何益?但不忘栽培之功,怕没有枝叶花实?"

注释

❶盈科而进:语出《孟子·离娄下》,比喻循序渐进。❷卒:这里作副词用,表示终于,最终。❸日:一昼夜,一天。这里可以引申为一天天地。

译读

陆澄问:"知识得不到长进,应该怎么办?"

先生说:"做学问必须有基础,必须从基础上下功夫,循序渐进,才能有进步。道家中婴儿的说法就是很好的比喻。婴儿在母亲腹中时只是一团气,有什么知识?出生后才开始能啼哭,随后又能笑,然后又能认识他的父母兄弟,后来又能站立、能行走、能拿东西、能背东西,最终世上的所有事没有不会做的。这都是因为婴儿的精气一天天充足,筋骨力气一天天增强,一天天变得聪明,不是刚生出来那天就能够探究谋划,所以必须有个基础。圣人达到了定位天地,孕育万物的程度,也只是从喜怒

哀乐各种情绪没有表现出来时慢慢培养起来的。后世儒生不明白格物的说法,看到圣人没有不知道的没有做不到的,于是就想要在刚开始时就学会所有的学问,哪里有这种道理!"

先生又说:"立志用功,就像种树。刚开始它只有根芽,没有树干,等到它长出树干时,还没有树枝,长了树枝之后长叶子,叶子长好后开花、结果。刚种上树根时,只管培土灌溉,不要想着生枝、长叶、开花、结果。只想着那些有什么用?只要不忘了培土灌溉的功夫,还怕没有枝叶花果吗?"

原文

一日,论为学工夫。

先生曰:"教人为学,不可执一偏。初学时心猿意马,拴缚❶不定,其所思虑,多是人欲一边,故且教之静坐息思虑。久之,俟其心意稍定,只悬空静守,如槁木死灰❷亦无用,须教他省察克治。省察克治之功,则无时而可间,如去盗贼,须有个扫除廓清❸之意。无事时,将好色、好货、好名等私欲逐一追究搜寻出来,定要拔去病根,永不复起,方始为快。常如猫之捕鼠,一眼看着,一耳听着,才有一念萌动,即与克去,斩钉截铁,不可姑容,与他方便,不可窝藏,不可放他出路,方是真实用功,方能扫除廓清。到得无私可克,自有端拱时在。虽曰'何思何虑',非初学时事。初学必须思省察克治,即是思诚,只思一个天理。到得天理纯全,便是'何思何虑'矣。"

注释

❶拴缚:捆扎,捆缚。这里指精力不能集中。❷槁木死灰:比喻心灰意懒,情绪极度低落,毫无生趣。❸廓清:这里是澄清,肃清的意思。

译读

有一天,师生共同探讨做学问的工夫。

先生说:"教人做学问,不可以偏执某一方面。人们在刚开始学习的时候很容易心神不宁,难以定下心来,大脑不能集中思考,精力不能聚集,这个时候人们心中

所思考的大多数是和人的私欲有关的问题，因此这个时候应该先让他静坐，来停止思考，安定心思。久而久之，等到他的心意渐渐安定下来的时候，如果还是只让他悬空静坐，甚至到了形体寂静如同死灰，情绪低落的地步也没有什么用处，这个时候一定要教他反省自己体察过失克治私欲的工夫。反省自身体察过失克治私欲的工夫，需要一直保持，不能间断，就像是要除去盗贼，就好做好将盗贼彻底铲除的决心。有时间的时候，将好色、贪财、喜欢追名逐利等私欲统统搜寻出来，一定要将病根拔去，让这些私欲再也没有复发的机会，这样才令人痛快。这件事和猫捉老鼠很像，一边用眼睛盯着，一边用耳朵听着，哪怕才刚刚有一个念头产生，就立即克治，将它摒弃，一定要态度坚决，不能有一丝一毫的容忍，不能给它一点喘息的机会，不要有私自窝藏的想法，更不能网开一面让它逃走，这样才是真功夫，这样做才能扫尽心中的私欲。等到心中没有任何私欲需要扫除的时候，自然就可以端坐拱手轻轻松松。虽然也是没有什么可想的，但是这些不是刚刚学习的人能够做到的事情。初学时一定要思考如何才能做到反省自身体察过失克治私欲的工夫，也就是要去思考怎样才能做到'诚意'，只是思考这样一个天理。等到思考到的天理完全纯正的时候，也就是'何思何虑'了。"

原文

问："名物度数[1]，亦须先讲求否？"

先生曰："人只要成就自家心体，则用在其中。如养得心体果有未发之中，自然有发而中节之和，自然无施不可。苟无是心，虽预先讲得世上许多名物度数，与己原不相干，只是装缀临时，自行不去。亦不是将名物度数全然不理，只要'知所先后，则近道'❷。"

又曰："人要随才成就，才是其所能为。如夔❸之乐，稷❹之种，是他资性合下便如此。成就之者，亦只是要他心体纯乎天理。其运用处皆从天理上发来，然后谓之才。到得纯乎天理处，亦能'不器'，使夔、稷易艺而为，当亦能之。"

又曰："如'素富贵，行乎富贵。素患难，行乎患难'，皆是'不器'。此惟养得心体正者能之。"

注释

❶名物度数：事物的名称、用处和数量。名物，事物的名称、特征等。❷知所先后，则近道：语出《大学》。知道事物的先后顺序，就接近道了。❸夔（kuí）：传说是舜的乐官。❹稷（jì）：周人的先祖，尧舜时主管农事的官。

译读

陆澄问："事物的名称、用处和数量，也一定要预先弄清楚吗？"

先生说："人只要存养自己的心体，那么，运用就会包含在其中。如果存养心体能够达到各种情感都不会影响我们对事物的看法的结果，那么即使表达情绪自然会保持内心的中正平和，自然也就没有什么不能施行了。如果没有存养心体，那么即使事先探求到世界上许多事物的特征，也与自己毫不相干，只不过是临时装点一下

门面而已,之后就无法行事了。当然也不是全然不顾事物的各种知识,只是要'知道做事的先后顺序,这样就接近圣道了'。"

先生又说:"一个人要凭借自己本身的才能作出成就,凭借自身的才能是他所能做到的事情。就像夔对于音乐,后稷对于种庄稼一样,是因为他们的资质和天性相和,才能做到这些事情。如果想要成就一个人,也是需要他的心体纯正,能够合乎事物发展的道理。他们处理事情都是凭借对天理的自然运用,然后称他为有才能的人。等到心体达到纯正天理的地步,做什么都会成功,成为'不器'之才。假使夔和稷交换一下职业,他们也都能做得很好。"

先生又说:"像《中庸》中所说的'处于富贵时,就应该做一些富贵时能做的事。处于危难时,就应该做一些危难时能做的事',这些都能称为'不器'。无论做什么都能成功,这是只有存养心体达到纯正的人才能做到的事情。"

原文

澄曰:"好色、好利、好名等心,固是私欲,如闲思杂虑,如何亦谓之私欲?"

先生曰:"毕竟从好色、好利、好名等根上起,自寻其根便见。如汝心中决知❶是无有做劫盗的思虑,何也?以汝元无是心也。汝若于货、色、名、利等心,一切皆如不做劫盗之心一般,都消灭了,光光只是心之本体,看有甚闲思虑?此便是'寂然不动',便是'未

发之中',便是'廓然大公',自然'感而遂通'❷,自然'发而中节',自然'物来顺应'❸。"

注释

❶决知:审知辨识。这里形容态度的坚定。❷感而遂通:易便会与天下之事相通,显示出吉凶祸福来。❸物来顺应:遇到事情时能坦然自如地应对。

译读

陆澄问:"爱好美色、贪图钱财、追名逐利等想法,固然可以说是私欲,但是像那些闲思杂念,为什么也被称为私欲呢?"

先生说:"那些闲思杂念,归根结底还是从爱好美色、贪图钱财、追名逐利这些病根上滋生的,自己从本源上寻求时就会发现。例如,你坚决地认为自己绝对不会有抢劫、盗窃的想法,这是因为什么?因为你根本就没有这样的想法,如果你对色、财、名、利等这些心思,都像不会成为盗贼的心一样,都被铲除干净了,只剩下了完完全全的心的本体,即使仔细查看哪里会有闲思杂虑呢?这就是'心本身的宁静不动',就是'感情不会影响自身对事物的看法',就是'心胸宽广,大公无私'。这样,人心自然会'与万事万物感应相通',自然可以'表达情绪时中正平和',也自然可以'遇到不同事情时坦然自如地应对'。"

答欧阳崇一

崇一❶来书云:"师云:'德性之良知,非由于闻见,若曰多闻择其善者而从之,多见而识之,则是专求之见闻之末,而已落在第二义。'窃❷意良知虽不由见闻而有,然学者之知,未尝不由见闻而发。滞于见闻固非,而见闻亦良知之用也。今曰'落在第二义',恐为专以见闻为学者而言,若致其良知而求之见闻,似亦知行合一之功矣。如何?"

良知不由见闻而有,而见闻莫非良知之用,故良知不滞于见闻,而亦不离于见闻。孔子云:"吾有知乎哉?无知也。❸"良知之外别无知矣。故"致良知"是学问大头脑,是圣人教人第一义。今云专求之见闻之末,则是失却头脑,而已落在第二义矣。近时同志中,盖已莫不知有"致良知"之说,然其工夫尚多鹘突❹者,正是欠此一问。

注释

❶崇一:欧阳德(公元1495~1554),字崇一,号南野。王阳明的弟子,进士,官至礼部尚书。❷窃:私下里,私自。表示个人意见或行为的谦辞。❸吾有知乎哉?无知也:语出《论语·子罕》。❹鹘(hú)突:模糊,混沌,不清楚。

译读

欧阳崇一在来信中说:"先生说:'人的德行良知并不是因为见闻,如果说多听然后选择其中善的地方来跟从,多看自然就会明白,显然这是在追求见闻的细枝末节,这已经成为次要的问题了'。我私下认为良知虽然不是由见闻而产生的,但是学者的知识,未必就不是从见闻中发散出来的。只停留在见闻上确实不对,但是见闻也是良知的具体实践。现在先生说'见闻应放在次要的位置上',恐怕是对那些专门把见闻当作学问的人来说的,如果为了到达良知在见闻上探求,似乎也是知行合一的工夫。这样说对吗?"

良知不是从见闻上发散出来的,但见闻没有不是良知的运用。所以良知不是停留在见闻上,但是也不能和见闻分离。孔子说:"我有知识吗?没有。"除了良知以外没有别的什么知识了。所以"致良知"是学问的关键,这是圣人教育人最重要的东西。现在说专门探求见闻的细节,那么就会失去关键的东西,把良知放在了次要位置上。最近这些日子,同志们大概没有人不知道"致良知"的学说,但是他们的工夫中还有很多粗糙糊涂的地方,正是欠缺你这一问。

原文

大抵学问工夫,只要主意头脑是当。若主意头脑专以"致良知"为事,则凡多闻多见,莫非"致良知"之功。盖日用之间,见闻酬酢❶,虽千头万绪,莫非良知之发用流行。除却见闻酬酢,亦无良知可致矣,故只

是一事。若曰致其良知而求之见闻,则语意之间未免为二。此与专求见闻之末者虽稍不同,其为未得精一之旨,则一而已。"多闻,择其善者而从之,多见而识之。"既云"择",又云"识",其真知亦未尝不行于其间,但其用意乃专在多闻多见上去择、识,则已失却头脑矣。崇一于此等处见得当已分晓,今日之问,正为发明此学,于同志中极有益。但语意未莹❷,则毫厘千里,亦不容不精察❸之也。

注释

❶酬酢(chóu zuò):宾主相互敬酒,泛指交际应酬。
❷莹:本意是指珠光的光彩,这里是明白,觉悟的意思。
❸精察:精细明察。

译读

一般而言,做学问的关键问题就是要把握住最核心的地方。如果专门把"致良知"看作是最关键的事情,那么更多的见闻就是"致良知"的功夫。在日常生活中,见闻交际虽然错综复杂,没有不是良知的发挥运用流传;离开了见闻交际,也就没有良知可以追求了,所以良知和见闻也只是一件事。如果说致良知要从见闻上寻求的话,那么在语义上面将它们分成了两件事也是难以避免的。这与专门探求见闻的细枝末节虽然稍微不同,但是一样没有领会其精一的主旨,从这上面看是相似的。"多去见闻,选择好的地方去学习,多看然后才能认识。",既然说到了"择",又说到了"识",那么真正的良知已其实已经在其中产生了作用,只不过它的用意是在多

闻多见上去选择认识，将最关键的东西失去了。你对这些问题认识得已经十分清楚，今天的问题，正是为了阐明学说，这对同学们有很大益处。只是意思表达得还不太清楚，可能会出现差之毫厘、谬以千里的情况，所以不得不精心体察。

原文

来书又云："师云：'为学终身只是一事，不论有事无事，只是这一件。若说宁不了事，不可不加培养，却是分为两事也。'窃意觉精力衰弱，不足以终事者，良知也。宁不了事，且加休养，致知也。如何却为两事？

若事变之来，有事势不容不了，而精力虽衰，稍鼓舞亦能支持，则持志以帅气可矣❶。然言动终无气力，毕事则困惫已甚，不几于暴❷其气已乎？此其轻重缓急，良知固未尝不知，然或迫于事势，安能顾精力？或困于精力，安能顾事势？如之何❸则可？"

"宁不了事，不可不加培养"之意，且与初学如此说亦不为无益。但作两事看了，便有病痛在。孟子言"必有事焉"，则君子之学终身只是"集义"一事。义者，宜也，心得其宜之谓义。能致良知则心得其宜矣，故《集义》亦只是致良知。君子之酬酢万变，当行则行，当止则止，当生则生，当死则死，斟酌调停，无非是致其良知，以求自慊❹而已。故"君子素其位而行""思不出其位"。凡谋其力之所不及而强其知之所不能者，皆不得为致良知。而凡"劳其筋骨，饿其体肤，空乏其身，行拂乱其所为，动心忍性，所以增益其所不能"者，皆所以致其良知也。若云"宁不了事，不可不加培养"者，亦是先有功利之心，计较成败利钝而爱憎取舍于其间，是以将了事自作一事，而培养又别作一事，此便有是内非外之意，便是"自私用智"，便是"义外"，便有"不得于心，勿求于气"之病，便不是致良知以求自慊之功矣。

所云"鼓舞支持，毕事则困惫已甚"。又云"迫于事势，因于精力"，皆是把作两事做了，所以有此。凡学问之功，一则诚，二则伪。凡此皆是致良知之意，

欠诚一真切之故。《大学》言:"诚其意者,如恶恶臭,如好好色,此之谓自慊。"曾见有恶恶臭,好好色而须鼓舞支持者乎?曾见毕事则困惫已甚者乎?曾有迫于事势困于精力者乎?此可以知其受病之所从来矣。

注释

❶则持志以帅气可矣:语出《孟子·公孙丑上》。持,遵守不变;帅,统帅。❷暴:这里是横踏,损坏的意思。❸如之何:怎么样,怎么办。❹自慊(qiè):自足,自快。慊,满足,满意。

译读

你来信又说:"先生您说:'做学问终生只是一件事,不论有事没事,都只是这一件事。如果说宁愿不做成事情,也不能不加以培养良知,却是把做学问和致良知分成两件事情了。'我私下里认为精力衰弱,不能做完事情的是良知。宁愿不做事,却愿意加以修养本心,是致良知。这怎么会成为两件事呢?如果遇到情势紧急不能不处理的事情,即使精力衰弱,只要略加勉励也能坚持下来,只要坚守意志就能统帅气力。但是此时的言语行动终究没有力气,做完事情就过度衰竭,不也相当于是在滥用气力吗?这其中的轻重缓急,良知固然会明白,但是有时被情势所逼,怎么能顾及精力呢?有时精力不足,怎么能顾及形势呢?这究竟怎么办呢?"

"宁愿不做成事情,也不能不加以培养良知"的意思,对于初学的人这样说也不是没有好处。如果把它们看成两件事情的话,便会有病痛存在。孟子说"必有事焉",

那么"集义"就成为君子做学问终身的事情了。义就是宜,心做到了应该做到的事情就叫作义。能致良知那么心就能做到它应该做的事,所以"集义"也是致良知。君子待人接物方式多变,该做就做,该停就停,该生就生,该死就死,斟酌协调,没有一件不是致良知,以求得自己满意罢了。所以"君子安于现在所处的地位去做应该做的事情""考虑事情不超出自己的能力范围"。凡是谋求自己力所不能及的事情,勉强做自己才智做不到的事情,都不是致良知。只要是"劳其筋骨,饿其体肤,空乏其身,行拂乱其所为,动心忍性以增益其所不能"的,都是为了致良知。如果说"宁愿不做事,也不能不存养本性",也是因为事先有了追名逐利的心,计较得失成

败而做出的爱憎取舍,因此把处理事情当成了一件事,把存养本性又当作了一件事,这就是重视本心而忽视做事的心态,这就是自私作祟,就是把义看作外在的东西,就会有"不得于心,勿求于气"的弊病,就不是致良知以求得心安理得了。

你所说的"略加鼓励,做完事后疲惫不堪",又说"迫于形势,受精力的限制",其实都是把处理事情和存养本性当成两件事看待了,所以才会有这样的疑问。所有做学问的工夫,始终如一就是真诚,三心二意就是虚伪。这都是致良知的心还缺乏真诚确切的原因。《大学》中说:"心诚实的人,就像厌恶恶臭,就像喜欢美色,这样才能说自己满意。"你曾经见过讨厌恶臭、喜欢美色还需要勉励才能坚持下去的人吗?曾经见过做完事情后疲惫不堪的吗?曾经有迫于形势最后筋疲力尽的人吗?从这几点就可以知道病根从哪里来了。

原文

来书又有云:"人情机诈百出,御❶之以不疑,往往为所欺,觉则自入于逆❷臆❸。夫逆诈,即诈也;臆不信,即非信也;为人欺,又非觉也。不逆不臆而常先觉,其唯良知莹彻乎?然而出入毫忽之间,背觉合诈者多矣。"

不逆不臆而先觉,此孔子因当时人专以逆诈、臆不信为心,而自陷于诈与不信。又有不逆、不臆者,然不知致良知之功,而往往又为人所欺诈,故有是言。非教人以是存心,而专欲先觉人之诈与不信也。

以是存心,即是后世猜忌险薄者之事;而只此一念,已不可与入尧舜之道矣。不逆、不臆而为人所欺者,尚亦不失为善,但不如能致其良知,而自然先觉者之尤为贤耳。崇一谓"其唯良知莹彻"者,盖已得其旨矣。然亦颖悟所及,恐未实际也。

注释

❶御:这里是抵挡,防御的意思。❷逆:这里是预先的意思。❸臆:不信,猜想别人不诚信。

译读

来信又写道:"人情诡诈多变,层出不穷,如果用诚信抵御它,常常受到它的欺骗,如果想要发现他人是

否诡诈，自己就会预先怀疑别人会欺骗自己。逆诈就是欺诈；臆不信就是不诚信；被人欺骗又觉察不到。不事先怀疑别人的欺诈和不诚实，而往往能先察觉一切，这只有明白良知的人才能做到吧？然而欺诈和诚信之间的差别很小，因此不觉悟和欺诈的人很多。"

不事先怀疑别人的欺诈和不诚信，而能事先发觉，这是孔子根据当时的社会情况而言的，当时人们一心欺诈别人，做不诚信的事，反而将自己深陷于欺诈和不诚信的泥潭中；也有人不欺诈、不随意猜测别人，但是不懂致良知的工夫，往往又被别人欺诈。孔子的话不是要教人思考做事前先发觉他人的欺诈和不诚信。

存心发现别人的欺诈和不诚信，是后世刻薄、猜忌的人做的事情。只要心中存有这个念头，就不能进入尧舜的圣道了。那些不事先猜测别人的欺诈和不诚信而被别人欺骗的人，还没有失去善良的心，但是不如能致良知同时能事先察觉欺诈虚伪的人更加贤明。你认为只有良知纯洁的人才能这样，可见你基本掌握了孔子话语的宗旨，但也只是你领悟到的，在现实生活中恐怕还没有落实。

原文

盖良知之在人心，亘万古、塞宇宙而无不同。"不虑而知""恒易以知险""不学而能""恒简以知阻"。"先天而天不违❶。

天且不违，而况于人乎？况于鬼神乎？"夫谓"背觉合诈"者，是虽不逆人，而或未能自欺也。虽不臆人，而或未能果自信也。

是或常有先觉之心，而未能常自觉也。常有求先觉之心，即已流于逆、臆而足以自蔽其良知矣。此背觉合诈之所以未免也。

君子学以为己❷，未尝虞❸人之欺己也，恒不自欺其良知而已。未尝虞人之不信己也，恒自信其良知而已；未尝求先觉人之诈与不信也，恒务自觉其良知而已。

是故不欺则良知无所伪而诚，"诚则明"矣；自信则良知无所惑而明，"明则诚"矣。明诚相生，是故良知常觉常照。

常觉常照，则如明镜之悬，而物之来者自不能遁其妍媸❹矣。何者？不欺而诚，则无所容其欺，苟有欺焉而觉矣；自信而明，则无所容其不信，苟不信焉而觉矣。是谓"易以知险，简以知阻"，子思所谓"至诚如神，可以前知"者也。

然子思谓"如神"，谓"可以前知"，犹二而言之，是盖推言思诚者之功效，是犹为不能先觉者说也。

若就至诚而言，则至诚之妙用即谓之"神"，不必言"如神"；至诚则无知而无不知，不必言"可以前知"矣。

注释

❶先天而天不违：掌握了天道的人，在天象出现之前行事，天不会违背他。❷为己：这里指为了提高自己的修养。❸虞（yú）：本义是神话传说中的兽名，这里指忧虑。❹妍媸（chī）：同"妍蚩"，美好与丑恶。

译读

良知在人的心中,横亘万古、充塞宇宙没有不同的。这就是古人说的"不经考虑就能知晓""恒久平常可以知晓困难""不用学习就会""恒久简约可以知晓阻碍""掌握了天道的人,在天象出现之前行事,天不会违背他;在天象出现之后行事,则能够遵奉天时。尚且不违背他,何况人和鬼神呢?"。

你所说的那些"不觉悟而且暗含欺诈"的人,虽然不猜想别人欺诈,但他们也许会有自我欺诈;虽然不去猜想别人是否诚信,但他们也许不能真的自信。

他或许常常有寻求先觉的想法,却不能常常自我觉

悟。常常希望能够先觉,这样就已经陷入了逆诈和不臆信,已经足够能蒙蔽他的良知了。这就是不觉悟和欺诈不实不能避免的原因。

君子修学是为了自己,不曾忧虑被别人欺骗,学习是为了提高自己的修养,不担心别人会欺骗自己,只是永远不欺骗自己的良知罢了;不曾事先探求他人的欺诈和不诚信,只是永远地存养自己的良知罢了。

所以君子不欺骗自己,那么良知就不虚伪而能真诚,真诚则良知晶莹透彻;君子自信,良知没有疑虑而变得晶莹透彻,晶莹透彻也就真诚了。晶莹透彻和真诚彼此促进,因此良知能经常觉悟、经常澄澈。

经常觉悟、经常澄澈的良知就像高悬的明镜,万事万物在它面前都不能隐藏美丑。这是为什么呢?因为良知没有欺骗而诚信,也就不能宽待别人的欺骗,如果有欺骗就能觉察。良知自信而光明,也就不能容忍不诚信,如果有不诚信存在就能觉察。这就是所谓的"易以知险,简以知阻"和子思所说的"至诚如神,可以前知"。

但是子思说的"如神""可以前知",还是当作两件事情来看待了。因为他是从思和诚的功效上来说的,仍然是对那些不能事先觉悟的人说的。

如果就至诚上来说,那么至诚的妙用就称为"神",而不必说"如神";能至诚就能无知而又无所不知,所以就不必说"可以前知"了。

答罗整庵少宰书

来教谓:"如必以学不资于外求,但当反观内省以为务,则'正心诚意'四字亦何不尽之有?何必于入门之际,便困以'格物'一段工夫也?"

诚然诚然!若语其要❶,则"修身"二字亦足矣,何必又言"正心"?"正心"二字亦足矣,何必又言"诚意"?"诚意"二字亦足矣,何必又言"致知",又言"格物"?惟其工夫之详密,而要之只是一事,此所以为"精一"之学,此正不可不思者也。

夫理无内外,性无内外,故学无内外。讲习讨论,未尝非内也;反观内省,未尝遗外也。

夫谓学必资于外求,是以己性为有外也,是"义外"也,"用智"者也;谓反观内省为求之于内,是以己性为有内也,是"有我"也,"自私"者也,是皆不知性之无内外也。

故曰:"精义入神,以致用也,利用安身,以崇德也。"❷"性之德也,合内外之道也。❸"此可以知"格物"之学矣。

❶要:这里是重大的,值得重视的意思。❷"精义入神"

四句：语出《周易·系辞下》。❸性之德也，合内外之道也：天赋的德性，内则成己，外则成物，是综合内外的规律。

译读

来信写道："如果认为做学问没有必要到心外探求，就要在心中反省体察，那么'正心诚意'这四个字不是全部都包含了吗？又何必在刚开始学习的时候用'格物'来让人迷惑不解呢？"

正是正是！如果要说最关键的，那么"修身"两个字就足够了，为什么又要说"正心"呢？"正心"这两个字就足够了，为什么又要说"诚意"呢？"诚意"两个字就足够了，为什么又要说"致知"，又要说"格物"呢？只是因为做学问的工夫详细而周密，但是概括起来就是一件事。这就是"精一"的学问，这里正是不得不认真思索的。

天理没有内外之分，性也没有内外之分，所以学也没有内外之分。和别人一起研究讨论，未尝不是内；反观自己并且反思，未尝就遗弃了外。

如果认为学问一定要向外寻求，那就是认为自己的性还有外在的部分，这就是"义外""用智"；如果认为反观内省必须在本心上探求，那就是认为自己的性还有内在的部分，就是"有我""自私"，这两种观点都是不知道人性没有内外之分。

所以说"精研义理达到神妙的境界，便可以运用；运用所学而安身，可以提高品德修养"；"这是天赋的德性，内则成己，外则成物，是综合内外的规律"。由此便可以明白"格物"的主张了。

答聂文蔚

夫人者,天地之心,天地万物本吾一体者也。生民之困苦荼❶毒,孰非疾痛之切于吾身者乎?不知吾身之疾痛,无是非之心者也。是非之心,不虑而知,不学而能,所谓良知也。

良知之在人心,无间于圣愚,天下古今之所同也。世之君子,唯务致其良知,则自能公是非,同好恶,视人犹己,视国犹家,而以天地万物为一体,求天下无治,不可得矣。

古之人所以能见善不啻❷若己出,见恶不啻若己入,视民之饥溺犹己之饥溺,而一夫不获若己推而纳诸沟中者❸,非故为是而以蕲❹天下之信己也,务致其良知求自慊而已矣。

尧、舜、三王之圣,言而民莫不信者,致其良知而言之也;行而民莫不悦者,致其真知而行之也。是以其民熙熙皞❺皞,杀之不怨,利之不庸。施及蛮貊❻,而凡有血气者莫不尊亲,为其良知之同也。呜呼!圣人之治天下,何其简且易哉!

注释

❶荼(tú):同"涂",烂泥,比喻困难。❷不啻(chì):

不但，不止。曾，但，只，仅。❸"一夫不获"句：指伊尹认为如果有一个人生活没有着落，就好像是自己把他推到了沟中去似的。❹蕲（qí）：古同"祈"，祈求。❺皞（hào）：指心胸舒畅。❻貊（mò）：中国古代称东北方的民族。

译读

　　人是天地的心，天地万物和我本来就是一体的。平民百姓遭受的困苦残害，难道不是自己的切肤之痛吗？不知道自身痛苦的人，是没有是非之心的人。是非之心，根本不需要考虑就能知道，根本不需要学习就能具备，这就是所谓的良知。

　　良知存在人的心中，在圣人和傻瓜之间没有区别，自古以来就是这样。世上的君子，只要专心在致良知上，那么自然能判别是非，具有共同的向善厌恶之心，待人

如待己,爱国如爱家,从而与天地万物融为一体。如果能这样,想让国家治理不好也办不到。

古人之所以能看见别人做好事,就像自己做了好事;看见别人做坏事,就像自己做了坏事;把百姓的饥饿困苦看成是自己的饥饿困苦;只要有一个人没有安顿好,就像是自己把他推到了沟中去似的,他们不是故意要这样做来获得天下人的信任,而是专门致其良知以求得心安罢了。

尧、舜、禹、汤、周文王、周武王等圣人说的话百姓们没有不相信的,这是因为他们所说的也只是推致了自己的良知;他们做的事百姓们没有不喜欢的,这是因为,他们所做的也只是推致了自己的良知。所以他们的百姓和乐满意、心情舒畅,即使被处死也不怨恨,得到好处也不认为应该酬谢。把这些推广到蛮夷地区,凡是有血气的人没有不孝敬父母的,因为他们的良知都是相同的。唉!圣人治理天下多么简单容易呀!

原文

后世良知之学不明,天下之人用其私智以相比轧,是以人各有心,而偏琐僻陋之见,狡伪阴邪之术,至于不可胜说。

外假仁义之名,而内以行其自私自利之实;诡辞以阿俗,矫行以干誉;掩人之善而袭以为己长;讦❶人之私而窃❷以为己直;忿❸以相胜而犹谓之徇义;险以相倾而犹谓之疾恶;妒贤嫉能而犹自以为公是非;恣情纵欲而犹自以为同好恶。

相陵相贼❹，自其一家骨肉之亲，已不能无尔我胜负之意，彼此藩篱❺之形，而况于天下之大，民物之众，又何能一体而视之？则无怪于纷纷籍籍而祸乱相寻于无穷矣。

注释

❶讦（jié）：揭发别人的隐私或攻击别人的短处。❷窃：这里是私下，私自的意思。❸忿（fèn）：这里是生气，愤恨的意思。❹贼：这里是本义伤害，残害的意思。❺藩篱：指用柴竹编成屏蔽的围墙。

译读

后世良知的学问不再光明，天下的人各用自己的私心才智互相倾轧，所以人人都有自己的打算，而那些偏执浅陋、琐碎繁杂的见解，阴险狡诈的手段，几乎难以计数。

他们假借仁义的名义，私底下做着一些自私自利的勾当；他们用狡辩来迎合世俗；用虚伪来沽名钓誉；掠他人之美来作为自己的长处；攻击别人的隐私表现自己的正直；因为怨恨而相互争斗，还要说成为追求正义；阴险地互相倾轧还要说成是嫉恶如仇；妒忌贤能还认为是主持公道；恣意放纵还自以为爱憎分明。

人与人之间彼此蹂躏，互相迫害，即使是骨肉至亲，彼此之间也不能没有争强好胜的想法，彼此之间隔着一道无形的墙，更何况对于广大的天下，众多的百姓，纷繁的事物，又如何能把他们看作是和自己一体的呢？这就难怪天下动荡不安、战乱纷争没有止境了。

原文

仆诚赖天之灵，偶有见于良知之学，以为必由此而后天下可得而治。是以每念斯民之陷溺，则为之戚然痛心，忘其身之不肖，而思以此救之，亦不自知其量者。天下之人见其若是，遂相与非笑而诋斥之，以为是病狂丧心之人耳。呜呼！是奚足恤哉！吾方疾痛之切体，而暇❶计人之非笑乎？

人固有见其父子兄弟之坠溺于深渊者，呼号匍匐，裸跣❷颠顿❸，扳悬崖壁而下拯之。士之见者，方相与揖让谈笑于其旁，以为是弃其礼貌衣冠而呼号颠顿若此，是病狂丧心者也。故夫揖让谈笑于溺人之旁而不知救，此唯行路之人，无亲戚骨肉之情者能之。然已谓之"无恻隐之心，非人矣"❹。

若夫在父子兄弟之爱者，则固未有不痛心疾首，狂奔尽气，匍匐而拯之。彼将陷溺于祸有不顾，而况于病狂丧心之讥乎？而又况于蕲人信与不信乎？呜呼！今之人虽谓仆为病狂丧心之人，亦无不可矣。天下之人心，皆吾之心也。天下之人犹有病狂者矣，吾安得而非病狂乎？犹有丧心者矣，吾安得而非丧心乎？

注释

❶暇：空闲，没有事的时候。❷跣（xiǎn）：指光着脚，不穿鞋袜。❸颠顿：这里是上下起伏，颠簸的意思。❹无恻隐之心，非人矣：语出《孟子·公孙丑上》。

译读

　　托上天的保佑，我偶然发现了良知的学说，以为这样以后天下一定能够得到治理。所以每当想到百姓的困苦，我就因此而心痛，忘记自己是没有才学的人，一心思考用良知来拯救天下的百姓，真是自不量力。天下的人看见我这样做，于是一起来嘲讽诋毁我，以为我是丧心病狂的人。唉，这有什么值得顾虑呢！我正有切肤之痛，哪里有时间去计较别人的非议嘲笑呢？

　　如果人们看见自己的父子兄弟掉进了深渊，一定会匍匐呼喊，鞋帽掉了也全然不顾，扒着悬崖峭壁就要下去拯救。士人们看见这种情况就在一边打躬作揖，谈笑风生，认为这个人丢弃鞋帽大喊大叫，是一个丧心病狂的人。因此打躬作揖、谈笑风生，旁边有人落水了也不知道去救，只有忙着赶路没有骨肉之情的人才会这样做。

然而孟子已经说过"没有恻隐之心的人就不是人"。

如果是有父子兄弟亲情的人看见了，一定会痛心疾首，竭尽全力，即使爬着也要去拯救他。他们将自己的生命置之度外，哪里在乎被讥讽为丧心病狂？又哪里会期待别人的信与不信呢？唉！现在的人虽然认为我精神失常，我也不在乎。天下人的心，都是我的心。天下的人中尚且还有精神失常的，我又怎么能不精神失常呢？天下人中还有丧心的，我又怎么能不丧心呢？

原文

昔者孔子之在当时，有议其为谄者，有讥其为佞者，有毁其未贤，诋其为不知礼，而侮之以为"东家丘"❶者，有嫉而沮❷之者，有恶而欲杀之者❸。晨门、荷蒉❹之徒，皆当时之贤士，且曰："是知其不可而为之者欤？""鄙哉！硁硁乎！莫己知也，斯已而已矣。"

虽子路在升堂之列，尚不能无疑于其所见，不悦于其所欲往，而且以之为迂。则当时之不信夫子者，岂特十之二三而已乎？

然而夫子汲汲遑遑，若求亡子于道路，而不暇于暖席者，宁以蕲人之知我、信我而已哉？盖其天地万物一体之仁，疾痛迫切，虽欲已之而自有所不容已，

故其言曰："吾非斯人之徒与而谁与？""欲洁其身而乱大伦。""果哉，末之难矣！"

呜呼！此非诚以天地万物为一体者，孰能以知夫子之心乎？若其"遁世无闷""乐天知命"者，则固"无入而不自得"，"道并行而不相悖"也。

注释

❶东家丘:孔子西邻有愚人,称他为东家丘。❷沮:同"阻",意为阻止,阻遏,终止。❸有恶而欲杀之者:孔子周游列国,经过宋国时,有人想杀他。❹荷蒉(kuì):出自《论语·宪问》,是一个隐士。

译读

过去孔子推行政治主张的时候,有人数落他谄媚,有人讥笑他是花言巧语的小人,有人诋毁他不是圣贤,有人诽谤他不懂礼仪,侮辱他是东家丘,有人嫉妒他而阻止他,有人憎恶他而想杀他。即使当时像晨门、荷蒉这样的贤士也说:"明知道自己做不到但还是一定要去

做吗?""固执地敲违磬,真可鄙呀!既然没有人理解自己,就算了呗。"

他的弟子子路在圣学上已经有所成就,尚且不能对孔子完全相信,不高兴他去他要去的地方,还认为他很迂腐。可见,在当时不相信孔子的人,岂止是十分之二三吗?

但是孔子依然匆匆忙忙,好像在路上寻找丢失的儿子一样,甚至没有时间休息,这样做难道是为了让人相信、理解自己吗?大概这是因为他有天地万物为一体的仁爱之心,深深感到病痛的迫切,即使想要不管也做不到。

所以他说:"我不跟天下的人在一起又跟谁在一起呢?""只想洁身自好,却乱了君臣间大的伦理关系""隐者遁世如此坚决,没办法说服他了。"

哎!如果不是确实把天地万物当作一体,谁又能够理解孔子的心呢?至于那些归隐而不烦闷、把一切都看作是天命,安然接受的人,当然能不管在什么情况下都能自得其乐,认为各种思想观念可以同时存在而不互相抵触了。

原文

孟氏"尧舜之道,孝弟而已"者,是就人之良知发见得真切笃厚、不容蔽昧处提省人,使人于事君、处友、仁民、爱物,与凡动、静、语、默间,皆只是致他那一念事亲从兄真诚恻怛❶的良知,即自然无不是道。

盖天下之事虽千变万化,至于不可穷诘❷,而但唯致此事亲、从兄一念真诚恻怛之良知以应之,则更无有遗缺渗漏者,正谓其只有此一个良知故也。事亲从兄一念

良知之外,更无有良知可致得者,故曰:"尧舜之道,孝弟而已矣。"此所以为"唯精唯一"之学,"放之四海而皆准""施诸后世而无朝夕"❸者也。

文蔚云:"欲于事亲从兄之间,而求所谓良知之学。"就自己用功得力处如此说,亦无不可。若曰"致其良知之真诚恒,以求尽夫事亲从兄之道焉",亦无不可也。明道云:"行仁自孝弟始。孝弟是仁之一事,谓之行仁之本则可,谓是仁之本则不可。❹"其说是矣。

注释

❶怛(dá):这里是忧伤,悲苦的意思。❷穷诘(jié):指深入追问,追根溯源。❸施诸后世而无朝夕:语出《礼

记·祭义》。❹谓之行仁之本则可,谓是仁之本则不可:此段是程颐所言,见《河南程氏遗书》卷十八。

译读

孟子认为的"尧舜之道,孝弟而已",是从人的良知最真切笃实、不容隐藏的地方提醒人,让人在辅佐君主、结交朋友、仁爱百姓、喜爱事物和说话沉默时,都只是一心地去推崇他侍奉父母、尊敬兄长的真诚恻隐的良知,那么自然就处处都是大道了。

天下的事情虽然千变万化,甚至没有穷尽,但是只要用推崇侍奉父母、尊敬兄长的真诚恻隐的良知去应付,那么就不存在疏漏的问题,这就是只有一个良知的缘故。除了侍奉父母、尊敬兄长的良知之外,再也没有别的良知可以致了,所以孟子说:"尧舜之道,孝弟而已矣。"这就是所谓的"唯精唯一"的学问,在天下各处没有例外,后世要推行它也一样适用。

你说:"想在孝亲敬兄之间,寻求良知的学问。"就从自己用功来说,也没有什么不可以的。如果说"要从致其良知的真诚恻隐中来寻求侍奉父母、尊敬兄长的道理",也未尝不可。程颐先生说:"施行仁义从孝悌开始,孝悌只是仁义中的一件事情,说它的行仁的根本是可以的,说它的仁的根本就不行了。"他的说法十分正确。

门人陈九川录

九川曰:"近年体验得'明明德'工夫只是'诚意'。自'明明德于天下',步步推入根源,到'诚意'上再去不得,如何以前又有'格致'工夫?后又体验,觉得意之诚伪,必先知觉乃可,以颜子'有不善未尝知之,知之未尝复行'为证,豁然❶若无疑,却又多了'格物'工夫。又思来,吾心之灵何有不知意之善恶?只是物欲蔽了,须格去物欲,始能如颜子未尝不知耳。又自疑工夫颠倒,与诚意不成片段。后问希颜。希颜曰:'先生谓格物致知是诚意工夫,极好。'九川曰:'如何是诚意工夫?'希颜令再思体看。九川终不悟,请问。"

先生曰:"惜哉!此可一言而悟!唯浚所举颜子事便是了。只要知身、心、意、知、物是一件。"

九川疑曰:"物在外,如何与身、心、意、知是一件?"

先生曰:"耳、目、口、鼻、四肢,身也,非心安能视、听、言、动?心欲视、听、言、动,无耳、目、口、鼻、四肢亦不能。故无心则无身,无身则无心。但指其充塞处言之谓之身,指其主宰处言之谓之心,指心之发动处谓之意,指意之灵明处谓之知,指意之涉着处谓之物,只是一件。意未有悬空的,必着事物,故欲'诚

意'，则随意所在某事而格之，去其人欲而归于理，则良知之在此事者，无蔽而得致矣。此便是'诚意'的工夫。"

九川乃释然破数年之疑。

又问："甘泉❷近亦信用《大学》古本，谓'格物'犹言'造道'，又谓穷如穷其巢穴之穷，以身至之也，故'格物'亦只是随处体认天理，似与先生之说渐同。"

先生曰："甘泉用功，所以转得来。当时与说'亲民'字不须改，他亦不信。今论'格物'亦近，但不须换'物'字作'理'字，只还他一'物'字便是。"

后有人问九川曰："今何不疑'物'字？"曰："《中庸》曰：'不诚无物'，程子曰'物来顺应'，又如'物各付物''胸中无物'❸之类，皆古人常用字也。"他日先生亦云然。

注释

❶ 豁然：指一下子彻底晓悟的样子。❷ 甘泉：湛若水，字元明，号甘泉，历任礼部、兵部尚书。❸ 胸中无物：语出《河南程氏外书》卷十一。

译读

九川说："近几年体会到'明明德'的工夫只是'诚意'。从'明明德于天下'，逐步追本求源，只到了'诚意'就再也进行不下去了。'诚意'之前为什么又有'格物''致知'的工夫？后来又仔细体验，我认为意的真诚虚伪，一定先有知觉才行，从颜回的'有不善未尝知

之，知之未尝复行'中得到很多证明，于是我确信无疑，但是又多了一个'格物'的工夫。我又想到，凭借我心思的灵敏怎么能不知道意的善恶呢？只是被物欲蒙蔽了，必须要去除物欲，才能像颜回那样明白知晓。我又怀疑自己的工夫用颠倒了，以致与诚意没有联系。后来问了希颜，希颜说：'先生认为格物致知是诚意的工夫，十分正确。'我又问：'诚意的工夫到底是什么？希颜让我再深入地思考。我最终也没能领悟，向先生请教。'"

先生说："可惜呀！这本来是一句话就能明白的！你所举的颜回的事情就是了。只要知道身、心、意、知、物为一件事就行了。"

九川疑惑地问："物在心外，怎么和身、心、意、知是一件事呢？"

先生说："耳、目、口、鼻及四肢，都是身体的一部分，如果没有心怎么能视、听、言、动呢？心想视、听、言、动，如果没有耳、目、口、鼻及四肢也不行。因此说，没有心就没有身体，没有身体也就没有心。从它充塞空间上来说称为身，从它的主宰作用上来说称为心，从心的发动上来说称为意，从心的灵明上来说称为知，从意的涉及上来说称为物，都是一回事。意是不能悬空的，必须涉及事物。所以，要想'诚意'，就跟随着意所涉及的事物去'格'，剔除私欲而回归天理，那么，良知在这件事上，就不会被蒙蔽而能够'致知'了。'诚意'的工夫正是在这里。"

听了先生这番话，九川积存在心中多年的疑虑终于消除了。

九川接着又问："甘泉先生最近也相信《大学》古本，

认为'格物'就像求道,认为穷理的穷,就像穷其巢穴的穷,要亲自到巢穴中去。所以'格物'也就是随处体察认识天理,这好像与您的主张逐渐接近了。"

先生说:"甘泉下功夫了,所以他能明白过来。当初我跟他说'亲民'不能更改,他还不相信。现在他在'格物'上的观点也和我接近了,只是不把'物'字改成'理'字,仍然用'物'字就行了。"

后来有人问陈九川说:"现在怎么不对'物'字有疑虑了?"他说:"《中庸》中说'不诚无物',程颢说'物来顺应',还有'要按照事物本来面目去认识对待事物,不能夹杂人的主观臆断。''胸中无物'等,可见'物'都是古人常用的字。"后来先生也这样说。

原文

九川问:"近年因厌泛滥❶之学,每要静坐,求屏息念虑,非唯不能,愈觉扰扰。如何?"

先生曰:"念如何可息?只是要正。"

曰:"当自有无念时否?"

先生曰:"实无无念时。"

曰:"如此却如何言静?"

曰:"静未尝不动,动未尝不静。戒谨恐惧即是念,何分动静?"

曰:"周子何以言'定之以中正仁义而主静'❷?"

曰:"无欲故静,是'静亦定,动亦定'的'定'字。'主',其本体也。戒惧之念是活泼泼地,此是天机不息处,所谓'维天之命,于穆不已'❸。一息便是死,非本体之念即是私念。"

注释

❶泛滥:这里用来形容事物、思想到处扩散。❷定之以中正仁义而主静:语出周敦颐《太极图说》。❸"维天之命"二句:语出《诗经·周颂·维天之命》。

译读

九川问:"这几年因为厌恶流行泛滥的学说,常常想独自静坐,以求摒弃思虑意念。但是,不仅做不到心静,反而更加困扰,这是为什么?"

先生说:"思虑意念怎么能打消呢?只能让它归于纯正。"

九川问:"念头有没有不存在的时候?"

先生说:"确实没有无念的时候。"

九川问:"既然这样怎么能够说静呢?"

先生说:"静不是不动,动中也并非没有静。戒慎恐惧就是念头,怎么能区分动和静?"

九川说:"周敦颐为什么又要说'定之以中正仁义而主静'呢?"

先生说:"'没有欲念自然就会静',周敦颐说的'定'也就是程颢所说的'静亦定,动亦静'中的'定'。'主'就是指本体。戒慎恐惧的念头是活泼的,正体现了天机的流动不息。这也就是所谓的'维天之命,于穆不已'。一旦有所停息也就是死亡,不是从本体发出的意念就是私心杂念。"

原文

又问:"用功收心时,有声、色在前,如常闻见,恐不是专一。"

曰:"如何欲不闻见?除是槁❶木死灰,耳聋、目盲则可。只是虽闻见而不流去便是。"

曰:"昔有人静坐,其子隔壁读书,不知其勤惰。程子称其甚敬❷。何如?"

曰:"伊川恐亦是讥他。"

又问:"静坐用功,颇觉此心收敛。遇事又断了,旋起个念头,去事上省察。事过又寻旧功,还觉有内外,打不作一片。"

先生曰:"此'格物'之说未透。心何尝有内外?

即如唯浚今在此讲论，又岂有一心在内照管？这听讲说时专敬，即是那静坐时心。工夫一贯，何须更起念头？人须在事上磨炼做工夫，乃有益。若只好静，遇事便乱，终无长进。那静时工夫亦差似收敛，而实放溺也。"

后在洪都，复与于中③、国裳④论内外之说⑤，渠皆云："物自有内外，但要内外并着工夫，不可有间耳。"以质先生。

曰："工夫不离本体，本体原无内外。只为后来做工夫的分了内外，先其本体了，如今正要讲明工夫不要有内外，乃是本体工夫。"

是日俱有省。

注释

❶槁（gǎo）：这里是枯干的意思。❷程子称其甚敬：语出《河南程氏遗书》卷二。❸于中："于中"是"子中"之误。夏良胜，字子中，与陈九川交往密切。❹国裳：舒芬，字国裳，号梓桐，丁丑状元，授翰林修撰。❺内外之说：宋明理学，认为本体不分内外。

译读

九川又问："当用功专心的时候，如果有声、色出现在眼前，还像平常那样去看去听，恐怕就不是专一了。"

先生说："怎么能不想听不想看呢？除非是心如死灰、形同槁木，耳聋眼瞎的人才能做到。即使听见看见了，只要思想不跟随着它就可以。"

九川说："从前有人静坐，他儿子在隔壁读书，他却不知道儿子是否用功读书。程颐赞扬他很能持敬。这

又是为什么呢？"

先生说："程颐恐怕也是在讽刺他。"

九川又问："静坐用功的时候，特别能感觉到心思正在收敛。但是如果有事情发生就会间断，马上就起个念头到所遇的事上去省察。等到事情过去后回头再去寻找原来的工夫，依然觉得有内外的区别，始终不能打成一片。"

先生说："这是因为对'格物'的理解还不够深刻。心哪里会有内外区别的呢？就像你现在在这里讨论，难道还有另外一个心在里边看管着？现在这个专心听讲和说话的心就是静坐时的心。工夫是相通的，哪里需要另外起一个念头？人必须在事上磨炼，在事上用功才会有帮助。如果只是一味好静，遇到事就会慌乱，始终不会有进步。求静的工夫，表面看是有所收敛，实际上却是放纵沉沦。"

后来在洪都时，九川又和于中、国裳探讨'内外'的学说。于中、国裳两个人都说："事物本身就有内外，但内外要兼顾，不可有间隔而已。"就这个问题，向先生请教。

先生说："工夫与本体不可分离，本体原本没有内外之分。只是因为后来下功夫的人将它分成内外，丧失了本体。现在只是要讲明工夫不要分内外，这个才是本体的工夫。"

这一天大家都有所省悟。

门人黄直录

黄以方问:"先生格致之说,随时格物以致其知,则知是一节之知,非全体之知也。何以到得'溥博如天,渊泉如渊'❶地位?"

先生曰:"人心是天渊。心之本体,无所不该,原是一个天。只为私欲障碍,则天之本体失了。心之理无穷尽,原是一个渊,只为私欲窒塞,则渊之本体失了。如今念念致良知,将此障碍窒塞一齐去尽,则本体已复,便是天渊了。"

乃指天以示之曰:"比如面前见天,是昭昭之天;四外见天,也只是昭昭之天,只为许多房子墙壁遮蔽,便不见天之全体,若撤去房子墙壁,总是一个天矣。不可道眼前天是昭昭之天,外面又不是昭昭之天也。于此便见一节之知即全体之知,全体之知即一节之知,总是一个本体。"

先生曰:"圣贤非无功业气节,但其循着这天理,则便是道。不可以事功气节名矣。"

"'发愤忘食'❷是圣人之志如此,真无有已时。'乐以忘忧'是圣人之道如此,真无有戚时。恐不必云得不得也❸。"

先生曰:"我辈'致知',只是各随分限所及。今日良知见在如此,只随今日所知扩充到底;明日良知又有开悟,便从明日所知扩充到底。如此方是'精一'工夫。与人论学,亦须随人分限所及。如树有这些萌芽,只把这些水去灌溉,萌芽再长,便又加水,自拱把❹以至合抱❺,灌溉之功皆是随其分限所及。若些小萌芽,有一桶水在,尽要倾上,便浸坏他了。"

注释

❶溥博如天,渊泉如渊:语出《中庸》。溥博,周遍广远。❷发愤忘食:语出《论语·述而》。❸恐不必云得不得也:语出朱熹《论语集注》。❹拱把:表示物体不粗。拱,两手合围;把,一手所握。❺合抱:指两手合围。多形容树干的粗大。

译读

黄以方问:"先生'格物'、'致知'的学说,是随时格物来致良知,那么良知就是一部分的良知,不是全体的良知,怎么能达到'像不断涌动的泉水和无底的深渊,又像辽阔的天空。'的地步呢?"

先生说:"人的心是天,是深渊。心的本体无所不包,原本就是一个天,只不过被私欲阻碍,天的本来面貌遗失了。心中的道理没有止境,原本是个深渊,只是被私欲窒塞,渊的本来面貌才遗失了。如今,一念不忘致良知,把蒙蔽和窒塞统统荡涤干净,心的本体就能恢复,心就又是天渊了。"

先生于是指着天启示他说:"比如眼前看见的天,

是晴朗的天,在四周看到的天,也是晴朗的天,只是由于许多房子墙壁阻挡,看不见天的全部,如果撤去房子墙壁,总还是同一个天。不可以说眼前的天是晴朗的天,外面的天就不是晴朗的天。由此可见,部分的良知就是全体的良知,全体的良知也就是部分的良知,良知的本体始终都是一个。"

先生说:"圣贤不是没有功业气节,但是他们遵循这个天理,便是道。圣贤不是因为功业气节闻名于天下。"

"'发愤忘食'是圣人的志向本来就是这样,真的没有尽头;'乐以忘忧'是圣人的道本就如此,真的没有悲伤的时候。那么恐怕不能用得到和得不到解释了。"

先生说:"我们这些人致良知,只是随个人的能力大小尽力为之。今天的良知仅到这样的程度,就只依据

今天所理解的延伸到底。明天,良知又有新的体悟,那就从明天所理解的延伸到底。这样才是'精一'的工夫。和别人谈论学问,也要根据对方的能力所及。就像树苗刚开始萌芽,只能用一点水去浇灌,等到再长大一点,就要加水,树从两手合抱到两臂合抱,浇水的多少都要根据树的发育情况来定。如果是刚发芽的小树,就用一桶水全部浇上去,就会把树浇死。"

原文

问"知行合一"。

先生曰:"此须识我立言宗旨。今人学问,只因知行分作两件,故有一念发动,虽是不善,然却未曾行,便不去禁止。"

"我今说个'知行合一',正要人晓得一念发动处便即是行了。发动处有不善,就将这不善的念克倒了,须要彻根彻底,不使那一念不善潜伏在胸中。此是我立言宗旨。"

"圣人无所不知,只是知个天理;无所不能,只是能个天理。圣人本体明白,故事事知个天理所在,便去尽个天理。不是本体明后,却于天下事物都便知得,便做得来也。"

"天下事物,如名物度数❶、草木鸟兽之类,不胜其烦,圣人须是本体明了,亦何缘能尽知得?但不必知的,圣人自不消求知;其所当知的,圣人自能问人,如'子入太庙每事问'❷之类。"

"先儒谓'虽知亦问,敬谨之至'❸,此说不可通。

圣人于礼乐名物不必尽知，然他知得一个天理，便自有许多节文度数出来。不知能问，亦即是天理节文所在。"

注释

❶度数：这里是标准，规则的意思。❷子入太庙每事问：语出《论语·八佾》。❸"虽知"二句：语出朱熹《论语集注》引伊和靖之语。

译读

有人向先生请教"知行合一"的问题。

先生说："这必须了解我言论的宗旨。现在的人做学问，只是因为把知行看成两件事情，因此当有一个念头萌动，虽然是不善的，只要还没有做出来，就不去禁止。"

"我现在所说的'知行合一'，就是要让人明白即使产生了一个念头那就是做了。萌动了不善的念头，就将这个不善的念头克制住，而且一定要彻底把这个不善的念头清除出去，不让它潜藏在心中，这就是我言论的宗旨。"

"圣人没有什么不知道，只是知道天理；圣人没有什么做不到，只是能做个天理。圣人的本体晶莹亮洁，所以，对每件事他都知道天理所在，因而去穷尽其中的天理。并非等本体晶莹亮洁后，天下的事物才能知道，才能做到。"

"天下的事物，就像名物度数、草木鸟兽之类，不计其数，圣人在本体上明白了，又怎么能什么都知道呢？只要是不需要知道的，圣人自然不用都知道；应当知道的，圣人自然会询问别人。例如'孔子进太庙事事都问'之类。"

"朱熹先生引用别人的话说'孔子虽然知道了还要

问，这是极其恭敬谨慎的表现'，这种观点不正确。圣人对于礼乐名物，不需要全都知道，然而他知道一个天理，就自然有很多规矩法度出来。不知道的马上问，这也是规矩法度所要求的。"

原文

问："先生尝谓❶'善恶只是一物'。善恶两端，如冰炭相反，如同谓只一物？"

先生曰："至善者，心之本体。本体上才过当些子，便是恶了。不是有一个善，却又有一个恶来相对也。故善恶只是一物。"

直因闻先生之说，则知程子所谓"善固性也，恶亦不可不谓之性"❷；又曰："善恶皆天理，谓之恶者本非恶，但于本性上过与不及之间耳"❸。其说皆无可疑。

注释

❶谓：这里是称作，叫作的意思。❷"善固性也"二句：程颢语，语出《河南程氏遗书》卷一。❸"善恶皆天理"三句：程颢语，语出《河南程氏遗书》卷二。

译读

黄直问："先生曾经认为'善恶只是一个事物'。善恶两个方面，就像冰和炭一样，完全相反，怎么能说是同一种事物呢？"

先生说："最高的善，是心的本体。本体上稍有闪失就是恶了。并不是有了一个善，就有一个恶来与它相对立。所以说善恶只是一个东西。"

黄直因为听了先生的学说，于是明白了程颢先生所说的两句话："善固性也，恶亦不可不谓之性。""善与恶都是天理，所谓的恶，本身并不是恶，只是对于天理来说，表现得过分或不足罢了"。黄直对这些说法都不再疑惑了。

原文

门人在座，有动止甚❶矜持❷者。先生曰："人若矜持太过，终是有弊。"

曰："矜持太过，如何有弊？"

曰："人只有许多精神，若专在容貌上用功，则于中心照管不及者多矣。"

有太直率者。先生曰："如今讲此学，却外面全不检束❸，又分心与事为二矣。"

注释

❶甚：这里是超过，过于的意思。❷矜持：指谨慎言行，拘谨而不自然。❸检束：这里是检点，约束的意思。

译读

在座的门生中，有一个人的举止过于矜持。先生说："人如果太过矜持，终究是存在弊端。"

黄直问："过于矜持，怎么会存在弊端呢？"

先生说："人的精力有限，如果专注在容貌上面下功夫，那么就会经常照顾不到内心了。"

门生中有过于直率的人。先生这样说："现在讲习致良知的学说，如果在外表上完全不加约束，又是把心与事看成两回事了。"

门人黄修易录

黄勉叔①问:"心无恶念时,此心空空荡荡的,不知亦须存个善念否?"

先生曰:"既去恶念,便是善念,便复心之本体矣。譬如日光被云来遮蔽,云去光已复矣。若恶念既去,又要存个善念,即是日光之中添燃一灯。"

问:"近来用功,亦颇觉妄念不生,但腔子里黑窣窣②的,不知如何打得光明?"

先生曰:"初下手用功,如何腔子里便得光明?譬如奔流浊水,才贮在缸里,初然虽定,也只是昏浊的。须俟澄定既久,自然渣滓尽去,复得清来。汝只要在良知上用功,良知存久,黑窣窣自能光明矣。今便要责效③,却是助长,不成工夫。"

注释

①黄勉叔:黄修易,字勉叔,王阳明的弟子。②黑窣(sū)窣:懵懵懂懂的意思。③责效:这里指求取成效,取得成效。

译读

黄修易问:"心里没有恶念时,这个心就空空荡荡,不知道是不是也需要存养一个善念?"

先生说:"既然除去了恶念,就是善念了,也就恢复了心的本体。比如阳光被乌云遮盖,乌云散去后,阳光就会重现。若恶念已经除掉,而又去存养一个善念,这岂不是在阳光下又添一盏明灯。"

有人问:"最近用功,也更觉得虚妄的念头不再出现,然而,内心深处却是一团漆黑,不知怎样才能让它光明?"

先生说:"开始用功时,心里怎么会立即光明?例如,奔流着的污水刚置入缸中,开始即使静止不动,是昏浊的。只有经过长时间的澄清,水中的渣滓才会沉淀,又会成为清水。你只要在良知上用功,存养良知的时间长了,黑暗自然能变成光明。如今想要它立刻见效,却是拔苗助长,不能看成是工夫。"

原文

先生曰："吾教人致良知在'格物'上用功，却是有根本的学问，日长进一日，愈久愈觉精明。世儒❶教人事事物物上去寻讨，却是无根本的学问。方其壮时，虽暂能外面修饰❷，不见有过，老则精神衰迈，终须放倒。譬如无根之树，移栽水边，虽暂时鲜好，终久要憔悴。"

问："读书所以调摄❸此心，不可缺的。但读之之时，一种科目意思牵引而来，不知何以免此？"

先生曰："只要良知真切，虽做举业，不为心累；纵有累亦易觉，克之而已。且如读书时，良知知得强记之心不是，即克去之；有欲速之心不是，即克去之；有夸多斗靡❹之心不是，即克去之。如此亦只是终日与圣贤印对，是个纯乎天理之心。任他读书，亦只是调摄此心而已，何累之有？"

曰："虽蒙开示，奈资质庸下，实难免累。窃闻穷通有命，上智之人恐不屑此；不肖为声利牵缠，甘心为此，徒自苦耳。欲屏弃之，又制于亲，不能舍去，奈何？"

先生曰："此事归辞于亲者多矣，其实只是无志。志立得时，良知千事万为，只是一事，读书作文，安能累人？人自累于得失耳。"因叹曰："此学不明，不知此处耽搁了几多英雄汉！"

注释

❶世儒：这里指当时的学者。❷修饰：这里是整理，

装饰的意思。❸调摄:指调养,调理,这里指修养心形。❹靡(mí):这里是浪费,奢侈的意思。

译读

先生说:"我教导人致良知,需要在'格物'上下功夫,它是有根基的学问,一天比一天有所进步,时间越久越觉得心思澄明。朱熹先生教人到万事万物上去寻求探讨,那是没有根基的学问。人正年轻时,虽然暂时能修饰外表,有过错也看不出来,到老年时精力衰竭,最终会支撑不住。比如,把一棵没有根的树移栽到水边,即使短时间内树会生机勃勃,但时间长了终究会枯萎而死。"

有人问:"读书是为了修养心神,这是不可缺少的。然而在读书时,又有科举功名的思虑产生,不知道怎么样做才能避免这种情况呢?"

先生说:"只要良知真切,即使是为了科举功名,也不会成为心的负担;纵然有了负担,也会很容易发觉,克制罢了。例如读书时,良知清楚有强记的想法不对,就去克制它;良知清楚求速的心不对,就去克制它;良知清楚有好胜的心不对,就去克制它。这样一来,总是成天与圣贤的心彼此印证,也就是一个纯乎天理的心。无论他再怎么读书,也只是修养心神罢了,怎么会有负担呢?"

有人问:"虽然承蒙先生开导启发,无奈我天资愚钝,实在无法避免这一负担。我私下里听说,人的穷困和通达都由命运安排。天资聪颖的人恐怕对科举等事情不屑一顾;我被声名所牵累,心甘情愿这样做,只不过是徒增烦恼罢了。我想摒除这个念头,又被父母双亲管制,不能舍弃,我该怎么办?"

先生说:"把这类事情归罪于父母的人很多。其实是他自己没有志向。志向坚定的时候,在良知的主宰下,万事万物也只是一件事。读书作文,怎么会成为人的负担呢?人还是被得失之心给困扰了啊!"于是感慨道:"良知的学问不昌明,不知道在这里耽误了多少英雄好汉!"

原文

又曰:"诸君工夫,最不可助长。上智❶绝少,学者无超入圣人之理。一起一伏,一进一退,自是工夫节次❷。"

"不可以我前日用得工夫了,今却不济,便要矫强做出一个没破绽的模样。这便是助长,连前些子工夫都坏了。此非小过。譬如行路的人遭一蹶❸跌,起来

便走，不要欺人做那不曾跌倒的样子出来。"

"诸君只要常常怀个'遁世无闷，不见是而无闷'之心，依此良知，忍耐做去，不管人非笑，不管人毁谤，不管人荣辱，任他工夫有进有退，我只是这致良知的主宰不息，久久自然有得力处，一切外事亦自能不动。"

又曰："人若着实用功，随人毁谤，随人欺慢，处处得益，处处是进德❹之资。若不用功，只是魔也，终被累倒。"

注释

❶上智：这里指有大智慧的人。❷节次：指程序，次序。这里引申为节奏。❸蹶（jué）：这里是跌倒，摔倒的意思。❹进德：指使品德精进。

译读

先生又说："各位下功夫时，千万不能拔苗助长。智力超群的人很少，学者没有越级进入圣人行列的道理，有起伏进退，是用功过程中原本的节奏。"

"不能因为我从前用了功夫，而到现在这功夫不管用了，我还勉强装出一个没有破绽的样子，这就是拔苗助长，会把从前下的那点功夫也给损害了。这不是小小的错误。就像一个人走路，不小心跌了一跤，爬起来就走，不要假装一副没有跌倒的模样来欺骗人。"

"你们只要经常怀着一颗'遁世无闷，不见是而无闷'的心，依据这良知的工夫耐心地做下去，不在乎别人的嘲笑、诽谤，也不管别人的赞赏、侮辱，任凭他的工夫有进有退，我只要致良知的工夫不停息，时间久了，自

会感到有力,也自然不会被外面的任何事情所动摇。"

先生又说:"人如果实实在在地用功,不管别人如何诽谤和侮辱,依然会处处受益,处处都是修养品德的资本。如果不下功夫,别人的诽谤和侮辱就会像魔鬼,最终会把你累垮。"

原文

问:"叔孙武叔毁仲尼,大圣人如何犹不免于毁谤?"

先生曰:"毁谤自外来的,虽圣人如何免得?人只贵于自修,若自己实实落落是个圣贤,纵然人都毁他,也说他不着,却若浮云掩日,如何损得日的光明?若自己是个像恭色庄、不坚不介❶的,纵然没一个人说他,他的恶慝❷终须一日发露。所以孟子说'有求全之毁,

有不虞之誉。❸'毁誉在外的,安能避得?只要自修何如尔。"

注释

❶介:这里是耿直的意思。❷慝(tè):这里是奸邪,邪恶的意思。❸有求全之毁,有不虞之誉:语出《孟子·离娄上》。意为有意想不到的赞扬,也有过于苛求的诋毁。

译读

有人问:"《论语》中记载叔孙武叔诋毁孔子,大圣人怎么仍然不能免于被诋毁?"

先生说:"诋毁是从外界而来的,即使是圣人怎么能避免呢?人只应该注重自身修养,如果自己确确实实是个圣贤,纵然人人都诋毁他,也丝毫不能损害他,就像浮云遮住太阳,怎么会损伤太阳的光芒呢?如果自己是个表里不一,不能坚持原则的人,即使没有人诋毁他,他隐藏起来的恶终究会被揭穿。因此孟子说'有意想不到的赞扬,也有过于苛求的诋毁。'毁誉都来自外界,怎么能躲避呢?只要能加强自身修养,外来的毁誉算得了什么?"

原文

先生曰:"良知是造化的精灵。这些精灵,生天生地,成鬼成帝,皆从此出,真是与物无对❶。人若复得他完完全全,无少亏欠,自不觉手舞足蹈,不知天地间更有何乐可代!"

一友静坐有见,驰问先生。

答曰:"吾昔居滁[2]时,见诸生多务知解口耳异同,无益于得,姑教之静坐。一时窥见光景,颇收近效;久之,渐有喜静厌动、流入枯槁之病,或务为玄解妙觉,动人听闻。故迩来[3]只说致良知。良知明白,随你去静处体悟也好,随你去事上磨炼也好,良知本体原是无动无静的。此便是学问头脑。我这个话头,自滁州到今,亦较过几番,只是'致良知'三字无病。医经折肱,方能察人病理。[4]"

注释

[1]与物无对:程颢语,出自《河南程氏遗书》卷二。
[2]滁(chú):地名,在安徽省东部,滁河流域,邻接江苏省。
[3]迩(ěr)来:指近来,最近以来。 [4]"医经折肱"二句:语出《左传·定公十三年》。

译读

先生说:"良知是造化的精灵,这些精灵产生了天和地,造就了鬼神、上帝,一切都是从这里产生出来的,真是任何事物都无法和它相比。人如果能够彻底恢复良知,没有一丝缺陷,自然就会手舞足蹈,天地间不知还有什么乐趣可以取代它!"

一位朋友在静坐时有所领悟,跑来请教先生。

先生回答道:"我以前住在滁州的时候,看见各位学生多注重对口耳相传的知识的理解,争辩异同,我认为这对学问没有什么帮助,就姑且教他们静坐。一时在静中也略有所悟,并有一些近效;时间一久,就有喜静厌动、沦入枯槁的毛病,有的人专注于钻研玄学,来撼动别人的听闻。所以最近我只说致良知。只要良知上弄明白了，随你去静处体悟也好，随你去实践磨炼也罢，良知的本体原本无动静之分，这正是学问的关键。我这句话，从滁州到现在，也仔细思索过好几次，只有'致良知'三个字没有毛病。这如同医生经历过较多病痛，方能了解人的病理。"

原文

问："通乎昼夜之道而知。"

先生曰："良知原是知昼知夜的。"

又问："人睡熟时，良知亦不知了。"

曰："不知，何以一叫便应？"

曰："良知常知，如何有睡熟时？"

曰："向晦宴息，此亦造化常理。夜来天地混沌，形色俱泯，人亦耳目无所睹闻，众窍俱翕❶，此即良知收敛凝一时。天地既开，庶物露生，人亦耳目无所睹闻，众窍俱翕，此即良知妙用发生时。可见人心与天地一体。故'上下与天地同流❷'。今人不会宴息，夜来不是昏睡即是妄思魇❸寐。"

曰："睡时工夫如何用？"

先生曰："知昼即知夜矣。日间良知是顺应无滞的，夜间良知即是收敛凝一的，有梦即先兆。"

又曰："良知在'夜气'发的力是本体，以其无物欲之杂也。学者要使事物纷扰之时，常如夜气一般，就是'通乎昼夜之道而知'。"

注释

❶翕（xī）：这里是本义闭合，收拢的意思。❷上下与天地同流：语出《孟子·尽心上》。意为君子之心与天地同为一体。❸魇（yǎn）：本义是黑痣，这里指噩梦。

译读

有人向先生请教《周易》中的："精通昼夜的道理就是致良知。"这句话。

先生说："良知原本是知道白天黑夜的。"

又问："人在熟睡的时候，良知就什么也不知道了？"

先生说："不知道为什么一叫就答应？"

又问："既然良知是常知的，怎么还会有熟睡的时候呢？"

先生说："夜晚来临就要休息，这也是自然的常理。夜晚来临的时候，天地间一片混沌，事物的形状颜色全

都消失了,人们的耳朵没有什么可以听见的,眼睛也没有什么可以看见的了,所有的器官都停止了活动,这正是良知收敛凝聚时的时刻。白天到来,万物又重现生机,人的耳朵又可以听见东西眼睛又可以看见东西了,各种器官重新开始活动,这正是良知的奇妙作用发挥的时候。由此可见人心和天地万物都是一体的,因此孟子说'上下与天地同流'。现在的人晚上不擅长休息,不是沉睡不醒,就是噩梦连连。"

问道:"睡觉的时候怎么用功夫?"

先生说:"白天知道如何用功夫,夜晚也就知道如何用功夫。白天良知是顺畅无阻的,夜间良知是收敛聚合的,有梦就是预兆。"

先生又说:"良知在'夜气'中生发出来的才是本体,因为它没有掺杂物欲。学者要在事物纷扰的时候,常常像'夜气'生发时一样,就是'通乎昼夜之道而智'。"

原文

或问:"释氏亦务养心,然要之不可以治天下,何也?"

先生曰:"吾儒养心,未尝❶离却事物,只顺其天则❷自然就是工夫。释氏却要尽绝事物,把心看做幻相,渐入虚寂去了,与世间若无些子交涉,所以不可治天下。"

先生曰:"孟子不动心与告子不动心,所异只在毫厘间。告子只在不动心上着功,孟子便直从此心原不动处分晓。心之本体原是不动的,只为所行有不合

义便动了。"

"孟子不论心之动与不动，只是'集义'，所行无不是义，此心自然无可动处。若告子只要此心不动，便是把捉此心，将他生生不息之根反阻挠了。此非徒无益，而又害之。"

"孟子'集义'工夫，自是养得充满，并无馁[3]歉，自是纵横自在，活泼泼地，此便是浩然之气。"

注释

❶未尝：这里是不曾、不是的意思。❷天则：语出《周易·乾卦·文言》。意为自然法则。❸馁（něi）：饥饿，这里引申为欠缺。

译读

有人问道："佛教也十分重视心的修养，但是它不能用来治理天下，这是怎么回事呢？"

先生说："我认为修养身心，不曾离开过事物，只是顺应天地自然法则就是工夫。佛教却要杜绝事物，把心看作幻相，渐渐进入虚无空寂的境地了，和世间事物好像没有联系，所以不可以治理天下。"

先生说："孟子所说的不动心与告子所说的不动心，两者之间的差别极小。告子只是在不动心上下功夫，孟子却直接从心的原本不动处下功夫。"

"心的本体本来是不动的，只是因为行为有不符合义的地方才动了。孟子无论心的动与否，只管去'集义'。

若所行都是义,这个心自然就没有可动之处。告子仅要此心不动,也就是死扣这个心不放,如此,反把这个心生生不息的根给阻挠了,这不但没有什么好处,反而又伤害了心。"

"孟子说的'集义'的工夫,就是把心养得非常充实完满,没有欠缺。心自然能纵横自在,充满生机,这就是所谓的浩然之气。"

原文

先生游南镇❶。一友指岩中花树问曰:"天下无心外之物,如此花树,在深山中自开自落,于我心亦何相关?"

先生曰:"你未看此花时,此花与汝心同归于寂❷;你来看此花时,则此花颜色❸一时明白起来,便知此花不在你的心外。"

注释

❶南镇:浙江会稽山在隋文帝开皇年间被封为南镇。❷寂:这里是静,没有声音的意思。❸颜色:这里指花的色彩,姿态。

译读

先生游览南镇,一个朋友指着岩石中的一棵花树问道:"先生认为天下没有心外的事物,像这棵花树在深山之中自开自落,和我的心有什么相关之处呢?"

先生说:"你没有观赏这棵花树的时候,这棵花树

和你的心一样归于寂静;你看到这棵花树的时候,那么这棵花树的颜色就显露出来了,于是就知道这棵花树不在你的心灵之外。"

原文

问:"大人与物同体,如何《大学》又说个厚薄❶?"

先生曰:"唯是道理自有厚薄。比如身是一体,把手足捍头目,岂是隔要薄手足?其道理合如此。禽兽与草木同是爱的,把草木去养禽兽,心又忍得?人与禽兽同是爱的,宰禽兽以养亲与供祭祀、燕宾客,心又忍得?至亲与路人同是爱的,如箪食豆羹,得则生,不得则死❷,不能两全,宁救至亲,不救路人,心又忍得?这是道理合该如此。"

"及至吾身与至亲,更不得分别彼此厚薄。盖以仁民爱物皆从此出,此处可忍,更无所不忍矣。《大学》所谓厚薄,是良知上自然的条理,不可踰❸越,此便谓之义;顺这个条理,便谓之礼;知此条理,便谓之智;终始是这个条理,便谓之信。"

注释

❶"如何"一句:语出《大学》。❷"如箪(dān)食豆羹"三句:语出《孟子·告子上》。箪,古代盛饭的圆竹器。❸踰(yú):同"逾"。指越过,超过。

译读

有人问道:"先生认为伟人和事物是一体的,为什么《大学》中却要说什么厚薄?"

先生说:"只是因为道理原本就有厚薄之分。比如人身是一个整体,如果用手与脚去捍卫脑袋和眼睛,难道是非要薄待手和脚吗?理当如此。同样,对禽兽和草木一样有着爱,如果用草木去饲养禽兽,又怎么忍心?对人和禽兽一样有着爱,如果宰杀禽兽以奉养亲人、祭祀祖先、招待客人,又怎么忍心?至亲和路人都是需要爱护的,如果只有一碗饭、一碗汤,有了就会活下去,没有了就要死去,但是又不能两者都救,宁可救助亲人,不救助路人,又怎么能忍心呢?这是道理应该如此。"

"至于我自己和至亲,就更加不能分出彼此厚薄了。因为对人的仁和对物的爱都是从这里得来的,这里都可以忍心,就没有什么不忍心的了。《大学》所说的厚薄,是良知上自然而有秩序的,不可超越,这就称为义;顺从这个条理,就是所谓的礼;了解这个条理,就是所谓的智;始终坚持这个条理,就是所谓的信。"

门人黄以方录

先生曰:"先儒解'格物'❶为'格天下之物',天下之物如何格得?且谓'一草一木亦皆有理',今如何去格?纵❷格得草木来,如何反来诚得自家意?我解'格'作'正'字义,'物'作'事'字义。"

"《大学》之所谓'身',即耳、目、口、鼻、四肢是也。欲'修身',便是要目非礼勿视,耳非礼勿听,口非礼勿言,四肢非礼勿动。"

"要修这个身,身上如何用得工夫?心者身之主宰,目虽视而所以视者心也,耳虽听而所以听者心也,口与四肢虽言、动,而所以言、动者心也。故欲'修身'在于体当自家心体,常令廓然大公,无有些子不正处。"

"主宰一正,则发窍于目自无非礼之视,发窍于耳自无非礼之听,发窍于口与四肢自无非礼之言、动,此便是'修身'在正其心。"

"然至善者心之本体也,心之本体那有不善?如今要'正心',本体上何处用得功?必就心之发动处才可着力也。心之发动不能无不善,故须就此处着力,便是在'诚意'。"

"如一念发在好善上,便实实落落去好善;一念

发在恶恶上，便实实落落去恶恶。意之所发既无不诚，则其本体如何有不正的？故欲正其心在'诚意'，工夫到，'诚意'始有着落处。"

"然'诚意'之本，又在于'致知'也。所谓'人虽不知而己所独知'[3]者，此正是吾心良知处。然知得善，却不依这个良知便做去；知得不善，却不依这个真知便不去做。则这个真知便遮蔽了，是不能致知也。"

"吾心良知既不得扩充到底，则善虽知好，不能着实好了；恶虽知恶，不能着实恶了，如何得意诚？故致知者，意诚之本也。"

"然亦不是悬空的'致知'，'致知'在实事上格。如意在于为善，便就这件事上去为；意在于去恶，便就这件事上去不为。去恶固是格不正以归于正，为善则不善正了，亦是格不正以归于正也。"

"如此，则吾心良知无私欲蔽了，得以致其极，而意之所发，好善去恶，无有不诚矣。'诚意'工夫实下手处在'格物'也。若如此'格物'，人人便做得。'人皆可以为尧舜'，正在此也。"

注释

①格物：推究事物的原理。②纵：这里是即使，纵使的意思。③人虽不知而己独知：语出朱熹《大学章句》。

译读

先生说："程颐先生解释'格物'就是'格尽天下的事物'，天下的事物如何能够格尽呢？且说那一草一木都含有天理,现在又要如何去'格'呢?草木即便能格,又怎么做才能够让它来'诚'自我的意呢?所以我认为'格'字应该做'正'字来解释,'物'字应该做'事'字来解释。"

"《大学》里所说的'身',就是耳朵、眼睛、嘴巴、鼻子、四肢。想要修身就是要眼睛不看不合乎礼节的事,耳朵不听不合乎礼节的事,嘴巴不说不合乎礼节的事,四肢的举动不能不合乎礼节。"

"想要修身,工夫怎么能用在身上呢?心是身体的主宰,眼睛虽然用来看,但让眼睛能看到的是心,耳朵虽然用来听,但让耳朵能听到的是心,嘴巴和四肢虽然能说话、走动,但也是心让它们这么做的,因此想要修身,就要在自己的心上去体悟,经常使心保持豁达开朗,公平正义,没有些许不中正平和的地方。"

"身体的主宰一旦中正了,眼睛就能做到于礼不合的不看;耳朵就能做到于礼不合的不听;口和四肢就能做到于礼不合的不言不行。这就是修身在于修心的道理。"

"但是至善是心的本体,心的本体哪有不善的呢?现在要端正心思,怎么能在心的本体上用功呢?必定要在心的发动处才可以用功。心的发动处不可能没有不善,因此应该在这个地方用功,就是'诚意'。"

"如果有一个好的、善的念头,就要切实地去做好事、善事;有一个厌烦恶的念头,就要切实地去除恶。既然意念的发动没有不诚的,那么这个本体怎么会有不端正的呢?因此想要端正心思就要有诚意,工夫在诚意的上方有落实处。"

"然而'诚意'的根本又体现在'致知'上。朱熹

先生所谓的别人不知道而自己却独独知道这句话，就是我们内心的良知所在。然而，知道了善，但是不遵从良知去做，知道了不善，但是不遵从这个良知不去做，那么这个良知就会被蒙蔽，就不能'致知'了。"

"良知既然不能彻底扩充，那么，即使知道善是好的，却不能是切实地去钟爱；尽管知道恶是不好的，也不能切实地去除恶，这怎么会做得到'诚意'呢？因此'致知'是'诚意'的根本。"

"但是，并非无依靠的'致知'，'致知'是在实事上去格。如果意在行善上，就在这件事上做；如果意意在除恶上，就在这件事上不去做。去恶固然是把不端正的心思改作端正的心思，那为善就是使不善得到改正了，也就是纠正不正使其正确。"

"这样，我们的良知就不会被私欲遮盖了，就可以达到最高境界了，而意的产生，便是好善去恶，没有不诚了。因此，'诚意'工夫实际可以下手的地方在'格物'。像这样'格物'，人人都可以做到，孟子讲'人人都可以成为尧舜'的道理，就是这个原因。"

原文

或疑知行不合一，以"知之匪艰"❶二句为问。

先生曰："良知自知原是容易的，只是不能致那良知，便是'知之匪艰，行之惟艰'。"

门人问曰："知行如何得合一？且如《中庸》言'博学之'，又说个'笃行之'，分明知行是两件。"

先生曰："博学只是事事学存此天理，笃行只是学之不已之意。"

又问:"《易》'学以聚之',又言'仁以行之'❷,此是如何?"

先生曰:"也是如此。事事去学存此天理,则此心更无放失❸时,故曰'学以聚之'。然常常学存此天理,更无私欲间断,此即是此心不息处,故曰'仁以行之'。"

又问:"孔子言'知及之,仁不能守之'❹,知行却是两个了。"

先生曰:"说'及之',已是行了,但不能常常行,已为私欲间断,便是'仁不能守'。"

又问:"心即理之说,程子云'在物为理',如何谓'心即理'?"

先生曰:"'在物为理','在'字上当添一'心'字,此心在物则为理。如此心在事父则为孝,在事君则为忠之类。"

先生因谓之曰:"诸君要识得我立言宗旨。我如今说个'心即理'是如何?只为世人分心与理为二,故便有许多病痛。如五伯攘❺夷狄,尊周室,都是一个私心,便不当理。人却说他做得当理,只心有未纯,往往悦慕其所为,要来外面做得好看,却与心全不相干。分心与理为二,其流至于伯道之伪而不自知。故我说个'心即理',要使知心、理是一个,便来心上做工夫,不去袭义于外,便是王道之真。此我立言宗旨。"

又问:"圣贤言语许多,如何却要打做一个?"

曰:"我不是要打做一个,如曰'夫道,一而已矣',

又曰'其为物不二，则其生物不测'❻。天地圣人皆是一个，如何二得？"

"心不是一块血肉，凡知觉处便是心。如耳目之知视听，手足之知痛痒，此知觉便是心也。"

注释

❶知之匪艰：语出《尚书·说命中》。❷学以聚之，仁以行之：语出《周易·乾卦·文言》。❸放矢（shǐ）：本义为射箭，这里引申为没有目标的行动。❹知及之，仁不能守之：语出《论语·卫灵公》。❺攘（rǎng）：推，排斥。这里引申为抵御。❻其为物不二，则其生物不测：语出《中庸》。

译读

有位弟子感觉知行不能合一，就问先生《尚书》中"知之匪艰，行之惟艰"两句话意思。

先生回答说："良知自然知道，本来就很简单。只是因为不能致良知，才会'知之匪艰，行之惟艰'的说法。"

有学生问："知行如何才能合一？比如《中庸》中说'博学之'，又说'笃行之'，分明把知行说成了两件事。"

先生说："博学就是从每件事上去学习存养天理，笃行仅仅指学而不辍。"

学生又问："《易经》中说'学以聚之'，又说'仁以行之'，这又是怎么回事？"

先生说："也是这样。如果从每件事上学习存养天理，那么心就没有放纵的时候，因此说：'通过学习积累知识，并用仁爱之心去实践。'。然而经常学习存养天理，就没有任何私欲使它间断，这就是本心会生生不息的原因，因此说'仁以行之'。"

又问："孔子说'认识了大道，但是不能用仁心来保持它，虽然得到了，必将还会失去'，知行不就成为两件事了。"

先生说："说'及之'，就已经是行了，但不能经常行而不间断，为私欲所打断，也就是'仁不能守'。"

又问："先生认为心就是理，程颐先生认为'在物为理'，先生为什么说心就是理？"

先生说："'在物为理'，'在'字前应当加上一个'心'字，即心在事物上就是理。比如心在侍父上就是孝，在事君上就是忠等。"

先生因此又说："各位要知道我立论的宗旨。我今

天说心就是理的用意是什么呢?只因为世人把心和理一分为二,所以就出现了许多弊端。比如春秋五霸攻击夷狄,尊崇周王室,都是为了一个私心,因此就不符合理,但是人们却说他们做的符合天理,这是因为人们的心不够明净澄澈,羡慕他们的所作所为,并且只求表面上做得漂亮,却与自己的内心毫不相干。把心和理分成两件事,结局是自己陷入霸道的虚伪却不知道。所以我说这个心就是理,就是要人们知道心和理是一体的,就在心上下功夫,而不去心外寻求,这才是王道的真谛。也是我此番立论的宗旨。"

又问:"圣贤的言论数不胜数,为什么却要把它们归纳为一个呢?"

先生说:"并不是我要把它们归纳为一个,比如孟子说'道只有一个',《中庸》又说'天地的法则是至诚纯一的,所以它化育的万物无法测量。'。天地、圣人都是一体的,怎么能分成两个呢?"

"心并不是指哪一块血肉,凡是有知觉的地方就是心。比如耳朵和眼睛知道听和看,手和脚知道痛痒,这里的知觉就是心。"

原文

以方问曰:"先生之说'格物',凡《中庸》之'慎独'❶及'集义''博约'等说,皆为'格物'之事?"

先生曰:"非也,'格物'即'慎独',即'戒惧'。至于'集义''博约',工夫只一般。不是以那数件都做'格物'底事。"

先生曰:"今之论性者,纷纷异同,皆是说性,

非见性❷也。见性者无异同之可言矣。"

问:"声、色、货、利,恐良知亦不能无?"

先生曰:"固然。但初学用功,却须扫除荡涤,勿使留积,则适然❸来遇,始不为累,自然顺而应之。良知只在声、色、货、利上用功,能致得良知精精明明,毫发无蔽,则声、色、货、利之交,无非天则流行矣。"

问:"近来妄念也觉少,亦觉不曾着想定要如何用功,不知此是工夫否?"

先生曰:"汝且去着实用功,便多这些着想也不妨,久久自会妥帖。若才下得些功,便说效验,何足为恃❹?"

注释

❶慎独:语出《礼记·大学》,指在独处中谨慎不苟。❷见性:佛教名词,指见到芸芸众生具有的佛性而顿悟成佛。❸适然:这里是偶然的意思。❹恃:这里是依赖,依靠的意思。

译读

以方问:"先生'格物'的观点,是不是把像《中庸》中的'慎独'、《孟子》中的'集义'、《论语》中的'博约'等主张,都看成是'格物'中的事情了呢?"

先生说:"错了,格物'就是'慎独',就是'戒惧',至于'集义'和'博约',只是普通工夫。不能把他们都当作'格物'的事情。"

先生说:"现在谈论人性的人,都争论着异同,大家都是在谈性,而不是见性。真正见性的人是没有不同观点可以争论的。"

有人问:"声、色、货、利,恐怕良知中也不能没有吧?"

先生说:"本来就是这样。但是,就初学用功时而言,千万要荡涤干净,不使声色货利丝毫留存心中。这样偶然遇到,也不会被它所牵累,自然能够遵循良知顺利应对。致良知只要在声、色、货、利上用功,就能把良知致得精精明明,一丝一毫都不会遮蔽,那么同声、色、货、利打交道,无不是天理的作用。"

有人问:"最近我感觉那些虚妄的念头减少了,也不曾想过一定要怎样用功,不知这算不算工夫?"

先生说:"你尽管去实实在在地用功,就是有这些想法也无关紧要,久而久之自然会恰当稳妥。如果刚开始用了一点工夫,就讲求效果,怎么能够依靠得住呢?"

原文

"夫子说'性相近'❶,即孟子说'性善',不可专在气质上说。若说气质,如刚与柔对,如何相近得?惟'性善'则同耳。人生初时善原是同的,但刚的习于善则为刚善,习于恶则为刚恶;柔的习于善则为柔善,习于恶则为柔恶❷,便日相远了。"

先生尝语学者曰:"心体上着不得一念留滞❸,就如眼着不得些子尘沙。些子能得几多,满眼便昏天黑地了。"

又曰:"这一念不但是私念,便好的念头亦着不得些子。如眼中放些金玉屑,眼亦开不得了。"

注释

❶性相近:语出《论语·阳货》。❷刚善、刚恶、柔

善、柔恶：此为周敦颐对善恶的分类。❸留滞（zhì）：这里是停留，羁留的意思。

> **译读**

　　先生说："孔子主张的'性相近'，也就是孟子的'性善'，不能只从气质上说性。如果只从气质上说，刚和柔是相对的，怎么会相近呢？只有在'性善'方面才能说是相同的。人刚出生时，性善本来就是相同的，但是气质刚的人受善的影响就表现为刚善，受恶的影响就表现为刚恶；气质柔顺的人受善的影响就表现为柔善，受恶的影响就表现为柔恶，差距于是越来越远了。"

　　先生曾经对修习的人说："在心体上不能遗留一个念头，就比如眼睛里容不得一点沙子一样，一点沙子能有多少，但是弄得人满眼都是昏天暗地的。"

　　又说："这个念头不仅是指私念，即便美好的念头

也不能有一点,就像把眼睛里放一些金玉屑,眼睛照样会睁不开的。"

原文

问:"人心与物同体,如吾身原是血气流通的,所以谓之同体。若于人便异体了,禽兽草木益远矣,而何谓之同体?"

先生曰:"你只在感应之几❶上看,岂但禽兽草木,虽天地也与我同体的,鬼神也与我同体的。"

请问。

先生曰:"你看这个天、地中间,甚么是天地的心?"

对曰:"尝闻人是天地的心❷。"

曰:"人又甚么教做心?"

对曰:"只是一个灵明❸。"

"可知充天塞地中间,只有这个灵明,人只为形体自间隔了。我的灵明,便是天地鬼神的主宰。天没有我的灵明,谁去仰他高?地没有我的灵明,谁去俯他深?鬼神没有我的灵明,谁去辩他吉凶灾祥?天地鬼神万物离却我的灵明,便没有天地鬼神万物了;我的灵明,离却天地鬼神万物,亦没有我的灵明。如此,便是一气流通的,如何与他间隔得?"

又问:"天地鬼神万物千古见在,何没了我的灵明,便俱无了?"

曰:"今看死的人,他这些精灵游散了,他的天地鬼神万物尚在何处?"

注释

❶感应之几：意为主体与客体之间微妙的感应。❷人是天地的心：语出《礼记·礼运》。❸灵明：明洁无杂念的思想境界。

译读

有人问："先生说人心和万物是一体的，比如我的身体原本血气畅通，所以可以称为同体。如果我和别人就是异体了，和禽兽草木的差距就更远了。为什么又说我的心与万物同体呢？"

先生说:"你只要在感应的征兆上来观察,哪里只是禽兽草木呢,就是天地也是与我同体的,鬼神也与我同体。"

大家请先生解释一下这番话。

先生说:"你看看在天地之间,什么是天地的心?"

回答说:"我曾听说人是天地的心。"

先生说:"人又为什么称为天地的心呢?"

回答说:"只一个灵明。"

先生说:"由此可知,充塞天地之间的只有这个灵明,人只是为了形体,从而把自己与其他一切隔离开了。我的灵明就是天地鬼神的主宰。天如果没有我的灵明,谁去仰望它的高远?地如果没有我的灵明,谁去俯视它的深厚?鬼神没有我的灵明,谁去辨别它的吉凶祸福?天地鬼神万物,如果离开了我的灵明,就没有天地鬼神万物了;我的灵明离开了天地鬼神万物,也就没有我的灵明了。因此,天地鬼神万物与人都是一气相通的,怎么能把它们分开呢?"

又问:"天地鬼神万物都是亘古不变的,为什么没了我的灵明,就什么也不存在了呢?"

先生说:"现在去看看那些死人,他们的灵魂都游散了,他们的天地鬼神万物又在哪里呢?"

原文

先生曰:"人生大病,只是一'傲'字。为子而傲必不孝,为臣而傲必不忠,为父而傲必不慈,为友而傲必不信。故象❶与丹朱❷俱不肖,亦只一'傲'字,便结果了此生。诸君常要体此。人心本是天然之理,

精精明明,无纤介染着,只是一'无我'而已。胸中切不可'有','有'即傲也。古先圣人许多好处,也只是'无我'而已。'无我'自能谦,谦者众善之基,傲者众恶之魁❸。"

注释

❶象:舜的弟弟,为人狂傲,常怀杀舜之心。❷丹朱:尧的儿子,傲慢荒淫,尧将王位禅让于舜而不传丹朱。❸魁(kuí):这里指为首的,居第一位的。

译读

先生说:"人生最大的弊病就是一个'傲'字。身为子女如果傲慢一定不会孝顺,身为臣子,如果傲慢一定不会忠心,作为父亲,如果傲慢一定不会慈祥,作为朋友,如果傲慢必定不可相信。所以,象和丹朱都没有出息,也只是因为一个'傲'字,而毁了自己一生。因此各位要经常体会这一点。人心本来就是天然的理,天然的理晶莹剔透,没有丝毫杂质污染,只是一个'无我'罢了。因而,人心中千万不能'有我','有我'就是傲慢。古代圣贤的诸多优点,也不过是'无我'罢了,'无我'自然会谦恭谨慎,谦是所有善的基础,傲是所有恶的源头。"

© 民主与建设出版社，2021

图书在版编目（CIP）数据

传习录 /（明）王阳明著 ; 方士华主编. -- 北京：民主与建设出版社，2019.11

（传统国学经典心读）

ISBN 978-7-5139-2681-2

Ⅰ.①传… Ⅱ.①王… ②方… Ⅲ.①心学－中国－明代②《传习录》－通俗读物 Ⅳ.①B248.2-49

中国版本图书馆CIP数据核字（2019）第253546号

传习录

CHUAN XI LU

著　　者	（明）王阳明
主　　编	方士华
责任编辑	韩增标
装帧设计	徐荣强
出版发行	民主与建设出版社有限责任公司
电　　话	（010）59417747 59419778
社　　址	北京市海淀区西三环中路10号望海楼E座7层
邮　　编	100142
印　　刷	廊坊市国彩印刷有限公司
版　　次	2021年12月第1版
印　　次	2021年12月第1次印刷
开　　本	880毫米×1230毫米　1/32
印　　张	3
字　　数	38千字
书　　号	ISBN 978-7-5139-2681-2
定　　价	148.00元（全10册）

注：如有印、装质量问题，请与出版社联系。

传统国学经典心读

大　学

(春秋) 曾　子 著　　方士华 主编

民主与建设出版社
· 北京 ·

前言

习近平总书记在十九大报告中指出:"深入挖掘中华优秀传统文化蕴含的思想观念、人文精神、道德规范,结合时代要求继承创新,让中华文化展现出永久魅力和时代风采。"

习总书记还曾指出:"'去中国化'是很悲哀的,应该把这些经典嵌在学生脑子里,让经典成为中华民族文化的基因。"

是的,泱泱中华五千载,悠悠国学民族魂。我们中华国学"为天地立心,为生民立命,为往圣继绝学,为万世开太平",是中华民族生生不息的根本,是华夏儿女遗传基因和精神支柱。

国学就是中国之学,中华之学,是以母语汉语为基础,表达中华民族的精神价值和处世态度的,有利于凝聚中华民族的文化向心力,有利于中华民族大团结,是炎黄子孙的生命火炬,我们要永远世代相传和不断发扬光大。

中华优秀传统文化在思想上有大智,在科学上有大真,在伦理上有大善,在艺术上有大美。在中华民族艰难而辉煌的发展历程中,优秀传统文化薪火相传、历久弥新,始终为国人提供精神支撑和心灵慰藉。所以,从传统优秀国学经典中汲取丰富营养,丰盈的不只是灵魂,而是能够拥有神圣而崇高的家国情怀。

中华传统国学是指以儒学为主体的中华传统文化与学术,包括非常广泛,内涵十分丰富,凝聚了我国五千年的文明史和传统文化,体现了中华民族博大精深的文化精髓,是经过多少代人实

践检验过的文化瑰宝，承载着中华民族伟大复兴的梦想。

中华传统国学经典，蕴含了中国儿女内圣外王的个体修养和自强不息的群体精神，形成了重义轻利的处世态度以及孝亲敬长的人伦约定，包含着辩证理智的心智思维和天人合一的整体观念。历经数千年发展，逐渐形成了以儒释道为主干的传统文化和兼容并包、多元一体的开放型现代文化。

这些国学经典作为我国传统文化与教育的经典，在内容方面，包含有治国、修身、道德、伦理、哲学、艺术、智慧、天文、地理、历史等丰富知识；在艺术方面，丰富多彩，各有特色，行文流畅，气势磅礴，辞藻华丽，前后连贯。古往今来，无数有识之士从中汲取知识，不仅培养了良好道德品质，还提升了儒雅、淳静、睿智的气质，哺育了一代代中华儿女茁壮成长。

作为国学经典，是广大读者必备的精神食粮。读者们阅读国学经典，能够秉承国学仁义精神，学会谦和待人、谨慎待己、勤学好问等优良品行，能够达到内外兼修与培养刚健人格。读者们阅读国学经典，就如同师从贤哲，使自己能够站在先辈们的肩膀之上，在高起点上开始人生的起跑。阅读圣贤之书，与圣贤为伍，是精神获得高尚和超越的最高境界。

为此，在有关专家指导下，我们经过精挑细选，特别精选编辑了这套"传统国学经典心读"作品。主要是根据广大青少年读者学习吸收特点，在忠实原著基础上，节选了经典原文，增设了简单明了的注释和白话解读，还配有相应故事和精美图片等，能够培养广大青少年读者的国学阅读兴趣和传统文化素养，能够增强对中国传统文化的热爱、传承和发展，能够激发并积极投身到中华复兴的伟大梦想之中。

大学之道
大学之道,在明明德 ………………………… 007
物有本末,事有终始 ………………………… 009
国治而天下平 ………………………………… 013

康诰
克明峻德 ……………………………………… 016

盘铭
苟日新,日日新 ……………………………… 019

邦畿
邦畿千里,维民所止 ………………………… 022
穆穆文王,于缉熙敬止 ……………………… 026
瞻彼淇澳,绿竹猗猗 ………………………… 030
如切如磋者 …………………………………… 033

听讼
听讼，吾犹人也 036

知本
此谓知本 039

诚意
所谓诚其意者 041
人之视己 044

修身
所谓修身在正其心者 047

齐家
所谓齐其家 050

治国
治国必先齐其家 053
《康诰》曰如保赤子 057
尧舜帅天下以仁 060
所藏乎身不恕 063
宜兄宜弟 066

平天下

所谓平天下 069

乐只君子,民之父母 072

殷之未丧师 076

德者本也 079

道善则得之 081

若有一个臣 084

见贤而不能举 088

生财有大道 090

大学之道

大学之道，在明明德

　　大学之道①，在明明德②，在亲民③，在止于至善。

　　知止④而后有定，定⑤而后能静，静而后能安，安而后能虑，虑而后能得⑥。

注释

　　①道：本义是道路，引申为规律、原则等。②明明德：前一个"明"作动词，有使动的意味，即"使彰明"，也就是发扬、弘扬的意思。后一个"明"作形容词，明德也就是光明正大的品德。③亲民：根据后面的"传"文，"亲"应为"新"，即革新、弃旧图新。亲民就是新民，使人弃旧图新、去恶从善。④知止：知道目标所在。⑤定：确定的志向。⑥得：收获，得到。指得其所止。

译读

　　大学的宗旨在于弘扬光明正大的品德，在于使人弃旧图新，在于使人达到最完善的境界。

　　知道所应达到的理想境界是"至善"，而后才能有确定的志向，有了确定的志向，而后才能内心宁静，内心宁静而后才能泰然安稳，泰然安稳而后才能行事思虑周详，行事思虑周详而后才能够有所收获。

许衡守善,坚定不移

许衡,字仲平,号鲁斋,世称"鲁斋先生",祖籍怀庆路河内县人,金末元初著名理学家、教育家。许衡年少时即聪敏勤学,立志学以致用。其一生博览群书,有高尚的道德情操,留下了"梨无主,吾心独无主乎"的千古佳话,成为人们效仿的楷模。

金朝末年,天下大乱,百姓背井离乡,四处逃难。金天兴二年,蒙古兵逼临许衡的家乡新郑。许衡从河阳经过,正值酷暑季节,由于长途奔波,天气又热,喉干口渴。同行的人发现道路附近有一棵梨树,树上结满了鲜嫩的梨子,众人争相摘梨解渴。

人们吃着摘来的梨子,坐在树下乘着阴凉,感到一阵惬意,回头却看到许衡独自忍受着干渴,端坐着不为所动。大家觉得很不理解,难道他不渴吗?

于是便有人对许衡说:"路途遥远,你也摘个梨吃吧,解解渴。"

许衡回答说:"那梨树不是我的,怎么能随便去摘取别人的果实呢?"

那人说:"社会动荡,兵荒马乱的,大家各自逃难,这棵梨树的主人恐怕早已逃走了,何必固执迂见呢?"

许衡说:"虽然梨树没有主人,难道我的心也没有主人吗?"

"我心有主",这是一句挺直脊梁的铮铮名言,是一条不可逾越的做人底线。"君子乐得其道,小人乐得其欲。"能够坚守道德的底线,恪守着做人的准则,固守着廉耻与尊严,守护着自己心灵的洁净,不为利诱,不被色动,这是人格的最高境界,也是道德的完美体现。

物有本末,事有终始

物有本末❶,事有终始,知❷所先后,则近道❸矣。

古之欲明明德于天下者,先治其国。欲治其国者,先齐其家❹。欲齐其家者,先修其身❺。欲修其身者,先正其心。欲正其心者,先诚其意。欲诚其意者,先致其知❻。致知在格物❼。

注释

❶本末：树木的根和梢。比喻事物的根源和结局。本，指木之根；末，指木之梢。❷知：知道，明白。❸道：大学的道理，即至善之道。❹齐其家：管理好自己的家庭或家族，使家庭或家族和和美美，蒸蒸日上，兴旺发达。❺修其身：修养自身的品性。❻致其知：使自己获得知识。❼格物：认识、研究万事万物。

译读

其实，每样东西都是有根本有枝末的，同时，每件事情也都是有开始有终结的。因此，我们能够明白了这本末始终的道理后，也就接近事物发展的规律了。

古时候想要把内心善良光明的德行推广到天下的人，先要治理好自己的国家；要治理好自己的国家，先要整治好自己的家族；要整治好自己的家族，先要提高自身的道德修养；要提高自身的道德修养，先要端正自己的内心；要端正自己的内心，先要使自己意念真诚；要使自己意念真诚，先要获得丰富的知识；要获得丰富的知识，先要穷究事物的原理。

故事

张仲景立志著医书

张仲景，名机，字仲景，东汉南阳涅阳县人，东汉末年著名医学家，被后人尊称为"医圣"。他的传世巨著《伤寒杂病论》确立的辨证论治原则，是中医临床的基本原则，

是中医的灵魂所在。

张仲景从小就勤奋好学,看了很多书。他从史书上看到扁鹊给人治病的故事,心里很感动。从此他努力钻研医学,拜同乡名医张伯祖为师,孜孜不倦地刻苦学习,在年轻时候就掌握了丰富的医学知识。

当时,连年混战造成田园荒敝,瘟疫流行,饿殍遍野。张仲景眼看亲人沦丧,却束手无策,深感疾病的危害和医药的重要,为了同疾病斗争,张仲景辞去官职,一心从医。

每天清晨,张伯祖替病人诊脉,张仲景就在竹简上写药方,另外一些弟子帮着配药。病人川流不息,他们也忙个不停。

目睹此景,张仲景问张伯祖:"师傅,为什么不把

药方告诉老百姓？他们生病可以自己医治，病人不就可以减少一些吗？"

"谈何容易！老百姓不懂医理，药服错了会出事的。"张伯祖直摇头。

"那就写本书，把原理告诉大家，让人们生病知道吃什么药。"张仲景又说。

张伯祖说："这话是对的，可是这事谁来做呢？"

张仲景暗自下定决心："编写医书这桩事既然没人做，那就由我来做吧！"

从此，张仲景更加勤奋学习。晚上，别人都休息了，他一个人还静静地坐在松明灯下，攻读医学典籍。

张仲景读遍了自古以来的医书，吸取了丰富的医学知识，继承前代医学家们的宝贵经验，总结了五个世纪以来的医学成果，加上自己的实践经验，写出了《伤寒杂病论》。

张伯祖死后，张仲景独立在南阳一带行医，但他始终放不下写书传播医理的心愿。为了写好这本书，他除了继续寻找、研究祖国各种医药典籍外，还尽力采集民间的验方。

有一次，张仲景听说邻近老乡把一个上吊的人救活了，急忙去打听用的是什么方法。结果，他学会了人工呼吸的方法。后来他把这个方法写进了他的《伤寒杂病论》，这是我国历史上第一次有关人工呼吸的记载。

经过几十年的奋斗，张仲景积累了大量资料，经过去粗取精，反复对比，最后写出了《伤寒杂病论》，成为千百年来的中医经典著作，这是张仲景一生立志勤学的结晶。

国治而天下平

物格而后知至①，知至而后意诚②，意诚而后心正③，心正而后身修，身修而后家齐，家齐而后国治④，国治而后天下平。

自天子以至于庶人⑤，壹是⑥皆以修身为本⑦。

其本乱而末⑧治者，否矣。其所厚者薄⑨，而其所薄者厚⑩，未之有也⑪。此谓知本，此谓知之至也。

注释

①物格而后知至：通过对万事万物的认识、研究才能获得知识。知至，获得知识。②知至而后意诚：获得知识后，意念才能真诚。意诚，指意念真诚。③意诚而后心正：意念真诚后心志才能端正。心正，心意纯正不偏。④家齐而后国治：管理好家庭和家族后才能治理好国家。⑤庶人：指平民百姓。⑥壹是：一切，一律，都是。⑦本：根本，指修身。⑧末：与"本"相对，枝末，枝节。这里指齐家、治国、平天下之事。⑨厚者薄：该重视的不重视。⑩薄者厚：不该重视的却重视。⑪未之有也：即未有之也。没有这样的道理。

译读

摒除物欲的蒙蔽而后良知觉醒，良知觉醒而后意念真诚，意念真诚而后内心端正，内心端正而后才能修养自身道德；修养自身道德而后才能整治自己的家族，整

治自己的家族而后才能治理好自己的国家，自己的国家治理好才能天下太平。

不管是高高在上的天子，还是普普通通的平民百姓，都应该时刻把修养自身的道德作为根本，这样才能够不断地提高自己的精神境界。

如果一个人自身的道德修养是败坏的，却要他去整治家族、治理国家、使天下太平，那是不可能的。如果他所尊重的人轻视他，他所轻视的人却尊重他，这样要达到整治家族、治理国家、使天下太平的目的的话，那是从来都不可能的。这就是智慧的根本所在，这就是智慧的最高层次。

故事

伍子胥知恩必报

伍子胥，名员，字子胥，楚国人，春秋末期吴国大夫、军事家。因封于申，也称申胥。

春秋时期，吴国军队进攻郢都，楚昭王出逃在外，不知去向。吴军统帅伍子胥怀疑楚昭王是躲藏到郑国的都城里去了。随即吴军将郑国的都城围困起来。

郑国都城内顿时恐慌起来，郑王急需找到一个能使伍子胥退兵的人，并许诺伍子胥退兵后将赐予此人爵位、采邑。

郑国都城内有这样一个人，他父亲渔丈人曾经救助过伍子胥，伍子胥一直惦念着报答这份恩情，所以渔丈人的儿子是说服伍子胥退兵的最好人选。

渔丈人的儿子奉命来到了吴军营地,吴军士兵将他带到伍子胥帐下。

伍子胥问道:"你是何人?"

渔丈人的儿子回答道:"我是鄂渚渔丈人的儿子。"

伍子胥问:"你这时候前来,有什么事情吗?"

渔丈人的儿子答道:"郑君下了命令,有人能使吴军撤退,就把国家分给他一半。我知道您和我父亲是莫逆之交,希望您能够看在我父亲的面上将军队撤走,以解郑国被困之危。"

伍子胥说道:"我伍子胥能有今日都是渔丈人的功劳,苍天在上,我岂能忘恩负义呢!"于是,他答应了渔丈人儿子的请求,不再围困郑国国都,退兵而去了。

康诰

克明峻德

《康诰》❶曰:"克❷明德。"《大甲》❸曰:"顾諟❹天之明命❺。"《帝典》❻曰:"克明峻德❼。"皆自明也。

注释

❶《康诰》:《尚书》中的一篇,是周公封康叔时所做的文告。《尚书》是中国上古历史文件的汇编。《尚书》意即上古之书,相传由孔子编选而成。❷克:能够。❸《大甲》:即《太甲》,是《尚书·商书》中的一篇。❹顾諟(shì):这里指经常顾念。顾,回顾;諟,此。❺明命:光明的禀性。❻《帝典》:即《尧典》,《尚书·虞书》中的一篇,其内容涉及所谓尧时期的政治体制、政治思想以及社会制度等方面的内容。❼克明峻德:即人要能彰明本身的大德。峻,伟大,崇高;峻德,即大德、高尚的品德。

译读

《康诰》中说:"能够彰明德行。"《大甲》中说:"经常顾念上天赋予的德行。"《尧典》中说:"能够弘扬崇高的品德。"这些都是要自己弘扬光明正大的美德。

周瑜雅量宽宏

周瑜,字公瑾,庐江舒县人,三国时期东吴的高级将领。他年轻有为,才华出众,度量宽宏。在正史上,周瑜"性度恢廓""实奇才也",孙权称赞周瑜有"王佐之资",范成大誉之为"世间豪杰英雄士,江左风流美丈夫"。

周瑜有一名部下叫程普,原来是孙权父亲的部下。程普因为自己年纪大,资历深,于是就不甘心屈居周瑜之下。程普在周瑜面前,总是以老资格自居。所以程普多次凌辱周瑜,使周瑜非常难堪。

不过周瑜总是顾全大局,以国家的利益为重,没有跟程普计较。这样时间久了,程普终于被周瑜的宽宏雅量,给打动了。

程普非常敬佩周瑜,并且亲近周瑜,推崇周瑜。程普还对其他人说:"我与周公瑾交朋友的时候啊,就像喝美酒一样的,在不知不觉之间,就已经沉醉了。"

曹操听说周瑜年轻且有才华,想通过游说使周瑜归附于自己,便派出蒋干充当说客前往东吴。蒋干仪表不凡,以能言善辩著称,在江淮一带可算是首屈一指,没有人能比得过他。

蒋干身穿布衣,头戴葛巾,凭着他与周瑜的同乡关系,推说是私下会友来拜见周瑜。

周瑜对于蒋干的求见意图,心里十分明白,然而他

仍以礼相待，亲自出营迎接。周瑜见到蒋干时既热情又坦率地说："你太辛苦了，这次你远道而来，是替曹操做说客的吧？"

蒋干心中一惊，但嘴上仍然说："我与你是同乡，中间分别多年，早就听说了你的美名和功业，所以特来叙叙阔别之情，看看你风雅的志趣。你却说我是说客，恐怕是神经过于敏感了吧！"

周瑜没有生气，而是笑了笑说："我虽然不是有名的乐师，但我听到琴声还是能辨出弹的什么曲子。"

周瑜始终不曾因为蒋干来游说自己而显得失礼，而且为他安排了酒宴，给予热情接待。

酒宴结束后，周瑜打发蒋干说："正巧我有点机密的事情要办，请你暂到馆舍中住几天，等事情办完以后，我再来请你。"

三天后，周瑜处理完军务，邀蒋干观看营寨及仓库中的军用器物。回到营中宴饮时，周瑜又吩咐侍从将他的各种服饰和珍奇玩物给蒋干看。

趁此他对蒋干说："大丈夫活在世上，遇到知己的明主，就应亲如骨肉，言听计从，同舟共济，岂能朝秦暮楚，为别人的势力所诱惑呢？我的志向已定，就是以前的苏秦、张仪、郦食其这样的游说之士来说服我，我也会让他们扫兴而归。又怎么能让你这样的年轻书生说动心呢？"一番话，说得蒋干无言以对。

蒋干面对眼前言辞巧利、举止洒脱、气度恢宏的周瑜，无计可施。回到曹营，他一再称赞周瑜度量宽宏，不是任何言辞所能说服得了的。

盘铭

苟日新，日日新

汤❶之《盘铭❷》曰："苟日新❸，日日新，又日新。"《康诰》曰："作❹新民。"

《诗》曰："周虽旧邦❺，其命❻维新。"是故❼君子❽无所不用其极。

注释

❶汤：即商汤，子姓，名履，契的第十四代孙，主癸之子，商朝的开国君主。❷盘铭：刻在器皿上用来警示自己的箴言。❸新：这里的本义是指洗澡除去身体上的污垢，使身体焕然一新，引申义则是指行精神上的弃旧图新。❹作：激励。❺旧邦：旧国。❻其命：指周朝所禀受的天命。❼是故：所以。❽君子：有时候指贵族，有时指品德高尚的人，根据上下文不同的语言环境而有不同的意思。

译读

商汤王刻在浴盆上的箴言说道："如果能够有一天自新，就应该保持天天都要自新，并且永远不断地自新。"《康诰》中说道："鼓舞人们弃旧图新。"

《诗经》中说道："周国虽然是一个古老的诸侯国，

但是它却能够秉承天命，进行自我更新。"所以，品德高尚的人永远都在不断地追求、提高和完善自己的道德修养。

故事

周处改过自新

周处少年丧父，不满二十岁时，其体力就超过常人，喜好跑马打猎，并且放荡不羁。乡里人都十分厌恶他，把他看成是一大祸患。

当时，阳羡一带连年遭水灾，据说是因为河里有一条蛟龙在兴风作浪，使水患不断；在阳羡南山上又有一

只白额猛虎,经常下山为害百姓。这样,百姓就把河里的水患、山上的虎患和人间的周处称作三大祸患。

周处知道了人们对他的这种怨恨和讨厌以后,立下了发愤改过的决心。但是,他又怕得不到人们的理解和信任,于是去向乡里的尊长请教。

尊长对他说:"你如果能除去三害,那就是为大家做了件大好事,到时人们怎么能不信任你呢?"

周处听了尊长的话,觉得很有道理。他想,既然自己被人们深恶痛绝,就应当以实际行动为民除害,以取得人们的信任。于是,他带上刀箭进山把猛虎射死了。

接着,周处又投入水中与那蛟龙搏斗,经过三天三夜,终于把蛟龙杀死了。人们不见周处返回,以为他也死了,大家非常高兴地互相庆贺。

周处回到家乡后,看到这个情形,才知道乡里人多么憎恨自己过去的作为。于是,他怀着无限愧疚的心情,到有名望的人那里请教。

有名望的人说:"乡里人憎恨的是你过去的行为。现在你虽然把猛虎、蛟龙这两害都除掉了,但人们还希望你把过去的错误也彻底除掉啊!三害全除,这才是皆大欢喜呢!"

周处回到家乡后,发愤上进,好学不倦,讲究节操,举止言行做到忠信克己。一年后,他终于赢得了人们的信任,州府见他是个有志有勇的人而争着聘用他。后来,周处勇于正视自己的错误,并能从善如流,真诚改过的行为传为了佳话。

邦畿

邦畿千里,维民所止

《诗》云:"邦畿❶千里,维❷民所止❸。"《诗》云:"缗蛮❹黄鸟,止于丘隅❺。"

子❻曰:"于止❼,知其所止,可以人而不如❽鸟乎!"

注释

❶邦畿(jī):都城及其周围的地区。❷维:通"为",是。❸止:这里是住所的意思。❹缗(mín)蛮:即绵蛮,鸟叫声。❺隅(yú):角落。❻子:古代对有德之人的敬称。这里指孔子。❼止:栖息。❽不如:比不上,或者用来表示前面提到的人或事物等比不上后面所说的。

译读

《诗》中说道:"在京都附近的方圆千里,是百姓居住的地方。"《诗》中说道:"那些小小的黄鸟儿,都停息在那山丘上。"

孔子说:"啊,黄鸟儿都知道它应该栖息的地方在哪里,知道哪里才是它们的好去处,再想想人类,人们怎么可以比不上那些黄鸟儿呢?这是不应该的呀。"

> 故事

晏子劝君关心百姓

晏子，字仲，夷维人，春秋时期齐国著名政治家、思想家、外交家。历仕齐灵公、庄公、景公三朝，辅政五十余年。

晏子个子矮，楚王看不起他，让他从小门进城，他说道狗国才开狗洞，看门人只好开大门迎接他。

楚王在宴请时让人绑来齐人出身的罪犯羞辱晏子，晏子说出了橘生淮南为橘，移到淮北变成酸枳的名言，狠狠地回击了楚王，讽刺齐国人本来是好的可是楚国社会的风气不好，巧妙地维护了齐国尊严，楚王不得不刮目相看。

在齐国，晏子也时时处处劝齐国国君齐景公关心百姓的疾苦。

有一年冬天，大雪下了三天三夜，天气冷极了。齐景公披着白狐狸皮斗篷，坐在宫殿里观赏雪景，还派人去叫晏子也来赏雪。

不一会儿，晏子来了，齐景公让他坐在一旁，说道："你没有什么事吧，您难得有空闲，今天你就和我一起赏雪吧！"

晏子没答话。过了一会儿，齐景公没话找话地说："真奇怪，一连下了三天大雪，可是一丁点儿也觉不出冷来。"

"天气真的不冷吗？"晏子追问了一句。

齐景公也觉得自己的话说得不对了，不好意思地笑了笑。晏子说:"我听说贤明的君主在自己吃饱的时候,惦记着别人在挨饿;自己穿暖的时候,不忘别人的寒冷;自己安逸享乐,要想着劳苦的百姓。现在,您把这些全忘了。"

齐景公听着,脸不觉红了,忙说:"您说得对,我明白了。"说完,齐景公下令,从仓库里取一些衣服和粮食,发放给穷人。

齐景公特别喜欢养鸟。有一次,他得到一只非常美丽的小鸟,派一个叫烛邹的人特意给他养这只鸟。可是,过了几天,那只鸟飞走了。齐景公气得直跺脚,大声喊道:"烛邹,我要杀了你!"

站在一旁的晏子说:"是不是先让我宣布烛邹的罪状,然后再杀也不迟。"

齐景公说:"可以。"

这时候,武士们把烛邹绑来了,晏子绷着脸,严厉

地对他说道:"烛邹,你犯了死罪,罪过有三条:第一条大王叫你养鸟,你不留心让鸟飞走了;第二条你使国君为一只心爱的鸟却要动手杀人了;还有这件事让别人知道了,都会认为我们国君只看重鸟而轻视百姓的生命,从而看不起齐国,这是第三条。所以国君要杀死你!"

说到这儿,晏子回过头来对景公说:"请您下令吧!"

齐景公明白晏子是在责备自己,他干咳了两声,说:"算了,算了,把他放了吧!"

接着,齐景公走到晏子面前,拱手说道:"若不是您及时开导,我险些犯了大错呀!"

过了些日子,春暖花开,齐景公亲自到山上捉鸟。他看见一只漂亮的鸟,刚要射箭,忽然传来一阵砍柴声,把鸟惊飞了。

齐景公的坏脾气又上来了,立刻喊道:"把那个砍柴的抓起来,带回去找收拾他!"

这时,一个随从跑过来告诉齐景公:"那边有一个鸟窝,里面有响声。"

齐景公走过去一看,鸟窝里有一只刚出生不会飞的小鸟,毛茸茸的,张着小嘴不停地望着生人叫,齐景公觉得小鸟怪可怜的,就把它放回窝里了。

等齐景公回宫,让晏子碰见了,晏子问:"您今天捉了几只鸟?"

"咳,费了老大劲,捉到一只小鸟,我看它不会飞怪可怜的,就又放回窝里去了。"

晏子听完,转身向北拜了几拜,然后高声说:"我们国君今天做了圣人做的事啊!"

齐景公不以为然地说:"您说到哪去了。我抓了小鸟,看它小放了它,这跟圣人有什么关系呢?"

晏子说:"这件事虽小,可我看得出,您对鸟兽都有仁爱之心,我想,今后您一定会更加关心百姓,所以,我说您是做了一件圣人做的事啊!"

齐景公听了这话,想起押回来的那位砍柴人,忙说:"快放了那个砍柴人吧,我要做一个好国君。"

晏子就是这样聪明机智,劝君爱民。百姓、大臣、诸侯、君王都敬重他的人品、才华。有一本叫《晏子春秋》的书,专门记录了晏子的一些动人故事,其中有许多至今还在民间流传着。

穆穆文王,于缉熙敬止

《诗》云:"穆穆❶文王❷,于❸缉❹熙❺敬止!"

为人君,止于仁;为人臣,止于敬❻;为人子,止于孝;为人父,止于慈❼;与国人交❽,止于信❾。

注释

❶穆穆:仪表美好端庄的样子。❷文王:专指姬昌,周朝奠基者,后姬昌称王,史称周文王,是中国历史上的一代明君。❸于:叹词,啊。❹缉:继续。❺熙:光明。❻敬:尊重,有礼貌地对待。❼慈:仁爱,慈爱。❽交:与人交往、交接。❾信:诚实,守信,不欺骗。

译读

《诗》中说道:"周文王的仪表是严肃恭敬的,此外,令人感到推崇的是他那光明的美德,对于周文王的美德,人们没有不崇敬的。"

作为君主,就要达到仁爱;作为臣下,就要达到恭敬;作为儿子,就要达到孝顺;作为父亲,就要达到慈爱;与国民交往,就要达到诚信。

故事

周文王访贤

周文王是一个勤政爱民、雄才大略、生活勤俭的有为君主,他倡导笃仁、敬老、慈少、礼贤下士的社会风气,大大刺激了周地经济的发展。

一次,周文王出外访贤,途经一所村庄,觉得肚子饥饿,口中发渴,实在难忍,就坐在大树下休息。

正巧,有一位农妇手中提着一瓦罐稀面糊糊从这里路过。文王连忙走上前去问农妇道:"大嫂手提稀饭,去哪里呀?"

农妇告诉文王:"丈夫在田间劳动,时已过午,去给他送饭充饥解渴。"

文王又饥又渴,见了瓦罐里的稀面糊糊,肚子"咕咕"叫得更厉害了,嘴里不觉流出了馋涎。文王请求农妇,让些给他充饥解渴。农妇把手里的瓦罐递给他。文王饥不择食,大口大口地吃了下去,顿时精神爽快,口中余味无穷,觉得比山珍海味还要香甜可口。

他谢了农妇,问道:"大嫂,这稀面糊糊是什么粮食做的?"

农妇告诉他:"春荒三月,青黄不接,只有芒麦成熟得早,用它救急,搭救性命。"

文王点点头称赞芒麦的功劳最大,说它在所有的麦子中,应该占首位,以后就改名大麦。

正在田间劳动的丈夫,见日头偏西,妻子还不送饭来,就丢下手中的农活,回家吃饭。走到半路上,老远看见妻子与一个过路客人说话,随后妻子又从客人手中接过瓦罐,转身回去了。丈夫便以为妻子行为不端正,气得火冒三丈,追赶上去,抓住就打。

文王看在眼里,心里很过意不去。想上前去辩白几句,又不知从何说起。丈夫发完脾气,到田间去了,农妇回

家重新为丈夫做饭。这时，文王追上农妇，抱歉地说："是我不该吃了你丈夫的饭食，害你遭了打骂。"

这农妇很会说话，她说："客人莫见怪，我丈夫不是小气人，他怪我有失礼貌，没有把客人请到家里去招待，才打了我的。"

听了农妇的话，文王思忖道："我专程四下里访问贤德人，眼前的农妇和她丈夫不就很贤德吗？"

文王便解下一根玉带，递给农妇说："大嫂今后若遇急难，就拿上这根带子到京城去找大王，他会帮你解危的。"说完扬长去了。

文王回到京城，想起路途中吃的大麦面糊，很是香甜。就吩咐厨师做给他吃。他吃了几口，觉得味道又苦又涩，淡而无味，远远不及路途上那农妇做得好吃。

一连三年过去了。那位农妇的家乡遭了天灾，实在无法谋生度日，才想起吃大麦面糊的客人留下的一根玉带来。夫妻便带上它，沿途讨米要饭，去京城找大王。到了京城，文王召见了他们夫妇，安置他们住下，并当着满朝文武官员封夫妻俩为"贤德人"。

一日，文王又想起那顿大麦稀面糊糊来，传旨农妇为他做。农妇做完端给文王。文王尝了几口，很不好吃，问农妇是什么原因。农妇告诉文王说："饥时糠也甜，饱时肉也嫌。"

文王听后拍案称好，说："贤德人使我明白了一个重要道理：饱时不忘饥时苦，富贵常记贫贱寒。"

周文王不仅仅只听取这夫妻俩的忠言，他还广招天下贤德人，并且重用他们。文王把这种美德一代一代地传下去，从而使周朝江山稳固昌盛。

瞻彼淇澳，绿竹猗猗

《诗》云："瞻❶彼淇❷澳❸，绿竹猗猗❹。有斐❺君子，如切如磋，如琢如磨。瑟兮僩兮❻，赫兮喧兮❼。有斐君子，终不可谖兮！"

注释

❶瞻：往前或往上看。❷淇：淇水，在今河南北部。❸澳（yù）：水边弯曲的地方。❹绿竹猗猗（yī yī）：绿竹袅娜连一片。一说绿指一种名叫王刍的植物；竹指名叫扁蓄的植物。猗猗，长而美貌。❺斐：斐然，指才华丰茂的样子。❻瑟兮僩（xiàn）兮：庄重而威武的样子。❼赫兮喧兮：显耀盛大的样子。

译读

《诗经》上说："看那淇水弯弯的地方，青青的竹子婀娜茂盛，那个文采风流的君子，像角牙般地切磋过，像玉石般地琢磨过，庄重开朗，武毅刚强。气宇轩昂，堂堂皇皇，这个文采丰茂的君子，永远都不能让人遗忘。"

故事

信陵君悔悟救国受称赞

魏无忌，即信陵君，魏国公子，与春申君黄歇、孟尝君田文、平原君赵胜并称为"战国四公子"，是战国

时期魏国著名的军事家、政治家。公元前276年,被封于信陵,后世皆称其为信陵君。

信陵君窃符救赵,调动魏军迫使围攻赵都邯郸的秦兵退却,受到赵国上下的称颂。但担心兄长魏王追究窃取兵符的罪责,便在赵国长期住了下来。

信陵君礼贤下士,善识人才,广交好友,天下闻名。留赵后,他仍四处招纳贤士,交结五湖四海的朋友。当他听说赵国的处士毛公、薛公素有贤名,胸有谋略,颇有远见,便派人去召请。但是毛公和薛公二人有意躲避,不肯前来见信陵君。

信陵君托人四处查寻,听说毛公藏身于赌徒之中,便一个人秘密地到赌徒中去察访,终于结识了毛公。又打听到薛公藏身于卖酒人家,于是又独自悄悄地到卖酒人家去寻访,终于也结识了薛公。

信陵君每日与毛公和薛公二公促膝交谈,论及天下得失之事,二公侃侃而谈,识见高远,睿智启人,信陵君颇得教益,遂引为知己。

赵惠文王的兄弟平原君,得知信陵君不顾自己身份经常出入赌徒之中和卖酒人家,便对自己的夫人说:"以前听说你弟弟信陵君为人出类拔萃,天下无双;今天看来,是徒有虚名,实际上是个行为荒唐的人!"

平原君夫人把丈夫的一番话转告给信陵君,信陵君听后不禁一笑,说道:"看人识士,不能仅仅看出身门第。我在魏国的时候,就听说了毛公和薛公二公的贤名英才,十分仰慕,来赵后,便一直渴望拜识。为了实现这个心中愿望,才不顾身份出入那些地方。既然平原君耻笑我,不愿与我这行为荒唐的人为伍,我也该知趣离

开这儿了！"

平原君听说信陵君要走，知道自己说错了话，便亲自登门谢罪，盛赞信陵君知人交友的美德，并再三挽留信陵君。于是，信陵君仍留赵国，名望更大了，许多贤人学士纷纷投到他的门下。

信陵君留赵达十年之久。秦国见信陵君不再归魏，便乘机发兵攻魏。魏王急忙派人赴赵请信陵君回国。信陵君恐怕魏王未必能原谅他过去的窃符之罪，所以不准备归魏。

信陵君还告诫下人："有谁敢为魏王使者通报，立即处死！"门客大多是跟随他离开魏国而在赵国定居的，他们考虑到自己的利害，谁也不敢去劝说信陵君。

这时，毛公和薛公二公，却不避杀头之险，挺身而出，坚决要求拜见信陵君陈述自己的意见。信陵君见到毛公、

薛公二公很生气,责问他们:"你们不知我的告诫吗?你们要置我于死地吗?"

毛公、薛公二公毫不畏惧,凛然正色地说:"公子知遇我等,视为知己,义重如山,做真朋友就要为朋友大处着想。我们正是为公子的前途名誉才挺身冒死来谏的。现在魏国有难而公子不愿救难,公子是魏国人,魏王是公子的兄长。倘使秦军破了大梁,灭了魏国,那时公子有何面目见天下人?"

这一番慷慨陈词,说得信陵君顿然醒悟,心中受到了深深的触动。于是动身归救魏国。魏王见了信陵君,不仅不追究盗符之事,还把上将军的印信授给信陵君。信陵君接受任命后,派使者遍告诸侯。

诸侯各国听说魏国的信陵公子为将,觉得破秦大有希望,欣然同意遣兵协助。信陵君率齐、楚、赵、韩、燕、魏六国联军,大破秦军于黄河之南,打退秦将蒙骜,乘胜追击,直逼函谷关。

这样,信陵君威震天下。人称他"天下无双",称他的兵法为"魏公子兵法"。信陵君却深感毛、薛二公关键时刻的教导之情,深感诤友良师的重要。

如切如磋者

"如切如磋❶者",道学也;"如琢❷如磨者",自修也;"瑟兮僩兮者",恂栗❸也;"赫兮喧兮者",威仪也;"有斐君子,终不可谖兮者",道盛德至善,民之不能忘也。

《诗》云:"于戏❹!前王❺不忘。"君子贤其贤而亲其亲,小人乐其乐而利其利,此以❻没世❼不忘也。

注释

❶磋:古代称把象牙加工成器物,引申为仔细商量。❷琢:雕刻玉石,使成器物,常喻用心推敲考虑、刻意求工。❸恂(xún)栗:恐惧,戒惧。❹于戏:叹词,同呜呼,啊,唉。❺前王:指周文王、周武王。❻此以:因此。❼没世:终生,一辈子。

译读

"像角牙般地切磋",是指君子精研求学;"像玉石般地琢磨",是说君子实践道德,如磨光玉,磨平石;"庄重开朗",是说内心谨慎;"武毅刚强",是说仪表威严;"有斐君子,终不可谖兮者",是说君子的道德极为盛大了,已经达到了最善的境地,因此,人们终生都不会忘记他。

《诗经》上讲:"啊!前代的君王,不能让人遗忘。"后贤后王都效法他,像他那样敬重贤者,亲爱亲人,让后世民众都能享受他们的欢乐,获得他们的利益。所以,前王虽然已过世,但是人们始终都不会忘记他的功德。

故事

司马光美德万古传颂

司马光是北宋时期杰出的政治家、思想家,同时又是古代伟大的历史学家。他严于克己、节俭自律的风范,

同样体现出儒家"克己奉公"思想的精髓。

司马光性情淡泊,不喜奢华。他住在洛阳西北数十里处的一个陋巷中,只有几间避风雨的茅檐草舍。一到三九寒天,北风呼啸,茅檐多被风卷去,室内冷气袭人,盛夏时又酷热难熬。

司马光为官正派,一生忧国忧民,他看到百姓卖儿卖女,无以为生,宗亲贵臣之家却花天酒地,挥霍无度,十分憎恶。他认为,"府库之财,民之膏血",必须节用开支,以舒民力。

司马光为人心地善良,经常用俸禄周济穷困的亲戚朋友。司马光曾经遇到有一个叫庞籍的人,他死后遗下孤儿寡母,生活无着落,非常可怜。司马光便将孤儿寡母接到家中,待他们如同自己的父母兄弟,使周围的人深受感动。

司马光以其高尚的道德赢得了崇高的威信,被誉为"真宰相"。田夫野老,妇人孺子,都知道有个司马相公。

司马光晚年,年老体弱,他的好友刘贤良要用五十万钱买个女婢供他使唤,司马光当即复信谢绝,说:"吾几十年来,食不敢常有肉,衣不敢有纯帛,多穿麻葛粗布,何敢以五十万市一婢乎?"

1086年10月,在山西闻喜县南旧夏县涑水乡竖起了一通高大的墓碑,上面刻着"忠清粹德"四个大字。墓碑后面,静静长眠的就是当朝宰相、大史学家司马光。

司马光以"日力不足,继之以夜"的自律意识,克己做人,克己教子,克己治学,克己奉公。他的人格堪称儒学教化下的典范,他的美德被人们万古传颂。

听讼

听讼,吾犹人也

子曰:"听讼❶,吾犹人❷也,必也使无讼❸乎!"无情者不得❹尽其辞。大畏❺民志❻。此谓知本。

注释

❶听讼:即审案子。听,判断,处理。❷犹人:与别人一样。❸讼:在法庭上争辩是非曲直,打官司。❹不得:用在动词后面,表示不可以或不能够。❺畏:形容词使动用法,表示使某人畏服。❻民志:民心,人心。引申为人民的舆论。

译读

孔子说道:"在审理案件的时候,我和别人是一样的,首先,一定要端正自己的态度,其次,要尽量把案件断得公平公正,一定要使诉讼之类的事情绝迹了才最好。"

在审理案件的时候,要使习诈不实的一方不敢尽情地编造谎言,从而不让受冤的一方感到冤枉,如果采用这样的心态去断理案件,才能使民心畏服,这就叫作知道根本。

> 故事

李离自尽赎过

李离是春秋时晋文公手下的一个狱官。他执法严明、公正无私。

有一次，他的下属向他呈报了一个杀人案件。他仔细地听了下属的案情报告。报告说人证物证俱在，案情十分清楚。还说，那犯人虽开始拒不承认，但经过后来的几次审问，他终于承认说死者是他所杀。

李离觉得此案并无什么漏洞，便没有亲自提审犯人，他大笔一挥，将犯人判了死刑。那犯人依法被处斩。

不久，官府意外查出了此案真正的杀人凶手。原来那凶手杀了人之后采取了嫁祸于人的伎俩，蒙骗了办案的人。

李离得知此事后，追悔莫及。于是，他毅然自枷上朝，怀着十分内疚的心情，来到晋文公面前，"扑通"跪下，自首道："臣冤杀无辜，罪该万死，愿以七尺之躯，偿死者之命。"

晋文公面对这个执法无私的大臣，深感他是个难得的人才，不忍心将他处死。便劝说道："人死了不能复生，那人既然已经处斩了，何必还要再搭上一条命呢？"又说："造成冤案的责任主要在你的下属，要罚就罚他们。"

说着，晋文公亲自走上前去，给李离打开了刑枷。李离仍旧跪着，不肯起来，他说："国家的法律规定：法官错判刑的，应当服刑；错杀人命的，应当抵命。倘若国君不治臣的死罪，那么，将来草菅人命的事情还会发生呀！再说，我的职务比下属高，俸禄比下属多，职位不让给人家，俸禄不分给人家，如今我轻信诬告，错杀了人，哪能把责任推给人家呢？"

"照你说来，你的下属办了错事，你认为自己有罪，而你是我的臣子，那么，我也有罪呀！"晋文公继续劝慰他说。

李离回道："国君委我以重任，而我却没有尽到自己的责任，有负国君厚望。如今错杀了人，就应当依法处置。臣以为不论官阶高低，治罪应当一视同仁，王子犯法，与民同罪。现在我既犯下死罪，怎么可以不受处治呢？"

李离见晋文公仍摇头不准，便霍地站起身来，拔出佩剑，自刎而死。晋文公见此情景悲痛不已。事后，下令厚葬了李离，并将此事通告了全国，号召大家向他学习。

知本

此谓知本

此谓知本❶。此谓知❷之至❸也。

注释

❶此谓知本:这一句与上文重复,疑是衍文。程子曰:"衍文也。"❷知:认识,认知。❸至:最高境界。

译读

这就叫作认识根本的道理。这就叫作认识得彻底,也就是说作为一个具有德才的人,已经进入了"知"的最高境界,在认知上达到了更高层次。

故事

刘邦贵有自知之明

秦朝末年,天下大乱,各个地方都有人起兵造反。项羽是楚国的贵族,刘邦只是一介布衣。论武功,项羽力拔山河气盖世,刘邦势单力薄。可是结局实在出人意料,项羽这个天下无敌的西楚霸王竟然败了。

刘邦夺得天下后宴请部下,酒至酣处,他问道:"你

们说实话,我为什么能打败项羽呢?"

王陵站起来说:"项羽慢而侮人,陛下仁而爱人。然陛下使人攻城略地,所降下者因以予之与天下同利也。项羽妒贤嫉能,有功者害之,贤者疑之,战胜而不予人功,得地而不予人利,此所以失天下也。"

刘邦笑答道:"你这是只知其一,不知其二啊。运筹于帷幄之中决胜于千里之外,我不如张良;镇国家,抚百姓,供应军需,不绝粮道,我不如萧何;百万之军,战必胜,攻必取,我不如韩信。这三个人是人杰呀,我能用他们就是我所以能胜利的原因。"

知道自己哪里不如人家,这就是刘邦难得的自知之明;项羽因为没有自知之明,而只落得自刎乌江,至死还在说是"天亡我也"。

诚意

所谓诚其意者

所谓诚其意①者,毋自欺也。如恶恶臭②,如好好色,此之谓自谦③。故君子必慎其独④也!

小人闲居⑤为不善,无所不至⑥,见君子而后厌然⑦,掩⑧其不善,而著⑨其善。

注释

①诚其意:使意念真诚。②恶恶臭:厌恶腐臭的气味。③谦:通"慊",心安理得的样子。④慎其独:在独自一人时也谨慎不苟。⑤闲居:即独处。⑥无所不至:没有什么事做不出来。指什么坏事都干得出来。⑦厌然:躲躲闪闪的样子。⑧掩:遮掩。⑨著:显示,彰明。

译读

所谓使自己的意念诚实,就是说不要自己欺骗自己。就如同厌恶污秽的气味那样厌恶邪恶,就如同喜爱美丽的女子那样喜爱善良。只有这样,才能说自己意念诚实,心安理得。所以,道德修养高尚的人必须在独处的时候,谨慎约束自己的行为。

小人闲居独处时,什么坏事都做得出来。一见君子,

他就觉得自己的行为不好，遮遮掩掩，企图把不好的方面掩藏起来，而将好的方面显露出来。

杨震不受"四知财"

杨震，字伯起，弘农华阴人，东汉时期名臣，隐士杨宝之子。他通晓经籍、博览群书，有"关西孔子杨伯起"之称。杨震不应州郡礼命数十年，至五十岁时，才开始步入仕途。他为官正直，不屈权贵。

杨震在赴任东莱太守的途中，路过昌邑县，他过去举荐的秀才王密当时正任昌邑县令。当王密知道自己的恩人路过此地时，就趁着夜色，带了十斤黄金，要呈给杨震。

杨震拒不接受，并且叹了一口气说道："唉，我了解你，知道你有德学，把你举荐出来，可惜你却不了解我。"

王密还以为杨震是怕这件事被人知道才不愿意接受的，所以他就说："这件事没有人知道，您就放心地接受吧。"

结果杨震回答说："这件事有天知、有神知、有你知、有我知，这是'四知财'，怎么说没有人知道呢？"他拒不接受这"四知财"。

因为他一生为官清廉，从来不徇私舞弊，所以家境非常的贫寒。到年老的时候有人劝他，说你不为自己打算也就罢了，难道不为自己的子孙后代着想，给他们留一点财富吗？

　　结果杨震怎么回答的？杨震说：我留给我的子孙后代最好的财富，那就是他们是一个"廉洁官员的后代"。

　　果不其然，杨震过世之后，他的儿子、孙子、曾孙辈都受他廉洁作风的影响，为官都很清廉，出了很多的人才，历史上记载他们"四世三公"，就是他们杨家四世都有人做到三公的位置。

　　"三公"就是皇帝的老师。他的后代子孙为了纪念祖先这种廉洁的作风，把他的一个房屋取名为"四知堂"，以此来提醒后代子孙，他们的祖先不收"四知财"。所以凡是杨家的子孙走过这个匾额的时候，都能够受到提醒，时刻警醒自己，不要因为自己的言行给祖先抹黑。

人之视己

人之视己,如①见其肺肝然,则何益②矣。此谓诚于中③,形于外④,故君子必慎其独也。

曾子曰:"十目所⑤视,十手所指⑥,其严乎!"

富润屋⑦,德润身⑧,心广体胖⑨,故君子必诚其意。

注释

①如:像,相似,同什么一样。②益:好处,有好处。③中:指内心。④外:指外表。⑤所:用在动词前,代表接受动作的事物。⑥指:指责。⑦润屋:装饰房屋。润,滋润,引申为修饰、装饰。⑧润身:指修养自身。⑨心宽体胖:心胸宽广,身体舒泰安康。

译读

殊不知,别人看你,就像能够看到你的心肺肝脏一样清楚,掩盖又有什么用呢?这可以说是心有诚意,自然就会流露出来,所以,君子在独处的时候应该谨守道德才是。

曾子说道:"许多双眼睛看着,许多只手指着,这是多么严厉的监督啊!"

有钱人,会把房间装饰得很华丽,给人一种富丽堂皇的感觉;有道德的人,就会心广体胖,并且气宇不凡,所以君子务必要诚实地对待其意念。

故事

石勒不记布衣之仇

石勒,字世龙,初名㔨,小字匐勒,羯族,上党武乡人。他是十六国时期后赵建立者,史称后赵明帝,也是中国历史上的唯一一个奴隶皇帝。

当初,石勒家里很穷,替人耕田。武乡一带兴种麻织布,收获后,麻秆要放在沤麻池里沤。沤过的麻秆,容易剥离,且又十分柔软。

邻居李阳与石勒同使一个麻池,常常为了沤麻发生

口角,以至殴打。每次都是鼻青眼肿,遍身泥水。乡亲们对他们也无可奈何。

后来,石勒被抓了壮丁,从此杳无音信。石勒走后,李阳常常去照顾他年老的父母,抢累活脏活干,可以说无微不至。

有一天,有人来告诉李阳说:"石勒已经当上赵国国王,在襄国建都,请当年的父老乡亲到襄国去叙旧。"

李阳听了,吃惊非小。想起当年的事,惴惴不安。心想:这回可完了,赶快逃跑吧!又一想:跑到哪也逃不出国王的手掌心啊!不如看看风声再说。就跟随着乡亲们去襄国了。

到了襄国,李阳徘徊在赵王宫殿前,不敢进去。乡亲们也为他捏了一把汗,只好先进去了。石勒见了乡亲,嘘寒问暖,十分亲热。

当问到李阳时,乡亲们吞吞吐吐地说:"他有心事,不敢进殿!"

石勒听了,哈哈大笑,道:"李阳是个好人,理应请到。至于当年,属于孩儿们之间的区区小事,早已化为乌有了。你们想,一国之君怎能如此心地狭窄,容不得人?连李阳都能不计前嫌,精心照顾我年老的父母,难道我连他都不如吗?"

石勒连忙召见李阳,设宴款待,同他欢饮。拉着他的手说:"我从前挨够了你的硬拳头,你也尝够了我的毒巴掌,今天我们也该和好了!"说完哈哈大笑起来。李阳也会心地笑了。后来,石勒留下李阳,任他为参军都尉。

修身

所谓修身在正其心者

所谓修身❶在正其心者,身❷有所忿懥❸,则不得其正;有所恐惧,则不得其正;有所好乐,则不得其正;有所忧患,则不得其正。

心不在焉❹,视而不见❺,听而不闻❻,食而不知其味。此谓修身在正其心。

注释

❶修身:陶冶身心,涵养德行。❷身:身心,内心。❸忿懥(fèn zhì):愤怒。❹心不在焉:心不在这里。指思想不集中。❺视而不见:指不注意,不重视,睁着眼却没看见。视,看。❻听而不闻:听到了就像没听到一样。形容漠不关心。

译读

所谓修养自身品德,在于端正自己的内心。自身有所愤怒,内心就不能端正;自身有所畏惧,内心就不能端正;自身有所逸乐,内心就不能端正;自身有所忧患,内心就不能端正。

如果心思不能够集中,那么,在看东西时就像看不

见一样，听声音时就像听不见一样，吃东西时也不知道它的滋味。这就说：修养自身品德在于端正内心。

孙权知错认错

三国时吴国的张昭，是个两朝开济的老臣，他在孙权面前从来是直言不讳的，因此获得孙权的信任，也因此产生了矛盾。

有一次，远在辽东的公孙渊派人递降表，孙权一看，高兴极了，马上派张弥、许晏两人去拜公孙渊为燕王。

张昭听了，马上阻止说："公孙渊背叛了魏国，怕因此受到征讨，所以才远道来求我们援助，归顺不是他的本意。如果公孙渊改变了主意，打算重新获得魏国的谅解，就会杀人灭口，这两个使臣肯定回不来了。那样的话，岂不是白白送了两人的性命而叫天下人耻笑吗？"

孙权说出自己的想法，张昭一一加以驳斥。这样反复了几次，张昭一次比一次态度坚决，言辞非常激烈。

孙权说不过张昭，觉得面子上过不去，就变了脸，拔出宝剑怒气冲冲地说："吴国的士人入宫则拜见我，出宫则拜见您。我对您的倚重也到了无以复加的程度，可是您却多次在大庭广众之下让我难堪，我真担心有一天会因为不能容忍而杀死了您。"

听了这些，张昭既没慌张又没退缩，他非常镇定地说："我之所以明知道您并不按我说的做，还满腔热忱地来规劝您，是因为常常想到太后在临终时发出的遗诏，

叫我精心辅佐您啊！"说完，泣不成声。

孙权见状也感到伤心，把宝剑扔在地下，和张昭相对而泣。但孙权很固执，没有采纳张昭的意见，仍旧派张弥和许晏到了辽东。

张昭见孙权不听劝告，非常恼火，回府后称病不理国事。孙权对他这样做很生气，干脆派人用土堵住了他的府门，表示永远不再用他为官。张昭看孙权把他家门堵了，非常气愤，他也不示弱，索性在院里用土封住了门，表示永远不出门为孙权办事。

张弥、许晏按照孙权的意图，来到辽东，公孙渊果真变了卦，把他们俩给杀了。孙权万万没想到真让张昭言中了，他很惭愧，觉得对不住张昭，派人运走了堵在张昭门口的土，几次向他赔礼道歉，可张昭不理。孙权派人前去，都吃了闭门羹。

怎么办呢？孙权灵机一动，派人放火烧张昭府上的大门。他想，大火一着起来，张昭还不往外跑？到那时，自己不就看见他了吗？孙权觉得自己主意不错。可是，张昭看见孙权放火烧门，索性把大门关死，等着大火把他烧死。孙权一看这招不灵，大惊失色，真怕火着起来把张昭烧死，于是下令灭火。

孙权在门口暗暗责备自己，恨自己办错了事，伤了这位股肱之臣的心。张昭的儿子一看再僵持下去也太不像话了，就连劝带拉硬逼着父亲去见孙权。

孙权一看张昭终于出了门，就恳请他到宫中一叙。张昭来到宫里，孙权向张昭承认了错误，并表示今后要尊重他的意见，搞好君臣关系。张昭见孙权诚心诚意，满肚子的闷气一扫而光，就竭尽全力协助孙权治理国家。

齐家

所谓齐其家

所谓齐其家,在修其身者,人之❶其所亲爱而辟❷焉,之其所贱恶而辟焉,之其所畏敬而辟焉,之其所哀矜❸而辟焉,之其所敖惰而辟焉。

故好而知其恶,恶而知其美❹者,天下鲜矣❺。故谚❻有之曰:"人莫知其子之恶,莫知其苗之硕❼。"此谓身不修,不可以齐其家。

注释

❶之:对于。❷辟:偏颇,偏向。❸哀矜:同情,怜悯。❹恶而知其美:厌恶而知道他的长处。美,美好,长处。❺天下鲜矣:天下很少了。鲜,少。❻谚:群众中流传的固定语句,常用简单的话反映出普遍而深刻的道理。❼硕:大,肥壮。

译读

所谓整治自己的家族在于修养自身的品德,是因为人们对于自己所亲爱的人往往会过分偏爱,人们对于自己所厌恶的人往往会存有偏见,人们对于自己所敬畏的人往往会过分偏敬,人们对于自己所同情的人往往会有

所偏护，人们对于自己所轻视的人往往会过于偏轻。

因此说，喜欢一个人而知道他的缺点，讨厌一个人而了解他的长处，这样的人天下少有。所以有句俗话说："溺爱自己子女的人看不到孩子的缺点，贪心不足的农夫看不到自己禾苗的茁壮。"这也就是说，如果不修养自身的品德，就不能够整治好自己的家族。

故事

郑文嗣治家有方

郑文嗣，字绍卿，元朝婺州浦江人。其治家有方，十世同堂，计历二百四十多年，代代和睦相处。

郑文嗣去世以后，他的叔伯弟弟郑大和主持家事，治理更加严格，同时对家庭成员也更加关怀，使他们心悦诚服。

郑大和把家庭管理严格得如同官府，如果子弟中谁犯有过失，不分年纪老幼，仍然依据家规进行惩戒。

郑大和治理家政十分注重礼仪的教化作用。每到年节，就对子弟进行考评。

郑大和端正地坐在堂屋正中，全家的众多子弟按照辈分，都穿着新衣服戴着新帽子，排着整齐的队列分列在左侧的屋檐下，依次进见，行拜、跪之礼，并举酒杯祝寿。然后，拱手从右边退出。整个仪式庄重严谨，没有人喧哗谈论、影响队形，保留着上古遗传下来的古朴家风。

郑大和为人正直且遵守法度，不信仰佛教和道教，

每逢遇到冠礼、婚礼以及丧葬大事都按朱熹规定的礼仪进行。全家众多子弟都受到教育感化，即使是曾经做过官吏也不敢对家法有丝毫违犯。

众多妇女只做妇女应该做的事，从来不允许干预家政。亲族乡邻都因为受到过恩惠而感念其德。朝廷得知后，免除了他们家所有的租税和徭役，并派来使者书写了"东浙第一家"的匾额，对他们进行表扬和鼓励。

传承至明代，世代同堂已近三百年，家族中人人孝顺长辈，为官清正。自七世祖郑绮，传至郑文嗣、文融，又皆载入《元史·孝友传》。后世有郑濂享有盛名，仍以孝义载入《明史·孝义传》。

治国

治国必先齐其家

所谓①治国②必先齐③其家者,其家不可教④,而能教人者无之。故君子不出家而成教于国⑤。

孝者,所以事君⑥也。悌⑦者,所以事长⑧也。慈⑨者,所以使众也。

注释

①所谓:之所以说。②治国:治理国家政务,使强盛安定。③齐:治理,管理。④教:指导,训诲,教化。⑤成教于国:成功地教化国家。国,指诸侯国。⑥事君:侍奉君主。事,同"侍"。⑦悌:指弟弟应该服从哥哥。⑧长:长辈。⑨慈:指父母爱子女。

译读

所以,治理国家必须先整治好自己家族,如果自己的家族不能够教化的话,又怎么能够去教化别人呢,那是没有的事。所以,君子不出家门也能够成功地教化邦国。

在家族中,所讲求的孝道也是可以用来侍奉国君的,同时,悌道也可以用来侍奉长辈,慈道也可以用来指挥民众,它们的关系十分密切。

班固兄妹孝继父业

班固,字孟坚,东汉扶风安陵人,是东汉著名的史学家、文学家。

班固出生于封建官宦家庭,家里又是儒学世家。其父班彪,字叔皮,为人性情沉静稳重,博学多才,善于著述。班固之所以能成为一个著名的历史学家,与班彪的教导和影响是分不开的。

班固在父亲的教导与影响下,九岁就能作文。十六岁入洛阳太学读书。青年时期博览群书,对于诸子百家各种学术流派的观点,细心加以探讨。

班固治学注重了解文章大意,而不在分析字句上下功夫。他为人宽厚、谦虚,从不以自己才学过人而自恃,因而深为时人所敬慕。

班固二十三岁时,其父因病逝世。当时他正在洛阳太学读书。当他听到父亲病逝的消息后,悲痛至极,他匆匆赶回家中为父居丧。

在此过程中,班固一面缅怀父亲生前对自己的教诲,一面潜心阅读父亲遗作。在通读《史记后传》之后,他发现很多地方记叙得还不够详细,于是,他决心完成父亲未竟的事业,以尽孝道。

班固开始大力搜集材料,改订体例,准备在《史记后传》的基础上编撰《汉书》。可就在他埋头编撰过程中，有人诬告他私自改作"国史"，他被捕入狱，书稿也一并被抄去。

班固的弟弟班超闻讯上书，这才救了他。当时明帝看了班固的书稿，不但赞赏他的史学才能，而且召他到京师任兰台令史，掌管宫廷藏书，并进行校勘工作。

第二年班固被提升为秘书郎。班固充分利用这个有利条件，典校秘书，编著国史。明帝非常高兴，命他继续撰写班彪未写完的史书。

于是班固又着手撰写《汉书》了。经过二十余年的不懈力，到汉章帝时，《汉书》才大体写成，但仍未全部完成。汉和帝永元元年，外戚窦宪因擅权被杀，班固牵连其中，死于大狱。

同年，班固的妹妹班昭继父兄遗志，奉旨入东观藏书阁，续写《汉书》。班昭又名姬，字惠班，十四岁时，嫁于同郡人曹世叔为妻。丈夫去世后，班昭清守妇规，举止合乎礼仪，气节品行非常好。

同时，班昭学问广博，很有才干。班固去世后，她在藏书阁经年累月孜孜不倦地阅读了大量史籍，整理、核校父兄遗留下来的散乱篇章，并在原稿基础上补写了八表——《异姓诸侯王表》《诸侯王表》《王子侯表》《高惠高后文功臣表》《景武昭宣元成功臣表》《外戚恩泽侯表》《百官公卿表》《古今人表》等，最终完成了续写《汉书》的任务。

《汉书》内容丰富充实，保存了大量的原始资料，

而且作品的语言精练,言简意赅,结构严谨,对人物的描写尤为细腻、生动。

《汉书》真实地记录了当时社会的现状与阶级矛盾,客观地反映了统治阶级的腐朽与罪恶,对民间疾苦寄予一定的同情,歌颂了一些英雄和爱国人物。

总之,《汉书》不仅是一部有重要史料价值的优秀历史文献,而且也是一部杰出的散文巨著,在文学史上有重要地位。

《康诰》曰如保赤子

《康诰》曰:"如保赤子❶。"心诚求之,虽不中❷,不远矣。未有学养子而后嫁者也。

一家仁,一国兴仁;一家让,一国兴让;一人贪戾❸,一国作乱。其机❹如此。此谓一言偾❺事,一人定国。

注释

❶如保赤子:这是周成王告诫康叔的话,意思是保护平民百姓如母亲养护婴孩一样。赤子,指初生的婴孩。❷中:达到目标。❸戾:暴恶。❹机:本指弩箭上的发动机关,引申为作用。❺偾(fèn):败坏。

译读

《康诰》中说道:"爱护民众就要像母亲爱护初生的婴儿一样。"内心真诚地追求爱护民众,虽然不能完全符合,但也不会相差很远。在生活中,没有见过先学抚养孩子然后才出嫁的女子。

君主的家族仁爱相亲,整个邦国就会兴起仁爱相亲的风气;君主的家族谦恭礼让,整个邦国就会兴起谦恭礼让的风气;君主一人贪暴,整个邦国就会动乱。其联系就是这样紧密。这就叫作"君主一言能够坏事,君主一人可以安国"。

吴起爱兵如子

吴起,卫国左氏人,战国初期军事家、政治家、改革家,兵家代表人物。

吴起在治军方面,以爱惜士兵、与士兵共患难而闻名。有一年,魏文侯命令吴起统率大军攻伐秦国。西征之中,吴起与普通士兵一样,背着粮袋,徒步行走,而把战马让给了体弱的士卒骑。

吃饭的时候,吴起也不吃"小灶",而是与士兵们坐在一起,围着大锅,喝大碗汤、吃大碗饭,有说有笑,俨然一名普通士兵。睡觉的时候,吴起还与士兵们滚在一起,以天为被、以地为席。士卒们深受感动,打起仗来,都愿意为吴起出力。

当时在吴起的部队里,有一名士兵的背上生了个疽,由于军队正在行军,一时找不到良医好药进行治疗,吴起就亲自为士兵把疽中的脓液用嘴吸出来,为这位士兵治好了病。

这名士兵的母亲闻讯后,竟放声大哭。邻居大感不解,说:"吴将军为你儿子吸毒治疽,你不感谢吴将军,却哭泣不止,这是为什么?"

这位母亲回答道:"不是我不感谢吴将军,我是想起了我的丈夫啊!我丈夫以前也是在吴将军手下当兵,也曾长了背疽,当时,也是吴将军为他吸出毒汁治好病的。丈夫感激吴起,打起仗来不要命,最终战死沙场。我儿子一定也会对吴将军感恩不尽,恐怕儿子的性命也不会长久了。"

吴起爱惜士卒,士卒甘愿为吴起拼死作战。魏、秦两军交战之后,魏军连战连胜,所向披靡,秦军一退再退,接连被吴起攻占了五座城池。

魏文侯闻报,非常高兴,任命吴起为西河郡守,把保卫魏国西部的重任交给了吴起。

当然,吴起也没有辜负魏文侯的信任,他在镇守西河的二十七年里,率军与各路诸侯大战七十六次,全胜六十四次,魏国领土也扩展了千余里。

尧舜帅天下以仁

尧舜❶帅❷天下以仁，而民从❸之。桀纣❹帅天下以暴❺，而民从之。

其所令❻，反其所好，而民不从❼。是故君子有诸❽己而后求诸人，无诸己而后非诸人。

注释

❶尧舜：传说中父系氏族社会后期部落联盟的两位领袖，即尧帝和舜帝，历来被认为圣君的代表。❷帅：同"率"，率领，统率。❸从：跟从，顺从。❹桀（jié）纣：二人历来被认为是暴君的代表。桀，相传是夏朝的暴君。被商族首领汤起兵攻伐，出奔南方而死，夏亡；纣，即殷纣王，商代最后一位君主。❺暴：暴政，指残酷剥削、压迫人民的措施。❻令：上级对下级的指示。❼不从：不服从，不听从。❽诸："之于"的合音。

译读

尧舜用仁爱来统率天下，天下人也就跟着他实行仁爱；桀纣用贪暴来统率天下，天下人也就跟着他变得异常贪暴。

君主号召人民实行仁爱而自己嗜好贪暴，人民是不会听从他的。所以，君子自身具有了美德而后才能要求他人修养美德，君子自身不沾染恶习而后才能禁止他人接近恶习。

故事

宽以待人的舜

舜，姚姓，有虞氏，名重华，字都君，谥曰"舜"，是中国上古时代父系氏族社会后期部落联盟首领。舜的王位是唐尧禅让的。

尧从十六岁开始治理天下，已经做了七十年的首领了。到八十六岁那年，尧想要找一个人来接替他，于是向各地发出公告，号召人们推荐贤能的人。没过多久，人们就推荐虞舜做他的继承人。

据说虞舜的父亲双目失明，母亲早就去世了。盲人父亲又娶了一个妻子，也就是虞舜的后母。后母生了个儿子，取名叫象。

象好吃懒做而且非常傲慢，经常在父母面前说异母哥哥虞舜的坏话。虞舜并不介意这些事。他十分孝顺自己的盲人父亲，对待后母和异母弟弟象也很好。

尧听了人们的介绍，决定先考验考验虞舜。他把自己的两个女儿娥皇和女英都嫁给了虞舜做妻子，并派虞舜到各地去同群众一起干活。

虞舜结婚以后，带着两个妻子一起去种地干活，同时依旧孝顺父母，关心弟弟。大家都说他是个好儿子，好丈夫，好哥哥。虞舜每到一个地方，人们都紧紧跟随着他，拥护他。

虞舜的盲人父亲和弟弟象听说虞舜得到这么多东西，又起了坏心。

　　有一回，虞舜的盲人父亲叫舜修补粮仓的顶。当舜用梯子爬上仓顶的时候，盲人父亲就在下面放起火来，想把舜烧死。舜在仓顶上一见起火，想找梯子，但梯子已经不知去向。

　　幸好舜随身带着两顶遮太阳用的笠帽。他双手拿着笠帽，像鸟张翅膀一样跳下来。笠帽随风飘荡，舜轻轻地落在地上，一点儿也没受伤。

　　虞舜的父亲和弟弟并不甘心，他们又叫舜去掏井。舜下到井里后，他们就在上面把一块块土石丢下去，把井填平，想把舜活活埋在里面。没想到舜下井后，在井边掘了一个孔道，钻了出来，又安全地回家了。

象不知道舜早已脱险,得意扬扬地回到家里,去了舜的屋子。哪知道,他一进屋子,舜正坐在床边弹琴呢。舜也装作若无其事,说:"你来得正好,我的事情多,正需要你帮助我来料理呢。"

以后,舜还是像过去一样和和气气地对待他的父母和弟弟,他的父亲和弟弟也不敢再暗害舜了。

唐尧听说虞舜这样宽宏大量,对他更加放心了,就把治理天下的大权交给了他。这就是历史上著名的"尧舜禅让"。

虞舜行使了二十年的治理大权,把各种事情办理得井井有条,天下的人都十分佩服他。

所藏乎身不恕

所藏乎身不恕❶,而能喻❷诸人者,未❸之有也。故治国在齐其家。

《诗》云:"桃之夭夭❹,其叶蓁蓁❺。之子于归,宜其家人。"宜其家人,而后可以教国人。

注释

❶恕:即恕道。❷喻:开导,使别人明白。❸未:不,不管,没有。❹夭夭:草木茂盛的样子。诗以桃花喻少女,指少女风华正茂,娇艳宜人。❺蓁蓁(zhēn):树叶茂盛的样子。比喻女子将来室家之盛。

译读

如果自身有着不合于恕道的心念,又怎么能够去教育别人行恕道呢,那是从来都没有过的事。因此,想治理好国家的前提就在于整治好自己的家族。

《诗》中说道:"桃树长得多么茂盛,它的叶子光润碧绿;这个女孩儿就要出嫁了,她使家人能够和睦相处。"自己的家人能够和睦相处,然后才可以教化国人。

故事

家族兴盛,冠冕不绝

琅琊王氏是中国古代顶级门阀士族,晋代四大盛门"王谢袁萧"之首,是中古时期中原最具代表性的名门望族,素有"华夏首望"之誉称。

琅琊王氏自汉代步入历史舞台,历经两晋的兴盛,流风余韵延续至隋唐之世,数百年冠冕不绝,固然与外在之社会政治、经济财力有关,但像他们一样能保持门户不衰的并不多见,这与其良好家风有莫大关系。家风是家族的精神文化传统,关乎家族文化的底色和基调,琅琊王氏家风的底色便是立德、立功、立言。

王氏家风的奠定者当属"二十四孝"之一的王祥,他是王吉以下第六代,"卧冰求鲤"的主角就是他。父母生病,王祥衣不解带,日夜照顾,汤药必亲自尝过后,再给父母服用。

天寒地冻,继母想吃鲜鱼,他脱衣卧于河冰之上,冰被暖化,孝感天地,从冰下跃出两尾鲤鱼。故事经过

民间演绎,自然有夸张之处,但王祥的孝在当时是传为佳话的。

王祥是王氏家风的奠定者,王导则是王氏走向极盛的引领者。晋室衣冠南渡,王导与堂兄王敦一内一外协助司马睿建立东晋。

王导安抚南渡的北方士族,联络南方士族,极力调和二者之间的矛盾,为稳定江东局面,立下汗马功劳,时人言"王与马,共天下",道出了王导对晋朝的再造之功。

王导调和南北矛盾的同时,也没忘了身为近臣要时刻规劝皇帝的职责,他成功劝谏司马睿戒酒、放弃随意改变储君等。

有一次,晋明帝当着王导的面,询问中书令温峤晋朝得天下的原因。温峤尚未回答,王导上前一步,说:"温峤年轻不熟悉本朝旧事,我来为陛下陈述。"

王导便详细地讲述了司马懿创业初始,诛杀名门望

族，宠信培植亲近之人，一直讲到司马昭除掉魏帝高贵乡公曹髦等不光彩的事情。王导以此来规劝晋明帝要远小人，行德政。明帝听后很内疚，掩面伏于坐榻之上说："如公所言，晋室皇祚安得长久！"

历史进入南朝，琅琊王氏子弟王弘、王昙先后辅助刘裕、刘义隆父子称帝，将王氏家族再次推向鼎盛；齐代宋，王俭对萧道成的功业立有大功。

不为一家一姓尽忠，而为国为民建立事功，是琅琊王氏家风的成功之处。琅琊王氏顺应历史发展，不为腐朽王朝尽愚忠，维护安定大局，尽可能减少战乱，让百姓少受乱离之苦，对历史发展功不可没。

宜兄宜弟

《诗》云❶："宜兄宜弟❷。"宜兄宜弟，而后可以教❸国人。

《诗》❹云："其仪❺不忒❻，正是四国❼。"

其为父子兄弟足法，而后❽民法❾之也。此谓治国在齐其家。

注释

❶云：说道，引文。❷宜兄宜弟：引自《诗经·小雅·蓼萧》。❸教：教育，教化。❹《诗》：指《诗经》。❺仪：仪表，仪容。❻忒：差错。❼四国：指四方各国。❽而后：以后，后来，然后。❾法：仿效。

译读

《诗》中说道:"兄弟之间要和睦相处。"如果兄弟之间能够和睦相处了,然后才可以去教育国人,只有自己做到了才能够去感化别人。

《诗》中说道:"作为君主,他拥有威严的仪表是没有什么差错的,这正可以表现出他正义凛然的一面,同时,也可以表现出他在领导四方国家时的决心。"

只有当一个人无论是作为父亲、儿子,还是兄长、弟弟都值得人效法时,老百姓才会去效法他。这就是要治理国家必须先管理好家庭和家族的道理。

姜肱兄弟情深

姜肱，字伯淮，东汉彭城广戚人，家世名族，一生不肯做官。姜肱有两个弟弟，一个叫姜海，一个叫姜季。兄弟三人手足情深，非常友爱。

有一次，姜肱跟他的大弟弟一同去京城，结果半夜路遇强盗。月光下，强盗面目狰狞，手里拿着明晃晃的长剑，一步步逼近抱在一起的两兄弟。

突然，哥哥将弟弟推到后面，说："你杀了我吧，我弟弟还小，希望你放他一条生一路。"

这时，后面的弟弟也走上前来，说道："不！你不可以伤害我哥哥，还是杀我吧！

"盗贼被兄弟俩的手足之情深深地感动了，只抢了一些财物便匆匆离开了。到京城后，有人见姜肱衣冠不整，就问他："出了什么事？"

姜肱摇摇头，绝口未提被抢的事。后来，事情辗转传到了盗贼的耳朵里，他非常感激，悔恨交加。

第二天，他跑去请求拜见姜肱，表示自己要痛改前非。在姜肱兄弟的影响下，人们互敬互爱，和睦相处，过着幸福的生活。作为兄弟，就应该像姜肱三兄弟一样，相亲相爱，互相帮助吧。

平天下

所谓平天下

所谓平天下,在治其国者:上老老❶,而民兴孝;上长长❷,而民兴弟;上恤孤,而民不倍❸。是以君子有絜矩之道❹也。

所恶于上❺,毋❻以使下;所恶于下,毋以事上;所恶于前,毋以先后;所恶于后,毋以从前;所恶于右,毋以交于左;所恶于左,毋以交于右。此之谓絜矩之道。

> **注释**
>
> ❶老老:尊敬老人。前一个"老"字作动词,意思是尊敬、尊重。❷长长:尊重长辈。前一个"长"字作动词,尊敬,尊重。❸倍:通"背",背弃。❹絜(jié)矩之道:是以推己度人为标尺的人际关系处理法则,指内心公平中正,做事中庸合德。絜,度,衡量;矩,尺子。引申为法度、规则。儒家以"絜矩"来象征道德上的规范。❺所恶于上:厌恶上级对待下属的态度。❻毋:不要,不可以。

译读

所谓使天下太平在于治理好自己的国家，这是因为处上位的人孝敬老人，就会兴起孝敬之风，处上位的人尊敬长辈，就会兴起敬上之风；处上位的人怜惜孤寡，民众就不会互相背弃。因此，君子应该在道德上起到规范和示范的作用。

如果上级做了令自己厌恶的事，就不要用来对待下级了，下级做了令自己厌恶的事，就不要用来对待上级了；前辈做了令自己厌恶的事，就不要用来对待后辈了；后辈做了令自己厌恶的事，就不要用来对待前辈了；厌恶右边的人所做的恶事，就不要把同样的恶行加在左边的人身上；厌恶左边的人所做的恶行，就不要把同样的恶行加在右边的人身上。这就叫作道德上的规范所起的示范作用。

故事

庾黔娄以孝为先

庾黔娄，字子贞，南朝齐人。庾黔娄被派到孱陵当县令。赴任不满十天，他突然觉得心跳加快，额头上的汗珠簌簌往下落。

俗话说"父子连心"。黔娄心想：一定是年迈的父亲病了。于是，他决定辞官回家。衙门里的人听说后，纷纷劝他三思。可是，庾黔娄毅然谢绝了众人的好意，立即起程回家。果然，父亲真的生病了。

黔娄不顾疲劳，找来最好的大夫为父亲诊断病情。

大夫告诉黔娄说:"如果你想知道病情严重与否,就去尝尝你父亲的粪便。如果是苦的,就很容易医治。如果是甜的,就不好办了。"

黔娄听后,想都不想就去尝了父亲的粪便。在场的人都被他的孝心深深地感动了。黔娄尝出了一丝甜味,说明父亲的病很严重。这让他忧心如焚。白天,他亲自服侍父亲。晚上,就向北斗七星磕头祈求,希望能以自己的身体代替父亲承担病痛。

可是,黔娄的愿望破灭了。不久,父亲就去世了。黔娄在守丧期间非常悲恸,常常因为思念父亲整日泪流满面。

庾黔娄不顾名利,辞官侍奉父亲,又亲尝父亲粪便为其断病。这样的孝行人间少有,是为人子女的楷模。

乐只君子，民之父母

《诗》云："乐❶只❷君子，民之父母。"民之所好好之，民之所恶恶之，此❸之谓民之父母。

《诗》云："节❹彼南山，维石岩岩❺。赫赫❻师尹❼，民具尔瞻❽。"

有国者不可以慎，辟❾则为天下僇❿矣⓫。

注释

❶乐：快乐，喜悦。❷只：语气助词，啊，哉。❸此：这，这个，与"彼"相对。❹节：高大雄伟的样子。❺岩岩：累累堆积的岩层险峻的样子。❻赫赫：显著盛大的样子。❼师尹：太师尹氏，太师是周代的三公之一。❽民具尔瞻：民众都看着你们啊。❾辟：偏差。❿僇（lù）：通"戮"，杀戮，引申为推翻。⓫矣：文言助词。

译读

《诗》中说道："一个快乐的君子，就如同是民众的父母。"也就是说，他喜欢民众所喜欢的，厌恶民众所厌恶的，这就叫作民众的父母。

《诗》中说道："那座巍峨的终南山，层峦叠嶂，显得多么危险。权势显赫的尹太师，人民都看着你们啊！"

作为一个能够统治国家的人来说，在做任何事情的时候都应该谨慎小心，如果自己的所作所为稍有偏差，那么，他就会被天下百姓所推翻。

故事

唐太宗以民为重

唐太宗李世民,生于武功之别馆,是唐高祖李渊和窦皇后的次子,唐朝第二位皇帝。

当时的唐朝,是在隋末天下大乱的基础上建立的。连年的战乱,使社会经济遭到严重的破坏。黄河以北许多地方,旷野千里不见人烟;江淮之间,田地里到处长满野草。全国人口只有三百万户,只有隋朝极盛时人口的五分之一。

庞大的军队,众多的官员,只能靠苛捐杂税维持。老百姓受不了,只好弃地逃亡,流浪他乡。土地荒芜太多,又造成了粮食奇缺,长安粮价最贵时,一匹绢才能换到一斗米。

如何把国家从危机边缘解脱出来?李世民冥思苦想,逐渐悟出了"民为邦本"的道理。

李世民对大臣们说:"君主依靠国家,国家依靠百姓,靠剥削百姓来侍奉君主,等于割自己的肉充饥。"

李世民还说:"人君的灾祸,不是从外面来,总是自己造成的,人君贪欲太多就要多费财物,多费财物就要加重税收,税收加重了百姓愁苦,百姓愁苦国家就危险。""治国好比种树,树根牢固,树叶就茂盛了。所以,为君之道,必须先存百姓。"

于是,李世民听从大臣魏征与民"安静"的意见,采取了一系列利国利民措施:

第一是减轻赋税。对山东等一些受灾严重的地方,甚至免税一年。个别地区,他还安排救济饥民。

第二是大力兴修水利,促进农业生产。

第三是想方设法增加人口。他派使者与突厥谈判,让其归还掳去的中原百姓;同时下令放逐长期被关在宫中伺候皇上的宫女三千人。另外,还规定凡是到了一定年龄没有成家的青年男女,要由州、县官帮助他们及时成婚。

第四是尽力克制自己的欲望。他提倡节俭,反对奢费,不但自己住在前朝留下来的旧宫殿里,不劳动百姓大兴土木,而且还规定了王公以下的住宅、车服、婚嫁等的标准,不准任何人超越规格。

第五是认真贯彻他父亲制定的均田制,实行计口授

田，规定每个丁男应有田三十亩，努力使老百姓有田种，有饭吃。

为了促进农业生产，李世民不但组织委派官员到各地"劝课农桑"，而且还亲自在宫廷后面开了几亩地，带头种起了庄稼。长孙皇后见皇帝在"躬耕"，便也立即组织起后宫的妃子、宫女，学农村妇女的样子，养起蚕来。

皇帝和皇后的行动，不但对当时农业生产的恢复和发展起到了较好的推动作用，而且通过亲身对劳动的体验，也使他们真正体会到了农业生产的辛苦，在一定程度上缩短了同劳动人民感情上的距离。

有一次，李世民对即将分赴各地"劝农"的使者说："我才试种了几亩地，就感到十分疲乏。我想，农夫种田几十亩，整年不休息，他们就更加辛苦了。所以你们到州县去的时候，一定要亲自到田头垄间去看看，不要叫人迎送。如果送往迎来，误了农时，这样的劝农还不如不去。"

作为一个封建帝王，如果没有亲身的劳动实践，是说不出这番话的。李世民登基当了皇帝的这一年八月，夏天的酷暑还没有消去，连绵的秋雨就接着来了。

李世民过去在战斗中多次负伤，每逢阴雨天气，伤处就隐隐作痛。有的大臣提议建一座高而干燥的新宫殿，让皇帝避潮湿。

李世民也希望改换一下住所的环境，当时也就同意了。可事后他找了几个工匠计算了一下耗费，需要花不少的钱。李世民犹豫了，他想，战争刚刚结束不久，国库十分空虚，为了自己舒服，花这么多钱值得吗？

李世民联想起汉文帝的故事来。当年汉文帝曾打算建一座露台,后来听说要花费一百斤黄金,就舍不得了,认为一百斤黄金相当于十户中等人家的财产,不想劳民伤财,就把那个项目停了。

李世民对建议修殿的大臣说:"我的功德不如汉文帝,但修殿耗费却超过了一百斤金子,这件事还是不要办了!"

由于李世民采取了许多有利于生产、有利于民众休养生息的措施,加之他本人能够以身示范,以民为重,爱护民力,满目疮痍的社会,慢慢地复苏起来,并以较快的速度得以发展,终于达到了唐代政治、经济的最高峰,那就是历史学家们津津乐道的"贞观之治"。

殷之未丧师

《诗》云:"殷之未丧师❶,克配❷上帝。仪监❸于殷,峻命不易❹。"道得众则得国,失众则失国。

是故君子先慎❺乎德。有德此❻有人,有人此有土,有土此有财,有财此有用❼。

注释

❶师:民众。❷配:配合,引申为符合、秉承。❸监:鉴戒。❹不易:指不容易保有。❺慎:小心,当心。❻此:乃,才。❼用:花费的钱财。

译读

《诗》中说道:"殷朝在还没有丧失民心的时候,它还能够符合上天的旨意。借鉴殷朝,儆诫自己,遵行大命,真不容易啊!"这也就是说,统治者要遵循道就会得到民众的拥护,从而会得到国家;否则就会失去民心,从而会失去国家。

因此,国君首先要修养自己的道德,有了美德也就能够得到民众的拥护,有了民众的拥护也就能够得到土地,有了土地也就有了财富,有了财富也就有了国家的用度开支。

故事

管仲与鲍叔牙结交

管仲和鲍叔牙是春秋时期齐国人。他俩自幼结交,相互间非常了解,非常知心。管仲和鲍叔牙都勤奋好学,知识渊博,成了当时才华出众的名人。管仲做了齐公子纠的老师,鲍叔牙做了齐公子小白的老师,两人各保其主。

后来,齐公子纠和齐公子小白因争夺君主地位,互相残杀起来。公子小白胜利了,当了齐国的君主,叫齐桓公。而公子纠被逼自杀,管仲被俘,成了阶下囚。

齐桓公准备处死管仲。这时,鲍叔牙已做齐国的宰相,他想要解救管仲,并向齐桓公推荐管仲说:"管仲的才能大大超过我,要使齐国富强起来,非重用他不可。"

齐桓公听了鲍叔牙的劝告,用最隆重的礼节,请管仲当了齐国的宰相,而鲍叔牙反而成了管仲的助手。两人同心辅政,

齐桓公很快成就了霸业,九次大会诸侯,使齐国成了春秋时期五个霸主中最早和最有名的一个。

管仲功成业就,十分感激知心朋友鲍叔牙,逢人便颂扬鲍叔牙的美德。他说:"我起初在困难时,曾和鲍叔牙一起经商,分财利时,我自己多分,鲍叔牙不认为我贪财,因为他知道我贫困。我曾经给鲍叔牙计划事情,可是没有计划好,把事情办糟了,鲍叔牙不认为我愚笨,他知道时机有时顺利有时不顺利。我曾经三次做官,三次被君主赶走,鲍叔牙不认为我品行不好,他知道是我没遇到好时机。公子纠兵败身亡,我被关进囚车受到各种侮辱而我没有自杀,鲍叔牙不认为我没有羞耻,他知道我不以小节为羞耻,我所耻的是功名不显于天下啊!真是生我的是父母,知我的是鲍叔牙啊!"

管仲和鲍叔牙共同辅佐齐桓公四十余年,为齐国建立不朽的功业。他俩知心知意,团结合作,为后人所称颂。

德者本也

德者本也,财者末❶也,外本内末,争民❷施夺❸。是故财聚则民散,财散则民聚。

是故言悖❹而出者,亦❺悖而入;货❻悖而入者,亦悖而出。

注释

❶末:泛指物的末端、末尾。❷争民:与民争利。❸施夺:施行劫夺。❹悖:通"背",违背。❺亦:副词,也,表示同样、也是。❻货:财货。

译读

美德是根本,财富是末梢。如果国君表面讲道德,内心却重财富,那么,他就会争民财、夺民利。因此,国君聚敛财富,人民就会离散;国君施散财富,人民就会凝聚。

因此,用违背情理的话去责备别人,别人也会用违背情理的话来回报你;如果聚敛了不合情理的财富,那么,也会不合情理地失去财富。

故事

廉希宪拒收贿赂

廉希宪,字善甫,号野云,维吾尔族人,元代杰出

政治家。廉希宪十九岁入侍元世祖,累官至中书平章政事,至元中以平章行省事于荆南,后复召为相。他倡导孟子"性善义利"之说,禁剥夺,兴商贩,兴利除害。

当初元世祖还是亲王时,廉希宪就得到元世祖的信任。廉希宪奉命去荆南行省主持政务,励精图治,率民治水垦田,兴利除害,为民所拥戴。

他刚到任,立即下令禁止强取豪夺,保护正当的商业贸易,使军民相安以处,官吏各司其职。然后登记原来的南宋官员,量才任用,给予信任。

当时,凡是在宋朝做过官的人,在觐见元朝太守以上的官员时,必须先送上珍贵的珠宝文物,才能被接待。只有廉希宪不这样做,他对来拜访的人说:"你们以前如果是清廉为官,那么可以继续担任原职,甚至有可能得到破格录用。你们应当明白,这是我朝皇上对你们的恩德,要以加倍的努力做事来作为报答,你们不必拿那么多宝物给我。"

廉希宪接着说:"如果这些宝物本来就是你们的祖先传下来的,我收下而占有成为我的财产的话,那么就不合乎道义;如果这些宝物是你们做官时利用职权从官府中占取的财产,我收下之后,就如同你一样成为偷窃的合谋了;如果这些宝物是你们从百姓那里搜刮来的,我如果收下的话,那么这就是有罪的,希望你们能够善自珍重。"

那些被逼送礼的宋朝官员听了之后,心里十分感激。廉希宪厌恶奸邪,不礼权贵,对儒士则十分尊重,以礼善待。

宋朝降臣刘整已被任命为行省左丞、都元帅,前来

求见,廉希宪有意给以羞辱,不予理睬。他对刘整说:"这是我的家宅,你如果有公事需要汇报,那么明日就到政事堂来见。"

但是,当那些流落燕京、饥寒困顿的南宋儒士持诗求见,他立即铺设座椅,亲自出门迎接,整备酒茶款待。他的弟弟不明白为什么要这样做:刘元帅为皇上所任命,你反而菲薄鄙视,却对江南穷秀才礼遇如此。

廉希宪说道:"我作为国家大臣,言行举止,无不关系天下重轻。刘整虽然官居富贵,但他是出卖国家的叛逆贰臣,因此给以折辱,使他明白君臣义重。而天下寒士,他们诵读圣贤之书,是孔夫子的门徒,在宋国时,公朝没有位置,公宴无资格参与,但他们却满腹经纶,胸怀乾坤,因此应当礼敬尊崇。况且现在国家崛起于朔漠,读书人已经很少了,我如果不能对他们尊重礼敬,那么儒术就将断送了。"

他先后举荐、起用人才很多。在这些人才的辅助下,他的政声治绩得到人们的称颂。

道善则得之

《康诰》曰:"惟命❶不于常❷。"道善则❸得之,不善则失之矣。

《楚书》❹曰:"楚国无以为宝,惟善以为宝。"舅犯❺曰:"亡人❻无以为宝,仁亲以为宝。"

注释

❶惟命:听从命令。❷常:常规。❸则:表示因果关系,就,便。❹《楚书》:楚昭王时的史书。❺舅犯:晋文公重耳的舅舅狐偃,字子犯。❻亡人:流亡的人,指重耳。

译读

《康诰》中说道:"唯独天命是无常的。"也就是说,有好的道德就能得到天命,没有好的道德就会失去天命。

《国语·楚语》说:"楚国没有什么可以作为宝贝,而是把善作为宝贝。"晋文公的舅舅子犯说:"逃亡在外的人没有什么宝贝,就是以仁爱亲人为宝贝。"

故事

楚惠王恩及厨师

楚惠王是楚昭王熊轸的儿子,名叫熊章,他的母亲是越姬。惠王二年,即公元前487年,惠王令尹子西将前废太子的儿子胜召回楚国,任命为巢邑大夫,他就是白公胜。白公胜以善用兵和礼贤下士而闻名,这个人整天就想着要报父亲被废的仇。

惠王六年,就是公元前483年,白公胜想让子西出兵伐郑,子西答应了,但未出兵。白公胜从此恨上了子西。惠王八年,晋国讨伐郑国。郑国向楚国求救。惠王命子西前去救援,战役胜利后,郑国以重金奖赏子西。

白公胜听说后非常气愤,便与勇士石乞等人公然在朝堂将子西杀害,并囚惠王于高府。幸而有侍卫屈固将

惠王救出，藏于惠王母亲越姬的寝宫。白公胜乘乱自立为王。

一月后，叶公沈诸梁听说白公胜乱楚自立，调集王城外的楚军入郢讨伐白公胜。白公胜不敌叶公之师，大败。慌乱中无路可逃，只好自缢身亡。惠王这才复位。

有一天，楚惠王吃凉酸菜时，发现内有水蛭，担心做饭的厨师被牵连，便将水蛭吞下，不久导致腹痛。令尹询问楚惠王："大王为什么会腹痛呢？"

惠王说："是孤不愿使厨师与管辖膳食的官员死去，所以贸然吞食了饭中的水蛭。"

令尹听后叩头说："我听说，天道无情，只有贤德的人才能获帮助。大王有天道之助，不会有任何疾病能侵身！"

当晚，楚惠王如厕后，腹中的水蛭被排了出来，缠绕于惠王身上的病痛就此痊愈。

若有一个臣

《秦誓》曰:"若有一个臣,断断❶兮,无他技,其心休休❷焉。其如有容焉。人之有技,若己有之。人之彦圣❸,其心好之,不啻若自其口出。实能容之,以能保我子孙黎民,尚亦有利哉。人之有技,媢疾以恶之,人之彦圣,而违之俾不通,寔不能容,以不能保我子孙黎民,亦曰殆哉。"

唯仁人放流❹之,迸❺诸四夷❻,不与同中国❼。此谓唯仁人为能爱人,能恶人。

注释

❶断断:真诚老实、勤恳专一的样子。❷休休:宽宏大量的样子。❸彦圣:美好的德行。❹放流:放逐,流放。❺迸:即"屏",屏除,驱逐。❻四夷:四方之夷。古代泛指边远的少数民族地区。❼中国:古代指汉族居住的中原地区,即黄河流域。

译读

《秦誓》说:"如果有这样一个臣子,他忠诚老实而无一技之长,心胸宽广而能包容一切;别人有技艺,就像自己有技艺;别人有美好的德行,他衷心喜欢,一如自己口中说出的那样。如果这种人能够加以重用,那么,他就能够保护我的子孙和百姓,而且能为我的子孙和百姓谋利益。如果别人有技艺,就嫉妒厌恶他;别人有美

好的德行，就压制阻止使他不能上达于国君。这种人确实不能容人，因此，他也就不能够保护我的子孙和百姓，要是重用了这种人，那就太危险了。"

对于这种妒忌的人来说，只有仁德的国君才能够流放他们，把他们驱逐到边远的地方，不使他们和中国同教化。这就叫作只有仁人能够热爱好人，憎恨坏人。

魏文侯用人不疑

魏文侯，是三家分晋中魏桓子的孙子，是魏国的开国国君。魏文侯在位时礼贤下士，师事儒门子弟卜子夏、田子方、段干木等人，任用李悝、翟璜为相，乐羊、吴起等为将。这些出身于小贵族或平民家庭的士开始在政治、军事方面发挥其作用，标志着世族政治开始为官僚政治所代替。

乐羊起初是魏国相国翟璜的门客。魏文侯十七年，就是公元前408年，中山国国君姬窟发兵进犯魏国，在相国翟璜的举荐下，魏文侯任乐羊为帅，率军往讨。乐羊之子乐舒是中山国的将领，而且曾杀死翟璜之子翟靖。但是翟璜深知乐羊为人，不计恩怨，力保乐羊担任主帅出兵讨伐中山国。

当时，乐羊的儿子乐舒在中山国任职。朝中大臣议论纷纷，觉得乐羊虽然善于打仗，但是为了自己的儿子着想，乐羊也不会尽力尽责，这是人之常情。因此，便请求魏文侯再三考虑。但魏文侯却不为所动，任令已发，

岂能因为没有发生之事临阵换将?

魏文侯调遣五万人马给乐羊,向中山国进军。中山国国君果然拿乐羊的儿子乐舒做文章,威逼着他到城楼上,劝说乐羊退兵,乐羊不肯退,反而要求中山国国君投降。中山国国君便采用缓兵之计,让乐舒要求给他们一个月的时间考虑,乐羊答应了,不再攻城,只在外面围着。

中山国国君一看,以为是乐羊爱子心切,不敢攻城呢,便不再想办法,依然享乐。到了一个月的时候,便派乐舒上城楼再要求考虑一个月,乐羊又答应了,如此过了

三个月,乐羊的属下对他的做法表示怀疑。

乐羊解释道,我不是为了顾全父子之情,只是为了收买人心罢了,我们如果一味攻城,只会让中山国的人团结起来,同仇敌忾,对付我们。而这样呢,中山国国君再三食言,就会大失民心。

消息传来,朝中大哗,群臣诬告乐羊通敌。魏文侯却不为所动,反而做了两件让大臣们意想不到的事情。第一件事,他派人到前线去热情、隆重地慰问了军队;第二件事,在国内派工匠为乐羊修建一处豪华的住宅,等着他胜利归来。

此时,围困已久,中山君见破敌无望,杀死乐舒,煮成肉羹送给乐羊。乐羊神色坦然地吃了一口,说:"乐舒为昏君做事,理应有此下场。"

最终,乐羊按自己的计划攻克了中山国的国都,中山君自杀。消息传回,魏文侯非常高兴,他亲自出城迎接得胜归来的乐羊,大犒三军,并为乐羊办了一个盛大的庆功宴席,席中百官都过来祝贺。魏文侯当着大家的面说:"乐羊由于忠心于我的缘故,吃了自己儿子的肉。"那些怀疑过他的大臣们都有些不好意思。

乐羊攻克中山国后,回国向魏文侯报告,显出夸功骄傲的神色。宴会后,魏文侯赠送了乐羊两个大箱子,乐羊原本以为是金银财宝,回家打开一看惊呆了,里面全是攻打中山国时,大臣们弹劾自己的奏章,读得乐羊冷汗直流。

这要不是魏文侯对自己有着坚定不移的信任和庇护,自己早就已经没命了,哪谈什么军功战绩、荣誉封地啊!第二天,魏文侯赏赐他的时候,他坚决推辞了,说道:"攻

下中山国,不是我的力量,是君主您的功劳。"

魏文侯这时说出了我们都应该学习的一段话:一个好的管理人必须要善于用人,而要使用好一个人,必须做到信任一个人,否则有再好再多的人才也等于零。如果你根本就怀疑这个人,就不要使用,而使用的人才你就要放手让他去做,你做好保障工作就行了。攻打中山国,我知道只有你乐羊能够担当此重任,并且知道你是可以信任的,所以才会用你不疑。现在你果然不负所望,赏赐是应得的,你就不要推辞了,我封你为灵寿君,即刻上任去吧。

见贤而不能举

见贤❶而不能举❷,举而不能先❸,命❹也。

见不善❺而不能退❻,退而不能远❼,过❽也。

好人之所恶,恶人之所好,是谓拂❾人之性,灾❿必逮⓫夫身。

是故君子有大道⓬,必⓭忠信⓮以得之,骄泰⓯以失之。

注释

❶贤:有道德的,有才能的。❷举:指推选,推荐。❸先:亲近,信任。❹命:轻慢,怠慢。❺善:心地仁爱,品质淳厚。❻退:离开,辞去。❼远:距离长。❽过:错误。❾拂:逆,违背。❿灾(zāi):"灾"的异体字,即灾祸,

灾殃。⑪逮（dǎi）：及，到。⑫大道：重大的原则。⑬必：一定。⑭忠信：忠诚信实。⑮骄泰：骄横放纵。

译读

见到贤人而不能举荐，举荐而不能率先任用，这就是怠慢了。

如果见到了不善的人不能辞退，或者说，即使辞退了那个不善的人而不能远离他，这就是过失和错误了。

如果一个人喜欢上了别人所不喜欢的，讨厌别人所爱好的，这就叫作违反人性，灾祸必然也会落到自己的身上。

所以，做国君的人有重大的原则：忠诚信义，便会获得一切；骄奢放纵，便会失去一切。

故事

景监三荐商鞅

春秋战国时期的秦国被晋国和后来的魏国侵占了不少地盘，国势衰微，慢慢与中原隔绝，几近蛮夷。秦孝公想复兴祖先威势，于是下了求贤令。

商鞅在魏国听得求贤令，立马夹着几本李悝的《法经》，一路向西，赶往秦国，并说动秦孝公的宠臣景监将自己引荐给孝公。

商鞅见到孝公，用拿手的帝王道说了一大通，说得孝公兴趣寥寥，都快睡着了。商鞅告退后，孝公对景监说，你介绍的是什么狂妄之人啊，根本不堪大用。

数日后，景监再次安排商鞅见孝公，商鞅又是滔滔

不绝，孝公照样听得厌烦，事后对景监发了一通火。

虽说商鞅执着，却也难得景监认同他，不怕孝公斥责，居然再次引荐。更难得的是孝公居然如此宠信景监，明明看不上，也勉为其难地再次接见了商鞅。就是这第三次接见，直接改变了中国两千年的历史走势！

第三次见面，商鞅侃侃而谈，引起了孝公的强烈兴趣，坐不安席，不住地朝着商鞅的方向挪动，这一谈，居然谈了两天！

事后，景监很不明白，问，先生您这次说了什么，让君上这么感兴趣？

商鞅说，第一次，我以帝道之术去说动孝公，孝公觉得太缥缈，觉得我是个狂生。第二次见面的时候，我说的是富民强国的王道之术，孝公虽然觉得好，但觉得耗时太长，短期难见效，对当前秦国的强盛没什么帮助，所以会斥责您。第三次，我知道孝公需要什么了，说的是国富兵强的霸主策略，孝公才会听得入迷，所以和我畅谈两日而不觉得疲倦。

从此，商鞅登上了历史舞台，几乎被视为蛮夷之邦的西秦，迅速崛起，成为强秦！

生财有大道

生财❶有大道，生之者众，食之者寡❷，为之者疾，用之者舒，则财恒❸足❹矣。

仁者以财发身❺，不仁者以身发财❻。未有上好仁而

下不好义者也，未有好义其事不终者也，未有府库❼财非其财者也。

孟献子❽曰："畜马乘不察于鸡豚，伐冰之家❾不畜牛羊，百乘之家❿不畜聚敛之臣，与其有聚敛之臣，宁有盗臣。"此谓国不以利为利，以义为利也。

长国家而务财用者⓫，必自小人矣。彼为善⓬之，小人之使为国家，灾害⓭并至⓮。虽有善者，亦无如之何⓯矣！此谓国不以利为利，以义为利⓰也。

注释

❶生财：指开发财源，增加财富。❷寡：少，缺少。❸恒：持久。❹足：充分，够量。❺发身：使自身兴旺。即王业兴盛。❻发财：获得大量钱财物。❼府库：国家贮藏财物的地方。❽孟献子：鲁国大夫，姓仲孙名蔑。❾伐冰之家：指丧祭时能用冰保存遗体的人家，这是卿大夫类大官才有的待遇。❿百乘之家，拥有一百辆车的人家，指有封地的大家族。⓫长国家而务财用者：执掌国家的军政大权，却一心只想着聚财敛富，贪图享受的人。长，掌握，领导。⓬善：重视。⓭灾害：即灾害。⓮并至：一起来到。⓯无如之何：没有办法。⓰以义为利：指以道义作为利益。义，道义。

译读

创造财富有大原则：生产财富的人多，消耗财富的人少，掌管财富的人勤快，耗用财富的人节俭，这样，国家财富就可以经常保持充足了。

有仁德的人用疏散财富来使王业兴盛，没有仁德的人用权力聚敛财富。没有君主爱好仁德而臣民不喜欢道义的，没有喜欢道义而不能把事业进行到底的，没有府库中用仁德得来的财物最终是不属于自己的。

孟献子说："喂养四匹马来拉车的大夫家族，就不管喂鸡养猪的事了；能够凿冰来保存遗体的卿大夫家族，就不喂养牛了；拥有百辆兵车有封邑采地的卿大夫家族，就不豢养能聚敛财富的家臣了，与其有能聚敛财富的家臣，宁有可盗窃主人财物的家臣。"这就是说，国家不能以财富为利，要以道义为利。

治理国家的人专门聚敛财富，一定是听从了小人的教唆。治理国家的人想要治理好国家，却让小人来治国，那么，灾难祸害将会随之降临。虽有贤德的人，也无法挽救了。这就是说，国家不能以财富为利，要以道义为利。

廉范无私，义薄云天

在儒家义利思想中，家庭和谐与为人民谋幸福是其重要的组成部分。一个人能够为此救危急，赴险厄，当属大义壮实。廉范就是这样的人。

廉范，东汉时期京兆杜陵人，是战国时期赵国将军廉颇的后人。廉范十五岁时，其父在巴蜀地区死于战乱。廉范惊闻噩耗，痛不欲生，他小小年纪就告别母亲，只身前往巴蜀去接父亲的灵柩。

蜀郡太守张穆，是廉范的祖父廉丹的老部下，听说

了这件事,就送给廉范许多财物。廉范没有接受,决定背着灵柩徒步回乡。在途中,廉范所乘的船碰到礁石沉没,廉范抱着灵柩一起沉到水中。一船的人被廉范的孝心感动,忙用竹竿把他搭救上来,才幸免于死。

廉范背着父亲的灵柩回到故乡,安葬了父亲,又守孝三年。然后,前往京城拜师博士薛汉学习。在薛汉门下,廉范学业日益精进,掌握了很多知识。当时的京兆、陇西两郡都请他做官,他热衷学业,没有接受。

汉明帝初期,陇西太守邓融准备了一份厚礼,征聘廉范为功曹,但邓融忽遭上级审查。廉范知道邓融不好解脱,就暗自盘算,打算以自己的能力救他,于是托病

离开了邓融。邓融不明缘由，心中不免怨恨。

廉范离开邓融后到了洛阳，更名改姓，请求担任廷尉的狱卒。不久，邓融被押解到洛阳关入监狱，廉范于是得以在他身边侍奉，尽心尽力。

邓融奇怪这个狱卒长得像廉范，于是试探着问道："你长得和我从前的一个部下很像。"

廉范为了掩饰，故意提高声音斥责道："我看你是因为困窘看花眼了！"从此不再跟他说话。

廉范在邓融因病被押解出去养病时，就一直跟随着探视，找机会近前伺候。后来直至邓融病死，他都没有说明自己的真实身份，并亲自赶车送邓融的灵柩到他的家乡南阳，安葬完毕才离开。

廉范后来被征聘到公府，恰逢京城博士薛汉因为楚王的案子被判死罪，他的故人、门生都不敢探视。这时，廉范义无反顾，前去给自己的老师薛汉收殓尸体，妥为安葬。

这件事被公府官吏告诉了汉明帝，明帝大怒，召廉范入宫，质问并斥责他说："薛汉和楚王一同密谋，惑乱天下，你是朝廷的官员，不和朝廷保持一致，反而替罪犯收殓，为什么？"

廉范叩头说："我愚蠢粗鲁，认为薛汉等人都已认罪被处死，但实在忍不住师生的情谊，罪该万死，请皇上罚我吧！"

汉明帝怒气稍息，又问廉范说："你是廉颇的后代吗？和右将军廉褒、大司马廉丹有没有亲缘关系？"

廉范回答说："廉褒，是我的曾祖父；廉丹，是我的祖父。"

汉明帝说:"难怪你有胆子敢这么做!"并赏赐他。不久,廉范被推荐为秀才,几个月后,升任云中太守。

汉明帝驾崩时,廉范到敬陵奔丧。当时庐江郡的官员严麟奉命吊丧,和廉范在路上相遇,严麟乘坐马车,路上泥水太深,马被陷死,严麟不能赶路,廉范马上命令跟随他的人下马,把马让给严麟,但没告诉严麟自己的姓名就走了。

严麟奔丧回来,想把马奉还,但不知道马是谁的,就沿路寻访。有人对严麟说:"蜀郡太守廉范,喜欢帮助危难贫穷的人,皇帝驾崩,能够不辞劳苦去奔丧的,估计只有他了。"

严麟平时也听说过廉范的名声,听人这样一说,也确定就是廉范帮助了自己。于是牵着马登门拜访,归还马匹并深表感谢。

廉范秉义而行,不计私利,不仅在两汉时期树立了权衡义利的样板,博得了很高的义名,后世的人们提起廉范,也都佩服他的仁义精神。

© 民主与建设出版社，2021

图书在版编目（CIP）数据

大学 / （春秋）曾子著；方士华主编. -- 北京：民主与建设出版社，2019.11

（传统国学经典心读）

ISBN 978-7-5139-2681-2

Ⅰ.①大… Ⅱ.①曾… ②方… Ⅲ.①儒家②《大学》－通俗读物 Ⅳ.①B222.1-49

中国版本图书馆CIP数据核字（2019）第253543号

大学

DA XUE

著　　者	（春秋）曾　子
主　　编	方士华
责任编辑	韩增标
装帧设计	徐荣强
出版发行	民主与建设出版社有限责任公司
电　　话	（010）59417747　59419778
社　　址	北京市海淀区西三环中路10号望海楼E座7层
邮　　编	100142
印　　刷	廊坊市国彩印刷有限公司
版　　次	2021年12月第1版
印　　次	2021年12月第1次印刷
开　　本	880毫米×1230毫米　1/32
印　　张	3
字　　数	38千字
书　　号	ISBN 978-7-5139-2681-2
定　　价	148.00元（全10册）

注：如有印、装质量问题，请与出版社联系。

传统国学经典心读

(春秋)子 思 著　方士华 主编

民主与建设出版社
·北京·

前言

习近平总书记在十九大报告中指出:"深入挖掘中华优秀传统文化蕴含的思想观念、人文精神、道德规范,结合时代要求继承创新,让中华文化展现出永久魅力和时代风采。"

习总书记还曾指出:"'去中国化'是很悲哀的,应该把这些经典嵌在学生脑子里,让经典成为中华民族文化的基因。"

是的,泱泱中华五千载,悠悠国学民族魂。我们中华国学"为天地立心,为生民立命,为往圣继绝学,为万世开太平",是中华民族生生不息的根本,是华夏儿女遗传基因和精神支柱。

国学就是中国之学,中华之学,是以母语汉语为基础,表达中华民族的精神价值和处世态度的,有利于凝聚中华民族的文化向心力,有利于中华民族大团结,是炎黄子孙的生命火炬,我们要永远世代相传和不断发扬光大。

中华优秀传统文化在思想上有大智,在科学上有大真,在伦理上有大善,在艺术上有大美。在中华民族艰难而辉煌的发展历程中,优秀传统文化薪火相传、历久弥新,始终为国人提供精神支撑和心灵慰藉。所以,从传统优秀国学经典中汲取丰富营养,丰盈的不只是灵魂,而是能够拥有神圣而崇高的家国情怀。

中华传统国学是指以儒学为主体的中华传统文化与学术,包括非常广泛,内涵十分丰富,凝聚了我国五千年的文明史和传统文化,体现了中华民族博大精深的文化精髓,是经过多少代人实

践检验过的文化瑰宝,承载着中华民族伟大复兴的梦想。

中华传统国学经典,蕴含了中国儿女内圣外王的个体修养和自强不息的群体精神,形成了重义轻利的处世态度以及孝亲敬长的人伦约定,包含着辩证理智的心智思维和天人合一的整体观念。历经数千年发展,逐渐形成了以儒释道为主干的传统文化和兼容并包、多元一体的开放型现代文化。

这些国学经典作为我国传统文化与教育的经典,在内容方面,包含有治国、修身、道德、伦理、哲学、艺术、智慧、天文、地理、历史等丰富知识;在艺术方面,丰富多彩,各有特色,行文流畅,气势磅礴,辞藻华丽,前后连贯。古往今来,无数有识之士从中汲取知识,不仅培养了良好道德品质,还提升了儒雅、淳静、睿智的气质,哺育了一代代中华儿女茁壮成长。

作为国学经典,是广大读者必备的精神食粮。读者们阅读国学经典,能够秉承国学仁义精神,学会谦和待人、谨慎待己、勤学好问等优良品行,能够达到内外兼修与培养刚健人格。读者们阅读国学经典,就如同师从贤哲,使自己能够站在先辈们的肩膀之上,在高起点上开始人生的起跑。阅读圣贤之书,与圣贤为伍,是精神获得高尚和超越的最高境界。

为此,在有关专家指导下,我们经过精挑细选,特别精选编辑了这套"传统国学经典心读"作品。主要是根据广大青少年读者学习吸收特点,在忠实原著基础上,节选了经典原文,增设了简单明了的注释和白话解读,还配有相应故事和精美图片等,能够培养广大青少年读者的国学阅读兴趣和传统文化素养,能够增强对中国传统文化的热爱、传承和发展,能够激发并积极投身到中华复兴的伟大梦想之中。

天命之谓性	007
君子中庸	010
人皆曰予知	013
天下国家可均也	015
素隐行怪	018
君子之道费而隐	021
道不远人	023
君子素其位而行	026
君子之道	029

舜其大孝也与	032
无忧者	036
践其位	040
哀公问政	042
天下之达道五	045
修身则道立	049
凡事豫则立	053
博学之	056
惟天下至诚	059
至诚之道	062
故至诚无息	065
今夫天	070
大哉圣人之道	074
愚而好自用	077
王天下有三重焉	080

仲尼祖述尧舜 083

惟天下至圣 086

衣锦尚絅 090

潜虽伏矣 092

天命之谓性

　　天命之谓性，率性之谓道❶，修道之谓教。道也者，不可须臾❷离也，可离非道也。是故君子❸戒❹慎❺乎其所不睹❻，恐惧乎其所不闻。莫见乎隐，莫显乎微，故君子慎其独❼也。

　　喜怒哀❽乐之未发，谓之中；发而皆中节，谓之和。中也者，天下之大本❾也；和也者，天下之达道❿也。致中和，天地位焉，万物育焉。

注释

❶率性之谓道：遵循本性叫作道。❷须臾（yú）：片刻的时间。❸君子：德道淳厚的人。❹戒：警戒，戒备。❺慎：谨慎。❻其所不睹：他人不能看见的时候。❼慎其独：在独处中谨慎不苟。❽哀：心情悲伤、悲痛。❾大本：道之根本。❿达道：达，通，到，最符合"道"的特性。

译读

　　人的自然禀赋叫作性，顺着本性行事叫作道，按照道的原则修养叫作教。道，不可以片刻离身，可以片刻离身的就不是道了。所以君子在没有人看见的时候也要谨慎检点，在没有人知道的时候也生怕违反了道，即使在隐蔽之处，或在细小的事情上，也没有离道的表现。所以君子一人独处时也要十分谨慎。

喜怒哀乐的情感没有表现出来的时候就叫作中,表现出来而符合法度常理就叫作和。中,是天下一切情感和道理的根本;和,是天下一切事物的普遍原则。达到了中和的境界,天地便各就其位而运行不悖,万物就各得其所而生长繁育了。

杨震不受"四知财"

杨震,字伯起,弘农华阴人。东汉时期名臣,隐士杨宝之子。他通晓经籍、博览群书,有"关西孔子杨伯起"之称。杨震不应州郡礼命数十年,至五十岁时才开始步入仕途。他为官正直,不屈权贵。

杨震在赴任东莱太守的途中,路过昌邑县,他过去举荐的秀才王密当时正任昌邑县令。当王密知道自己的恩人路过此地时,就趁着夜色,带了十斤黄金,要呈给杨震。

杨震拒不接受,并且叹了一口气说道:"唉,我了解你,知道你有德学,所以把你举荐出来,可惜你却不了解我。"

王密还以为杨震是怕这件事被人知道才不愿意接受的,所以他就说:"这件事没有人知道,您就放心地接受吧。"

结果杨震回答说:"这件事有天知、有神知、有你知、有我知,这是'四知财',怎么说没有人知道呢?"他拒不接受这"四知财"。

因为他一生为官清廉,从来不徇私舞弊,所以家境

非常贫寒。到年老的时候有人劝他,说你不为自己打算也就罢了,难道你不为自己的子孙后代着想,给他们留一点财富吗?

杨震怎么回答的?

杨震说:"我留给我的子孙后代最好的财富,那就是他们是一个'廉洁官员的后代'"。

果不其然,杨震过世之后,他的儿孙辈都受他廉洁作风的影响,为官都很清廉,出了很多的人才,历史上记载他们"四世三公",就是他们杨家四世都有人做到三公的位置。

杨震的后代子孙为了纪念祖先这种廉洁的作风,把他的一个房屋取名为"四知堂",以此来提醒后代子孙,他们的祖先不收"四知财"。所以凡是杨家的子孙走过这个匾额的时候,都能够受到提醒,时刻警醒自己,不要因为自己的言行给祖先抹黑。

君子中庸

仲尼❶曰:"君子中庸❷,小人反中庸。君子之中庸也,君子而时中❸;小人之中庸也,小人而无忌惮也。"

子曰:"中庸其至❹矣乎!民鲜能久矣!"

子曰:"道❺之不行也,我知之矣,知者❻过之,愚者不及也;道之不明也,我知之矣,贤者过之,不肖者❼不及也。人莫不饮食也,鲜能知味也。"

子曰:"道其不行矣夫!"

子曰:"舜其大知也与!舜好问而好察迩言❽,隐恶而扬善,执其两端,用其中于民,其斯以为舜乎!"

注释

❶仲尼:即孔子,名丘,字仲尼。❷中庸:即中和。❸时中:时时刻刻守中。❹至:最,极。❺道:即中庸之德,之道。❻知者:即智者,指智慧超群的人。❼不肖者:指不贤的人。❽察迩(ěr)言:细听理解旁人浅近的言论。

译读

仲尼说:"君子常守中庸的道德标准,小人则违反中庸的道德标准。君子常守中庸的道德标准,表现为君子每时每地都恪守中庸之道。小人违反中庸的道德标准,表现为小人所作所为毫无忌惮。"

孔子说:"中庸可以说是最完善的道德了!大家缺

乏它已经很久了！"

孔子说："中庸的道理不能够实行，我知道其中的原因了，这就是聪明的人做得过头，愚笨的人还达不到它的要求。中庸的道理不能昭示于世，我知道其中的原因了，这就是贤能的人做得过头，不贤的人又达不到它的要求。就像人们每天都要吃喝，但很少有人能够真正品尝其中的滋味。"

孔子说："中庸的道理恐怕不能够实行了啊！"

孔子说："舜真是具有大智慧的人啊！他喜欢向人提问题，又善于分析别人浅近话语里的含义。他能隐藏人家的坏处，宣扬人家的好处，能够掌握人们认识上过与不及两个方面，并且能够取中间的意见施行于民众，这就是舜之所以能成为舜的原因吧！"

故事

祖逖闻鸡起舞

祖逖（266—321年），字士雅。河北范阳遒县人，中国东晋初有志恢复中原而致力于北伐的大将。

祖逖是个胸怀坦荡、具有远大抱负的人。可他小时候却是个不爱读书的淘气孩子。进入青年时代，他意识到自己知识的贫乏，深感不读书无以报效国家，于是就发奋读起书来。

祖逖广泛阅读书籍，认真学习历史，他从中汲取了丰富的知识，学问大有长进。他曾几次进出京都洛阳，接触过他的人都说他是个能够辅佐帝王治理国家的人才。

祖逖24岁的时候，曾有人推荐他去做官，他没有答应，仍然不懈地努力读书。

后来，祖逖和幼时的好友刘琨一同担任司州主簿。他们感情深厚，常常同床而卧、同被而眠，而且有着共同的远大理想，也就是建功立业，成为国家的栋梁之材。

有一次，半夜里祖逖在睡梦中听到公鸡的鸣叫声，他一脚把刘琨踢醒，对他说："你听见鸡叫了吗？"

刘琨说："半夜听见鸡叫不吉利。"

祖逖说："我偏不这样想，咱们干脆以后听见鸡叫就起床练剑如何？"刘琨欣然同意。于是他们每天鸡叫后就起床练剑，剑光飞舞，剑声铿锵。冬去春来、寒来暑往，从不间断。

功夫不负有心人，经过长期的刻苦学习和训练，他们终于成为能文能武的全才。祖逖被封为镇西将军，实现了他报效国家的愿望；刘琨做了征北中郎将，兼管并、冀、幽三州的军事，也充分发挥了他的文才武略。

人皆曰予知

子曰:"人皆曰予❶知❷,驱而纳诸罟❸擭❹陷阱之中,而莫之知辟❺也。人皆曰予知,择乎中庸而不能期月❻守也。"

子曰:"回❼之为人也,择乎中庸,得一善,则拳拳❽服膺❾而弗失之矣。"

注释

❶予:第一人称代词,我。❷知:通"智",明知,聪明。❸罟(gǔ):捕兽的网。❹擭(huò):装有机关的捕兽木笼。❺辟:通"避",避免。❻期月:指一个月的时间。❼回:颜回,字子渊,孔子的学生,春秋末鲁国人,德高,后世尊他为"复圣"。❽拳拳:牢握不舍。❾服膺:忠心信服,牢记在心。

译读

孔子说:"人们都说自己是明智的,但是在利欲的驱赶下,他们却像禽兽落入网罟、木笼、陷阱一样,不知道躲避;人们都说自己是明智的,但是选择了中庸的道理,却连一个月也坚持不下去。"

孔子说:"颜回这个人,当他选择了中庸之道,并从中得到了好处,他就会牢牢地记在心中,而不再让自己失去它。"

孙康映雪夜读

孙康,晋代京兆人,孙秉之子,东晋长沙相孙放之孙。孙康幼时酷爱学习,常常感到时间不够用。他想夜以继日地读书,可家中贫穷,没钱购买灯油。一到天黑,便没有办法读书。

一天半夜,孙康从睡梦中醒来,发现从窗外透进几丝白光。开门一看,原来下了一场大雪。屋顶白了,地上白了,树上也白了,整个大地披上一层银装。

孙康忽然心中一动:映着雪光,可否读书呢?他急忙跑回到屋里,拿出书来对着雪地的反光一看,果然字迹清楚,比一盏昏黄的小油灯要亮堂呢!于是他感觉不到困了,立即穿好衣服,取出书籍,在雪地上地看起书来。

从此,孙康不再为没有灯油而发愁。功夫不负有心人,孙康砥砺求进,学有大成,终于成为一位很有名望的御史大夫。

天下国家可均也

子曰:"天下国家可均❶也,爵禄❷可辞也,白刃可蹈❸也,中庸不可能也。"

子路问强❹。子曰:"南方之强与?北方之强与?抑而强与?宽柔以教,不报无道,南方之强也,君子居之。衽金革,死而不厌,北方之强也,而强者居之。

"故君子和而不流❺,强哉矫❻!中立而不倚,强哉矫!国有道,不变塞❼焉,强哉矫!国无道,至死不变,强哉矫!"

注释

❶可均:可以治理公正、公平。❷爵禄:官爵俸禄。❸蹈:踩,踏。❹强:最上等的好,最上等的强大。❺和而不流:禀性柔和而又不随波逐流。❻矫:武勇之貌,形容强有力的样子。❼不变塞:不改变志向。

译读

孔子说:"天下国家可以公正地治理,官爵俸禄可以推辞不受,雪白利刃可以踩踏而过,但是,在恪守中庸之道却是很难做到的。"

子路问怎样才称得上强。孔子回答说:"你问的是南方的强呢,还是北方的强呢?或者是你自己认为的强呢?教育人们宽缓柔和,对不讲道义的人不加报复,这

是南方人的强,君子就持守这种强。以刀枪为枕,以铠甲为席为卧,驰骋战场死而无悔,这是北方人的强,强悍勇武的人就持守这种强。

"所以君子与人平和相处而又不丧失自己的原则立场,这才是真正的强啊!君子恪守中庸之道而无偏无倚,这才是真正的强啊!国家政治清明,不因挫折而改变自己的志向,这才是真正的强啊!国家政局混乱,社会动荡不安,至死也不改变自己的道德节操,这才是真正的强啊!"

唐太宗宽柔以教,不报无道

唐太宗,是唐高祖李渊和窦皇后的次子,唐朝第二位皇帝(626—649年在位),杰出的政治家、战略家、军事家、诗人。

唐太宗之所以能够得到无数臣民的拥戴,除了他勤于政事、体恤民生之外,还有一个重要的原因,那就是他"宽柔以教,不报无道",甚至对待罪人,也能够动之以情。

侯君集是唐朝开国功臣之一,后来,他居功自傲,又颇贪婪,甚至还萌发了谋反的念头,与那个太子李承乾搅混在一起,鼓动他闹事。

后来,他的阴谋败露了,唐太宗亲自将他传来,对他说:"你是有功的大臣,我不想让你去受狱中官吏的侮辱,因此亲自来审讯你。"

侯君集先是不承认,唐太宗召来了证人,将他谋反的前后经过一件一件陈列出来,又出示了他与太子往来的密谋信件。侯君集才认罪。

唐太宗征求大臣们的意见说:"君集立过大功,留他一条活命,你们看行吗?"

大臣们都不赞成,唐太宗长叹一声说:"只好与足下永别了!"说完泪如雨下。

侯君集后悔莫及,临刑时,对监刑的将军说:"没想到我侯君集会落到这个地步,可我早年便追随陛下,在平定异族时也立有大功,请求陛下能留下我一个儿子,以保全我侯氏这一门的血脉。"

按照封建社会的法律,像侯君集这种谋反的罪人,不仅要满门抄斩,而且要祸及九族。可是唐太宗却网开一面,赦免了他的夫人及儿子的死罪,只是把他们流放到岭南。

唐太宗能以一种包容的心态,对待一个常人看似不可饶恕的罪人,更让他的臣子们对他增加了几分仰慕之情,心甘情愿地为他效力。

唐太宗"不报无道",对待背叛自己的罪人也能够手下留情,使他们即使受罚被杀仍旧感恩戴德,可想而知,他身边其他的臣子们又怎么会不尊崇这位德高望重的皇帝呢?

在现实生活中也同样如此,以宽广的胸怀对待曾经陷害过你的人,能够显示出你极高的品德修养,也能够让你周围的众人对你刮目相看,这是一种无声的力量,这种"强"可以使你赢得更多的支持。

素隐行怪

子曰:"素❶隐行怪,后世有述焉,吾弗为之矣。君子遵道而行❷,半途而废,吾弗能已矣。君子依乎中庸,遁世不见❸知而不悔,惟圣者能之。"

注释

❶素:据《汉书》,应为"索",探索、寻找的意思。❷遵道而行:遵循德道规范而行。❸遁世不见:埋没而不显现。

译读

孔子说:"世间有人喜欢探索隐僻的事理,做奇异怪诞的事情,后世虽有所称述,我也不去做那样的事。君子遵循中庸之道行事,往往有人会半途而废,我却不能够停止。君子依从中庸之道行事,虽然隐居不为人所知也不后悔,这只有圣人才能够做到。"

陈实功一生潜心学医

陈实功,字毓仁,号若虚,生于明世宗嘉靖三十四年(1555年),江苏东海人,中国明代外科学家。

陈实功幼年多病,少年时期即开始习医,师从著名

文学家、医学家李沧溟李先生。李先生认为:"医之别内外也,治外较难于治内。何者?内之症或不及外,外之症则必根于其内也。"

这句话对陈实功影响颇深,并且成为他数十年医疗生涯的座右铭。陈实功改变了过去外科只注重技巧而不深入研究医理的落后状况,在发展外科医学方面起到了重要作用。

陈实功兴趣广泛,所阅书籍涵盖古代文化、哲学、理学,古今前贤的著作以及历代名医的理论、病案等一类书籍。

对于古代典籍,陈实功从不死记硬背、生搬硬套,而是融会贯通,灵活运用,把自己在行医实践中取得的一些经验与古人治病方法相互结合,总结出一套适合于大众的、实际中切实可行的理论。

陈实功继承和发展了著名医学家李沧溟的观点,并根据病者的实际病况,采取内治或内治、外治相结合的方法。由于他医术高明,因而名声大震,登门求医者络绎不绝。

由于不断实践,陈实功在外科理论和外科手术方面都有独到之处。为了使外科医学能够让更多的人重视起来,让更多行医者掌握方法技巧,陈实功把外科大小诸症,分门别类地从病理、症状、治法、典型病理以及药物的炼制等一一记载下来,在万历四十五年写成了《外科正宗》一书。

陈实功不但医术高明,而且医德高尚,作风正派,对同道之士谨慎谦和,对上进青年能提携爱戴,对病人,无论穷富贵贱都一视同仁。他不仅为穷人看病不收分文,而且还捐资赠物,修建山路,造福一方。

陈实功是中国历史上一位杰出的外科医学家。清代名医徐灵胎对他的《外科正宗》有很高的评价,推荐为学习外科的教科书。现代一般外科中医师也都重视这部著作,把它作为必读之书。

陈实功重视医学基础理论,提倡"治外必本诸内"的学说,反对轻视诊断,乱投药物,纠正外科易于内科的错误观点。对疑难病例据实客观分析,以及在外科疾病诊断、治疗、手术等方面敢于求索创新的精神,至今仍然值得我们借鉴。

君子之道费而隐

君子之道费而隐❶。夫妇之愚,可以与知焉,及其至也,虽圣人亦有所不知焉;夫妇之不肖❷,可以能行焉,及其至也,虽圣人亦有所不能焉。

天地之大也,人犹❸有所憾。故君子语大,天下莫能载焉;语小,天下莫能破❹焉。

《诗》云:"鸢❺飞戾❻天,鱼跃于渊。"言其上下察也。君子之道,造端乎夫妇;及其至也,察乎天地。

注释

❶隐:指看不见、听不到、摸不着,形容及其精微。❷不肖:不才,不贤。❸犹:尚且,越是。❹破:破解,分开。❺鸢(yuān):鹞鹰。❻戾(lì):到达。

译读

君子所恪守的中庸之道广大而又精微。匹夫匹妇虽然愚昧,也可以知道一些浅显知识,至于知识的精微之处,即使是圣人也有不知道的;匹夫匹妇虽然不贤,也可以做力所能及的事,至于达到其精妙之处,即使是圣人也有不能达到的。

天地如此辽阔博大,人们对它还有不满足的地方。所以君子说起大事来,天下没有人能够承担它;说起小事来,天下没有人能够加以剖析。

《诗》说:"鹞鹰飞到天上,鱼儿跃入深潭。"这两句诗是比喻中庸之道上达于天、下至于地。君子所恪守的中庸之道,发端于匹夫匹妇的浅近知识,推究到深奥精妙处,便昭著于天地万物之间。

密须奋劝人取长补短

越国人甲父史和公石师各有所长。甲父史善于计谋,但处事很不果断;公石师处事果断,却缺少心计,常犯疏忽大意的错误。

这两人交情特别好,所以他们经常取长补短,合谋共事。但是后来,他们因为一些小事情发生冲突便分开了,从此以后他们两个人各自做什么事情都难以成功。

这时,有一个叫密须奋的人就规劝他们两人说:"你们听说过海里的水母吗?它没有眼睛,需要依靠虾来带路,而虾则分享着水母的食物。这二者互相依存,缺少其中的一个都不行。在北方还有一种肩并肩长在一起的'比肩人'。他们轮流着吃喝、交替着看东西,死一个则全死,谁也离不开谁。"

"现在你们两人与这种'比肩人'非常相似。你们和'比肩人'的区别仅仅在于,'比肩人'是通过形体,而你们是通过事业联系在一起的。既然你们独自处事时连连失败,为什么还不和好呢?"

甲父史和公石师听了密须奋的劝解,言归于好,重新合作共事。

道不远人

子曰:"道不远人。人之为道而远人,不可以为道。《诗》云:'伐柯伐①柯,其则不远。'执柯以伐柯,睨②而视之,犹以为远。故君子以人治人,改而止。忠恕,违道不远,施诸己而不愿,亦勿施于人。

君子之道四,丘未能一焉:所求乎子,以事父未能也;所求乎臣,以事君未能也;所求乎弟,以事兄未能也;所求乎朋友,先施之未能也。

庸德之行,庸言之谨,有所不足,不敢不勉,有余不敢尽;言顾行,行顾言,君子胡不慥慥③尔。"

注释

①伐:砍伐。②睨:斜着眼睛看。③慥(zào)慥:忠厚诚实的样子。

译读

孔子说:"道并不排斥人。如果有人实行道却排斥他人,那就不可以了。《诗经》说:'砍伐斧柄啊砍伐斧柄,斧柄的样式就在眼前。'拿着斧柄来砍伐斧柄,斜着眼睛看一下,就觉得新旧斧柄相差还很远。所以总是根据不同人的情况采取不同的办法治理,直到人们改正过错。能够做到忠恕,离中庸之道就不远了。自己不愿意的事,也不要施加给别人。

君子要遵循的道德有四项,我孔丘连其中的一项也

不能做到:要求做子女的要孝顺父母,我自己却不能做到这一点;要求做臣下的要忠于国君,我自己却不能为国尽忠;要求做人弟的要尊敬兄长,我自己却不能做到这一点;要求做朋友的要遵守信用,可是我自己却未能首先这样做。

常按照道德的要求行事,常说话要小心谨慎,有不足的地方不敢不努力自我勉励,有长于他人的地方不敢完全显露,说话时要考虑能不能实行,做事时要考虑是不是言行一致,能够这样去做,这样的君子怎么会不忠厚诚实呢?"

丙吉以宽待车夫

丙吉,字少卿,西汉鲁国人。他为人深厚,从不夸耀自己。他治律令,任廷尉右监,后赐爵关内侯,迁御史大夫,封博阳侯。丙吉任职期间,关心百姓疾苦,崇尚宽大,谦让好礼,世称贤臣。

对于官属掾史,务求掩盖他们的过错,传扬他们的好处。丙吉的车夫嗜酒。曾跟丙吉外出视察,醉酒呕吐在车上。随从的官员请示丙吉,建议辞退这个车夫。

丙吉说:"因为酒醉的小失误而赶走可用之士,这让他以后如何立身处世呢?就宽容他吧,只不过是玷污了丞相车上的垫褥罢了。"

这个车夫的原籍是边境之郡,熟知边塞突发紧急事务时的呈报方式。这个车夫有次外出,恰巧遇见边郡递送紧急公文急驰来到。于是他就紧跟着来到公车探听消息，得知敌人入侵消息，他急速向丙吉报告这一情况。后来，皇上召见丞相丙吉、御史，询问应对之策。

丙吉从容答对，御史大夫因仓促间不明情况，而受到皇帝的责备，而丙吉被皇上嘉勉说"忧边思职"，这是得力于车夫的机敏。

丙吉于是感叹说："士无不可容，能各有所长。假使我事先没有听到车夫说知这件事，哪里还能受到什么褒奖呢？"

丙吉在视察的路上，遇到人们群殴事件，多人死伤。丙吉没有说话。前行不远，看见有人在赶着耕牛急走，牛已气喘急促，吐出舌头。

丙吉命令停住车子，让随行人员去问："耕牛奔跑几里路了？"

掾史觉得丞相处事有失得当，也有人因此而出语讥讽。他们议论说，丞相遇到群殴事件，死伤遍地，却不闻不问，如今看到一头牛奔跑，却关心之至，这是不是失掉了丞相的本分？

丙吉说："群聚斗殴，致相死伤，这是长安令、京兆尹的职责，应当由他们负责审理，到年终奏请实行赏罚就行了。"

丙吉见掾史仔细听，又接着说："宰相的职责并不在于亲自过问这类小事。而现在正值春天，还不是很热，如果牛行走了多不远就如此喘息，就意味着气候失调，不合节令，所以我担心将会影响到百姓的生产和生活，因此我必须查问清楚这件事，这才是我视察的真正目的。"

掾史听了心悦诚服。

君子素其位而行

君子素其位❶而行,不愿乎其外。素富贵,行乎富贵;素贫贱,行乎贫贱;素夷❷狄❸,行乎夷狄;素患难,行乎患难。君子无入❹而不自得焉。

在上位,不陵❺下,在下位,不援❻上,正己而不求于人则无怨。上不怨天,下不尤❼人。

故君子居易以俟命,小人行险以侥幸。子曰:"射有似乎君子,失诸正鹄❽,反求诸其身。"

注释

❶素其位:安于现在所处的地位。❷夷:古代东方的部族。❸狄:古代北方的部族。夷狄泛指当时的少数民族。❹入:处于。❺陵:欺凌。❻援:攀缘,高攀。❼尤:怨恨。❽正鹄:箭靶中心的圆圈。

译读

君子处在他自己的位置上做他应该做的事,不羡慕本位之外的事物。处于富贵就做富贵者应该做的事,处于贫贱就做贫贱者应该做的事,身在夷狄就做夷人狄人应该做的事,身在患难中就做患难者应该做的事。君子无论处于什么情况下都是安然自得的。

处在上位的人不要欺压处在下位的人,处在下位的人也不要巴结奉承处在上位的人,端正自身而不苟求于

他人，这样就不会有怨恨之心了。上不抱怨天，下不责怪人。

所以君子安分守己，等待时机，小人则冒险企图获得侥幸。孔子说："射箭的道理和君子行道有着相似之处：箭没有射中靶心，应该反过来检讨自己。"

庄子喻牛辞相

庄子，姓庄，名周，字子休，宋国蒙人，先祖是宋国君主宋戴公。他是东周战国中期著名的思想家、哲学家和文学家、道家学派代表人物，是老子哲学思想的继承者和发展者。后世将他与老子并称为"老庄"，将他们的哲学称为"老庄哲学"。

庄子淡泊名利，超脱世俗，不为欲望所羁绊，心念与天地万物为一体。他因崇尚自由而不应楚威王之聘，生平只做过宋国地方的漆园吏，史称"漆园傲吏"，被誉为地方官吏之楷模。

楚威王想拜庄子为相，就派遣使者带着丰厚的礼物和很多的金钱迎接庄子。

庄子笑着对楚国使者说："千金之礼，这是厚重的礼物呵；卿相，是尊贵的地位呵。只是你难道看不见郊庙仪式上所献祭的牲畜吗？养育多年，给它披着精美的饰物，送到太庙。这时，虽然想做一头普通的自由生活的牛，又怎么可能呢？你还是赶紧返回吧！我宁愿在淡泊无为中度日，也不愿做那头被宰杀的牛。"就这样，

庄子在谈笑中拒绝了楚王的邀请。

当时惠施任梁国宰相。庄子便想到梁国去拜访他的朋友。惠施自认为自己的学识与才能都不及庄子,深恐庄子来了,自己的地位会出现动摇,担心相位会被庄子抢去,心中十分焦急忧虑,就派人在京城里寻找庄子。

庄子听说惠施这样的心态后,便主动去见他。庄子说:"你知道南方有一种大鸟叫鹓雏吗?它从南海起飞,到达北海,中途如果没有遇到梧桐树,绝不栖息,如果看不见甘泉,绝不饮水,如果找不到练实,绝不肯啄食。"

庄子接着说"然而,当鹓雏飞行经过一株古树上空时,树上的一只老鸱口里衔着一只死老鼠,看见它远远飞来,以为鹓雏要抢它的死老鼠,紧张得张牙舞爪,大声呵斥'去',试图阻止鹓雏不要接近;但是鹓雏哪有兴致去抢它的死老鼠呢?只是沿着它的路途飞过。而可笑的是老鸱却把这只死鼠当作唯一宝贝,以为谁都想抢呢!"

君子之道

　　君子之道，辟如行远必自迩❶，辟如登高必自卑❷。《诗》曰："妻子好合，如鼓瑟❸琴；兄弟既翕❹，和乐且耽；宜尔室家，乐尔妻帑。"子曰："父母其顺矣乎！"

　　子曰："鬼神之为德，其盛矣乎！视之而弗见，听之而弗闻，体物而不可遗。使天下之人，齐明盛服❺，以承❻祭祀。洋洋❼乎！如在其上，如在其左右。《诗》曰：'神之格思，不可度思！矧可射思！'夫微之显，诚之不可揜，如此夫。"

注释

❶迩（ěr）：近处。❷卑：低处。❸瑟：一种多弦乐器。❹翕（xī）：和顺，融洽。❺盛服：即盛装，衣冠整齐端正。❻承：奉，捧，继承。❼洋洋：宏大充满、流动漂浮。

译读

　　君子要遵循的道，就像走远路一样，一定要从近处出发；就像登高山一样，一定要从低处开始。《诗经》说："你要与妻儿相亲相爱，就要像弹奏琴瑟一样。你和兄弟相处和睦，和气安乐感情深厚。使你的家庭美满，使你的妻儿幸福。"孔子说："这样，父母就能够称心如意了！"

　　孔子说："鬼神的德行，真是盛大无比啊！看它不

见它的形状，听它听不到它的声音，它生养万物而无微不至、无处不在。让天下的人都斋戒沐浴，穿上华丽隆重的服装，以敬奉祭祀他们。浩浩荡荡啊，鬼神好像飘浮在人们的上空，又仿佛流动在人们的身旁。《诗经》中说：'鬼神的来临，不可度测啊，怎么能够对它们懈怠不敬呢！'鬼神幽微而又昭显，真实而不可掩盖，确实是这样啊！"

郑文嗣治家有方

郑文嗣，字绍卿。元朝婺州浦江人。其治家有方，十世同堂，计历240多年，代代和睦相处。

郑文嗣去世以后，他的叔伯弟弟郑大和主持家事。郑大和治理家庭更加严格，他对家庭成员也更加关怀，使他们心悦诚服。他的家庭管理严格得如同官府，如果子弟中谁犯有过失，不分年纪老幼，仍然依据家规进行惩戒。

郑大和治理家政十分注重礼仪教化。每到年节，就对子弟进行考评。大和端正地坐在堂屋正中，全家的众多子弟按照辈分，都穿着新衣服戴着新帽子，排着整齐的队列分列在左侧的屋檐下，依次进见，行拜、跪之礼，并举酒杯祝寿。然后，拱手从右边退出。整个仪式庄重严谨，没有人喧哗谈论、影响队形，保留着上古遗传下来的古朴家风。

郑大和为人正直并且遵守法度，他不信仰佛教和道

教，每逢遇到冠礼、婚礼以及丧葬大事都按照朱熹规定的礼仪进行。全家众多子弟都受到教育感化，遵守孝道，行为谨慎。

在这个大家庭中，即使是曾经做过官吏的人，也不敢对家法有丝毫违犯。亲族乡邻都因为受到过他们的恩惠而心存感念。

朝廷得知这件事情之后，免除了他们家所有的租税和徭役，并写了"东浙第一家"的匾额，对他们进行表扬和鼓励。

郑家这个大家庭传承至明代，世代同堂已经接近300年。家族中，居家务农者，人人孝顺长辈；读书为官者，个个清正廉明。

舜其大孝也与

子曰:"舜其大孝也与!德为圣人,尊为天子,富有四海之内。宗庙飨❶之,子孙保之。故大德必得其位,必得其禄,必得其名,必得其寿。

故天之生物,必因其材而笃焉❷。故栽者培之❸,倾者覆之❹。《诗》曰:'嘉乐君子❺,宪宪❻令德❼!宜民宜人;受禄于天,保佑命之,自天申❽之!'故大德者必受命。"

注释

❶飨(xiǎng):是一种祭祀的仪式。❷必因其材而笃(dǔ)焉:必定根据它们的资质而厚待它们。笃,厚待。❸栽者培之:对可栽植的加以培育。❹倾者覆之:对倾斜的就覆灭它。❺嘉乐君子:优雅高尚的君子。嘉乐,意为美善。❻宪宪:显明兴盛的样子。❼令德:美好的品德。❽申:重申。

译读

孔子说:"舜可算得上一个大孝的人吧!他具有圣人的崇高德行,又有天子的尊贵地位,拥有普天下的财物,享受宗庙中的祭祀,子子孙孙永不断绝。所以具有大德的人必定会得到尊贵的地位,必定会得到丰厚的俸禄,必定会得到美好的声名,必定会得到健康和长寿。

"所以天地生育万物,必定因万物的质地来培养它

们。能够成材的就加以培育，倾斜枯萎的就让它淘汰。《诗经》说：'优雅高尚的君子，他美德的光芒照耀四方，普施于平民百官之中，获得天神赐予的福禄。上天保佑他，任用他，不断告诫他。'所以具有大德的人必定会承受天命。"

孟子提倡孝悌

孟轲是战国时思想家，受业于子思，在儒学分化中，被称为孔孟学派，代表孔门正统学术思想。

在一个秋雨连绵的夜晚，孟子和学生们围坐在一起讨论孝悌和修养的关系问题，爱提问题的公孙丑首先提问："老师，您为什么那么重视孝悌呢？"

孟子解答："因为要实行尧舜的仁政，必须立足于孝悌。"

公孙丑接着问："那么，什么是孝悌呢？"

孟子解释说："孝顺父母为孝，尊敬兄长为悌。孝和悌是仁义的基础，只要每个人都爱自己的双亲，尊敬自己的兄长，天下就可以太平。"

孟子谴责那些不孝顺父母的人，他认为不孝有五项内容。

学生公孙丑问他有哪五项内容时，孟子说："世俗所谓不孝的事情有五件：四肢懒惰，不管父母的生活，一不孝；好下棋喝酒，不管父母生活，二不孝；好钱财，偏爱妻室儿女，不管父母生活，三不孝；放纵耳目的欲望，

使父母因此受耻辱,四不孝;逞勇敢,好斗殴,危及父母,五不孝。"

孟子老母死了,孟子给予隆重的送葬,棺和椁,都选用上等的木料,还专门派学生监督工匠制造棺椁。

事后,他的学生也觉得选用的棺木太好了,便带着疑问对孟子说:"前几天,大家都很悲伤、忙碌,我不敢向您请教,所以今天才提出来。您看,用的棺木是不是太好了呢?"

孟子解释说:"对于棺椁的尺寸,上古时没有一定的规定;到了中古,才规定棺厚七寸,椁要与棺相称。从天子一直到老百姓,都这样做了,才算尽了孝子之心。古人都这样做了,我为什么不能这样做呢?我给你们讲孝悌时,不止一次地对你们说过:在任何情况下,可不应当在父母身上省钱啊!"

公元前325年,滕国的国君滕定公死了,太子派然友去请教孟子怎样办丧事。孟子主张厚葬久丧。他对然友说:"父母的丧事,尽心竭力去办就是了。曾子说过,当父母在世时,应按照礼节去侍奉;他们去世了,应按照礼节去埋葬和祭祀,这就是尽孝。诸侯的丧礼,我虽然不曾学习过,但也听说过,就是实行三年的丧礼。从国王一直到老百姓,三年中,都要坚持穿孝服,夏、商、周三代都是这样办的。"

然友回到滕国,把孟子的话向太子汇报了,太子觉得孟子说的有道理,便决定实行三年的丧礼。但是,命令下达后,滕国的父老和官吏都不愿意,有人说:"三年丧礼,连我们的宗主鲁国的历代国君都没有实行过,我们何必去实行呢?"

又有人说:"这样做,耗费太大了。"

当时议论纷纷,众说不一。太子也觉得难办,又把然友找来,对他说:"我过去不曾搞过学问,只喜欢跑马舞剑。今天,我要实行三年之丧,百姓和官吏都不同意,恐怕这一丧礼我难以实行,请您再去替我问问孟夫子吧!"

然友受太子的委托,又匆忙坐上马车去请教孟子。孟子听了然友介绍后,严肃地说:"唉,这么一件事,太子何必老问别人呢?孔子说过:'国君死了,太子把一切政务交给相国,在孝子之位痛哭就是了。这样,大小官吏没有人敢不悲哀的,因为这是太子亲身带头的缘故啊!'国君的作风好比风,百姓的作风好比草,风向哪边吹,草自然向哪边倒。这件事,太子的态度一定要坚决。"

太子听了然友的汇报后,坚定地说:"对,这应当取决于我。我何必要听从别人的议论呢!"

于是,太子在丧棚里住了五个月。这段时间,他把国事交给相国全权处理,自己不曾亲自颁布过任何命令和禁令,也没有处理过一件国事,全心全意当他的孝子。这样一来,官吏们和同宗族的人都很赞成太子的做法,认为太子知礼。

五个月过去了,到举行殡葬的那天,各国都派使者来吊丧,四面八方的人都来观礼,太子面容悲哀,哭泣哀痛,参加吊丧的人也都哀之。后来孟子宣扬的厚葬久丧,已没有人尊奉了,但他提倡的尊敬父母兄长,感激父母的养育之恩已成为美好道德风尚。

无忧者

子曰:"无忧者,其惟文王乎!以王季为父,以武王为子,父作之❶,子述之。武王缵大王、王季、文王之绪。壹戎❷衣而有天下,身不失天下之显名,尊为天子,富有四海之内。宗庙飨之,子孙保之。

"武王末受命❸,周公成文武之德,追王大王、王季,上祀先公以天子之礼。斯礼也,达乎诸侯大夫,及士庶人。父为大夫,子为士;葬以大夫,祭以士。父为士,子为大夫;葬以士,祭以大夫。期之丧❹,达乎大夫,三年之丧,达乎天子,父母之丧,无贵贱一也。"

子曰:"武王、周公,其达孝矣乎!夫孝者:善继人之志,善述人之事者也。春秋修其祖庙,陈其宗器❺,设其裳衣,荐其时食❻。

"宗庙之礼,所以序昭穆也;序爵❼,所以辨贵贱也;序事,所以辨贤也;旅酬下为上,所以逮贱也;燕毛,所以序齿也。"

注释

❶父作之:指父亲王季为文王开创了基业。作,开创。❷戎:战事,兵器。❸末受命:晚年接受天命。❹期之丧:一周年的守丧期。期,指一整年。❺陈其宗器:陈列先

祖在宗庙中用过的祭器。❻时食：时令季节所出的食品。❼序爵：按官爵大小排列次序。

译读

孔子说："无忧无虑的人，大概只有文王吧。他有王季做父亲，有武王做儿子，父亲王季为他开创了事业，儿子武王继承了他的遗愿，完成他没有完成的事业。武王继承了曾祖太王、祖父王季、父亲文王的事业，灭掉了大殷，夺得了天下。他身不失显赫天下的美好声名，尊贵为天子，富有天下四海财富，后代在宗庙里祭祀他，子子孙孙永不断绝。

"周武王晚年受命于上天而成为天子，周公成就文王武王的德行，追尊太王、王季为王，用天子的礼祭祀祖先。这种制度一直实行到诸侯、大夫、士以及庶人之中。如果父亲是大夫，儿子是士，就用大夫的礼安葬，用士礼祭祀；如果父亲是士，儿子是大夫，就用士的礼节安葬，用大夫之礼祭祀；为旁亲服一年齐衰丧，这种制度实行到大夫；为父母服三年斩衰丧，这种制度实行到天子；为父母服丧不分贵贱，都是一样的。"

孔子说："武王、周公可以称为天下最孝的了吧！孝，就是善于继承先人的遗志，善于继续先人没能完成的功业。春秋祭祀时节，修葺先祖宗庙，陈设祭祀器具，摆设祖先穿过的衣裳，进献祭祀季节的时鲜祭品。

"宗庙的礼仪，是用来排列父子、长幼、亲疏顺序的；按官爵高低排列，是用来区别贵贱的；按职务排列，是用来区别才能高低的；行旅酬礼之前卑下者先饮酒，是表明恩惠先施给下人；宴会上按头发颜色就座，是要使老少长幼秩序井然。"

裴潾劝君

裴潾,唐代河东闻喜人,笃学,善隶书,以荫仕。初为左补阙,后任为起居舍人,后贬江陵令,累官至兵部侍郎。

唐宪宗晚年,痴心于长生不老,对方士、丹剂十分迷信。宪宗皇帝惑于方术之士的游说,让柳泌炼制丹药,以求长寿。柳泌进献给皇上所用的方剂是温中理气的药物,导致出现心绪烦躁、口渴的症状。

裴潾进谏说,消除天下弊害的人,就能永远享受到

天下的利益；愿与天下人共乐的人，就能长久享受到天下安乐的福祉。因此，上自黄帝、颛顼、尧、舜、禹、汤、文、武，全都以自己的盖世功勋德泽，拯救天下苍生，因而上天就回报他们享有长寿之福，并且使他们的声名永远流传不朽。

陛下倡导以孝道敬祭宗庙，以仁德抚养百姓，除凶平暴，而致太平，敬贤重士，礼遇终始。那么天地祖宗都会庇佑您，使陛下受到亿万百姓永远的拥戴，而今方术之士如韦山甫、柳泌之流借丹术自命为神奇，并相互吹捧引荐，诡称为陛下延长寿命。

我认为这些人之所以围在你身边，并非胸有道术，而是为了谋求利益，况且他们炼制的所谓丹药，多用性质酷烈的金石等物，经过长时间的烧炼，所含的致毒成分谁也不清楚有多少，所引发的后遗症并不是容易控制化解的。因此，陛下今后要服用的药，就让一大臣先尝试，以一年时间为限，就可见出真假。

无奈唐宪宗这时已经听不进去任何意见，裴潾的劝谏非但没有受到奖赏，反而招至"上怒"。不久，就被贬出朝廷，到偏远的湖北去做江陵令了。

第二年春天，唐宪宗终于"以药误不寿"，时人皆"以潾为知言"。一时的变故，反使裴潾"以道义自处"的品德为世人所敬重。

践其位

"践其位①,行其礼,奏其乐,敬其所尊,爱其所亲,事②死如事生,事亡③如事存④,孝之至也。"

"郊社⑤之礼,所以事上帝也,宗庙之礼,所以祀乎其先⑥也。明乎郊社之礼、禘⑦尝⑧之义,治国其如示诸掌⑨乎。"

注释

①践其位:站到应该站的位置上。②事:侍奉。③亡:亡故者。④存:生存者。⑤郊社:祭祀天地。⑥祀乎其先:祭祀他们的先祖。⑦禘(dì):天子举行的五年一次的大祭。⑧尝:宗庙四季祭祀之一,在秋季举行。⑨如示诸掌:把东本放在手掌上,比喻事情很容易办到。

译读

"站到自己的位置上,行先王传下来的祭礼,奏先王时代的音乐,尊敬先王所尊敬的,亲爱先王所亲爱的,侍奉死者如同侍奉活着的人一样,侍奉亡故者如同侍奉生存者一样,这就是孝的最高境界了。"

"举行郊祭礼和社祭礼,是用来侍奉天神和地神的;宗庙里的礼仪,是用来侍奉祖先的。懂得了郊祭礼和社祭礼,通晓禘祭和尝祭的意义,治理国家就像把自己手掌上的东西指给别人看一样容易了。"

中山君有感于礼

中山君是战国时期一个小国的国君。有一次,他请在国都住的士大夫来参加宴会。其中,有个叫司马子期的士大夫也应邀赴宴。

酒过三巡,上羊肉汤了,每人一碗,唯独到司马子期座前,羊肉汤没有了。司马子期坐在席间,觉得很难堪,于是大为恼怒,退席而走,投奔楚国,劝楚王讨伐中山君,自己做楚王的向导。

楚兵一到,中山君匆匆逃跑了。在逃跑途中,有两个人紧紧跟随中山君左右保护着他。中山君并不认识这两个人,就问:"你是什么人,为什么要保护我呢?"

这两人回答说:"大王您还记得吗?有一年夏天,麦子歉收,我们的父亲饿得躺在大路旁的桑树下边,马上就要死了。这时您从这儿路过,看到我们父亲的惨状,赶紧下车拿出一壶稀饭,很有礼貌地给父亲喝了,父亲才免于饿死。后来父亲在临终时嘱咐我兄弟说:'中山君救我一命,你们俩要记住,在中山君有难时,一定要以死守卫中山君。'我们俩要与您共患难啊!"

中山君听完后,仰天叹息说:"给予人家的东西不论多少,主要是在他真正有困难的时候。失礼得罪人,怨恨不在深浅,在于使人伤心啊。我因为一碗羊肉汤失礼了,结果失掉了国家;因为一壶稀饭救了一个人,在危难之时得到了以死相报的两个人啊。"

哀公问政

哀公❶问政。子曰:"文武之政,布在方策。其人存,则其政举;其人亡,则其政息。人道敏政,地道敏树。

"夫政也者,蒲卢❷也。故为政在人,取人以身,修身以道,修道以仁。

"仁者,人也,亲亲❸为大;义者,宜也,尊贤为大;亲亲之杀,尊贤之等,礼所生也。

"在下位不获乎上❹,民不可得而治矣!故❺君子不可以不修身❻;思修身,不可以不事亲;思事亲,不可以不知人;思知人,不可以不知天。"

注释

❶哀公:即鲁哀公,春秋时期鲁国君。❷蒲卢:也就是螟(guǒ)蠃,一种青黑色的细腰土蜂。❸亲亲:慈善亲爱亲人。❹获乎上:获得上司的信任。❺故:所以,因此。❻修身:陶冶身心,涵养德行。

译读

鲁哀公向孔子请教施政的道理。孔子说:"周文王、武王的政教,都记载在典籍上。得到贤臣的辅助,这些政教就能得以实施;没有贤臣的辅助,这些政教就会被废除。贤臣治理人的方法是努力施政,就像治理土地的方法是努力种植一样。

"执政者如同蒲卢,需要桑蚕之子变化生成,他们执政也需要贤臣的辅助。要获得贤臣的辅助就要修养自身品德,修养自身品德就要遵循天下的大道,遵循天下的大道取决于人的仁义之心。

"所谓仁,就是人与人之间互相亲爱,尤其要亲爱自己的亲人;所谓义,就是做自己应该做的事,尤其要尊敬贤人。亲爱亲人有远近亲疏之分,尊敬贤者人有贵贱等级之别,礼由此而产生。

"处下位的臣民得不到君上的信任,民众就不能够治理好。所以君子不可以不修养自身品德,要修养自身品德就不能不侍奉亲人,要侍奉亲人就不能不知贤爱人,要知贤爱人就不能不了解天理。"

国渊智慧识人

国渊,三国时期曹魏官吏,汉末经学大师郑玄的高足,曹操任其为司空掾。后来国渊任职太仆,位列九卿。

曹操曾收到一封匿名信,信中辱骂他,攻击朝政,曹操看后非常生气,决心要严惩这个写匿名信的人。

可魏国很大,人口众多,要查清匿名信的来历有如大海捞针。大臣们议论了很久,也没有想出一个办法。

京城太守国渊非常聪明,处理过许多疑难案件。曹操把国渊找来,要他追查匿名信的来历,国渊拿着匿名信,翻来覆去阅读了好多遍,他发现,匿名信里有好几处引用著名文学家张衡《二京赋》中的语句。

国渊心里有了数，就对曹操说："主公，只要大臣们不把这件事声张出去，很快，我就能查清这封信的来龙去脉。"曹操很高兴，让大臣们不许再提这件事。

国渊带着匿名信回到府衙，他把下级官员们召集起来，对他们说道："魏国需要大量人才，请大家推荐年轻聪明的学者，我要送他们去拜师求学。"

过了两天，下官们送来许多聪明的年轻人，国渊从中挑选了三个最聪明伶俐的，问他们是否读过张衡的《二京赋》，三人都摇摇头。

国渊说："《二京赋》是一部知识广博、辞藻华美的赋文，可惜许多人忽略不读，所以现在懂得《二京赋》的人很少，你们一定要找到会讲这篇赋的人，向他学习。"接着，国渊又向这三位青年讲了自己的破案意图，嘱咐他们严守秘密，一旦发现情况，及时汇报。

三个人领命出来，在京城内外到处打听。大家见他们年轻好学，纷纷给予指点，他们顺着线索，终于找到了两个会讲《二京赋》的人。他们一面虚心学习，一面悄悄地把情况向国渊汇报。国渊派两名官员，装扮成识字不多的土财主，分头去请那两个人代写书信。

两封信拿回来后，国渊把它们同匿名信做了比较，结果发现其中一封信和匿名信笔迹相同，于是国渊派人去把这人传到衙门审讯，果然，匿名信就是他写的。

查清这个案子前后不到半个月，案子破得快，破得准，国渊因此得到曹操的赞赏，升为太仆。虽然位居列卿，但是国渊仍穿布衣吃素食，把俸禄赏赐都分给亲朋故旧，自己保持着谦恭节俭的作风，最后死在官任上。

天下之达道五

天下之达道①五,所以行之者三。曰:君臣也,父子也,夫妇也,昆弟②也,朋友之交也,五者天下之达道也。知、仁、勇三者,天下之达德③也,所以行之者一也。或生而知之,或学而知之,或困而知之,及其知之一也;或安而行之,或利而行之,或勉强而行之,及其成功一也。

子曰:"好学近乎知,力行④近乎仁,知耻⑤近乎勇。知斯三者,则知所以修身;知所以修身,则知所以治人⑥;知所以治人,则知所以治天下国家矣。"

凡为天下国家有九经。曰:修身也,尊贤⑦也,亲亲也,敬大臣也,体群臣也,子庶民⑧也,来百工⑨也,柔远人⑩也,怀诸侯也。

注释

①达道:指最符合自然本性的通行的道之理。②昆弟:兄弟。③达德:最符合道性的美德。④力行:努力实践。⑤耻:羞愧,羞辱。⑥治人:指用道光德能来浇灌人的心身。⑦尊贤:尊敬的贤者。⑧庶民:百姓,平民。⑨百工:泛指手工业的工人,各种工匠。⑩柔远人:指安抚边远的民族。

译读

天下通行的道理有五条，实践这些道理需要三种美德。这就是：君臣之理、父子之理、夫妇之理、兄弟之理、朋友交往之理，这五项是通行天下的大道理；智慧、仁爱、勇敢，这三项是遍行天下的美德；实践这些大道和美德要诚实专一。有人生下来就知道这些道理，有人通过学习才知道这些道理，有人遇到困惑再去学习而知道这些道理；虽然他们懂得这些道理的先天条件和后天环境不同，但最后还是掌握了这些道理，在这一点上是一样的。对于这五项大道三项美德，有人心安理得地实践它，有人贪图利益而去实践它，有人则是勉强地实践它；虽然他们动机不同，但最后还是成功了，在这一点上是一样的。

孔子说："喜欢学习就近于智，努力实行就近于仁，知道羞耻就近于勇。知道这三点，就知道应该如何修养自身的品德；知道如何修养自身的品德，就知道如何治理全国的百姓；知道如何治理全国百姓，就知道如何治理国家。"

凡治理天下国家的准则有九条，这就是：修养自身品德，尊敬贤人，亲爱亲人，敬重大臣，体贴群臣，爱民如子，鼓励百工，善待边远民族，安抚四方诸侯。

故事

班固兄妹孝继父业

班固，字孟坚，东汉扶风安陵人，是东汉著名的史

学家、文学家。他出生于封建官宦家庭,家里又是儒学世家。其父班彪,字叔皮,为人性情沉静稳重,博学多才,善于著述。班固之所以能成为一个著名的历史学家,与班彪的教导和影响是分不开的。

班固在父亲教导与影响下,9岁就能作文。16岁入洛阳太学读书。青年时期博览群书,对于诸子百家各种学术流派的观点,细心加以探讨。班固治学注重了解文章大意,而不在分析字章上下功夫。他为人宽厚、谦虚,从不以自己才学过人而自恃,因而深为时人所敬慕。

班固23岁时,其父因病逝世。当时他正在洛阳太学读书。当他听到父亲病逝的消息后,悲痛至极,他匆匆赶回家中为父居丧。在此过程中,他一面缅怀父亲生前对自己的教诲,一面潜心阅读父亲遗作《史记后传》。在通读之后,他发现很多地方记叙得还不够详细,于是,他决心完成父亲未竟的事业,以尽孝道。

班固开始大力搜集材料,改订体例,准备在《史记后传》的基础上编撰《汉书》。可就在他埋头编撰过程中,有人诬告他私自改作"国史",他被捕入狱,书稿也一并被抄去。

班固的弟弟班超闻讯上书,才救了他。当时明帝看了他的书稿,不但赞赏他的才能,便召他到京师任兰台令史,掌管宫廷藏书,并进行校勘工作。班固充分利用这个有利条件,典校秘书,编著国史。明帝非常高兴,命他继续撰写班彪未写完的《史记后传》。

这是他完成父亲未竟事业的大好时机。经过20余年的不懈努力,到汉章帝时,《汉书》才大体写成,但仍未全部完成。汉和帝永元元年,外戚窦宪因擅权被杀,

班固牵连其中，死于大狱。

同年，班固的妹妹班昭继父兄遗志，奉旨入东观藏书阁，续写《汉书》。班昭又名姬，字惠班，14岁时，嫁于同郡人曹世叔。丈夫早年去世后，班昭清守妇规，举止合乎礼仪，气节品行非常好。

班昭学问广博，很有才干。班固去世后，她在藏书阁经年累月孜孜不倦地阅读了大量史籍，整理、核校父兄遗留下来的散乱篇章，并在原稿基础上补写了《异姓诸侯王表》《诸侯王表》《王子侯表》《高惠高后文功臣表》《景武昭宣元成功臣表》《外戚恩泽侯表》《百官公卿表》《古今人表》八表，最终完成了续写《汉书》的任务。

《汉书》内容丰富充实，保存了大量原始资料，而且语言精练，词简意赅，结构严谨，对人物的描写尤为细腻、生动。它真实地记录了当时社会的现状与阶级矛盾，客观地反映了统治阶级的腐朽与罪恶，对民间疾苦寄予一定的同情，歌颂了一些英雄和爱国人物。

总之，《汉书》不仅是一部有重要史料价值的优秀历史文献，而且是一部杰出的散文巨著，在文学史上有重要地位。

修身则道立

修身则道立，尊贤则不惑，亲亲则诸父昆弟❶不怨，敬大臣则不眩❷，体群臣则士之报礼重，子庶民则百姓劝❸，来百工则财用足，柔远人则四方归之，怀诸侯则天下畏之。

齐明盛服❹，非礼不动，所以修身也；去谗远色，贱货而贵德，所以劝贤❺也；尊其位，重其禄，同其好恶，所以劝亲亲也；官盛❻任使，所以劝大臣也；忠信重禄，所以劝士也；时使薄敛，所以劝百姓也；日省月试，既禀称事，所以劝百工也；送往迎来，嘉善而矜不能，所以柔远人也；继绝世，举废国，治乱持危，朝聘以时，厚往而薄来，所以怀诸侯也。凡为天下国家有九经，所以行之者一也。

注释

❶昆弟：兄和弟，比喻亲密友好。❷眩：迷惑。❸劝：勉励，努力。❹盛服：衣冠整齐端正。❺劝贤：勉励人们把自己修养成贤人。❻官盛：属官众多。

译读

修养自身品德就能树立道德楷模，尊敬贤人就能不被假象迷惑，亲爱亲人就能使长辈兄弟不相怨恨，敬重

大臣就能处事不迷乱,体贴群臣则士臣都会竭力报效,爱民如子则百姓都会勤勉效力,鼓励百工就能财用充足,善待边远民族则四方归顺朝廷,安抚诸侯就能使天下人畏服。

清心寡欲,仪表端庄自然,不符合礼仪的事不做,以此来修养品德;摒弃谗佞,远离美色,轻视财物,重视德行,以此来劝勉贤人;使亲人地位尊贵,俸禄优厚,与亲人好恶保持一致,以此来劝勉人们亲爱亲人;为大臣多设置属官,足以供他们任用指使,以此来劝勉大臣;对士臣忠诚守信,给予他们丰厚俸禄,以此来劝勉士臣;役使百姓而不误农时,减轻百姓的租赋,以此来劝勉百姓;天天察看月月考核,授予的薪资俸禄与他们的劳动付出相当,以此来劝勉百工;回去相送来时相迎,鼓励其长处而同情其短处,以此来安抚边远民族;延续已经中断俸禄的世家大族,复兴已经颓废的邦国,整治混乱,解救危难,定期接受诸侯朝聘,厚礼相送薄收贡物,以此来安抚诸侯。大凡治理国家有九条原则,用来实施这些准则的关键就是诚心诚意。

故事

刘备三顾茅庐

刘备,即汉昭烈帝(221—223年在位),又称先主,字玄德,东汉末年幽州涿郡涿县(今河北省涿州市)人,西汉中山靖王刘胜之后,三国时期蜀汉开国皇帝,政治家。

刘备投靠荆州刘表后,屯驻在新野。多年来寄人篱下的动荡生活，使刘备很难实现政治抱负。这时渴望建功立业的刘备，决心寻求有远识的人辅佐自己，以便尽早摆脱势单力孤的困境，扩充自己的实力。

有一天，当地的名士司马徽对刘备说："能看清天下大势的，是那些有真才实学的英雄俊杰。我们这里的'卧龙'和'凤雏'就是这样的俊杰。"

刘备忙问："他们都是谁？"

司马徽说："这二人是诸葛亮和庞统。您得到二人当中的一个，就可以成就一番事业了。"

建安十二年初春天，刘备决定亲自拜访襄阳隐士诸葛亮。

当时，27岁的诸葛亮正在襄阳以西的隆中隐居。这位有政治抱负的青年，常把自己比作管仲和乐毅，立志要干出一番事业来。

诸葛亮虽然躬耕隆中，但苦读经史，熟知天下兴衰的道理，还潜心钻研兵法，兼备将才。同时，他也时刻关注着现实政治斗争的形势。

为了拜见诸葛亮，刘备带领关羽、张飞到隆中一连去了两次都没有访到，刘备仍不肯罢休。第三次去的时候，终于如愿以偿，在草庐见到了这位才华出众的年轻人。刘备说："久慕大名，两次拜访，未能相见。今日如愿，实平生之大幸。"

诸葛亮说："蒙将军不弃，三顾茅庐，真让我过意不去。亮年轻不才，恐怕有失厚望。"

刘备诚恳地说："现在汉朝瓦解，群雄混乱，奸臣专权，主上蒙尘。我不度德量才，想伸张大义于天下，完成统一大业，振兴汉室。由于智术短浅，屡遭失败，至今一

无所成。不过,我的壮志并未因此减退,仍然想干一番事业。望先生多多指教。"

刘备的谦虚态度使诸葛亮很受感动,于是,诸葛亮便将天下形势向刘备做了一番精辟的分析,为刘备筹划了实现统一的战略和策略,勾画了三国鼎立的蓝图,既高瞻远瞩,雄心勃勃,又脚踏实地,切实可行。

刘备认为诸葛亮是他所寻找的最理想的辅弼人才,就恳切地请他出来帮助自己。诸葛亮为他诚挚的态度所打动,决心辅佐刘备创建大业,实现安国济民之志,就毅然随刘备来到新野,共商军机大事。

凡事豫则立

凡事豫则立，不豫则废。言前定则不跲❶，事前定则不困，行前定则不疚❷，道前定则不穷❸。

在下位不获乎上，民不可得而治矣；获乎上有道：不信乎朋友，不获乎上矣；信乎朋友有道：不顺乎亲，不信乎朋友矣；顺乎亲有道：反诸身不诚，不顺乎亲矣；诚身有道：不明乎善❹，不诚乎身❺矣。

诚者，天之道也；诚之者，人之道也。诚者，不勉❻而中，不思❼而得，从容中❽道，圣人也。诚之者，择善而固执之者也。

注释

❶跲（jié）：阻碍，说话不流畅。❷疚：病患痛苦。❸穷：处境恶劣。❹不明乎善：不明白人心善德之理。❺不诚乎身：不能使自己心身做到真诚。❻勉：力量不够而尽力做。❼思：想，考虑，动脑筋。❽中：处在其中，这里指总是真诚实在。

译读

凡事有所预先谋划就能成功，没有预先谋划就会失败。说话预先考虑好就不会语塞不畅，做事预先考虑好就不会遭遇困阻，行动之前预先考虑好就不会出差错，执行规则之前预先考虑好就不会陷入绝境。

处在下位的人得不到上级的信任，百姓就不可能治

理好；处在下位的人要得到上级的信任是有途径的，他先要获得朋友的信任，不能获得朋友的信任，就不能获得上级的信任；要获得朋友的信任是有途径的，他先要孝顺父母亲人，不孝顺父母亲人就不能获得信任；孝顺父母亲人是有途径的，他先要自身真诚，自己不诚心就不能孝顺父母亲人；使自身真诚是有途径的，他先要明白善道，不明白善道就不能使自身真诚。

真诚，是天赋的品德；使自己真诚，是人为所得的品德。天赋真诚的人，不必勉为其难就能够符合善道，不必苦心思虑就能获得善道，从容不迫而达到中庸之道，这种人就是圣人。使自身真诚的人，他必须选择至善的道德并坚守不渝。

故事

讲实话的鲁宗道

鲁宗道，字贯之。亳州人。北宋著名谏臣。少年孤贫，生活于外祖父家。举进士后，为濠州定远尉，继任海盐县令，后改任歙州军事判官，迁秘书丞。后官至吏部侍郎、参知政事，世称"鱼头参政"。

鲁宗道特别爱喝酒，经常出入酒馆。有一天，皇帝差遣宫中随从召鲁宗道入宫。随从来到鲁宗道家，家人告诉他说鲁宗道到酒馆喝酒去了，并急忙打发人到酒馆去找。

过了很久，家人才把喝得摇摇晃晃的鲁宗道找回来，而皇帝召见官员的时间早已过了，宫中随从只得先回去

向皇帝禀报，鲁宗道后走一步，等待皇帝的旨令。

临走时，宫中随从同鲁宗道商量说："如果皇上怪罪你来迟了，你准备用什么事做托词回答呢？"

鲁宗道说："当然是实话实说啦。"

宫中随从说："你如果这么说的话，肯定会得罪皇上的。"

鲁宗道说："可事实就是这样啊。我觉得，好喝酒是人之常情，罪过还小。如果编造谎言，那就是欺君的大罪了。"

宫中随从按照鲁宗道所说，如实禀报了皇帝，皇帝听后，叫鲁宗道入殿。见到鲁宗道，皇帝问他为什么要到酒馆去喝酒。

鲁宗道先向皇帝请了罪，然后回答说："我的家境有些贫寒，没有酒器，只有酒馆里才有酒器。今天正好我一个亲戚远道而来，我只好请他到酒馆喝几杯。我到酒馆喝酒时，已经更换了上朝时的官服，市井上的人认不出我，所以没有辱没当官的体统。"

皇帝听了鲁宗道的辩解，笑了笑说："你身为朝廷大臣，却到酒馆里喝酒，又害怕言官们弹劾你，才向我做这么一大套解释。"

鲁宗道说："事情就是这样，我也只能这样说。"

皇帝没有再说什么，但他心里认为鲁宗道能讲实话，是个可以信任重用的人。过了不久，鲁宗道被提拔为参知政事。

博学之

博❶学之，审❷问之，慎思之，明辨之，笃❸行之。有弗学，学之弗能弗措也；有弗问，问之弗知弗措也；有弗思，思之弗得弗措也；有弗辨，辨之弗明弗措也；有弗行，行之弗笃弗措也。

人一能之，己百之，人十能之，己千之。果能此道矣，虽愚必明，虽柔必强。

自诚明❹，谓之性；自明诚❺，谓之教。诚则明矣，明则诚矣。

注释

❶博：广泛丰富地。❷审：细心审察。❸笃：诚心，专注。❹自诚明：自己身心中的性体，富有以诚为基础的五德，充实而光明。❺自明诚：彻底和全面地明白修养德道的理论和方法，从而能正确地实践道德修养，达到真诚的境界。

译读

广泛地学习，审慎地提问，慎重地思考，明确地辨别，坚定地实行。要么不学习，学习了没有学会也不放弃；要么不问，问了没有明白也不放弃；要么不思考，思考了没有收获也不放弃；要么不辨别，辨别了还不明确也不放弃；要么不实行，实行了不坚定也不放弃。

别人一次就能做的事，我付出百倍努力；别人十次

就能做的事,我付出千倍努力。如果能够做到这样,即使愚蠢的人也会变得聪明起来,即使柔弱的人也会变得刚强起来。

由内心真诚而明白的道理,叫作天性;由明白道理而能够内心真诚,叫作教化。内心真诚就会明白道理,明白了道理就会变得真诚。

好学不倦的孔子

孔子,名丘,字仲尼,春秋末期鲁国陬邑(今山东曲阜)人,祖籍宋国栗邑(今河南夏邑),中国古代思想家、教育家,儒家学派创始人。他开创了私人讲学的风气,倡导仁、义、礼、智、信。

在孔子小的时候,家里的生活比较困难。因此,他没有办法继续读书求学。

在那个时代没有什么学校,而且书籍也只有少数的贵族家里才有。孔子的丰富渊博的知识,完全是靠刻苦自学得来的。

孔子学习十分勤奋,他是一个好学不倦的人。两千多年来,人们一直流传着他那"韦编三绝"的故事。

那是在孔子50多岁的时候,为了研究深奥难懂的《易经》,孔子把《易经》这本书读了一遍又一遍,进行了认真的研究和仔细的推敲。

结果,由于看的时间长了、次数多了,连穿在书上的牛皮绳都给磨断了。断一次,孔子就换一次,一共换

了三次,所以称"韦编三绝"。孔子勤奋读书从此可见一斑。

孔子是一个知识广博的学者,他还很喜欢音乐。有一次,孔子向师襄子学习弹琴。师襄子先教了孔子一支曲子,孔子学得很认真。10来天过去了,他还在反复练习这支曲子。

"可以学一支新曲子了。"师襄子说。

孔子却回答:"我只是学会了曲谱,还没有掌握演奏的技巧。"

过了几天,师襄子又对孔子说:"你已经掌握了技巧,可以学新曲子了!"

"我还没有领会这支曲子所表达的思想感情。"孔子回答。

又过了几天,师襄子说:"这一回总可以学新曲子啦,你已经理解曲子的思想感情了。"

孔子仍不同意:"我还不能通过这支曲子所表达的思想感情了解作曲者的为人。"

经过反复琢磨,孔子终于领会了曲子的思想感情和了解了作曲者的为人。他向师襄子讲述了自己的看法。师襄子听了大吃一惊,感到他对乐曲的理解是非常深刻的。孔子这样刻苦学习,使师襄子非常佩服。

惟天下至诚

惟天下至诚，为能尽其性❶；能尽其性，则能尽人之性❷；能尽人之性，则能尽物之性❸；能尽物之性，则可以赞天地之化育；可以赞天地之化育，则可以与天地参矣。

其次致曲❹，曲能有诚❺，诚有形，形则著❻，著则明❼，明则动，动则变，变则化，惟天下至诚为能化❽。

注释

❶尽其性：充分发挥出本性的作用。❷人之性：众人各自有天赋的本性。❸物之性：动植物等万物各自有天赋的本性。❹致曲：致力于某一方面。曲，偏。❺诚：蕴在内心。❻著：明显，卓著。❼明：光辉，光明。❽化：化育，教化。

译读

只有天下最真诚的人，才能尽量发挥自己天赋的本性；能尽量发挥自己天赋的本性，才能尽量发挥其他人天赋的本性；能尽量发挥其他人天赋的本性，才能充分发挥万物天赋的本性；能够充分发挥万物天赋的本性，就可以帮助天地化育万物，就可以与天地并列为三了。

那些次于圣人的贤人，把真诚推致到细小的事物上，由细小事物上能够做到真诚，真诚就会显现出来，显现出来就会渐渐显著，渐渐显著就会彰明，彰明就会感动

万物，感动万物就会变革人心，变革人心就能感化民众。只有天下最真诚的人才能感化民众。

曾子杀猪不说谎

曾子，名参，字子舆，春秋末年鲁国南武城（今山东嘉祥县）人，是中国著名的思想家，孔子的晚期弟子之一。他与他的父亲曾点都拜师于孔子，是儒家学派的重要代表人物。

曾子说过："吾日三省吾身，为人谋而不忠乎，与朋友交而不信乎，传不习乎？"这段话的中心意思是说做人要忠诚、讲信用。曾子不但这样说，而且也是这样去做的。

曾子的父母去世后，家中只有妻子和一个五岁的儿子。他们的日子过得紧紧巴巴的，平时难得吃顿好饭。曾子的妻子平时就在家中收拾家务和看管儿子，还养了两头猪，准备过年的时候杀了，换点钱。

有一次，曾子的妻子要到集市上去买东西，她的小儿子也要跟着去。母亲不让他去，他就在后面哇哇地哭起来。

母亲哄着他说："好孩子，你回家，等我回来给你杀猪吃。"孩子信以为真，不哭了。

儿子一听要是在家的话就可以吃肉了特别高兴，平时都是过年的时候才能吃肉呢，这可比去集市好多了。于是，他就乖乖地在家待着，等着妈妈回来。

这话也被曾子听见了。曾子的妻子从集市上回来,听见曾子在霍霍地磨刀,像是真要杀猪的样子,不禁扑哧地笑了,急忙上前劝阻说:"我说杀猪,只不过是哄孩子的,你倒认真起来了。"

曾子说:"不能和小孩子随便开玩笑。孩子小,还没有分辨是非的能力,事事处处都会模仿父母的言行、听父母的教诲。现在你要是向他说了谎话,这就是教孩子撒谎呀。母亲现在说谎,孩子长大也要向别人说谎,是不能这样去教育孩子的。"

曾子的妻子听了,点了点头,认为他说得对。曾子把猪杀好后,妻子也按照自己说的去办,把猪肉炖得香香的给孩子吃。

至诚之道

　　至诚之道❶，可以前知❷。国家将兴，必有祯祥❸；国家将亡，必有妖孽；见乎蓍龟❹，动乎四体❺。祸福将至：善，必先知之；不善，必先知之。故至诚如神。

　　诚者自成❻也，而道自道也。诚者物之终始，不成无物。是故君子诚之为贵。诚者，非自成己而已❼也，所以成物也。成己，仁也❽；成物，知也。性之德也，合外内之道也，故时措之宜❾也。

注释

　　❶至诚之道：最诚实淳朴、心中无丝毫伪意存在，达到了融合于自然大道的境界。❷前知：在事件未发生之前就预先知晓该事件的始末情况。❸祯（zhēn）祥：吉祥的征兆。❹见乎蓍（shī）龟：通过蓍龟进行预测。蓍龟，古人以蓍草与龟甲占卜凶吉。❺四体：这里不仅仅指两只手两只脚，它还包括体、相、音、形等，通过这些都可以用来感知和判断。❻诚者自成：诚实淳朴的人必然成就自己。❼自成己而已：仅成就自己就算完事了。❽仁也：是最大的善事啊。❾时措之宜：随时行持，无不适宜。

译读

　　有最真诚的德行，可以预知未来。国家即将兴盛，一定有吉祥的预兆；国家将要死亡，一定有灾祸邪异。

这些可以从占筮占卜的卦辞中发现，也可以从人们的动作威仪中察觉。祸福即将来临，是福必然能预先知道，是祸也必然能预先知道。因此，最真诚的人就如同神明一般。

真诚是人的自我完善，而道是人自己引导自己。真诚，贯穿于一切事物的始终，没有真诚就没有万物，因此，君子以真诚为贵。真诚，并非只是自我完善而已，还要用来成就万物。自我完善是仁义的表现，成就万物是智慧的体现。天赋的真诚品德，是结合了天地内外的道理，因此随时运用而无不适宜。

故事

王伽以诚释囚犯

王伽，河间章武人。开皇末，为齐州行参军。后来因受州官委派，押送被判处流放罪的囚犯李参等70多人到京师去。

当时制度规定：只要是被判流放的犯人，解送的途中必须戴着枷锁。走到荥阳时，王伽怜悯他们戴着枷锁行路的凄苦痛楚，就把他们一个个召集起来对他们说道："你们已经触犯了国法刑律，不仅损害了自己的名誉，也有愧于父老的教养，而使自己遭到监禁。让你们披枷戴锁长途行路，这是我的职责。但是现在又要劳累这些兵卒看守你们，跟你们受苦，难道你们心里不觉得愧疚吗？"李参等人接受训导后，向王伽表示歉意。

王伽接着说："你们虽然犯了法，但是，戴着枷锁

行走,也太辛苦了。我想给你们去掉枷锁,让你们轻松自由地走到京城后集合,你们能够按期赶到吗?"

囚犯们听后,全都跪拜致谢,同声说:"我们一定不敢违期。"王伽于是去掉他们身上的枷锁,解散了看守护送的兵卒,同他们约定赶到京城集合的日期。王伽说:"这天如果有人不来,我就替你们承担死罪!"王伽转身扬长而去。

这些被流放的囚徒们,感念王伽对他们的信任,全都按期赶到京城集合,没有一个人叛逃。

皇上听到这件事后,感到惊异。便召见王伽,对他的做法夸赞良久。然后,又召见这些囚犯,并允许他们各自带着妻子儿女前往晋谒,并在殿廷上赐宴宣布赦免他们的罪过。

当即颁布诏书:"凡是一切含灵性的有生命的人,都是深知善恶、明断是非的。如果在平时,官府能够以至诚之心对待人民,明确地加以教育劝导,那么社会习俗必定能够向着好的方向转化,人们都能够弃恶从善。现在,我接受上天的使命,日夜勤勉,孜孜不倦,本意就是建立德化的社会风尚。王伽深深地理解我的心意诚心诚意地教导李参。李参等人也能诚心醒悟,主动到官府认罪。说明百姓并不难以教化。只是官员不能认真劝导,致使他们犯罪,却又无从悔过自新。假如所有的官吏都能够像王伽这样,平民都像李参等人,那么达到不用刑法就能达到天下大治的境界,又有什么难的呢?"

于是,提拔王伽为雍县县令。以宽仁之心,至诚待物,化行所属,爱结人心,就会达到教化的功效。

故至诚无息

故至诚❶无息❷。不息则久,久则征❸,征则悠远❹,悠远则博厚❺,博厚则高明。博厚,所以载物❻也;高明,所以覆物也;悠久,所以成物也。博厚配地❼,高明配天❽,悠久无疆❾。如此者,不见❿而章⓫,不动而变,无为而成。

天地之道,可一言⓬而尽也:其为物不贰⓭,则其生物不测。天地之道:博⓮也,厚也,高也,明也,悠也,久也。

注释

❶至诚:古代儒家指道德修养的最高境界。❷无息:没有停息,没有间断。❸征:征验,效验,显露于外。❹悠远:悠长久远。❺博厚:广大深厚,宽宏朴厚。❻载物:承担重大任务。❼配地:指功德与地一样博大深厚。❽配天:指与天相比并。❾无疆:无穷无尽。❿见:显现。⓫章:彰显,明显。⓬一言:即一字,指"诚"字。⓭不贰:唯一,专一,坚定而不更改。⓮博:多,广,大。

译读

因此,最真诚的德行是永不停息的,永不停息就能长久,长久就会通达,通达就可悠远,悠远就会广博深厚,广博深厚就会高大光明。广博深厚用以承载万物,高大

光明用以覆盖万物,悠远用以成就万物。广博深厚与地相匹配,高大光明与天相匹配,悠远而无边无际。这样,不用表现却自然彰明,不用行动却能感人化物,无所作为却能自然成就万物。

天地的法则,简直可以用一个"诚"字来囊括:诚本身专一不二,所以生育万物多得不可估量。天地的法则,就是广博、深厚、高大、光明、悠远、长久。

苏武北海牧羊

西汉时期,匈奴自从被卫青、霍去病打败以后,双方有好些年没打仗。他们口头上表示要跟汉朝和好,实际上还是随时想进犯中原。

匈奴的单于一次次派使者来求和,可是汉朝的使者到匈奴去回访,有的却被他们扣留了。汉朝也扣留了一些匈奴使者。

公元前100年,汉武帝正想出兵打匈奴的时候,匈奴又派使者来求和了,他们还把汉朝使者都放了回来。汉武帝为了答复匈奴的善意,派中郎将苏武带着副手张胜和随员常惠出使匈奴。

苏武到了匈奴,送回了先前扣留的使者,并送上礼物。苏武正等单于写个回信让他回去,没想到就在这个时候,出了一件倒霉的事儿。

在苏武还没有到达匈奴之前,有个汉人叫卫律,他在出使匈奴后就投降了匈奴。在这里,他受到单于的重用,

被封为王。

卫律手下有一个部将叫虞常,他对卫律非常不满意。他跟苏武的副手张胜原来是朋友,等苏武一行人到这里后,他就暗地跟张胜商量,想杀了卫律,劫持单于的母亲,逃回中原去。

张胜表示同意,没想到虞常的计划没成功,反而被匈奴人逮住了。单于大怒,叫卫律审问虞常,要他定要查问出同谋的人是谁。

苏武本来不知道这件事。到了这时候,张胜怕受到牵连,才告诉苏武。

苏武说:"事情已经到了这种地步,一定会牵连到我。如果让人家审问以后再死,不是更给朝廷丢脸吗?"说罢,就拔出刀来就要自杀。张胜和随员常惠眼快,夺去他手里的刀,把他劝住了。

后来,单于又叫卫律去逼迫苏武投降。苏武一听卫

律叫他投降,就说:"我是汉朝的使者,如果违背了使命,丧失了气节,活着还有什么脸见人呢!"于是,又拔出刀来向脖子抹去。还好被卫律制止住了。

单于钦佩苏武是个有气节的好汉,等苏武伤痊愈了,又逼苏武投降。单于派卫律审问虞常,让苏武在旁听。卫律先把虞常定了死罪,杀了。接着,又威胁张胜,张胜贪生怕死投降了。

卫律对苏武说:"你的副手犯了罪,你也应该连带受刑。"

苏武说:"我既没有跟他同谋,又不是他的亲属,为什么要连带受刑?"

卫律举起剑威胁苏武,苏武不动声色。卫律劝苏武说:"我也是不得已才投降匈奴的,单于待我好,封我为王,给我几万名的部下和满山的牛羊,享尽富贵荣华。先生如果能够投降,明天也跟我一样,何必白白葬送性命呢?"

苏武怒气冲冲地站起来,说:"卫律,你是汉人的儿子,做了汉朝的臣下。你忘恩负义,背叛父母、背叛朝廷,厚颜无耻地做了汉奸,还有什么脸来和我说话。我决不会投降的,怎么逼我也没有用。"

卫律回去向单于报告。单于就把苏武关在地窖里,不给他吃的喝的,想用长期折磨的办法,逼他屈服。

这时候正是数九隆冬天气,外面下着鹅毛大雪。苏武忍饥挨饿,渴了,就捧一把雪止渴;饿了,就扯一些皮带、羊皮片啃着充饥,这样居然没有死。

单于见折磨他没用,就把他送到北海,也就是现在的贝加尔湖边上去放羊,还对苏武说:"等公羊生了小羊,就放你回去。"公羊怎么会生小羊呢,这不过是说要长

期监禁他罢了。

后来,苏武到了北海,周围什么人都没有,唯一陪伴他的是那根代表朝廷的旌节。匈奴不给他口粮,他就掘野鼠洞里的草根充饥。日子长了,旌节上的穗子全掉了。

直至公元前85年,匈奴的单于死了,匈奴发生内乱。新单于没有力量再跟汉朝抗衡,又打发使者前去求和。那时候,汉武帝已死去,他的儿子汉昭帝即位。

汉昭帝派使者到匈奴去,要单于放回苏武,匈奴谎说苏武已经死了。使者信以为真,就没有再提。

第二次,汉使者又到匈奴去,苏武的随从常惠还在匈奴。他买通匈奴人,私下和汉使者见面,把苏武在北海牧羊的情况告诉了使者。

使者见了单于,责备他说:"匈奴既然存心同汉朝和好,不应该欺骗汉朝。我们皇上在御花园射下一只大雁,雁脚上拴着一条绸子,上面写着苏武还活着,你怎么却说他死了呢?"

单于听了,吓了一大跳。他还以为真的是苏武的忠义感动了飞鸟,就连大雁也在替他传送消息。于是,他连忙向使者道歉说:"苏武确实还活着,我们马上把他放回去。"

岁月悠悠,北海的风雪染白了苏武的须发,冻饿练就了他铮铮硬骨,苏武在北海一待就是19个年头。他出使的时候,才40岁。

苏武回到长安的那天,长安的百姓都出来迎接他。他们瞧见白胡须、白头发的苏武手里拿着光杆子的旌节,没有一个不受感动的,说他真是个有气节的大丈夫,全都投去了敬仰的目光。

今夫天

今夫天，斯昭昭❶之多，及❷其无穷也，日月星辰系焉，万物覆焉。今夫地，一撮❸土之多，及其广厚，载华岳❹而不重，震河海而不泄，万物载焉。

今夫山，一卷石❺之多，及其广大，草木生之，禽兽居之，宝藏兴焉。今夫水，一勺之多，及其不测，鼋❻鼍❼、蛟龙、鱼鳖生焉，货财殖焉。

《诗》云："维天之命❽，于穆❾不已❿！"盖曰天之所以为天地。"于乎不⓫显⓬！文王之德之纯！"盖曰天王之所以为天也，纯亦不已。

注释

❶昭昭：光明、明亮的样子。❷及：介词，至，到。❸撮（cuō）：用三个指头聚拢抓取。❹华岳：西岳华山。❺一卷石：一拳头大小的石头。卷，通"拳"。❻鼋（yuán）：指背甲近圆形、暗绿色，又称为绿团鱼。❼鼍（tuó）：背面呈暗褐色，有六横列角质鳞，又称为扬子鳄。❽维天之命：指文王德行秉承天道。❾穆：指天性清静，祥和，淳朴。❿不已：无穷，没有止境。⓫不：通"丕"，大。⓬显：明显。

译读

现在看到的天，在它开始时只有很小的一点光明，

等到它成为无边无际的天空后,日月星辰悬系在上面,世间万物都被它覆盖着。现在看到的地,在它开始时只有一小撮土那么大,等到它成为广博深厚的大地后,负载华山也不觉得沉重,汇聚河海也不会泄漏,世间万物都被它自己承载着。

现在看到的山,在它开始时只有一小块石头那么大,等到它成了广阔高峻的山后,草木花卉生长在上面,飞禽走兽居住在上面,金银宝藏从上面开发出来。现在看到的水,在它开始时只有一小勺那么多,等到它聚积成深广难测的大水后,鼋、鼍、蛟、鳖生活在里面,各种物产资财也繁殖在里面。

《诗》说:"天道的运行,多么肃穆啊,永远不会停止!"这说的大概就是天之所以成为天的道理。"啊,多么伟大光明啊,文王的德行是多么纯洁啊!"这说的大概就是文王之所以被称为文王的道理,他纯洁的德行常行不息。

盛彦吐哺待慈母

盛彦,字翁子,是西晋广陵人。少年时代便很有才能,当时有一位叫戴昌的太尉曾以赠诗形式考查他,盛彦面对满座官僚文士,慷慨作答,没有一点理解错误的地方,受到文士们的赏识。

盛彦的母亲王氏非常勤劳节俭,不仅亲自操持家务,还时时督促盛彦读书识字,教他以礼待人。后来,由于

过度操劳,得了一场病,连眼睛也跟着瞎了。

家里虽然雇了一个女仆,但是许许多多的事都落在了盛彦身上,他一边帮母亲安排日常生活,一边拼命读书,他的才干也越来越受人重视了。

成年以后,官府鉴于他极有才名,多次征召他去做官,盛彦每次都是以母亲病势沉重而推辞了。每当谈到母亲双目失明,日常生活很难自理,重病缠身的情形时,盛彦就止不住悲伤,痛哭失声。

盛彦每天每顿饭都要亲手喂母亲吃,凉、热、咸、淡都是他先尝一尝,有时候,饭菜如果稍微硬一点,盛彦就自己先嚼一遍然后喂母亲。

这样坚持了好多年,他母亲的病多少有了一点好转。他母亲病了好久,女仆当然会受累,于是暗暗产生了怨恨的心情。

有一回,盛彦外出办事,上午也没回来,那个女仆就生出了坏心,到屋子后面的菜地里捉了一些金龟子的幼虫,放在瓦片上烤熟了给盛彦的母亲吃,还撒谎说是好东西。

母亲吃了一些,觉得很好,于是就以为这确实是难得的好东西,顺手捏了一点偷偷留了起来。后来,盛彦回家了,他母亲把烧熟的金龟子给他看。

盛彦一看,立刻跪在母亲面前,哭着向母亲赔罪,深深责备自己照顾不周全,叫母亲遭罪了。他母亲却安慰他:"这东西吃了也没什么事,我倒觉得眼前好像有点亮堂了。"

盛彦一听,异常惊喜,打来一盆清水,给母亲轻轻擦拭,没一会儿,母亲的双目就能清楚地看见东西了。

盛彦这时候以为错怪了女仆,竟然向女仆跪谢,女仆却羞愧得一声不吭地站在那儿一动也不动。

宋代诗人林同曾写了一首《贤者之孝》称赞盛彦,诗中写道:

> 既知为异物,号泣绝还生。
> 未有蛴螬炙,翻令母目明。

由于盛彦孝顺母亲,善待仆人,所以家里越来越和睦了。

母亲的病好后,盛彦应征到东吴做官,累迁至中书侍郎,后来吴国被晋武帝消灭后,著名文学家、陆逊之孙陆云又将他推荐给西晋刺史周浚,本邑大中正刘颂又举荐他为小中正,直到285年病逝。

大哉圣人之道

大哉圣人之道！洋洋乎！发育万物，峻极①于天。优优大哉！礼仪三百，威仪三千。待其人而后行。故曰，苟不至德，至道不凝②焉。故君子尊德行而道问学，致广大而尽精微，极高明而道中庸③。温故而知新，敦厚以崇礼。

是故居上④不骄，为下不倍，国有道，其言足以兴，国无道，其默足以容。《诗》曰："既明且哲，以保其身。"其此之谓与！

注释

①峻极：高大到极点。②凝：凝聚，引申为成功。③中庸：儒家的一种伦理思想，指无过无不及的态度。④居上：身居上位，这里指国君和高层次的官员。

译读

伟大啊，圣人的道！它浩浩荡荡充满天地之间，生成发育万物，它与天一样崇高。宽裕而广大啊，这样的礼仪有三百条，威仪有三千条，有待圣人出现来实施。所以说如果没有完美的德行，完美的道就不能成功。因此君子尊崇德行，而通过好学善问，达到宽广博大的宏观境界，并深入到精微细致的微观境界；达到高尚光明，并遵循中庸之道，温习已经学过的知识而有新的见解，为人朴实厚道而崇尚礼仪。

因此,君子身处上位而不骄傲,身处下位而不背弃。国家政治清明时,他的言论足以振兴国家,国家政治黑暗时,他沉默足以容身自保。《诗经》说:"既明达又智慧,可以保全自身。"说的也就是这个意思吧!

孔子拜三贤为师

孔子是我国古代的大教育家、大思想家,儒家学派的创始人,他开创私人讲学之风,倡导仁义礼智信。可是,人们又会问他:"你的老师又是谁呢?"

孔子说:"我不是生而知之者,是学而知之的人。"孔子又说:"三人行必有我师焉。择其善者而从之,其不善者而改之。"

孔子不仅这样说,而且也是这样做的。由于家境清贫,他15岁时才有志于学问。孔子为了弄懂"礼",从山东

走到河南,一拜老聃为师。

老聃为孔子讲学,在临别的时候,老聃说:"富贵的人送人以钱财;有学问的人送人以言……我就送给你几句话吧!"

孔子听了老师的话,使他受益不浅。后来,他又二拜鲁国乐官师襄子为师。开始学琴时,孔子一连十几天总是反复弹拨着同一支琴曲。

师襄子见孔子弹得已经十分娴熟了,就对他说:"你可以换一支曲子进一步练习了。"

孔子却回答说:"我只学会了乐曲表面形式,对节奏内容还不了解。"于是,孔子又继续练习。

过了几天,师襄子在倾听琴音时,他感到孔子已经领会了乐曲的意境,可以学习一些更加复杂的乐曲了。孔子却摇摇头说:"我虽然已经体会了乐曲的意境,但作曲的是个什么样的人,我还没有体会出来。"

于是,孔子又弹了一些时间。当他轻轻放下琴,站起来望着窗外若有所思时,师襄子问他有什么体会,孔子说:"我倾听着琴音,似乎看到了一位个子高高的、目光远大、慈爱安详的长者,这不是周文王又是谁呢?"

师襄子称赞道:"你说得完全对啊!"

就这样,孔子学会了乐,并且十分精通。在这之后,孔子又三拜苌弘为师。苌弘是个大音乐家,对音乐有很深的造诣。孔子拜他为师,请教律吕之学。他虚心听取着苌弘的指导,不懂就问。孔子说:"勤学,不耻下问,才能学到本领。"

由于孔子多方面拜能者为师,他掌握了多种学问和本领,成了大思想家、大教育家和大学问家。

愚而好自用

子曰："愚而好自用，贱而好自专❶，生乎今之世，反古之道❷。如此者，灾及其身者也。"

非天子，不议礼，不制度❸，不考文。今天下车同轨❹，书同文，行同伦。虽有其位，苟无其德，不敢作礼乐焉，虽有其德，苟无其位，亦不作礼乐焉。

子曰："吾说夏礼，杞不足征❺也；吾学殷礼❻，有宋存焉；吾学周礼❼，今用之，吾从周。"

注释

❶自专：独断专行。❷反古之道：恢复古时的制度。❸制度：创立法度。❹同轨：车辙宽度相同。❺征：征验，证据。❻殷礼：殷朝的礼制。❼周礼：周朝的礼制。

译读

孔子说："愚蠢而又刚愎自用，卑贱而又独断专行，生活在当今社会却偏要去恢复古代的制度，这样的人，灾祸也将会降临到他的身上。"

不是天子不议论礼制，不制订法度，不考核文字。现在天下的车辙轨迹相同，书写的文字相同，伦理道德标准相同。即使有天子的地位，如果没有圣人的德行，就不敢制作礼乐制度，即使有圣人的德行，如果没有天子的地位，也不敢制作礼乐制度。

孔子说:"我想要解说夏礼,可是夏的后代只有一个杞国,不足以验证;我想要学习殷礼,但是现在还有殷商的后代宋国保持着;那我就去学习周礼,现在正在实行它,所以我遵从周礼。"

平易近人的光武帝

东汉光武帝刘秀刚刚即位的时候,天下未定,还存在着许多割据势力。当时除了光武皇帝以外,还有四个人称帝,四个人称王,两个将军也都各自独霸一方。其中,势力比较大的有五郡大将军窦融、西州大将军隗嚣、蜀中皇帝公孙述。

汉光武帝要想统一天下,就必须把这些割据势力各个击破,于是他决定先拉拢隗嚣和窦融,好孤立公孙述。公孙述也想拉拢隗嚣,曾经派使者去封他为王。

隗嚣不知道汉光武帝和公孙述两人到底谁能最后统一天下,拿不定主意到底应该投靠谁,就派手下的一个谋士马援作为使者,到两边去探听虚实。

马援和公孙述是同乡,从小就是好朋友。他到了公孙述那里,以为自己是公孙述的老朋友,又多年没有见面,公孙述见了他一定会很高兴。

可是公孙述却向马援摆皇帝的架子,对待他就像对待一般使臣一样,没有以前的亲热劲儿。他见了马援,没说上几句话,就封马援为大将军,还威严地坐在那里,等待马援向他谢恩。

马援心里很不痛快，就推辞不受。他回到隗嚣那里，对隗嚣说："公孙述妄自尊大，就好像一只井底下的青蛙，我看我们还不如投靠东边的汉光武帝。"

于是，隗嚣又派马援去见汉光武帝。光武帝穿着便装，也不带卫兵，在殿上很随便地接见马援，没有半点皇帝的派头。汉光武帝笑着对马援说："你在两个皇帝之间奔波，今天见到你，我还真觉得有点不好意思啊！"

马援说："现在天下还没有定下来，不仅做君主的挑选臣子，做臣子的也要挑选君主。我和公孙述从小是要好的朋友，他见我的时候都有卫兵护卫着，您见我的时候却这么随便，连卫士也不带，你就不怕我是刺客吗？"

汉光武帝笑着说道："你不是刺客，大概是说客。"

马援见刘秀如此热情，平易近人，深受感动，心中认为，汉光武帝胸怀博大，礼贤下士，可以成就大业。

汉光武帝和马援谈得很融洽，马援回去以后，就把自己的看法跟隗嚣说了。后来，公孙述果然被刘秀灭掉，汉光武帝统一了天下。

王天下有三重焉

王天下有三重❶焉，其寡过矣乎！上焉者❷，虽善无征，无征不信，不信民弗从；下焉者❸，虽善不尊❹，不尊不信，不信民弗从。

故君子之道：本❺诸身，征诸庶民，考诸三王而不缪，建诸天地而不悖，质诸鬼神而无疑，百世❻以俟圣人而不惑。

质诸鬼神而无疑，知天也；百世以俟圣人而不惑，知人也。是故君子动而世为天下道❼，行而世为天下法，言而世为天下则。远之则有望，近之则不厌。

《诗》曰："在彼无恶，在此无射❽；庶几❾夙夜❿，以永终誉！"君子未有不如此，而蚤有誉于天下者也。

注释

❶三重：三件重要的事，指上章讲的议礼、制度、考文。❷上焉者：出于上位的人。❸下焉者：指在下位的人，如孔子。❹不尊：没有尊位。❺本：修养德行为本。❻百世：指百世以后。❼道：通"导"，先导。❽射：妒忌，放肆不敬。❾庶几：几乎，差不多。❿夙夜：早晨晚上。

译读

统治者治理天下能够做好议订礼仪、制订法度、考

订文字这三件重大的事，就可以减少犯错误！处于上位的人，德行虽然美善而没有验证，没有验证人们就不能相信，人们不相信就不会遵从；处于下位的人，德行虽然美善但不尊贵，不尊贵人们就不能相信，人们不相信就不会遵从。

所以，君子治理天下以修养自身为根本，在百姓中要取得验证并确认，并用夏商周三代圣王的礼仪制度来考察而没有错误，立于天地之间与天地相合而不违背道理，卜问鬼神得到验证而无可怀疑，等到百世之后的圣人来验证也没有疑惑。

卜问鬼神得到验证而无可怀疑，这是了解天意；等到百世之后的圣人去验证也没有疑惑，这是了解人意。因此，君子的举动世世代代成为天下的先导，君子的行事世世代代成为天下的法度，君子的言论世世代代成为天下的准则。远离君子的人有仰慕之心，靠近君子的人无厌恨之意。

《诗》说："在那里没有怨恨，在这里没有厌恶，几乎早晚都能够勤谨，永远保持着美好的声名。"君子没有不这样做却能一直有美名远扬的。

故事

汉明帝尊师拜师

东汉时期，汉明帝刘庄十分尊敬老师。当刘庄还是太子时，光武帝便为他选定一位名叫桓荣的老师，为刘庄讲解经义，并封他为太子少傅。

当时，贵为太子的刘庄对老师非常讲究礼仪，每次都恭恭敬敬地听从老师的教诲，虚心学习，刻苦攻读。几年之后，刘庄便成为当时出色的经学家，并早成大器，即位当上了皇帝。

不过，刘庄并未因自己当了皇帝就骄横起来，相反，他对老师依然毕恭毕敬。由于老师桓荣年迈，他便免去了老师上朝奏事的礼节，让桓荣在家休养，并经常带着大臣们去桓荣家里听课。

为了不惊动老师桓荣，每当马车临近桓荣家时，明帝都下令停车，然后下车步行进入老师家的小巷。桓荣得知皇帝驾到，便赶紧整理好衣帽，到门外恭候，以行君臣之大礼，但汉明帝每次都非常恭敬地请老师免礼。

然后明帝亲自搀扶老师进入府中，让老师上座，并叫大臣们在桓荣面前摆设案几，让文武百官站在桓荣面前，以表对老师的尊敬与关心，然后自己则像小学生一样捧着经书，全神贯注地听桓荣老师讲课。

休息时，明帝还会亲自捧着在皇宫特意为老师做的点心，恭敬地送到老师面前，请桓荣品尝。

永和五年，桓荣身患重病，明帝多次去老师家中探望，每次来都是小步跑到老师的病床前，并叮嘱有关大臣经常到老师家帮助老师料理家事。

不久客户后，桓荣病故，明帝悲痛万分，不顾圣驾的尊严，不顾大臣的劝阻，脱下龙袍，穿上丧服，亲自到桓荣老师家为之吊孝送葬。

同时，明帝还将周朝高士伯夷叔齐墓葬首阳山的一块要地赏给桓荣作为墓地，并赞扬老师："桓荣老师的品德高尚，学识渊博，可以和古代贤人相媲美。"

仲尼祖述尧舜

仲尼祖述①尧舜，宪章文武；上律天时②，下袭水土③。辟如天地之无不持载④，无不覆帱⑤，辟如四时之错行，如日月之代明⑥。万物并育而不相害，道并行而不相悖，小德川流⑦，大德敦化⑧，此天地之所以为大也。

注释

①祖述：效法遵循前人的学说或者行为。②律天时：遵从天时自然的运行规律。③袭水土：指符合水土的地理规律。④持载：承载。指天地能够承载万物。⑤覆帱(dào)：遮盖，掩盖。⑥代明：交替光明，循环变化。⑦小德川流：小德如江河，川流不息。⑧大德敦化：大德敦厚，化育万物。

译读

仲尼继承尧舜的传统，效仿周文王、武王的典章，上遵从天时运行的规律，下符合水土地理环境。就像天地没有什么东西不能承载，没有什么东西不能覆盖，就像四季错综运行，日月交替照耀，万物一起生长而不相妨害，遵循各自的规律而不相违背。小的德行如河水一样长流不息，大的德行使万物敦厚纯朴，这就是天地之所以伟大的原因吧。

隋文帝厉行勤俭

隋文帝杨坚,汉族,弘农郡华阴(今陕西省华阴市)人。汉太尉杨震十四世孙,隋朝开国皇帝。

589年,隋文帝杨坚实现了南北方的重新统一。他总结了前人的经验,认识到勤俭是治国最重要的有效途径。

为振兴国家,隋文帝身体力行,勤于政事,俭于自奉。每天一早,他便上朝理政,直到过午还不知疲倦;乘车外出途中,遇到有人上书,便亲自停下来过问。

在生活上隋文帝规定从帝王到后宫,服饰器用,务求节俭。妃嫔们的衣服,只要能穿,就不换新的;宫人们的衣服脏了,都要洗过再穿;车舆上的东西破了,补补之后再用。隋文帝自己的衣服和用物,也是用坏了随时送去修补,补好再用。

有一天,隋文帝见到太子杨勇的铠甲曾精心地装饰过,很不高兴,便把太子叫到跟前,很严厉地告诫他说:"自古帝王没有好奢侈而能长久的。你当太子,应该把俭约放在首位,将来才能继承好皇位。为了让你学习我的榜样,我过去穿过的衣服,你应该各留一件在身边,经常观看,以便时刻提醒自己不要奢侈。"

有一次,隋文帝身患痢疾,配些止痢药,需用一两胡椒粉,可是,找遍了宫中上下都找不到。

还有一次,隋文帝到灾区视察,他拿着老百姓吃的糠给群臣看,痛苦地责备自己无德,表示今后膳食从简,

不吃酒肉。

由于皇帝躬行节俭,所以当时社会也盛行俭朴之风。一般士人平日大多穿布帛,装饰品也只用铜、铁、骨、角等制造,不用金玉,这就为国家节省了大量的金钱和物资。

为了提倡节俭,形成风气,隋文帝还从法律上规定,对挥霍无度者,严惩不容。

隋文帝还经常派人侦察朝内外正官,发现罪状便加重惩罚。他痛恨官吏的贪污行为,甚至秘密派人给官吏送贿,一旦接受,立即处死。

隋文帝的儿子杨俊,生活奢侈,被发现,勒令禁闭。大臣杨素认为罚得太重。他说,皇上和百姓只有一个法律,照你说来,为什么不另造皇子律?

由于隋文帝在建国初期能厉行勤俭,使政治较为清明,阶级矛盾相对缓和,人民的负担比南北朝时期有了显著的减轻。经济呈现出繁荣景象。

可惜,隋文帝晚年对自己提出的要求没能坚持到底。晚期的他,逐渐变得多疑、凶残,暴躁易怒,而且听信文献皇后之言,废黜长子杨勇立晋王杨广为太子,埋下了亡国的祸根。他的儿子杨广上台之后,奢侈无度,不久就被农民起义推翻了。

惟天下至圣

　　惟天下至圣，为能聪明睿知，足以有临也；宽裕温柔，足以有容❶也；发强刚毅，足以有执❷也；齐庄中正，足以有敬也；文理密察，足以有别也。

　　溥博❸渊泉，而时出之。溥博如天，渊泉如渊。见而民莫不敬，言而民莫不信，行而民莫不说。是以声名洋溢乎中国，施及蛮貊❹；舟车所至，人力所通；天之所覆，地之所载，日月所照，霜露所队❺；凡有血气者，莫不尊亲，故曰配天。

　　惟天下至诚，为能经纶天下之大经❻，立天下之大本，知天地之化育。夫焉有所倚？肫肫❼其仁！渊渊其渊！浩浩❽其天！苟不固聪明圣知达天德者，其孰能知之？

注释

❶有容：有博大包容心。❷有执：有管理能力。❸溥（pǔ）博：辽阔广大。❹蛮貊（mò）：未开化的少数民族。❺队：同"坠"，坠落。❻大经：大政纲领。❼肫（zhūn）肫：诚挚恳切的形象。❽浩浩：壮阔盛大的样子。

译读

　　只有天下最圣明的人，才能够既聪明又睿智，能够居于上位而治理天下；广大宽舒，温和柔顺，便足以包容

天下；奋发强劲，刚健坚毅，便足以决断大事；整齐庄重，公平正直，便足以敬业；条理清晰，周详明辨，便足以分辨是非。

圣人的美德博大精深而又适时的表现了出来。博大像天，深沉像渊，表现在仪表上则人们没有不敬佩的，表现在言论上则人们没有不信任的，表现在行为上则人们没有不喜欢的。所以，他的美好声名广泛流传在中原之地，并传播到边远的少数民族部落；车船所到的地方，步行所到的地方，天所覆盖的地方，地所负载的地方，日月所照耀的地方，霜露所降落的地方，只要有血脉气息的人，没有人不尊敬亲近他的，所以说，圣人的德行是可以与天匹配的。

只有天下最诚的人，才能掌握治理天下的大纲，树立天下最根本的道德，知晓天地化育万物的道理。除了至诚还有什么可依傍的呢？至诚的人，他的仁德是那样的诚恳！他的思想像潭水一样深沉，他化育万物的胸襟像蓝天一样广阔！假如不是确实具有聪明睿智通达天德的人，又有谁能够知道这个道理呢？

故事

朱震亨诚心拜师

朱震亨，字彦修，元代著名的医学家，婺州义乌人，因为他的故居有条美丽的小溪，名"丹溪"，学者遂尊之为"丹溪翁"或"丹溪先生"。

朱震亨医术高明，为人看病认真负责，大家都十分尊敬他。但是，朱震亨早年并不是学医的，他也像当时许多的读书人一样，读的是经书，为的是应考做官，而他的老师则是当时有名的学者许文懿。

许文懿身患慢性病，经过多年治疗都没能治好。一天，许文懿对朱震亨说："我的病如果没有精于医术的人治疗，恐怕难以治好。你是很聪明的，愿不愿意去学医呢？"

朱震亨素怀惠民之心，又因为过去母亲经常生病，曾自学过一些医学常识，对医学也有一定兴趣。现在听了老师的建议，便毅然决定不去做官而改学医。为了表示自己的决心，他把过去为准备赶考而写下的文章都烧掉了，一心致力于学医。

朱震亨虚心地向本地一些医生学习，他不分昼夜地钻研当时流传的一些处方。可是，实践使他认识到死搬过去的处方来治今天的病，效果是不好的，最重要的是要掌握医学原理，只有掌握了医学原理，才能得心应手地为病人治病。

为此，朱震亨离开家乡到外地去求访名师。但是，他跑了很多地方都没有访到名师。在回义乌途经武林的时候，有人告诉他有一个名叫罗知悌的先生医术很高，不过罗先生性情非常怪癖，自以为有本事而不愿意传授给别人。

朱震亨好不容易寻找到一位名医，心里非常高兴，他马上就去拜见罗知悌。可是，几次登门拜谒，均未得亲见。但朱震亨心诚意真，求之愈甚，每日拱手立于门前，置风雨于不顾。有人对罗先生详加介绍朱震亨的为人与名声后，始获相见。

朱震亨随罗知悌学习一年之余后，医技大进，尽得

诸家学说之妙旨。回到家乡后，四方求治者、求学者盈门不绝，朱震亨总是有求必应，不避风雨。

朱震亨通过多年临床实践，自成一家之言，创立了有名的"阳常有余，阴常不足"及"相火论"学说，并于杂病提出了以气、血、痰、郁的辨证治疗方法，于医学理论的发挥及杂病的治疗做出了贡献，被誉为"金元四大家"之一。

朱震亨的主要医学著作有《格致余论》《局方发挥》《金匮钩玄》《本草衍义补遗》等。此外，流传的有关朱震亨的书也很多，其中以《丹溪心法》《丹溪心法附余》最有代表性，但都不是朱震亨本人所著，是后人将朱氏临床经验整理而成。

衣锦尚絅

　　《诗》曰"衣锦❶尚絅❷",恶其文之著也。故君子之道,暗然❸而日章❹;小人之道,的然❺而日亡。

　　君子❻之道:淡而不厌❼,简而文❽,温而理,知远之近,知风之自❾,知微之显,可与入德❿矣。

注释

　　❶衣锦:指色彩鲜艳的衣服。❷絅(jiǒng):通"褧",用麻布制的罩衣。❸暗然:隐藏不露。❹日章:日见彰明。章,同"彰",彰显。❺的(dí)然:鲜明,显著的样子。❻君子:指人格高尚、道德品行兼好的人。❼淡而不厌:平淡而不厌倦。❽简而文:指简单而内含文采。❾知风之自:见到风就知道它来自何处。❿入德:进入圣人品德修养的境域。

译读

　　《诗经》说"穿着锦缎,外面加上一件麻纱衣",这是嫌锦衣的纹彩太显眼了。因此,君子的道德表面暗淡而日益彰明,小人的道德外表鲜明而日益消亡。

　　君子的道德恬淡自然而不厌倦,形式简单而内蕴文采,温和而达理,由近而知远,由风而知源,由微而知显,掌握了上面的这些道理,就可以进入到圣人高尚的道德境界了。

黄庭坚侍母如仆

黄庭坚,字鲁直,号山谷道人,晚号涪翁,洪州分宁人,北宋著名文学家、书法家、盛极一时的江西诗派开山之祖,与杜甫、陈师道和陈与义素有"一祖三宗"(黄庭坚为其中一宗)之称。他还与张耒、晁补之、秦观都游学于苏轼门下,合称为"苏门四学士"。生前与苏轼齐名,世称"苏黄"。

黄庭坚也是有名的孝子。黄庭坚任太史时,公务十分繁忙,但他仍不辞劳苦地亲自侍奉母亲,从不懈怠。

黄庭坚每天忙完公事回来,首先要陪在母亲身边说一会儿话,才会回房干自己的事。

那时候,人们为了夜里方便如厕,通常准备一个应急的便桶。

黄庭坚知道母亲喜好洁净,又怕丫鬟照顾不好,所以总是亲自为母亲刷洗便桶,数十年如一日,从不间断。有人问他:"您身为高贵的朝廷命官,又有那么多的仆人,为什么要亲自做这些杂细的事情呢?"

黄庭坚回答说:"孝顺父母是我的责任,同自己的身份、地位没有任何关系,这种事怎能让仆人代劳呢?"

黄庭坚孝敬老母的事在当时广为流传,成为一段佳话。他虽然做了大官,家里有许多仆人,但他仍然能亲自侍奉母亲,尽了一个为人子者应尽的本分。

潜虽伏矣

《诗》云:"潜虽伏矣,亦孔之昭!"故君子内省不疚,无恶于志。君子之所不可及者,其唯人之所不见乎!

《诗》云:"相❶在尔室,尚不愧于屋漏❷。"故君子不动而敬,不言而信。

《诗》曰:"奏假❸无言,时靡有争。"是故君子不赏而民劝❹,不怒而民威于铁钺❺。

《诗》曰:"不显惟德❻!百辟其刑之。"是故君子笃恭而天下平。

《诗》云:"予怀❼明德❽,不大声以色。"子曰:"声色之于以化民,末也。"

《诗》曰:"德輶❾如毛",毛犹有伦❿。"上天之载,无声无臭。"至矣!

注释

❶相:察看。❷屋漏:天窗处,指上天神明。❸奏假:祈祷。❹不赏而民劝:不赏赐而百姓自然互相勉励为善。❺铁钺(fū yuè):斫刀和大斧。古代用来腰斩、砍头的刑具。❻不显惟德:不显现的德,才是唯一的真德。❼怀:不能忘怀的思念。❽明德:具有美德的人。❾輶:(yóu)古代一种轻便车,引申为轻。❿伦:从人,伦序。

译读

《诗经》说:"虽然潜伏在水底,但也被看得清清楚楚。"所以君子自我反省没有内疚,也就无愧于心了。君子的德行之所以高于一般人,大概就是在这些不被人看见的地方吧!

《诗经》说:"看你独自在室内的时候,是不是能做到无愧于心。"所以,君子在未行动之前就怀有恭敬之心,在没说话之前就先有诚信之心。

《诗经》说:"默默无声地祈祷,现在不再有纷争。"所以,君子不奖赏人民,人民自会努力,不发怒而人民也会畏服。

《诗经》说:"大大地发扬天子的美好德行,诸侯百官就会齐力效行。"所以,君子敦厚恭敬,天下国家就会太平。

《诗》说:"我怀念有显赫德行的人,因为他从来都不会疾声厉色。"孔子说:"如果用疾声厉色来教化人民,是最拙劣的行为。"

《诗经》说"品德像羽毛一样轻",轻如毫毛还是有物来比拟。"上天承载万物,其道无声无味。"这才是德的最高境界啊!

故事

将相同心则大治

陆贾,汉初楚国人,西汉思想家、政治家、外交家。陆贾早年追随刘邦,因能言善辩常出使诸侯。刘邦和文帝时，两次出使南越，说服赵佗臣服汉朝，对安定汉初局势做出极大的贡献。吕后时，说服陈平、周勃等同诛吕氏。

孝惠帝时期，吕太后权倾朝野，封诸吕为王。陆贾洞悉政治形势，便称病辞职，居家休养避祸。

诸吕专权跋扈，妄图篡夺天下，右丞相陈平对此深怀忧虑，但是因为力量有限，只好先谋自保，再筹良策，于是常常思虑过度，却苦无万全之计。

这天，陆贾前去拜访陈平，陈平正自深思，竟然没有发觉到陆贾来到了身边，陆贾问："什么事会让您忧虑如此深重呢？"

陈平说："你认为我会有什么忧虑的呢？"

陆贾说:"您位居右丞相的高位,是食邑3万户的列侯,富贵荣华无人可及,自然不是因为享乐不能满足而心生烦忧的。之所以令您忧愁难解,只是担忧国家所面临的重大变故吧。"

陈平说:"正是这样,那么,你认为应该怎么办才好呢?"

陆贾说:"古语说,天下安定,重在丞相;天下动乱,重在大将。将相契合,那么天下有才能的人就会有所归附;天下有德能的人归附,就体现了人心所向。那么即使有意外的事情发生,国家也不致分裂,因此,国家的长治久安,就取决于您和周勃两人了,您为什么心怀犹疑,却不和太尉交好呢?"

陆贾又为陈平筹划方略,于是,陈平就用他的计策,以重礼为绛侯周勃祝寿,而太尉周勃也以同样的隆重的礼节回报陈平。

从此,陈平、周勃两人建立起了非常密切的关系。吕氏篡权的阴谋由此受到阻滞,从而使历史沿着有利于人民大众安定生活的方向发展。

陆贾是汉代第一位力倡儒学的思想家,他针对汉初特定的时代和政治需要,以儒家为本、融汇黄老道家及法家思想,提出"行仁义、法先圣、礼法结合、无为而治",为西汉前期的统治思想奠定了一个基本模式。

© 民主与建设出版社，2021

图书在版编目（CIP）数据

中庸 /（春秋）子思著；方士华主编. -- 北京：民主与建设出版社，2019.11

（传统国学经典心读）

ISBN 978-7-5139-2681-2

Ⅰ.①中… Ⅱ.①子… ②方… Ⅲ.①儒家②《中庸》—通俗读物 Ⅳ.①B222.1-49

中国版本图书馆CIP数据核字（2019）第253536号

中庸
ZHONG YONG

著　　者	（春秋）子　思
主　　编	方士华
责任编辑	韩增标
装帧设计	徐荣强
出版发行	民主与建设出版社有限责任公司
电　　话	（010）59417747 59419778
社　　址	北京市海淀区西三环中路10号望海楼E座7层
邮　　编	100142
印　　刷	廊坊市国彩印刷有限公司
版　　次	2021年12月第1版
印　　次	2021年12月第1次印刷
开　　本	880毫米×1230毫米　1/32
印　　张	3
字　　数	38千字
书　　号	ISBN 978-7-5139-2681-2
定　　价	148.00元（全10册）

注：如有印、装质量问题，请与出版社联系。

传统国学经典心读

礼　经

（春秋）孔　子 编　方士华 主编

民主与建设出版社
·北京·

前言

习近平总书记在十九大报告中指出:"深入挖掘中华优秀传统文化蕴含的思想观念、人文精神、道德规范,结合时代要求继承创新,让中华文化展现出永久魅力和时代风采。"

习总书记还曾指出:"'去中国化'是很悲哀的,应该把这些经典嵌在学生脑子里,让经典成为中华民族文化的基因。"

是的,泱泱中华五千载,悠悠国学民族魂。我们中华国学"为天地立心,为生民立命,为往圣继绝学,为万世开太平",是中华民族生生不息的根本,是华夏儿女遗传基因和精神支柱。

国学就是中国之学,中华之学,是以母语汉语为基础,表达中华民族的精神价值和处世态度的,有利于凝聚中华民族的文化向心力,有利于中华民族大团结,是炎黄子孙的生命火炬,我们要永远世代相传和不断发扬光大。

中华优秀传统文化在思想上有大智,在科学上有大真,在伦理上有大善,在艺术上有大美。在中华民族艰难而辉煌的发展历程中,优秀传统文化薪火相传、历久弥新,始终为国人提供精神支撑和心灵慰藉。所以,从传统优秀国学经典中汲取丰富营养,丰盈的不只是灵魂,而是能够拥有神圣而崇高的家国情怀。

中华传统国学是指以儒学为主体的中华传统文化与学术,包括非常广泛,内涵十分丰富,凝聚了我国五千年的文明史和传统文化,体现了中华民族博大精深的文化精髓,是经过多少代人实

践检验过的文化瑰宝，承载着中华民族伟大复兴的梦想。

中华传统国学经典，蕴含了中国儿女内圣外王的个体修养和自强不息的群体精神，形成了重义轻利的处世态度以及孝亲敬长的人伦约定，包含着辩证理智的心智思维和天人合一的整体观念。历经数千年发展，逐渐形成了以儒释道为主干的传统文化和兼容并包、多元一体的开放型现代文化。

这些国学经典作为我国传统文化与教育的经典，在内容方面，包含有治国、修身、道德、伦理、哲学、艺术、智慧、天文、地理、历史等丰富知识；在艺术方面，丰富多彩，各有特色，行文流畅，气势磅礴，辞藻华丽，前后连贯。古往今来，无数有识之士从中汲取知识，不仅培养了良好道德品质，还提升了儒雅、淳静、睿智的气质，哺育了一代代中华儿女茁壮成长。

作为国学经典，是广大读者必备的精神食粮。读者们阅读国学经典，能够秉承国学仁义精神，学会谦和待人、谨慎待己、勤学好问等优良品行，能够达到内外兼修与培养刚健人格。读者们阅读国学经典，就如同师从贤哲，使自己能够站在先辈们的肩膀之上，在高起点上开始人生的起跑。阅读圣贤之书，与圣贤为伍，是精神获得高尚和超越的最高境界。

为此，在有关专家指导下，我们经过精挑细选，特别精选编辑了这套"传统国学经典心读"作品。主要是根据广大青少年读者学习吸收特点，在忠实原著基础上，节选了经典原文，增设了简单明了的注释和白话解读，还配有相应故事和精美图片等，能够培养广大青少年读者的国学阅读兴趣和传统文化素养，能够增强对中国传统文化的热爱、传承和发展，能够激发并积极投身到中华复兴的伟大梦想之中。

士冠礼 005
士昏礼 017
士相见礼 026
乡射礼 036
燕礼 045
大射仪 056
公食大夫礼 071
觐礼 088

士冠礼

士冠礼。筮❶于庙门。主人❷玄冠，朝服，缁带，素韠❸，即位于门东，西面。有司如主人服，即位于西方，东面，北上。筮与席，所卦者，具馔于西塾。布席于门中，闑西、阈外，西面。

筮人执筴，抽上韇❹，兼执之，进受命于主人。宰❺自右少退，赞命❻。筮人许诺，右还，即席坐，西面。卦者在左。

卒筮，书卦，执以示主人。主人受视，反之。筮人还，东面；旅占，卒；进告吉。若不吉，则筮远日，如初仪。彻筮席。宗人告事毕。

主人戒宾，宾礼辞，许。主人再拜，宾答拜。主人退，宾拜送。

注释

❶筮（shì）：用蓍草占卦，这里指占筮行加冠礼的日期。❷主人：指指冠者的父兄。❸韠（bì）：蔽膝，皮质。❹韇（dú）：古代占卜用的蓍草筒。❺宰：有司中主政教的人。❻赞命：辅佐主人告知要占筮的内容。

译读

士加冠的礼仪。筮求冠礼吉日的仪式在父庙门前举行。主人头戴浅黑色的冠，身穿朝服，腰束黑色大带，系着白色的蔽膝，在门东即位，面朝西而立。有司们穿着和主人一样的服装，在门西即位，面朝东而立，以北为上位。蓍草、蒲席和记爻、记卦所用的卜具，都陈放在庙门外的西塾中。约在门外的中部，即门槛外，门中所竖短木偏西的地方布设筮席，筮席面朝西方。

筮人手持蓍草，抽开装着蓍草的蓍筒盖，一手持盖，一手持蓍筒下部，进前接受主人的吩咐。宰在主人右方稍靠后的地方佐主人发布占筮之命。筮人应答后右转弯回到筮席，就席坐下，面朝西方。卦者的位置在筮人的左边。

占筮完毕，筮人把所得之卦书写在版上给主人看。主人接过来过目后，退还筮人。筮人向西行，回到有司之位，面朝东而立；三位占人据所得之卦，顺序占问吉凶完毕，禀告主人某日吉利，如果此旬内没有吉日，就从此旬之外筮求，但要重复先前进受命于主人以后的仪式。吉日择定后，便撤去蓍草和蒲席。宗人向主人禀告筮日之仪完毕。

主人筮日完毕，要提前三天将冠礼之事通报各位同僚、朋友，使之来观礼。通报时，主人亲至宾的大门之外相告，宾谦辞一次后，接受邀请。主人拜了再拜，表示感谢，宾答拜。主人退归，宾拜而送之。

原文

前期三日，筮宾❶，如求日之仪。

乃宿宾。宾如主人服，出门左，西面再拜。主人东面答拜。乃宿宾，宾许。主人再拜，宾答拜。主人退，宾拜送。宿赞冠❷者一人，亦如之。

厥明夕，为期于庙门之外。主人立于门东，兄弟

在其南，少退，西面，北上。有司皆如宿服，立于西方，东面，北上。

摈者③请期，宰告曰："质明行事。"告兄弟及有司。告事毕。摈者告期于宾之家。

注释

❶筮宾：挑选在冠礼仪式上为受冠者加冠的来宾。❷赞冠：在古代男子举行冠礼时，为之赞唱司仪。❸摈（bīn）者：有司中佐主人行礼的人。

译读

冠期前的三天，主人从所通报的僚友中筮定一人，作为加冠之宾，其仪节与筮定冠期一样。

于是，专程去邀请筮定的嘉宾。宾穿着与主人一样的礼服，以示郑重，出门站在左边，面朝西再拜相迎。主人站在门右，面朝东答拜，并亲致邀请之词；宾表示接受邀请。主人再拜致谢，宾答拜。主人退归，宾拜而送之。邀请协助宾加冠的赞冠者，也用这种仪式。

第二天，即行加冠礼前一天的傍晚，举行约定行冠礼时辰的仪式，地点在庙门外。主人站立在门外东边，众亲戚站在主人南边稍靠后一些的地方，面朝西方，以北为上首。有司都穿着筮日的朝服，站在西边，面向东，尊者在北首。

摈者请问次日举行冠礼的时间，宰转达主人的决定说："天刚亮时开始。"摈者通告在场的兄弟、亲戚和有司。宗人禀告主人，约期仪式完毕。于是，摈者前往宾的家中，通报约定的时间。

原文

　　主人玄端爵韠，立于阼阶下，直东序，西面。兄弟毕袗玄❶，立于洗东，西面，北上。摈者玄端，负东塾。将冠者采衣，紒，在房中，南面。宾如主人服，赞者玄端从之，立于外门之外。

　　主人之赞者筵❷于东序，少北，西面。将冠者出房，南面。赞者奠纚、笄、栉❸于筵南端。宾揖将冠者，将冠者即筵坐。赞者坐，栉，设纚❹。

　　宾降，主人降。宾辞，主人对。宾盥，卒，壹揖，壹让，升。主人升，复初位。宾筵前坐，正纚，兴，降西阶一等。执冠者升一等，东面授宾。宾右手执项，左手执前，进容，乃祝。坐如初，乃冠。兴，复位。赞者卒。冠者兴，宾揖之。适房，服玄端爵韠。出房，南面。

注释

❶袗（zhěn）玄：指上下同色的玄衣、玄裳。❷筵：指布设筵席，这里用作动词。❸栉（zhì）：梳理头发。❹设纚（lí）：指用帛为行冠礼的人束发。

译读

　　主人身穿玄端服和雀色蔽膝，站在阼阶之下，正对着堂上东序的地方，面朝西。主人的亲戚身穿衣裳、大带和蔽膝均为玄色的服装，站在洗的东边，面朝西，以北边位置为上位。摈者身穿玄端衣，背朝东塾而立。将冠者身穿童子之服，梳着发髻，在东房内面朝南而立。

宾穿着与主人一样的服装,赞者的玄端与主人相同,下裳不必相同,跟随宾之后,来到主人大门外立候。

　　佐助主人的人在东序边稍靠北的地方布设筵席,面朝西方。将冠者从房内出至堂上,面朝南方。赞冠人把束头巾、簪子、梳子等物放置在席的南端。正宾对将冠者拱手一揖。将冠者即席坐下。赞冠人也坐下,为将冠者梳理头发,并用头巾束发。

　　正宾下堂,主人也下堂,宾辞谢,主人应答。正宾洗手完毕,与主人相对一揖,相互谦让一番,然后上堂。主人也上堂,回到原位。正宾在筵席前坐下,为将冠者整理束发巾。然后站起,由西阶下一级台阶,持冠的人升上一级台阶,面向东把缁布冠交给正宾。正宾右手持冠的后端,左手持冠的前端,仪容舒扬地前行至席前,然后致祝词,如先前一样坐下,为将冠者加缁布冠。然后起立,回到原来的位置。赞冠人为冠者加缁布冠,系好冠缨,完毕。冠者站起,正宾对他作揖行礼。

冠者进入房内，穿上玄端服、赤黑色蔽膝，从房中出来，面朝南方。

原文

宾揖之，即筵坐。栉，设笄❶。宾盥，正纚如初。降二等，受皮弁，右执项，左执前，进祝，加之如初，复位。赞者卒纮❷。兴，宾揖之。适房，服素积素韠，容，出房，南面。

冠者奠觯于荐东，降筵，北面坐取脯，降自西阶，适东壁，北面见于母。母拜受，子拜送，母又拜。

宾降，直西序，东面，主人降，复初位。冠者立于西阶东，南面，宾字之，冠者对。

注释

❶设笄（jī）：古代成年之礼，指用簪子束发。❷卒纮（hóng）：把纮系结于笄的左右两端。

译读

正宾对冠者行揖礼，冠者即席坐下。赞冠人为他梳理头发，插上簪子，正宾下堂洗手，然后为他整理束发巾，都与初加冠的仪式相同。正宾由西阶下两级台阶，接过皮弁，右手持冠后端，左手持前端，进前致祝词，为冠者戴上，仪式与初加冠相同。正宾回到原位。赞冠人为冠者结好皮弁冠的纽带。冠者站起，正宾对他拱手作揖。冠者进房内，穿上白色裳、白色蔽膝，仪容端正，从房中出来，面朝南方站立。

冠者将觯放在笾豆的左边，离席；又到笾豆的前面

朝北坐下，取笾中的肉干；然后从西阶下，折而东行，出东墙，面朝北而立，礼见母亲，并献上肉干，表示敬意。母亲拜而受之，冠者拜进母亲，母亲拜了又拜。

宾从西阶走下，在当西序处面朝东而立。主人从东阶走下来，回到最初所立的当东序之处，面朝东而立。冠者立在西阶下的东侧，面朝南。宾为冠者取表字，冠者应对。

原文

宾出，主人送于庙门外。请醴宾，宾礼辞，许。宾就次❶。冠者见于兄弟，兄弟再拜，冠者答拜。见赞者，西面拜，亦如之。入见姑姊，如见母。

乃易服，服玄冠、玄端、爵韠，奠挚❷见于君。遂以挚见于乡大夫、乡先生。

乃醴宾以一献之礼。主人酬宾，束帛俪皮。赞者皆与，赞冠者为介。

宾出，主人送于外门外，再拜，归宾俎❸。

若不醴，则醮用酒。

注释

❶次：门外更衣处，用布或竹席搭成。❷奠挚：把礼放在地上。❸俎（zǔ）：指古代祭祀时放祭品的器物。

译读

正宾退出，主人送出庙门外，请以醴礼酬正宾。正宾辞让一次后应许，至更衣处等候。冠者拜见众亲戚，亲戚向冠者两拜，冠者答拜。然后拜见赞冠人。冠者面

朝西行拜礼，仪式与拜见亲戚相同。又进寝宫拜见姑母、姐姐，仪式与拜见母亲时相同。

于是冠者脱去爵弁服，换上玄冠、玄端和雀色的蔽膝，拿着雉拜见国君，雉要放在地上，不能亲授。接着，又拿着雉分别拜见卿大夫和乡先生。

于是以醴酬谢宾，用壶献之礼。主人以物酬宾，赠以五匹帛和两张鹿皮，表达谢意。主人一方的众赞者都参加饮酒。宾以赞冠者作为副手。

宾出大门，主人送至门外，以再拜之礼相别，并派人将礼俎送到宾的家中。

如果有冠礼不用醴的旧俗，则不必改变，敬酒时可以用酒。

原文

冠者母不在，则使人受脯于西阶下。

戒宾曰："某有子某，将加布于其首，愿吾子❶之教之也。"

宾对曰："某不敏❷，恐不能共事，以病❸吾子，敢辞。"

主人曰："某犹愿吾子之终教之也。"

宾对曰："吾子重有命，某敢不从？"

宿曰："某将加布于某之首，吾子将莅之，敢宿。"

宾对曰："某敢不夙兴。"

注释

❶吾子：谦称。吾，主人自称；子，对男子的美称。❷不敏：不才，不聪明。❸病：辱，也是谦称。

译读

如果冠者母亲因故不在家,则使人在西阶下代母亲接受冠者所献上的干肉。

主人向僚友通报将行冠礼的消息时说:"某人有子某,将要加缁布冠于其首,希望您能够前去教导他。"

僚友回答说:"某人不才,只怕难以胜任这个任务而有辱于您家,请允许我斗胆推辞。"

主人说:"某人还是希望您最终能去教导他。"

僚友回答说:"您再次发命,某人岂敢不答应?"

主人邀请加冠的嘉宾时说:"某人将要加缁布冠于子某之首,您要光临,冒昧邀请您为加冠的嘉宾。"

宾回答说:"某人岂敢不早早起身前往呢?"

原文

始加,祝曰:"令月吉日,始加元服。弃尔幼志❶,顺尔成德。寿考惟祺,介尔景福。"再加,曰:"吉月令辰,乃申尔服。敬尔威仪,淑慎尔德。眉寿❷万年,永受胡福。"三加,曰:"以岁之正,以月之令,咸加尔服。兄弟具在,以成厥德。黄耇❸无疆,受天之庆。"

醴辞,曰:"甘醴惟厚,嘉荐令芳。拜受祭之,以定尔祥。承天之休,寿考不忘。"

醮辞,曰:"旨酒既清,嘉荐亶❹时。始加元服,兄弟具来。孝友时格,永乃保之。"再醮,曰:"旨酒既湑❺,嘉荐伊脯。乃申尔服,礼仪有序。祭此嘉爵,承天之祜❻。"三醮,曰:"旨酒令芳,笾豆有楚。咸加尔服,肴升折俎。承天之庆,受福无疆。"

字辞,曰:"礼仪既备,令月吉日。昭告尔字,爰字孔嘉。髦士❼攸宜,宜之于假。永受保之,曰伯某甫。"仲、叔、季,唯其所当。

注释

❶幼志:幼稚之心。❷眉寿:长寿。眉,指老人的长眉毛,象征高寿。❸黄耇(gǒu):老人,这里指长寿。耇,老人面部的寿斑。❹亶(dǎn):实在,诚然,信然。❺湑(xǔ):滤过渣滓的酒,即清酒。❻祜:这里是福的意思。❼髦(máo)士:指俊秀之士。

译读

第一次加冠,宾祝告说:"月份和时日都很吉祥,开始为你加冠。丢掉你的童稚之心,慎善你的成人之德。愿你长寿吉祥,洪福广增。"再次加冠,宾祝告说:"月份和时辰都很吉祥,又一次为你加冠。重视你外表的威仪,谨慎你内在的德行。愿你长寿万年,永受洪福。"第三次加冠,宾祝告说:"在这吉岁美月,把成人的三种冠都加给了你。兄弟们都到场,以成就你那些成人的美德。愿你长寿无疆,受到天的恩赐。"

敬酒时的祝词说:"甘美的醴酒醇厚,上好的脯醢芳香。请拜而受觯,祭上脯醢和醴酒,以奠定你的福祥。承受着天的美好,到长寿时犹不能忘怀。"

醮礼的致辞说:"美酒清冽,芳香的脯醢进献及时。初加缁布冠,亲戚都来赞礼。极尽孝友之道,定可永久安保。"第二次行醮礼致辞说:"美酒清洁,脯醢芳香,再加皮弁冠,礼仪井然有秩序。执此美酒来祭

祝，恭承昊天降大福。"第三次行醮礼致辞说："美酒芳香，笾豆陈列整齐。三冠都已加给你。敬献上干肉祭品。承接上天的恩赐，受到永世的福佑。"

为冠者取表字的辞令说："礼仪已经齐备，在此良月吉日，宣布你的表字。你的表字无比美好，适宜英俊的男士拥有。适宜就有福佑，愿你永远保有。你的表字就叫'伯某甫'。"排行为仲、叔、季的，字辞也是如此，只是要将"伯"字换成相应的区别字。

原文

记。冠义。

始冠缁布之冠也。太古冠布，齐❶则缁之。其緌❷也，孔子曰："吾未之闻也，冠而敝之可也。"

适子，冠于阼，以著代❸也。醮于客位，加有成也。三加弥尊，谕其志也。冠而字之，敬其名也。委貌❹，周道也。章甫，殷道也。毋追❺，夏后氏之道也。周弁、殷冔❻、夏收。三王共皮弁素积。无大夫冠礼，而有其昏礼。

古者五十而后爵，何大夫冠礼之有？公侯之有冠礼也，夏之末造也。天子之元子，犹士也。天下无生而贵者也。继世以立诸侯，象贤也。以官爵人，德之杀❼也。死而谥，今也。古者生无爵，死无谥。

注释

❶齐（zhāi）：古同"斋"。斋戒。❷緌（ruí）：古时帽带打结后下垂的部分。❸著代：表明子将代父。

著，表明。④委貌：周代一种礼帽，以黑色的丝织物制成。⑤毋追（móu duī）：夏代冠名。⑥殷冔（xǔ）：指殷代之冠。⑦杀：等差，即德有高低的不同。

译读

记。冠礼的意义。

第一次加冠用缁布冠。太古时戴白布冠，祭祀斋戒，则染成黑色。关于这种冠缨下的緌饰，孔子说："我没有听说过这种冠有緌饰这种事。"

行加冠礼之后，缁布冠就可以弃置不用了。嫡子在阼阶上行加冠礼，是要表明子将代父的意义。在客位上行醮礼，则显示是在为有成人之德的人加冠。三次所加的冠，后来的都比前一次更贵重，是要教喻冠者确立远大的志向。加冠之后，宾为他取一个便于称呼的表字，是因为敬重他父母所取的名。平常戴的冠，三代异制，委貌，是周人服以行道的冠；章甫，是殷人服以行道的冠；毋追，是夏后氏服以行道的冠。祭祀用的冠，周人叫"弁"，殷人叫"冔"，夏人叫"收"。周、殷、夏三代之王又都用皮弁和带褶的白缯裳。没有大夫的冠礼，而只有大夫的婚礼。

古时年满五十岁才可能有大夫的爵位，冠礼是在二十岁时举行的，哪会有大夫行冠礼的道理？公侯有冠礼，是夏末开始的。天子的世子也行士冠礼，天下没有生下来就尊贵的人。诸侯的后人继其先世立为诸侯，是因为他们能效法先贤。用官位爵人，要以德行高低分等级。士死以后追加谥号，是现在的事。古代士生不为爵，死亦不追加谥号。

士昏礼

昏礼。下达。纳采❶用雁❷。
纳吉❸，用雁，如纳采礼。
纳征❹，玄纁束帛俪皮，如纳吉礼。
请期❺，用雁。主人辞，宾许，告期，如纳征礼。

注释

❶纳采：古代定亲时男方送聘礼给女方。❷用雁：纳采用雁作为求婚的礼物。❸纳吉：男家占卜得吉，认为适于联姻，乃备礼告知女家。此为婚礼第三个步骤。❹纳征：男家送聘礼于女家以定婚事。此为婚礼第四个步骤。❺请期：男家卜得迎娶的吉期，备礼告于女家。为表示对女家的尊重，男家不直接告以吉期，而先于女家，然后告之，故称请期。此为婚礼第五个步骤。

译读

士娶妻的仪式：男家请媒氏到女家下达提亲的意向，女家答应议婚后，男家派使者献上采择之礼，用雁作为礼品。

男家以女子的姓氏占卜于庙，得到吉兆，要派使者通报女家，带去的礼物是雁，到女家后的种种仪节与纳采时一样。

男家使者到女家致送的成婚的聘礼是：玄色和纁色的帛各五匹，鹿皮两张。到女家后的种种仪节都与纳吉时候的礼节一样。

男家卜得婚礼吉日，派使者征求女家意见，带去的礼物是雁。女家的主人推辞说，婚期还是由夫家决定吧。宾承诺，将卜定的吉日告诉主人。其间的种种仪节与纳征时一样。

原文

期，初昏。主人爵弁、纁裳❶、缁袘❷，从者毕玄端。乘墨车，从车二乘，执烛前马。妇车亦如之，有裧❸。

至于门外。主人筵于户西，西上，右几。女次，纯衣纁袡❹。立于房中，南面。姆纚、笄、宵衣，在其右。女从者毕袗玄，纚笄，被颎❺黼❻，在其后。主人玄端，迎于门外，西面再拜。宾东面答拜。主人揖入。宾执雁从。至于庙门，揖入。三揖至于阶，三让。主人升，西面。宾升，北面，奠雁，再拜稽首，降，出。妇从，降自西阶。主人不降送。婿御妇车，授绥，姆辞不受。妇乘以几，姆加景，乃驱。御者代。婿乘其车先，俟于门外。

夙兴，妇沐浴。纚笄、宵衣以俟见。质明，赞见妇于舅姑。席于阼，舅即席。席于房外，南面，姑即席。妇执笲❼枣栗，自门入，升自西阶，进拜，奠于席。舅坐抚之，兴，答拜。妇还，又拜，降阶，受笲腶修❽，升，进，北面拜，奠于席。姑坐，举以兴，拜，授人。

注释

❶纁（xūn）裳：浅绛色的衣裳。 ❷袘（yì）：衣裙

的下缘。❸襜(chān):指车的帷幕。❹袡(rán):古同"衻"。古代女子出嫁时所穿的盛装。❺颎(jiǒng):古通"褧",用麻或轻纱制的单层披肩。❻黼(fǔ):古代礼服上绣的半黑半白的花纹。❼笲(fán):古代一种盛物的竹器。❽腶(duàn)修:捣碎加以姜桂的干肉。

译读

在迎娶之日,天色黄昏时,新郎身穿爵弁服,纁裳有黑色的镶边,随从们都穿玄端服。新郎乘坐漆车,随行者分乘两辆副车,从役们手持烛炬,在马前开道照明。迎接新娘的车,与新郎的一样,只是车上有帷幕。

新郎来到女家大门外。主人在堂上房门西面布设筵席,以西为上首,几在右边。新妇梳理好头发,穿上饰有

浅绛色衣缘的丝衣，面朝南站立于房中。女师以簪子和头巾束发，身穿黑色丝质礼服，站在新妇的右边。从家的娣侄都穿着黑色礼服，头戴簪子和束发巾，披着绣有花纹的单肩披跟随于新妇之后。新娘的父亲身穿玄端服，到大门外迎接女婿，面朝西，对女婿行再拜之礼，女婿面朝东答拜还礼。新娘的父亲拱手行礼，请女婿进门，女婿拿着雁跟随其后入门。走到庙门前，双方再次拱手行礼后入内。入庙后双方三次拱手行礼后来到阶前，又三次互相谦让，请对方先登阶。于是，新娘的父亲先登阶上堂，在阼阶上面朝西而立。宾登上西阶后，到东房前面朝北将雁放在地上，行再拜叩首之礼，然后走下西阶，出门。新娘跟从新郎，从西阶下堂。新娘的父亲不下堂送别。新郎为新娘驾车，把登车的引绳交给新娘，姆代新娘辞谢。新娘踩上专设的矮几登车，姆为她披上避风尘用的罩衣。新郎驱车前进，车轮滚动三圈后，由车夫代替新郎驾车。新郎乘自己的漆车先走，并在自己的家门外等候新娘的车。

次日清晨，新娘早早起身，洗头沐身，用帛束发，加簪绾髻，身穿黑色的缯衣，等待公婆的接见。天亮时，赞者告诉公婆，新娘要来拜见。于是在阼阶上铺席，公公以主人的身份即席；又在房户外之西铺席，席面朝南，婆婆以内主的身份即席。新娘捧着装有枣、栗的笲，从寝门进入，登上西阶；进至公公的席前行拜见礼，礼毕，将笲放在席上。公公坐在席上，抚摸笲，表示接受礼物，然后起身，向媳妇答拜还礼。媳妇转身回避，表示不敢当公公之拜，并向公公行侠拜礼。礼毕，新娘走下西阶，从女侍手中接过装着加姜桂捶制而成的

干肉的笲,走上西阶,进至婆婆席前,面朝北而拜,然后将笲放在席上。婆婆坐在席上举起笲,表示接受,接着起身,向媳妇答拜还礼,把笲交给身边的侍从。

原文

记

昏辞曰:"吾子有惠,贶❶室某也。某有先人之礼,使某也请纳采。"对曰:"某之子惷愚❷,又弗能教,吾子命之,某不敢辞。"致命曰:"敢纳采。"

问名,曰:"某既受命,将加诸卜,敢请女为谁氏?"对曰:"吾子有命,且以备数而择之,某不敢辞。"

醴❸,曰:"子为事,故至于某之室。某有先人之礼,请醴从者。"对曰:"某既得将事矣,敢辞。""先人之礼,敢固以请。""某辞不得命,敢不从也。"

注释

❶贶(kuàng):这里是赠,赐的意思。❷惷(chōng)愚:愚蠢,这里是谦辞。❸醴(lǐ):礼法,规范,仪式的总称。

译读

记

纳采时男家使者的辞令是:"尊敬的主人加惠,把妻室赐给某某。某某按照先辈传授的礼节,派我来请求行纳采之礼。"女家的摈者回答说:"我家主人某某的女儿天性愚钝,父母又不能教她,使她聪敏。但是您

有命于此，某某岂敢推辞。"使者登堂向主人致辞说："敢请主人纳采。"

男家使者问名的辞令是："我家主人已受贵家长之命，将要占卜婚姻的吉利与否，请问女子的姓氏。"女家的摈者回答说："您既然有命令，而且我家的女子不过是备供选择的对象之一，女子岂敢推辞。"

醴宾之辞说："先生有事到某某家，某某按照先人的礼法，设席酬劳先生一行人。"使者回答说，"在下既已办完事情，就此告辞。""谨遵先人礼法，冒昧再次请先生即席。""在下推辞得不到准许，不敢不听从先生的话。"

原文

纳吉，曰："吾子有贶命，某加诸卜，占曰吉。使某也敢告。"对曰："某之子不教，唯恐弗堪。子有吉，我与在。某不敢辞。"

纳征，曰："吾子有嘉命，贶室某也。某有先人之礼，俪皮束帛，使某也请纳征。"致命，曰："某敢纳征。"对曰："吾子顺先典，贶某重礼，某不敢辞，敢不承命！"

请期，曰："吾子有赐命，某既申受命❶矣。惟是三族之不虞❷，使某也请吉日。"对曰："某既前受命矣，唯命是听。"曰："某命某听命于吾子。"对曰："某固唯命是听。"使者曰："某使某受命，吾子不许，某敢不告期！"曰："某日。"对曰："某敢不敬须❸！"

凡使者归，反命，曰："某既得将事矣，敢以礼告④。"主人曰："闻命矣。"

注释

❶申寿命：指自纳采以来，每次受命。申，重复，一再。❷不虞：没有意料到，没有想到。❸须：这里是待，等候的意思。❹以礼告：这里指执脯受命。

译读

纳吉，使者说："按先生赐命，某某进行了占卜，占卜的结果是'吉'。派在下冒昧告知先生。"女子的父亲说："在下教女无方，只怕不配。先生已经占得吉兆，我家也同有这吉兆，因此不敢推辞。"

纳征时的辞令说："您有美好的命令，把妻室赐给某某。某某依先辈传授的礼节，备下两张鹿皮和五匹帛，派某人前来，请求纳征。"致词的辞令说："某某斗胆献上礼物。"主人一方的答词是："您遵循先辈的常法，赐某某以重礼，某某未得到您准予推辞的命令，岂能不服从？"

男家使者请定婚期的辞令是："尊敬的主人已赐命许婚，某人已屡屡在此受命。目前某某的主人家三族康吉，正是行嘉礼的好时候，因此请求择定一个完婚的吉日。"摈者回答说："主人某某此前已受命于尊府，此事唯尊府之命是听。"使者说："主人某某命令我某人，婚期一定要听命于尊府的主人。"摈者说："主人坚持要听从尊府的决定。"使者说："主人某某派某人前来听命，尊府主人不肯发话。某人回去复命时，岂敢

说不出婚期？"摈者说："那就定在某日吧。"使者回答说："主人某某敢不恭敬以待？"

凡是使者回来复命，这样说："卑职已完成使命，请允许依礼禀告。"主人说："知道了。"

原文

父醮子。命之，辞曰："往迎尔相，承我宗事。勖❶帅以敬先妣之嗣，若则有常。"子曰："诺。唯恐弗堪，不敢忘命。"

宾至，摈者请，对曰："吾子命某，以兹初昏，使某将，请承命。"对曰："某固敬具以须。"

父送女，命之曰："戒之敬之，夙夜毋违命。"母施衿❷结帨❸，曰："勉之敬之，夙夜无违宫事。"庶母及门内，施鞶❹，申之以父母之命，命之曰："敬恭听宗尔父母之言，夙夜无愆，视诸衿鞶！"

壻授绥，姆辞，曰："未教，不足与为礼也。"

注释

❶勖（xù）：古同勉励。❷衿（jīn）：系衣裳的带子。❸帨（shuì）：这里指佩巾。❹鞶（pán）：用来盛帨巾等物的小囊。

译读

亲迎之前，父亲为儿子设筵饮酒，告诉他说："去吧，迎接你的内助，继承我家宗庙之事。勉力引导她，敬慎妇道，继承先妣。你要始终如此，不可懈怠。"儿子说："是。只怕力所不及，不敢忘记父命。"

新郎亲迎至女家,摈者问事。新郎回答说:"某某依照您家先生之命,在今天黄昏时举行婚礼,遣在下前来迎娶,请予准允。"摈者回答说:"某某早已准备完毕在此恭候。"

父亲送别女儿,要嘱咐说:"切记恭敬从事,从早到晚,不可违背你丈夫的意志!"母亲将带子围在女儿身上,结住佩巾,说:"要努力,要谨慎,白天黑夜,都不可违反夫家的规定!"庶母送到门内,给她佩上盛佩巾用的小囊,并重申父母之命,嘱咐说:"恭恭敬敬地听着,要尊崇你父母的话。白天黑夜都不要有过错,经常看看这个盛佩巾的丝囊,你就不会忘记父母的告诫了!"

新娘将要登车的时候,新郎要将拉手用的引绳递给她,女方伴娘辞谢道:"新娘尚未得到尊府的教诲,还不能接受你这一礼节。"

士相见礼

士相见之礼。贽❶，冬用雉，夏用腒❷。左头奉之，曰："某也愿见，无由达。某子以命命某见。"

主人对曰："某子命某见，吾子有辱。请吾子之就家也，某将走见。"

宾对曰："某不足以辱命，请终赐见。"

主人对曰："某不敢为仪❸，固请吾子之就家也，某将走见。"

宾对曰："某不敢为仪，固以请。"

主人对曰："某也固辞，不得命，将走见。闻吾子称贽，敢辞贽。"

宾对曰："某不以贽，不敢见。"

主人对曰："某不足以习礼，敢固辞。"

宾对曰："某也不依于贽，不敢见，固以请。"

主人对曰："某也固辞，不得命，敢不敬从。"

注释

❶贽（zhì）：古代初次拜见尊长所送的礼物。❷腒（jū）：干腌的鸟肉。❸不敢为仪：不敢摆外表的威仪，表示诚心诚意地愿往拜见。

译读

士相见的礼仪。士与士初次相见的见面礼，冬天用雉，夏天则要用风干的雉。宾到主人家大门外求见时，

要将雉的头朝左捧着,说:"某某一直想来拜见,但无缘自达。今天某人以您的命令让我来见您。"

主人回答说:"某某曾命某人去见您。可是您今天屈尊先来。还是请您先回家,某人随即到尊府拜见。"

宾回答说:"您的命令某人实在不敢当,还是您就此赐见。"

主人回答说:"某人绝不敢虚言假意对您说话,所以还请您先回尊府,某人随即前往拜见。"

宾回答说:"某人也不敢虚言假意对您说话,所以再次请求您。"

主人回答说:"某人一再地推辞,但没能得到您的允许,某人随即出门去见您。但是听说您带了礼物而来,实在不敢当,谨辞谢您的礼物。"

宾回答说:"某人若不带着礼物来,就不敢见所尊敬的人。"

主人回答说:"实在不敢当此大礼,再次辞谢。"

宾回答说:"某人不凭借礼物来表达敬意,就不敢见您,所以再次请求收下。"

主人回答说:"某人一再地推辞,但没能得到您的允许,岂敢不恭恭敬敬地从命!"

原文

出,迎于门外,再拜,宾答再拜。主人揖,入门右。宾奉贽,入门左。主人再拜受,宾再拜送贽,出。主人请见,宾反见,退。主人送于门外,再拜。主人复见之,以其贽❶,曰:"向者吾子辱,使某见。请还贽于将命者。"主人对曰:"某也既得见矣,

敢辞。"宾对曰:"某也非敢求见,请还贽于将命者。"主人对曰:"某也既得见矣,敢固辞。"宾对曰:"某不敢以闻,固以请于将命者。"主人对曰:"某也固辞,不得命,敢不从。"宾奉贽入,主人再拜受,宾再拜送贽,出。主人送于门外,再拜。

士见于大夫,终辞❷其贽。于其入也,一拜其辱也。宾退,送,再拜。若尝为臣者,则礼辞其贽,曰:"某也辞,不得命,不敢固辞。"宾入,奠贽,再拜。主人答壹拜。宾出。使摈者还其贽于门外,曰:"某也使其还贽。"宾对曰:"某也既得见矣,敢辞。"摈者对曰:"某也命某:'某非敢为仪也。'敢以请。"宾对曰:"某也夫子之贱私❸,不足以践礼,敢固辞。"摈者对曰:"某也使某,不敢为仪也,固以请。"宾对曰:"某固辞,不得命,敢不从?"再拜受。

注释

❶以其贽:指拿着宾来见主人的时候所拿的礼物。❷终辞:推辞三次为终辞,不复请。❸贱私:古代卿大夫的家臣称作私人。

译读

主人到大门外迎接,两拜。宾答两拜。主人对宾一揖,从门东侧入内。宾双手捧礼物,从门西侧入内。主人两拜接受礼物,宾两拜送礼物,然后出门。主人邀请宾,宾返回,与主人再一次相见,然后告退。主人送宾

至大门外，两拜。主人带着宾所送的礼物到宾家回拜，说："前不久先生辱临敝舍，得以相见。今请将礼物还给传命的人。"主人回答说："在下既已得以拜会先生，冒昧辞谢。"宾的回答是："在下不敢求见先生，只请求还礼物给传命者。"主人的回答是："在下既已得以拜会先生，冒昧再度辞谢。"宾回答说："在下不敢以此小事聒烦先生，只是固请还礼物给传命者。"主人回答说："在下一再推辞，得不到准允，哪敢不从命！"宾手捧礼物入内，主人两拜而接受。宾两拜送礼物，然后退出。主人送宾至大门外，两拜。

士拜见大夫的礼仪。主人推辞三次不接受宾的礼物。宾入内，主人对宾的屈尊驾临一拜表示谢意。宾告退，主人送，拜两次。曾经做过大夫家臣的公士来

见，则主人对宾所执礼物辞谢一番而表示接受，说："在下辞谢，得不到同意，因而不敢再推辞。"宾入内，放下礼物，两拜，主人一拜答谢。宾退出。主人使摈者至门外归还宾所送的礼物，说："某某使在下来归还礼物。"宾回答说："在下既已得拜见夫子，冒昧辞谢。"摈者回答说："某某命在下说：'在下不敢当此威仪。'冒昧再次请求。"宾回答说："在下是夫子家卑贱的私臣，不足以行此宾客之礼，冒昧再次辞谢！"摈者回答说："某某派在下来说，'不敢当此威仪'，容再次请求！"宾回答说："在下坚辞而得不到准许，安敢不遵命！"两拜接受礼物。

原文

下大夫相见以雁，饰之以布，维之以索，如执雉。上大夫相见以羔，饰之以布，四维之，结于面，左头，如麛❶执之。如士相见之礼。

始见于君，执挚，至下，容弥蹙❷。庶人见于君，不为容，进退走❸。士大夫则奠挚，再拜稽首，君答壹拜。若他邦之人，则使摈者还其挚，曰："寡君使某还挚。"宾对曰："君不有其外臣，臣不敢辞。"再拜稽首，受。

注释

❶麛（mí）：这里是小鹿的意思。❷容弥蹙（cù）：容貌益显得恭敬诚实，局促不安。❸进退走：进退要疾行。走，疾步快走。

译读

下大夫之间初次相见,用鹅作为礼物。鹅的身上裹着绘有纹饰的布,双足用绳子系着。捧鹅的方式和士相见时捧雉一样,让它的头朝左方。上大夫之间初次相见,用羔羊作为礼物。羊身上用绘有纹饰的布裹着,四足两两相系,绳子要在羊背上交叉后回到胸前打结。捧羊时,使羊头朝左方,执持的方式与秋天献小鹿之礼中执鹿的方式相同。相见的礼仪与士相见时一样。

第一次叩见国君,手执礼物至堂下时,容貌益发显得恭敬诚实,局促不安。庶人见国君,不做奔走的姿势,进退只是疾行而已。士大夫则要放下礼物,对君两拜,叩头至地,国君回一拜作答。如果是邻国的人来见,国君则命摈者归还他礼物,说:"寡君使在下来归

还先生礼物。"宾回答说:"君不以外臣为臣下,臣不敢推辞。"两拜,叩首至地,接过礼物。

原文

凡燕见❶于君,必辩君之南面。若不得,则正方,不疑君。君在堂,升见无方阶,辩君所在。

凡言,非对也,妥而后传言。与君言,言使臣;与大人言,言事君;与老者言,言使弟子;与幼者言,言孝弟于父兄;与众言,言忠信慈祥;与居官者言,言忠信。

凡与大人言,始视面,中视抱❷,卒视面,毋改❸。众皆若是。

若父,则游目,毋上于面,毋下于带。若不言,立则视足,坐则视膝。

注释

❶燕见:指私见,非公朝行礼。❷抱:衣领下至带之间。❸毋改:在发言至听者答应这段时间内,要端正容体,不要改变。

译读

凡是私见于君,必须以君南之位为正。如果不能得君南面之位,则要取君正东面或正西面之位,不能随便猜度君的方位而斜向行礼。君在堂上时,臣走的台阶没有一定之规,君临近哪个方向,就从哪方向台阶上去。

凡是向君进言,而不是回答君的发问,一定要等君安坐后再开口。燕处时所谈论的话题,与君谈论如何使用臣下的问题；与卿大夫谈论如何侍奉君上的问题；与年老的长辈谈论如何教育弟子的问题；与年轻人谈论如何孝悌父兄的问题；与一般人谈论如何以忠信慈祥处世的问题；与士以下的官吏谈论如何忠信奉公的问题。

凡是与卿大夫说话，要注意自己视线的位置：开始时视线要落在对方脸部，观察其气色，看能否开口说话；话说完后，视线要移到对方的胸部，以示尊敬，并给对方以思考的时间；最后再将视线移到对方脸部，观察他是否已经采纳自己的意见；整个过程，体态容颜不要随便变动。对在座的其他卿大夫，也都应如此。

如果是与父亲说话，则目光可以游移，但上不得高于其面部，那样显得傲慢；下不得低于其腰带，那样显得忧愁。如果对方不再说话，那么视线要落在他行走时最先动作的部位：站立则视其足部，坐则视其膝部。

原文

凡侍坐于君子，君子欠伸❶，问日之早晏，以食具告，改居，则请退可也。夜侍坐，问夜❷，膳荤❸，请退可也。

若君赐之食，则君祭，先饭、遍尝膳、饮而俟。君命之食，然后食。若有将食者，则俟君之食，然后食。若君赐之爵，则下席，再拜稽首，受爵。升席祭，卒爵而俟，君卒爵，然后授虚爵。

退，坐取屦❹，隐辟而后屦。君为之兴，则曰："君无为兴，臣不敢辞。"君若降送之，则不敢顾辞，遂出。大夫则辞退下，比及门，三辞。

注释

❶欠伸：打哈欠，伸懒腰。❷问夜：询问是什么时候了。❸膳荤：谓食用荤辛之物。❹屦（jù）：古代用麻葛制成的一种鞋。

译读

凡是侍坐于君子，君子开始打哈欠伸懒腰，询问时间的早晚，告诉从者所食已遍，或者变换坐的位置，看到这些疲倦的表现，就可以告退了。在夜间侍坐于君子，如果对方询问时间，开始食用荤辛之物，也就表示他已有倦意，侍坐者也就可以告退了。

臣侍坐于君，如果君赐给他食物，则君祭食，臣先食黍稷，表示为君尝食，上菜之后，又为君遍尝各种菜肴，然后饮酒等候。待君下令后，才能进食。如果赐给他酒，则要下席，两拜叩头至地然后接爵，即席祭酒，干杯后等候；待君干杯以后才把空爵交给赞者。

告退的时候，至堂下跪而取鞋，退避至隐蔽处才把鞋子穿上。君为臣起立，臣则说："君不要站起来，臣不敢推辞。"君如果下堂相送，士则不敢回首辞谢，直出门而去。大夫侍坐告退时，君下堂相送，则辞谢，至门前，辞谢三次。

原文

若先生、异爵者请见之，则辞。辞不得命，则曰："某无以见，辞不得命，将走见。"先见之❶。

非以君命使，则不称寡。大夫士则曰"寡君之老"。凡执币❷者，不趋，容弥蹙以为仪。执玉者，则

唯舒武，举前曳踵❸。

凡自称于君，士大夫则曰"下臣"。宅者在邦，则曰"市井之臣"，在野则曰"草茅之臣"。庶人则曰"刺草之臣"。他国之人则曰"外臣"。

注释

❶先见之：出门先拜见宾客。❷执币：拿着礼物。币，指礼物。❸曳踵（yè zhǒng）：拖着脚后跟缓步行走。踵，脚后跟。

译读

如果卿大夫或致仕的卿大夫来士家请见，则辞谢。推辞而不许，则说："在下无德能值得屈尊来见，在下推辞既然得不到准许，将出门迎见先生。"出门先拜宾。

如果不是奉君命出使，而是因私事出访，则摈者不得称他为寡君的某人，只能直称其名。如果是大夫卿士，则摈者称其为"寡君之老"。凡是手执币帛去见君，要谨慎，不要飞快地行走，越是走近君，容貌要越恭敬，以此为容仪。执玉器去见君的，步伐要缓而小，前脚拖着后脚走，脚跟不离地。

凡是对君自称，士大夫都统称为"下臣"。退休的官员，如果住宅在国都之中，就自称"市井之臣"；住宅在野外的，就自称"草茅之臣"，庶人则自称"刺草之臣"。如果是其他国家的士大夫，则自称"外臣"。

乡射礼

大夫与,则公士①为宾。使能,不宿戒。

其牲,狗也。亨于堂东北。尊绤幂。宾至,彻之。蒲筵,缁布纯。西序之席,北上。献用爵,其他用觯。以爵拜者,不徒作。荐,脯用笾,五臌②,祭半臌横于上。醢③以豆,出自东房。臌长尺二寸。俎由东壁,自西阶升。宾俎,脊、胁、肩、肺。主人俎,脊、胁、臂、肺。肺皆离。皆右体也。进腠。凡举爵,三作而不徒爵。凡奠者于左。将举者于右。

众宾之长,一人辞洗,如宾礼。若有诸公,则如宾礼,大夫如介礼。无诸公,则大夫和宾礼。乐作,大夫不入。乐正与立者④齿。三笙一和而成声。献工与笙,取爵于上筐。既献,奠于下筐。其笙,则献诸西阶上。立者,东面北上。司正既举觯而荐诸其位。

注释

①公士:这里指在官之士。②臌(zhí):这里指干肉条。③醢(hǎi):指用肉、鱼等制成的酱。④立者:这里指堂下的众宾。

译读

如果有大夫参加,则使居官之士为宾。因为宾为贤能之士,所以不必预先告诫。

其牲用狗，在堂外东北边烹煮。酒樽上盖粗葛布盖巾，宾到时撤去。设筵用以黑布镶边的蒲席。设在西序面朝东的席，以北为上首。献酒用爵，其他用觯。干杯后下拜者不空起立，起立即要酢主人。进脯醢：脯盛于笾，脯五条，另有半条横置其上以供祭祀。醢盛在豆中，预先陈放在东房里。脯条长一尺二寸。俎用时从东壁移至西阶，从西阶上堂陈置席前。宾之俎所载的肉食有：脊、胁、肩、肺。主人之俎所载的肉食有：脊、胁、臂、肺。肺都要割离开来。牲都要用右体，肉皮向上。主人取爵之后，总共有三次执爵起身，每次都要往爵中斟酒，不能空爵。凡是安放爵觯，一律放在席的左边，凡是将要举起的爵觯，则应放在席的右边，以便于使用者。

主人向三位众宾之长献酒的时候，只为其中一个人洗爵，所以只有他一人可以辞谢主人，其间的礼仪与宾辞谢主人洗爵是一样的。行礼时，堂上如果有诸公在，则主人的礼节和对待宾一样；如果有大夫在，则礼节和介一样。如果没有诸公而只有大夫，则对待大夫的礼节与宾一样。乐声响起后，大夫不能再入内。乐正饮酒，要与在堂下站着的众宾一起按年齿排序。三人吹笙，一人吹和，然后才能成声。向乐工及吹笙者献酒，要从堂上的竹筐中取爵。献酒毕，要将空爵放入堂下的竹筐内。对吹笙者，则要在西阶上献酒。在堂下站立的众宾，面朝东由北向南排列，以北首的位置为尊。司正是主人的助手，所以不向他献酒，但在他举觯时要将馔送到他的席位前。

原文

三耦者,使弟子。司射前戒之。司射之弓矢与扑❶,倚于西阶之西。司射既袒❷、决、遂而升,司马阶前命张侯,遂命倚旌。

凡侯:天子熊侯,白质;诸侯麋侯,赤质;大夫布侯,画以虎豹;士布侯,画以鹿豕。凡画者,丹质。

射自楹❸间,物长如笴❹,其间容弓,距随长武❺。序则物当栋,堂则物当楣。命负侯者由其位。凡适堂西,皆出入于司马之南。唯宾与大夫降阶,遂西取弓矢。

注释

❶扑:这里指刑杖,戒尺。❷袒(tǎn):脱去上衣,露出身体的一部分。❸楹(yíng):堂屋前部的柱子。❹物长如笴(gě):这里指物的纵画一箭杆长。物,指射时所立的地方,画十字为标记。❺距随长武:指物的横画长约一足。距随,指物的横画。

译读

三耦要选众宾中的年轻人组成,司射进前教诫他们。射的弓箭和刑杖,靠在西阶西边。司射袒左臂、套上扳指,臂着臂衣上堂后,司马即在阶前命张设箭靶,接着命报靶者把旌倚靠在靶子中央。

所用的靶子分别是:天子用画熊头的箭靶,底色为白色;诸侯用画麋鹿头的箭靶,底色为红色;大夫的箭靶以布制成,靶心处画虎豹头;士的箭靶亦以布制成,

靶心处画鹿和豕的头像。凡在侧边彩画云气为饰的靶子，其画云气处以朱红色为底色。

射箭的位置在堂上两楹之间。射手所立的十字标记，其纵画长一箭杆，上射与下射的位置相距一弓长，十字标记的横画长约一足。射于州学，射手立处的十字标记在屋的中脊下，射于乡学，其十字标记的位置则在屋前楣下。司马在其原位遥命报靶者背向箭靶而立。凡是去堂下西边，都要从司马之位的南边出入。只有宾和大夫下台阶后，直接至堂西取弓矢。

原文

旌，各以其物。无物，则以白羽与朱羽糅，杠长三仞，以鸿脰❶韬❷上，二寻。

凡挟矢，于二指之间横之。司射在司马之北。司马无事不执弓。始射，获而未释获，复释获，复用乐行之。上射于右。

楅❸，长如笴，博三寸，厚寸有半，龙首其中，蛇交，韦当。楅，髤❹，横而奉之，南面坐而奠之，南北当洗。

射者有过则挞之。

众宾不与射者不降。

注释

❶鸿脰（dòu）：这里指鸿雁的颈项。❷韬（tāo）：弓或剑的套子。❸楅（bī）：古代行乡射礼时插箭的器具。❹髤（xiū）：古代指红黑色的漆。

译读

报靶用的旌旗,应该用与射者身份相称的旗种。没有资格使用任何一种旌旗的士,则可以用白色的羽毛和红色的羽毛相互掺杂缀于旗杆的顶部,旗杆长二丈一尺,在一丈六尺以上的部位,用帛缝制成状如鸿雁颈脖的长条套上。

凡是用手指挟箭,应用中指与食指横挟。司射的礼仪之位在司马的北面。司马不管射事,所以一般情况下不拿弓。在第一番射时,三耦的射击具有练习的意思,所以即使射中,也不必抽算筹于地;第二番射时,可以抽算筹;第三番射,要根据音乐的节奏来进行。上射站在右方的射位。

箭架的形制是,长度与箭杆相当,宽三寸,厚一

寸半,两端雕成龙首形。中部为两蛇之身相交,上面覆以漆成红黑色的革衣。箭架刷有赤黑色的漆,拿的时候要横向捧着,到了指定的位置,要面朝南坐下再将它放下,它的南北位置,应该正对着盥洗用的盆。

射箭的人如有过错,则用刑杖抽打作为惩罚。

众宾中不参与射事的人不下堂。

原文

取诱射之矢者,既拾取矢,而后兼诱射之乘矢而取之。宾、主人射,则司射摈升降,卒射即席,而反位卒事。

鹿中,髤,前足跪,凿背,容八算。释获者奉之,先首。

大夫降,立于堂西以俟射。大夫与士射,袒纁襦[1]。耦少退于物。司射释弓矢视算,与献释获者释弓矢。

礼射[2]不主皮。主皮之射者,胜者又射,不胜者降。主人亦饮于西阶上。

获者之俎,折脊、胁、肺、臑[3]。东方谓之右个。释获者之俎,折脊、胁、肺。皆有祭。

大夫说欠束,坐说之。

歌《驺虞》若《采蘋》,皆五终。射无算。

注释

[1]襦(rú):这里是短衣,短袄的意思。[2]礼射:演习礼乐之射,相对于武射而言。[3]臑(nào):指牲体的前肢。

译读

取司射做示范之箭的人,既已与其耦轮流取箭完毕,然后一次并取司射做示范的四支箭。宾和主人射时,则司射赞相其上堂和下堂,宾和主人射毕就席后司射才无事,返归其位。

鹿形的盛筹器,漆成赤黑色,刻木为鹿形,前腿跪伏,背上的凿孔可盛装八支算筹;释筹者以手捧之,头向前方。

大夫随宾、主人下堂后,可以站在西堂之下待射。大夫与士合耦射箭时,只需袒去浅红色的短衣,内衣可以不裼。在射位站立时,合耦者要略向射位符号的后方退步,表示不敢与大夫并列。在射礼中,司射只有两次放下弓箭:一次是指导并监督统计算筹,另一次是向释筹者献酒。

演习礼乐之射以容体合礼乐为主而不以射中为主。主于射中之射,则胜者继续参与射事,不胜者下堂,下一番便不能继续升堂再射。主人如在不胜者一方,亦在西阶上方饮射爵。

报靶者之俎所载肉食有:折脊、胁、肺及牲体前肢。靶的东侧称作右个。释筹者之俎所载肉食有:折脊、胁、肺。报靶者与释筹者俎上都有祭肺。

大夫解去束箭的茅草时,要坐下来解。

每一耦射时,乐工歌唱《驺虞》或《采蘋》之诗,都是五遍。众宾射则不必计算唱的遍数。

原文

古者于旅也语。凡旅,不洗。不洗者不祭。既

旅，士不入。

大夫后出。主人送于门外，再拜。

乡侯，上个五寻。中十尺。

侯道五十弓，弓二寸以为侯中。倍中以为躬，倍躬以为左右舌。下舌半上舌。

箭筹❶八十。长尺有握，握素。楚扑长如笴。刊本尺。

君射，则为下射。上射退于物一笴，既发，则答君而俟。君乐作而后就物。君，袒朱襦以射。小臣以巾执矢以授。若饮君，如燕则夹爵。

君国中射，则皮树中，以翿旌❷获，白羽与朱羽糅；于郊，则闾中，以旌获；于竟，则虎中，龙旜❸。

大夫，兕中❹，各以其物获。士，鹿中，翿旌以获。唯君有射于国中，其余否。君在，大夫射，则肉袒。

注释

❶箭筹：竹制的计算筹码。❷翿（dào）旌：古代用红白羽毛交杂制成的彩旌。❸龙旜（zhān）：画上龙的赤色旗。❹兕（sì）中：是古代行射礼时用来盛计数筹码的器具。

译读

古人行礼，旅酬完毕才开始说话。凡是旅酬，不必洗觯。不洗觯，是因为众宾们不必祭祀。旅酬开始后，晚到的士就不得再入场。

大夫要在宾离开回家后再出门。主人送大夫要送至门外，行再拜之礼。

乡射用的箭靶尺寸是：最上端的一块布为四丈，靶心的布为一丈见方。

如果箭道有五十把弓那样长，那么按每一把弓取二寸的方法累计，所得结果就是靶心的大小。靶心宽度的一倍就是靶心上、下幅的宽度，上、下幅宽度的一倍就是最上端那块布的宽度。下舌向左右伸出的长度只有上舌的一半。

算筹一次准备八十支。每支长一尺四寸，手握处刮削成白色。刑杖的长度与箭杆相当。手握处约一尺，被刮削成白色。

国君参与射事，则做下射。上射要在射箭的位置上退后一箭杆远，射完一箭，则面向君恭候君射。国君要在奏乐以后才到射箭的位置上。国君射时袒露朱红色的短衣。小臣用巾垫手执箭授给君。如果君在不胜一方，则依照燕礼之仪使君饮射爵，侍君射者先斟酒自饮，君饮毕，复又酌酒自饮。

国君在城中射，则用皮树中盛算筹，报靶者执翻旌唱获；如果在城郊大射，则用闾中盛算筹，报靶者执旌唱获；如果是与邻国之君会遇而射，则用虎中盛算筹，报靶者执赤色的龙旗唱获。

大夫，用兕中盛算筹，报靶者各执其平时所建旗帜唱获。士，用鹿中盛算筹，报靶者执翻旌唱获。只有国君能在城中燕射，其他人都不允许。如君在场时，大夫射时则袒露其左臂。

燕礼

　　燕礼。小臣戒与者。膳宰❶具官馔于寝东。乐人县。设洗篚于阼阶东南,当东霤❷,罍❸水在东,篚在洗西,南肆。设膳篚在其北,西面。司宫尊于东楹之西,两方壶,左玄酒,南上。

　　公尊瓦大❹两,有丰,幂用绤若锡,在尊南,南上。尊士旅食于门西,两圜壶。司宫筵宾于户西,东上,无加席也。射人告具。

注释

　　❶膳宰:掌管君王饮食膳羞之人。❷霤(liù):这里指屋檐的滴水处。❸罍(léi):古代一种盛酒或水的器具。腹大口小,形状像壶,比瓶小。❹瓦大:即瓦甒(wǔ),是一张瓦制酒器。

译读

　　宴饮的礼仪:小臣为国君留群臣。膳宰在路寝的东边准备群臣的饮食。乐人为宴饮挂上新的钟磬。在东阶的东南方对着东边屋檐滴水处放置洗和篚。罍和水在东边。篚在洗的西边,靠南陈设。盛饭食的篚在它的北边,朝西。司宫在东楹柱的西边放置两个方壶。两个方壶,左边的放玄酒,以南边为上位。

　　公的酒樽是两只叫"瓦大"的尊,下面有托盘,覆盖在酒樽上的布,用粗葛布或细麻布,依季节而定,其位置在卿大夫的酒樽之南，方向以南为上。众士的食物则放在门的西侧，盛酒器是两只圆壶。司宫将宾的席位铺设在室户之西，席头朝东，上面不再铺加席。于是，射人禀告国君，燕礼所用器具已经陈设完毕。

原文

主人洗，升献士于西阶上。士长升，拜受觯，主人拜送觯。士坐祭立饮，不拜既爵，其他不拜，坐祭立饮。乃荐，司正❶与射人❷一人、司士一人、执幂二人，立于觯南东上。辩献士。士既献者立于东方，西面北上，乃荐士。祝史、小臣、师亦就其位而荐之。主人就旅食❸之尊而献之。旅食不拜受爵，坐祭立饮。

若射，则大射正为司射❹，如乡射之礼。

注释

❶司正：古代行乡饮酒礼或宾主宴会时的监礼者。❷射人：古代官名，掌射法以习射仪。❸旅食：古代谓士而无正禄者的宴饮。❹司射：古代官名，春秋、战国置，主司射仪礼节。

译读

主人洗觯，登堂，在西阶上献给士。为首的士登堂，行拜礼接受觯；主人为送上酒觯行拜礼。士坐下祭酒，站着喝酒，喝完酒不行拜礼。其他众士不行拜礼。坐下祭酒，站着喝酒。于是推出司正与射人一人，司士一人，执幂二人，都站在觯的南边，以东边为上位。向所有的士献酒。已经被献过的士站在东方，面朝西，以

北边为上位,然后向士进献干肉、肉酱。祝史、小臣师也就近在他的位置上进献干肉、肉酱。主人走近已入官而未受正禄的士,献酒。已为官而未受正禄的士不行拜礼,接受酒爵,坐下祭酒,站着饮酒。

如果射箭,那么,大射正就做司射,如同乡射礼仪。

原文

宾降洗,升媵❶觚于公。酌散,下拜。公降一等。小臣辞。宾升,再拜稽首❷。公答再拜。宾坐祭,卒爵,再拜稽首。公答再拜。宾降洗象觯,升酌膳,坐奠于荐南,降拜。小臣辞。宾升成拜,公答再拜,宾反位。

公坐取宾所媵觯,兴,唯公所赐。受者如初受酬之礼。降,更爵洗,升,酌膳,下拜,小臣辞。升成拜,公答拜,乃就席,坐行之。有执爵者,唯受于公者拜。

司正命执爵者爵辩,卒受者兴以酬士。大夫卒受者,以爵兴,西阶上酬士。士升,大夫奠爵拜,士答拜。大夫立卒爵不拜,实之,士拜受,大夫拜送,士旅于西阶上辩。士旅酬,卒。

注释

❶媵(yìng):相送,赠送。❷稽(qǐ)首:古代跪拜礼,为九拜中最隆重的一种。

译读

宾下堂洗觚,接着上堂,将觚送给国君,酒是从方壶中酌取的,然后下堂准备拜国君。国君从阼阶上走

下一级台阶，小臣以国君之命劝阻宾下堂行拜礼。于是宾又上堂，对国君行再拜叩首之礼；国君以再拜之礼作答。宾在西阶上坐下祭祀，将觯中的酒饮毕后，向国君再拜叩首，国君仍答以再拜之礼。宾下堂为国君洗象觯后，上堂酌上膳酒，在国君席前坐下，将觯放在国君的右手前，接着下堂，准备拜国君。小臣又以君命劝阻宾下堂行拜礼。于是宾上堂完成拜礼，国君以再拜之礼作答。宾返回原位。

国君坐下取宾所送的觯，起身。国君将觯赐给他选中的人。接受国君赐觯的人，要像最初接受国君酬酒的人那样行礼，接着下堂更换一觯，表示不敢与国君用同一件酒器，然后将觯洗净，上堂酌膳酒，再下堂，准备拜国君，小臣以君命劝阻，于是在堂上拜国君，国君答拜还礼。然后入席，坐着与左右的士旅酬，执觯者代为酌酒。只有从国君手中受觯者才需行拜礼。

司正命令执觯者为每位进酬酒，最后一位受觯者起身用这觯向士进酬酒。最后一位受觯的大夫执觯起身，在西阶之上向士进酬酒。士之长上堂，大夫置觯行拜礼，士答拜还礼。大夫站着将觯中的酒饮完，不必拜谢。但要在觯中再酌上酒。士拜而受觯，大夫拜而送之。士依次序在西阶之上逐一接受酬酒。士依秩序自己酌酒，互相劝饮，直至饮事完毕。

原文

主人洗，升自西阶，献庶子❶于阼阶上，如献士之礼。辩降洗，遂献左右正与内小臣，皆于阼阶上，如献庶子之礼。

无算爵[2]。士也,有执膳爵者,有执散爵[3]者。执膳爵者,酌以进公,公不拜受。执散爵者,酌以之公命所赐,所赐者兴受爵,降席下奠爵,再拜稽首,公答拜。

受赐爵者,以爵就席坐,公卒爵,然后饮。执膳爵者受公爵,酌反奠之。受赐爵者,兴,授执散爵。执散爵者乃酌行之。

唯受爵于公者拜,卒受爵者兴,以酬士于西阶上,士升,大夫不拜,乃饮,实爵。士不拜,受爵,大夫就席,士旅酬亦如之。

公有命彻幂,则卿大夫皆降,西阶下北面东上,再拜稽首。公命小臣辞,公答再拜,大夫皆辟。遂升反坐,士终旅于上,如初。无算乐。

注释

❶庶子:古代官名,为太子侍官。❷无算爵:不讲酒爵地饮酒。算,数,计算。❸散(sàn)爵:容量为五升的酒尊。

译读

主人洗觚,从西阶登堂,在东阶上献给已入官而未受正禄的士。其礼仪与献士的礼仪相同。献遍,下堂洗觚,然后献给左右正和内小臣,都在东阶上,礼仪与献已入官而未受正禄的士的礼仪相同。

然后不计酒爵地饮酒。士人有的拿着斟着美酒的酒爵;有人拿着斟着方壶酒的酒爵。拿着斟有美酒酒爵的

士,用以进献国君,国君不行拜礼接受。拿着斟有方壶酒酒爵的士,向国君进献,国君赐给他们。受赏赐的人站起来接受酒爵,从席位西边下来,放下酒爵,行两次稽首礼。国君回拜。

接受赏赐酒爵的人拿着酒爵就席位坐下,国君喝完爵中酒,然后已入官而未受正禄的士饮。拿着美酒的人接过国君的空爵,斟满酒,放回国君席前祭物南边。接受赏赐酒爵的人站起,把酒爵交给拿方壶酒的人,拿方壶酒的人于是斟满酒饮酒。

只有接受国君赐爵的人行拜礼。所有接过酒爵的人站起来,在西阶上向士敬酒。士登堂,大夫不行拜礼,饮酒,然后斟满酒。士不行拜礼,接受酒爵。大夫就席,士走到台阶上斟酒,也是如此。

国君有命令撤去遮盖酒壶的巾,则卿大夫都下堂,在西阶下面朝北,以东边为上位,行两次稽首礼。国君命令小臣辞谢。国君回拜两次,大夫都避开。于是登堂返回原位坐下。士在西阶上结束劝酒,如同原来一样。然后歌唱、吹奏不计曲数。

原文

宵则庶子执烛于阼阶上,司宫❶执烛于西阶上,甸人❷执大烛于庭,阍人❸为大烛于门外。宾醉,北面坐,取其荐脯以降。奏《陔》❹。宾所执脯,以赐钟人于门内霤,遂出。卿大夫皆出。公不送。

注释

❶司宫:官名,春秋时齐、楚均有此官。主管宫内

之事，以阉人充任。❷甸人：官名，周朝设此官掌管公田。❸阍（hūn）人：官名，掌昏晨启闭宫门。❹《陔（gāi）》：《陔夏》乐章。

译读

入夜，负责内外照明的分别是：庶子执烛站在阼阶之上，司宫执烛站在西阶之上，甸人执大烛站在庭中，阍人设大烛在门外。宾微醉时，面朝北坐下，从自己席上拿取干肉后下堂。乐工奏《陔》的乐曲。宾将所取的干肉，在门内屋檐的滴水处赐给敲钟的乐工，然后出门。卿、大夫随之出门。国君不必相送。

原文

公与客燕。曰："寡君有不腆❶之酒，以请吾子之与寡君须臾❷焉，使某也以请。"对曰："寡君，君之私也。君无所辱赐于使臣，臣敢辞。""寡君固曰'不腆'，使某固以请。""寡君，君之私也，君无所辱赐于使臣，臣敢固辞。""寡君固曰'不腆'，使某固以请。""某固辞，不得命，敢不从！"致命❸曰："寡君使某，有不腆之酒，以请吾子之与寡君须臾焉。""君贶寡君多矣，又辱赐于使臣，臣敢拜赐命。"

注释

❶腆（tiǎn）：这里指善，丰厚，美好。❷须臾：指片刻，一会儿。❸致命：这是传话，传达命令的意思。

译读

国君的副手宴请异国使臣,事先要派卿、大夫作为摈者去邀请。卿、大夫说:"寡君准备了薄酒,希望您能与他一起小饮片刻,所以派我前来邀请。"使臣的副手回答说:"敝国之君,是贵国国君的私属。贵国国君无故下请于使臣,便臣岂敢前往?"卿、大夫说:"寡君一再说'酒不好',让某人一定请您去!"使臣的副手说:"敝国之君是贵国国君的私属。贵国国君无故下请于使臣,请允许使臣再次推辞!"卿、大夫说:"某人寡君一再说'酒不好',让某人一定请您去!"使臣的副手说:"某人一再推辞,但是没有得到您的允许,敢不从命吗?"于是卿、大夫正式向使臣转达国君的邀请说:"寡君派某人前来,已备下薄酒,以此邀请您前往小饮片刻!"使臣回答说:"贵国国君给敝国之君的恩赐已经很多,今天又下赐予使臣,谨拜谢国君的恩赐之命!"

原文

记

燕,朝服,于寝。其牲,狗也。亨于门外东方。若与四方之宾燕,则公迎之于大门内,揖让升。宾为苟敬,席于阼阶❶之西,北面。有肴❷,不啐❸肺,不啐❹酒。其介为宾。无膳尊,无膳爵。

与卿燕,则大夫为宾,与大夫燕,亦大夫为宾。羞膳者与执幂者,皆士也。羞卿者,小膳宰也。

若以乐纳宾,则宾及庭,奏《肆夏》。宾拜酒,主人答拜而乐阕❺。公拜受爵而奏《肆夏》,公卒爵,

主人升受爵以下而乐阕。

升歌《鹿鸣》，下管《新宫》，笙入三成。遂合乡乐。若舞，则《勺》。

注释

❶阼（zuò）阶：东阶，主人立此接待宾客。❷胹（zhēng）：盛装在鼎俎中的熟肉。❸啐（jì）：微微尝一点。这里指吸入酒时只到牙齿而止，不吸入口。❹啐（cuì）：尝，小饮。指吸入酒时，吸入口。❺乐阕（què）：乐终。阕，停止，终了。

译读

记

在路寝饮，穿朝服，祭牲用狗，在门外东边烹煮。如果和四方的来宾宴饮，那么，国君就在大门内迎接，拱手行礼谦让登堂，宾客如果坐在国君的近侧，在东阶的西边设席位，面朝北。有进献的牲体，不尝肺，不饮酒。宾客的介做主宾，不设国君专用的酒樽和酒爵。

和卿宴饮，则大夫作为主宾。和大夫宴饮，也是大夫做主宾。进献饭食的人和拿巾的人都是士。为卿进献饭食的人是小膳宰。

如果以乐曲迎宾，则在宾走到中庭时，奏《肆夏》的乐曲；宾拜主人后接酒，主人答拜时，乐曲终止。国君拜而接过酒爵时，再奏《肆夏》；国君将爵中的酒饮毕，主人上堂，接过空爵下堂时，乐曲终止。

歌手们上堂歌唱《鹿鸣》之诗，接着下堂用管乐奏《新宫》之诗，然后吹笙者奏《南陔》《白华》和《华

黍》之诗，紧接着堂上堂下合奏六篇乡乐之诗；如果有舞蹈，则奏《勺》的乐曲。

原文

唯公与宾有俎。献公，曰："臣敢奏爵以听命。"凡公所辞，皆栗阶❶。凡栗阶，不过二等。凡公所酬，既拜，请旅侍臣。凡荐与羞者，小膳宰也。有内羞❷。

君与射，则为下射，袒朱襦，乐作而后就物。小臣以巾授矢，稍属。不以乐志。既发，则小臣受弓，以授弓人。上射退于物一笴，既发，则答君而俟。若饮君，燕，则夹爵。君在，大夫射，则肉袒。

若与四方之宾燕，媵爵❸，曰："臣受赐矣，臣请赞执爵者。"相者对曰："吾子无自辱焉。"

有房中之乐。

注释

❶栗阶：相传周代下见上登阶之礼的一种。栗，通"历"。❷内羞：宫内女官所作供祭祀用的谷类食物。❸媵（yìng）爵：燕礼献酬礼毕，命年长的大夫再给诸侯献酒，称"媵爵"。

译读

只有国君与宾的席上可以有俎。主人持爵向国君献酒，说："臣谨进上酒爵，听凭取用。"凡是国君要劝阻宾或他人在堂下行礼时，主人要连步走上台阶。凡是连步走上台阶，一次不能跨二级。凡是国君酬宾，宾接

过空爵，自行酌酒后，上堂拜谢，此时向国君请求行酒予侍饮之臣。凡是进以各种佐酒的食品，都由小膳宰负责。房内也同时进以各种佐酒的食品。

如果国君参与射箭，那么就做下射，露出红色上衣，乐曲奏起后就站在射箭的地方。小臣用巾把箭递给国君。国君发一支，小臣递一支，不以乐曲节奏为限。已经射完，小臣就接过弓，把它交给拿弓的人。上射退到射箭处后边三尺的地方，上射已经射完，就面向国君等待。如果要国君喝罚酒，宴饮中就要用夹爵的办法。国君在场，大夫射箭就要露出左臂。

如果国君与异国的使臣宴饮，使臣送爵时说："我已受到国君恩赐之酒。我请求协助执爵者行事。"国君的辅佐者回答说："您不要去做那些有辱于您的事。"

堂上、堂下奏乐时，房中也安排有管弦之乐。

大射仪

诸公卿取弓矢于次中,袒、决、遂,执弓,搢❶三挟一个,出,西面揖,揖如三耦,升射。卒射,降如三耦。适次,释弓,说决,拾,袭,反位。众皆继射,释获皆如初。卒射,释获者遂以所执余获适阶下,北面告于公,曰:"左右卒射。"反位,坐委余获于中西,兴,共而俟。

司马袒执弓,升,命取矢,如初。负侯❷许诺,以旌负侯,如初。司马降,释弓,如初。小臣委矢于楅,如初。宾、诸公、卿、大夫之矢皆异束之以茅,卒,正坐,左右抚之,进束,反位。宾之矢,则以授矢人❸于西堂下。司马释弓,反位,而后卿、大夫升就席。

注释

❶搢(jìn):这里是插的意思。❷负侯:指靠着箭靶的人,即负责报告箭是否射中箭靶的人。❸矢人:拿射器的人。是以器名命官名。

译读

诸公卿在更衣的地方取弓和箭,露出左臂,套上扳指,穿上皮制臂衣,拿着弓,腰插三支箭,两指夹一支箭,出来,面朝西拱手行礼,拱手行礼和三耦一样,登堂射箭,射箭完毕,下堂和三耦一样,到更衣的地方,放下弓,摘下扳指,脱下皮制臂衣,穿好上衣,返回原位，众人都接着射箭，放筹码都和初始时一样。射完，放筹码的人于是就拿着剩下的筹码到东阶下面朝北向国君报告说："上、下都已射完。"返回原位，坐下把剩下的筹码放在盛筹器的西边，站起身来等着放筹码。

司马露出左臂，拿着弓，登堂。同初始时一样命令取箭，负侯的人答应，用旌旗背向射布同初始时一样。司马下堂，放下弓同初始时一样，小臣把箭放在插箭器具上同初始时一样。主宾、诸公卿大夫的箭都分别用茅草捆扎，捆完，司马正坐下，把箭左右分开，把箭束放在前边，返回原位。主宾的箭就在西堂下把它交给矢人。司马放下弓，返回原位。然后卿大夫登堂就席。

原文

司射适阶西，释弓，去扑，袭，进由中东，立于中南，北面视算。释获者❶东面于中西坐，先数右获。二算为纯，一纯以取，实于左手。十纯则缩而委之。每委异之。有余纯，则横诸下。一算为奇，奇则又缩诸纯下。兴，自前适左，东面坐。坐，兼敛算，实于左手，一纯以委，十则异之，其余如右获。司射复位，释获者遂进，取贤❷获执之，由阼阶下北面告于公。若右胜，则曰："右贤于左。"若左胜，则曰："左贤于右。"以纯数告。若有奇者，亦曰奇。若左右钧❸，则左右各执一算以告，曰："左右钧。"还复位，坐，兼敛算，实八算于中，委其余于中西，兴，共而俟。

注释

❶释获者：指古代举行射礼时持旌唱获者。❷贤：这里是超过，胜过的意思。❸钧：通"均"。相同，相等，均衡，均匀。

译读

司射走到西阶之西，放下弓，取下腰间的刑杖，穿上左衣袖；然后走到盛筹器的东侧，再转而走到其南侧站着，监督并指导有司统计算筹。计数的有司在盛筹器之西面朝东坐下，先数右面那堆算筹。计数时，以两支算筹为一"纯"，右手一纯、一纯地从地上拿起来放在左手上。取满十纯，则作一堆纵向放在盛筹器之西，再取满十纯则要另作一堆分开放。剩余的算筹，如果是双数，就以纯为单位，横向放在十纯一堆的西侧；如果是单数，就把零单的筹纵向放在"纯"的西侧，使总数一目了然。然后起身，从右方这堆算筹前走到左方那堆算筹之前，面朝东坐下，先将左方地上所有的算筹拿起来放在左手上，再用右手一纯、一纯地数着往地上放，放满十纯就另起一堆再放，剩余的算筹按上述计算右方算筹时的方法放置。计数完毕，司射回到原位。计数的有司将胜方净胜的算筹拿在手中，走到阼阶之下，面朝北禀告国君。如果右方的算筹多于左方，就说："右胜过左。"如果是左方的算筹多于右方，就说："左胜过右。"净胜数如果是双数，就以纯为单位禀告；如果有单数，则在纯数之后再报单数。如果左、右方算筹数量相等，就从双方的算筹中各取出一支来禀告，说："左右方的算筹相等。"然后回到原位，坐下，将地上的算

筹拿起来放在左手上，数出八支放入盛筹器的孔中，剩下全部放到盛筹器的西侧，接着起身，恭立待命。

原文

司射命设丰❶。司官士奉丰，由西阶升，北面坐设于西楹西，降复位。胜者之弟子❷洗觯，升酌散，南面坐奠于丰上，降反位。司射遂袒执弓，挟一个，揎扑，东面于三耦之西，命三耦及众射者胜者皆袒、决、遂，执张弓。不胜者皆袭，说决、拾，却左手，右加弛弓于其上，遂以执拊。司射先反位❸。

三耦及众射者，皆升，饮射爵于西阶上。小射正作升饮射爵者，如作射。一耦出，揖如升射。及阶，胜者先升，升堂少右。不胜者进，北面坐取丰上之觯，兴，少退，立卒觯，进，坐奠于丰下，兴，揖。不胜者先降，与升饮者相左，交于阶前，相揖，适次，释弓，袭，反位。仆人师继酌射爵，取觯实之，反奠于丰上，退俟于序端。升饮者如初，三耦卒饮。

若宾、诸公、卿、大夫不胜，则不降，不执弓，耦不升。仆人师洗，升实觯以授，宾、诸公、卿、大夫受觯于席，以降，适西阶上，北面立饮，卒觯，授执爵者，反就席。若饮公，则侍射者降，洗角觯，升酌散，降拜。公降一等，小臣正辞，宾升，再拜稽首，公答再拜。宾坐祭，卒爵，再拜稽首。公答再拜。

宾降，洗象觯，升酌膳以致，下拜，小臣正辞，升，再拜稽首。公答再拜。公卒觯，宾进受觯，降洗散觯,升实散,下拜。小臣正辞,升,再拜稽首。公答再拜。宾坐,不祭,卒觯,降奠于篚,阶西东面立。摈者以命升宾,宾升就席。若诸公、卿、大夫之耦不胜,则亦执弛弓,特升饮。众皆继饮射爵,如三耦。射爵辩,乃彻丰与觯。

注释

❶丰:中国古代礼器,形状像豆,用以承酒觯。❷弟子:这里指年少的人。❸反位:回到原来的位置。

译读

司射命令司宫士设丰。于是司宫士捧着丰从西阶升堂,面朝北坐下,把丰设在西楹的西边,然后下堂,回到原位。胜者中的弟子洗觯,升堂,从散尊酌酒,在丰的北边面朝南坐下,把觯放在丰上,然后下堂返回原位。司射于是脱下左臂外衣袖,拿着弓,右手挟一支箭,腰间插上刑杖,在三耦的西边面朝东命令三耦及众射者中的胜者准备使不胜者饮酒。于是胜者都脱下左臂外衣袖,右手拇指套上扳指,左臂套上护臂,拿着张弦的弓。不胜者都穿上左臂外衣袖,脱去扳指和护臂,仰起左手掌,用右手将解弦的弓放在左手上,用两手横握着弓弣。司射先返回原位。

三耦和众射者都将升堂,在西阶上由胜者使不胜者饮罚酒。小射正像命令上耦射箭时一样,命令上耦升堂,由胜者使不胜者饮罚酒。于是上耦出次,像升堂射箭时一样地行揖礼。来到阶前,胜者先升堂,稍向右站。不胜者升堂后稍向北进,面朝北坐下,拿取丰上的觯,起身,稍后退一些,站着饮干觯中酒,再进前坐下,把觯放在丰旁地下,起身,行揖礼。不胜者先下堂,上耦下堂后在西阶前与准备升堂饮酒的次耦互相从对方的左侧交错而过,交错时互行揖礼。上耦到次中放下弓,穿上左臂外衣袖,返回到原位。这时由仆人师接替弟子给罚爵酌酒,仆人师拿起丰旁的空觯,酌酒后,又放回到丰上,然后退下,在西序端等待再酌。升堂饮酒的次耦也像上耦升堂饮酒的礼仪一样。就这样,三耦中的胜者使不胜者饮酒完毕。

  如果是宾或诸公卿大夫不胜,那就不下堂,也不拿弓,与大夫为耦而在胜党的士也不升堂,而由仆人师洗觯,升堂酌酒投给宾或诸公卿大夫。宾或诸公卿大夫在自己的席位上受觯,再拿着觯下席,到西阶上面朝北站着饮干觯中酒,饮毕,把空觯授给仆人师,返回到自己的席位上。如果使国君饮罚酒,作为国君的侍射者的宾就要下堂,洗角觯,再升堂,从散尊酌酒,然后下堂行拜礼。这时国君要下阶一级。小臣正则代君国辞宾之拜。于是宾升堂,然后行再拜稽首礼。国君回再拜礼。宾在西阶上坐下,用酒祭先人,祭毕饮干觯中酒,行再拜稽首礼。国君回再拜礼。

  宾又下堂,洗象觯,洗完后上堂,从膳尊酌酒,进送到国君席前,再下堂,将要行拜礼。小臣正辞宾之拜。于是宾升堂,然后行再拜稽首礼。国君回再拜礼。国君饮干觯中酒。宾进前接过国君的空觯,下堂,另洗一只散觯,升堂,从散尊酌酒,再下堂,将要行拜礼。小臣正又辞宾之拜。于是宾升堂,然后行再拜稽首礼。国君回再拜礼。宾在西阶坐下,不用酒祭先人,饮干觯中酒，然后下堂，把空觯放入篚中，在西阶的西边面朝东而立。摈者以君命请宾升堂。于是宾升堂就席。如果诸公和卿大夫的耦不胜，那就也要拿着解弦的弓，独自升堂饮罚酒。众耦中的不胜者都像三耦中的不胜者一样相继饮罚酒。不胜者都饮罚酒后，就把丰和罚觯撤去。

原文

司宫尊侯于服不❶之东北，两献酒，东面，南上，皆加勺，设洗于尊西北，篚在南，东肆，实一散❷于篚。

司马正洗散，遂实爵，献服不。服不侯西北三步，北面拜受爵。司马正西面拜送爵，反位。宰夫有司荐，庶子设折俎。卒错，获者适右个，荐俎从之。

获者左执爵，右祭荐俎，二手祭酒。适左个，祭如右个，中亦如之。卒祭，左个之西北三步，东面。设荐俎，立卒爵。

司马师受虚爵，洗，献隶仆人与巾车、获者，皆如大侯之礼。卒，司马师受虚爵，奠于篚。获者皆执其荐，庶子执俎从之，设于乏少南。服不复负侯而俟。

司射适阶西，去扑，适堂西，释弓，说决、拾，袭，适洗，洗觚❸，升实之，降，献释获者于其位，少南。

荐脯醢、折俎，皆有祭。释获者荐右东面拜受爵。司射北面拜送爵。释获者就其荐坐，左执爵，右祭脯醢，兴，取肺，坐祭，遂祭酒。兴，司射之西，北面立卒爵，不拜既爵。

司射受虚爵,奠于篚。释获者少西辟荐,反位。司射适堂西,袒、决、遂,取弓,挟一个,适阶西,搢扑以反位。

注释

❶服不:司马的属官,唱靶的人。❷散(sǎn):爵名。能盛五升酒的酒器。❸觚(gū):古代酒器,青铜制,喇叭形口,细腰,高圈足。

译读

祭箭靶时,司宫将献给报靶者的酒,放在他的东北,是两壶滤过的浊酒,朝东排放,以南侧那壶为尊,上面都放着勺;洗放在酒壶的西北,篚在南方,向东陈列,又将一把大爵放在篚中。

接着,司马正洗大爵,然后酌上酒,献给报靶者。报靶者在靶的西北方三步处,面朝北拜谢司马正,并接过大爵。司马正面朝西拜送受爵者,然后返回原位。宰夫的属吏送上佐酒的食品,庶子则摆上盛有节解的牲体的俎。摆放完毕,报靶者走到靶的右侧,赞礼者捧着佐酒的食品和肉俎跟随其后。

报靶者左手执爵,右手拿了肉俎上的祭肺祭祀,祭酒时用两只手向内侧倒酒;接着,报靶者又走到靶的左侧,祭祀的方法与在靶右侧一样,在靶的中间祭祀也是如此。在靶前的左、右、中三处祭祀完毕,报靶者又到箭靶左侧祭祀处西北方三步的地方,面朝东而立,接着摆放好干肉、肉酱和肉俎,然后站着将爵中的酒饮完。

司马师接过空爵,洗涤后酌上酒,分别献给隶仆与巾车、参侯和干侯的报靶者,其间礼节都和向大侯的报靶者献酒一样。献毕,司马师接过空爵,将它放入篚中。三个靶的报靶者都拿着干肉和肉酱,庶子则捧着肉俎跟随其后,全部设于挡箭牌偏南的地方。然后,报靶者又站到靶前待命。

司射到台阶西边,去掉刑杖。到堂的西边,放下弓,摘下扳指,脱下皮制臂衣,穿好上衣。到洗前,洗觚,登堂斟酒。下堂在放筹码的人的位置稍南的地方把酒献给他。

进献干肉、肉酱、牲体,都有祭。放筹码的人在祭物的右边,面朝东行拜礼接受酒爵,司射面朝北为送上酒爵行拜礼。放筹码的人就在其祭物旁坐下,左手拿着酒爵,右手祭干肉、肉酱,站起来拿肺,坐下祭肺,然后祭酒。站起来,到司射的西边,面朝北站着喝完爵中

酒，喝完后不行拜礼。

司射接过空爵，把它放在篚中。放筹码的人稍靠西，避开祭物，返回原位。司射到堂的西边，露出左臂，套上扳指，穿上皮制臂衣，拿着弓，挟着箭，到台阶西边，插上刑杖，返回原位。

原文

司射倚扑于阶西，适阼阶下，北面请射于公，如初。反摺扑，适次❶，命三耦皆袒、决、遂，执弓，序出取矢。司射先反位。

三耦拾取矢如初。小射正作取矢如初。三耦既拾取矢，诸公、卿、大夫皆降，如初位，与耦入于次，皆袒、决、遂，执弓，皆进当福，进坐，说矢束。上射东面，下射西面，拾取矢如三耦。

若士与大夫为耦，士东面，大夫西面。大夫进坐，说矢束，退反位。耦揖进坐，兼取乘矢，兴，顺羽❷，且左还，毋周，反面揖。

大夫进坐，亦兼取乘矢，如其耦。北面搢三挟一个，揖进。大夫与其耦皆适次，释❸弓，说决、拾，袭，反位。诸公、卿升就席。众射者继拾取矢，皆如三耦，遂入于次，释弓矢，说决、拾，袭，反位。

注释

❶次：旅行时停留的处所。引申为更衣的地方。❷顺羽：手贴着矢羽由上而下，将矢羽理齐。❸释：这里是放开，放下的意思。

译读

第三番射开始。司射取下腰间的刑杖，倚靠在西阶之西，再走到阼阶下，面朝北请示国君：第三番射是否可以开始？其间仪节与前二番射时一样。在国君表示同意后，司射将刑杖插在腰间，又走到更衣处，命令三耦都脱去左袖，戴上扳指，套上护臂，拿起弓，顺序而出取箭；命毕，司射先返回原位。

三耦像前二番射时那样，轮流取箭；小射正则像前二番射时那样，命三耦轮流取箭。三耦轮流取箭完毕，诸公、卿、大夫都下堂，按前二番射时的位置站立；接着与自己的合耦者一起进入更衣处，都脱去左袖，戴上扳指，套上护臂，拿着弓，又都走到正对着箭架的地方，再上前坐下，将束好的箭解开。坐时上射面朝东，在箭架的西侧；下射面朝西，在箭架的东侧，然后如三耦那样轮流箭架上取箭。

如果是士与大夫合耦，则士面朝东而坐，大夫面朝西而坐。大夫先上前坐下，解开束着的箭，就可以退下回到原位。然后，大夫的合耦者向大夫拱手行礼后上前坐下，将自己的四支箭一起拿取，再起身；一边理顺箭羽，一边向左转身，但不能转身至原位，而应适时回转朝西，向合耦者拱手行礼。

接着大夫再次上前坐下，也是一次将自己的四支箭拿起来，和他的合耦者一样，然后面朝北将三支箭插在腰间，手指间夹一支箭，拱手行礼后退下。接着，大夫与合耦者都到更衣处，放下弓，脱下扳指和护臂，穿上左衣袖，回到原位。诸公、卿上堂入席。堂下的众士之耦则继续顺序上前轮流取箭，其间仪节都和三耦所做的

一样；取箭毕，再进入更衣处，放下弓箭，脱去扳指和护臂，穿上衣服，回到原位。

原文

司射犹挟一个以作射，如初。一耦揖升如初。司马升，命去侯，负侯许诺。司马降，释弓反位。司射与司马交于阶前，倚扑于阶西，适阼阶下，北面请以乐于公。公许。

司射反，搢扑，东面命乐正曰："命用乐。"乐正曰："诺。"司射遂适堂下，北面上射，命曰："不鼓不释。"上射揖，司射退反位。乐正命大师，曰："奏《狸首》，间❶若一。"大师不兴❷，许诺。乐正反位。奏《狸首》以射。

三耦卒射。宾待于物如初。公乐作而后就物，稍属，不以乐志。其他如初仪，卒射如初。宾就席。诸公、卿、大夫、众射者皆继射，释获如初。卒射，降反位。释获者执余获❸进告左右卒射，如初。

注释

❶间：这里指间隔的时间。❷兴：这里是起身，起来的意思。❸获：这里指计数的用具，筹码。

译读

司射右手仍挟一支箭，像当初一样命令三耦中的上耦射。上耦行揖礼、升堂射箭的礼仪也如同当初一样。司马升堂，命令负侯者离开射侯。负侯者答应着离去。司马下堂，到次中放下弓，再返回原位。司射到西阶

去，正好同从西阶下堂的司马在阶前交错而过。司马把扑倚放在西阶的西边，来到阼阶下，面朝北向国君请示演奏音乐以助射。国君同意。

司射返回到西阶西边，把刑杖插入腰间，面朝东命令乐正说："国君命演奏音乐以助射。"乐正说："是！"司射接着便来到堂下，面朝北看着上射，命令道："射箭如果不和音乐的节奏相应，就不算数。"上射行揖礼。司射退回原位。乐正面朝东命令大师说："奏《狸首》，每奏一遍时间长短都要一样。"大师不起身，答应了。乐正返回原位。于是开始演奏《狸首》以助射。

三耦射毕，宾像第二次射箭比赛时那样，先来到左物的北边等待国君。国君到音乐开始演奏以后再来到右物处站立。国君射箭时，每发一箭，就由小臣师再授给一箭，国君射箭可以不要求按照鼓乐的节奏，只要射中就算数，其他礼仪都同第二次射箭比赛时一样，射箭结束时的礼仪也同第二次射箭比赛结束时一样。宾就席。接着诸公卿大夫和众射者都相继而射。释筹者像第二次射箭比赛时那样计算射中的多寡。当最后一名射者射毕，下堂返回原位的时候，释筹者就拿着剩余的筹进到阼阶下，像第二次射箭比赛结束时那样，向国君报告上下射都已经射箭完毕。

原文

司马升，命取矢，负侯许诺。司马降，释弓反位。小臣委矢，司马师乘之，皆如初。司射释弓、视算，如初。释获者以贤获与钧告，如初。复位。

司射命设丰、实觯，如初。遂命胜者执张弓，不

胜者执弛弓❶，升、饮，如初。卒，退丰与觯，如初。

司射犹袒、决、遂，左执弓，右执一个，兼诸弦，面镞❷，适次，命拾取矢，如初。司射反位。

三耦及诸公、卿、大夫、众射者皆袒、决、遂，以拾取矢，如初。矢不挟，兼诸弦，面镞，退适次，皆授有司弓矢，袭，反位。卿、大夫升就席。

司射适次，释弓，说决、拾，去扑，袭，反位。司马正命退福、解纲❸。

小臣师退福，巾车、量人解左下纲。司马师命获者以旌与荐俎退。司射命释获者退中与算而俟。

注释

❶弛弓：这里指放松弦的弓。❷镞（zú）：这里是箭头的意思。❸纲：提网的总绳。这里指绳子。

译读

司马上堂，下令拾取靶位的箭，报靶者闻声应诺。司马下堂，放下弓回到原位。小臣将箭放到箭架上，司马师将卿、大夫们用的箭每四支一束扎好，与前一番射时一样。司射放下弓，监督和指导统计算筹，与前一番射时一样。释筹者根据统计结果禀告国君：某方胜或双方平，就像前一番射时那样。然后回到原位。

司射命令有司在堂上陈设饮酒器的托盘，往觯中酌酒，为饮罚酒准备，就像前一番射时那样。接着命令胜方射手执弦拉紧的弓，负方射手执弦松弛的弓，然后上堂让负方射手饮罚酒，就像前一番射时那样；饮毕，撤去托盘和觯，也像前一番射时那样。

司射仍露出左臂，套上扳指，穿上皮制臂衣，左手拿着弓，右手拿着一支箭，和弓弦并在一起，箭头朝上。到更衣的地方，命令交替取箭，同初始一样。司射返回原位。

三耦和诸公卿大夫，所有射箭的人都露出左臂，套上扳指，穿上皮制臂衣，交替取箭，同初始一样。箭不挟持，和弦并在一起，箭头朝上。退回到更衣的地方，都把弓箭交给有司，穿好上衣，然后返回原位。卿大夫登堂就席。

司射到更衣的地方，放下弓，摘下扳指，脱下皮制臂衣，去掉刑杖，穿好上衣，返回原位。司马正命令撤去插箭器具，解开射布的绳子。

小臣师撤去插箭器具，巾车、量人解开射布左下端的绳子。司马师命令报靶者拿着旌旗和干肉、肉酱、俎退下。司射命令放筹码的人撤去盛筹器和筹码，等待。

公食大夫礼

公食大夫之礼。使大夫戒，各以其爵。

上介出请，入告。三辞。宾出，拜辱。大夫不答拜，将命。宾再拜稽首。

大夫还，宾不拜送，遂从之。宾朝服即位于大门外，如聘。

即位。具。羹定，甸人陈鼎七❶，当门，南面，西上。设扃鼏❷，鼏若束若编。设洗如飨。小臣具盘匜❸，在东堂下。宰夫设筵，加席、几。无尊。饮酒、浆饮，俟于东房。凡宰夫之具，馔于东房。

注释

❶鼎七：七鼎，指牛、羊、豕、鱼、腊、肠胃、肤各一鼎。❷扃鼏（jiōng mì）：这里指覆鼎之物。❸盘匜（yí）：指为国君盥洗所设。匜，盥洗时浇水用的器皿。

译读

国君用食礼款待大夫的礼节。国君派大夫前往宾馆通知使者，请他去宗庙参加食礼。通知者的爵位应该与被通知者相当。

副使出宾馆门，请问大夫为何事而来。然后入门禀告使者，使者三次谦让推辞，未得允许。于是使者出门，拜谢大夫屈尊前来。大夫不必答拜还礼，便可转述国君相邀之命。使者再拜叩首表示遵命。

接着大夫回去向国君复命，使者不必拜送，但应随后前往。使者身穿朝服在大门处即位，并像聘礼时一样，进入休息处等待。

国君即位。迎接使者所需的各种器物都准备完毕。肉羹也已经煮熟。甸人在门外将七个鼎陈列在庙门外正对着门的地方。鼎都朝南，自西向东排列，而以西首为尊。每鼎都设有鼎杠和盖，鼎盖是将白茅束结或编连成的。洗的位置，与飨礼时一样。小臣在东堂之下摆设盘和匜。宰夫铺设筵席，席上面再设加席和小几。不设酒樽。漱口用的清酒、浊酒，都在东房准备着。凡是宰夫掌管的饮食器具，也都陈设在东房。

原文

公如宾服，迎宾于大门内。大夫纳宾。宾入门左。公再拜。宾辟，再拜稽首。公揖入。宾从。

及庙门，公揖入。宾入，三揖。至于阶，三让。公升二等，宾升。

大夫立于东夹南，西面北上。士立于门东，北面西上。小臣，东堂下，南面西上。宰，东夹北，西面南上。内官之士在宰东北，西面南上。介门西，北面西上。

公当楣，北乡。至再拜。宾降也，公再拜。宾西阶东，北面答拜。摈者辞。拜也，公降一等。辞曰："寡君从子，虽将拜，兴也。"宾栗阶升，不拜。命之，成拜，阶上北面再拜稽首。

士举鼎，去鼏于外，次入。陈鼎于碑南，南面，西上。右人抽扃，坐，奠于鼎西，南顺，出自鼎西。左人待载。雍人❶以俎入，陈于鼎南。旅人❷南面加匕于鼎，退。

大人长盥❸，洗东南，西面，北上，序进盥，退者与进者交于前。卒盥，序进，南面匕。载者西面。鱼、腊饪。载体进奏。

鱼七，缩俎，寝右。肠、胃七，同俎。伦肤七。肠胃、肤皆横诸俎垂之。大夫既匕，匕奠于鼎，逆退，复位。

注释

❶雍人：这里指宫中掌烹调之官。❷旅人：这里指雍人的属官。❸盥（guàn）：浇水洗手，泛指洗。

译读

国君穿着和使者同样的服装，在大门内迎接使者。作为摈者的大夫引使者入门。使者从门的左侧入门。国君向使者行再拜礼。使者避让着国君的拜礼，接着向国君回再拜稽首礼。国君揖请使者继续往里进，于是使者随国君而行。

到了庙门前，国君行揖礼而后先入庙门。使者也随着入庙。行进中，国君和使者又行了三次揖礼，来到堂阶下。升阶前又互相谦让了三次，然后国君先升阶二级，使者接着登阶升堂。

主国的卿大夫们站在东夹南边堂下，面朝西，以北边为上位。主国的士站在庙门内东边，面朝北，以西边为上位。小臣站在东堂下，面朝南，以西边为上位。宰站在东夹北边北堂下，面朝西，以南边为上位。内官之士站在宰的东北边，面朝西，以南边为上位。使者的副手站在庙门内西边，面朝北，以西边为上位。

国君在阼阶上上当屋楣的地方面朝北行拜至礼，以感谢使者的到来。使者为回拜礼而下堂，国君见使者下堂又行再拜礼。使者在堂下西阶的东边面朝北将回礼答拜，摈者以国君命对使者的堂下之拜表示推辞。使者拜的时候，国君又下阶一级。这时摈者又向使者推辞说："寡君已经随同您而下阶了，您即使要拜，也该起来。"于是使者迅速历阶升堂，升堂后也就不再拜了。

国君命使者在堂上成拜礼就行了，于是使者又在西阶上面朝北行再拜稽首礼。

士扛起鼎，将鼎盖取下放在门外，然后顺序而入。鼎陈设在碑的南侧，都面朝南，以西首为尊。于是在鼎右的人抽去鼎杠，再坐下将它放在鼎的西侧，都是南北方向放置，接着从鼎的西侧出去，鼎左的人在鼎旁站着，等待将鼎中的肉放在俎上。雍人拿着俎进入庭中，将它放在鼎的南侧。旅人则面朝南将匕放在鼎上，然后退下。

大夫中的年长者洗手，先在洗的东南方站候，都面朝西，以北首为尊，接着依次上前洗手。洗毕退下者与上前盥洗者在洗的南面交错而过。全部洗毕后，又依次上前，走到鼎的北面，面朝南用匕取出鼎中的肉。站在鼎左侧的人则将肉放在俎上，鼎中的干鱼干肉都是煮熟的。放置在俎上的牲体，要将有肉的纹理的一面朝前。

鱼有七条，都纵向放在俎上，鱼体的右侧朝下。牛羊的肠和胃各七个，肠胃可以放在同一个俎上。精美的肉七份。肠、胃和细切的猪肉都横放在俎上，放不下就向两边垂着。大夫用匕将鼎内的肉取出后，将匕放入鼎中；再按与上来时相反的顺序退下，回到各自的位置。

原文

公降盥。宾降，公辞。卒盥，公壹揖壹让，公升，宾升。宰夫自东房授醯酱❶。公设之。宾辞，北面坐迁而东迁所。公立于序内，西乡。宾立于阶西，疑立。宰夫自东房荐豆六，设于酱东，西上。韭菹❷以东醓醢❸、昌本，昌本南麋臡❹，以西菁菹、鹿臡。士设

俎于豆南，西上。牛、羊、豕，鱼在牛南，腊、肠胃亚之。肤以为特。旅人取匕，甸人举鼎，顺出，奠于其所。

宰夫设黍、稷六簋❺于俎西，二以并，东北上。黍当牛俎，其西稷，错以终，南陈。大羹湆不和，实于镫❻。宰右执镫，左执盖，由门入，升自阼阶，尽阶，不升堂，授公，以盖降，出，入反位。公设之于酱西，宾辞，坐迁之。宰夫设铏❼四于豆西，东上。

牛以西羊，羊南豕，豕以东牛。饮酒，实于觯，加于丰。宰夫右执觯，左执丰，进设于豆东。宰夫东面，坐启簋会，各却于其西。赞者负东房，南面告具于公。

公再拜，揖食。宾降拜。公辞。宾升，再拜稽首。宾升席，坐取韭菹，以辩擩于醢，上豆之间祭。赞者东面坐取黍，实于左手，辩，又取稷，辩，反于右手，兴以授宾。宾祭之。

三牲之肺不离，赞者辩取之，壹以授宾。宾兴受，坐祭。挽手，扱上铏以柶，辩擩之，上铏之间祭。祭饮酒于上豆之间。鱼、腊、酱、湆❽不祭。

注释

❶醯（xī）酱：醋和酱。亦指酱醋拌和的调料。醯，醋。❷韭菹（zū）：指以醯酱腌渍之韭菜。❸醓醢（tǎn hǎi）：这里指有汁的肉酱。❹臡（ní）：是指有骨的肉酱。❺簋（guǐ）：古代盛食物器具，圆口，双耳。

❻镫(dèng)：古代盛肉食的器皿。❼铏(xíng)：古代盛羹的小鼎，两耳三足，有盖。❽湆(qì)：肉汤，这里指的是羹汁。

> **译读**

国君下堂洗手，使者下堂，国君辞谢。洗完手，国君拱手行礼一次，谦让一次，国君登堂，使者登堂。宰夫由东房出来，把用醋和的酱交给国君，国君亲自摆放它。使者辞谢，面朝北跪下移动醋酱，向东移动到当放的位置。国君站在东墙内，面向西，使者站在台阶的西边，正立不动。宰夫由东房进献豆六，摆放在酱的东边，以西边为上位。腌韭菜往东是肉汁酱，腌蒲根，腌蒲根的南边是带骨的麋肉酱，在西是腌韭菜花，带骨的鹿肉酱。士在豆的南边摆放俎，以西为上位。牛、羊、

豕，鱼在牛的南边。腊、肠、胃依次往东。猪肋条肉单独一行。旅人拿匕，甸人抬鼎，顺次而出，放在对着门的地方。

宰夫在俎的西边摆放六簋黍、稷，二二并列，以东北方为上位。黍对着牛俎，它的西边是稷，交错排完，往南陈设。煮肉汁，没有盐、菜拌和，放在瓦豆里。太宰右手拿着瓦豆，左手拿着盖，从庙门外进入，由东阶登上，走到台阶尽头，不登堂，把瓦豆交给国君，拿着盖子走下台阶，出门放下盖子，然后进门回到原位。国君把瓦豆放在酱的西边，使者辞谢，坐下往东移。宰夫在豆的西边摆放四只盛菜和羹的鼎，以东为上位。

牛肉羹的西边是羊肉羹，羊肉羹的南边是猪肉羹，猪肉羹的东边是牛肉羹。把清酒斟在觯中，放在丰上。宰夫右手拿着觯，左手拿着丰，进前摆放在豆的东边。宰夫面朝东，坐下揭开簋盖子，各仰放在簋的西边。佐助的人背向着东房，面朝南，报告国君正馔准备完毕。

国君以再拜之礼，告诉使者肴馔已陈设好，又拱手行礼请使者就食。使者下堂准备行拜礼。国君不允。于是使者上堂，行再拜叩首之礼。接着使者入席，坐下，右手取腌韭菜，在肉酱以下的五个豆内逐一蘸之，然后在韭菹和醓醢两豆之间祭祀。赞礼者面朝东坐下，右手取簋中的黍，放在左手上，三只黍簋取毕；又取另外三簋的稷，六簋取毕，再将左手上的黍稷放到右手上，起身交给使者。使者祭黍、稷。

牛、羊、豕三牲的肺割划后不切断，赞礼者都拿在手中，逐一交给使者。使者起身接受，再坐下致祭；然后擦手，用柶将上面一列的牛铏中的菜，在下面一列铏

中逐一蘸之,再在牛铏和羊铏之间致祭,又在韭菹和铏醢二豆之间祭清酒。鱼、腊、酱、羮汁可以不祭。

原文

宰夫授公饭粱,公设之于湆西。宾北面辞,坐迁之。公与宾皆复初位。宰夫膳稻于粱西。士羞庶羞,皆有大、盖,执豆如宰。先者反之,由门入,升自西阶。先者一人升,设于稻南篚西,间容人。旁四列,西北上。膷①以东臐②、牛炙③。炙南醢,以西牛胾④、醢、牛鮨⑤。鮨南羊炙,以东羊胾、醢、豕炙。炙南醢,以西豕胾、芥酱、鱼脍。众人腾羞者尽阶、不升堂,授,以盖降,出。赞者负东房,告备于公。

赞升宾,宾坐席末,取粱,即稻,祭于酱湆间。赞者北面坐,辩取庶羞之大,兴,一以授宾。宾受,兼壹祭之。宾降拜,公辞。宾升,再拜稽首,公答再拜。

注释

❶膷(xiāng):这里是牛肉羮的意思。❷臐(xiōo):这里是猪头羮的意思。❸牛炙:意思是烤牛肉。炙,烤。❹胾(zì):指切成大块的肉。❺鮨(qí):原指鱼酱,这里指用藏鱼的方法来做牛肉。

译读

宰夫把粱饭授给国君。国君把粱饭设在宾席前肉羮的西边。使者来到席的南边面朝北对国君为己设粱饭表示推辞,然后坐下把粱饭稍向西移了移。国君和使者都回到原来的位置。宰夫进上稻饭,放在粱饭的西边。

众士进上各种美味食物,每种食物上都有一块供行祭礼用的大脔,食物上都加有盖,盛食物的豆的拿法同宰进肉羹时豆的拿法一样。先进上食物的士要返回去再次取食物进上,进食物的士都是从庙门进来,从西阶升堂。进食的士中最先的一人升堂,把所进的食物摆设在稻饭的南边、盛黍稷的簋的西边,使所进食物与东边的簋之间的距离可以容得下人。所进的食物在宾席的中间稍偏西的地方摆成四列,以西北边为上位:在最西北的位置放脚,脚的东边依次放臐、膮、烤牛肉;烤牛肉的南边放醢,醢的西边依次放牛肉块、醢、牛鲊;牛鲊的南边放烤羊肉,烤羊肉的东边依次放羊肉块、醢、烤猪肉;烤猪肉的南边放醢,醢的西边依次放猪肉块、芥菜酱、鱼脍。众士进送食物的,都是升到西阶的最上一层,但不升到堂上,把食物授给最先升堂的士,然后拿着盖下堂,把盖送出庙去。最后,赞者背朝东房向公报告食物都已陈设完毕。

赞礼者奉国君之命请使者入席。使者在席末就座,取粱后又取稻,在酱与羹汁之间祭祀。赞礼者面朝北而坐,遍取众美味中的大脔,然后起身,逐一递给使者。使者接受后,一并祭祀之。使者下堂,准备拜谢国君备下各种美味,国君谦辞。于是使者又上堂,向国君再拜磕头。国君以再拜之礼作答。

原文

宾北面自间坐,左拥簋粱❶,右执湆以降。公辞。宾西面坐奠于阶西,东面对,西面坐取之,栗阶升,北面反奠于其所,降辞公。公许,宾升,公揖退

于箱。摈者退，负东塾而立。宾坐，遂卷加席，公不辞。宾三饭以涪酱。宰夫执觯浆饮与其丰以进。宾挩②手，兴受。宰夫设其丰于稻西。庭实设。宾坐祭，遂饮，奠于丰上。

公受宰夫束帛以侑，西乡立。宾降筵，北面。摈者进相币。宾降辞币，升听命。降拜。公辞，宾升，再拜稽首，受币，当东楹，北面。退，西楹西，东面立。公壹拜，宾降也，公再拜。介逆出。宾北面揖，执庭实以出。公降立。上介受宾币，从者讶受皮。

宾入门左，没霤③，北面再拜稽首。公辞。揖让如初，升。宾再拜稽首，公答再拜。宾降辞公如初。宾升，公揖退于箱。宾卒食会饭，三饮。不以酱涪。

注释

①簠（fǔ）粱：指盛在簠中的饭食。②挩（shuì）：这里是擦拭的意思。③没霤（liù）：门内屋檐滴水处的尽头，在庭南。

译读

使者在正馔与加馔之间面朝北而坐，左手抱起盛着粱的簠，右手拿着羹汁，下堂准备食用，因为国君在堂上站立，自己不敢坐食于席。国君不允，于是使者在西阶之西面朝西坐下，放下粱和羹汁，然后面朝东与国君相对，再面朝西坐下取粱和羹汁；接着连步走上西阶，面朝北将粱和羹汁放回原处；再下堂请国君不要似赞礼者侍食于自己。国君应允，于是使者又上堂，国君则行

揖致意后退至东夹室等待。摈者退下，站立在东塾之前。使者坐下后，将加在上面的一重席卷起来，表示不敢居此隆礼，国君不表示反对。使者三次举饭而食，每次都喝羹汁，并用菜肴蘸着酱吃。宰夫拿着盛有浆饮的觯和托盘上前。使者拭手后，起身接受。宰夫将托盘放在稻的西侧。有司将作为礼物的四张皮革陈设在庭中。使者坐下祭祀，接着饮酒漱口，然后将觯放在托盘上。

国君接受宰夫送上的束帛，用来酬谢使者，面向西站立。使者走下筵席，面朝北。摈者进前辅佐国君送上礼物。使者下堂辞谢礼物，登堂，听从国君的命令，下堂拜谢。国君辞谢。使者登堂，再拜稽首，接受礼物。对着东楹柱，面朝北，退回到西楹柱的西边，面朝东站立。国君行一次拜礼，使者下堂，国君两次行拜礼。介在使者前出门。使者面朝北拱手行礼，拿着庭实出门。国君下堂站立，上介接过使者手中的礼物，从者迎着随使者出来的主国拿着兽皮的人，接过兽皮。

使者从门的左边进入，在屋檐的尽头，面朝北，再拜稽首。国君辞谢，拱手行礼、谦让同开始时一样，登堂。使者再拜稽首，国君回拜两次。使者下堂辞谢国君同开始时一样。使者登堂，国君拱手行礼退到东厢。使者吃完黍、稷饭，三次饮浆漱口。不用酱和肉汁羹。

原文

挩手，兴，北面坐取粱与酱以降，西面坐奠于阶西。东面再拜稽首。公降，再拜。介逆出，宾出。公送于大门内，再拜。宾不顾。

有司卷三牲❶之俎，归于宾馆。鱼、腊不与。明日，

宾朝服拜赐于朝。拜食与侑币，皆再拜稽首。讶听之。

上大夫八豆、八簋、六铏、九俎，鱼腊皆二俎。鱼、肠胃、伦肤②，若九，若十有一，下大夫则若七若九。庶羞，西东毋过四列。上大夫庶羞二十，加于下大夫以雉、兔、鹑、鴽③。

注释

❶三牲：古代祭祀用的牛、羊、豕三种牲畜。❷伦肤：选择精美的肉类，这里指细切的猪肉皮。伦，通"抡"。❸鴽（rú）：古书上指类似鹌鹑的小鸟。

译读

使者拭手，起身；再到席南面朝北坐下，然后拿着小米饭和酱下堂，表示亲手撤馔；又面朝西坐在西阶之西，将手中的小米饭和酱放下，再面朝东向国君再拜叩首。国君下堂，以再拜之礼作答。副使先行出门，接着使者出门。国君送至大门内，行再拜之礼。到使者不再回头时，国君再转身回去。

有司将三个俎上的牛、羊、豕牲体全部收起来，送至宾馆。鱼、腊肉等细小食物可以不送。次日，使者身穿朝服到大门外拜谢国君，感谢他以食礼款待，并且以侑币劝食，每谢一次都要行再拜叩首之礼。讶者在门口负责向国君传话。

国君以食礼款待上大夫身份的使者，设食的规格是：八个豆、八个簋、六个铏、九个俎，鱼和腊肉都是干鲜各一，所以都是两个俎，鱼、肠胃、细切的猪肉皮，或九个鼎，或十一个鼎，要根据上大夫的爵命而

定；下大夫身份的使者，或七个鼎，或九个鼎，也要视其爵命而定。各种珍馐美味，数量多少也要视使者的身份而定，但其排列，东西向不得超过四行。为上大夫准备的庶羞共二十个豆，比下大夫多出的种类是：野鸡、兔子、鹌鹑和鴽鸟。

原文

若不亲食，使大夫各以其爵、朝服以侑币❶致之。豆实❷，实于瓮❸，陈于楹外，二以并，北陈。簋实，实于筐，陈于楹内、两楹间，二以并，南陈。庶羞陈于碑内。庭实陈于碑外。牛、羊、豕陈于门内西方，东上。宾朝服以受，如受饔礼。无傧。明日，宾朝服以拜赐于朝。讶听命。

大夫相食，亲戒速。迎宾于门外，拜至，皆如饩拜。降盥，受酱、湆、侑币、束锦也，皆自阼阶降堂受，授者升一等。宾止也。宾执粱与湆，之西序端。主人辞，宾反之。卷加席，主人辞，宾反之。辞币，降一等，主人从。受侑币，再拜稽首。主人送币，亦然。辞于主人，降一等，主人从。卒食，徹于西序端。东面再拜，降出。其他皆如公食大夫之礼。

若不亲食，则公作大夫，朝服以侑币致之。宾受于堂。无傧。

注释

❶侑（yòu）币：宴会上侑宾的礼物。❷豆实：腌菜、肉酱之类。❸瓮（wèng）：一种盛水或酒等的陶器。

译读

　　如果国君因故不能亲自为使者举行食礼，就派与使者级别相等的大夫穿着朝服，拿着侑币，前去向使者代国君致辞并馈送食物。豆实盛在瓮中，陈放在两楹之间的南边，陈放时两两相并，由南向北而陈。黍稷盛在筐中，陈放在两楹之间的北边，陈放时也是两两相并，由北向南而陈。加馔的众美味陈放在碑的北边。庭实四皮陈放在碑的南边。牛羊豕牵在门内西边，以东边为上位。使者穿着朝服接受馈赠，如同接受饔饩时的礼仪一样。使者不向大夫行傧礼。第二天，使者要穿着朝服上朝去拜谢前日国君的赐予，由讶听取并向国君转告使者拜谢的辞命。

　　大夫为使者举行食礼，就要亲自去通知使者、邀请使者。主人在门外迎使者，向使者行拜至礼，都同举行飨礼一样。主人飨使者前先要下堂盥手。主人接受醢酱、大羹涪和作为侑币的束锦，都要从堂上下到阶上而受。授者则升阶一级而授。主人下阶时，使者留在堂上。使者拿着梁饭和大羹涪到西序南头，准备在那里用食。主人对使者到西序南头用食表示推辞，于是使者又返回到席位上。使者卷起席上的加席，打算把它放到一边，主人对此表示不同意，于是使者又把加席铺上。主人将向使者授侑币的时候，使者下阶一级表示推辞。主人也随着下阶一级以向使者辞降。使者接受侑币行拜受礼，要再拜稽首。主人授币后行拜送礼也再拜稽首。使者对主人亲自侍食表示推辞时要下阶一级。主人也要随着下阶一级。使者食毕，要亲自撤馔到西序南头，然后面朝东行再拜礼，下堂退出。其他方面的礼仪都同国君以食礼款待大夫的礼仪一样。

　　如果主人不能亲自参加食礼，则国君要另派一位爵位相同的大夫身穿朝服前往，并用劝食的币帛向使者致命。使者在堂上接受币帛。没有摈者协助。

原文

　　记

　　不宿戒❶。戒，不速。不授几。无阼席。亨于门外东方。司宫具几，与蒲筵常，缁布纯，加萑❷席寻，玄帛纯，皆卷自末。宰夫筵，出自东房。宾之乘车在大门外西方，北面立。铏芼❸，牛藿、羊苦、豕薇，皆有滑。赞者盥，从俎升。籩有盖幂。凡炙无酱。上大夫

蒲筵，加萑席。其纯，皆如下大夫纯。卿摈由下。上赞，下大夫也。上大夫庶羞。酒饮浆饮，庶羞可也。拜食与侑币，皆再拜稽首。

注释

❶宿戒：指提前通知。❷萑（huán）：古代指芦苇一类的植物。❸芼（máo）：可供食用的水草或野菜。

译读

记

不提前通知使者，到行礼之日再通知，不提前去召请，通知后即跟着来。国君不向使者授漆几，不设阼席，因为国君不坐。烹煮之处在门外的东方。司宫准备漆几，以及一丈六尺长的蒲席，席的边缘缀以黑色的布，加席是芦席，八尺长，边缘缀以玄黑色的帛，都是从席的末端卷起。宰夫铺设席，席从东房取出。使者的车停在大门外的西侧，使者的位置在门前，面朝北。煮肉羹用的菜放在小鼎内：煮牛肉羹用的豆叶，煮羊肉羹用的苦菜，煮猪肉羹用的山菜，羹中调以粉，所以都很柔滑。赞礼者洗手后，跟着执俎者上堂。篮上都有巾盖着。凡是吃炙肉都不用蘸酱，因为它已加过盐。上大夫用的席是：蒲席上加芦席。席边缘缀的布帛，都和下大夫的一样。上摈站在堂下。在堂上的赞礼者，是下大夫。上大夫为摈者，备有各种珍馐美味。又有清酒、浊酒；只用庶羞就可以了。向国君拜谢赐食和赠以劝食之币帛时，都要行再拜磕头之礼。

觐礼

觐礼。至于郊，王使人皮弁用璧劳。侯氏亦皮弁迎于帷门❶之外，再拜。使者不答拜，遂执玉，三揖。

至于阶，使者不让，先升。侯氏升听命，降，再拜稽首，遂升受玉。使者左还而立，侯氏还璧，使者受。侯氏降，再拜稽首，使者乃出。侯氏及止使者，使者乃入。侯氏与之让升。侯氏先升，授几。侯氏拜送几，使者设几，答拜。

侯氏用束帛、乘马傧使者，使者再拜受。侯氏再拜送币。使者降，以左骖❷出。侯氏送于门外，再拜。侯氏遂从之。

天子赐舍。曰："伯父，女顺命❸于王所，赐伯父舍。"侯氏再拜稽首，傧之束帛、乘马。

天子使大夫戒，曰："某日，伯父帅乃初事。"侯氏再拜稽首。

注释

❶帷门：这里是指帷宫的门。❷骖（cān）：古代指驾在车辕两旁的马。❸顺命：凡诸侯朝觐之礼，都是天子的命令，故称顺命。

译读

诸侯朝觐天子的礼仪。指诸侯到达王城的近郊，天子派人穿皮弁服，用玉去慰劳。诸侯也穿皮弁服在帷宫

门外迎接，两次行拜礼，使者不回拜，拿着璧玉前行，诸侯三次拱手行礼。

到台阶前，使者不谦让，先登坛。诸侯登坛听取天子命令，下坛再拜稽首，然后登坛接受璧玉。使者向左转身站立，诸侯送还璧玉，使者接受。诸侯下坛，再拜稽首，然后使者出。诸侯于是阻止使者离去，使者于是又进入。诸侯和使者相互谦让登坛。诸侯先登坛，把几交给使者。诸侯为送上几行拜礼。使者放下几，回拜。

诸侯用束帛、四匹马做礼物送给使者表示敬意，使者两次行拜礼接受。诸侯为送上礼物两次行拜礼。使者下坛，牵着左边的马出门。诸侯送到门外，两次行拜礼。诸侯于是随使者到朝。

天子赐给诸侯馆舍。使者说："伯父，您顺命到天子的地方朝觐，天子赐给伯父馆舍。"诸侯再拜稽首。把束帛和四匹马送给使者表示敬意。

天子派大夫通知使者觐见的日期，说："某日，伯父您按照惯例觐见。"诸侯再拜叩首，接受觐见日期。

原文

诸侯前朝，皆受舍于朝。同姓西面北上，异姓东面北上。

侯氏裨冕❶，释币于祢。乘墨车❷，载龙旗、弧韣❸，乃朝以瑞玉，有缫。天子设斧依于户牖之间，左右几。天子衮冕❹，负斧依。啬夫❺承命，告于天子。天子曰："非他，伯父实来，予一人嘉之。伯父其入，予一人将受之。"侯氏入门右，坐奠圭，再拜稽首。摈者谒。侯氏坐取圭,升致命。王受之玉。侯氏降,阶东北面再拜稽首。摈者延之,曰:"升。"升成拜,乃出。

注释

❶ 韠冕(bì miǎn):是天子六服中等级最低的礼服。❷ 墨车:不加彩绘的黑色车子。❸ 韣(dú):指盛弓的套子。❹ 衮冕:天子六服中最上的礼服。是天子等王公贵族在祭天地、宗庙等重大庆典活动时穿戴用的正式服装。❺ 啬(sè)夫:古代官吏名。司空的属官。

译读

前来觐见的诸侯,都提前一天到文王庙门外接受天子赐给的馆舍。同姓诸侯的馆舍都在庙门之东,面朝西,以北首为尊;异姓诸侯的馆舍都在庙门之西,而朝东,也是以北首为尊。

觐见之日，诸侯身穿裨冕之服，在祢庙用束帛致祭。诸侯乘坐墨车，车上插着龙旂、张旗的弓和弓套，用作为瑞信的玉去觐见天子，玉器都有托板。天子将绣有斧状花纹的屏风设在室的门、窗之间，两侧有玉几。天子身穿衮冕之服，背朝屏风而立。啬夫作为末摈，承接诸侯请求觐见的辞令，层层上传，告于天子。天子说："不是别人，是伯父来了，我赞赏他。伯父进来了吧，我将接见他。"诸侯从门的右侧入内，然后在庭南坐下，放好圭，向天子再拜叩首。上摈将天子的话告诉诸侯。于是诸侯坐着拿起圭，上堂向天子致奉命而来之意。天子亲自接受诸侯呈上的圭。接着诸侯下堂，在西阶之东面朝北准备向天子再拜叩首。摈者在诸侯身后诏告说："请登堂！"于是诸侯登堂完成再拜叩首之礼，然后出门。

原文

四享，皆束帛加璧，庭实唯国所有。奉束帛，匹马卓❶上，九马随之，中庭西上，奠币，再拜稽首。摈者曰："予一人将受之。"侯氏升致命。王抚玉。侯氏降自西阶，东面授宰币，西阶前再拜稽首，以马出，授人，九马随之。事毕。

乃右肉袒于庙门之东。乃入门右，北面立，告听事。摈者谒❷诸天子。天子辞于侯氏曰："伯父无事，归宁乃邦。"侯氏再拜稽首，出，自屏南适门西，遂入门左，北面立，王劳❸之。再拜稽首。摈者延之曰："升。"升成拜，降出。

注释

❶驈：这里是指白额的马。❷谒（yè）：这里是拜见的意思。❸劳：用言语或者是实物安慰。

译读

诸侯觐见天子之后，要向天子行三次享礼，每次都是用束帛加璧以向天子致辞，庭实则尽本国所有的贵重土特产献上。行享礼时，诸侯捧着束帛加璧，庭实则用一匹白马领头，后面随着九匹马，这十匹马牵到中庭，自西向东排成一排，以西边为上位。侯氏把束帛加璧放在马西边地上，行再拜稽首礼。摈者传达天子的话说："我将亲自接受享礼。"于是诸侯升堂，向天子致辞。天子把玉璧抚摸了一下。诸侯又捧着束帛加璧从西阶下堂，面朝东授给天子的宰，然后在西阶前行再拜稽首礼，接着便牵了最西边的一匹马出去，授给天子的下属人员，其他九马也随着被牵出授给天子的属吏。每次享礼都这样进行，一直到三享结束。

诸侯在庙门东边袒露右肩臂，进入庙门向右折，面朝北而立，向天子报告自己治理的情况以及多所获罪的事，表示愿听从天子的谴责。摈者把诸侯的话报告给天子。天子向诸侯推辞说："伯父没有什么获罪的事，请回去安定你的国家吧。"于是诸侯行再拜稽首礼，然后出庙。诸侯从屏的南边绕到庙门西侧，再次进入庙门而向左折，面朝北而立。天子对诸侯道路的辛苦表示慰劳。诸侯再拜稽首。摈者以天子命辞诸侯堂下之拜而延请诸侯升堂，说："请升堂。"于是诸侯又升堂再拜稽首，以成拜礼，而后下堂出庙。

原文

天子赐侯氏以车服❶。迎于外门外，再拜。路先设，西上。路下四❷，亚之。重赐无数，在车南。诸公奉篋服❸，加命书于其上，升自西阶，东面，大史是右。侯氏升，西面立。大史述命。侯氏降，两阶之间，北面再拜稽首，升成拜。大史加书于服上，侯氏受。使者出。侯氏送，再拜。儐使者，诸公赐服者束帛四马，儐大史亦如之。

同姓大国，则曰"伯父"；其异姓，则曰"伯舅"。同姓小邦则曰"叔父"；其异姓小邦，则曰"叔舅"。

飨、礼，乃归。

注释

❶车服：古时天子多以车马服饰赐予诸侯臣僚，后亦泛指赏赐。❷路下四：指乘马，即驾车的四匹马。❸篋（qiè）服：置于篋中的衣服。

译读

天子派使者去赐给诸侯车和服。诸侯到外门外迎接使者，向使者行再拜礼。赐给诸侯的车先停放在庭中西边上位，然后将驾车的四匹马排列在车的东边。天子加赐的礼物没有定数，放在车的南边。天子派出担任使者的诸公捧着盛服的篋，天子赐车服的命书加放在篋上，从西阶升堂，面朝东而立。大史站在公的右边。诸侯从阼阶升堂，面朝西而立。大使宣读天子的命书。诸侯下

堂，在两阶之间面朝北行再拜稽首礼，大史辞诸侯堂下之拜，于是诸侯又升堂再拜稽首以成拜礼。大史把命书放在服篚上。诸侯接受命书和服。使者出去，诸侯送使者，向使者行再拜礼。使者临走前，诸侯要向使者行侯礼，赠给前来赐车服的公一束帛和四匹马。向大史行侯礼也像这样。

天子称呼诸侯，如果是同姓的大国，就称"伯父"；异姓的大国，则称"伯舅"。如果是同姓的小国，则称"叔父"；异姓的小国，则称"叔舅"。

天子亲自用飨礼款待诸侯，如果因故不能参加此礼，则派人用币帛向诸侯献礼，然后，诸侯才能回国。

原文

诸侯觐于天子，为宫❶方三百步，四门，坛十有二寻，深四尺，加方明于其上。方明者，木也，方四尺。设六色：东方青，南方赤，西方白，北方黑，上玄，下黄。设六玉：上圭，下璧，南方璋，西方琥，北方璜，东方圭。上介皆奉其君之旗，置于宫，尚左。公侯伯子男，皆就其旗而立。四传摈。天子乘龙，载大旂，象日月、升龙、降龙，出拜日于东门之外，反祀方明。礼日于南门外，礼月与四渎❷于北门外，礼山川丘陵于西门外。祭天，燔柴。祭山、丘陵，升。祭川，沈。祭地，瘗❸。

记

几俟于东箱。偏驾不入王门。奠圭于缫上。

注释

❶宫：垒土而成的矮墙。❷四渎：指长江、黄河、淮河、济水。❸瘗（yì）：埋。这里指祭地埋牲、玉。

译读

诸侯朝见天子，要用土垒成方三百步的矮墙，四方各一门，作为行礼的场所；里面有一个方九十六尺，高四尺的坛，方明就放在坛上。所谓方明，是一块木头，四尺见方，六个面分别画有六种颜色：东面是青色，南面是赤色，西面是白色，北面是黑色，上面是玄黑色，下面是黄色。六个面上又分别嵌有六种玉器：上面是圭，下面是璧，南面是璋，西面是琥，北面是璜，东面是圭。副使们先拿着代表各自国君爵命的旗帜，插在矮墙内的坛前，一律以王的左方为尊。然后，公、侯、伯、子、男五等诸侯都站到各自的旗帜下。五等诸侯分四批上坛向天子致命，摈者四次传令。天子骑着八尺高的马，插着大常之旗，上面画有日月、升龙、降龙等，率领诸侯出城，如果正值春季，则前往东门外礼拜太阳，然后返回城内祭祀方明；如果正值夏季，则前往南门外礼拜太阳；如果正值冬季，则前往北门外礼拜月亮和江、河、淮、济等四条大河；如果正值秋季，则前往西门外礼拜山川和丘陵。祭天，积柴焚烧；祭山、丘陵，要到高处；祭川要向水中投入祭物；祭地要埋牲畜和玉石。

记

几，放在东厢。偏驾的车不进入王门。诸侯要把圭放在缫上。

© 民主与建设出版社，2021

图书在版编目（CIP）数据

礼经 /（春秋）孔子编；方士华主编. -- 北京：民主与建设出版社，2019.11

（传统国学经典心读）

ISBN 978-7-5139-2681-2

Ⅰ.①礼… Ⅱ.①孔… ②方… Ⅲ.①礼仪－中国－古代 Ⅳ.①K892.9

中国版本图书馆CIP数据核字(2019)第259504号

礼经
LI JING

编　　著	（春秋）孔　子
主　　编	方士华
责任编辑	韩增标
装帧设计	徐荣强
出版发行	民主与建设出版社有限责任公司
电　　话	（010）59417747　59419778
社　　址	北京市海淀区西三环中路10号望海楼E座7层
邮　　编	100142
印　　刷	廊坊市国彩印刷有限公司
版　　次	2021年12月第1版
印　　次	2021年12月第1次印刷
开　　本	880毫米×1230毫米　1/32
印　　张	3
字　　数	38千字
书　　号	ISBN 978-7-5139-2681-2
定　　价	148.00元（全10册）

注：如有印、装质量问题，请与出版社联系。